新时代北外文库

教育路上行与思

Practice and Thinking of Education

王定华 著

人民出版社

　　王定华　河南上蔡人，教育学博士，北京外国语大学党委书记、国际教育学院教授、博士生导师。国家教师教育专家咨询委员会副主任委员，教育部普通高等学校师范类专业认证专家委员会副主任委员，全国高等学校设置评议委员会委员，国家督学。曾在河南大学、河北大学、美国波特兰州立大学学习。先后担任河南大学教育系教师，国家教委基础教育司义务教育处副处长、高中教育处副处长，中国驻纽约总领事馆教育领事，教育部基础教育司办公室主任、综合处处长、副巡视员、副司长。2012年任教育部基础教育一司司长、全国少工委常务副主任，2016年任教育部教师工作司司长。2018年任现职。长期参加国家教育政策制定，不懈推动教育改革发展，大力提倡学校品质提升，始终坚持理论与实践研究。主要研究领域为当代基础教育、教师专业发展、国际比较教育、一流大学建设。著有《中国基础教育：观察与研究》《中国高等教育：观察与研究》《中国教师教育：观察与研究》《美国基础教育：观察与研究》《美国高等教育：观察与研究》《美国教师教育：观察与研究》等，主编《新时代高品质学校建设方略》《新时期学校德育调查与研究》《透视美国教育》《英国高等教育——中国大学校长之观察与研究》《民族复兴的强音——新中国外语教育70年》《改革开放的先声——中国外语教育实践探索》等；主持翻译"教育治理与领导力丛书"；发表论文160多篇。

内 容 提 要
EXECUTIVE SUMMARY

本书选编的主要是作者 21 世纪第 2 个十年内发表的宏观教育研究、基础教育研究、高等教育研究、比较教育研究等领域的文章。它们均刊登在 C 刊或核心杂志上。其中，在我国最高教育理论刊物《教育研究》上发表的有 8 篇，新华文摘转载的有 4 篇，新华文摘摘录或索引的另有 7 篇。这些文章从某些侧面反映了我国教育改革发展相关政策制定过程以及作者个人的心得感受、心路历程，希望对读者有所启迪。

出版说明

　　2021年是中国共产党成立100周年,也是北京外国语大学建校80周年。作为中国共产党创办的第一所外国语高等学校,北外紧密结合国家战略发展需要,秉承"外、特、精、通"的办学理念和"兼容并蓄、博学笃行"的校训精神,培养了一大批外交、翻译、教育、经贸、新闻、法律、金融等涉外高素质人才,也涌现了一批学术名家与精品力作。王佐良、许国璋、纳忠等学术大师,为学人所熟知,奠定了北外的学术传统。他们的经典作品被收录到2011年北外70年校庆期间出版的《北外学者选集》,代表了北外自建校以来在外国语言文学研究领域的杰出成果。

　　进入21世纪尤其是新时代以来,北外主动响应国家号召,加大非通用语建设力度,现获批开设101种外国语言,致力复合型人才培养,优化学科布局,逐步形成了以外国语言文学学科为主体,多学科协调发展的格局。植根在外国语言文学的肥沃土地上,徜徉在开放多元的学术氛围里,一大批北外学者追随先辈脚步,着眼中外比较,潜心学术研究,在国家语言政策、经济社会发展、中华文化传播、国别区域研究等领域颇有建树。这些思想观点往往以论文散见于期刊,而汇编为文集,整理成文库,更能相得益彰,蔚为大观,既便于研读查考,又利于学术传承。"新时代北外文库"之编纂,其意正在于此,冀切磋琢磨,交锋碰撞,助力培育北外学派,形成新时代北外发展的新气象。

　　"新时代北外文库"共收录32本,每本选编一位北外教授的论文,均系进入21世纪以来在重要刊物上发表的高质量学术论文。既展现北外学者在外国文学、外国语言学及应用语言学、翻译学、比较文学与跨文化研究、国别与区域研究等外国语言文学研究最新进展,也涵盖北外学者在政治学、经济学、教育学、新闻传播学、法学、哲学等领域发挥外语优势,开展比较研究的创新成果。希望能为校内外、国内外的同行和师生提供学术借鉴。

北京外国语大学将以此次文库出版为新的起点,进一步贯彻落实习近平新时代中国特色社会主义思想和党中央关于教育的重要部署,秉承传统,追求卓越,精益求精,促进学校平稳较快发展,致力于培养国家急需,富有社会责任感、创新精神和实践能力,具有中国情怀、国际视野、思辨能力和跨文化能力的复合型、复语型、高层次国际化人才,加快中国特色、世界一流外国语大学的建设步伐。

谨以此书,

献给中国共产党成立 100 周年。

献给北京外国语大学建校 80 周年。

文库编委会

庚子年秋于北外

目　录

宏观教育研究

基础教育研究

比较教育研究

自　序
科学有效推进"双一流"建设

2021 年是中国共产党成立 100 周年,是北京外国语大学诞生 80 周年,也是"双一流"建设的关键节点。为了迎接这一年,我们应当按照提高质量、提升品质、改革创新的要求,更加注重结构布局优化协调、人才培养模式创新、资源有效集成配置,厘清实现高等教育内涵式发展的新路径,为建设中国特色、世界一流大学明确方向,注入活力,提供保障。

把方向,加强顶层设计引领。"双一流"建设需要整个学校的全面提升和平稳较快发展。要制定"十四五"规划,筹备八十年校庆,进一步树立"外、特、精、通"办学理念。建立"双一流"建设任务责任制,编制"双一流"学科建设年度实施计划,开展重点项目立项工作。认真开展国家新一轮新增博士、硕士学位授权点相关工作,完善以外国语言文学为基础的多科性学科体系。消除教师的年度科研空白点,加大科研培养力度,推动校内跨学科协同研究和智库研究,支持具有国际影响力的高端论坛。让新时代北外文库,助力培育北外学派,形成新时代北外发展的新气象。

育英才,抢占人才培养高地。只有培养出一流人才的高校,才能够算得上世界一流大学。要强化为党育人、为国育才导向,实施支持思政课建设 10 条措施,将中华优秀传统文化融入外语课程,充分激发每一个专业、每一门课、每一位教师的育人功能。加强非通用语建设,为新建学院提供专项经费支持,试行"特设教席"制度。加快国际组织人才培养,稳步推进外语专业国际化战略人才培养计划,认真总结北外学院、国际组织学院建设经验,启动实施非外语专业"复合型多语拔尖人才培养计划"。促进学生全面发展,构建思路清晰、

1

不同板块相互支撑的通识教育课程体系。开足体育课时,让每名学生掌握两项体育运动技能,磨炼坚强意志。建设音乐普及教室,开设民族器乐课程,倡导每名学生掌握一门乐器。开展社会调查、志愿服务、创新创业大赛等社会实践活动,培养学生的团队合作、吃苦耐劳、责任担当等综合素质。

踞一流,做强做尖外语学科。外语是我们的优势所在、力量之源、看家本领,要高看一眼,厚爱三分。一所大学的特色学科和主干学科不能直接与一流学科画等号,要遵循学科发展的内在规律,敏锐捕捉国家社会需求进行动态调整。坚持"大语做强、中语做优、小语做好"的外国语言文学发展战略,英语作为大语种要守正创新、强化优势,德语、法语、俄语、西语、日语、阿语等中间层次语种要拓展内涵、优化升级,非通用语要加快建设、填补空白。只有不同层次的外语学科都找到适合的发展模式,外国语言文学学科水平才会从整体上得到提升。作为北京市"高精尖"学科,外语教育学要加强外国语言学、应用语言学与教育学之间的交叉、渗透、融合,系统探究外语教育规律和本质,更好地服务于北京"四个中心"城市战略定位和国家整体外语教育能力提升。

重需求,促进学科交叉融合。"双一流"建设的核心是坚持中国特色世界一流,主线是服务需求提高质量。"一带一路"建设和深层国际合作需要外语人才,特别是能支持基础设施建设、能源、经贸、法律等领域合作的专业人才。要以外国语言文学为主体,其他学科为支撑,做好学科结构"加减乘除"战略性调整,培植新的学科生长点。外语学科要凸显"外语+专业"的培养目标,加强与非外语学科的深入合作,改革专业方向课;按照"新文科"要求,与国内外理工科、综合性大学强化联合、协作和共享,促进文理交叉,为学生创造跨学科、跨专业的学习机会。非外语学科要增加英语授课课程,加强通用语和专业外语能力培养。新闻传播学、中国语言文学、政治学等学科,要站在增强国际传播能力、助推中国文化走出去、提升全球治理能力的政治高度,谋发展,创特色,如此才能实现快速发展,在一级学科博士点上取得新突破。

抓重点,突破重大标志项目。"双一流"建设是一场攻坚战,不能简单地搞平衡、铺摊子,需要对照一流找差距,抓住重点求突破。要确定"双一流"建设标志性成果名录,做到导向明确、路径明晰、措施明了,将师资队伍、重大项目、重大成果的预期目标逐项落实。北外涵盖文、法、经、管、工、教育、艺术等多个学科,在外语学科内部又涉及众多语种,需坚持主干学科引领发展方向,其他学科紧密联系,打造协同创新平台,组建项目攻坚团队。新建世界语言博物馆,扩建北外校史馆,编辑出版"一带一路"国家文化教育大系,大幅提升学生出国留学比例等项目,要把所有学科调动起来,把优势资源集中起来,把行业标准引领起来,以达到重点突破、带动全局的效果。

明指标,改革教育评价体系。培养一流人才,产出一流成果,离不开评价体系的制度支撑。要把立德树人成效作为根本标准,以人才培养、创新能力、服务贡献和影响力为核心要素,探索建立符合自身实际的评价指标体系。评价指标的选取,既尊重国际标准,又体现中国特色,还要结合学校实际,更好发挥评价指挥棒作用。为鼓励教师教书育人,要增加教学系列职称名额,做好教学名师、优秀教学奖等评选推选活动。在科研评价方面,要启用学校职称评审权威期刊列表,着重评估成果质量。对于国际化的评价不能仅停留在国际交流广、留学生多等指标数据上,要以是否培养出参与国际竞争和全球事务的高素质国际化人才作为衡量标准。

重内涵,提升国际化程度。加强非通用语学科建设,培养高素质国际化人才,要求我们在国际合作的范围和内涵上提升到一个全新高度。要提升教师的国际化水平,实施海外领军人才引智项目,推动教师赴世界一流大学访学研修或到国际组织锻炼,开拓国际视野,完善知识结构。要丰富学生的国际化体验,加大对学生出国资助力度,使每个学生在读期间至少得到1次海外学习机会。倡导并组织学生到国际组织实习,在国际会议和主场外交活动中担任志愿者,提高国际规则意识,增强人类战胜病毒能力,助力构建人类命运共同体。要深化国际合作交流,深度参与国家高级别文明对话,同世界一流资源开展高水平合作,联合开设学位课程,联合发表学术成果,联合举办国际论坛。吸引海外优秀留学生来校交流,办好海外小学期项目,营造国际化的学习环境。

转形态,主动适应科技革命。人工智能正在全球范围内蓬勃兴起,正在重塑教学形态,要积极应对。作为教育部"人工智能助推教师队伍建设试点"高校,北外开发的教师发展智慧平台和教师智能素养提升平台已初具规模。要以此为基础,开展教师智能素养提升培训,引导教师积极运用人工智能技术开展翻转课堂和混合式教学,实现线上线下教育模式的协同。要适应科技革命大潮,运用人工智能手段,建好人工智能与人类语言实验室,推动心理学、神经科学、脑科学、认知科学等学科研究深入互动,积极探索语言学研究新领域。要打造智能化教室,建设模拟联合国等智能化、场景化的教学环境,让更真实的国际体验、更高效的外语实践成为可能。

强保障,创新现代治理体系。推进"双一流"建设,实现高等教育现代化,必然包括高等教育内部治理结构的现代化,这需要推进理念、制度、能力、方法的革故鼎新。要完善党对重大工作的领导体制,修订大学章程,完善议事运行机制,实现科学决策,强化依法治校。加强资金有效管理,加大对教师队伍建设、重大科研攻关、补短板弱强项的投入力度,实现资源的有效集成和配置。优化部处设置,推进管理重心下移,完善考核激励和目标责任制,做精机关,做实学院。健全以学术委员会为支撑的学术治理体系,完善重大决策的民主协商机制,保障全体师生参与治理,参与监督。强化底线思维,加强精细化管理,防控化解风险,体现未雨绸缪。

增动力,营造干事创业环境。干事创业的关键在人。推动"双一流"建设,干部是推动政策落实落地的决定性因素;教师是推动各项改革任务的先导性力量。要维护班子团结,增强政治功能,着力提高领导班子的战斗力和凝聚力。落实处级干部调配方略,充分信任、大力选配德才兼备、富有朝气、敢于担当的优秀干部。不搞以人划线,不搞远近亲疏,不戴有色眼镜,不负良苦用心,让同志们感受到公平正义,体会到正确导向,愉快地在各个岗位发光发热,建功立业。要关心教师成长,明显改善工作条件,继续提高福利待遇,加大人才引进力度。大幅度提高课时费标准,大手笔增加重点成果奖励,大力度支持年轻教师、管理干部进修提高,大气魄推动不同岗位人员合理有效流动。用真招实招凝聚人,鼓励人、培育人。

宏观教育研究

新时代我国教育改革
发展的新方向新要求

新时代第一次全国教育大会,分析研究教育工作面临的新形势新任务,对当前和今后一个时期教育工作作出重大部署,动员全党全国全社会为加快推进教育现代化、建设教育强国、办好人民满意的教育而努力。[①] 认真领会全国教育大会的时代背景和重大意义,明确大会的战略要求和重点任务,深入学习阐释,抓紧确立和推进落实方略,是我国教育领域需要深化研究的命题。

在我国经济社会发展进入新时代,全面建成小康社会目标即将实现,全国上下加快建设富强民主文明和谐美丽的社会主义现代化国家,努力实现中华民族伟大复兴中国梦的关键节点,全国教育大会召开,恰逢其时。进入新时代,中国正行进在建设社会主义文化强国道路上。弘扬社会主义先进文化,推动社会主义文化大发展大繁荣,势在必行。教育具有强大凝聚力和引领力,能够促进年轻一代坚定文化自信。应当充分发挥教育在培育和践行社会主义核心价值观中的主阵地作用,吸收人类文明有益成果,传承中华优秀传统文化,推动创造性转化、创新性发展,增强国家文化软实力。

进入新时代,中国社会主要矛盾发生关系全局的历史性变化。城镇化和农业农村现代化水平显著提高,国民财富不断增长,中等收入比例明显上升,

---

[①]　2018 年 9 月 10 日,在第 34 个中华人民共和国教师节当天,中共中央、国务院召开全国教育大会,习近平总书记出席会议并作重要讲话。这是中国进入新时代以来,第一次以中共中央、国务院名义召开的教育大会。此前,中共中央、国务院曾于 1985 年、1994 年、1999 年、2010 年分别召开过全国教育工作会议——作者新注("新注"即编选本书时新加的注释;未注明的,则为文章发表时原本的注释,下同)。

人口结构持续变化,人民群众对教育的需求更为多样。必须顺应时代变化和人民群众的期待,加快发展更高质量、更加公平、更具个性的教育,促进社会公平正义与和谐进步。

进入新时代,中国积极推动构建人类命运共同体。应对人类共同面临的政治、经济、安全、气候等方面诸多挑战,推动实施联合国有关议程,履行国际义务,抵制个别发达国家单边主义抬头,促进包容性发展,在国际合作中创造新机遇,必须办好更高水平更为开放的教育,借鉴发达国家教师理论和实践,突出教师发展,提高教育质量。① 加强教育和人文交流,促进民心相通,人员交流,文明互鉴,为创造人类美好未来作出更大贡献。

进入新时代,必须清醒地认识到,我们的教育发展与建设社会主义现代化国家相比还有诸多不适应。优先发展教育的战略尚未落实到位,教育中偏重知识传授、忽视全面素质养成的状况还未根本扭转,教风学风尚待净化,教育评价尚欠科学,劳动教育还比较薄弱,等等。

在这样的时代背景下,党中央审时度势,在充分调查研究的基础上,于2018年9月召开了新时代第一次全国教育大会。习近平总书记作了高瞻远瞩、富有新意、深刻生动的重要讲话,对改革开放以来,特别是党的十八大以来我国教育改革发展的经验进行总结,概括出"九个坚持":坚持加强党对教育事业全面领导的根本要求;坚持立德树人的根本任务;坚持优先发展教育事业的战略部署;坚持社会主义办学方向的政治原则;坚持立足中国大地办教育的坚定自信;坚持以人民为中心发展教育的价值追求;坚持深化教育改革创新的鲜明导向;坚持服务中华民族伟大复兴的使命担当;坚持加强教师队伍建设的基础作用。这"九个坚持"是我国教育事业取得巨大成就的经验所在,也是新时代深入推进教育改革发展的重要遵循。

习近平总书记在全国教育大会上的重要讲话,对教育地位再做定位,对教育方针全面表述,对教师作用更予强调,对教育工作重点任务进行部署,奠定了新时代我国教育改革发展的政策取向。

---

① National Council on Teacher Quality, 2018 Teacher Prep Review, Washington, D.C., 2018, p.25.

一、关于加强党的领导的新强调

其一，提高政治站位。全国教育大会特别强调加强党对教育工作的全面领导，指出其是办好教育的根本保障。教育部门和各级各类学校党组织要增强"四个意识"，坚定"四个自信"，坚定不移地维护党中央权威和集中统一领导。自觉在政治立场、政治方向、政治原则、政治道路上同党中央保持高度一致。还特别要求各级党委要把加强对教育工作的全面领导当成重要职责，把教育改革发展纳入议事日程。党政主要负责同志要熟悉教育、关心教育、研究教育，建立健全党委统一领导、党政齐抓共管、部门各负其责的教育领导体制。

其二，加强学校党建。各级各类学校党组织要把党建工作作为办学治校的重要方面，把抓好学校党建工作作为办学治校的基本功，把党的教育方针全面落实到学校工作的各个方面。加快推进民办学校党组织和党的工作全覆盖，确保党的教育方针在民办学校得到落实。将党建与学校工作紧密结合，党建工作不做表面文章，必须实而又实、严而又严。

其三，健全组织体系。加强各级各类学校党的领导和党的建设工作，支持学校党组织讨论决定学校重大问题，履行好把方向、管大局、做决策、抓班子、带队伍、保落实的领导职责，保证党的路线方针政策和上级党组织决定不折不扣得到贯彻执行。要建立健全加强和坚持党的领导的组织体系、制度体系、工作机制，形成落实党的领导纵到底、横到边、全覆盖的工作格局。

其四，坚持组织路线。坚持新时代党的组织路线，树立正确用人导向，把政治过硬、品德优良、业务精湛、锐意进取的优秀干部选配到各类学校领导岗位上来。发挥基层党组织作用，使基层党组织成为师生最贴心、最信赖的组织依靠，成为学校教书育人的坚强战斗堡垒，把教师和学生党员的先锋模范作用发挥好，把广大教职员工和学生最广泛地凝聚团结起来。

其五，做好思想政治工作。思想政治工作是学校各项工作的生命线，各级党委、各级教育主管部门、学校党组织都必须紧紧抓好。思想政治工作不要简单化，应该是全方位的，无处不在、无时不在的，融入式、嵌入式、渗入式的，要善于运用一切场合、一切载体、一切方式来做思想政治工作,带动所有教职员工和学生共同来做思想政治工作。要精心培养和组织一支会做思想政治工作的政工队伍。要管好课堂,还要管好网上网下,严格教学纪律。

其六,全面从严治党。各级各类学校党组织要按照新时代党的建设总要求,坚持把政治建设摆在首位,不断推进党的建设新的伟大工程。加强党员日常教育管理,持之以恒落实中央八项规定,深入推进反腐败斗争,给学校营造风清气正的良好政治生态。

二、关于教育作用的新定位

首先,教育是国之大计,党之大计。此前说教育是国计又是民生,而此次更加强调教育为国之大计。党的十九大报告指出,党政军民学,东西南北中,党是领导一切的。因此,纳入党的重点工作范围的事,自然是重中之重。这次全国教育大会把教育定位为党之大计,足见党中央对新时代教育事业的高度重视和对教育战略地位的充分强调。

其次,教育要各方尽责,办大教育。自改革开放至本次全国教育大会,党中央层面共召开过四次教育工作会议。第一次全国教育工作会议于1985年召开,讨论了《中共中央关于教育体制改革的决定(草案)》,邓小平同志发表了题为《把教育工作认真抓起来》的重要讲话,指出"我们要千方百计,在别的方面忍耐一些,甚至牺牲一点速度,把教育问题解决好","忽视教育的领导者,是缺乏远见的、不成熟的领导者,就领导不了现代化建设"。这些谆谆教诲一直激励着后人重视教育工作、推进教育事业。第二次全国教育工作会议于1994年召开,会议部署了中共中央、国务院颁布的《中国教育改革和发展纲要》的实施工作,提出到20世纪末基本普及九年义务教育、基本扫除青壮年文盲(即"两基")的目标。从而,我国按照积极进取、实事求是、分区规划、分类指导的原则,全力推进"两基"工作。第三次全国教育工作会议于1999年召开,印发了中共中央、国务院《关于深化教育改革全面推进素质教育的决定》。自此,素质教育从民间探索变为官方倡导,从学术争鸣变为学校实践。

第四次全国教育工作会议于 2010 年召开,会上,中共中央、国务院印发了《国家中长期教育改革和发展规划纲要(2010—2020 年)》(以下简称《教育规划纲要》),擘画了 21 世纪第二个十年我国教育改革发展的目标任务和保障措施,开启了建设教育现代化的征程。2018 年 9 月的这次教育盛会,没有沿袭惯例称之为第五次全国教育工作会议,而称全国教育大会。这成了新时代第一次全国教育大会,给人振聋发聩之感,凸显出以习近平同志为核心的党中央对全国教育改革发展的新要求和再部署。同时,全国教育大会彰显了大教育的概念。教育不再仅仅是教育部门和学校的事情,而是全党、全国、全社会的大计。各方面都应凝聚力量,同向发力,共同为年轻一代的健康成长发挥更大的积极作用。

再次,教育是发展基石,德政工程。党的十八大以来,人们已经认识到,教育是民族振兴、社会进步的重要基石,功在当代、利在千秋。因此,政府明显加大了对教育财政投入的力度。2013—2017 年的五年里,全国一般公共预算教育支出累计 12.95 万亿元,年均增长 8.2%,是一般公共预算第一大支出。2017 年,国家财政性教育经费占 GDP 的比例为 4.14%,连续六年保持在 4% 以上。① 全国教育大会进一步强调了新时代教育的重要性,第一次提出教育是德政工程。全国教育大会还指出,教育事关国家发展、事关民族未来,影响甚至决定着接班人问题,影响甚至决定着国家长治久安,影响甚至决定着民族复兴和国家崛起。

最后,教育应优先发展,积极行动。在国家经济社会发展中,教育事业具有基础性、先导性、全局性作用。教育强则国家强,教育兴则民族兴。根据全国教育大会精神,在从教育大国迈向教育强国进程中,对教育事业,应当优先规划,优先投入,优先配置,优先落实。在新时代教育优先发展过程中,应当突出内涵,遵循教育规律、人才成长规律,着力形成充满活力、富有效率、更加开放、有利于高质量发展的教育体制机制。坚持教育公益性原则,把教育公平作为国家基本教育政策,大力推进教育体制改革创新。

---

① 《中国国家财政性教育经费占 GDP 比例连续 6 年超 4%》,《新京报》2018 年 10 月 15 日。

三、关于立德树人的新阐释

"立德""树人"之说由来已久,影响深远。《左传·襄公二十四年》有云:"太上有立德,其次有立功,其次有立言,虽久不废,此之谓不朽"。《管子·权修》有云:"一年之计,莫如树谷;十年之计,莫如树木;终身之计,莫如树人"。现代人将"立德树人"结合使用,更彰显教育之价值。在新时代,虽然教师角色多元、任务繁杂,但其核心使命当数立德树人。立德树人实际上就是全面贯彻党的教育方针,坚持实施素质教育,培养德智体美劳全面发展的社会主义事业建设者和接班人。

(一)德育

习近平总书记指出,要在品德修养上下功夫,教育引导学生培育和践行社会主义核心价值观,踏踏实实修好品德。根据全国教育大会精神,新时代德育应理解为以下方面。一是加强理想信念教育。我们培养的人,必须树立共产主义远大理想和中国特色社会主义共同理想。要在学生中加强中国历史特别是中国近代史、中国改革开放史、中国共产党史、中华人民共和国史的教育。弘扬社会主义核心价值观,增强学生中国特色社会主义道路自信、理论自信、制度自信、文化自信,让他们不被任何干扰所惑,立志肩负起民族复兴的时代重任。二是厚植爱国主义情怀。爱国主义是世界各国的必修课,也是中华民族的民族心民族魂。开展爱国主义教育,要从青少年儿童抓起,培养学生的爱国情怀,坚持爱国和爱党爱社会主义相统一。三是提升道德品质修养。品德修养十分重要,应当贯彻教育始终。在此过程中,公德私德并行不悖。所谓公德,指的是公共领域公民的道德规范,它关系到其他公民的公共生活,关系到公共领域的正常秩序。所谓私德,则是指个人自处的德操,也是个人对待其他个人、处理与其他个人关系的道德。① 个人品德应不断修炼,而热爱国家、热

---

① 谢维和:《公德与私德的"先后"——立德树人的逻辑与实践研究之四》,《人民教育》2017 年第 10 期。

爱人民的公德则更应弘扬。从做好小事、管好小节开始起步,踏踏实实修好品德,学会感恩、学会助人、学会谦让、学会宽容、学会自省、学会自律,进而成为有大爱大德大情怀的人。四是弘扬中华优秀传统文化。重视挖掘阐发,弘扬精华,剔除糟粕。在新时代,尤其要弘扬中华优秀传统文化中讲仁爱、重民本、守诚信、崇正义、尚和合、求大同的时代价值。开展中华优秀传统文化教育过程中,应既要利用课程教材,又要利用文化场所,让学生既在学校里受教导,又在校外体验中得感悟。

(二) 智育

根据全国教育大会精神,笔者认为,新时代智育应体现以学习知识为本职,以立足国情为使命,以全球视野为站位,以奋斗精神为动力。学习知识是学生的天职,青少年学生应珍惜光阴,心无旁骛,如饥似渴学习知识。既重视宽度,又重视深度。既掌握知识,又形成见识。既把握特点,又洞悉规律。既勤于学习,又敢于创新、勇于实践,求真理、悟道理、明事理。立足国情是青少年的历史使命。激发好奇心、想象力,面对每一位学生,减轻过重的课业负担。了解中华文化变迁,触摸中华文化脉络,感受中华文化魅力,汲取中华文化精髓。与此同时,关注世界形势和发展变化,开阔学生视野,借鉴异域长处,摒弃腐朽思想。而奋斗精神是动力和保障。培养学生的责任感、坚强意志、吃苦耐劳精神。立鸿鹄志,做奋斗者;志不求易,事不避难;敢于担当,不懈奋斗;刚健有为,自强不息。

(三) 体育

全国教育大会对体育格外强调。在学习习近平总书记重要讲话精神过程中,笔者认为,新时代学校体育应注意以下几个方面。首先,坚持体育课教学。开足体育课时,讲授健体方法,坚持体育锻炼,养成锻炼习惯。让学生掌握两项体育运动技能,鼓励踢足球、练武术,也提倡其他各类健康有益的体育项目。其次,遏制近视率攀升。中国学生视力不良率居于世界前列,令人担忧,保护学生视力迫在眉睫。要端正日常坐姿,减少屏幕辐射,讲究用眼卫生,开展相关干预,推广先进做法。将保护学生视力工作情况,纳入各地党政领导和教育、卫生部门负责人政绩考核的指标,通过多管齐下,给学生光明的未来。最后,磨炼坚强意志。学校体育要"文明其精神,野蛮其体魄"。男生应成为男子汉,在体育活动中,碰破点皮,崴着了脚,应视为是常见情况,不必大惊小怪。

(四)美育

美育滋润人生,让人追求美好,改善性情。美育直接关系人的精神生活、情感生活,关系灵魂塑造和人格培养。全国教育大会对美育也很重视。要以美导真,即以美的媒介系统和符号形式唤起青少年的情感体验和想象力,引导他们自觉地迈向追求真理的轨道;以美润善,即以美的形式去滋润青少年的道德世界,让他们把道德规范不再当作外在的强制,而是视为自觉的愉快和享受;以美树信,即以美的形象、品质去帮助青少年培植信仰和信念的种子,直到它成为参天大树。① 为贯彻和落实大会精神,首先,应配备美育教师。在可能的情况下配备专兼职的音乐美术或艺术教师,逐步改变师资紧缺局面。其次,要运用美育资源。正规的艺术教学诚然是好的,而童话、歌谣、云彩、花朵、鸟叫虫鸣都可用来唤起青少年的心灵世界。最后,应提升艺术修养。通过多种方式,让学生具备初步的感受美、鉴赏美、表现美、创造美的意识和能力。

(五)劳动教育

全国教育大会对劳动教育格外重视,专作阐述和部署。

首先,劳动教育作用很大。"劳动可以树德、可以增智、可以强体、可以育美"。劳动教育思想是马克思主义教育思想的有机组成部分。劳动教育的核心意蕴,就是教育与生产劳动相结合,并提高人的精神境界。劳动教育旨在展现人的本质力量,提升人的主体性,使人获得身心解放,促进人的能力和自由个性全面发展。劳动教育具有自我意识意蕴、情感意蕴、审美意蕴、自由意蕴。② 学生学习之余,做一些力所能及的劳动,有助于调试心情、缓解压力、增强动手能力,在各种劳动实践中受到劳动教育,进而从思想、技能、习惯等方面

---

① 王一川:《塑造新时代的美好心灵》,《中国教育报》2018 年 9 月 13 日。
② 刘黎明:《马克思劳动教育思想的现代阐释》,《中国教育科学》2018 年第 1 期。

感受到劳动的价值。

其次,劳动教育亟待加强。2015 年教育部、共青团中央、全国少工委曾发文要求在中小学开展劳动教育,《中小学生守则(2015 年修订)》也提倡珍惜劳动成果、尊重劳动人民,一些地方和学校开展了劳动教育的有益探索并取得一定成效,但总体上看这些年劳动教育抓得远远不够。社会上一度对劳动的价值有所怀疑,劳动教育在学校中被弱化、在家庭中被软化、在社会中被淡化。① 一些青少年不珍惜劳动成果,不想劳动,不会劳动。2018 年五一前夕,总书记给中国劳动关系学院劳模本科班学员的回信中指出:"全社会都应该尊敬劳动模范、弘扬劳模精神,让诚实劳动、勤勉工作蔚然成风。"②在全国教育大会上,习近平总书记最后强调,要在学生中弘扬劳动精神,教育引导学生崇尚劳动、尊重劳动,懂得劳动最光荣、劳动最伟大、劳动最美丽。

最后,劳动教育准确定位。劳动教育的主要目的是增强学生劳动意识,培养学生劳动观念,提升学生劳动能力,激发学生劳动热情,学会劳动,学会勤俭。劳动不能泛化,也不能窄化。读书、写作业、搞课题,不是这里所说的劳动。课堂亦非劳动的主要场所。要让学生走出教室动手体验,看到成果。出点力,流点汗,以便日后经风雨、见世面。

五育相辅相成,缺一不可。根据全国教育大会精神,要着眼于"教好",围绕教师、教材、教法推进改革,探索形式多样、行之有效的教学方式方法,切实在素质教育上取得真正突破;要着眼于"学好",围绕立德立志、增智健体、成人成才推进改革。要加大社会资源的有效开发配置,不能因担心安全问题而因噎废食,各级党委政府要为学校办学安全托底。在新时代,须按照习近平总书记的要求,努力构建德智体美劳全面培养的教育体系,形成更高水平的人才培养体系。

四、关于教师队伍的新表述

全国教育大会指出,教师是人类灵魂的工程师,是人类文明的传播者,担

---

① 郭立场:《让劳动教育塑造年青一代美好未来》,《中国教育报》2018 年 9 月 13 日。
② 刘向兵:《劳动的名义》,中国工人出版社 2018 年版,第 1 页。

负着传播知识、传播思想、传播真理的神圣使命，从事着塑造灵魂、塑造生命、塑造新人的工作。《教育规划纲要》把教师队伍建设放至"保障措施"重要地位，而全国教育大会更将教师队伍建设作为"基础工作"予以强调。

一是加强师德师风建设。国无德不兴，人无德不立。评价教师队伍素质的第一标准是师德师风。习近平总书记多次倡导教师争做"四有"好老师，希望教师做到教书与育人相统一、言传与身教相统一、潜心问道与关注社会相统一、学术自由与学术规范相统一，从而成为先进思想文化的传播者、党执政的坚定支持者、学生健康成长的指导者和引路人。① 教师是太阳底下最光辉的职业，可以肯定地说，全国各级各类 1626 万名教师，学为人师、行为世范、扎根基层、默默奉献、爱岗敬业、成绩凸显，值得充分肯定。但确有个别教师严重违反师德，损害了教师形象。根据全国教育大会精神，下一步要把提高教师思想政治素质和职业道德水平摆在首要位置，把社会主义核心价值观贯穿到教书育人全过程，突出全员全方位全过程师德养成。分别颁布高校教师、中小学教师、幼儿园教师职业行为准则，设定正面标准，划出负面底线，引导广大教师以德立身、以德立学、以德施教、以德育德。

二是提高职前培养质量。体现问题导向，采取有力措施，改变教师培养环节薄弱现状。提升生源质量，鼓励办学条件好、教学质量高的院校师范专业提前批次录取，对符合政策要求的采取到岗退费或公费培养、定向培养等方式，吸引和选拔乐教适教善教的优秀青年进入师范专业。改进培养环节，实施《教师教育振兴行动计划（2018—2022 年）》，加大对师范院校支持力度，建立以师范院校为主体、高水平非师范院校参与的教师教育体系。借鉴国际经验，界定教师应当具备必备素质，诸如专注于学生和教学，对所教科目谙熟于心并善于传授，对学生学习进行管理和掌控，对教学实践进行系统思考并汲取有益做法，将自己置于学习共同体之中。② 实施卓越教师培养计划，分类培养一批高素质专业化的中小学教师、高素质善保教的幼儿园教师、高素质"双师型"

---

① 《做党和人民满意的好老师——习近平同北京师范大学师生代表座谈时的讲话》，《人民日报》2014 年 9 月 10 日。

② National Board for Professional Teaching Standards. What Teachers Should Know and Be Able to Do, Washington D.C., 2018, pp.6-18.

的职教教师、高素质创新型的高校教师,倡导教育家办学。做好师范类专业认证,以认促建,以认促强。①

三是提高在职培训实效。根据全国教育大会精神,应当大力开展能力建设。统筹推进国培项目,分级分层分类开展培训,国培计划集中支持中西部乡村教师提升整体素质,教师素质提高计划重点提升职业院校教师实践教学技能,高校国培项目注重提升西部青年教师教学能力。强化校本教研,发挥教学名师示范带动作用,引领青年教师快速成长。通过"领航工程""领雁计划"等举措,鼓励教师大胆探索,创新教育理念,改进教学方法,成为学生创新精神的呵护者、创造能力的培育者、创业生涯的指导者。提升校长办学治校能力,增强校长培训的针对性,促进校长队伍专业化建设。

四是创新现代治理体系。创新和规范中小学教师编制配备,盘活事业编制总量,优先保障教育发展需要。深化中小学教师资格考试和定期注册改革,逐步提高中小学教师入职学历。鼓励职业院校专设流动岗,聘用企业家、高科技人才、高技能人才兼职任教。严把高校教师选聘思想政治关,推进职务聘任制改革,实现能进能出。

深化职称制度改革,优化中小学中高级教师岗位比例,研究在中职学校设立正高级职称,将职称评审权下放至高校并做好相应监管。深化考核评价制度改革,突出教育教学实绩和师德要求,努力扭转中小学单纯以升学率和学生考试成绩评价教师的倾向,努力扭转高校教师重科研轻教学、重数量轻质量的倾向。

五是确保教师地位待遇。完善中小学教师待遇保障机制,确保平均工资收入不低于当地公务员。关注教师身心健康,提供有效健康服务,让教师健康工作、幸福生活。深化"放管服"改革,推动管办评分离,充分发挥教师办学治校主体作用。补齐乡村教师队伍短板。切实落实乡村教师支持计划。鼓励地方政府和相关院校采取多种方式培养一专多能的本土化乡村教师。扩大"特岗计划"招聘规模,适时提高特岗教师工资性补助标准。编制配备向乡村小规模学校倾斜,深化"县管校聘"制度改革,关爱乡村青年教师。完善荣誉制

---

① 王定华:《培养好老师从师范类专业认证开始》,《光明日报》2018 年 1 月 6 日。

度,深入做好教学名师、教育系统先进集体和先进个人、教书育人楷模等评选推选活动,发挥其示范引领作用,营造全社会尊师光荣、鄙师可耻的浓厚氛围。

五、关于评价体系的新要求

全国教育大会上,习近平总书记对教育评价制度改革作出重要指示,指出要从根本上解决教育评价指挥棒问题,通过评价改变办学中的一些急功近利的做法。

首先,克服单一指标。根据全国教育大会精神,教育评价必须作出改变,坚决改变唯分数论。现在教育比较突出的问题是中小学生太苦太累,更严重的是大家都知道这种状况不对,但又在沿着这条路走,越陷越深、越深越陷。立足新时代,应当纠正简单以学生考试成绩排名评价老师,拿考试成绩评价学生、拿升学率衡量学校的导向和做法。还要改变工程项目、经费分配与评优评先挂钩的潜规则。对高校教师的评价要科学合理,坚决克服唯文凭、唯论文、唯帽子、唯奖项的顽瘴痼疾,扭转教育功利化的倾向。考试招生制度要有效改革,真正实现学生成长、国家选才、社会公平的有机统一。高考改革牵一发而动全身,各级党委和政府应做到亲自把关、亲自协调、亲自督查,加大统筹协调力度,确保这项备受关注的高风险改革平稳落地。

其次,减少不必要的评比。全国教育大会让人们认识到,办学有规律,学校有主业,各级党委和政府要减少不必要的检查评比。学校是办学主体,要尽可能把资源配置、经费使用、考评管理放给学校,保证学校事情学校办。支持有条件的高校创一流,但不能通过不当评比,把高校人为分为三六九等,应鼓励不同学科、不同方面争创一流。

再次,规范校外培训机构。全国各类校外培训机构有 38 万所,良莠不齐,这种情况客观上加重了学生的负担。根据全国教育大会精神,我们认识到,良心的行业不能变成逐利的产业。对校外培训机构要依法管起来,让校外教育培训回归育人的正常轨道。

最后,端正用人导向。全国教育大会让人们认识到,学历不代表能力,也说明不了人品德行。正因为如此,国家机关、事业单位、国有企业要率先破除唯名校、唯学历是举的导向,建立以品德和能力为导向的人才使用机制,给全社会带个好头,担起育人的社会责任,不以出身论英雄。

六、关于服务能力的新期待

全国教育大会将新时代教育改革发展置于现代化国家建设的大局中,分别提出高等教育差别化发展和职业教育融合化发展。

根据建设社会主义现代化国家的需要,调整优化高校区域布局、学科结构、专业设置,改进高等教育管理方式,促进高等学校科学定位、差别化发展。把创新创业教育贯彻人才培养全过程,建立健全学科专业动态调整机制,加快"双一流"建设,推进产学研协同创新,着重培养创新型、复合型、应用型人才。

推进产教融合,健全德技并修、工学结合的育人机制,培养亿万产业生力军,让职业院校毕业生在职业发展上也有广阔空间。出台优惠政策,调动企业参与职业教育,推动职业院校和行业命运与共、休戚相关。

七、扩大对外开放的新扩展

首先,要培养国际化人才。根据全国教育大会精神,要大力培养掌握党和国家方针政策、具有全球视野、通晓国际规则、熟练运用外语、精通中外谈判和沟通的国际化人才,有针对性地培养"一带一路"等对外战略急需的懂外语的各类专业技术和管理人才。中国公民在各类国际组织中的工作人员比例过低,这种情况必须改变。为此,应有计划地培养选拔,支持优秀人才到国际组织任职。有条件的大学可确立英语开道,复语跟进,加强通识,兼容并蓄,博学笃行,承担起为世界、为人类做贡献的责任。加强同世界各国的互容、互鉴、互通,聚焦世界科技前沿和国内薄弱空白紧缺学科专业,同世界一流资源开展高水平合作,将办学质量高、符合需要的引进来,打造具有国际竞争力的留学教育,将我国建成全球主要留学中心和世界杰出青年向往的留学目的地。

其次,要做好留学教育。一方面,支持出国留学。1978—2018 年,我国出国留学总人数 519.49 万人,已有 374 万人完成学业,其中 313 万人学成回国。下一步,要坚持我国支持留学、鼓励回国、来去自由、发挥作用的留学政策,选派莘莘学子出国深造。另一方面,改进来华留学。吸引海外顶尖人才来华留学,培养未来全球精英。要加强教育服务国家外交的能力,通过教育交流合作,继续办好全球孔子学院、孔子课堂,培养知华、友华、亲华人士,让全球几千万汉语学习者、几十万来华留学生成为中国的好朋友。

（本文原载《教育研究》2018 年第 10 期,原标题为《新时代我国教育改革发展的新方向新要求——学习习近平总书记在全国教育大会上的重要讲话》）

新时代我国教育改革发展的新举措新方略

党的十八大以来,习近平总书记在多个场合、多次会议、多篇著作中深入分析了教育的重要意义、功能定位、价值追求、实现路径,深刻阐述了培养什么人、怎样培养人、为谁培养人的根本问题,对新时代教育重大命题进行了论述。

习近平总书记2018年9月在全国教育大会上的重要讲话,以及他在2016年全国高校思想政治工作会议上、2018年北京大学师生座谈会上、2019年学校思想政治理论课教师座谈会上的重要讲话,形成了比较系统完整的新时代中国特色社会主义教育理论体系,标志着我们党对教育规律的认识达到了新的高度,为新时代教育改革发展提供了根本遵循。深入领会习近平总书记关于教育的重要论述之精神实质,准确把握其落实方略,加快推进教育现代化,努力开创中国特色社会主义教育事业发展的新局面,是新时代教育工作的首要任务。

一、坚持党对教育事业的全面领导,坚定不移走中国特色社会主义教育发展道路

方向决定成败,道路决定出路。中国特色社会主义最本质的特征是中国共产党领导,中国特色社会主义制度的最大优势是中国共产党领导。从全局性和普遍性来看,坚持党对国家事务和社会的领导,是中华人民共和国成立以来的宝贵经验和最为强大的发展动力。

在全国教育大会上,习近平总书记强调,坚持党对教育事业的全面领导,

是办好教育的根本保证。党的全面领导是扎实办好中国特色社会主义教育的根本保证,是做好教育工作最宝贵、最重要的经验,关乎教育事业举什么旗、走什么路的大问题。只有加强党对教育事业的全面领导,才能把握好我国教育的正确发展方向,这也是我们办好中国特色、世界水平的现代教育的最大政治优势。正是在党的领导下,我国教育事业才取得了伟大成就和伟大变革,建立起了世界上规模最庞大的教育体系,在基础教育、高等教育和职业教育等各领域都取得了世界瞩目的发展成就。坚持党对教育事业的全面领导,是对我国教育事业规律性认识的深化,来之不易,要始终坚持并不断丰富发展,把好方向之舵,领好前进之航。

(一)压实党委责任

各级党委应该把教育改革发展摆在优先发展的战略地位,纳入重要议事日程,充分发挥好领导和把关作用,统筹全局,协调各方,把方向、谋大局、定政策、促改革。党政主要负责同志要熟悉教育,关心教育,研究教育,紧扣广大人民群众最关心、最直接、最现实的教育重大问题,找准教育改革发展的突破口和着力点,坚持发展抓公平、改革抓机制、整体抓质量、安全抓责任、保证抓党建,切实做到实事求是、求真务实,善始善终、善作善成,把准方向、敢于担当,亲力亲为、抓实工作。同时,要落实党的知识分子政策,增强为教师服务好、服好务的思想意识和行动自觉,做教师的诤友、挚友,政治上充分信任,思想上主动引导,工作上创造条件,生活上关心照顾。

(二)加强师生党建

党的基层组织是确保党的路线方针政策和决策部署贯彻落实的基础。所以,要把教育系统每一个基层党组织都建设成为坚强的战斗堡垒,使其真正担负起、担负好直接教育党员、管理党员、监督党员和组织群众、宣传群众、凝聚群众、服务群众的职责,着力解决一些基层党组织弱化、虚化、边缘化问题。而且,要全面加强教育系统党建工作,推进高等学校院系、中小学校、民办学校、中外合作办学党组织建设全覆盖,加强高等学校学生和教师党支部建设,把优秀教师和学生吸纳到党内来。除此之外,还应研究制定党建工作考核办法、基层党组织书记考核细则、党支部工作规程、高校党委工作条例等规章制度,不断完善党建工作制度体系。

(三)强化政治建设

党的政治建设是党的根本性建设,决定党的建设方向和效果,必须把党的政治建设摆在首位。保证全党服从中央,坚持党中央权威和集中统一领导,是党的政治建设的首要任务。一方面,要用习近平新时代中国特色社会主义思想武装头脑,教育引导广大干部师生牢固树立"四个意识",不断坚定"四个自信",坚决做到"两个维护",坚定执行党的政治路线,严格遵守政治纪律和政治规矩,不断提高政治觉悟,坚定政治方向,对党忠诚、为党分忧,永葆共产党员政治本色,确保党的基本理论、基本路线、基本方略在教育系统不折不扣地贯彻落实。另一方面,要教育引导广大党员教师牢记党的宗旨,挺起共产党员的精神脊梁,解决好世界观、人生观、价值观这个"总开关"问题,自觉做共产主义远大理想和中国特色社会主义共同理想的坚定信仰者和忠实实践者。

(四)抓好意识形态

意识形态工作是战略工程、固本工程、铸魂工程。首先,要充分认识意识形态工作的极端重要性,敢抓敢管、善抓善管。具体表现为落实意识形态工作责任制,牢牢扭住追责、问责这个关键,出了问题严肃查处,以儆效尤。特别是要落实高等学校党委书记、中小学校校长第一责任人责任,规范课堂教学管理,旗帜鲜明地反对和抵制各种错误观点。其次,要认识到课程教材是国家事权,把加强课程教材建设和管理作为抓紧意识形态的重要工作,统筹设计大中小学教材建设目标、任务和措施,确保正确方向。再次,要充分发挥教师的主导作用,引导教师成为先进思想文化的传播者、党执政的坚定支持者、学生健康成长的指导者和引路人。最后,应加强网络阵地建设,抢占互联网的战略阵地,以适应"微时代"的传播形势,并强化内容建设,有效开展主流意识形态宣传教育。在上述基础之上,建立完善意识形态风险评估机制,坚决防止社会风险向教育领域传导,从而全面推进意识形态工作的开展。

二、落实立德树人根本任务，大力培养德智体美劳全面发展的社会主义建设者和接班人

人才培养是育人和育才相统一的过程，而育人是本。习近平总书记在全国教育大会上强调，要坚持把立德树人作为根本任务，并把劳动教育纳入社会主义建设者和接班人的要求之中，强调要培养德智体美劳全面发展的社会主义建设者和接班人。2018 年 5 月，习近平总书记在北京大学师生座谈会上指出："要把立德树人的成效作为检验学校一切工作的根本标准，真正做到以文化人、以德育人，不断提高学生思想水平、政治觉悟、道德品质、文化素养，做到明大德、守公德、严私德。"①我们要遵循教育规律和人才成长规律，努力构建德智体美劳全面培养的教育体系，把立德树人贯穿到教育工作的各领域、各环节，使素质教育具体化，培养全面发展的时代新人。

（一）铸牢理想信念之魂

从基础教育到高等教育，从与青年座谈到与师生座谈，从全国性工作会议到党的全国代表大会，只要讲到教育的立德树人根本任务，习近平总书记都会把理想信念教育作为"灵魂"和首要任务加以明确和强调。这不仅揭示了理想信念教育对培育和践行社会主义核心价值观、培育和弘扬中国精神起着强基固本功能，也明确了理想信念铸魂作为立德树人关键环节的重要作用。习近平总书记提出了一系列新论断新理念，即"理想指引人生方向，信念决定事业成败。没有理想信念，就会导致精神上'缺钙'"，"青年一代有理想、有担当，国家就有前途，民族就有希望，实现我们的发展目标就有源源不断的强大力量"；②"广大青年一定要坚定理想信念"，"把理想信念建立在对科学理论的理性认同上，建立在对历史规律的正确认识上，建立在对基本国情的准确把

①　习近平：《在北京大学师生座谈会上的讲话》，《人民日报》2018 年 5 月 3 日。
②　习近平：《在同各界优秀青年代表座谈时的讲话》，《人民日报》2013 年 5 月 5 日。

握上","广泛开展理想信念教育,深化中国特色社会主义和中国梦宣传教育,弘扬民族精神和时代精神"。① 不可否认,当前个别学生理想信念缺失,政治理想上政治淡化倾向明显,主张以自我发展的观点来看待政治问题,注重实惠、实用和物质享受,提倡合理的利己主义,诚信意识淡薄等②。面对这样的问题,教育工作者一是要正视当代青年理想信念形成面临的现实挑战,创新理想信念教育的方式方法,引导广大青年把自己的个人理想、社会共同理想和共产主义最高理想结合起来,在追求中国梦的历史进程中实现青年的个人梦想;二是要深化中国特色社会主义和中国梦宣传教育,弘扬民族精神和时代精神,加强爱国主义、集体主义、社会主义教育;三是要积极培育和践行社会主义核心价值观,加快构建大中小幼一体化德育体系,强化教育引导、实践养成、制度保障,让社会主义核心价值观的种子在青少年心中生根发芽。

(二) 创新思想政治教育

思想政治工作是学校各项工作的生命线。思想政治教育质量的高低,决定了人才培养质量的好坏。我们党历来高度重视思想政治工作,学生思想政治教育成效显著,教师思想政治素质明显提高,各类思想文化阵地建设和管理不断加强,中国特色社会主义理论体系进教材、进课堂、进头脑工作扎实有效,社会主义核心价值观建设持续推进,学校意识形态领域主流积极健康向上,这为保证教育改革发展、服务党和国家工作大局作出了重要贡献。但是也应看到,当前国际形势深刻变化,国内发展日新月异,不同思想文化交流交融交锋,社会思潮多元多样多变,思想政治工作面临着许多新情况新任务新课题。习近平总书记强调,"思想政治工作从根本上说是做人的工作,必须围绕学生、关照学生、服务学生,不断提高学生思想水平、政治觉悟、道德品质、文化素养,让学生成为德才兼备、全面发展的人才"③。所以我们教育工作者责任重大,在具体的贯彻落实中,坚持从以下几个方面不断推进。

---

① 习近平:《决胜全面建成小康社会　夺取新时代中国特色社会主义伟大胜利——在中国共产党第十九次全国代表大会上的报告》,《人民日报》2017 年 10 月 28 日。
② 田建国:《警惕和克服精神懈怠的危险》,《中国高等教育》2011 年第 18 期。
③ 《把思想政治工作贯穿教育教学全过程》,《人民日报》2016 年 12 月 9 日。

　　一是因事而化、因时而进、因势而新,遵循思想政治工作规律,遵循教书育人规律,遵循学生成长规律,不断提高工作能力和水平;各级党委、教育主管部门、学校党组织都必须将思想政治工作紧紧抓在手上,不可松懈,增强政治意识、育人意识,把牢办学正确方向,实现全员育人、全过程育人、全方位育人。

　　二是坚持遵循教育规律、思想政治工作规律、学生成长规律,把握师生思想特点和发展需求,注重理论教育和实践活动相结合、普遍要求和分类指导相结合,推进理念思路、内容形式、方法手段创新,把思想价值引领贯穿教育教学全过程和各环节,形成教书育人、科研育人、实践育人、管理育人、服务育人、文化育人、组织育人长效机制,增强工作时代感和实效性。

　　三是精心培养和组织一支会做思想政治工作的政工队伍,把思想政治工作做在日常、做到个人。通过研究推进大中小学思想政治工作质量提升工程,打一场漂亮的思想政治理论课质量攻坚战;全面加强马克思主义理论学科建设,深入研究习近平新时代中国特色社会主义思想,支持高等学校在教育学、马克思主义理论等学科设立相关研究方向。

　　四是要发挥思想政治理论课的课堂主渠道作用,统筹教师、教材、教学各环节,大力推进理论研究和理论教学创新,提高思想政治理论课的亲和力、针对性和感染力。各地各校要把思想政治理论课建设摆在更加突出的地位,突出抓好"六创优"工作,更好地发挥思想政治理论课作为立德树人关键课程的不可替代作用,推动形成全党全社会努力办好思想政治理论课、教师认真讲好思想政治理论课、学生积极学好思想政治理论课的良好氛围。其一,思路创优。要牢牢把握住思想政治理论课的对象是人、关键是思、重点是政、载体是课,从"关键课程"的角度解决好思想政治理论课的核心要素、质量标准、保障条件等问题。其二,师资创优。要瞄准习近平总书记提出的政治要强、情怀要深、思维要新、视野要广、自律要严、人格要正"六个方面素养"标准,对思想政治理论课教师队伍建设存在的问题和薄弱环节进行综合研判,拿出切实有效措施,真正聚集优秀人才,提升思想政治理论课教师队伍质量。其三,教材创优。要切实抓好经典教材、主体教材、专业教材、案例教材、特色教材等几类思想政治理论课教材建设,抓好抓实理论体系向教材体系的转化,充分体现教材的思想含量、政治含量、学术含量,进一步发挥好思想政治理论课教材所承载的历史使命。其四,教法创优。要深入落实"八个统一"①要求,以辩证唯物主义和历史唯物主义贯穿教学,做到"有虚有实、有棱有角、有情有义、有滋有味、有己有人"。其五,机制创优。要以评价机制创新为核心,深入抓好中共中央、国务院《关于加强和改进新形势下高校思想政治工作的意见》的贯彻落实工作,在思想政治理论课教师队伍建设、思想政治理论课教师职业发展规划等机制创新方面多做探索。其六,环境创优。要切实将思想政治理论课当作"金课"打造,为办好思想政治理论课创造良好的政治生态和学术环境,让思想政治理论课教师能够潜心育人,让优秀教师有志于长期从事思想政治理论课教学。

五是发挥其他课程的思想政治教育作用,守好一段渠,种好责任田,同向同行,形成协同效应;加强学校文化建设,传承弘扬中华优秀传统文化、中国共产党革命精神,弘扬优良校风、教风、学风,促进耳濡目染,实现价值熏陶。

(三) 推进实施素质教育

素质教育是以全面提高受教育者基本素质为目标的教育,它通过德育、智育、体育、美育、劳动教育等的有机结合促进受教育者全面发展。② 但当深入课堂、学生和家庭时仍会发现,学校的课堂形态、学生的成长空间、家长的教育方式等方面的改进空间还很大,应试倾向仍如影随形地伴随着教育的每个环节,一些地方的素质教育实施难以真正落地,不尽如人意。特别是功利主义对素质教育的推进产生重大冲击,教育非均衡发展导致学校教育质量存在差异,重利轻德思想以及人才评价存在的片面与偏差,对素质教育产生了严重冲击,师资队伍素质参差不齐也束缚了素质教育的推行。习近平总书记在党的十九大报告中强调"发展素质教育",在全国教育大会上提出"六个下功夫",即在坚定理想信念上下功夫、在厚植爱国主义情怀上下功夫、在加强品德修养上下

---

① "八个统一"指的是政治性和学理性相统一、价值性和知识性相统一、建设性和批判性相统一、理论性和实践性相统一、统一性和多样性相统一、主导性和主体性相统一、灌输性和启发性相统一、显性教育和隐性教育相统一。

② 朱步楼:《让教育回归育人本真,凝心聚力推进素质教育》,《人民日报》2018 年 8 月 15 日。

功夫、在增长知识见识上下功夫、在培养奋斗精神上下功夫、在增强综合素质上下功夫。① 深入推进素质教育，就要尊重教育规律和学生成长规律，坚持德育为先、能力为重、全面发展的育人理念，采取切实措施减轻学生过重的课业负担和学习压力，让学生有更多时间去了解社会、参与实践，学会动手动脑、做人做事；就要坚持以学生为主体，尊重学生的个性、意愿和选择，激发学生的学习兴趣，因材施教、因势利导，努力使每个孩子都得到适合的教育和自由的发展；就要运用信息技术优化课程设计和流程，以为中小学生减负、让学生增能为目标，不断创新教学方法、教学内容和人才培养模式，注重启发式、探究式、讨论式、参与式教学，着力提高学生的学习能力、实践能力、创新能力；就要切实加强学校体育工作，树立健康第一的教育理念，开齐开足体育课，帮助学生在体育锻炼中享受乐趣、增强体质、健全人格、锤炼意志；更要全面加强和改进学校美育，坚持以美育人、以文化人，提高学生审美和人文素养；在学生中弘扬劳动精神，教育引导学生崇尚劳动、尊重劳动，懂得劳动最光荣、劳动最崇高、劳动最伟大、劳动最美丽的道理，长大后能够辛勤劳动、诚实劳动、创造性劳动，进而充分发挥实践育人功能，开好综合实践活动课程，抓好校内外劳动等关键环节，以劳树德、以劳增智、以劳强体。

三、发展以人民为中心的教育，不断增强广大人民群众的获得感幸福感安全感

真挚的人民情怀是习近平新时代中国特色社会主义思想的理论特质。习近平总书记在党的十九大报告中强调，"坚持以人民为中心。人民是历史的创造者，是决定党和国家前途命运的根本力量。必须坚持人民主体地位，坚持立党为公、执政为民，践行全心全意为人民服务的根本宗旨，把党的群众路线贯彻到治国理政全部活动之中，把人民对美好生活的向往作为奋斗目标，依靠

---

① 习近平：《坚持中国特色社会主义教育发展道路，培养德智体美劳全面发展的社会主义建设者和接班人》，《人民日报》2018 年 9 月 11 日。

人民创造历史伟业"①。在全国教育大会上,习近平总书记特别强调,坚持以人民为中心发展教育,以凝聚人心、完善人格、开发人力、培育人才、造福人民为工作目标。② 这充分阐明了我们党的人民理念、我国教育的人民立场。进入新时代,我国教育有了长足的发展,"有学上"的问题总体上基本解决,"上好学"的需求更加凸显。教育坚持以人民为中心的发展思想,就是要解决教育发展不平衡不充分问题,扩大优质资源供给,不断促进教育事业发展成果更多更公平惠及全体人民,努力让每个孩子都享有公平而有质量的教育,办好人民满意的教育。

(一) 推进学前教育普惠发展

学前教育是终身学习的开端,是国民教育体系的重要组成部分。办好学前教育,对于促进儿童终身发展、提升国家人力资源开发水平、解决家庭后顾之忧、维护社会和谐具有重大意义。2018 年,全国幼儿园 26.67 万多所,在园幼儿 4656.42 万人,相当于一个中等国家的人口数。我国学前教育普及水平和发展速度有了很大提高,2018 年适龄儿童毛入园率达到 81.7%,达到了中高收入国家的平均水平。③ 但是,学前教育仍然是我国教育的一大"短板","入园难"问题基本解决,但仍然面临着普惠性资源不足、教师队伍素质不高、保障机制不健全、保教质量参差不齐等问题。要以教育部等四部门的《第三期学前教育行动计划》为抓手,力争到 2020 年,基本建成广覆盖、保基本、有质量的学前教育公共服务体系,全国学前三年毛入园率达到 85%,普惠性幼儿园覆盖率(公办幼儿园和普惠性民办幼儿园在园幼儿数占在园幼儿总数的比例)达到 80% 左右。坚持政府主导,不断扩大普惠性资源总量,在大力发展公办园的同时,积极引导和扶持民办园提供普惠性服务,大力支持农村地区、脱

---

① 习近平:《决胜全面建成小康社会 夺取新时代中国特色社会主义伟大胜利——在中国共产党第十九次全国代表大会上的报告》,《人民日报》2017 年 10 月 28 日。

② 习近平:《坚持中国特色社会主义教育发展道路,培养德智体美劳全面发展的社会主义建设者和接班人》,《人民日报》2018 年 9 月 11 日。

③ 《爬坡过坎步入"幼有所育"新时代——党的十八大以来我国教育改革发展述评·学前教育篇》,《中国教育报》2018 年 9 月 8 日。

贫攻坚地区、城乡接合部和"二孩"政策新增人口集中地区新建、改扩建幼儿园。建立生均拨款、收费、资助一体化机制,增加学前教育投入。完善编制管理办法和工资待遇保障机制,提高准入门槛,引导和监督依法配齐保教人员。完善质量评估体系,建立办园行为常态监测机制,确保依法依规办园。持续开展"小学化"专项治理,完善教研责任区制度,强化对各类幼儿园特别是薄弱园的专业指导,让每一个在园儿童接受专业化、有质量的学前教育。

(二)推进义务教育均衡发展

义务教育关系亿万少年儿童健康成长,关系民族素质和国家未来。培养担当民族复兴大任的时代新人,义务教育肩负着崇高的历史使命。党的十八大以来,我国义务教育在办学条件、普及水平等方面取得了历史性成就。截至2018年年底,全国已有2717个县通过国家义务教育基本均衡评估认定,占全国总县数的92.7%,16个省份整体通过认定。[①]然而,面对人民群众对教育需求的转变,我国义务教育还存在教育观念和教学方法相对滞后、素质教育没有全面落实等问题,特别是区域间、城乡间、校际教育质量不够平衡。要解决这些问题,迫切需要加强顶层设计,从全局上系统谋划,通过深化教育教学改革,全面提高义务教育质量。要抓均衡、夯基础、补短板,加快城乡义务教育一体化发展步伐。强化省级政府统筹,把学校布局与乡村振兴战略融为一体,持续推进"全面改薄"工作,基本消除66人以上超大班额。全面加强乡村小规模学校和乡镇寄宿制学校建设,大力推进两类学校建设底部攻坚,让乡村小规模学校小而优、小而美。全面普及目标实现后,控辍保学成为重要任务,辍学高发区要"一县一策"制订完成控辍保学工作方案,锁定重点地区和重点学段,实施精准控辍。要抓优质、促规范、提质量,推动规范教育教学秩序,创新教学方法,加强教研队伍建设,提高教学质量。开展中小学素质教育督导评估和中小学校管理评价,促进学校规范办学行为,开齐开足开好国家规定课程。大力规范校外教育培训机构,促进校外教育培训机构规范有序发展,减轻学生课业负担,探索建立负面清单制度和联合监管机制,使其成为学校教育的有益

---

① 教育部:《2018年全国义务教育均衡发展督导报告》。

补充者,而不是教育秩序的干扰者。

（三） 推进高中教育特色发展

高中教育在国民教育体系中处于承上启下的关键部位,承担着引领基础教育发展、为高等教育输送人才、为学生终生发展奠基的重要使命。党的十九大将高中阶段教育由党的十八大的"基本普及"调整为"普及",这意味着绝大多数城乡新增劳动力都能接受高中阶段教育。经过改革开放40多年特别是近年来的快速发展,我国已经建成了世界最大规模的教育体系。2018年,高中阶段教育在校生为3926.84万人,毛入学率达89.3%,较2010年的高中阶段毛入学率82.5%,上升了6.8个百分点。① 2018年年初,高中新课标的"出世",更加关注学生个性化、多样化的学习需求和发展要求,给予学生自主、自由选修选考的空间,有利于促进学生个性特长发展。要进一步主动回应人民群众的教育关切,全面实施高中阶段教育普及攻坚计划,解决落后地区教育资源短缺、大班额比例高、学校运转困难等突出问题,提高高中阶段毛入学率;要进一步推进普通高中育人方式改革,推动普通高中多样化有特色发展,深化普通高中课程改革,完成高中各科教材修订,全面实施新修订的课程方案和课程标准,推行选课走班,丰富课程体系,加强生涯指导教育,有力推进育人方式改革。

（四） 推进职业教育融合发展

现代职业教育是服务经济社会发展需要,面向经济社会发展和生产服务一线,培养高素质劳动者和技术技能人才并促进全体劳动者可持续职业发展的教育类型。随着新型工业化的推进和科学技术的发展,现代职业教育体系越来越成为国家竞争力的重要支撑。当前,我国建成世界上最大规模的职业教育体系,职业教育迎来了黄金发展期:现有1.23万所院校、10万个专业点、2682万名在校生,每年培训上亿人次,向社会输送1000万名毕业生,就业率保持在90%以上,3万多家企业与学校建立紧密合作关系,职业教育财政性经

---

① 《2018年全国教育事业发展有关情况》,《人民日报》2019年2月27日。

费达到 3000 多亿元,职业院校办学条件显著改善。① 但是也应看到,高端人才严重短缺,"技工荒"问题仍相当突出。必须把加强职业教育作为发展实体经济、推动高质量发展、保障和改善民生的重要举措,采取综合措施大力推进。推行产教融合的职业教育模式。坚持面向市场、服务发展、促进就业的办学方向,科学确定各层次各类型职业教育培养目标,创新技术技能人才培养模式。推行校企一体化育人,推进"订单式"培养、工学交替培养。鼓励学校、行业、企业、科研机构、社会组织等组建职业教育集团,实现教育链和产业链有机融合。建立健全对接产业发展中高端水平的职业教育教学标准体系,以增强学生核心素养、技术技能水平和可持续发展能力为重点,对接最新行业、职业标准和岗位规范,优化专业课程结构,更新教学内容。强化课堂教学、实习、实训的融合,普及推广项目教学、案例教学、情境教学等教学模式。完善职业学校教学工作诊断与改进制度。强化大国工匠后备人才培养,建立健全大国工匠优秀后备人才早期发现、选拔和培养制度。

(五) 推进高等教育内涵发展

高等教育是衡量一个国家、一个民族发展水平和发展潜力的重要标志。如今,我国高等教育在学总规模占世界高等教育总规模的五分之一,位居世界第一,2012—2018 年,高等教育毛入学率从 30% 增长到 48.1%。② 但规模扩张并不意味着质量和效益增长,走内涵式发展道路是我国高等教育发展的必由之路。要加快"双一流"建设步伐,以重点学科建设为基础,启动特色重点学科项目;以人才培养、创新能力和服务贡献为核心要素,研究建立中国特色"双一流"建设的综合评价体系,充分体现"双一流"建设的目标达成度、社会适应度、条件保障度、质保有效度和结果满意度;积极参与和设立国际学术合作组织、国际科学计划,支持与境外高水平教育、科研机构建立联合研发基地,产生一批国际领先的原创性成果,培养一批国际顶级拔尖人才。大力推进本

---

① 《在服务经济社会发展中提质升级——党的十八大以来我国教育改革发展述评·职业教育篇》,《中国教育报》2018 年 9 月 7 日。

② 《2018 年全国教育事业发展有关情况》,《人民日报》2019 年 2 月 27 日。

科教育,全面实施本科教学质量与教学改革工程,抓好抓实标准、专业、课堂、教师这四个提升培养能力的关键要素,实施专业类国家质量标准,以"国标"引领、规范、指导高校专业建设;紧紧抓住课堂教学这个人才培养主阵地主渠道主战场,努力提升每一堂课的教学质量。牢固确立人才培养在高校工作中的中心地位,着力培养信念执着、品德优良、知识丰富、本领过硬的高素质专门人才和拔尖创新人才;把教学作为教师考核的首要内容,把教授为本科生授课作为重要制度;深化教学改革,健全教学质量保障,改进教学评估,激励学生刻苦学习。不断提升科研水平,大力开展自然科学、技术科学、哲学社会科学研究,充分发挥高校在国家创新体系中的重要作用,鼓励高校在知识创新、技术创新、国防科技创新和区域创新中作出贡献。

四、深化教育改革创新,不断推进教育治理体系和治理能力现代化

发展是硬道理,是解决各种问题的钥匙;创新是事业发展的不竭动力,只有改革创新,才能破障碍、活体制、提效率。习近平总书记在党的十九大报告中强调指出,"坚持全面深化改革,只有改革开放才能发展中国、发展社会主义、发展马克思主义。必须坚持和完善中国特色社会主义制度,不断推进国家治理体系和治理能力现代化,坚决破除一切不合时宜的思想观念和体制机制弊端,突破利益固化的藩篱,吸收人类文明有益成果,构建系统完备、科学规范、运行有效的制度体系"①。在全国教育大会上,习近平总书记指出,要坚持深化教育改革创新,深化办学体制和教育管理改革,充分激发教育事业发展活力。党的十八大以来,我们不断增强改革的系统性、整体性、协同性,教育改革向纵深推进。一批标志性、引领性改革举措取得明显成效,教育新体制"四梁八柱"搭建完成,整体进入"全面施工内部装修"阶段。但是也应看到,和其他

---

① 习近平:《决胜全面建成小康社会　夺取新时代中国特色社会主义伟大胜利——在中国共产党第十九次全国代表大会上的报告》,《人民日报》2017 年 10 月 28 日。

领域改革一样,教育综合改革进入深水区和攻坚期,改到深处既是"硬骨头"甚至铁疙瘩,也是思维革新、利益调整。改革面临的矛盾越多、难度越大,越要坚定攻坚克难的信心,不能因为包袱重而等待、有风险而躲避、有阵痛而不前。

(一) 深化"放管服"改革

"放管服"即简政放权、放管结合、优化服务。具体来说,"放"就是指政府取消、下放行政权,削减没有法律依据和法律授权的行政权,厘清多个部门重复管理的行政权;"管"就是指政府部门要创新和加强监管职能,利用新技术新体制加强监管体制创新;"服"就是优化服务,指改进公共服务质量、创新公共服务方式,促进市场主体发展活力。而教育领域"放管服"则要求我们从教育管理向教育治理转变,由微观管理转向宏观管理,由直接管理转向间接管理,由办教育转向管教育,由管理转向服务。

一是在体制上实现由政府放得下向学校用得好的转变。要简政放权,让改革落地生根,让基层、学校、教师切实感受到变化。但简政放权涉及多个部门,触及一系列深层次问题,所以要积极推动相关部门出实施细则、出配套措施,把权力从说法变成做法,从字面落到地面。要放管结合,坚持放权与监管同步,着重从加强党的领导、制度建设与自我监管、事中事后监管、审计监督、信息公开与社会监督等方面加强对办学行为的监管,确保权力下得去、接得住、用得好。

二是在理念上实现以管理为中心向以服务为中心的转变。首先应该改变长期以来所形成的"管"字当头的思维方式和工作模式,树立公共服务的意识与理念。特别是在高等教育领域,用足用好教育部等五部门关于深化高等教育领域"放管服"的政策。政府对高校的服务既包括为高校提供经费支持、国内外教育信息、学生奖贷资助等直接服务形式,还包括制定规则、维护秩序以及营造公平竞争的外部环境等间接服务。政府与高校之间不仅有自上而下的指令性控制关系,还要有平等协商式关系。把优化服务作为推进改革的催化剂,加强协调与指导,简化优化服务流程,依托"互联网+"、大数据等现代科学技术,建立基于数据分析的检测机制,淡化管理色彩,强化服务意识,为高校、师生提供优质高效便捷的公共服务。

（二）深化考试招生制度改革

考试招生制度是国家基本教育制度,是教育发展的指挥棒,是牵一发而动全身的牛鼻子。从总体上看,我国考试招生制度符合国情,同时也存在一些问题。2014年9月,国务院印发《关于深化考试招生制度改革的实施意见》,启动了高考综合改革试点,试验了制度设计,取得了良好成效,总结了有效经验。随着改革的不断深入,考试招生制度改革也需不断深化。按照全国教育大会精神,进一步深化改革,既要努力做到高考机会公平、过程公开、结果公正,切实维护社会公平,又要引导通过教学、课程的改革,改进人才选拔方式,把最优秀的人选出来。及时总结上海、浙江及北京、天津、山东、海南等省份的试点经验,为后续启动改革的省份提供借鉴。推进"新高考"考试内容改革,更加突出考查学生运用所学知识分析问题、解决问题的能力,加强和改进综合素质评价,转变以考试成绩为唯一标准评价学生的做法。积极稳妥推进中考改革,做好政策宣传解读,引导各地对接好、不跑偏。合理配置教育资源,科学投放生源指标,缩小区域、城乡差距,促进入学机会公平。进一步以更严格的法规、更先进的技术、更得力的举措,规范自主招生、高考加分等,遏制腐败之风在高考领域滋生蔓延,确保高考成为"一片净土"。

（三）深化教育对外开放

对外开放是我国的一项基本国策,是我国腾飞的一个秘诀,是推进治理体系和治理能力现代化的重要举措。习近平总书记在党的十九大报告中指出,要推动形成全面开放新格局。中国开放的大门不会关闭,只会越开越大。同时,在2017年5月"一带一路"国际合作高峰论坛开幕式上,习近平总书记强调,"我们要建立多层次人文合作机制,搭建更多合作平台,开辟更多合作渠道。要推动教育合作,扩大互派留学生规模,提升合作办学水平"[1]。党的十八大以来,我国坚持统筹国内国际两个大局、用好国内国际两种资源,教育对外开放工作全方位推进,扩大留学规模,完善中外人文交流顶层设计,积极参

---

[1] 《习近平谈治国理政》第二卷,外文出版社2017年版,第514页。

与全球治理,成为我国日益走近世界舞台中央的一张亮丽名片。并在此基础上,进一步深化教育对外开放,不断丰富开放内涵,提高开放水平和国际影响力。全面深化中外教育交流合作,鼓励更多学校与海外优质学校建立伙伴关系,推动同其他国家学历学位互认、标准互通、经验互鉴。深入做好"一带一路"沿线国家交流合作,推进教育政策和标准互通、教育资源互通互联。加强与国际组织和多边组织交流,增进次区域教育合作。提升中外合作办学质量,吸引一批世界一流高校和职业学校、研究机构与国内相关学校合作,建设一批高水平中外合作办学机构与项目,形成一批国际化优质教育资源,为我国教育改革发展提供经验借鉴。打造国际留学中心,打造"留学中国"品牌,努力将我国建成具有重要国际影响力的全球教育高地,吸引国际优秀留学生来华留学,使我国成为世界重要的留学目的地国家。积极参与全球教育治理,深度参与国际教育规则、标准、评价体系的研究制定,结合全球教育发展热点主动发起教育议题,通过与国际组织合作设立教育基金、奖项等,不断创新与国际组织的教育合作方式,推动全球教育发展。

五、把教师队伍建设作为基础工作,努力培养党和人民满意的高素质教师队伍

国运兴衰,系于教育。教育大计,教师为本。教师是人类灵魂的工程师,是人类文明的传承者,承载着传播知识、传播思想、传播真理,塑造灵魂、塑造生命、塑造新人的时代重任,是教育发展的第一资源,是国家富强、民族振兴、人民幸福的重要基石。党和国家历来高度重视教师队伍建设。党的十八大以来,习近平总书记多次发表重要讲话、作出重要指示,先后提出了"四有好老师""四个引路人""四个相统一"等有关教师的重要论述,并强调要从战略高度来认识教师工作的极端重要性,把加强教师队伍建设作为基础工作来抓,弘扬尊师重教的社会风尚,努力提高教师政治地位、社会地位、职业地位,让广大教师享有应有的社会声望,建设政治素质过硬、业务能力精湛、育人水平高超的高素质教师队伍。按照党中央、国务院统一部署,各地区各部门和各级各类

学校采取有力措施认真贯彻落实了相关举措,教师队伍建设取得显著成就。广大教师不忘初心、牢记使命、爱岗敬业、教书育人,改革创新、服务社会,作出了重要贡献。面对新方位、新征程、新使命,教师队伍建设仍然面临着困难和挑战,如有的地方对教师工作重视不够、师范教育体系有所削弱、教师素质能力难以适应新时代需要、中小学教师职业吸引力不足、教师结构分布不尽合理等。面对这些挑战,要以落实《中共中央 国务院关于全面深化新时代教师队伍建设改革的意见》为统领,优化教师队伍建设方式,推动教师队伍建设质量变革、效率变革、动力变革,提高教师队伍建设质量和效益,造就党和人民满意的符合新时代需要的高素质教师队伍。

(一) 铺就师德底色

师德是教师的基础色彩,学高为师,德高为范,人之无德,何以为师。一个人即使学历层次再高、教学能力再强、研究成果再丰富,如果品行不正、德行不端,他的所谓高素质也是变色质、变味质,空有教师之名,难副教师之实。师德师风应作为教师队伍建设的第一标准、第一要求,实施师德师风建设工程,突出全员全方位全过程师德养成,推动师德师风建设常态化、长效化,引导教师明大德、守公德、严私德。具体而言,一要加强师德教育,突出思政内容,强化理想信念,引导教师树立正确的历史观、民族观、国家观、文化观;二要加强社会主义核心价值观教育,增强价值判断能力、价值选择能力和价值塑造能力,帮助教师在纷繁复杂的社会现象面前认识正误、厘清曲直、明辨是非;三要加强中华优秀传统文化和革命文化、社会主义先进文化教育,引导教师热爱祖国、奉献人民、造福社会;四要加强师德宣传,发掘师德典型,讲好师德故事,持续推出一大批让人喜闻乐见、反映时代风貌的影视作品和文学作品,推进全国高校"黄大年式"教师团队创建活动,弘扬以"西迁精神"为代表的老一辈知识分子的爱国奋斗精神,注重典型引领,加强精神感召,营造崇德向善、德行天下的浓厚氛围。

(二) 提高教师质量

没有高质量的教师,就培养不出高质量的学生,满足不了人民高质量的美好生活需要。要用优秀的人培养更优秀的人,必须紧紧抓住各级各类教育的不同特点,注重学思践悟、知行并进,分类培育、分级指导,努力培养造就政治素质过硬、业务能力精湛、育人水平高超的高素质教师队伍。要提升办学水平,振兴师范教育,加大投入力度,提高生均拨款,提升保障水平。加强体系建设,完善以师范院校为主体、高水平非师范院校参与的中国特色师范教育体系,增强师范整体实力。加强标准建设,研制师范院校建设标准和师范专业办学标准,实施专业认证,提高准入门槛。提高生源质量,改革招生制度,改进培养方式,吸引选拔有志于从教的优秀学生进入师范专业。分类分级育人,创新培养培训模式,加强教育实践。推进地方政府、高等学校、中小学"三位一体"协同育人,分类深化中小学、幼儿园、中职教师培养模式改革,升级培养卓越教师,提高培养质量;优化培训项目,改进培训方式,强化线上线下相结合,提高实践课程比例,突出跟岗研修,增强培训实效。中小学教师突出专业化,推进供给侧结构性改革,提高培养层次,强化教学基本功和教学技能训练;幼儿园教师突出善保教,大力培养初中毕业起点的五年制专科层次,强化保教融合,突出才艺兼备;职业院校教师突出双师型,深化产教融合、校企合作,加强企业实践,提高实践教学能力;高校教师突出创新型,提升专业能力,促进专业成长,增强创新素质。造就一流人才,实施中小学名师名校长领航工程,倡导教育家办学;支持职业院校吸引企业家、高科技人才、高技能人才兼职任教,引进行业企业高端人才;鼓励高校打造创新团队,培养引进一批具有国际影响力的学科领军人才和青年学术英才。

(三) 改善地位待遇

教师,本身就代表着一种精神、一种情怀。教育要发展,人民上好学,归根到底靠的就是广大教师的奉献精神和甘为人梯的情怀,同时也要保障他们相应的收入待遇。只有有了更好的待遇,教师的获得感、幸福感和安全感才会更加充实、更有保障、更可持续,精神才会更强更纯,情怀才会更香更浓。从工资待遇来看,教育在 19 个行业大类中的排名,从 2013 年、2014 年的第 11 位逐步提升到 2017 年的第 6 位,①教师平均工资实现了连年增长,已属不易。而由

---

① 《2018 年全国教育事业发展有关情况》,《人民日报》2019 年 2 月 27 日。

于部分地方重视不够、政策理解偏差等原因,义务教育教师平均工资低于公务员的仍然普遍存在。因而必须不断改善教师地位待遇,进一步提高教师的职业吸引力,让教师成为让人羡慕的职业。

一是从政治上改善,明确教师的特别重要地位,凸显教师职业的公共属性,确立公办中小学教师作为国家公职人员特殊的法律地位,加快推进修订《教师法》。

二是从收入上改善,完善中小学教师待遇保障机制,健全中小学教师工资长效联动机制,明确中小学教师和公务员平均工资水平的比较口径,核定绩效工资总量时统筹考虑当地公务员实际收入水平,公务员发放奖励性补贴时应及时统筹考虑教师。研究制定绩效工资总量核定和内部分配办法,完善收入分配激励机制,有效体现教师工作量和工作绩效,充分体现多劳多得、优劳优酬,让多干活、干好活的教师获得更好的待遇。建立体现增加知识价值的收入分配机制,扩大高校收入分配自主权,高校在核定的绩效工资总量内自主确定收入分配办法。

三是从荣誉上改善,加大表彰力度,深入做好教学名师、教育系统先进集体和先进个人、教书育人楷模等评选推选活动,鼓励各地因地制宜开展多种形式的教师表彰奖励活动,鼓励社会团体、企事业单位、民间组织对教师出资奖励,倡导全社会尊师重教,让教师在社会上有荣誉感。

(四) 关心青年教师

习近平总书记特别关心广大青年,认为青年是祖国的未来、民族的希望。2018 年,我国中小学(不含幼儿园)教师有 1190 多万人,40 岁以下的 637.7 万人,占 53.55%;高校教师 165.7 万人,40 岁以下的近 88.8 万人,占 53.57%。[①] 这就必须要把青年教师工作摆在突出位置,紧紧依靠和充分信任青年教师,切实关爱和大力帮助青年教师,支持他们在教育的广阔天地里释放青春激情、追逐青春梦想,支持他们努力提升自我、为国教书育人,支持他们以青春之我、奋斗之我书写青春之歌、奉献之歌。教育引导他们在大学的神圣殿堂里,学习知

---

① 《2018 年全国教育事业发展有关情况》,《人民日报》2019 年 2 月 27 日。

识,增长才干,成长为新时代的好教师。既关注他们的思想,培正他们的品行,引导他们爱国励志、思想坚定、信念执着,也关心他们的学习,优化培养课程,创新培养方式,注重以知促行、以行促知;既为他们讲好基本理论知识,也带他们开展教育实践,引导他们求真力行,知行合一。帮助青年教师解决住房等实际困难,让他们安心从教、热心从教、舒心从教、静心从教。

总之,习近平总书记关于教育的重要论述,系统回答了一系列方向性、全局性、战略性重大问题,标志着我们党对教育发展规律的认识达到了新高度,为新时代中国特色社会主义教育改革发展提供了根本遵循。教育战线要参悟透、领会准、运用好习近平总书记关于教育的重要论述。要学深学透,掌握全面、把握重点、理解难点;要会学善学,坚持融入思想学、形成体系学、带着问题学、提升本领学,真学、真懂、真信、真用,推动学习往深里走、往实里走、往心里走;要真学真用,紧密联系工作实际,把习近平总书记关于教育的重要论述落实下去、落实到位。①

(本文原载《教育研究》2019 年第 6 期,原标题为《习近平总书记关于教育的重要论述之落实方略》)

---

① 《把学习成果转化为加快推进教育现代化的强大动力》,《中国教育报》2019 年 6 月 12 日。

基础教育研究

论基础教育的科学发展

21 世纪 20 年代,我国现代化建设处于重要战略机遇期,基础教育也处于重要发展机遇期。基础教育的科学发展强调以人为本的理念,根据经济社会现状和趋势,科学制定基础教育发展规划,促进学生德智体美劳全面发展。要将科学发展观作为谋划基础教育改革发展的指针,树立新的发展理念,确立新的发展追求,构筑新的发展优势,促进我国基础教育又好又快的发展。

一、重视统筹兼顾,促进基础教育协调发展

落实科学发展观,首先要重视统筹兼顾,促进基础教育的全面、协调、可持续发展。全面协调可持续,不是眉毛胡子一把抓,而是要突出重点,同时,要兼顾"木桶理论"防止出现"短板效应",要在继续抓好义务教育这个重点的同时,加快发展高中教育、学前教育,并处理好基础教育与职业教育的关系。

(一) 继续抓好义务教育

我国已经实现了普及九年义务教育的奋斗目标,取得了世人称道的历史性成绩。然而,义务教育在我国中西部的一些农村地区的普及基础还比较脆弱,巩固提高的压力仍然很大,有大量农村义务教育阶段学校办学条件达不到合格要求;城乡之间、区域之间、学校之间、群体之间的资源配置差距较大,实现教育公平的任务仍然相当艰巨;义务教育优先发展地位尚未确立,省级政府统筹职责不落实,县级教育管理机制不完善,现代学校制度建设亟待加强;义

务教育阶段学龄人口流动日趋复杂,学校布局规划难度加大,流动人口随迁子女接受义务教育权益保障压力未减,城镇大班额问题非常突出,而不少农村学校却门庭冷落。①

贯彻落实科学发展观,就要继续把全面普及和巩固提高九年义务教育作为新时期教育工作的重点,在 2010 年全国所有县普及九年义务教育的基础上,着力提高全国义务教育的质量,促进义务教育均衡发展。依法实行义务教育经费预算单列,用城乡统一的办学标准和整体提升的建设标准,来衡量所有义务教育的学校,把义务教育的学校建设成最坚固、最适用的公共设施。

在实施义务教育过程中,还要参照国际通行的全纳教育的理念,将残疾儿童青少年的教育规划好、实施好。对特殊教育要实行财政全覆盖,让特殊儿童成为最受呵护的群体。

(二) 加快普及高中教育步伐

进入 21 世纪以来,随着经济社会的发展,高中教育进入了快速发展时期。2008 年全国普通高中学校在校生人数由 21 世纪初的 1201 万增加到 2500 多万。但是,高中教育发展的财政投入偏低,不足高中实际经费的 50%;高中生学业负担重,贫困生缺乏资助体系;示范性高中建设偏重硬件,示范功能发挥欠缺。面向未来,高中教育亟待科学发展。

第一,把普通高中教育放在经济社会的大环境中进行认真研究和科学规划,要区分不同地区、不同发展阶段,确定不同的发展重点。在城镇化背景下,人口流动趋势加速,对不同地域的高中教育需求产生了影响。所以,未来若干年要科学预测高中的发展规模,加强特色,提升质量,讲究效益,满足人民群众的需求,并顾及城市流动人口子女未来接受高中教育的需求。已经基本普及高中阶段教育的地区,要积极实验新课程,创造新经验,寻求新提升。

第二,继续探索普通高中的办学体制改革和办学模式的创新,确定新时期普通高中的生均财政拨款标准,加大政府对普通高中发展的支持。各地应根据需要和可能,加大财政对高中教育的投入力度,对高中教育阶段坚持教育多

---

① 课题组:《改革开放 30 年中国教育重大理论成果》,教育科学出版社 2008 年版,第 72 页。

元发展,实行更加灵活、开放和多样的办学体制,调动各方面支持高中教育的积极性,不断满足人民群众日益增长的多样化教育需求。只要符合国家的法律法规,有利于扩大优质教育资源,有利于提高教育质量,有利于满足群众教育需求的事情,都要鼓励探索、鼓励试验、鼓励创新。在发展公办高中的同时,让民办高中也能发挥应有的作用。①

第三,发挥示范性高中在素质教育中的示范作用。示范性高中要进行办学理念的示范,管理经验的引领,教师队伍的带动,教学设施的共享。示范性高中应是当地各个高中共有的资源。示范性高中要为创新人才培养奠定基础,要在素质教育方面发挥示范作用。

第四,鼓励普通高中教育和中等职业教育协调发展。普通教育和职业教育在不同地区、不同时期会有正常波动,不必人为划定固定的比例。在中西部地区,应进一步优化普通高中的教育资源,加强与中等职业教育的协调发展。② 要借鉴国外经验,鼓励高中教育办出特色。同时,要以服务为宗旨,以就业为导向,以工学合作为主要模式,采取订单式培养等多种形式,大力发展职业教育,特别是中等职业技术教育。

(三) 关心支持学前教育发展

发展学前教育是新时期提升基础教育整体质量和完善国民教育体系的重要措施。随着经济社会的发展,人民群众对学前教育的需求日益强烈。学前教育是社会系统中的问题,应该更加开放,要研究新特点,寻求新突破。一方面,要加大对学前教育财政投入,适当增加公办幼儿园的数量,提升对公办学前教育的资助标准;另一方面,要因地制宜,调动多方积极性、多种形式办园,以多样性应对复杂性,创造性地推动学前教育工作。要把发展学前教育作为"普九"后推进基础教育事业协调发展的一个重要任务来抓,认真探索新形势下学前教育发展的新体制,加大学前教育改革发展的力度,充分发挥公办幼儿园的骨干和示范作用,规范和引导民办幼儿园发展。

---

① 徐辉等:《解放思想更新思路加快教育发展》,《教育研究》2008 年第 5 期。
② 课题组:《改革开放 30 年中国教育重大理论成果》,教育科学出版社 2008 年版,第 275 页。

城市要规范幼儿园的办园行为和收费行为,鼓励积极开展早期教育、智力开发、超常发展等方面的探索。农村要结合学校布局调整,充分利用现有资源发展学前教育,研究制定基本的办园资格和准入要求。农村小学的学前班吸纳了农村一半以上的学前儿童,但不能搞成小学式的教育,要以游戏、歌舞、手工等为主,让孩子们健康、幸福地成长。长远来看,彻底改变学前教育薄弱状况要靠学前教育立法,以明确政府责任,理顺管理体制,解决发展过程中的各种问题。

二、重视教育公平,推进基础教育均衡发展

推进教育公平是一个伴随经济发展和社会民主化逐渐扩大和深入的过程,是社会公平的基础和核心环节。促进教育的公平公正,有利于平衡和缓和社会矛盾,融洽各种社会关系,构建和谐社会。在物质条件基本满足后,人民群众对社会公平,特别是教育公平的愿望更加迫切。在不同的阶段,教育公平的问题和重心各不相同。当前,基础教育作为最重要的公共事业,连接着千家万户,惠及亿万群众,推进基础教育特别是义务教育的均衡发展是致力于教育公平的重要抓手。义务教育均衡发展体现了科学发展观在教育领域的客观要求,是人民群众共享教育发展改革成果的根本保障,是促进教育公平最直接和最重要的途径。通过推进义务教育的均衡发展,让每一个孩子都能够平等接受义务教育,应作为实现基本公共服务均等化的重点。

长期以来,由于种种原因,我国形成了城乡二元结构,教育资源配置不尽合理,城乡义务教育发展很不均衡。为了快出人才,各地曾经集中有限资源向重点学校倾斜,并吸纳大量的社会资源投向重点学校,偏重培养尖子生,为高等教育输送人才,使学校之间的办学条件、师资水平很不均衡,这种做法在义务教育投入严重不足、资源十分匮乏的时期发挥了一定积极作用。但在贯彻落实科学发展观的今天,这种发展模式应该转到科学发展的轨道上来。

在义务教育实现普及之后,保障教育公平,推动义务教育均衡发展,必须保证公共财政对义务教育的投入。《中华人民共和国义务教育法》总结了我

国农村义务教育管理体制改革的基本经验,结合我国财政体制改革的新要求,规定了我国义务教育经费投入实行国务院和地方各级人民政府根据职责共同负担,省、自治区、直辖市人民政府负责统筹落实的体制。其要点:一是明确各级人民政府的分担机制,将义务教育全面纳入财政保障范围;二是由省级人民政府负责统筹落实,明确责任主体确保义务教育经费全面纳入财政预算并及时足额拨付,尤其要统筹城乡基础教育综合改革,重点扶持农村地区、贫困地区和少数民族地区义务教育的发展,真正实现从"人民教育人民办"到"义务教育政府办"的转变。

学校的大门是向每个人敞开的,教育不能只关注精英、面向少数,而应面向全体学生,要让所有孩子都能享有平等接受教育的权利,尤其要把教育资源向基层和弱势群体倾斜,用教育公益性和公平性促进社会和谐。对家庭经济困难儿童、残疾儿童、少数民族儿童、学习困难学生,应该给予更多的关心和帮助,使全体学生学有所教,让全体人民共享改革发展成果。对进城务工人员子女采用以流入地为主,以公办学校为主,兼用其他有效方式,解决其就学问题,让他们同在蓝天下,共同成长进步。

面向未来,在更加关注公平、更加关注民生的大环境下,必须更加重视解决城乡之间、区域之间,特别是区域内学校之间差别过大的问题。从全局来看,要坚持把发展农村教育作为重中之重,把缩小城乡差距和地区之间发展差距作为推进均衡发展的主要任务;从局部来看,要把缩小校际差距、办好每一所学校作为工作重点。同时也要看到,义务教育均衡发展是相对的、动态的,是一个螺旋上升和不断发展提高的过程。义务教育学校不能削峰填谷,所有学校都应随着社会经济发展不断提高办学水平;义务教育均衡发展不能千篇一律,应当允许学校办出特色,呈现出百花齐放的局面;义务教育均衡发展不能只重硬件,应当突出内涵发展和质量提高。

自2005年以来,各地把推进义务教育均衡发展作为落实科学发展观和构建社会主义和谐社会的重要任务,并采取一系列政策措施,努力缩小区域之间、城乡之间和学校之间义务教育发展中的差距,如有的地方加大教育投入,开展标准化、规范化学校建设;有的地方将区域内城乡教师交流制度化,促进教师资源合理配置等,使义务教育均衡发展取得了新的进展。

三、重视提高教育质量,促进基础教育内涵发展

　　全面推进素质教育,关系党和国家教育方针的贯彻落实,关系青少年的健康成长,关系国家和民族的未来,是一项事关全局、影响深远和涉及社会各方面的系统工程。多年来,在党中央、国务院的高度重视下,各地积极贯彻党的教育方针,使素质教育的观念逐步深入人心,德育工作不断得到加强,基础教育课程改革全面展开,对考试评价制度进行了积极探索,教师素质有了进一步提高,学校的体育艺术工作和社会实践活动更受重视。但是,对培养什么样的人、如何培养这样的人的问题,始终未能很好地解决。在教育实践中,功利主义价值观还比较盛行,还存在着诸多突出问题和体制性障碍,使得素质教育工作成效不明显,已经成了社会各界广泛关注的热点和难点问题。

　　推进素质教育工作,仅靠教育部门和学校不行,需要进行综合改革。但教育部门应该有所作为,也可以有所作为。基础教育是推进素质教育的主要阶段,全面推进素质教育是新时期基础教育的核心任务。《中华人民共和国义务教育法》已将素质教育要求写入了法律,素质教育不再仅仅是理论上的探索和教育观念的转变,而上升为人民的普遍意愿和国家意志。今后必须进一步提高对素质教育重要性的认识,加大对素质教育推进的力度,紧抓机遇,乘势而上,寻求突破。

　　素质教育强调学生的全面发展,努力培养德智体美劳全面发展的社会主义建设者和接班人。新时期新阶段,要进一步把"立德树人"作为中小学的根本任务,将社会主义核心价值体系融入学校教育的全过程。要深化教育教学改革,逐步形成符合素质教育要求的课程实施与管理制度,满足学业质量不断提高的评价与指导制度,激励教师专业能力不断增强的教研制度,并进一步贯彻落实好中央关于加强青少年学生体育工作的要求。

　　素质教育强调学生主动发展,努力培养学生兴趣,减轻他们的课业负担。对此,义务教育阶段要率先减负,积极开展启发式教学,努力优化教学过程;注重因材施教,尊重学生的年龄阶段特征和个体差异;不断调动学生参与教学活

动,保护学生的求知欲、好奇心,让学生感受到成功的喜悦,而不能靠加重学生课业负担,损害学生身体健康,违背科学发展观来谋求学生的"发展"。

素质教育强调不断提高质量,基础教育要让年轻一代都能接受良好的教育。在人人"有学上"和"上得起学"之后,"上好学"已经成为人民群众对教育的迫切期待,这是历史发展的必然趋势。对此,我们应切实做好提高基础教育质量的工作,立足学校,走进课堂,安下心来办学,潜下心来育人。教育行政干部要进课堂,掌握教学实际,体察教师需要,了解学生要求,提供保障支持。教研部门要进课堂,加强对学校教学工作的指导,与教师一起备课,研究解决教学中的实际问题,指导教师改进教学方式。广大中小学校长更要进课堂,加强教师教学管理,督促教师提高课堂教学效率。

四、重视提高教师队伍质量,促进教师队伍专业发展

教师队伍是提高教育质量,全面实施素质教育,推进教育教学改革,推动基础教育科学发展,培养高素质人才的关键。应该说,我国广大中小学教师的总体素质是好的。他们爱岗敬业,教书育人,扎实工作,默默奉献,为我国的教育发展作出了巨大贡献。但是,也有一部分教师受市场经济的负面影响,对个人利益看得过重,师德修养和奉献意识较差。农村中小学教师队伍现状还不能完全适应基础教育进一步发展的需要。截至 2008 年,全国小学和初中仍有约 24 万名教师未达到国家规定的最低学历,同时还有 37 万多名代课人员。由于同一地区县镇与农村学校的收入待遇等方面存在着差异,城镇富余教师难以分流到农村学校去,并造成农村骨干教师的流失加剧。今后要用科学发展观作指导,促进广大中小学教师的专业发展。

(一) 重视选拔和聘用,吸引优秀青年担任教师

扩大公费师范生试点范围,逐步做到读师范不交钱或师范生毕业从事教师工作后由政府偿还贷款。进一步加强和规范中小学教师管理,依法履行对中小学教师选拔、聘用的职责,认真按照国家有关规定,把职业道德标准放在

首位,严把"入口关"。

(二) 加强培训力度,提高教师全面素质

教师要通过校本教研、脱产进修、攻读学位、争做名师等多种方式获得专业发展。切实加强中小学教师队伍的思想政治建设和能力建设,把法制教育和职业道德教育作为教师培训的重要内容,不断提高教师队伍的职业道德水平。教师资格证书不能一劳永逸,应依据教师专业发展情况不断提升。

(三) 调整编制额度,统一城、镇、乡编制标准

在统筹城乡基础教育发展的大背景下,应统一城、镇、乡各不相同的教师编制标准。考虑课程改革的需要、小班化教学的诉求以及学生人数减少的现实,在统一编制时要就高不就低。鼓励教师合理流动,促进义务教育阶段教师在同区域学校之间配置的大致均衡。

(四) 提高工资待遇,调动教师工作积极性

我国中小学教师基数大,国家在逐步提高教师的工资待遇的同时,还可以通过实施绩效工资政策,将《义务教育法》所作出的教师工资不低于公务员平均工资水平的规定落到实处,特别要保证班主任津贴的增长。今后,还要尽快解决幼儿教师和高中教师的工资待遇问题,焕发教师的工作热情,提高教师工作的积极性。

五、重视加强学校管理,促进基础教育规范发展

加强社会管理,维护社会稳定,是构建社会主义和谐社会的必然要求。一段时期以来,在学校管理中存在政府缺位、错位或越位现象,学校管理中各方责权不明,缺少章法,程序不清,效率低下,或者有章不循,我行我素。有的学校置国家课程计划于不顾,随意增减教学科目或课时;有的学校挤占学生休息时间搞集体补课;有的学校按考试成绩给学生公开排队,增加了学生的心理压

力;等等。这些都违反了教育规律,亟待通过规范办学行为、加强学校管理加以解决。

（一） 加强招生管理

义务教育阶段学校要建立健全和自觉执行各项管理规章制度。要规范招生管理,不用考试方式录取新生。义务教育学校要自觉遵守让学生免试就近入学的制度,敞开大门接受符合条件的适龄儿童和青少年,不能采取考试、考核、测试方式选拔学生。高中招生要公平、透明、择优,提倡考查学生的平时成绩,参考综合素质评价;高中招收择校生也要有序进行,逐步走向规范。

（二） 加强收费管理

国家对义务教育的投入不断加大,特别是"两免一补"政策的实施和"管理以县为主、财政分级负担"机制逐步确立,加强了农村义务教育保障机制改革。城市实行免杂费之后,按照将义务教育全面纳入财政保障的要求,借读费、择校费、办班收入等作为学校多渠道办学经费来源的收费项目同时取消。在这种情况下,必须依法增加财政投入并规范学校收费行为。在政府保障了义务教育经费的前提下,学校作为提供公共服务的公益性组织,不应向学生和家长收取开展分内教育教学活动所需的费用,高中的收费也要透明、规范、有序。

（三） 加强教学管理

在校内要均衡配置资源,不以任何名义分设重点班和非重点班,对所有学生一视同仁,努力创设学生友好型学校。规范执行国家课程方案,义务教育课程方案代表国家意志,学校应自觉遵守,并保证学生参加社会实践活动的时间。加强学校管理,应注意处理好几个关系。

一是规范管理与科学管理的关系。规范管理应是科学的管理,规范必须服从于科学性,服务于科学性。不科学的规范,只会是束缚学校发展的羁绊。

二是规范管理与人文管理的关系。管理首先得"管",规范管理具有硬性,人人必须执行;管理还必须要"理",体现出对人的尊重、理解和关爱,用感人的精神激励,深厚的情感关怀,创设和谐氛围,让教师觉得愉悦,让学生感到温馨。这样,规范才会内化为师生自觉行动。

三是规范管理与内涵发展的关系。管理本身不是目的,而是要从科学发展观出发促进学校内涵发展。内涵发展的出发点是提高质量,落脚点是可持续发展。可以说,今天学校的规范管理是为了明天学校教育质量的提高。

四是规范管理与因地制宜的关系。规范管理不能脱离实际,不能用某种模式生搬硬套,不能依一个标准齐头并进,要通过规范管理,创设良好教育生态,鼓励学校管理创出特色。总之,基础教育要在办学中贯彻和谐社会的理念,在服务中实施管理,在管理中体现服务。

六、重视安全教育,保障基础教育安全发展

做好中小学安全工作、实现基础教育的安全发展,是落实科学发展观的必然要求,是构建社会主义和谐社会的重要方面。同时,学校安全教育涉及科学知识传授、生命保护意识和文明行为养成,是实施素质教育的有效载体。

(一) 学生安全,至关重要

世上最宝贵的是生命。生命不保,何谈教育,何谈发展,何谈幸福。我国有2.1亿中小学生和2200万幼儿,保护他们的安全,责任重于泰山。多年来,全国各地坚持"积极预防,科学预防"的工作方针,在加强立法、完善制度、强化管理和深入开展安全教育等方面采取了一系列政策措施,在教育系统建立起了安全预警机制、定期安全检查机制、信息报送机制、事故统计分析工作机制和重大事故调查与处理工作机制,并狠抓落实,加大监督检查力度,进一步提高了学校安全工作的主动性、预见性、针对性和实效性,全国中小学校和幼儿园安全工作取得了一定成绩,各类安全事故发生率和学生伤亡率都逐年下降。但是,安全工作松懈不得,须警钟长鸣。一个没有安全保障的学校是一个不合格的学校,一个不具备安全意识的教师是一个不称职的教师。

（二）安全教育，有用有效

令人欣慰的是，教育部门和广大中小学校大多能高度重视中小学安全教育工作，不断提高广大师生的安全意识和安全防范能力，认真贯彻落实《中小学公共安全教育指导纲要》，将安全教育纳入学校必修内容，根据不同年龄阶段学生的认知特点，通过专门课程、学科渗透、实践活动等多种方式深入开展安全教育，让学生养成良好的安全行为习惯。在2008年汶川特大地震灾害发生时，许多学校组织学生有序疏散，没有因为拥挤踩踏而发生更大的伤亡。这表明，安全教育有用有效；平时多一次安全学习，危难时刻就多一份生的希望。所以，必须教育广大师生更加自觉地参加安全演练，掌握安全知识，养成良好的安全习惯。要把安全工作纳入学校目标管理范畴，制订目标管理细则，强化内部管理，堵塞安全漏洞，建立覆盖所有工作环节的安全责任体系，并建立责任追究制度。要完善突发事件处置的工作预案，落实预防安全事故和公共卫生事件的措施。学校要努力提高安全教育的有效性和针对性。在开展交通安全教育、游泳安全教育、灾害防御教育、应急避险教育过程中，调动学生广泛参与的积极性。要把安全与健康教育纳入教学内容，要有一定的课时保证，要定期开展自救自护的实际演练，使师生员工法制观念、安全防范能力、健康保健意识、自我保护能力得到进一步加强，维护学校安全健康成为师生自觉行动。特别要结合各地各校的具体情况，有针对性地开展教育活动。要在开学初、寒暑假和重大节假日前专门对学生进行安全、健康教育，提高学生的安全意识和防范能力。

（三）保护生命，多方协作

孩子是家庭的希望，学生是祖国的未来。保护学生安全，需要发挥政府的统筹协调功能，进一步明确公安、交通、教育、地震、气象等有关部门的职责分工，加强部门之间的沟通与合作，构建学生安全管理工作的部门协调机制，共同为中小学生撑起安全的天空。教育部门和学校担负着保护学生安全的直接责任，必须加强对学校安全工作的领导，实行严格的校长负责制和岗位责任制。校长是学校安全管理工作第一责任人，需要深刻认识做好安全工作的重要意义和所肩负的重大责任,从贯彻落实科学发展观和构建社会主义和谐社会的高度,本着对学生负责、对家长负责、对社会负责的态度,进一步增强责任感和使命感,把加强安全管理和学生安全教育工作作为一项重要任务,摆在突出位置,做深、做细、做实。

七、重视生态校园建设,促进基础教育生态发展

人类与自然界共同发展的历史表明,人类只有保持与自然的和谐关系,实现生态文明,才能使人类自身得到健康持续的发展。基础教育作为人类文明的传承者,理应为社会主义生态文明建设作出贡献。

(一) 开展对全体学生的生态文明教育,建设人与自然相和谐的生态校园

生态文明是人类文明的一种形式,它以尊重和维护生态环境为宗旨,以可持续发展为依据,着眼于人的素质发展,强调人的行为自觉和自律,追求人与自然环境的相互依存、相互促进和共处共荣。可以在地理、生物等相关学科中渗透构建生态文明的意识,加强环境教育;鼓励开设环境保护主题的学校课程;通过丰富多彩的学校活动开展环境教育或参与环保行动,较早地播下生态伦理的种子,让学生初步形成生态意识、环境意识、资源意识、人口意识、法律意识。① 中小学青少年生态文明教育不止于课堂上的生态知识教育,更重在对学生生态行为的引导。所以,生态文明教育要从规范学生的行为习惯做起,培养学生的生态意识和良好生活习惯。

(二) 构建良好平衡的教育生态氛围

积极探索政府与学校、学校与社区以及学校内部治理的关系,进一步明晰政府、学校、社区的责、权、利。不断完善校长负责制,扩大学校办学自主权,在

---

① 蔡明:《生态课堂从关怀生命出发》,《中国教育报》2009 年 1 月 2 日。

学校初步建立起科学、民主的管理体系。努力调动家长、社区参与学校管理的积极性,为学校发展创造良好的生态环境。教育部门和学校要积极加强校风、教风、学风和人文环境建设,加大对学生的法制教育,让学生知法、懂法、守法、用法。开展心理健康教育,开展丰富多彩的校园文化活动,形成健康向上、生动活泼的良好育人环境。弘扬中华民族传统美德,树立诚实守信、团结向上、互相关心、互相帮助的良好道德风尚,形成师生之间、学生之间友爱和谐的人际关系。

（本文原载《教育研究》2009 年第 2 期,收编时略有修订）

实现基础教育又好又快发展

党的十七大是在我国改革发展关键阶段召开的一次十分重要的大会,对于党和国家各项事业的发展具有重大而深远的意义。胡锦涛总书记所作的重要报告,深入贯彻落实科学发展观,科学回答了党在改革开放关键阶段举什么旗、走什么路、以什么样的精神状态、朝着什么样的发展目标继续前进等重大问题,为党和国家的事业发展指明了前进方向。十七大报告对教育工作提出了明确要求,是未来我国教育工作者的行动指南。基础教育战线的理论工作者和实际工作者都应该将思想和行动统一到十七大的精神上来,牢固树立和落实以人为本、全面、协调、可持续发展的科学发展观,促进我国基础教育又好又快发展,为构建社会主义和谐社会作出积极贡献。

一、用科学发展观分析我国基础教育的新使命

科学发展观,是立足社会主义初级阶段基本国情,总结我国发展实践,借鉴国外发展经验,适应新的发展要求提出来的时代号角,是我国经济、社会、教育发展的重要指导方针,是发展中国特色社会主义必须坚持和贯彻的重大战略思想。学习贯彻党的十七大精神,最重要的是要进一步深入落实科学发展观。落实科学发展观,必须坚持教育优先发展,分析基础教育成就及挑战,树立基础教育又好又快发展的观念。

(一) 坚持优先发展教育,建设人力资源强国

党的十七大明确指出"教育是民族振兴的基石""要优先发展教育,建设

人力资源强国"。这是党中央在新的历史阶段为进一步实施科教兴国战略和人才强国战略提出的新的重大战略目标。当今世界,经济全球化趋势深入发展,科技进步日新月异,经济社会发展越来越有赖于知识的积累与创新,越来越取决于劳动者和专门人才的数量与质量。国际竞争归根到底是人才竞争,人才资源是第一资源,教育的地位和作用日益提高。优先发展教育,开发人力资源,已经成为许多国家增强国际竞争力、促进现代化建设和社会和谐进步的重大战略。

优先发展教育事业在中国更加重要。我国有 13 亿人口,人均自然资源匮乏,生态环境脆弱,经济社会发展的潜在优势是人力资源。教育在我国现代化建设中具有基础性、先导性、全局性的地位和作用。这么多的人口,素质高,就是丰富的人力资源;素质低,就是沉重的人口负担。优先发展教育事业,全面提高人口素质,把我国巨大的人口压力转换为人力资源优势,是功在当代、利在千秋的事业。优先发展教育事业,不能只停留在口头上,关键看是否依法落实了教育投入的"三个增长",是否把教育发展摆到优于经济增长的位置。

建设人力资源强国在当前愈加迫切。我国各级各类教育迅速发展,农村免费义务教育全面实现,已成为人力资源大国。但是,建设社会主义新农村,走新型工业化道路,建设创新型国家,不能满足仅仅是人力资源大国,教育必须培养年轻一代的科技素养、创新精神和实践能力。落实科学发展观,全面建设小康社会,要求必须实现从人力资源大国向人力资源强国的过渡。建设人力资源强国,是实现经济社会持续发展的必然要求,是更加自觉贯彻落实科学发展观的必然要求。要实现这个战略目标,必须加快建设一个充满生机活力的中国特色社会主义现代化教育体系,建设一个全民学习、终身学习的学习型社会,使广大人民群众共享接受良好教育的机会。

在各级各类教育中,基础教育处于重中之重的位置。基础教育就其对象来说,是面向全体青少年儿童的教育;就其内容来看,是促进学生对基本知识、基础技能、基本品德学习、掌握和形成的教育;就其性质而言,是帮助学生德智体美全面发展的教育;就其功能而言,它可以整体提升公民素质,树立人们的和谐观念,增强人们构建和谐社会的能力。因而,基础教育是国民教育的基础和人才成长的摇篮,是和谐社会构建的重要途径。促进基础教育又好又快发展,是不断满足人民群众日益增长的教育需求、将我国巨大的人口压力转变为人力资源优势、建设人力资源强国的根本途径。

(二) 基础教育取得巨大成就,同时面临严峻挑战

党的十六大以来,我国教育事业改革发展进入到一个迅速发展时期。全国"两基"人口覆盖率从 2002 年的 90%,发展到 2006 年的 98% 以上,青壮年文盲率从 2002 年的 4% 下降到 2006 年的 3.58%。2007 年,我国高中阶段教育毛入学率超过 60%,高等教育毛入学率超过 22%。全国受教育人口已逾 3 亿,我国业已建立起了世界上最大规模的教育体系,15 岁以上人口平均受教育年限达 8.5 年左右,新增劳动力平均受教育年限提高到 10 年以上。

以义务教育为例,我国所取得的成绩非常突出。一是中央坚持科学发展观,以更大的精力和更多的财力发展教育,重点加强农村义务教育,作出了新增教育经费主要用于农村的重大决策。国务院还作出了深化农村义务教育经费保障机制改革的决定,按照"明确政府责任、中央地方共担、加大财政投入、提高保障水平、分步组织实施"的基本原则,建立起了中央和地方分项目、按比例分担的农村义务教育经费保障机制,至 2007 年春季已将全国农村义务教育全面纳入公共财政保障范围。相应地,各地也普遍加大了对义务教育经费投入的力度。二是组织实施西部地区"两基"攻坚计划,投入 100 亿元建成 7700 多所寄宿制学校,满足了新增 165 万学生和 204 万寄宿生的学习生活条件。三是高度关注并努力解决义务教育阶段群众反映集中的教育热点问题。在全国推行"一费制",下大力气规范学校的收费行为;积极推动解决千万进城务工农民子女的就学问题;切实开展贫困学生的救助工作。四是办学条件不断改善,教育信息化程度明显提高。国家实施了"农村中小学现代远程教育工程""农村初中建设工程"等,让数以千万计的中西部农村中小学生受益。在面上普及的同时,东部经济发达的农村地区和大中城市,通过实施建设"教育强省""教育强市(县)"等措施,提出了率先实现教育现代化的目标,不断增加教育投入,大力推动高质量、高水平"普九",建设成一大批具有优质教育资源、办学水平较高的义务教育学校。

如今,我国基础教育的发展总体上已走在印度、墨西哥、巴西、埃及等发展

中人口大国的前列。基础教育各项事业的迅速发展,以及基础教育与职业教育、高等教育的协调发展,正在对整个国家的民生改善、社会繁荣、就业提升、结构调整、文化建设发挥重要作用,必将为全面建设小康社会、加快推进社会主义现代化、实现中华民族伟大复兴作出重要贡献。

但是,基础教育总是成绩和问题同在,机遇与挑战并存。对于基础教育领域存在的困难和问题,我们必须深入研究、妥善解决。例如,面对新时期经济社会发展的迫切要求,我国基础教育还不相适应。基础教育经费支持还不够巩固,保障机制建立后又出现一些新的问题,教育投入体制、管理体制与运行机制还不够完善。基础教育的优质资源与广大人民群众的教育需求的矛盾仍然尖锐。学前教育发展仍显薄弱,缺乏法律保障,公办幼儿园数量过少,民办幼儿园缺乏指导和监管。义务教育均衡发展任务繁重,在不少地方区域内学校之间在办学条件、师资配置、办学水平等方面仍存在较大差距。高中教育尚不能满足群众的旺盛需求,部分示范性高中遭遇尴尬境遇,西部高中教育比较滞后。中小学校办学行为还不够规范,学校科学管理有待加强,教师队伍建设遇到新的问题,素质教育的推进还存在一些体制和机制障碍。

(三) 基础教育进入新阶段,需要又好又快发展

面向现代化、面向世界、面向未来,我国基础教育进入新阶段,肩负新使命。必须按照党的十七大精神,促进基础教育科学发展、协调发展、和谐发展、又好又快地发展。

"好",突出的是内涵发展,优化结构;提高质量,减轻负担;育人为本,全面发展;教育公平,人民满意。长期以来,有些同志习惯于数量增长型发展、疾风暴雨式改革、一日千里的进步。对于巩固成果、深化改革、提高质量,对于踏踏实实、耐心细致的工作,总是觉得不那么过瘾。现在,按照十七大精神,全面落实科学发展观,就必须切实转变教育发展观念、创新教育发展模式、提高基础教育发展的质量,也就是实现"好"的发展。为此,一要坚持将以人为本作为科学发展观的本质和核心。坚持以人为本,要求我们在发展中着眼于人的发展,着眼于满足人日益增长的物质和精神的,以及自身发展的需要。坚持以人为本,要求我们高度重视和充分发挥人的主体作用,充分地调动一切积极因

素,最大限度地发挥人的主动性和创造性。坚持以人为本,还要求不断提高作为生产力中最活跃因素的人的素质,坚持教育创新,促进人的全面发展。二要突出重点,把义务教育均衡发展放到突出位置抓紧抓好。义务教育作为最重要的公共事业,连接着千家万户、惠及亿万群众,必须大力推进义务教育均衡发展。为此,就要强调更加关注农村教育;更加关注少数民族地区、边远山区、困难地区教育;更加关注区域内义务教育学校之间的大致均衡及薄弱学校建设;更加关注社会弱势群体的教育。三要在基础教育发展中努力体现全面、协调、可持续。全面,关键是实施全面发展的教育,把培养德智体美劳全面发展的高素质人才摆在更加突出的战略位置。协调,关键是在抓好义务教育这个战略重点的同时,要善于弹一下钢琴,兼顾学前教育、特殊教育、高中教育、扫盲教育等。可持续,关键是建立健全基础教育发展的长效机制,理顺利益相关者的各种关系,保持持续提高基础教育质量的生机活力。

"快",突出的是转变观念,加快发展学前教育;加强应用,普及现代远程教育;建立机制,激励促进高中教育。这里的"快",是又好又快,是科学发展,不是盲目之快。一要把发展学前教育作为新时期提升基础教育整体质量和完善国民教育体系的重要措施来抓。学前教育对个人发展、社会进步都是重要的,且"给点阳光,它就灿烂"。对于学前教育,现在不仅应该给它关心的"阳光",还要给它支持的"雨露"。要增加公共财政对学前教育的投入,提高公办幼儿园在整个幼儿园数量中的比例。要结合农村中小学校布局调整,研究制定促进农村学前教育的新措施。还要积极发展和引导民办幼儿园的发展,对办得好的,给予奖励;办得一般的,给予帮扶;办得太差、存在安全隐患的,要予以严肃处置。还要推动学前教育立法,彻底改变学前教育的薄弱状况,促进学前教育快速健康发展。二要加强信息资源应用,整体提升我国中小学教育信息化水平。通过远程教育手段特别是教学光盘播放,把优质教育资源送到基层学校,解决合格教师缺乏问题,较快提高基础教育质量。大中城市和经济比较发达的县区要充分利用城域网或校园网,促进优质教育资源的共享,有效改进薄弱学校的教育质量。三要给普通高中必要的投入和保障。前些年,对高中教育财政投入较少,很大程度上靠收费实现发展。如今,逐步规范了学校的办学行为和收费行为,那就需要加大政府的投入了,不能"又让马儿跑,又不让马儿吃草"。所以,应该进一步研究新时期普通高中发展的机制,加大政府对高中发展的支持,推动各地制定普通高中生均财政拨款标准。高中教育要进一步深化改革,加强特色,提升质量,尽快满足人民群众对高中阶段教育的旺盛需求。东部地区的高中要在教育教学改革中积极实验新课程,创造新经验,寻求新提升。中西部地区要扩大普通高中的教育资源,加强与中等职业教育的协调发展,加快我国普及高中阶段教育的步伐。

二、用和谐社会内涵明确基础教育工作的新要求

实现社会和谐,是人类孜孜以求的社会理想。在我国历史上,从古代到近代,不少思想家、政治家对社会和谐满怀企盼。在西方,19世纪的空想社会主义者对社会和谐也产生过憧憬。马克思、恩格斯创立的科学社会主义理论,不仅勾画了美好社会的蓝图,还指明了实现美好社会理想的正确途径。我们党在长期的革命、建设、改革实践中,不断进行了促进社会和谐稳定的理论研究和实践探索。在新的历史条件下,党中央坚持和继承我们党在社会建设方面的理论与实践成果,并借鉴传统和谐思想的有益成分,提出了构建社会主义和谐社会的重大战略思想,系统回答了建设什么样的和谐社会、怎样建设和谐社会的问题。

构建民主法制、公平正义、诚信友爱、充满活力、安定有序、人与自然和谐相处的社会主义和谐社会,对基础教育的改革和发展提出了新的要求,基础教育的改革和发展也必须促进社会主义和谐社会的构建。

(一) 构建民主法治的和谐社会要求民主决策、提倡依法治教

民主法治是社会主义和谐社会的首要特征。基础教育政策制定者需要继续提高教育决策的科学性、民主性,使政策代表国家的意志,代表人民群众的意愿。要不断推动教育与管理过程的民主平等、民主参与和民主监督。更重要的是,在推进基础教育各项工作中,必须依据教育法律、法规办事。例如,修订后的《义务教育法》就是推进义务教育普及和巩固提高的最高准则。义务

教育是政府应予保证的公益性事业,是现代国民教育体系中的核心部分,是其他各级各类教育的基础,因此对义务教育必须高度重视,依法加大投入,建立健全保障机制。

修订后的《义务教育法》总结了农村义务教育经费保障机制改革的基本经验,结合我国财政体制改革的新要求,规定我国义务教育经费投入实行国务院和地方各级人民政府根据职责共同负担,省、自治区、直辖市人民政府负责统筹落实的体制。其要点,一是明确各级人民政府的分担机制,将义务教育全面纳入财政保障范围;二是由省级人民政府负责统筹落实,明确了责任主体。今后,要根据法律的规定,不断完善义务教育经费保障体制,逐步提高保障水平。采取有效措施,确保义务教育经费全面纳入财政预算并及时足额拨付,尤其要重点扶持农村地区、贫困地区和民族地区义务教育的发展,真正实现从人民教育人民办到义务教育政府办的转变。

根据《义务教育法》规定,义务教育具有免费性。全国城市义务教育也需要免除杂费。相对农村而言,城市免杂费比较复杂,不仅推进城市义务教育免费工作需要中央统筹部署,地方各级政府切实加强组织、管理和财政预算上的充分准备,而且城市公办学校的办学形式比较复杂,免杂费工作会涉及企业办学、行业办学、军队办学、大学办附属中小学等,需要通盘考虑,还需要进行细致的调查研究工作,明确相应的政策界限和资金来源。

长期以来,我国义务教育实行的是以财政拨款为主、其他多种渠道筹措教育经费为辅的投入体制。其他多渠道来源的经费已成为学校收入的组成部分,对保证学校的正常办学、促进我国义务教育的发展发挥了重要作用,也在一定程度上弥补了政府对教育投入的不足。城市实行免杂费之后,按照将义务教育全面纳入财政保障的要求,借读费、择校费、办班收入等作为学校多渠道办学经费来源的收费项目将会同时取消。在这种情况下,必须依法增加财政投入,避免引起学校保障水平的下降。

国际上,凡是综合竞争力比较强的国家,其教育发展水平和人力资本积聚程度都很高,教育总经费投入都达到了较高水平。从各国教育总经费投入的情况看,公共财政比例一般都远远高于社会资源比例。国外教育一般是"政府有钱就发展,钱少小发展,没钱不发展",如南亚、非洲许多国家基础教育多年停步不前,一个重要的原因是财政教育投入有限,民众交税后不可能再多掏钱。然而,我国教育20多年的快速发展,基本上是在财政投入不足条件下,政府、学校、社会和群众共同付出巨大努力、创造条件实现的。我国20世纪后期普及九年义务教育,当时面临两个选择,要么放慢进度,延迟到十多年之后再发展,要么克服困难,创造条件实现跨越。我国选择了后者,取得了巨大的成功。但实现跨越的方法是超常规的,在新的形势下这种做法是不应再继续下去了,必须认真加以调整,加大各级财政对教育包括基础教育的投入。但要避免从一个极端又转到另一个极端。我国处在并将长期处在社会主义初级阶段,这一基本国情不能忘记。城市义务教育阶段的少量服务性收费,高中教育阶段的择校费及其他合理的收费,经批准并在监管之下应允许存在,作为学校教育活动经费之补充。

(二) 构建公平正义的和谐社会,要求促进义务教育均衡发展、保障教育公平公正

党的十七大报告指出:"教育公平是社会公平的重要基础。"促进教育的公平公正,将有利于平衡和缓和社会矛盾,融洽各种社会关系,构建和谐社会。在物质条件基本满足后,人民群众对社会公平,特别是教育公平的愿望更加迫切。对一个家庭而言,孩子有了希望,这个家庭就有了希望,社会才会安定和谐。推进义务教育均衡发展,保障全体公民共享教育改革发展的成果,是教育公平最直接和最重要的途径。通过推进义务教育的均衡发展,让每一个孩子都能够公平接受义务教育,为每个家庭提供平等的发展机会,应成为制定公共教育政策的基本出发点。

如今,推进义务教育均衡发展的目标已经确定,即通过各级政府的共同努力,力争用2到4年的时间,做到义务教育资源配置更加合理,体制机制更加完善;大中城市基本消除薄弱学校,学校之间差距明显缩小,义务教育阶段"择校"现象大大减少;广大农村地区学校普遍达到基本办学标准,贫困地区及其薄弱学校办学条件和弱势群体受教育的状况得到明显改善;义务教育阶段"上学难、上学贵"问题得到解决。

为了实现上述目标,现在需要从构建社会主义和谐社会的战略高度,进一

步提高对义务教育均衡发展重要性的认识,切实加大义务教育均衡发展工作的力度。

一要办好每一所学校。义务教育的公益性和普惠性,决定了义务教育的发展必须是均衡的。义务教育均衡发展,必然要求切实办好每一所学校。要把消除不合格学校、加强薄弱学校建设作为推进义务教育均衡发展的紧要任务来抓,组织力量对薄弱学校逐校进行评估分析,找出存在的突出问题,采取改善学校办学条件、调整领导班子、加强教师力量、优质资源共享、合理配置生源等多种办法,尽快改变这些学校的整体面貌。重要的是,要结合本地实际,认真做好义务教育学校均衡发展的规划,抓紧制订和完善义务教育阶段学校的基本标准,积极推进城市中小学校标准化建设,实现区域内义务教育学校的均衡发展。

二要提升教师整体水平并逐步实现教师和校长的定期交流。教师、校长的合理流动和均衡配置,是推进义务教育均衡发展的关键之所在。所以,一定要通过体制和机制的创新,加大城市义务教育阶段学校教师和校长的交流力度,形成义务教育阶段学校教师和校长统一调配、定期交流的制度,促进城市义务教育学校之间师资力量的大致均衡。能否实现校际交流,关键是教师收入。各地都要对中小学教师学校结构工资问题进行认真研究,尽快妥善解决好这个问题,在试点基础上,加大教师工资改革力度和进程。特别要切实关心教师的工作和生活,改善教师待遇,确保教师的合理收入,逐步实现区域内义务教育教师工资收入大体相当,为推动教师流动提供基本保障。

三要进一步改革和完善中招、中考制度。高中阶段学校招生考试制度,对义务教育均衡发展具有重要的导向作用。要加快普通高中和中等职业学校的普及力度,使绝大多数义务教育毕业生都能享有接受良好的高中阶段教育的机会。要进一步改革和完善高中阶段招生考试制度,试行将普通高中一部分招生指标均衡地分配到初中的办法,推动中等职业教育学校建立灵活的招生、入学制度和学籍管理制度,从制度上克服片面追求升学率的顽固倾向,为进一步推进义务教育均衡发展创造条件。

四要提高民办义务教育学校办学水平。免费义务教育实施后,民办教育受到一定的冲击,生源流失比较严重。对此,不少地方将义务教育保障机制惠及民办学校的学生,按生均公用经费标准拨付给民办学校。今后要根据《民办教育促进法》,继续鼓励和规范一批民办学校不断提高教育教学质量,满足人民群众多元化的教育需要。

五要完善政策制度,为义务教育均衡发展提供体制保障。推进义务教育均衡发展需要制定配套政策和完善制度,运用政策杠杆解决工作中遇到的难点问题,通过制度约束保证工作的顺利进行。要根据义务教育均衡发展的新要求,全面回顾、梳理制定出台的各项政策、制度、措施,研究制定有利于推进义务教育均衡发展涉及的财政投入、工资待遇、人事编制、社会保障等方面的配套政策。

义务教育均衡发展不是整齐划一、齐头并进,不是不要特色、千篇一律,更不是削峰填谷、降低质量,义务教育均衡发展是相对的、动态的。在差别中,推进相对均衡;在均衡中,谋求更高质量。

(三) 构建诚信友爱的和谐社会,呼唤提高师生诚实守信、突出抓好师德建设

构建诚信友爱的和谐社会,在基础教育领域,要营造和谐校园,营造诚信友爱的氛围。教师、学生都要对人真诚,讲究信义,不能言而无信、出尔反尔。学校要重视进行诚信教育,弘扬诚信品质。教师之间、学生之间、师生之间还要互相友爱。教师对学生要有一颗爱心,尊重学生,关心学生,体谅学生,以学生为主体。学生也要尊敬老师,理解老师,爱戴老师,以老师为楷模。

国运兴衰,系于教育;教育大计,教师为本。当前,推动我国教育事业发展,必须充分发挥广大教师的重要作用,把广大教师的积极性、主动性、创造性更好地发挥出来。我们党的几代中央领导集体都对教师工作给予了高度的重视,强调全社会都要尊师重教,并身体力行,为全社会树立了光辉榜样。当前,我国中小学教师队伍的素质总体上是非常好的,广大教师爱岗敬业,教书育人,默默奉献。同时,受市场经济大潮的冲击,现在有一部分的教师沾染上了一些不良的习气,师德状况有待改进。

教师是奉献的事业,也是收获人之成长快乐的职业。要以师德为重点,高扬爱和责任的旗帜,进一步完善教师行为规范。教师承担着传光明之道,授立

身之业,解人生之惑的神圣使命。教师的职业特点决定了教师必须具备高尚的师德。高尚而富有魅力的师德本身就是一部活的教科书,就是一股强大的精神力量,学生耳濡目染,潜移默化,受益终生。因此,要建立有效的激励机制,鼓励中小学教师无限忠诚党的教育事业,学为人师,行为世范。

(四) 构建充满活力的和谐社会,就要继续深化教育改革,全面实施素质教育,促进学生生动、活泼、主动地发展

1999 年中央召开了第三次全国教育工作会议,发布了《关于深化教育改革全面推进素质教育的决定》,对全面提高学生的思想道德素质、科学文化素质和健康素质提出了更高要求。进入新世纪,素质教育观念逐步深入人心,课程改革不断深化,教学过程更趋合理,学生精神面貌更加积极向上。总的来说,我国青少年学生学习氛围良好,学校注重基础知识的扎实掌握,强调专业知识的系统学习,着力于分析能力和学习能力的培养,提倡刻苦学习精神和良好的学习习惯,这些是中国教育的优良传统,是中国学生的明显优势。

但是,我们必须清醒地认识到,在推进素质教育中存在种种障碍。从政府的层面看,一些地方仍然把升学率作为衡量学校办学水平的唯一指标。"管经济抓 GDP、管教育抓升学率"的狭隘政绩观是推进素质教育在思想、观念和制度方面的一个障碍。从教育部门看,部分教育行政部门对学校教育,特别是初三和高中教育,采取了一些非常规的管理措施,甚至形成了一些主导教育管理的潜规则,如靠拼时间、拼精力、随意延长学生学习时间和教师工作时间,来追求升学率。从学校来看,一些学校放松了学生的思想品德教育,忽略了学生创新精神和人文素养的培养、心理健康教育及身体素质提高。从社会方面看,用人制度、就业现状、社会分层等情况,加大了推进素质教育的难度。

上述局面不能再持续下去了。我们要按照十七大要求,"全面贯彻党的教育方针,坚持育人为本、德育为先,实施素质教育,提高教育现代化水平,培养德智体美全面发展的社会主义建设者和接班人,办好人民满意的教育。"落实科学发展观,全面推进素质教育,大力提高国民素质和民族创新能力,增强综合国力,是新时期基础教育的核心任务,是民族振兴的必由之路。全面推进素质教育,不是容易的事,需要进行综合改革,需要付出艰苦的努力。要构建

以素质教育理念为核心的教育质量标准体系,努力构建有利于人才多样化成长的充满活力的宏观教育结构,形成多规格、多渠道、多样性培养专门人才的格局和终身教育体系,构建人才成长立交桥。

推进素质教育,必须全面贯彻党的教育方针,推进教育改革和发展。第一,要以加强和改进青少年思想道德建设为首要任务。解决好培养什么人、怎样培养人的重大问题,努力培养德智体美全面发展的社会主义建设者和接班人。第二,全面推进基础教育课程改革,坚定信心,科学部署,知难而进,务求实效。第三,特别重视青少年学生的身体健康。开展阳光校园体育活动,让中小学生养成锻炼身体的习惯。每天锻炼 1 小时,健康工作五十年,幸福生活一辈子。少留作业,争取每天让小学生睡眠 10 小时,中学生睡眠 9 小时。第四,普遍开展社会实践活动,培养学生团队精神、竞争意识和良好心理素质,提高学习效率,增强他们动手能力。第五,在总结各地近年来的改革经验基础上,加快在全国范围内推行中考改革,将学生成长记录纳入综合素质评价范围,促进日常评价结果与毕业考试评价相结合。

(五) 构建安定有序的和谐社会,要求规范办学行为,做好义务教育阶段学校的规范管理

加强社会管理,维护社会稳定,是构建社会主义和谐社会的必然要求。基础教育战线要按照中央要求,在对中小学校的规范中树立和谐社会的理念,在服务中实施管理,在管理中体现服务。要规范办学行为,停止审批改制学校,逐步规范原有改制学校及公办民助、民办公助学校的办学行为,依据法律要求,义务教育阶段不分重点学校和非重点学校。义务教育法修订颁布后,各地积极采取措施依法规范义务教育办学行为,加强了学校的科学管理。

一要规范招生管理,不用考试方式录取新生。义务教育学校要自觉遵守让学生免试就近入学的制度,不能采取考试、考核、测试方式选拔学生。做到这一点并不容易,尤其在区域内教育资源校际分布尚不均衡的情况下,没有点勇气是难以为之的。但是"办法总比困难多",只要强化管理,创新思路,就没有解决不了的难题。

二要规范收费管理,努力体现义务教育公益性。在政府保障了义务教育

经费的前提下,学校作为提供公共服务的公益性组织,不应向学生和家长收取开展分内教育教学活动所需的费用。至于一些经审批后仍存在的服务性收费项目,应明确收费办法,遵循自愿、公开、规范、合理、不营利原则。

三要规范班级管理,合理配置校内教育资源。在校内要均衡配备资源,不以任何名义分设重点班和非重点班,对所有学生一视同仁,努力创设学生友好型学校。为因材施教及发挥学生特长,应提倡对不同程度和学力的学生开展分层教学,努力提供适合学生的教育。在教学实践中确需设立实验班的,应在学生入校后根据其潜能和兴趣选定学生,并不另收任何费用,鼓励培养学生音乐、体育、科技、劳动等多方面素质,不能办成改头换面的重点班。而且,办实验班要经过一定程序审批,切莫太多太滥。

四要规范教学管理,模范执行国家课程方案。义务教育课程方案代表国家意志,学校应自觉遵守。如果不执行国家课程方案,随意延长教学时间,统一组织学科竞赛,那么学生过重负担就不会减轻,素质教育就难以推行。

五要规范安全管理,确保中小学生平安健康。从构建社会主义和谐社会和对国家民族未来负责的高度,进一步做好中小学和幼儿园安全工作,建立健全安全管理制度,明确责任分工,组织开展创建和谐校园活动。

三、努力为基础教育又好又快发展作出贡献

深入学习贯彻十七大精神,我们必须从党和国家事业全局的高度,深刻认识教育在社会主义现代化建设中的地位和作用,深刻认识党和国家、广大人民群众对教育工作的新要求,深刻认识教育事业改革发展面临的新机遇、新挑战。从社会主义初级阶段基本国情出发,深入思考"办什么样的教育"和"如何办好这样的教育",不断深化对教育改革发展规律的认识,科学制定适应时代要求和人民愿望的教育改革发展的方针政策,选择正确的教育发展思路和战略,创造性地研究和解决教育改革发展中的重大问题。为了促进基础教育又好又快发展,基础教育工作者要振奋精神,扎实工作,勇挑重担。

（一）加强研究，增强工作能力

在构建社会主义和谐社会进程中，我们不仅面临经济社会发展对教育提出新的要求和挑战，而且也遭遇到教育自身改革与发展中出现的各种新情况、新问题，单靠以前的经验难以应对，仅凭以往教育学的理论不能破解。例如，师范生免费如何落实，不合格教师如何提高，代课教师问题如何解决，需要认真研究；如何看待教育投入仍显不足以及保障机制建立过程中的新问题；怎样完善教育管理体制与运行机制。还有实施素质教育问题、扩大优质教育资源问题、基础教育办学体制改革问题、城市义务教育阶段择校问题、基础教育课程改革问题，以及农民工子女就学问题等，都需要认真研究解决。教育有规律，不能人云亦云。我们都必须深入研究，提高适应新形势、新要求的能力和水平，把握在新的历史条件下基础教育改革与发展的规律，进一步增强工作的前瞻性和预见性。在知识经济时代，不论具有什么样的学历资历，都不能一劳永逸，必须要不断充实知识，调整结构，树立终身学习的观念。

（二）把握大局，具有时代精神

我国基础教育事业的发展，在任何时候都必须根植于中国特色社会主义建设事业这一大局之中。基础教育的发展与构建社会主义和谐社会息息相关，必须服从和服务于这个大局。要以科学发展观为指导，加强宏观战略性思考，增强驾驭教育改革与发展全局工作的能力，在推进基础教育的改革与发展中体现时代性。在推动工作时，不仅要熟悉教育政策，而且要了解国家经济社会总体发展的大政方针和其他部门的政策；不仅要掌握教育发展的规律，也要了解经济社会发展的规律；不仅要熟悉中国教育，也应了解一点世界教育趋势；不仅自己要熟悉精通教育工作，也要善于让其他部门的同志和社会各界了解、理解教育工作。

（三）因地制宜，努力开拓创新

中国特色社会主义初级阶段立体化的基本国情，要求基础教育工作者避免用一把尺子衡量发展、一个模式推动工作。和谐并不是同一，和谐并非没有反差、没有矛盾。紫禁城的红墙碧瓦是古老的,长安街的流光溢彩是现代的,但就是这种古老和现代的融合,造就了北京独特的魅力。春的烂漫和秋之飘零体现了自然界生与灭的交替,看似对立的表象中却蕴含着生命过程的和谐。基础教育工作要统筹规划、分类指导、分步实施。有些地方要不断提高教育现代化水平,而另一些地方则可能需要保证基本的教育水平。一定要因地制宜,针对实际情况,不断开拓创新。以创造性应对工作的艰巨性,以多样性应对事业发展的复杂性和差异性。

(四) 艰苦奋斗,务必真抓实干

和谐社会不会凭空而至,也坐等不来。既要着眼长远,又要立足当前,人人有责任、人人要行动、人人须贡献。身处一个重要发展时期,无论是理论研究者和实际工作者,人人面临崇高使命。在实际工作中,我们必须认真学习贯彻党的十七大精神,坚持党的教育方针,坚持以科学发展观统领我国基础教育事业发展全局,坚持教育为社会主义现代化建设服务、为人民服务,全面实施素质教育,深化教育体制改革,统筹城乡、区域教育,统筹各级各类教育,统筹教育发展的规模、结构、质量、效益,努力办好让人民群众满意的教育,从构建社会主义和谐社会建设大局出发,规范办学行为,加强学校管理,推进课程改革,提高教育质量,促进我国基础教育又好又快发展。

(本文原载《中国教育学刊》2007 年第 11 期,原标题为《社会主义和谐社会构建与基础教育又好又快发展》)

关于我国义务教育均衡发展之审视

我国正处在经济社会发展和教育改革创新的关键时期。在人力资源大国向人力资源强国转变过程中，义务教育实现了全面普及，进入了一个注重均衡发展、内涵发展、规范发展的新阶段。全面缩小义务教育差距、整体提升义务教育质量、主动回应人民群众对教育公平的关切，已势在必行。

一、义务教育均衡发展意义重大

义务教育是各级各类教育的重中之重，义务教育均衡发展是义务教育各项工作的重中之重。推进义务教育均衡发展，关乎教育公平，关乎教育质量，关乎千家万户切身利益。

（一）义务教育均衡发展是政府公共服务的法定职责

2006 年修订的义务教育法强调义务教育的公平性和均衡发展，规定了政府实现教育公平的法律义务。为此，各级政府及其财政部门、教育部门必须把实现教育公平作为重要目标，及时调整义务教育发展战略和工作重点，调整和完善公共财政投入结构和资源配置，把逐步缩小教育发展差距作为政府转变职能、开展公共服务的重要领域和紧迫任务；要从满足广大人民群众不断增长的教育需求出发，通过调整资源配置提供相对均等的机会和条件，切实保障公民平等接受义务教育的权利。在我国经济持续快速发展的大背景下，各级财力日益增强，在客观上为政府加大义务教育阶段的公共投入、大力推进义务教育均衡发展提供了可能。

（二）义务教育均衡发展是落实科学发展观的重要体现

以人为本,全面、协调、可持续发展的科学发展观是统领经济社会发展全局的总纲。全面落实科学发展观,应加大统筹城乡发展、区域发展、经济社会发展力度,而义务教育作为最重要的公共事业,关系着千家万户、惠及亿万群众。大力推进义务教育均衡发展,有利于社会主义新农村建设,有利于城乡区域协调发展,是实现经济社会全面、协调、可持续发展的重要支撑。全面落实科学发展观,必须切实转变教育发展观念、创新教育发展模式、提高教育发展质量,必须坚持以人为本、面向每所学校、关注每位学生,这正是义务教育均衡发展的应有之义。只有坚持义务教育均衡发展,才能真正把义务教育办成面向人人、面向大众的教育。

（三）义务教育均衡发展是构建和谐社会的坚实基石

构建社会主义和谐社会,要求切实维护和实现社会的公平公正。这是事关广大人民群众根本利益的大事,是我们党立党为公、执政为民的必然要求,也是我国社会主义制度的本质特征。教育是民族振兴的基石,教育公平是社会公平的基础。推进义务教育均衡发展,是社会公正和教育公平最直接、最重要的体现。通过推进义务教育均衡发展,为每个人公平地提供发展机会,是社会公平的一个前提。伴随我国社会经济发展水平的不断提高、国家公共财力的日益增强,各级教育发展规模和普及程度都跨上了新台阶,人民群众接受教育的需求和对公平公共服务的诉求与日俱增。对一个家庭而言,孩子有了希望,这个家庭就有了希望,社会才会安定和谐。促进教育的公平公正,将有利于平衡与缓和社会矛盾,融洽各种社会关系,构建和谐社会。虽然近些年来各地都在积极探索,努力化解"择校"矛盾,但总体上看,在一些大中城市这仍是人民群众最不满意的教育问题。而解决这一问题的根本办法在于大力推进义务教育的均衡发展,把薄弱学校建好、建强。如果教育资源相对均衡,择校问题就会渐趋缓解。所有这一切,都要求积极营造公平的教育环境,从法律上、制度上、政策上保障全体公民共享教育改革发展的成果。

（四）义务教育均衡发展是实施素质教育的有效路径

义务教育阶段是我国各级教育中年限最长、所有人必经的阶段,在这一阶段受到什么样的教育,对学生素质的提高具有决定性意义,对他们的一生和国家的长远发展产生着基础性影响。义务教育均衡发展不仅能促进教育结构的调整优化、教育机会的公平均等,还有利于提高教育质量、促进教育内涵的均衡发展。这与实施素质教育的目标和任务是完全一致、相辅相成的。素质教育作为教育工作的主题,其根本宗旨是面向全体学生、促进学生全面发展。当前,素质教育在一些环节上有所突破,在一些先进地区和先进学校取得了成效,但深层次障碍仍然没有消除,障碍之一就是地区和学校间发展差距过大。全面实施素质教育,就是要使我们学校能够均衡发展,这将有利于减缓升学竞争,减轻学生过重的课业负担。如果校与校之间均衡发展问题解决不好,升学竞争过于激烈,就会直接影响学生的健康成长;如果校长和教师疲于应付,挤压实施素质教育的时间和空间,党和国家的教育方针就很难得到有效落实。

（五）义务教育均衡发展是提升基础教育水平的现实选择

在不同的历史时期,推动教育公平有着不同的内容和重点。改革开放以来,一整套教育法律体系的建立,一系列重大教育政策的制定,一次次全国性教育工作会议的召开,都强调了政府对义务教育的重要责任,从法律和制度上为所有适龄儿童少年平等接受义务教育提供了有力保障,也无一不是从宏观层面推进教育公平极为重要的基础性举措。经过各级政府、教育部门和全社会的共同努力,到 20 世纪末,我国实现了基本普及九年义务教育、基本扫除青壮年文盲的宏伟目标,在占世界上人口 1/5 的国度里解决了人人有学上的问题,在九个发展中人口大国中位居前列,让世人刮目相看。这一里程碑式的成就,使我国人均受教育年限超过了 8 年,为现代化建设提供了有力的人力支撑。伴随着我国经济社会快速发展,城乡人民物质、文化生活消费水平和需求日益提高,人民群众接受教育的需求不断增长。尤其是随着就业形势的严峻和独生子女时代的到来,家长普遍希望子女接受更高质量的义务教育。从教育自身发展规律看,义务教育必然要经过一个从重数量、重规模、重普及率到逐步重质量、重内涵、重公平的历程。从我国义务教育发展阶段及其特点看，普及程度、发展规模整体达到较高的水平后，必须与时俱进，适应义务教育发展的阶段性变化，及时把工作的重点转移到提高质量、促进均衡发展上来。

二、义务教育均衡发展起步良好

推进义务教育均衡发展不应盲目从事，而要加强研究，总结经验，实事求是，科学实施。近年来，国家大力倡导，各地积极探索，一些好的做法值得提炼。

（一）全面建立经费保障机制

国家非常关心和重视义务教育，自 2006 年建立了农村义务教育经费保障机制，全面实施了城乡义务教育阶段免除学杂费政策，2006—2010 年仅这一项中央财政就投入 1600 多亿元，主要用于中西部地区。普及的、强迫的、免费的义务教育概念在全国成为现实。与此同时，各地努力落实教育经费"三个增长"（"三个增长"指各级人民政府教育财政拨款的增长应当高于财政经常性收入的增长，并使按在校学生人数平均的教育费用逐步增长，保证教师工资和学生人均公用费用逐步增长）和新增教育经费主要用于农村的要求，在经费投入上对薄弱学校改造采取倾斜政策；进一步调整教育经费支出结构，加大对经济困难地区义务教育专项支付；制定推进义务教育均衡发展的配套政策，确保财政投入、工资待遇、人事编制、社会保障到位。河北省委、省政府作出《关于加强教育工作的决定》，实现了财政性教育经费"三个增长"，加大了义务教育省级统筹，实施了学区改革。湖北省启动义务教育均衡发展行动计划，健全经费保障机制，着力促进县域内义务教育的均衡发展。江苏省统一设立省级专项经费，积极推进义务教育高位均衡发展。

（二）适时启动优惠政策措施

一是实施倾斜工程。近几年来，国家实施农村寄宿制学校工程、农村中小学现代远程教育工程、农村初中建设工程等一系列重大工程,极大地改善了中西部农村地区义务教育阶段学校办学条件。"两基"攻坚目标的实现,使得西部地区农村教育面貌焕然一新。二是统筹城乡发展。在统筹城乡协调发展和社会主义新农村建设过程中,许多地方按照统一规划,明显缩小了城乡之间、学校之间的办学条件差距。从2009年起,广东省开展为期3年的"千校扶千校"活动,组织发达地区义务教育阶段学校,对口帮扶省内欠发达地区薄弱学校。成都市统筹灾后教育重建与城乡教育综合改革试验区建设,推进城乡教育一体化。三是制定办学标准。北京、上海、安徽、广东、河南、山西、黑龙江等20多个省直辖市制定了义务教育学校办学标准,努力改善农村学校办学条件,加大薄弱学校改造力度,开展学校标准化建设。浙江省实施九年制义务教育学校标准化建设工程,开展标准化学校达标验收工作。陕西省吴起县统一全县建校标准,统一仪器配备标准,实现了县域内学校办学条件均等化。

(三) 优化提升教师队伍配置

自2006年以来,国家四部门启动中西部农村中小学教师特设岗位计划。至2009年,共招聘特岗教师13万人,覆盖500多个县、6400多所学校。各地积极跟进,创新教师补充机制。这项措施有力地缓解了农村地区教师紧缺和结构性矛盾。教育部多次开展中小学教师国家级培训,各地也积极开展教师培训工作,提高了中西部地区教师素质。根据国家规定,各地着手统一城、镇、乡中小学教师的编制标准,基本实现了同一区域同类教师同等待遇。至2010年,全国逾半省(市)建立了中小学校长、教师交流制度。沈阳市规定每年要有一定比例的校长、教师在校际流动。铜陵市鼓励城乡教师跨校互聘兼课、兼职,推进高水平教师资源共享。完善教师补充机制,加强教师队伍建设,推进城乡教师交流,城镇教师与农村教师结队已经成为各地推进义务教育均衡发展的一个亮点。

(四) 大力加强学校规范管理

在推进义务教育均衡发展过程中,为贯彻落实义务教育法,教育部2009年出台了加强中小学管理、规范办学行为的指导意见。各地按照法律规定和教育部要求,积极采取措施,努力克服驱使学生拼时间、拼体力的机械重复和题海战术,一些不符合素质教育要求、违背教育规律的做法正在逐步得到纠正。浙江、江苏、河南、重庆、宁夏、新疆、内蒙古等地以减轻学生过重课业负担为突破口,科学安排作息时间,努力确保学生每天锻炼1小时。山东省2007年以来构建起"政府主导、规范管理、课程带动、评价引领、督导保障"的素质教育运行模式。安徽合肥、河北衡水、河南新郑等地以"指标到校"为杠杆,推行优质高中部分招生名额定向分配给各初中,逐步化解义务教育阶段的择校问题,推进义务教育阶段生源流向均衡。

(五)十分关心特殊群体权益

国家把做好残疾儿童少年、贫困家庭学生、进城务工人员随迁子女和农村留守儿童的义务教育作为重要内容,推动均衡发展。2009年国家召开第四次全国特殊教育工作会议,出台保障和扶持特殊教育的措施。杭州、南京、温州、玉溪把进城务工人员子女教育纳入教育规划。安徽、江西、四川建立农村义务教育阶段留守儿童信息动态管理机制。重庆市南川县首创了留守儿童临时家长代理制,让留守儿童感受到家庭般的温暖和呵护。陕西省石泉县建立"党政统筹、部门联动、学校为主、家庭尽责、社会参与、儿童为本"的留守儿童教育管护工作机制,为留守儿童提供良好的成长环境。

(六)不断强化教育督导评估

许多地方把义务教育均衡发展作为对县级人民政府教育工作督导评估的重要内容,把督导评估结果作为考核主要领导干部政绩的重要依据。重庆市从2007年开始,将义务教育标准化完成率作为考核区县党政班子实绩的重要指标,由市委组织部每年进行考核。黑龙江省对地市义务教育阶段学校标准化达标情况进行量化考核。许多地方建立义务教育均衡发展的激励机制,通过评先表优、典型引路等方式,调动基层政府推进义务教育均衡发展工作的积极性。北京、辽宁、陕西、江苏、河南、四川、广西等地建立了义务教育均衡发展表彰奖励制度。

综上所述,义务教育均衡发展开了个好头,取得的成绩来之不易。基本经验可进一步概括如下：依法治教、政府强力推动是均衡发展的前提；勇于实践、体制机制创新是均衡发展的关键；抓住重点、因地制宜探索是均衡发展的动力；加强宣传、争取社会各界支持是均衡发展的条件；统筹城乡、全面提高教育水平是均衡发展的归宿。

在充分肯定成绩的同时，我们还应该清醒地看到，义务教育均衡发展只是取得阶段性成果，还存在一些困难和问题。一是受经济社会发展或自然条件制约，义务教育均衡发展的保障水平仍然偏低，缩小区域之间、城乡之间、学校之间和群体之间发展差距的任务还十分艰巨。二是一些地方义务教育初中段的普及还不稳固，质量有待提高，推进义务教育均衡发展工作的措施有待落实，力度有待加大。三是重硬件轻软件、重建设轻管理、重外延轻内涵的现象还比较普遍，还不能满足人民群众"上好学"的迫切需求。

从各地情况看，在推动义务教育均衡发展过程中，还不同程度地存在几个认识上的误区，需要予以澄清和纠正。

一是认为义务教育应该全国统一要求。持这种观点的同志主张，义务教育是国家的事业，不管地方经济社会发展水平怎样，均衡发展应是统一的指标、相同的硬件、相似的质量。诚然，这种观点有一定合理性，国家确实要制定基本办学标准并要求各地达到，这是义务教育均衡发展的有利条件。但是，也必须看到，在我国立体化国情下，不同地区经济社会发展的差别还很大，义务教育普及和巩固的程度也不同，推进义务教育均衡发展的标准应有所不同，不能一刀切。当前，区域内义务教育均衡发展仍是均衡发展的优先领域。区域内学校可比性很强，学校之间在办学条件、师资队伍、管理水平、教学质量方面的较大差异，人们最容易看到并产生不满。

二是认为均衡发展就是学校整齐划一。诚然，通过义务教育均衡发展，学校的办学水平都要得到普遍提高，太差的学校应予消除。但是，推动均衡发展不是搞绝对平均主义，而是要根据经济社会和教育的发展实际，分阶段分步骤地尽可能缩小差距，尽可能把低水平的学校搞上去，尽可能让优质教育资源得到迅速发展。发展是螺旋式上升，新改进的学校在硬件上肯定会超过原有的学校；积极探索的学校在校园文化上会更加丰富多彩。今后，有必要继续倡导学校办出特色，办出水平。均衡发展不是"削峰填谷"，不是不要特色，而是要在多样化中谋求均衡，在形成特色中提高水平。

三是认为均衡发展会降低学校教育质量。持这种观点的同志担忧，关注了义务教育均衡发展，就会牵扯大量的人力、财力、物力，就没有精力去顾及质量。实际上，教育优质发展和教育均衡发展都是中国特色社会主义教育的重要原则。公平与优质不应对立起来，既不能单纯追求不公平的优质，也不能简单追求低水平的公平。在两者兼顾的同时，着重解决一个时期的突出矛盾。即使在大力推进义务教育均衡发展的时期，也须头脑清醒，因为缺乏优质学校的引领将会导致义务教育整体水平的下降。因此，在扶助薄弱学校的同时，我们也要鼓励或允许优质学校继续保持高水平，发挥其引领示范作用。

四是认为均衡发展是不可能实现的理想。有的同志断言，义务教育均衡发展提法很好，但只可作为旗帜，不能作为任务。他们说，均衡发展只是一种理想，是脱离中国教育现状的精神层面的追求，现在搞还为时过早。的确，义务教育均衡发展是一项艰巨、复杂的工程，需要经过不懈努力。均衡的目标不会一下子实现，但实现目标的努力始于足下。所以，要增强义务教育均衡发展的现实感和紧迫性，克服畏难情绪，积极进取，扎实开展。

三、义务教育均衡发展尚待深入

推进义务教育均衡发展，要符合教育发展规律，妥善处理好几个关系。

一是硬件与软件的关系。促进义务教育均衡发展，需要重视学校硬件建设，但同时必须重视软件的提高，特别是要抓好教师专业发展和能力建设。义务教育均衡发展必须走内涵式发展道路，不应超出现实条件和需求追求校舍奢华。

二是当前与长远的关系。义务教育均衡发展等不得，要抓住当前机遇，在几年内着力解决人民群众最不满意的区域内学校之间的发展不均衡问题，及时实现初步均衡。义务教育均衡发展急不得，它是一个长期的系统工程，我们要有打持久战的心理准备，面向2020年逐步达到均衡发展各个目标，实现教育过程和教学质量的全面提升，从而实现基本均衡。

三是均衡与协调的关系。义务教育均衡发展与基础教育协调发展是并行不悖的关系。在突出抓好义务教育均衡发展的同时,还要坚持统筹兼顾,关心支持幼儿教育发展,推动普及高中阶段教育,促进高中教育、幼儿教育与义务教育的协调发展,形成基础教育全面健康发展的繁荣局面。

在推进义务教育均衡发展中,需要抓住一些重点环节,力促突破,追求成效。重点环节因地区不同会有所不同,不过以下方面是值得共同抓好的环节。

(一) 科学制订办学标准,努力办好每所学校

义务教育的公益性和普惠性,决定了义务教育的发展必须是均衡的。首先,要结合本地实际,认真做好义务教育学校均衡发展的规划,抓紧制订或完善义务教育阶段学校的基本标准,积极推进城市中小学校标准化建设,实现区域内义务教育学校的均衡发展。其次,要消除不合格学校,切实办好每一所学校。把加强薄弱学校建设作为推进义务教育均衡发展的紧要任务来抓,组织力量对薄弱学校逐校进行评估分析,找出存在的突出问题,采取改善学校办学条件、调整领导班子、加强教师力量、优质资源共享、合理配置生源等多种办法,尽快改变这些学校的整体面貌。在布局调整或学校集团化建设过程中,通过科学测算和合理程序,也可淘汰一些办得过差而又可有可无的学校。最后,按照《义务教育法》要求,不得举办重点校、重点班,坚决纠正利用公共教育资源集中建设和支持少数"窗口学校""示范学校"而忽视大多数学校的做法。差距要缩小,各校要达标,目前一些地区校际存在的较大差距再也不能持续下去了。

(二) 逐步实现教师交流,普惠广大儿童少年

百年大计,教育为本;教育大计,教师为本。在新的历史时期,义务教育均衡发展的关键是学校均衡,学校均衡的关键是教师均衡。要通过体制机制创新,加大义务教育阶段校长和教师的培训力度、交流力度,形成义务教育阶段教师统一管理制度,促进区域内义务教育学校之间师资力量的均衡配置。从某种意义上说,"一位好校长就是一所好学校",我们要重视发挥好优秀校长的作用,让更多学校受益。要尽快建立起优秀校长、骨干教师定期流动和城镇

教师到农村学校任教服务期制度,要把实施绩效工资与深化教师人事制度改革结合起来,并统一中小学教师职称。完善农村中小学教师补充机制,扩大实施农村学校教育硕士培养计划,探索教育硕士培养与特设岗位计划相结合的新机制。鼓励高校毕业生到中西部农村义务教育阶段学校任教,全面推进师范生实习支教行动计划。

（三）重视教育内涵发展,不断提高教育质量

教育是一项神圣而崇高的事业,国运兴衰系于教育,只有一流的教育,才有一流的人才,才能建设一流的国家。在继续做好硬件建设的同时,要更加关注基础教育的内涵发展,将工作重点从扩大规模转向提高质量上来。要转变工作方式,深入基层,深入学校,开展细致的调查研究,了解课堂教学实际情况,研究教育规律,注重教学效果,关注学生成长。新阶段推进义务教育均衡发展,其根本目的是全面提高义务教育质量。各地在制定政策、配置资源、安排资金时要优先保障提高教育教学质量的需要,要坚持机制创新,制定具体措施和办法,尽快提高农村地区和薄弱学校教学质量;在研究科学、高效、适用的教学方法上多下些功夫,积极倡导启发式教学;巩固农村中小学现代远程教育工程成果,充分利用好计算机等设备,促进优质教育资源共享,提高广大中小学的教学效率。推进义务教育均衡发展,必须全面贯彻党的教育方针,全面实施素质教育,坚持育人为本,德育为先,把爱国主义教育、革命传统教育、民族团结教育、中华传统美德教育和民主法制教育有机统一于教学过程之中,同时还要大力开展阳光体育活动,在小操场跑出大境界,让每天锻炼 1 小时、健康工作 50 年、幸福生活一辈子成为共识。

（四）继续完善中招制度,淡化过早考试竞争

中考制度对义务教育均衡发展具有重要导向作用。要加快普通高中和中等职业学校的普及力度,使绝大多数义务教育毕业生都能享有接受良好的高中阶段教育的机会。要进一步改革高中阶段招生考试制度,鼓励将普通高中一部分或大部分招生指标均衡地分配到初中的办法,推动中等职业教育学校建立灵活的招生入学制度和学籍管理制度,搭建人才成长的"立交桥",从制

度上克服"应试教育"和片面追求升学率的倾向,为义务教育均衡发展创造条件。

(五)依法保障财政投入,确保经费稳定来源

义务教育是国家必须予以保障的公益性事业,政府保障、加大投入是保持义务教育免费和均衡发展的基础,即使达到了财政性教育经费占 GDP 4%目标,也不意味着增加教育投入努力的终结。各地应依法落实教育经费的"三个增长"依法将义务教育经费单列,真正把维持学校日常运转的人员经费、公用经费和事业发展经费等,全面纳入财政预算,不留缺口。

(六)继续加强学校管理,切实规范办学行为

要认真贯彻义务教育法,执行义务教育阶段"就近免试入学"政策,完善城市义务教育学生流动监控机制,纠正一些地方和学校举办或变相举办重点学校和重点班的做法,对按规定程序批准的实验班、特长班,收费项目和标准要与普通班级相同,不得以办班为由额外加收费用。义务教育阶段学校不能利用双休日、节假日给学生集体补课并收取费用;不按学生考试成绩给学生、教师公开排队,以减轻师生的心理压力。义务教育学校管理应井井有条,科学有序,富有活力,受人信赖。

(七)科学预测人口流动,关心优待弱势群体

让所有适龄儿童平等接受义务教育,同在蓝天下,共同成长进步,是义务教育均衡发展的一个重要体现。政府要进一步完善对家庭经济困难学生的资助体系,不让他们因生活困难失去平等接受义务教育的机会;要帮助残疾儿童通过进入特殊学校或随班就读接受义务教育。随着工业化、信息化、城市化进程的加快,人口流动趋势将更为明显,因此,我们要落实保障进城务工人员随迁子女接受义务教育的各项政策措施,既注意解决农民工子女的实际困难,又顾及城市学校的承载能力,努力实现所有学生享受同等待遇。此外,还要建立政府主导、社会参与的农村留守儿童关爱服务体系,重点管护和教育好父母均在外地务工的未成年人。

（八）推进体制机制创新，激励教育持续发展

实践无止境，创新无止境，解放思想无止境。在推进义务教育均衡发展过程中，要遵循教育规律，针对体制机制障碍，大胆改革，走出新路。首先，形成城乡和地区义务教育共同发展机制。要把城市学校与农村学校共同发展、优质学校与薄弱学校共同提高作为重要政策取向，建立教育资源向困难地区、农村地区和薄弱学校倾斜的动态机制。通过整合、重组、结对帮扶等多种途径，打破校际和城乡之间的分割，促进区域内优质学校与薄弱学校之间形成稳定的共建机制。其次，创新教育管理运行机制。要对原有的管理机制进行调整和创新，引入实行学区管理、集团化办学、农村九年一贯制、示范性高中和重点高中招生指标定向分配到初中等方式，优化校长、教师的统筹调配机制。最后，完善义务教育质量评价体系和督导制度。要把实施素质教育的具体要求全面纳入学校教育质量监测评价、教育质量目标管理和教育质量保障体系之中，建立相对独立的教育督导机构，科学设置组织构架、职能权责、工作机制，探索中国特色的现代督导制度。

（本文原载《中国教育学刊》2010年第4期，《中国教育科学》2011年卷收录）

关于我国义务教育均衡发展之再审视

在我国各级各类教育中,义务教育是重中之重;在义务教育各项工作中,促进均衡发展是重中之重。对义务教育均衡发展的过去、现在和未来进行审视,有利于教育系统提高自信心、增强紧迫感、明确新任务、迈出新步伐。

一、审视过去:我国义务教育均衡发展具备必要基础

(一) 政治环境基础

在教育领域,面向全体学生、加强城乡统筹、办好每所义务教育学校、促进义务教育均衡发展就是贯彻科学发展观的具体体现。在构建社会主义和谐社会进程中,中央倡导公平,时代呼唤公平,群众期待公平,公平正义比太阳还要有光辉。教育公平是社会公平的起点和核心环节,义务教育均衡发展是实现教育公平最直接、最现实、最优先的领域。2010年,党中央、国务院召开了新世纪第一次全国教育工作会议,颁布了《国家中长期教育改革和发展规划纲要(2010—2020年)》(以下简称《教育规划纲要》),对义务教育均衡发展提出明确要求。各级政府把教育工作作为最大民生工程,把义务教育均衡发展纳入责任目标大力推进。在全国范围内,推进义务教育均衡发展的政治环境已经形成。

(二) 法律规定基础

2006年修订的《中华人民共和国义务教育法》(以下简称《义务教育法》)

明确规定:"国务院和县级以上地方人民政府应当合理配置教育资源,促进义务教育均衡发展,改善薄弱学校的办学条件,并采取措施,保障农村地区、民族地区实施义务教育,保障家庭经济困难的和残疾的适龄儿童、少年接受义务教育。"《义务教育法》把"均衡发展"作为义务教育的战略性任务,体现了义务教育的本质要求,体现了政府公共服务的法定职责,也体现了我国教育改革和发展中促进公平和提高质量的要求。全国人大常委会于《义务教育法》修订后一年即组织执法检查。各地相继出台了本地义务教育实施办法或相关地方法规,对义务教育均衡发展作出具体规定。对地方政府是否依法实现教育投入"三个增长"、均衡配置教育资源等,各方开始进行监督。可见,关于义务教育均衡发展的国家法律和地方法规都已具备,规定也比较全面,关键在于落实。

(三) 政策指导基础

教育部于2005年印发了《教育部关于进一步推进义务教育均衡发展的若干意见》,并于翌年召开了全国义务教育均衡发展现场经验交流会。各地把义务教育均衡发展摆在战略地位,积极进行探索,加大工作力度,涌现出一批先进典型。2009年,教育部最后召开全国义务教育均衡发展现场经验交流会,表彰了全国93个推进义务教育均衡发展先进地区。2010年,《教育部关于贯彻落实科学发展观进一步推进义务教育均衡发展的意见》印发,对各地义务教育均衡发展又给予了宏观指导。同时,地方教育部门也都对本地义务教育均衡发展工作提出了更加具体的要求。

(四) 工作进展基础

中央部门、地方政府和教育行政部门付出巨大努力,采取有效措施,逐步形成了大力推动义务教育均衡发展的良好局面。一是加大了教育投入。中央财政逐年加大对西部地区、民族地区、贫困地区义务教育经费投入,实施了一系列重大工程项目。二是改造了薄弱学校。2010年,国家开始实施"农村义务教育薄弱学校改造计划"。各地积极开展学校标准化建设,努力改善农村学校办学条件,加大薄弱学校改造力度,缩小了城乡之间、学校之间办学条件差距。三是均衡配置了教师资源。国家实施了中西部农村中小学教师特设岗位计划和中小学教师国家级培训计划,有计划、有步骤地补充合格教师,并对中小学教师进行分类、分层、分岗培训。各地积极跟进,创新了教师补充机制,缓解了农村地区教师紧缺的情况。四是签署了《义务教育均衡发展备忘录》(以下简称《备忘录》)。为了明确责任、分解任务、抓好落实,按照分类指导、分期推进、一省一案的原则,经与各省(自治区、直辖市)反复协商,教育部于2011年先后同28个省(自治区、直辖市)和新疆生产建设兵团分别签署了《备忘录》。《备忘录》明确了教育部对各省(自治区、直辖市)支持的具体范围和项目,明确了省级政府推进义务教育均衡发展的举措和责任。

二、审视现在:我国义务教育均衡发展必须全面推进

我国义务教育必须适应新形势,满足新期待,谋求新发展。到2011年底,全国所有的省份通过了"两基"国家验收,城乡全面普及了免费九年义务教育,彻底解决了适龄儿童少年有学上的问题。但是就总体而言,义务教育普及的基础还比较薄弱,很多学校的办学条件还未达标,区域之间、城乡之间、学校之间发展不均衡,质量水平差距大。

(一) 努力缩小区域义务教育差距

1. 国家投入向中西部地区义务教育倾斜

目前,欠发达地区学生在校用餐还存在困难,因而政府应加大对中西部地区贫困家庭学生补助力度,在为寄宿生提供生活补助的同时,也应一并考虑非寄宿生的午餐补助问题;要采取有力措施,争取为每位学生每天提供一顿免费午餐或一份蛋奶。各地应根据经济社会发展水平和财力,对生活补助标准、覆盖范围、发放方式进行动态调整,充分发挥资金效益,确保补助经费用到学生身上。国家实施的校舍安全项目、义务教育薄弱学校改造项目、中小学现代远程教育项目应向中西部地区倾斜。政府在继续大力投入西部地区义务教育的同时,还要特别关心支持中部人口大省义务教育,防止出现"中部凹陷"。

2. 保障进城务工人员随迁子女平等接受义务教育

教育部 2011 年统计显示,我国有义务教育阶段进城务工人员随迁子女 1167 万,占全国义务教育阶段学生总数的 7.7%。各地应将进城务工人员随迁子女平等接受义务教育纳入区域发展规划和财政经费保障体系,按照随迁子女实际人数拨付教育经费,采用加大公办学校资源补给力度和政府购买服务等方式,保证他们平等接受免费义务教育。在公办学校还不能完全接收进城务工人员随迁子女入学的情况下,各地可规范管理、积极扶持依法举办的非公办学校接收进城务工人员随迁子女入学,帮助其改善办学条件,通过公办学校托管、加强教研指导、开展教师培训等途径提高其教育质量。

3. 为中西部地区培养、培训合格教师

国家要继续实施好中西部农村中小学教师特设岗位计划,每年派 6 万~10 万名大学毕业生到中西部农村地区任教。同时,应积极提倡东部发达地区优秀教师到西部欠发达地区支教。中央财政应继续支持实施义务教育教师国家级培训。在一些民族地区,有些少数民族教师专业能力很强,但不能用汉语教课。所以,我国应重视双语教师培养,为他们制订专门的成长计划,帮助他们实现专业发展,更好地满足教学需要。

(二) 加快缩小城乡义务教育差距

1. 审慎开展学校布局调整

新一轮较大规模中小学布局调整已基本完成,总体上应保持稳定。已经进行调整的地方,要重新审视布局调整是否统筹兼顾了城镇化发展、学龄人口变化、办学效益与教育质量提高、方便学生入学等方面,是否充分考虑了自然状况、交通状况、财政状况、学生就学方式等因素。因布局调整造成教育资源紧张和学生就学困难的地方,要采取有效措施解决出现的问题。准备进行调整的地方,要建立健全布局调整论证、征询意见、民主评议、方案审批、矛盾调解制度,充分听取村民委员会和学生家长的意见。学校所在地多数村民反对的不撤并学校,离其他学校较远且不能提供住宿或校车服务的不撤并学校,经科学论证和严格程序确定布局调整的地方,要先建后撤,平稳过渡。

2. 妥善解决大班额问题

据教育部2011年统计,全国范围内,小学56人以上的大班额占小学全部班额的13.03%,其中66人以上的超大班额占5.42%;全国范围内,初中56人以上的大班额占初中全部班额的51.34%,其中66人以上的超大班额占14.76%。布局调整后学生人数增多的学校,应完善配套保障措施,保证小学班额不超过45人,初中班额不超过50人。有条件的学校可推行小班化教学。对于出现"大班额"的学校,要实施扩容改造。对于需要保留的教学点,要提高生均经费拨付标准,按班师比和课程实际需要配齐合格教师,并通过城市或中心学校教师巡回教学及现代远程教学等手段保证教育质量。

3. 探索校车管理的实施方法

各地应根据实际情况,实行方便学生、保障安全的校车运行管理模式,探索有效的政策措施、可持续的经费投入、有保障的安全管理机制;要摸清辖区内学生的出行方式和校车使用情况,提出具体实施办法。中央政府提供校车可先行试点,再逐步扩大范围。国家建立校车制度迫在眉睫。当前一些地方仍在运营的"黑校车"、超载车存在安全隐患。各地应定期开展专项整治行动,督促落实安全责任,切实加强校车及驾驶人源头管理,杜绝农用车、拼装车、问题车接送学生上下学行为。

4. 促进农村闲置校舍再利用

当前一些闲置村级小学、教学点的校舍应被充分利用或妥善处置。据教育部基础教育一司2011年统计,全国共有不再继续发挥教学功能的中小学13万所,其中55%已改作幼儿园、卫生所、农牧民文化技术培训基地等,但还有45%是完全闲置不用的。为整合教育资源,避免资源浪费或流失,闲置校舍再利用要突出教育优先的原则,使之成为学前教育机构或其他教育机构,如扩展成学生综合素质的校外活动场所;也可开展确权,将其转为其他公益设施或交回给村集体。

5. 实施义务教育学校标准化建设

一是实施各省义务教育学校标准化规划。按照城乡统一的建设标准提出工作要求,落实规划项目。二是硬件资源向农村倾斜。各地要坚持财政拨款向农村倾斜,新增教育经费主要用于农村义务教育,不断增加农村义务教育财政性教育经费投入,逐步缩小城乡之间义务教育生均经费的差距;坚持学校建设向农村倾斜,新设教育基建项目优先安排农村义务教育学校教学仪器设备、图书等,满足农村学校需求,逐步缩小城乡办学条件差距。三是加大资源整合力度。各地要进一步统筹、整合现有义务教育专项工程资金,加大农村学校食堂和相关设施建设力度,使农村学校基本具备提供营养膳食的条件。四是均衡配置城乡教师资源。各地应实行县域内城乡教师编制和工资待遇同一标准,增加农村教师津贴,建设农村教师周转房,鼓励合格教师在农村长期任教,减少优秀教师外流。

(三) 切实缩小义务教育学校之间的差距

1. 以资源共享促进均衡

《教育规划纲要》指出,促进义务教育均衡的根本措施是合理配置教育资源。在这方面,很多地方探索出行之有效的路子。一种是突破原有的学校管理格局,以学区或片区为单位进行资源整合重组,统一教学要求、人事管理、教研活动、校园网络,共享优质教育资源,如天津市河西区的"小学教育发展联合学区"、北京市东城区的"学区化管理"、河南省郑州市的"学区化联合办学"等。另一种是鼓励优质学校与薄弱学校协同发展,建立帮扶带动机制,发挥名校的辐射作用,通过兼并、重组、合作、托管等多种形式,向薄弱学校和农村学校输送优质教育资源,不断扩大优质教育资源覆盖面。学区管理、联合办学、集团化办学、结对帮扶等多种有效方式可发挥优质学校的示范引领作用,切实缩小学校之间的差距。

2. 以教师交流促进均衡

在硬件改善后,教师资源就成了影响义务教育均衡的关键因素。各地要建立健全校长、教师流动交流制度,鼓励优秀校长、教师到相对薄弱学校任教。除新任教师、即将退休的教师外,各地应鼓励其他教师在某所学校任教若干年后到县域内或者学区内其他学校任教。对于具备交流经历的教师,学校优先安排业务进修,优先晋升高一级职称,并作为学校管理者候选人的必要条件。

3. 以缓解择校促进均衡

就全国来看,随着义务教育均衡发展不断深入,择校现象已得到缓解。但是,在某些大城市,无序择校现象仍比较严重。这些大城市应按照区域内适龄儿童少年数量和学校分布情况,科学划定每所学校的服务范围,每学年向社会公布区域内各义务教育阶段学校招生范围、招生时间、招生计划及有关信息。在招生录取中,各地应将优质高中一定比例的招生名额合理分配到区域内各初中;不以各种学科类实验班名义招生,禁止举办或参与举办以选拔新生为目的的各类培训班。就近入学、生源均衡是义务教育均衡发展的一个重要方面。

4. 以全面发展促进均衡

义务教育均衡发展应是有质量的内涵发展,应是体现素质教育精神的全面发展。在配置资源和安排资金时,各地要优先保障课程教学改革和质量提高的需要,整体提升学校教育教学水平,制订面向全体学生、关注所有学生健康成长的工作制度,把德育工作融入教育教学各个环节,深化课程改革,全面落实国家课程方案和各学科课程标准。

三、审视未来:我国义务教育均衡发展呼唤长效机制

面向 2020 年,根据《教育规划纲要》的规定,义务教育均衡发展应持续不断地科学推进,应建立持续有效的机制予以保障。

(一) 建立协同推进机制

2011 年教育部与各省(自治区、直辖市)签署的《备忘录》明确了双方责任。教育部表示,将在国务院领导和有关部委支持下,通过转移支付和专项实施,支持各地推进学校标准化建设,支持缩小学校和城乡之间在财政拨款、学校建设、教师配置等方面存在的差距,并组织对各地推进义务教育均衡发展进行督导,开展宏观指导,总结经验,出台推进制度和措施。《备忘录》明确了各省因地制宜推进义务教育均衡发展的时间表、路线图和任务书,为义务教育均衡发展的推进、监督和检查等提供了可操作的工作指导。《备忘录》的签署和落实,可以助推中央和地方进一步明确各自责任,协同推进义务教育均衡发展。

（二）完善投入保障机制

各级政府应建立健全义务教育均衡发展保障机制,增加义务教育投入,提高城乡学校公用经费和生均教育经费标准,确保实现各省义务教育均衡发展规划和义务教育学校标准化建设规划确定的目标任务。各级政府应依法对义务教育经费实施单列,足额征收城市教育费附加,根据国务院决策,从土地出让收益中计提的教育资金,优先满足义务教育均衡发展的需求。

（三）启动试点引领机制

推进义务教育均衡发展是复杂的系统工程,在坚持总体要求的基础上,应鼓励一些地方积极探索、先行先试,探索适应当地教育情况、符合教育规律的均衡发展模式。改革试点就是行动研究,既具有实践性、行动性,又具有探索性、研究性。尤其是对于学生课业负担过重、城市择校现象突出等社会各界广泛关注的、与群众切身利益密切相关的教育热点难点问题,各地要积极探索解决对策。对于一些地区采取的行之有效的办法和取得的成功经验,有必要加强指导、及时总结,将经验上升为政策措施,在更大范围内推广,充分发挥以点带面的示范作用,引领全国义务教育均衡发展。

（四）强化督导考核机制

建立推动有力、检查到位、考核严格、奖惩分明、公开问责的机制,是确保义务教育均衡发展各项举措落到实处、取得实效的重要保障。各地教育、发展改革、财政部门要建立协商合作机制,共同研究保障政策措施,实施重大项目。各省(自治区、直辖市)教育督导机构应根据本级政府与教育部签署的推进县域《备忘录》的承诺,依据国家教育督导团《关于县域义务教育均衡发展督导评估办法》,制订本省的县域义务教育均衡发展评估验收标准和办法,组织对基本实现义务教育均衡发展的县(市、区)进行评估验收。

（本文原载《中国教育学刊》2012 年第 1 期）

我国义务教育均衡发展之进展

据教育部 2015 年教育统计报告,2014 年全国共有义务教育阶段学校 25.40 万所,在校生 1.38 亿人,其中小学 20.14 万所,在校生 9451.07 万人;初中 5.26 万所,在校生 4384.63 万人。[①] 作为国家统一实施的所有适龄儿童少年必须接受的教育和国家必须优先保障的公益性事业,义务教育在整个国民教育体系中具有基础性、先导性、全局性的作用。党中央、国务院历来高度重视义务教育,将之纳入国民经济和社会发展总体规划,采取多种有效措施促进均衡发展。

一、我国义务教育均衡发展成就显著

自 2010 年《国家中长期教育改革和发展规划纲要(2010—2020 年)》(以下简称《教育规划纲要》)实施以来,我国教育公平迈出重大步伐,适龄儿童少年平等接受义务教育权利得到有效保障。2014 年,我国义务教育普及率已经达到发达国家水平,小学净入学率达到 99.81%,初中阶段毛入学率达到 103.5%,九年义务教育巩固率 92.6%。所有适龄儿童少年不但"有学上",而且越来越多的孩子能够"上好学",义务教育进入了巩固普及成果、全面提高质量、促进均衡发展的新阶段。

[①] 本文数据均出自教育部《教育统计报告》2015 年第 6—12 期以及工作中获得的一手材料。

（一） 布局调整规范有序，城乡学校设置趋于合理

随着城镇化进程加快，为了合理布局义务教育学校，确保城镇义务教育学位供给，教育部重视对各地义务教育改革发展工作的指导，要求各地统筹考虑区域内常住人口规模、空间分布、学龄人口变化和中小学现状等因素，科学制定义务教育学校设置和建设规划，保障城镇义务教育学校建设用地，扩大城镇义务教育容量。重点落实新建小区配套学校建设，通过新、改扩建学校来提高城镇教育的承载能力，健全规划、交地、经费、建设四项保障机制，推动住宅小区配套学校的同步建设。

为了科学布局农村学校并避免过度撤并，2012 年国务院办公厅下发《关于规范农村义务教育学校布局调整的意见》，要求县级人民政府科学制定农村义务教育学校布局专项规划，规范学校撤并程序，解决上学远、上学贵、上学不安全等问题。2013 年教育部印发了《关于做好农村义务教育学校布局专项规划制定工作的通知》，指导各地做好相关工作，制止盲目撤并学校的行为，满足农村适龄儿童少年就近接受良好义务教育需求。至 2014 年，各地以县为单位制定了规范学校布局调整的专项规划，并报送国家教育体制改革领导小组进行了备案。总体来说，各地制定的专项规划基本上都以就近入学作为主要原则，部分省份对学生的就学距离和步行上学时间作出了量化规定。

（二） 办学条件不断改善，学校整体面貌焕然一新

《教育规划纲要》实施以来，国家启动实施了农村义务教育薄弱学校改造计划，按照"科学规划、明确目标、地方为主、中央奖补"的原则，集中力量解决农村义务教育发展过程中的薄弱环节，重点支持教学装备类更新和校舍改造。为进一步改善贫困地区办学条件，加快缩小区域、城乡教育差距，守住教育民生底线。2013 年，经国务院批准，教育部、国家发展改革委、财政部联合印发了《关于全面改善贫困地区义务教育薄弱学校基本办学条件的意见》，决定从2014 年开始，用 3—5 年时间，聚焦贫困地区和薄弱学校，按照"缺什么补什么"的原则，全面改善贫困地区义务教育薄弱学校基本办学条件（即"全面改薄"）。中央通过完善农村义务教育经费保障机制、实施农村义务教育薄弱学

校改造计划和初中改造工程等措施,加大项目统筹与经费投入力度,实行总量控制、突出重点、动态调整、包干使用,对中西部贫困地区和东部部分困难地区"全面改薄"工作予以倾斜支持。2014 年中央财政下达薄弱学校改造计划专项资金 310 亿元,中小学校舍维修改造长效机制资金 132.4 亿元,农村初中校舍改造工程资金 50 亿元,由省级财政和教育部门统筹用于"全面改薄"工作。通过这些重大工程项目的实施,特别是通过各地的努力,农村学校面貌得到显著改善。2014 年,小学生均校舍建筑面积达到 6.85 平方米,比 2010 年增长 0.95 平方米;初中生均校舍建筑面积达到 11.99 平方米,比 2010 年增长 3.76 平方米。宿舍、食堂等生活用房的建设力度也在不断加大,2014 年,小学和初中生均寄宿生宿舍面积分别达到 3.53 平方米和 5.62 平方米。同时,校舍质量不断提高。

随着各级政府投入不断加大,教学仪器设备不断更新换代。2014 年小学生均教学仪器设备值达到 913 元,比 2010 年增长 529 元;初中生均教学仪器设备值达到 1512 元,比 2010 年增长 1114 元。2014 年小学每百名学生拥有计算机达到 7.45 台,比 2010 年增长 2.33 台;初中每百名学生拥有计算机达到 11.16 台,比 2010 年增长 3.38 台。2014 年,小学音、体、美器械达标的学校比例均超过 55%,初中音、体、美器械达标的学校比例均超过 75%;小学数学自然实验仪器达标学校比例为 61.06%,初中理科实验仪器达标学校比例达到 81.33%。2012 年 3 月教育部颁布了《教育信息化十年发展规划》,提出实现"校校通、班班通",使边远地区师生零距离使用优质教育资源。2014 年,小学和初中接入互联网的学校比例分别达到 77.43% 和 95.49%,建立校园网的学校比例分别达到 39.10% 和 67.83%,全国师生空间开通数量已达 3600 万个,350 多万名教师应用空间开展网络教研,250 多万名教师应用空间开展教学。2014 年,全国 6.4 万个教学点实现了数字教育资源全覆盖,400 多万边远农村孩子享受到了优质教育资源。

(三) 投入力度持续加大,经费保障水平明显增强

国家构建了由国务院和地方各级政府依法保障的义务教育财政支持体系,将义务教育全面纳入公共财政保障范围,全面免除了城乡义务教育学生学

杂费。2006 年到 2013 年,全国财政性义务教育经费从 3305 亿元增长到 12617 亿元,年均增长 21.1%;小学、初中生均公共财政公用经费分别从 271 元、378 元增长到 2068 元、2984 元,年均增长 33.7%、34.3%。国家在义务教育投入中的主体地位逐步凸显,充分体现了从义务教育人民办到义务教育政府办的转变,为义务教育事业发展提供了坚实的经费保障。目前,全国免除了农村义务教育阶段约 1.1 亿名学生的学杂费和教科书费,为中西部地区约 1240 万农村义务教育阶段家庭经济困难寄宿生提供生活费补助。2005 — 2013 年,小学和初中教育事业费的年平均增长率分别达到 22.89% 和 25.57%。小学和初中公用经费的年平均增长率分别达到 37.02% 和 37.55%。公用经费的大幅增长,使得中小学校的正常运转得到保障。

自 2006 年起,国家建立农村义务教育经费保障机制,全部免除西部农村义务教育阶段学生学杂费。免学杂费资金由中央和地方按比例分担,西部地区为 8∶2,中部地区为 6∶4;东部地区除直辖市外,按照财力状况分省确定。建立农村义务教育阶段中小学校舍维修改造长效机制。到 2014 年,农村中小学校生均公用经费经过 7 次提高标准后已经达到中西部小学 600 元、初中 800 元,东部地区小学 650 元、初中 850 元,基本形成稳定增长机制。同时,对寄宿制学校适当提高了补助标准,并要求地方在分配资金时向寄宿制学校、规模较小学校和教学点等薄弱学校倾斜,并从 2010 年起,对不足 100 人的教学点按 100 人核定公用经费的政策。生均公用经费基准定额的制定确保了义务教育经费投入的底线均衡,国家明确要求各地在安排公用经费时,重点向边远、民族、贫困地区倾斜,向艰苦、边远、高寒地区的薄弱学校倾斜,向规模较小学校和寄宿制学校倾斜,以保障各类学校正常运行需要。2011 年,国家在集中连片特殊困难地区以及西藏、四省藏区、新疆南疆三地州等地区的 699 个县份,启动实施农村义务教育学生营养改善计划国家试点工作,中央财政按照每生每天 3 元的标准提供营养膳食补助,许多省份也相对困难地区实施了营养改善计划试点。从 2014 年 11 月起,中央财政安排的营养改善计划国家试点地区补助,从每日补贴 3 元提高到 4 元。截至 2014 年年底,该计划已覆盖 13.29 万所农村学校,惠及 3181.91 万名农村学生。

（四）队伍建设不断加强，农村教师素质显著提升

一是编制管理更加科学。国家逐步实行城乡统一的中小学编制标准。2001年，国家提出按照总量控制、城乡统筹、结构调整、有增有减的原则，调整和使用本地区中小学教职工编制。2012年《国务院关于深入推进义务教育均衡发展的意见》提出在逐步实行城乡统一的中小学编制标准的基础上，对村小学和教学点予以倾斜。2014年《中央编办教育部财政部关于统一城乡中小学教职工编制标准的通知》，将县镇、农村中小学教职工编制标准统一到城市标准，即教职工与学生比为初中1∶13.5、小学1∶19。进一步完善中小学教职工编制动态管理机制，根据学校布局结构调整、不同学段学生规模变化等情况进行动态调整，提高编制使用效益。

二是补充渠道有效扩大。2006年，国家实施农村义务教育阶段学校教师特设岗位计划，招募合格的高校毕业生担任特设岗位教师，到西部"两基"攻坚县以下农村义务教育阶段学校任教，引导和鼓励高校毕业生从事农村教育工作。2009年，将实施范围扩大到中西部地区国家扶贫开发工作重点县。2012年，计划实施范围最后扩大到连片特困地区。各省也按照中央"特岗计划"的精神，积极推进地方"特岗计划"。到2014年共招聘"特岗教师"43.2万人。所需资金由中央和地方财政共同承担，以中央财政为主。中央财政设立专项资金，用于特设岗位教师的工资性支出，与地方财政据实结算。2012年中央财政将特岗教师工资性补助标准由原来的年人均1.5万元分地区提高到西部2.7万元、中部2.4万元。由于实施了各项优惠政策，服务期满后选择留任的特岗教师超过85%，一定程度上缓解了中西部农村中小学教师素质不高、数量不足的问题。2014年，小学和初中专任教师规模分别达到563.4万和348.8万。小学专任教师生师比从1985年的24.87∶1下降到2014年的16.78∶1，相当于每个教师少教8.09个学生，初中专任教师生师比从1985年的18.36∶1下降到2014年的12.57∶1，相当于每个教师少教5.79个学生。与此同时，代课人员数不断减少。2014年，小学代课人员为15.19万，比高峰期的1997年减少70.79万人，小学代课人员占岗教师的比例从1997年的12.92%下降到2013年的2.70%，下降了10.22个百分点。

三是整体素质明显提升。2012 年,国务院《关于加强教师队伍建设的意见》,明确提出"实行五年一周期不少于 360 学时的教师全员培训制度,推行教师培训学分制度。采取顶岗置换研修、校本研修、远程培训等多种模式,大力开展中小学、幼儿园教师特别是农村教师培训",并要求把教师培训学分作为教师资格定期注册、教师考核和职称聘任的必备条件。这些都使教师培训经费得到充分保障,并且教师培训工作进入常态化、全员化的阶段。2010 年,全面实施"中小学教师国家级培训计划",包括"中小学教师示范性培训项目"和"中西部农村骨干教师培训项目"两项内容。以中西部农村教师为重点,开展大规模中小学教师专项培训。"国培计划"积极推动培训模式创新,改变传统以集中面授为主的培训方式,大力推行集中面授、网络研修和现场实践相结合的混合式培训,促进学用结合,增强了培训的针对性和实效性。2010 — 2014 年,中央财政累计投入专项经费 47 亿元,培训中小学教师 600 多万人次,基本完成了中西部农村义务教育教师的一轮培训,大幅提升了我国农村中小学教师能力素质,为推进义务教育均衡发展提供了有力师资保障。通过上述举措,教师队伍整体素质明显提高。专任教师学历合格率、高于规定学历教师比例、中高级职称教师比例逐年提高。2014 年,小学和初中专任教师学历合格率分别达到 99.88% 和 99.53%。小学中大专及以上学历教师比例达到 89.84%,初中中本科及以上学历教师比例达到 77.89%。小学和初中中高级职称教师比例分别达到 53.92% 和 60.05%。高学历和高职称教师的增加,使教师队伍整体素质不断提升,为开展教育教学改革,提高教育质量奠定了良好的基础。

四是待遇水平不断提高。自 2010 年起,中央财政全面推进县级基本财力保障机制建设,以"保工资、保运转、保民生"为目标,保障基层政府实施公共管理、提供基本公共服务的基本财力需要,把义务教育阶段教师工资保障问题作为一个重要因素予以考虑。2015 年,国务院出台了乡村教师支持计划、中小学教师职称评聘改革的意见,必将带来更新的气象。

五是交流轮岗机制逐步建立。2003 年《国务院关于进一步加强农村教育工作的决定》提出要"建立城镇中小学教师到乡村任教服务期制度"。2005 年教育部印发《关于进一步推进义务教育均衡发展的若干意见》,提出要"建立区域内骨干教师巡回授课、紧缺专业教师流动教学、城镇教师到农村学校任教服务期等项制度。2006 年教育部下发《关于大力推进城镇教师支援农村教育工作的意见》，提出大中城市中小学教师到农村支教、县域内城镇中小学教师定期到农村任教、高校毕业生支援农村教育等。2010 年《教育规划纲要》提出"实行县（区）域内教师、校长交流制度"。2014 年 9 月教育部等三部门出台《关于推进县（区）域内义务教育学校校长教师交流轮岗的意见》，提出力争用 3 至 5 年时间实现县域内校长教师交流轮岗的制度化、常态化，率先实现县域内校长教师资源均衡配置，支持鼓励有条件的地区在更大范围内推进。其中，城镇学校、优质学校每学年教师交流轮岗的比例不低于符合交流条件教师总数的 10%，骨干教师交流轮岗应不低于交流总数的 20%。这是国家层面出台的第一份促进教师交流轮岗的专门性文件，对于引导地方加强教师交流轮岗，促进教师均衡配置有重要意义。目前，全国已有 19 个省（自治区、直辖市）出台了关于推进教师流动的专门政策，并开展了改革试点。

（五）素质教育全面推进，义务教育质量稳步提升

一是德育工作切实加强。全面部署中小学社会主义核心价值观教育，2014 年教育部印发《关于培育和践行社会主义核心价值观进一步加强中小学德育工作的意见》，对中小学深入开展社会主义核心价值观教育做了全面系统部署，要求各地教育部门和广大中小学将培育和践行社会主义核心价值观工作切实抓好。2015 年，教育部启动"少年传承中华传统美德"系列教育活动，颁布了新修订的《中小学生守则》，举办了"开学第一课"系列活动，印发了劳动教育文件，召开了全国中小学社会主义核心价值观教育经验交流暨德育工作会议，推动了心理健康教育，深化了"中国梦"主题教育活动。全国各地普遍开展了具有时代性、针对性和感染力的德育活动。

二是课程教学改革不断深化。2011 年，正式颁布修订后的义务教育各学科课程标准。新课标针对各学科特点有机渗透了科学发展观和核心价值体系，强化了探究学习和实验环节。系统修订了义务教育 14 个学科教材，重点调整了教材容量与难度，努力适应不同年龄学生认知特点。全面推动教育教学改革，启动素质教育改革试点，在课程与教学改革、教育质量评价、规范办学

行为等方面积极探索。启动基础教育课程改革教学研究成果评选活动,对基础教育课程改革进行系统总结,促进成果的交流、共享和推广应用。推动各地加强教研机构建设,改革教研机制,创新教研方式,不断提升教师教育教学能力。

三是体卫艺教育全面加强。推进学校体育卫生与健康教育工作,严格保证体育课时,确保中小学每天 1 小时校园体育活动。根据调研显示,我国学生生长发育水平继续呈现增长趋势,营养状况得到改善,中小学生爆发力、柔韧性、力量、耐力等身体素质指标持续下滑趋势开始得到遏制。加强了学校艺术教育,改进美育教学,提高学生审美能力和人文素质。此外,自 2014 年起国家实行体教结合,加快普及校园足球,研究制定了校园足球中长期发展规划。2015 年,印发了加快发展青少年校园足球的实施意见。

四是质量监测机制逐步建立。2013 年,印发推进中小学教育质量综合评价改革的指导意见,对教育质量评价改革进行总体设计和部署,提出了包括学生品德发展水平、学业发展水平、身心发展水平、兴趣特长养成、学业负担状况 5 个方面和 20 项关键性指标的中小学教育质量综合评价指标框架,改变长期以考分和升学率为主的评价导向。2015 年,印发了《国家义务教育质量监测方案》,部署在全国开展义务教育质量监测工作,进一步完善监测评估体系,定期发布监测评估报告,推动政府提高决策的科学性和管理的有效性,指导学校改进教育教学,不断提升义务教育质量。

(六) 体制机制不断创新,教育综合改革持续深化

一是招生考试评价制度全面启动。2014 年,国务院印发《关于深化考试招生制度改革的实施意见》,标志着新一轮考试招生制度改革全面启动。就深化考试招生制度改革提出 5 大任务和措施,主要包括改进招生计划分配方式、改革考试形式和内容、改革招生录取机制、改革监督管理机制和启动高考综合改革试点。

二是免试就近入学制度切实落实。2014 年,在总结各地经验基础上,教育部先后出台了进一步做好小学升入初中免试就近入学工作的实施意见,印发了进一步做好重点大城市义务教育免试就近入学工作的通知,要求各地合

理划定招生范围,有序确定入学对象,规范办理入学手续,全面实行阳光招生,逐步减少特长招生,在加快均衡发展的同时,健全科学、明晰、便利的免试就近入学制度,不断提高治理水平,促进教育公平。而今,全国义务教育免试就近入学基本实现,其中难度较大的 19 个副省级以上大城市小学就近入学比例达 97.9%以上,初中达 95.4%以上。

三是学校治理水平不断提高。2014 年,教育部印发《义务教育学校管理标准(试行)》,重点解决学校管理"管什么、怎么管、如何管好"的问题,立足学校管理工作实际,以学生和教师为中心设置了 6 项管理职责,即平等对待每位学生、促进学生全面发展、引领教师专业发展、提升教育教学质量、营造和谐安全环境、建设现代学校制度。管理职责下设 22 项管理任务和 92 条管理要求,涵盖了学校管理的主要方面。管理标准的实施将有力推动学校不断提高管理水平,实现学校治理的法治化和规范化,进一步完善义务教育治理体系。鉴于全国各地区的差异,教育部指出各省级教育行政部门可以依据管理标准和本地实际提出实施意见,细化标准要求,在实施过程中因地制宜,分类指导,分步实施,逐步完善,促进当地学校治理水平的提升。

四是学籍管理更加科学规范。建立健全学籍管理制度。2013 年教育部出台了中小学生学籍管理办法,确立了省级统筹、属地管理,一人一籍、籍随人走,动态监管、全程跟踪的原则。并要求各地统筹制定各学段各类学籍变动的具体条件和要求,在建设应用过程中,针对具体需求,不断建立健全相关制度。按照两级建设、五级应用的体系架构,2014 年全国中小学生学籍信息管理系统正式上线,全国联网运行,全国 1.7 亿学生信息入库。2015 年这个系统全面应用,有效解决了原有数据管理模式层级多、耗时长、信息滞后等问题,在跨省转学、招生入学和经费监管等方面已初步取得良好综合效益。

(七) 省部协同力度加大,教育发展差距明显缩小

一是省部推进机制逐步形成。2011 年和 2012 年,教育部分三批与 32 个省份分别签署了义务教育均衡发展备忘录,构建中央部门和省级人民政府共同推进义务教育均衡发展的机制。北京等 14 个省(自治区、直辖市)加强省级统筹作用,采取省级政府与辖区内市级或县级政府签署义务教育均衡发展

责任书等形式,将均衡发展的目标、任务和责任层层分解、逐级落实,明确县域义务教育基本均衡发展时间表、路线图和任务书。2012年教育部印发了《县域义务教育均衡发展督导评估暂行办法》,建立和完善了均衡发展督导评估制度,形成了县级自评、地市复核、省级评估、国家认定的四级联动督导工作体系。2013年义务教育发展基本均衡县(市、区)督导评估认定工作启动。截至2015年6月,已有804个县(市、区)通过国家义务教育基本均衡发展督导评估认定。在此基础上,国家建立义务教育均衡发展复查监测机制,对已通过国家认定的县(市、区)义务教育发展水平、校际均衡状况进行监测和复查。

二是城乡教育差距进一步缩小。各级政府从经费、校舍、设备、师资等多个方面对农村学校教育资源进行倾斜投入,城乡学校的差距不断缩小。农村小学生均公共财政预算公用经费支出从2005年的142.25元增长到2013年的1973.53元,增长了12.87倍,全国小学平均增长了11.42倍;农村初中从2005年的192.75元增长到2013年的2968.37元,增长了14.40倍,全国初中平均增长了11.81倍,农村增长幅度均高于全国。小学每百名学生拥有计算机台数的城乡差距从2005年的4.10台,缩小到2013年的3.17台,初中城乡差距从2005年的2.85台,缩小到2013年的1.85台。小学高于规定学历教师比例城乡差距从2006年的24.04个百分点,缩小到2013年的11.00个百分点,初中城乡差距从2006年的33.19个百分点,缩小到2013年的16.17个百分点。

三是校际差距不断缩小。各地通过学区管理、集团办学、对口帮扶,发挥优质教育资源的辐射带动作用,整体提升学校办学水平和教育质量。一些地方按照地理位置相对就近、办学水平大致均衡的原则,将初中和小学结合成片进行统筹管理、多校协同、资源整合、九年一贯管理,并推动学区内学校间校长教师均衡配置,促进设施设备、运动场地等教育教学资源充分共享,全面提升学区内教学管理、教师培训、学生活动、课堂改革、质量考核等工作水平。目前,优质学校带动薄弱学校、城市支持农村、发达地区帮扶欠发达地区的城乡一体化教育发展机制正在形成。

二、我国义务教育均衡发展面临挑战

（一）巩固提高任务艰巨繁重

近年来，我国义务教育普及始终保持在一个较高水平，但是巩固义务教育普及成果面临巨大的挑战，最后实现"两基"的地区，义务教育的普及水平就可能出现滑坡。① 部分地区农村中小学布局调整力度过大或不够规范，导致一些学生由于上学路途较远或寄宿的食宿条件差而辍学。一些贫困地区的学生受到社会上新的"读书无用论"的影响，初中阶段辍学打工。部分学习困难的学生，产生厌学心理，甚至经常旷课，处于隐性辍学状态。四川甘孜、甘肃甘南、新疆南疆等地区学生辍学率一度比较高。从统计数据看，2014年义务教育巩固率为92.6%，这说明九年前一年级入学的每100个学生，到初三毕业时就有8个学生未能如期完成学业。

（二）经费保障机制有待完善

部分地方教育投入缺乏长效机制作保障，农村中小学生均公用经费标准偏低。难以满足日益增长的办学需求，特别是农村寄宿制学校由于运行成本高，公用经费入不敷出。少数地区公用经费政策执行不到位、不规范，公用经费被挤占、挪用来支付教师"五险一金"、聘请代课人员、安保人员、寄宿制学校生活教师和食堂从业人员工资的现象依然存在。河南、湖南、安徽、江西等一些中部省份在校生规模大、学校数量多，义务教育经费保障水平不高，导致义务教育发展水平与均衡水平的"双重塌陷"。

（三）农村教师队伍亟待加强

根据《教师法》的规定，取得小学教师资格只需要具备中师及以上学历，取得初中教师资格只需要具备大专及以上学历，这一规定与发达国家相比明

---

① "两基"指基本普及九年义务教育、基本扫除青壮年文盲。

显偏低,无法满足不断提高义务教育质量的要求。很多低学历的教师主要集中在中西部和农村学校,很多教师教育观念和教学方法陈旧,很难适应课程改革的要求,影响这些地区教育质量的提高。部分地区教师总体超编和结构性缺员情况并存,难以满足教育教学实际需求。很多农村中小学缺少体育、音乐、美术、英语及信息技术课教师,教师老龄化问题严重,特别是小学阶段,导致国家规定的课程未能开设。长期以来,农村教师待遇总体偏低,工作、生活条件普遍较差,培训机会少,发展缺乏后劲,优秀教师下不去、留不住,一些年轻教师难以长期扎根,农村骨干教师流失严重。

(四) 均衡发展进度尚需加快

至 2015 年 6 月,通过国家义务教育基本均衡督导评估认定的县(市、区)数量,占均衡发展备忘录规划到 2015 年底实现基本均衡的县(市、区)数的42.03%,占到 2020 年实现基本均衡县(市、区)的 27.45%,一些省份距离规划目标还有很大差距。从地域来看,在衡量义务教育发展的高于规定学历教师比例、中高级职称教师、生均仪器设备值、实验仪器达标学校比例等多项指标中,中部地区不仅比东部地区差,甚至比西部地区差,或者仅略高于西部地区。小学、初中大班和超大班额比例情况,中部明显高于东部地区,也高于西部地区。从城乡来看,我国农村教育发展相对落后,农村义务教育基础薄弱,城乡差距在教育经费、办学条件、师资队伍等方面普遍存在。特别是一些村小和教学点教学装备更为落后,寄宿制学校宿舍、食堂、厕所等生活设施配备不足,供暖、供水、床具等配套不足。2013 年,城市小学和初中生均教学仪器设备值分别比农村高 647 元和 617 元,每百名学生拥有计算机台数分别比农村高 3.17台和 1.85 台,实验仪器达标学校比例、音体美器械配备达标学校比例等指标城市小学比农村高 30 个百分点左右,城市初中比农村高 10 个百分点左右;农村学校教师队伍整体素质低于城市,部分学科教师不足,教师队伍年龄老化。此外,农村教学点仍是农村教育的短板和薄弱环节,教学质量亟待提高。

(五) 城镇化进程应对不足

随着城镇化进程加快,农村人口大量涌入城镇,城乡人口结构变化,对义务教育规划和布局结构产生直接影响。如今,义务教育阶段74%的学生就读于城镇学校。一些乡村学校沦为空壳学校、麻雀学校,布局调整是需要的,适度集中办学也有利于提高教学质量。2001—2014年,全国小学由49.13万所减少到20.14万所,减少近29万所;初中由6.55万所减少到5.26万所,减少近1.3万所。不过,随着农村学校撤并,学生到更远的地方就读,在路途中花费较多时间,影响睡眠,而且存在交通安全隐患,生活成本也有所增加。除此之外,寄宿需求增加了。2014年,全国农村地区寄宿生共有2643.03万人,其中小学生947.61万人,初中生1695.42万人。但是,一些寄宿制学校教学条件、生活条件保障不到位,两人一床、大通铺现象还存在,饮水、就餐等生活设施仍无法满足寄宿生生活需要。不仅如此,城镇化进程中出现了大量随迁子女和农村留守儿童。2014年全国义务教育阶段随迁子女和留守儿童人数分别为1708.90万人和2075.42万人,分别占义务教育阶段学生总数的12.4%和15.0%。大量的进城务工人员随迁子女流入大城市,导致很多城区承受安置的压力。在这些城区,受到土地等资源的制约,以及经费和教师编制困难,学校建设具有一定滞后性,学校教育资源紧张,生均教学及辅助用房面积、生均体育运动场馆面积不达标,大班额现象较为突出。2014年,全国普通小学56人及以上大班额比例为12.2%,普通初中大班额比例为21.7%。由于缺少父母的陪伴,很多农村留守儿童在安全、学习、情感等方面存在不少问题。留守儿童比例较高学校特别是村小和教学点,师资不足,缺少专门的心理教师和生活指导教师,很难为学生提供有效的心理教育、生存教育、安全教育和法制教育等。

三、我国义务教育均衡发展尚需给力

针对义务教育发展中的重点、难点问题,应坚持顶层设计,坚持统筹规划,做到兜底线、保基本、抓关键、补短板、促均衡、提质量。

(一) 完善协同机制,强化责任落实

充分发挥教育综合改革部际协调机制、省部协同推进义务教育均衡发展

机制,进一步强化顶层设计,建立国家各部委之间、部委与省级政府之间的协同、会商和联动机制,减少政策措施交叉重复、对接困难、缺少配套等问题,形成推进义务教育发展的政策合力。加强中央和省级政府统筹力度,实施东、中、西部对口支援市县义务教育协同提升计划,中央财政根据实际效果实行奖补。在对全国义务教育发展水平和均衡水平进行全面、科学的评估和监测的基础上,明确各级政府在促进义务教育均衡发展中的主体职责和工作重点,立足本地实际,统筹城乡,统筹区域,找准短板,分类指导,落实既定的时间表和路线图,明确着力点和突破口,采取更加有针对性的支持政策和管理措施,有效推动各自突出矛盾的解决。东部发达省区在提高县域内校际均衡水平的同时,要不断扩大均衡发展的范围,逐步实现市域内甚至是省域内县域间义务教育发展的均衡,不断深化内涵发展,提高义务教育质量,从办学条件均衡向教育质量均衡迈进。中西部地区应加大投入力度,重点抓好义务教育资源的均衡配置,在提高发展水平的同时不断提高县域内校际均衡水平。

(二) 建立标准体系,加强学校建设

结合当前经济社会发展状况和未来教育发展的需求,由教育部牵头,与国家发展改革委、财政部、中编办、人力资源和社会保障部、原国土资源部、住房和城乡建设部、原国家卫生和计划生育委员会、国家地震局等相关部门合作,在对现有标准进行整合的基础上,制定更加符合国情的城乡统一的国家义务教育学校办学条件标准体系,作为强制性的全国中小学办学条件基本标准。各省份应以国家标准为底线标准,根据各自的实际情况制定省标,省标只能高于国标或与国标相当,并按照基本标准和底线要求,全面改善贫困地区薄弱学校基本办学条件,补齐义务教育均衡发展的短板,推进义务教育学校标准化建设。逐县逐校建立义务教育学校标准化建设台账,对照国家和省级标准,切实改善学校办学条件。加大城镇义务教育学校建设力度,建立健全城镇学校建设资金分担机制。保障城镇义务教育学校建设用地,切实控制城镇义务教育学校规模和班额。探索建立教师编制动态调整机制,加强农村学校建设,加大在交通便利、公共服务成型的农村地区布局义务教育学校的力度。加快探索乡村小规模学校办学机制和管理办法,适应乡村学生流动频繁的新常态。积

极推进教育信息化建设,建成"三通两平台",推动教育信息化创新,加强优质数字教育资源应用,推动信息化和日常教育教学的深度融合。

加强学校建设,不光要重视硬件,更要重视学校品质提升。学校品质提升是基础教育改革发展的时代呼唤,是教育治理体系改革的现实需要,是迈向教育现代化的重要步骤,是中小学校多年实践的科学统整,是解决热点难点问题的有效途径。学校品质提升是学校建设新的重要任务。学校品质提升,要塑造全校共同认可的价值观,出台科学明确的学校发展规划,改善学校领导团队的管理行为,发挥广大一线教师的主体作用,建设充满生机的现代学校制度,形成学校文化建设的高品位。

(三) 加大保障力度,实行倾斜投入

加大教育投入力度,进一步明确各级政府应承担的教育投入责任,建立健全教育投入责任追究制度,确保教育经费法定增长目标的落实,建立健全城乡一体化的义务教育经费保障机制,全面促进义务教育均衡发展。根据各地义务教育发展的不同需求,采取有针对性的投入政策,探索建立义务教育经费可携带机制,实现中央资金钱随人走。在投入内容上,改变过去中央财政确定投入项目,各地申请项目经费的情况,由中央财政根据各地办学条件标准化建设的经费缺口和各地财力的不同,确定投入到各省的经费数量,各省结合当地教育发展的需要确定经费使用方案,并报中央财政部门批准,保障财政投入切合各地教育发展的实际需要。加大对中部人口大省的投入力度,在中西部地区分省实施差别化的投入政策,中央和地方经费投入的分担比例根据各省自身财政收入情况、在校生数、教职工人均工资、义务教育学校办学条件等相关因素确定。不断完善省以下财政体制,加大省对下转移支付力度,强化省级财政教育支出的统筹责任,防止支出责任过度下移,减少贫困区县专项转移支付资金的配套压力。

(四) 强化政策引导,促进师资均衡

提高中小学教师任职学历标准,把小学教师的任职学历标准从中师提高到大专及以上,把初中教师的任职学历标准从大专提高到本科及以上,缩小教

师队伍的城乡和地区差距。加强职业理想信念和师德教育,重点培养能承担多门学科教学任务的小学教师和"一专多能"的初中教师。推动地方落实城乡统一的中小学教职工编制标准,进一步完善编制动态管理机制,根据学校布局结构调整、每学段学生规模变化等情况进行动态调整。考虑实际需要,对农村边远地区予以倾斜,对学生规模较小的村小、教学点按照生师比和班师比相结合的方式核定编制。继续实施"特岗计划"和"国培计划",鼓励地方实施师范生免费教育,提高乡村教师队伍素质。改进义务教育教师培训方式,提倡参与式、体验式培训,按照教师需求采取定岗置换、网络研修、送教到校、校本研修等多种形式,增强培训的针对性和实效性。建立教师全员合理流动制度,为在乡村工作的教师提供较高的津补贴,为从城市到农村任教的教师提供交通和伙食补助,加快农村中小学教师周转房建设,吸引优秀教师自愿到农村任教。把教师从"单位人"变成"系统人",根据生源的变化以及学生的流动等情况,对学校的编制进行定期调整。

(五) 提高教育质量,促进全面发展

以素质教育为导向,深化课程与教学方法改革,注重学思结合,知行统一,因材施教。鼓励学校开展教育教学改革实验,提高教学效率,为每个学生提供适合的教育。充分挖掘各类社会资源的教育功能,构建中小学校外教育的社会大课堂。内涵发展、提高质量、促进学生全面发展是义务教育学校的法定职责。立德树人、教书育人的工作,始终是教育第一位的要求。当前的关键,是要把党的教育方针和社会主义核心价值观细化、实化、具体化,进而转化在学生的系统培养之中,从根本上唤起人们的生命存在意识、精神追求取向。根据法律规定,加强教师队伍建设,改进教育方式,改善教学方法,更新教学手段,精选教材内容,优化教学过程,减轻学生过重课业负担,促进其德智体美劳全面发展和健康成长。党的十八届四中全会决定把法治教育纳入国民教育体系,从青少年抓起,在中小学设立法治知识课程。[①] 因而,必须整合现有相关课程中的法治内容,抓紧设立这样的课程,推动中国特色社会主义法治理论普

---

① 《中共中央关于全面推进依法治国若干重大问题的决定》,人民出版社 2014 年版,第 6 页。

及。要探索以法治体现道德理念、以道德滋养法治精神的融合式教育实践途径,实现法治教育与道德教育相互促进,让传统美德培养、法治思维养成、法治精神强化贯穿义务教育全过程,贯穿学生成长全过程。让学生在课堂教学中获得法治知识,在校内外活动中养成法治思维,在生活浸润中形成法治习惯。围绕每年12月4日的宪法日,开展相应的实践活动。加强学校法治文化建设,向师生普法,向家长宣法,营造良好法治环境。2015年颁布的《中小学生守则》是中小学生最重要的行为指南,应伴随其学习生活全过程。新守则体现了系统性、继承性、时代性、可行性,要让广大中小学生牢记守则,遵守守则,将守则的要求转化为自觉行动,把守则的实施过程作为法治精神养成的过程。

(六) 关注特殊群体,巩固普及成果

落实随迁子女义务教育本地待遇,强化随迁子女流入地政府责任,推动各地将常住人口纳入各地教育发展规划和财政保障范围,按照在校生数拨付进城务工人员随迁子女教育经费。在不断提高随迁子女在公办学校就读比例的基础上,在公办学校暂时不能覆盖地区,通过政府购买服务方式,委托经审批的民办学校接收随迁子女,保证随迁子女平等接受义务教育。综合运用中小学生学籍信息管理系统,探索建立义务教育经费可携带机制。健全农村留守儿童关爱服务体系,推动落实监护人责任,让适龄儿童在父母陪伴下接受有质量的义务教育。加大农村基础设施和公共服务供给,动员社会各界参与留守儿童关爱,建立全社会立体式关爱服务网络,确保留守儿童安全和身心健康成长。加大普通学校随班就读和特教班工作力度,加强特殊教育学校建设,加大特殊教育师资培养、提高残疾儿童少年义务教育普及率。建立学生就学情况的监测制度,切实防止随迁子女、留守儿童、贫困家庭儿童、残疾儿童少年辍学,提高义务教育巩固率。

(七) 改革评价监测,完善督导体系

改革考试评价制度和学校考核办法,建立体现素质教育要求、以学生发展为核心、科学多元的中小学教育质量评价制度,切实扭转单纯以学生学业考试成绩和学校升学率评价学生和学校的倾向,切实减轻学生课业负担,促进学生

德智体美劳全面发展和生动活泼主动发展。要贯彻落实县域义务教育均衡发展督导评估制度,继续开展义务教育发展基本均衡县的国家级评估认定工作。鼓励开展市域均衡探索。建立义务教育监测制度,定期公开发布义务教育监测报告,通过监测动态掌握全国义务教育的发展水平和均衡水平,指导各地科学制定推进义务教育均衡发展政策、规划和实施方案。坚持督政与督学并重、监督与指导并重,强化对政府落实教育法律法规和政策情况的督导检查,强化对学校落实国家要求、规范办学行为的督导检查。充分发挥各级人大及其常委会、教育督导部门的作用,对各级政府履行义务教育职责,贯彻落实各项法律规定的情况进行监督,将促进义务教育发展情况纳入对地方各级政府和教育行政部门的考核内容,完善考核机制和问责制度。建立监督检查结果公告制度和限期整改制度,将监督检查结果和问题整改情况及时向社会公开。

四、结语

义务教育均衡发展是政府法定职责,大势所趋,人心所向。必须明确发展是义务教育的硬道理,通过发展来达到义务教育均衡。同时,教育有自身规律,不应当整齐划一,义务教育均衡发展是相对的,学校之间的差别是绝对的,现在要做的是尽可能地让优质教育资源得到扩展,在多样化中求均衡。义务教育均衡发展势必呈现更为鲜明的地方特色,有的以城乡一体化发展为重点,有的以加强薄弱校改造为重点,有的以信息化带动均衡,不搞同一个模式;有的以增加投入改变面貌,有的以师资培训为切入点,有的以集团化办学为突破口,不用同一套方法。义务教育均衡发展永远在路上,通向目的地的路径必然有多条。实践无止境,创新无止境,解放思想无止境。各地要按照党的十八大和十八届三中、四中、五中全会精神,根据《教育规划纲要》,依法推动义务教育均衡发展在"十三五"期间取得新进展,为实现两个一百年目标和中华民族伟大复兴的中国梦作出新贡献。

(本文原载《课程·教材·教法》2015 年第 11 期)

关于我国农村义务教育学校
布局调整的调查与思考

农村义务教育学校布局调整是一个重要而敏感的课题。进入 21 世纪以来,在城镇化、工业化深入发展的大背景下,我国农村学校和教学点持续减少,各地开展了较大规模的布局调整。布局调整改善了学校办学条件、优化了教师配置、提高了学校教育质量,但同时出现了学生上学远、路途不安全、寄宿制学校条件跟不上、农村群众负担加重等问题。下一步,应把农村学生就近接受良好义务教育作为优先领域,下大力气实施学校标准化建设,办好必要的村小和教学点,改善寄宿制学校条件,提高农村教师水平,保障农村学生上学交通安全,促进区域内城乡义务教育均衡发展。

一、农村义务教育学校布局调整的基本情况和主要动因

(一) 基本情况

农村义务教育阶段学校布局调整工作由来已久。[①] 从 1986 年颁布《义务教育法》到 2000 年基本普及九年义务教育,我国农村义务教育学校数量整体呈现减少趋势。这期间,我国小学和初中总数分别由 82.1 万所、7.6 万所减少到 55.4 万所、6.3 万所,减幅分别为 32.6%和 17.3%。[②] 同期,农村小学、初

---

① 本文"农村"指乡镇和村,不含县城。
② 本文数据除注明的外,均来源于教育部历年统计或作者第一手调查。

中的减幅分别为 43.3% 和 38.1%,均高于全国平均减幅。与此同时,我国教学点伴随着义务教育普及进程经历了先增后减的变化过程。1986 年我国教学点总数为 17.6 万个,其中农村为 16.3 万个,到 1995 年总数达到峰值 21.1 万个,其中农村为 19.4 万个,之后开始逐年下降,到 2000 年时总数为 17.8 万个,其中农村为 15.8 万个。

进入 21 世纪以来,各地布局调整力度加大,全国农村教学点、小学、初中持续大幅减少。第一,2001—2010 年,全国教学点由 11.4 万个减少到 6.7 万个,减少了 4.7 万个,减幅为 41.2%。其中,农村减少了 4.5 万个,占减少总量的 95.7%。第二,同期全国小学由 49.1 万所减少到 25.7 万所,减少了 23.4 万所,减幅为 47.7%。其中,农村减少了 20.5 万所,占减少总量的 87.6%。第三,同期全国初中由 6.7 万所减少到 5.5 万所,减少了 1.2 万所,减幅为 17.9%。其中,农村减少了 1.1 万所,占减少总量的 91.7%。

(二) 主要动因

农村义务教育学校布局调整是在广阔的社会背景下发生的。随着时代的进步,现在农村不同于以往的农村,农村正发生着深刻的变化,特别是人口数量、人口结构出现新的情况;现在的农民也不同于以往的农民,生产方式、生活方式、思想观念、行为习惯与以往相比,已有很大的不同。总体而言,农村义务教育学校布局调整顺应这种大趋势。尽管影响布局调整的因素很多,各地情况也不尽相同,但几个主要动因是共同的。

1. 农村学生减少

随着社会的进步和计划生育政策的落实,我国人口出生率持续下降,再与城镇化进程加快、农村人口向城镇迁移因素相叠加,农村义务教育阶段适龄儿童数量明显减少。笔者从国家人口计生委了解到,2001 年我国人口出生率为 13.4‰,2010 年下降到 11.9‰。在广大农村地区,多子多福、生儿养老的生育观念正在悄然改变,避免子女缠身、追求生活品质的行为日渐普遍。与此同时,我国城镇化进程不断推进,城镇化率已经达到 51%,进城务工农民达 2.5 亿人。与之相对应的则是农村人口逐步减少,1995 年我国有农村人口为 8.6 亿人,2010 年已降至 6.7 亿人。2007 年,我国义务教育阶段农民工随迁子女有765.7万,2010年达到1167.2万,三年间增加了401.5万,增幅为52.4%。伴随人口出生率下降和人口流动,农村义务教育阶段适龄儿童少年数量明显减少,招生数、在校生数不断下降。与2001年相比,2010年全国农村小学招生数减少了396.6万,减幅为30.2%;农村初中招生数减少了565.5万,减幅为49.7%。与2001年相比,2010年全国农村小学在校生数由8604.8万人减少到5350.2万人,减幅为37.8%;农村初中在校生数从3172.8万人减少到1786.5万人,减幅为43.7%。在一些地方,村里人锐减,往往只有老年人在家守着,甚至出现"空心村"现象。学龄儿童迅速减少,学校和教学点规模迅速缩小,有的只好开展复式教学。在山西朔州调研时,笔者亲眼看到,一个教学点同时有6个年级,但只有8名学生、1位教师。2010年,仅云南省1师1校的教学点就有9000个。

2. 期盼优质教育

随着义务教育的普及和自身观念的变化,农民群众在子女"有学上"之后,对"上好学"的愿望日益强烈,从中央到地方,各级政府和教育部门以及其他相关部门努力满足这种诉求。2000年,我国虽然在全国范围内实现了基本普及九年义务教育的目标,但是西部地区义务教育普及水平还没有达到国家标准,东部一些地区和中部地区义务教育普及基础还比较薄弱,急需加以巩固和提高。在此背景下,通过适度集中的办学方式,满足群众需求,提高教育质量是现实的选择。2001年,国务院印发的《关于基础教育改革与发展的决定》明确要求,"因地制宜调整农村义务教育学校布局。按照小学就近入学、初中相对集中、优化教育资源配置的原则,合理规划和调整学校布局。农村小学和教学点要在方便学生就近入学的前提下适当合并"。同时提醒"在交通不便的地区仍需保留必要的教学点,防止因布局调整造成学生辍学"。中央财政也于2001年设立了"中小学布局调整专项资金",连续6年,每年拨付10亿元,要求各地扩大办学规模,提高项目学校的效益。与此同时,为了支持农村义务教育发展,帮助西部地区实施"两基"攻坚,进一步巩固义务教育普及成果,国家先后实施了一系列重大工程。例如,国家贫困地区义务教育工程(第二期)、中小学危房改造工程、农村寄宿制学校建设工程、中西部农村初中校舍改造工程等四项工程,总投资达738亿元,其中中央财政360亿元。为了提高办学效益和质量,避免校园校舍闲置,这些工程都要求相对集中投入。各地针对农村学龄儿童少年数量减少和农村小规模学校和教学点教育成本高的现实,把解决农村学校布点过多、规模偏小、效益不高和教育质量难以得到保障等突出问题放在重要位置,同时结合国家实施的一系列工程和项目,有计划地削减、整合、撤并了一批农村义务教育学校和教学点,对于满足群众接受优质教育愿望、巩固义务教育普及成果产生了积极效果。

近年来,党中央、国务院一系列强农、惠农、富农政策的落实,极大地改变了广大农民群众的民生状况。生活殷实起来的农民群众,对优质教育的渴望更加强烈,也愿意并有一定能力让孩子上好的学校。调查显示,61.3%的农村家长希望子女上"县城学校",另有25.3%的农村家长则希望子女上"镇上的学校",两者合计达86.6%,只有13.4%的农村家长希望子女就读于"村里的学校"。调查还显示,对子女接受更好教育有"非常强烈"和"比较强烈"愿望的家长分别占57.5%和39.3%。[①]

3.各地积极推动

一些地方政府将中小学布局调整纳入当地经济社会发展规划,进行了全面推进,成为布局调整的直接推动力。各地认识到,农村义务教育发展已站在新的历史起点上,农民群众日益增长的对教育公平和质量的需求与城乡间教育差距较大、农村学校办学条件和教育质量不如人意的现实,成为制约农村义务教育进一步健康发展的主要矛盾。于是,很多地方根据城乡人口流动趋势,结合当地实际调整了农村学校布局,同时加大对农村学校投入,并将其逐步纳入城镇化进程和新农村建设总体规划之中,体现了对农村教育的重视,得到了大多数农民群众的支持和理解。

但是,由于近年来我国经济社会发生了很大的变化,再加上各地在理解政策上出现一定偏差,布局调整工作确实存在过快过急、推动力度过大的情况。有的地方对农村义务教育学校布局调整缺乏系统调研和科学论证,未将农村义务教育学校布局与当地的经济社会发展、未来人口变化以及人民群众的现

---

① 教育部基础教育一司2010年委托国家教育发展研究中心、华中师范大学、东北师范大学、北京师范大学、中国人民大学等单位从山西、内蒙古、黑龙江、浙江、安徽、河南、湖北、广西、湖南、青海、山东等11个省份62个县抽取1.1万名家长作为样本,进行了调查访谈。

实需要有机结合起来,特别是对方便学生就近入学考虑不够。有的地方把学校布局调整简单地理解为"撤并学校",提出规模小于某一标准的学校就要撤并,不考虑当地的自然环境、交通条件、学生就学困难等实际问题。甚至还有一些地方超越实际,急功近利,把追求扩大学校规模作为教育政绩或形象工程,致使制定出不切实际的学校撤并"时间表"和"路线图",这些都应予深刻反思。

二、农村义务教育学校布局调整的若干成效和突出问题

农村义务教育学校布局调整,是在我国城镇化深入发展和建设社会主义新农村背景下,伴随着农村人口出生率下降、农村劳动力向城镇转移而进行的,总体上优化了农村教育资源配置,改善了学校办学条件,提高了教学质量和办学效益,为巩固提高义务教育水平发挥了积极作用。但在这一过程中,也导致部分学生上学路途变远、上学交通安全存在隐患、寄宿制学校不能满足需求、并入学校班额过大、学生家长经济负担增加等突出问题,必须尽快加以纠正和解决。

(一) 若干成效

1. 改善了办学条件

据教育部统计,与 2001 年相比,2010 年全国农村小学生均教学及辅助用房面积从 2.8 平方米提高到 3.5 平方米,体育场馆面积达标学校比例从 46.8%提高到 54.6%,教学自然实验仪器达标学校比例从 45.5%提高到 50.4%,体育器械配备达标学校比例从 41.4%提高到 50.4%,音乐器械达标学校比例从 35.2%提高到 46.6%,美术器材配备达标学校比例从 46.3%提高到 58.9%,生均图书从 10.3 册提高到 14.7 册。

2. 提升了教师水平

笔者在实地调查了解到,各地结合布局调整,逐步辞退安置了一批代课人员,补充了一批合格教师,优化了农村中小学教师队伍结构,并对教师进行了重新配置。例如江西省万年县特别注重加强教师队伍建设,教师配备向农村

学校倾斜,通过招录、定向培养、支教等方式提高农村教师的整体素质,取得了良好效果。根据教育部统计,2010 年,全国小学生师比为 17.7∶1,比 2001 年下降 3.9,其中农村小学生师比为 17.4∶1,比 2001 年下降 4.7;专任教师学历合格率为 99.5%,比 2001 年提高 2.7 个百分点,其中农村专任教师合格率为99.4%,比 2001 年提高 3.0 个百分点。2010 年,全国初中生师比为 15.0∶1,比 2001 年下降 4.3 个百分点,其中农村初中生师比为 15.0∶1,比 2001 年下降 4.9 个百分点;专任教师学历合格率为 98.7%,比 2001 年提高 9.9 个百分点,其中农村专任教师学历合格率 98.4%,比 2001 年提高 11.3 个百分点。

3. 提高了教育质量

伴随着布局调整,中小学的校均规模发生了变化。据教育部统计,2010 年全国小学校均规模为 386 人,比 2001 年增加 131 人,其中农村小学校均规模增加了 103 人。规模化办学后,越来越多的学校开齐开足了课程,提升了教育教学质量。例如,2001 年农村小学英语课的开设率非常低,现在得以普遍开设。许多学校明确了办学思路,加强了管理制度建设,有效提高了办学水平。一定规模的学校有条件和能力开展正常的教育教学活动。很多学校加强了校园文化建设,组建学生社团,学生文体活动普遍变得丰富起来,学生在合作和交流中提高了综合素质。

(二) 突出问题

1. 上学路途变远,交通未能跟上

学校撤并后,农村学生难以就近入学,上学路程普遍变远。据估算,如把寄宿与非寄宿学校一并测算,全国农村小学服务半径平均为 7.2 里,农村初中服务半径平均为 15.9 里。[①] 另据调查显示,布局调整前家校距离平均为 1.6 里,布局调整后家校距离平均为 4.6 里,家校距离增幅为 187%。[②] 学生和家

---

① 为了解各地布局调整状况,2012 年 4 月教育部基础教育一司请各省级教育行政部门报送相关情况,结果 18 个省份报送了有效数据,据此笔者分别估算出农村小学、初中服务半径。

② 教育部基础教育一司 2010 年委托国家教育发展研究中心、华中师大、东北师大、北京师大、中国人民大学等单位从山西、内蒙古、黑龙江、浙江、安徽、河南、湖北、广西、湖南、青海、山东等 11 个省份 62 个县抽取 1.1 万名家长作为样本,进行了调查访谈。

长普遍也认为布局调整后上学距离变远,如在湖北省的调研中,67%的被调查学生认为上学路远不方便,43%的家长认为孩子上学的主要困难是路太远;在对广西壮族自治区的调研中,有33%的被调查学生认为去新学校上学的路难走。上学路程变远使得走读学生起早摸黑上学情况较为普遍,特别在部分偏远地区,由于学校或教学点撤并不当,致使低年级小学生也要长途跋涉就读,令人心酸。

学校撤并后,很多学生需要乘坐交通工具上学,虽然少数地区通过多种渠道和方式解决了部分学生上学的问题,但受车辆数量、经费、线路、时间等诸多因素的限制,绝大多数农村学生只能自行解决上学交通问题。由于农村道路条件较差、车况良莠不齐、交通情况日趋复杂,学生在上学途中的安全难以切实得到保障。2011年,全国有学生上学接送车辆285119辆,其中符合国家标准的校车只有29422辆,占10.32%;学校租用车辆50633辆,占17.76%;家长租用车辆205064辆,占71.92%。① 农村学生上学乘坐农用车、三轮车、拼装车等无客运营运资质的车辆和接送学生车辆超载超速等交通违法行为现象时有发生,给学生交通安全带来很大的隐患。

2. 农村学校萎缩,城镇班额过大

由于农村小规模学校或教学点在布局调整中的不确定性,很多地方不愿改善其办学条件,忽视小规模学校教学设施设备和教师配置,使得一些家长担心小规模学校或教学点不能保障教学质量而陆续将孩子转出,加速了这些学校"自然"消亡。据2012年4月,对18个省份235个县(市)布局调整规划的分析,只有16.2%的县(市)提出了适当保留教学点的措施。② 另据2010年教育部委托开展的对11个省份中718个教学点和650所乡中心小学的调查显示:危房比例,教学点为31.1%、中心小学为14.3%;高中及以下学历教师的比例,教学点为31.1%,中心小学为14.2%;教师平均年龄,教学点为41.0岁,中心小学为37.6岁;教师每年参加3次以上培训的比例,教学点为28.4%,中心小学为38.1%。调查还显示,39.3%的教师认为中心校对教学点支持力度

① 教育部基础教育一司于2011年对全国各地学生接送车辆进行了普查,掌握了相关数据。
② 为了解各地布局调整状况,2012年4月教育部基础教育一司请各省级教育行政部门提供相关情况,结果18个省份报送了有效数据,此比例即据此得出。

111

小,71.2%的教师认为政府应加大对教学点的投入力度。①

一些地区在并入学校办学条件难以满足的情况下,盲目撤并学校,致使并入学校大班额问题突出,教学资源严重不足,教育教学质量难以保障。2010年,全国小学大班额(大于 56 人)比例为 14.6%,比 2001 年增加 4 个百分点;其中农村地区小学大班额比例为 6.93%,比 2001 年增加 0.6 个百分点;县镇小学大班额比例为 29.7%,比 2001 年增加 7.5 个百分点。2001—2010 年,全国 31 个省份(不含新疆生产建设兵团)中共有 25 个省份大班额比率上升,其中宁夏上升了 13.9 个百分点,达到 21.57%;湖南上升了 10.32 个百分点,达到 24.85%;内蒙古上升了 9.62 个百分点,达到 15.78%;河南上升了 9.65 个百分点,达到 22.12%。② 这组数据也反映出随着农村小学的撤并,城市、县镇的压力越来越大。

3. 寄宿条件较差,管理人员缺乏

这些年农村寄宿制学校的发展和寄宿生规模增长在一定程度上缓解了上学远的问题。教育部统计数据显示,2010 年,小学寄宿生有 1038.1 万人,比 2006 年增加 334.2 万人,其中农村小学寄宿生增加 310.1 万人,占寄宿生增量的 92.8%;全国初中寄宿生占在校生的比例为 43.7%,比 2006 年增加 6.4 个百分点,其中农村初中寄宿生占在校生比例为 51.0%,同比增加 8.9 个百分点。不过,农村寄宿生的大量增加,对寄宿制学校提出了新的要求,但各地在经费投入和人员配备上倾斜力度不够,导致很多寄宿制学校生活设施配置不足,缺乏生活管理人员,难以为学生提供基本的生活和学习条件。2010 年统计情况显示,全国 3046 个县中,302 个县生均学生宿舍面积小于 1 平方米,占 9.91%,741 个县小于 2 平方米,占 24.33%。宁夏、新疆、黑龙江、辽宁、甘肃和青海 6 省(区),分别有 40%以上的县低于 1 平方米。

随着中央和地方对农村教育的投入逐步增加,农村寄宿制学校办学条件也得到了一定的改善,但在实地调研中,厕所不足、缺乏澡堂、床铺紧张等现象

---

① 教育部基础教育一司 2010 年委托国家教育发展研究中心、华中师范大学、东北师范大学、北京师范大学、中国人民大学等单位从山西、内蒙古、黑龙江、浙江、安徽、河南、湖北、广西、湖南、青海、山东等 11 个省份 62 个县抽取 1.1 万名家长作为样本,进行了调查访谈。

② 据教育部发展规划司 2001 年和 2010 年公布我国教育统计公报测算。

依然普遍存在。更让人担心的是,各地寄宿制学校普遍缺乏管理人员、服务人员,也缺乏专职的保安人员。很多情况下是专任教师排班值勤。有的教师晚上值班,白天上课打不起精神。也有的地方聘用了临时工,但没有用工合同,也没有稳定的工资渠道。

4. 家长负担加大,陪读现象增多

农村学校或教学点撤并后,学生需要乘坐交通工具上学,增加了交通费用。寄宿生还要承担部分或全部伙食费。据 2010 年教育部委托开展的对 11 个省 4011 个学校的 46912 名学生的调查显示,2008 年,由于布局调整,住宿生一年额外花费的交通费、住宿费和伙食费平均是 1331 元,走读生额外花费的费用平均是 950 元。从教学点、村小、中心校到初中,学生额外付出的教育费用都有所增加,以住宿生为例,每生额外支付的教育费用:教学点为 769 元,村小为 1113 元,中心小学为 1356 元;初中是 2041 元,九年一贯制学校为 2112 元。① 虽说日子渐好的农民群众通常愿意多花一些钱让孩子吃好、住好,但仍有部分群众感觉负担较重。此外,有的家长在县镇陪读,另需支付房租等生活费用,往往也有抱怨。

三、农村义务教育学校布局调整的政策与工作思考

面向现代化、面向世界、面向未来,中国农村义务教育在全面普及后正进入一个新时期。各级政府、教育部门和利益相关者都应按照国务院总体要求,依据各地实际,采取有效措施,努力推进农村义务教育学校合理布局、均衡发展、提高质量。②

---

① 教育部基础教育一司于 2010 年委托国家教育发展研究中心、华中师范大学、东北师范大学、中国人民大学等单位对山西、内蒙古、黑龙江、浙江、安徽、河南、湖北、广西、湖南、青海、山东 11 个省份 62 个县进行了调查。

② 经深入调查研究、广泛听取建议、反复进行修改,2012 年 9 月《国务院关于深入推进义务教育均衡发展的意见》和《国务院办公厅关于规范农村义务教育学校布局调整的意见》正式印发。笔者有幸参与了两文件制定全过程。

（一）方便学生就近上学

保障学生就近上学的关键是各地应合理确定学校服务半径和覆盖范围。小学 1 至 3 年级学生年龄小，应能在本村就近走读就读。小学高年级学生也应能以走读为主，确有需要的才安排寄宿。初中学生根据实际可以走读或寄宿。人口稀少、地处偏远、交通不便的地方，应保留或设置教学点。综合考虑学生家长需求和负担、学龄人口变化、城乡人口流动、地理环境及交通状况、学校办学条件及办学条件等因素，规划完善学校布局，不要让学生每天把太多时间和精力花在上学路上。

（二）严格撤并学校程序

农村义务教育学校布局调整事关农民群众的切身利益，必须充分尊重他们的意愿，认真听取他们的意见。确因生源减少等原因撤并学校，当地政府必须严格履行方案制订、论证、公示、报批等程序。应通过多种有效途径广泛听取学校师生、学生家长、村民自治组织和乡镇人民政府的意见并举行听证会。多数群众不答应的事，就坚决不要做。听证环节通过后，应把撤并方案上报审批。经批准的方案要先建后撤，平稳过渡，好事办好。在现时代，无视多数群众意愿的决策、不顾广大群众切实利益的行动，都是非常危险和必须尽量避免的。

（三）办好村小和教学点

有必要保留的村小和教学点应予保留和办好。首先，应建立村小和教学点经费保障机制，提高村小和教学点的生均公用经费标准，对于规模很小的学校或教学点要成倍地核定拨付生均公用经费。其次，发挥远程教育功能，按照国家规定标准配备多媒体教学设备，完善并使用好农村中小学现代远程教育工程，保障具备接受远程教育的能力。开发和输送数字化优质课程教学资源。再次，中心学校要统筹所管辖和辐射教学点的课程安排和教师配置，通过教师巡回教学等方式，保证教学点开足开齐国家规定的课程。最后，教师的配置应向村小和教学点倾斜，设立特殊岗位津贴。

（四） 提高教师整体素质

教育大计以教师为本,要把加强教师队伍建设作为推动教育科学发展最重要的基础工作来抓。有了好的教师,才会有好的教育。如果说教育是国家的基石,那么教师就是奠基者。为此,首先要改善教师的初次配置。采取各种有效措施,鼓励新招聘的优秀大学毕业生到农村任教。新增高级岗位指标优先安排农村学校,动员一批高素质人才应聘农村教师。其次,要提高现有农村教师整体素质。尽快实行城乡统一的中小学编制标准,照顾农村学生人数少的学校和教学点,确保各学科教师的合理配置。实行教师资格证有效期制度,加强教师培训,增强培训效果,不断提升教师师德修养和业务能力。最后,实行校长、教师交流制度。实行县级教育部门统一聘任校长,实行校长聘期制,促进校长、教师在一定区域内合理交流,建立和完善鼓励城区校长、教师到农村学校或城市薄弱学校任职、任教机制。建设农村艰苦边远地区教师周转宿舍,探索出台提高农村教师待遇的各种有效政策措施,提升农村教师职业吸引力。

（五） 深化课程教学改革

农村义务教育课程必须满足国家义务教育的整体要求,不能靠降低质量要求来贴近农村。但是,为增强课程的适应性和感染力,课程应适当体现农村特点。尤其是,地方课程和学校课程应在一定程度上反映当地生产、生活、自然、文化实际。在教学中,既要充分利用农村优势资源,又要让学生有机会与城镇同龄人交流。另外,还要因地制宜地开展教学模式改革,探索学生综合素质评价,倡导农村学校文化建设。

（六） 解决其他突出问题

首先,对于学校撤并后需要通过车辆接送学生上学的地区,要考虑发挥公共交通作用,改善道路通行条件,增设公交线路,增加公交班次,发放学生车贴,方便学生乘坐。公共交通不能满足学生上学需要的地区应创造条件,克服困难,提供校车服务,保障校车安全。其次,对于学校撤并后需要学生寄宿的地区,要按照国家或省级标准,为寄宿制学校配备教室、宿舍、食堂、厕所、浴室等设施和必要的管理、服务、保安人员。最后,做好布局调整过程中出现的闲置校园校舍再利用,应本着统筹兼顾、教育优先原则,在满足了当地学前教育、成人培训、学生实践等教育需求前提下,明确权属,妥善处置。

规范农村义务教育学校布局调整不仅关系着农村教育的发展,更关系着农村中小学生的切身利益。以人为本、科学合理的学校布局对于推进义务教育均衡发展和城乡教育一体化、缩小区域内城乡教育差距、实现义务教育服务均等化具有重要意义。农村义务教育学校布局调整不是孤立的现象。在今后工作中,应该处理好城镇化、工业化和社会主义新农村建设背景下我国义务教育改革和发展的一些重要关系。

一是城乡统筹与倾斜农村的关系。教育公平是社会公平的起点和核心环节。人人生而平等,没有高低贵贱。为此,必须大力推进教育公平,促进城乡义务教育均衡发展。实行城乡一致的拨款标准、建设标准、教师编制标准。同时,对农村教育应予倾斜照顾,用更多的精力、更大的财力、更优惠的政策,促进农村义务教育的改革和发展。

二是全面推进与重点突出的关系。在城镇化背景下发展农村义务教育,诚然要均衡配置校舍、图书、仪器、设备资源,但合理配置教师资源是重中之重。均衡是有质量的均衡,各地要努力通过提高农村教师质量提升农村义务教育质量,让当地的孩子不仅进得来、留得住,而且学得好。

三是整体谋划与尊重特色的关系。在继续做好城乡统筹的同时,各地农村教育可以有特色,也应该有特色。课程内容可有特色,结合农村生产生活实际;校舍设计可有特色,更加美观大方、绿色环保;体育活动可有特色,利用农村有利自然环境,让学生更多地在户外锻炼意志、健康成长。

四是循序渐进与改革创新的关系。城镇化不应急于求成,而应水到渠成。过于追求城镇化率,难免城镇基础设施跟不上,公共服务跟不上,义务教育跟不上。改革是发展的动力,城镇化背景下农村义务教育工作不能墨守成规,要避免囿于固定模式,而必须解放思想,开拓创新,以创造性应对工作局面的复杂性。

五是统一要求与因地制宜的关系。义务教育发展方向和基本标准,全国可有统一要求。更重要的是,各地必须依据本地省情、市情、县情推动工作。我国立体化的国情决定了不能用一把尺子、一个标准衡量所有地区的义务教育工作,要善于以多样性应对问题的复杂性。

(本文原载《华中师范大学学报(人文社会科学版)》2012 年第 11 期,《新华文摘》2013 年第 7 期全文转载)

中国义务教育改革发展的回顾与展望

当今中国正处在一个全球和本土都急剧变动和交互影响的大时代,社会转型与民族复兴成为时代主旋律。整个社会呈现出全方位的改革态势,既激烈迅猛,又复杂深刻。改革开放后,中国发生的变化令世人震惊、令国人振奋,这是中国历史上一次伟大的社会变革。在嬗变和阵痛的转型过程中,不断地抓住机遇、迎接挑战,是中国义务教育在改革中求发展、在发展中求创新、实现跨越式发展的战略选择。经过不懈努力,我国九年义务教育取得辉煌成就,成功地探索出了一条具有中国特色的义务教育发展道路。今天,站在新的历史起点上,对义务教育改革发展的历程进行总结和审视,有助于提高自信心、增强紧迫感、明确新任务、迈出新步伐。

一、中国义务教育改革发展的主要历程

早在19世纪末,中国就出现普及义务教育的思想。1904年,清政府在《奏定学堂章程》中规定了五年义务教育。1912—1913年,民国政府颁布的学制规定小学四年为义务教育。但是,在积贫积弱的旧中国,普及义务教育的设想从未真正实现。1949年,中华人民共和国成立之际,全国小学学龄人口入学率仅为20%,总人口中文盲占80%,农村人口中文盲占95%。

新中国成立后,国家高度重视普及教育。1949年,《中国人民政治协商会议共同纲领》提出"有计划有步骤地实行普及教育",初等教育获得快速发展。1956年,最高国务会议提出分区分期普及小学义务教育。到1965年,小学学

龄人口入学率提高到84.7%。1978年党的十一届三中全会以后,我国进入了改革开放和社会主义现代化建设的新时期,国家经济社会发展对普及义务教育、提高国民素质提出了更高的要求。1980年,中共中央提出加快普及小学教育,有条件的地区还可以进而普及初中教育。1982年《中华人民共和国宪法》规定普及初等义务教育。以1985年《中共中央关于教育体制改革的决定》颁布为标志,我国教育逐步摆脱"文化大革命"的灾难,开始了秩序重建,继而得以稳步发展。

(一) 义务教育起步实施(1986—1991年)

1986年,全国人大通过的《中华人民共和国义务教育法》(以下简称《义务教育法》)明确规定:"国家实行九年制义务教育。""凡年满6周岁的儿童,不分性别、民族、种族,应当入学接受规定年限的义务教育。"《义务教育法》公布实施以后,国家逐步加大财政投入,各级政府积极行动,社会各界广泛动员,着力推进普及九年义务教育。1981—1991年,国家财政拨款357亿元,社会捐集资等700多亿元,共修缮、新建、改建中小学校舍6.7亿平方米,使全国中小学危房比例由15.9%下降到1.6%,全国基本实现了"一无两有"。① 到1991年,全国90%左右人口所在地区普及了小学教育,小学学龄人口入学率达到97%左右。城市和部分农村地区普及了初中教育。

(二) 义务教育全力推进(1992—2000年)

根据中国社会主义现代化建设"三步走"的战略部署,1992年中共十四大报告提出:"到本世纪末,基本扫除青壮年文盲,基本实现九年制义务教育。"由此"普九"成为20世纪中国教育事业发展最重要的战略目标。1993年,中共中央、国务院发布《中国教育改革和发展纲要》,对"两基"作出系统规划,提出到2000年全国基本普及九年义务教育。1994年《国务院关于〈中国教育改革和发展纲要〉的实施意见》进一步确定了普及义务教育"双八五"目标。②

---

① "一无两有"即校校无危房、班班有教室、学生人人有课桌椅。
② "双八五"即占全国总人口85%的地区普及九年义务教育,初中阶段的入学率达到85%左右。

同时,确立了"分区规划、分类指导、分步实施"的原则,按照总人口40%左右城市及经济发展程度较高的农村、40%左右中等发达程度的农村、15%左右经济发展程度较低的农村、5%左右特别贫困地区的不同要求,分阶段、分步骤实施。

国家相继采取了一系列重大措施强力推进"普九"工作,安排专项资金组织实施了贫困地区义务教育工程,建立了督导检查和评估验收制度。按照义务教育事业在国务院领导下,实行地方负责、分级管理的要求,健全城乡教育费附加征收、管理和使用制度,开展东西部地区学校对口支援,全面推进"普九"。地方各级政府依法履行职责,把完成"普九"任务纳入政府任期目标,作为干部考核的重要指标,加强领导,加大投入,发挥了重要的主导作用。同时,在政府的动员下,社会各界和广大人民群众踊跃集资办学,慷慨捐资助学,义务献工投料,谱写了全民兴教的动人篇章。

中国推进"普九",同1990年联合国教科文组织等国际组织开始倡导的全民教育行动方向一致。1993年,中国政府领导人出席"九个人口大国全民教育首脑会议",签署《德里宣言》,作出实现全民教育约定目标的庄严承诺。2000年,又对《达喀尔行动纲领(2001—2015年)》相关预期目标作出积极响应。经过艰苦卓绝的努力,到2000年底,全国共有2541个县级行政单位通过了"两基"验收,全国85%以上人口所在地区普及了九年义务教育。

(三) 义务教育攻坚克难(2001—2011年)

2001年《国务院关于基础教育改革和发展的决定》提出,在已实现"两基"农村地区重点抓好义务教育巩固提高和大中城市和经济发达地区高水平、高质量普及九年义务教育的同时,在占全国人口15%左右、未实现"两基"任务的贫困地区打好"两基"攻坚战。2003年,国务院召开了全国农村教育工作会议,会上印发的《国务院关于进一步加强农村教育工作的决定》提出"力争用五年时间完成西部地区'两基'攻坚任务"。2004年,国务院批转的《2003—2007年教育振兴行动计划》提出实施国家西部地区"两基"攻坚计划。中央政府与省级政府签订实施"两基"攻坚责任书。

西部是中国的欠发达地区,也是中国实现"两基"、全面推进全民教育最后的"硬骨头"。西部 12 个省、自治区、直辖市,地域广大、人口众多、资源丰富,约占全国 2/3 的国土面积。全国贫困人口有近一半在西部,国家扶贫开发工作重点县有一多半在西部。到 2002 年年底,虽然全国已有 91.8% 的人口地区基本普及了九年义务教育,但西部地区"普九"人口覆盖率只有 77%,仍有 410 个县级行政单位尚未"普九",人均受教育年限仅为 6.7 年。这 410 个县经济社会发展滞后,教育基础薄弱,其中有贫困县 215 个、少数民族县 309 个、边境县 51 个。这些地区自然条件非常艰苦,多为高山、高原、高寒、荒漠、半荒漠地区,普及义务教育的办学成本、就学成本远远高于其他地区。当时全国尚未脱贫的 3000 万人口,绝大部分生活在这些地区,人民群众贫困程度深,当地适龄儿童上学面临诸多困难。

根据"两基"攻坚计划,国家启动实施了农村寄宿制学校建设工程、农村中小学现代远程教育工程。同时,国家贫困地区义务教育工程二期、中小学危房改造工程、"两免一补"政策向西部和农村地区进一步倾斜,全力支持相关地区推进"两基"攻坚。2006 年,国家启动实施农村义务教育阶段学校教师特设岗位计划,即公开招募高校毕业生到西部"两基"攻坚县农村学校任教,以提高农村教师队伍整体素质。

2005 年国务院决定深化农村义务教育经费保障机制改革,提出逐步将农村义务教育全面纳入公共财政保障范围,建立中央和地方分项目、按比例分担的农村义务教育经费保障机制。从 2006 年起,全部免除西部地区农村义务教育阶段学杂费,惠及西部地区 4880 万名学生,使约 20 万名因贫困辍学的孩子重返校园。从 2007 年起,免除全国农村义务教育阶段学杂费,中央财政向全国农村义务教育阶段学生免费提供国家规定课程的教科书,惠及 1.5 亿名学生。经过艰苦努力,到 2007 年,西部地区"普九"人口覆盖率达到 98%,全国共有 3022 个县级行政单位通过"两基"验收"普九"人口覆盖率达到 99%,初中毛入学率 98%。2008 年,国家全力支持西部地区尚未"普九"的 42 个边远贫困县推动义务教育普及。针对薄弱环节和特殊人群,实施中西部农村初中校舍改造工程、中西部特殊教育学校建设工程、全国中小学校舍安全工程。2008 年,全国城市义务教育依法免收学杂费。2008 年,国家出台农村义务教育阶段中小学公用经费基准定额,到 2009 年全部落实到位,义务教育经费保障机制进一步完善,并开始实施义务教育阶段教师绩效工资改革。2010 年、2011 年,国家先后两次提高农村义务教育阶段学校生均公用经费基准定额,义务教育经费保障水平不断提升。

2010 年,中共中央、国务院发布《国家中长期教育改革和发展规划纲要(2010—2020 年)》(以下简称《教育规划纲要》),对义务教育发展作出新的部署。国家在加大力度实施原有教育专项工程的同时,启动实施农村义务教育薄弱学校改造计划、边远艰苦地区农村教师周转宿舍计划、中小学教师国家级培训计划等。这些专项工程和计划的实施,显著改善了农村学校的办学条件,提高了义务教育阶段教师特别是农村教师队伍整体素质,巩固提高了义务教育普及水平,缩小了区域和城乡差距。

到 2011 年,最后 42 个边远贫困县通过"两基"验收。全国所有县级行政单位、所有省级行政区划全部普及了九年义务教育,人口覆盖率达到 100%,初中阶段毛入学率超过 100%。全面普及九年义务教育是中国教育发展的历史丰碑,是中华民族伟大复兴道路上最绚丽的篇章。百年梦想终成现实。全面"普九",大大提高了我国义务教育的办学水平,极大地改善了我国义务教育阶段学校办学条件,尤其是西部地区的办学条件实现了根本性改善,大幅提升我国国民素质,人力资源开发水平实现重大突破。我国初中及以上学历人口比例从 1982 年的 24.87% 提高到 2010 年的 61.75%,全国人口平均受教育年限从 20 世纪 80 年代初的不到 5 年提高到 2010 年的 9.5 年,促进了人民群众文化素质的提升,为我国社会发展和经济腾飞提供了必备的人力资源。

(四) 义务教育走向均衡(2011 年至今)

进入 21 世纪后,很多地方进行了义务教育均衡发展探索。2005 年《教育部关于进一步推进义务教育均衡发展的若干意见》印发。2006 年,教育部在成都召开了首次推进全国义务教育均衡发展现场经验交流会。2009 年,教育部在邯郸召开了第二次全国义务教育均衡发展现场经验交流会。2010 年《教育部关于贯彻落实科学发展观进一步推进义务教育均衡发展的意见》印发。2011 年"普九"全面实现后,全国范围内转入推进义务教育均衡发展的新阶段。

2011 年教育部与 28 个省份签署了义务教育均衡发展备忘录,2012 年又与刚通过"两基"国检其余省份签署了这样的备忘录,构建起了中央部门和地方政府协同推进义务教育均衡发展的新机制。通过签署备忘录的形式,明确中央和地方各自在推进义务教育均衡发展过程中的职责和任务,确保完成《教育规划纲要》提出的到 2020 年基本实现区域内义务教育均衡发展的目标和任务。其中,教育部表示将通过国家组织实施的义务教育学校标准化建设、义务教育经费保障机制、农村义务教育阶段学校教师特设岗位计划、中小学教师国家级培训计划等项目,在义务教育经费保障、中小学校舍安全工程、农村义务教育薄弱学校改造、教师队伍建设和教育信息化等方面对各省份加大支持力度,宣传推广各地在推进义务教育均衡发展方面的经验和做法。各省则承诺,以签署备忘录为契机,通过加强省级统筹力度,组织实施好国家重大工程项目,大力推进学校标准化建设,提高教师队伍整体素质等,切实承担起推进义务教育均衡发展的法定责任。随后,北京、福建、广西、贵州、海南、河南、湖北等各省级政府又与地(市、州)、县(市、区)政府签署了责任状,细化了任务分工。于是,全国形成了分县域的义务教育均衡发展的时间表、路线图、任务书。如江苏省将优质均衡发展作为义务教育改革发展的战略任务,制定县域义务教育优质均衡发展规划,提出到 2018 年年底前全省所有县(市、区)实现县域义务教育优质均衡发展。浙江省以教育现代化为引领,推进义务教育高水平均衡发展,提出到 2015 年基本实现县域义务教育现代化,到 2020 年全省全面实现义务教育现代化。

《教育规划纲要》提出,要组织开展教育改革试点工作。义务教育均衡发展改革试点作为十大改革试点之一。为加强对改革试点的指导工作,教育部建立了义务教育均衡发展专家指导制度,在国家教育咨询委员会成立的义务教育均衡发展专家咨询组的基础上,又成立了义务教育均衡发展专家工作组,定期对各地义务教育均衡发展试点进行跟踪、检查、指导和评估,配合各地方对试点的经验进行总结提炼和宣传推广。2011 年,教育部在京召开了义务教育均衡发展改革试点项目推进会,印发了专家指导方案。通过建立专家工作组的方式,完善专家指导机制,对通过备案的 38 个试点地区进行对口指导,深入改革试点地区了解工作进展情况,提出指导意见和建议,提升改革试点工作质量和成效。通过开展改革试点工作,从人民群众关心的义务教育领域热点、难点问题入手,鼓励改革试点地区在化解这些热点难点问题上先行先试、积极探索,着力破除体制机制障碍,努力解决深层次矛盾,力争在管理体制、运行机制、关键环节、配套条件等方面形成典型经验与政策创新,探索义务教育均衡发展的新思路和新举措。

教育公平是社会公平的起点和核心环节,义务教育均衡发展是实现教育公平最直接、最现实、最优先的领域。面对人民群众要求接受更加公平和更高质量教育的新期待,2012 年《国务院关于深入推进义务教育均衡发展的意见》印发,首次从中央政府的层面明确提出义务教育均衡发展是贯彻落实科学发展观、促进教育公平的重要举措,是义务教育实现普及后一项重要任务,要把义务教育工作重心落实到办好每一所学校和关注每一个孩子健康成长上来,遏制城乡之间、地区之间和学校之间教育差距扩大的势头,积极改善农村学校和城镇薄弱学校的办学条件,逐步实现基本公共教育服务均等化,保障每一个适龄儿童少年平等接受良好义务教育的权利。各地认真贯彻落实,积极进行探索。2013 年,教育部在山西晋中召开了第三次全国义务教育均衡发展现场经验交流会。接着,国家教育督导委员会从苏州的张家港、常熟、太仓开始,启动了对义务教育基本均衡发展县市的验收工作。面向 2020 年,全国各地都走在推进义务教育均衡发展的征程中。

二、中国义务教育改革发展的基本做法

20 世纪 80 年代中期以来,我国义务教育改革发展之所以取得了如此引人注目的成就,靠的是国家重视、依法治教、积极进取,靠的是因地制宜、实事求是、改革创新,靠的是以人为本、社会支持、群策群力。回顾不平凡的历程,中国义务教育改革发展积累了宝贵的历史经验。

(一) 坚持重中之重,将义务教育摆到突出位置

教育优先发展战略地位的确立和义务教育重中之重地位的落实,对义务

教育的改革发展发挥了决定性作用。我国政府从现代化建设全局和中华民族伟大复兴的战略高度出发,提出了实施科教兴国战略和人才强国战略,把教育优先发展作为一项长期坚持的战略方针,采取了一系列重大战略部署加快教育改革和发展。1986年,《义务教育法》颁布以来,国家先后召开了三次全国教育工作会议,还召开了全国基础教育工作会议、农村教育工作会议等一系列重要会议,制定发布了《中国教育改革和发展纲要》《国务院关于基础教育改革与发展的决定》《国家中长期教育改革和发展规划纲要(2010—2020年)》等一系列重要文件,确定了不同时期义务教育改革发展的目标、战略、指导方针和实施步骤,出台了调整完善义务教育管理体制和经费投入机制等一系列重大政策。地方各级政府将义务教育纳入本地区经济社会发展总体规划,政府各部门密切配合,构建了党委统一领导、政府统筹规划、部门齐抓共管的工作机制,认真落实推进义务教育改革发展的政策措施。在这个过程中,义务教育改革发展始终是各级政府教育工作的重中之重。

"普九"是一场持续时间长、参与人数多、自上而下的国家工程,各级领导高度重视,很多地方的党政主要领导靠前指挥,对这项举国的工程予以高度重视。教育、财政、发展改革等部门明确职责,合理分工,协调配合。"普九"也是中央与地方、教育与相关部门同心协力、合力攻坚的示范。在一个13亿人口的大国"普九",是国家意志和民心民意的高度契合,是国家举全国之力,集中人力财力物力,推进全面实施义务教育发展的一次成功尝试,充分体现了党中央、国务院发展教育的坚定决心,凝聚了各级政府和部门的智慧与创造,倾注了教育工作者的心血和汗水。实现"普九"满足了人民群众最基本的教育需求,也体现了发展为了人民、发展依靠人民、发展成果由人民共享的执政理念。

(二) 坚持依法治教,努力加强义务教育法制建设

建立和完善相关法律和制度为义务教育改革发展提供了有效保障。1986年颁布实施的《义务教育法》为推进义务教育提供了明确的法律依据,我国义务教育的发展从此纳入法制轨道。依法治教成为义务教育稳步推进的重要保证,使得我国用较短时间走完了一些发达国家近百年的发展路程。义务教育

的迅速普及,正是得益于依法治教的战略和良好的法制环境。

为了推动和保障《义务教育法》的贯彻实施,我国逐步健全了相关的行政法规,构建了一个比较完整的义务教育法规体系,保障了义务教育的顺利实施;制定出台了义务教育法实施细则,对我国实施义务教育的方法、步骤、规划、师资、经费,以及发展义务教育的管理体制等具体问题,都作出了比较详细的规定和相对具体的要求。各省、自治区、直辖市也相继制定了贯彻《义务教育法》的实施办法。此后,我国还制定了《教育法》《教师法》《未成年人保护法》等法律以及一系列教育行政法规,使义务教育工作逐步走向制度化、规范化和法制化,为推进义务教育的改革发展发挥了重要作用。

2006年6月29日,全国人大常委会通过了1986年的《义务教育法》的修订,从原来只有原则性的18条法律条文增加到63条。修订后的《义务教育法》指明了义务教育均衡发展这个根本的方向,明确要求"国务院和县级以上地方人民政府应当合理配置教育资源,促进义务教育均衡发展,改善薄弱学校的办学条件,并采取措施,保障农村地区、民族地区实施义务教育"。"县级以上人民政府及其教育行政部门应当促进学校均衡发展,缩小学校之间办学条件的差距。"《义务教育法》进一步完善了义务教育的管理体制,强化了省级的统筹实施,提出了"义务教育实行国务院领导,省、自治区、直辖市人民政府统筹规划实施,县级人民政府为主管理的体制"。确定并完善了义务教育经费保障机制,明确"义务教育经费投入实行国务院和地方各级人民政府根据职责共同负担,省、自治区、直辖市人民政府负责统筹落实的体制。农村义务教育所需经费,由各级人民政府根据国务院的规定分项目、按比例分担"。《义务教育法》保障了特殊群体接受义务教育的平等权利,要求"父母或者其他法定监护人在非户籍所在地工作或者居住的适龄儿童、少年,在其父母或者其他法定监护人工作或者居住地接受义务教育的,当地人民政府应当为其提供平等接受义务教育的条件","保障家庭经济困难的和残疾的适龄儿童、少年接受义务教育"。《义务教育法》把实施素质教育纳入了法制轨道,要求义务教育必须贯彻国家的教育方针,实施素质教育,提高教育质量,使适龄儿童、少年在品德、智力、体质等方面全面发展,为培养有理想、有道德、有文化、有纪律的社会主义建设者和接班人奠定基础。进一步规范了义务教育的办学行为,要求"不得将学校分为重点学校和非重点学校。学校不得分设重点班和非重点班","县级以上人民政府及其教育行政部门不得以任何名义改变或者变相改变公办学校的性质","学校不得违反国家规定收取费用,不得以向学生推销或变相推销商品、服务等方式谋取利益"。

全国人大及地方各级人大重视《义务教育法》执法检查,督促政府和其他责任主体落实法律规定。政府、教育部门、学校和家长各司其职,共同确保了义务教育的实施。

(三) 坚持形成合力,在政府主导下动员社会各界参与

实施义务教育首先是政府行为。多年来,各级政府认真贯彻落实党中央、国务院关于教育改革发展的一系列方针、政策,千方百计,采取措施,狠抓落实,克服困难,加大教育投入,为推进义务教育改革发展发挥了根本作用。

作为一项宏大的社会系统工程,若没有广大人民群众的积极参与和配合、社会各界的积极参与和支持,义务教育的改革发展要想取得既定目标是不可能的。穷国办大教育是我国义务教育过程中曾长期面临的基本国情。在义务教育普及过程中,经费投入不足,校舍设施等办学条件一度严重短缺。在20世纪八九十年代,"人民教育人民办"是实施义务教育的助推器。广大农民群众对农村义务教育的贡献功不可没。社会各界以各种方式支持义务教育发展,组织实施了"希望工程""春蕾计划""烛光工程",援建学校,救助贫困学生等。正是依赖于广大人民群众的力量,我国的义务教育才在较短时间内创造出了中国特色社会主义教育的发展奇迹、发展模式和发展道路,为提高全民素质作出了巨大的贡献。

(四) 坚持实事求是,实行分区规划、分类指导、分步实施

作为一个发展中的人口大国,我国城乡之间、区域之间经济社会发展不平衡,教育发展水平差异很大。从这一基本国情出发,我国在推进义务教育发展过程中采取了因地制宜、分区规划、分类指导、分步实施的原则。

20世纪90年代,我国确定了"三步走"的实施步骤,即以县为单位,1996年在40%—45%的人口地区"普九",1998年在60%—65%的人口地区"普

九",2000 年在 85%的人口地区"普九",并以省级行政区划为单位,依据经济社会和教育发展状况,把全国划分成东、中、西"三片",分别提出相应要求,作出相应部署,采取相应措施。2001 年,我国又进一步确定了贫困地区致力于"两基"攻坚、已实现"两基"农村地区巩固提高、大中城市和经济发达地区实现高水平、高质量"普九"的新目标。在鼓励发达地区率先实现"两基"的同时,国家不断加大对经济欠发达地区推进"两基"的支持力度,先后实施了国家贫困地区义务教育工程、西部地区"两基"攻坚计划、农村寄宿制学校建设工程、农村中小学现代远程教育工程和西部农村教师队伍建设工程等多项重大工程,对推进欠发达地区义务教育快速发展发挥了重要作用。实践证明,分区规划、分类指导、分步实施战略符合我国国情,是推动义务教育改革发展的有效策略。

(五) 坚持深化改革,建立完善管理体制和保障机制

改革开放以来,科教兴国和人才强国战略成为社会主义现代化建设的重大战略部署,教育优先发展的思路成为中央和地方共识,全国各地认真贯彻落实"教育必须为社会主义建设服务,社会主义建设必须依靠教育"的指导方针,政府投资教育发展的决心和力度逐年加大,义务教育管理体制和经费保障机制不断改革和完善。20 世纪 80 年代,在以"分灶吃饭"为特征的财政包干体制下,义务教育实行"在国务院领导下,地方负责、分级管理"的体制,教育投入实行财政拨款为主、多渠道筹措办学经费的机制。在当时特定的历史条件下,这一体制充分调动了地方各级政府、社会各界和广大人民群众办学的积极性,为在经费短缺的情况下,动员更多的资源推进义务教育发挥了积极作用。

随着农村税费改革的推进,国家及时对义务教育的管理和投入体制进行调整。2001 年决定实行"在国务院领导下,由地方政府负责、分级管理、以县为主"的体制,并在 2006 年修订《义务教育法》时,进一步强化了省级政府的统筹责任。同时,国家实施了义务教育经费保障机制改革,将义务教育全面纳入公共财政保障范围,不断提高保障水平,分阶段全面免除了义务教育阶段学生学杂费,实现了真正意义上的免费义务教育。

　　各地积极推动义务教育经费保障机制改革,在依法落实教育经费三个增长的同时,加大省级统筹力度,经费投入向省域内欠发达地区倾斜,提升欠发达地区义务教育办学水平,缩小区域间办学差距。积极推进义务教育学校标准化建设,统筹实施中小学校园安全工程、中西部农村初中校舍改造工程、农村义务教育薄弱学校改造计划等国家级工程项目,一些省份还结合实际有针对性地实施了标准化建设、食堂改善、解决大班额等省级工程项目,有效改善了农村学校、薄弱学校办学条件。如,2012 年广东省统一了城乡生均公用经费标准,到 2015 年将达到小学每学年 1150 元、初中每学年 1950 元,并要求各地把公用经费补助标准提标后新增补助资金重点用于保证农村小学教学点和规模较小学校正常运转。江西从 2013 年起,计划用三年时间,统筹整合资金50 亿元,实施全省农村义务教育学校标准化建设工程,以村小学和教学点为重点,全面改善农村学校办学条件。宁夏在 2013 年筹措资金 8613 万元,按照"配一所、成一所、达标一所"原则,计划为 100 所农村中小学配齐教学实验仪器设备和图书。青海启动实施全省中小学标准化建设工程,计划从 2012 年至2014 年,使全省乡镇以上中小学达到青海省标准化中小学校办学标准,到2014 年 60%以上的学校硬件达标、软件配套、功能完善、管理规范、质量合格。

(六) 坚持均衡配置,适时提出义务教育均衡发展

　　义务教育发展完成了全面普及的历史任务后,推进均衡发展成为了新时期义务教育的战略性任务。2010 年,《政府工作报告》明确提出"要促进义务教育均衡发展,在合理布局的基础上,加快推进中西部地区初中校舍改造和全国中小学校舍安全工程,尽快使所有学校的校舍、设备和师资达到规定标准。为农村中小学班级配备多媒体远程教学设备,让广大农村和偏远地区的孩子共享优质教育资源。"2012 年《国务院关于深入推进义务教育均衡发展的意见》明确了推进义务教育均衡发展的指导思想和基本目标,即到 2015 年,全国义务教育巩固率达到 93%,实现基本均衡的县(市、区)比例达到 65%;到 2020年,全国义务教育巩固率达到 95%,实现基本均衡的县(市、区)比例达到95%。还就推动优质资源共享、均衡配置办学资源、合理配置教师资源等提出了明确要求,指导各地深入推进义务教育均衡发展工作。

　　根据国家要求,教育部一直采取多种措施推进义务教育均衡发展。一是加强政策指导。从学校标准化建设、教师队伍建设、优质资源共享、重视教育督导等多方面提出了具体要求和可行措施,推动各地解决区域内义务教育差距问题。二是创新体制机制。为进一步强化省级政府责任,做到上下联动,教育部按照一省一案、分类指导的思路,分别与各省级政府签署了义务教育均衡发展备忘录,明确了双方推进义务教育均衡发展的任务,构建起协同推进义务教育均衡发展的机制。三是坚持试点先行。实施了国家教育体制改革义务教育均衡发展试点项目,从不同角度入手,探索推进义务教育均衡发展的有效途径。

　　各地普遍推动了优质教育资源共享。通过学校联盟、集团化办学、对口帮扶、学区化管理等方式,迅速扩大优质教育资源,从而以强带弱,实现共同发展;加快教育信息化基础设施建设,特别是农村中小学校的信息化建设,实现优质教育资源共享,缩小城乡教育差距;还积极与相关部门合作,提高社会资源利用水平,广泛开展多种形式的社会实践活动,在推动校内外教育有效衔接的同时,引导社会各界支持义务教育发展。如,福建在所有县(市、区)城区推广"小片区管理"模式,即将城区义务教育阶段学校划分若干片区,以片区内优质学校为龙头,实行小片区内"师资互派、资源共享、统一教学、捆绑考核"。黑龙江全省越来越多的学校接入宽带,正在实现宽带网络校校通、优质资源班班通,实现了城乡同步教学。北京于2012年高标准建设北京数字学校,选拔全市特级教师、学科带头人、市区级骨干教师参与录制,面向全市百万中小学生提供义务教育阶段全科数字化名师同步课程,实现网络和电视双平台播出。

　　各地重视合理配置教师资源。普遍在落实好国家实施的特岗计划、免费师范生、国培计划的基础上,结合实际有针对性地采取培养全科教师、提高农村教师待遇、科学核定农村教师编制、推进校长教师交流、加强农村教师培训等措施,为农村学校和薄弱学校输送优秀教师,提升农村学校和薄弱学校教师教学水平。四川从2013年起启动了全省师范生免费培养计划,省财政投入专款每年为老、少、边、穷地区农村学校免费定向培养2000名师范生。山东将按不超过农村中小学教师编制总量5%的比例核定部分教师机动编制,全部用于补充农村中小学急需的学科教师;建立和完善教师定期双向交流制度,城镇教师每 8 年应当到农村支教 1 年,新进农村教师 3 年内要安排其到城镇学校交流 1 年。河北省在 2013—2020 年,每年选派 1000 名省会城市、中心城市的优秀教师,到 62 个连片特困地区、国家扶贫开发工作重点县以及省级扶贫开发工作重点县支教,按年人均 2 万元的标准给予生活和交通补助。浙江于 2013 年出台了指导意见,规定校长在同一公办学校连续任职达 10 年、教师在同一公办学校连续任教达到 12 年的,应纳入交流范围;城区学校交流到农村学校的教师,交流后服务时间应不少于 3 年;县域内符合交流条件的骨干教师每年参与交流的比例应不低于 15%。

(七) 坚持与时俱进,规范农村义务教育学校布局调整

农村义务教育学校布局是否科学合理关系到农村学生的切身利益。21 世纪以来,随着进城务工人员随迁子女增加,农村人口出生率持续降低,农村学龄人口不断下降,各地对农村义务教育学校进行了布局调整和撤并,改善了农村学校的办学条件,但也导致部分学生上学路途变远、交通安全隐患增加,学生家庭经济负担加重等问题。

对于布局调整问题,教育部多次组织系统调研,通过面向全国开展问卷调查,收集部分省、市、县中小学布局规划,赴问题较为突出的地区实地了解情况等方式,梳理农村中小学布局调整情况。在调查研究的基础上,起草了《国务院办公厅关于规范义务教育学校布局调整的意见》,在网上广泛征求社会各界意见,于 2012 年 9 月正式印发。文件从科学制定农村义务教育学校布局规划、严格规范学校撤并程序和行为、办好村小学和教学点、解决学校撤并带来的突出问题、开展农村义务教育学校布局调整专项督查等方面提出了具体要求,制止了部分地区过急过快、盲目撤并学校的势头。为指导各地做好农村义务教育学校布局专项规划,2013 年教育部印发了《关于做好农村义务教育学校布局专项规划制定工作的通知》。各地落实国办文件精神和教育部要求,在规范布局调整工作方面取得了成效。

1. 制定农村义务教育学校布局专项规划。2013 年,各省、自治区、直辖市制定了农村义务教育学校布局专项规划,并报送国家教育体制改革领导小组。总体来说,各地制定的专项规划基本上都把就近入学作为主要原则,还有一些

省份量化了学生就学距离和步行上学的单程时间,学生就近入学的权利得到进一步保障。吉林提出学校服务半径:小学 2 千米左右,初中 3 千米左右;走读学生上学途中单程步行时间:小学低年级不超过 30 分钟,小学高年级、初中不超过 45 分钟。海南提出学生上学路程不超过 3 千米,正常行走时间不超过 40 分钟。湖南提出合理确定学校服务半径,原则上农村小学 2.5 千米,初中 3 千米,保障学生每天上学单程步行时间一般不超过 40 分钟。福建提出布局专项规划实施后,全省农村走读生单程步行时间在 30 分钟以内的占 93.5%。

2. 严格规范学校撤并程序和行为。2012 年之后,各地结合地方实际,完善了农村义务教育学校布局调整的程序,规范了相关撤并行为,细化了撤并方案的制订、论证、公示、报批等各个环节,提高了可操作性。一些省份还对听证会的人数、步骤等做了具体规定,切实保障人民群众的参与权和监督权。重庆提出撤并听证会代表人数不少于 50 人,学生家长参与比例不少于 70%,同意撤并的人数不少于 90%。各地还对布局专项规划备案前暂停农村义务教育学校撤并做了重点要求,并作为自查工作的重点,制止了违规撤并学校行为。

3. 办好必要的村小学和教学点。办好必要的村小学和教学点对于推动农村教育发展,促进教育公平具有重要意义。各地采取多种措施,改善村小学和教学点办学条件,提高其教学质量。在经费投入上,各地普遍按照国家要求对学生规模不足 100 人的村小学和教学点按 100 人拨付公用经费,保障其正常运转。一些省份还设立专项资金,扶持村小学和教学点发展。在教师配置上,通过提高乡村教师待遇、在职称评定上给予优惠、加强教师培训等方式,吸引优秀教师到农村从教,提高农村教师教育教学水平。福建规定在校生 31—200 人的学校按班师比 1∶1.7 配备教师,在校生 10—30 人的至少配备 2 名教师,在校生 10 人以下的配备 1 名教师。青海提出农牧区乡及乡以下学校任教教师,给予待遇倾斜,享受乡镇工作补贴。浙江"十二五"期间省财政每年安排 7000 万元,开展信息化基础设施建设和教育信息化公共服务平台建设,包括为村小学和教学点配置多媒体教学设备和数字化优质课程教学资源。山西省充分发挥乡镇中心校的管理和指导作用,建立和完善辖区内村小学和教学点管理评价制度,统筹安排课程,对小科教学进行巡回教学,采取"送教""走教"等形式,保障村小学和教学点开齐开全课程。

4.解决学校撤并带来的突出问题。针对寄宿制学校的实际情况,加大经费投入,改善寄宿制学校办学条件,满足学生学习和生活基本需要。2012年,陕西提高寄宿制中小学生均公用经费补助标准,小学达到1000元,初中达到1200元,主要用于学校聘用后勤人员和学生食堂水、电、煤等能耗费用开支。江西提出凡是寄宿制小学和有学生在校午餐的学校,都应开办食堂或伙房,配备必要的设备,为学生提供热饭和成本价饭菜,确保食品卫生安全。新疆由县财政每年安排专项资金,提高寄宿生生活补助标准。各地落实《校车安全管理条例》,努力保障学生上下学交通安全。积极发展公共交通,满足学生乘车需求,制定校车服务方案,推进校车安全管理,严厉查处接送学生车辆的违法行为,加强学生安全教育,保障学生就学安全。2013年,湖南省级财政在新增教育经费中安排1亿元,设立校车专项补助资金,各地校车管理工作纳入政府及部门绩效考核范围。同年,浙江分阶段实施学生交通安全保障工程,计划用3年时间建立学生交通安全保障体系,基本解决全省义务教育阶段学生上下学交通问题。省财政每年设立专项资金1亿元,根据各地交通安全保障工程实施绩效予以奖补。

(八) 坚持以人为本,关心支持弱势群体

在义务教育改革发展过程中,国家把做好进城务工人员随迁子女、留守儿童、残疾儿童、家庭经济困难学生等特殊群体义务教育工作作为推进义务教育均衡发展的重要内容,不断创新工作思路和政策措施,千方百计为他们就学提供便利条件,保障他们平等享受义务教育的权利。

随着我国城镇化深入发展,产生大量异地就业人员,其子女有的带在身边,有的放至家乡。安徽省对进城务工人员子女实行一样就读、一样入学、一样免费“三个一样”的政策,使其在流入地全部就近入学。实施农村留守儿童之家建设民生工程,至2013年建成留守儿童活动室1308个、留守儿童之家1.9万个,安装免费亲情电话2.2万余部,日通话量达21万次,实现了乡镇、村的全覆盖。陕西省延安市开展了“流浪儿童回家行动”,在留守儿童集中的学校创建了20所“儿童成长家园”,切实保障农村留守儿童平等接受义务教育。河北省明确义务教育阶段特殊教育学校生均公用经费标准高于普通学校

10—15 倍,特殊教育学校寄宿生生活补助费高于普通学校 1 倍。青海省除西宁市四区外的所有农村义务教育阶段学生,按每生每天 3 元标准提供营养膳食补助;进一步完善义务教育阶段家庭经济困难寄宿学生生活费政策,将布局调整增加的农村寄宿生纳入生活补助范围。云南省从 2012 年起,实现农村义务教育学生营养改善计划和寄宿制学生生活补助全覆盖,使全省 534.9 万农村义务教育学生每天享受 3 元的营养餐补助,300 万名农村义务教育阶段寄宿小学生每天享受 7 元、初中生 8 元的生活补助。

(九) 坚持建章立制,加强和改进学校管理

在多年推进义务教育的实践中,国家重视加强入学管理、收费管理、教学管理、安全管理、学籍管理。各地努力规范招生入学办法,理顺工作机制,推进学校科学管理,创设公平有序的就学环境,保障所有学生平等接受义务教育的权利。江苏省将"每所公办学校择校生比例低于招生总数的 10%"列入省义务教育优质均衡发展县(市、区)督导评估指标,部分地区已实现"零择校"。山西省在 2013 年要求所有义务教育学校对新招入的起始年级新生全部实行均衡编班、公平编班、公开编班,由家长监督。浙江省各地普遍实现了义务教育就近免试入学。上海市加强对教育经费使用的监督,配合财政、审计等部门,切实做好相关资金的审计工作,逐步形成财政和审计部门专业监督、教育主管部门委托第三方监管、学校日常监督相结合的监管体系。各地还重视做好向社会主动公开部门预算、"三公"经费预决算的基础性工作,确立重大财政教育专项经费信息公开机制,通过信息公开加强监管。

加强安全教育和管理,始终是学校管理的一件大事。生命不保,何谈教育,何谈发展,何谈幸福。这些年,教育部对学生安全工作可谓高度重视,发预警,播广告,出通报,常督察。各地强化了防溺水教育、防交通事故教育、防校园踩踏教育,普遍开展了应急弹升演练,推广了人防、物防、技防,进行了校车安全管理,中小学生安全事故总体上呈逐年下降的趋势。

为加强基础教育科学化管理,2013 年教育部制定了全国中小学生学籍管理办法,开发统一软件,指导各地开展电子学籍管理系统建设。贵州、安徽、浙江作为全国中小学生学籍信息管理系统首家试点单位,在全国率先建成中小

学生学籍信息管理系统,实现中小学学籍管理信息化,实施实时监控。吉林、辽宁、陕西、河南、海南随后跟进,其他省份亦勉力工作,2013 年底基本建成全国联网的全国中小学生电子学籍。

(十) 坚持关注内涵,不断提高义务教育质量

在义务教育改革发展过程中,课程改革、教学改革是始终相伴的。特别是进入 21 世纪后,国家推行了新课程,各地涌现出好典型。各地在促进学校内涵发展、提高义务教育质量上做了很多有益探索,以素质教育为导向,积极开展教育教学改革实验,推动学校特色发展。有的建立了科学的质量评价体系,有的倡导了轻负高效,有的提高了课堂效率,有的开展了综合实践活动。2009年,黑龙江省哈尔滨市在全市小学实施学生课业负担公告、监测和责任追究制度,小学生的课业负担整体上得到控制。2010 年,上海在全市小学试行"快乐活动日",要求学校整合拓展型、探究型课程的部分内容,每周集中半天时间,以学生活动为主要形式完成相关教学任务,从身心健康指数、学习生活幸福指数和学业成就发展指数等方面进行教育教学质量的监测。2011 年,重庆市启动实施了义务教育"卓越课堂"五年行动计划,力争通过 5 年左右的努力,全市义务教育阶段学校课堂教学效率明显提高。2012 年,江西省启动开展基础教育质量监测,成立了"江西省基础教育质量监测与评估中心",制定了文件,明确了基础教育质量监测的指导思想、目标和基本原则以及主要任务和对象内容,引导各地各校和社会树立正确的教育质量观。2013 年,北京市提出减负工作"八项严格"规定,着力构建负担监测公告制度、专项督导检查机制、社会监督机制、评价表彰机制等减负工作长效机制,重点推动作业、考试评价等关键环节的改革,推出百余所"轻负担、高质量"的学校典型。

(十一) 坚持督导检查,发挥督政督学的正能量

重视督导、善用督导是实现"普九"强有力的保障。近年来,各地普遍下大力气开展督导评估工作,结合教育部《县域义务教育均衡发展督导评估暂行办法》制定了实施办法,根据本省实际完善指标体系,强化一些重要指标,定期开展督导检查,推动各项工作有序开展,确保义务教育均衡发展各项目标

如期实现。青海、山东、四川将县域义务教育均衡发展系数纳入全省县域经济社会发展综合考评体系，每年进行考核，省政府对于考核实绩突出的给予表彰。湖北、上海、宁夏实施财政与教育联手督导的机制，加大对落实教育投入法定增长的督导力度，并建立对各区县政府教育工作自评公报制度，开展对各区县政府依法履行教育责任执行情况的年度公示公报工作。根据教育部部署，从 2013 年起很多省份建立督学责任区制度，开展义务教育发展基本均衡合格区县督导评估，将区县教育财政投入、义务教育学校标准化建设、区域内学生就近入学比率等核心指标，作为区县党政领导班子实绩考核的重要内容，提高区县党委、政府推进义务教育均衡发展的主动性和积极性。贵州、云南、广西把"控辍保学"作为义务教育初步均衡发展考核、县级党政主要领导教育工作督导考核、县级人民政府教育工作督导评估的首要考核指标，实行"一票否决"。辽宁、青海、海南建立县级党委和政府教育工作年度考核制和教育工作督导评估制度，省政府每 3 年对县级政府教育工作进行一次督导评估，并把督导评估结果作为考核领导干部政绩的重要内容和进行表彰奖励或责任追究的重要依据。2012—2013 年，新疆先后组织了 8 次义务教育工作督查，有效地调动了各地州县政府支持义务教育的注意力。

此外，在义务教育改革发展过程中，中国还坚持国际合作交流，吸收与借鉴国外先进经验。先后与联合国教科文组织、联合国儿童基金会、联合国开发计划署、世界银行、亚洲开发银行、英国国际发展部、欧盟委员会等许多国际组织和双边发展援助机构建立了良好的合作关系，得到了这些国际组织的多方面帮助。我国政府部门和这些国际机构合作，通过联合实施项目、提供无偿援助方式，在贫困地区帮助女童接受教育、改善办学条件、开展教师培训、提高教育质量。同时，我国借鉴欧美等发达国家先进教育经验，学习其教育理论、办学理念、课程体系、教学方法等，并根据中国教育发展实际正确处理好传统与移植的关系，做到洋为中用。同时，在九个发展中的人口大国中，目前我国是唯一全面实现全民教育目标的国家。联合国教科文组织认为，中国为世界全民教育发展作出了突出贡献，是发展中国家推进全民教育的成功范例。

三、中国义务教育改革发展的未来展望

经过多年艰苦努力,我国义务教育改革发展取得了显著成效,为全面提高国民素质、实现中华民族伟大复兴奠定了坚实基础。在充分肯定成绩的同时,我们还要清醒地看到,当前教育改革进入了深水区、攻坚期,一些深层次矛盾和问题破解难度更大。同时,义务教育承载着群众对公平教育和优质教育的双重期待,涉及面更广、社会关注度更高,面临的形势和任务也更加复杂,推进义务教育深化改革与均衡发展还存在着一些困难和问题。

一是部分地区在认识上还不到位,没有真正把义务教育均衡发展放在战略性位置。进入 21 世纪以来,国家建立并不断完善了农村义务教育经费保障机制,实施了农村义务教育薄弱学校改造计划等一系列重大工程项目,改善了农村义务教育学校办学条件。但是,中西部农村、边远、贫困和民族地区特别是连片特困地区,多系山区、高原、牧区和边境地区,自然条件较差,交通相对不便,物产比较匮乏,经济社会发展落后,地方财力较弱,群众生活困难。这些地区薄弱学校办学成本较高,教学条件普遍较差,寄宿制学校宿舍、食堂等生活设施不足,村小学和教学点运转比较困难,教师队伍不够稳定,有些课程开不齐,辍学率相对较高,是我国义务教育事业的"短板"。全面改善这些地区薄弱学校的基本办学条件,努力提高办学水平的任务还很繁重。对此,必须聚焦重点,加大支持力度,才能在短期内改变这些地区义务教育落后的面貌。大城市校际义务教育学校硬件条件、师资水平、教学质量、管理状况以及在群众中的认可度之间仍有较大差距。一些地方对教师交流、指标分配、集团化办学等涉及体制机制改革的政策措施,瞻前顾后、畏首畏尾,缺乏改革魄力,尚待迈出更大步伐。

二是部分地区教育资源保障水平不高,义务教育持续改革发展还面临不少困难。总体上看,我国的义务教育普及实际上还是低水平的,不能有万事大吉的想法。经费投入仍然不够,改善农村学校教学设施、生活设施存在较大经费缺口,一些农村教师素质不高,教师结构性缺编突出,农村教师岗位吸引力

不够强,难以吸引优秀教师长期在农村中小学从教。现在,在一些人心目中教育投入差不多了的松劲思想普遍存在,这是要不得的。作为面向数以亿计学生的宏大公益事业,我国的义务教育需要保持和加大投入力度,确保其巩固提高、不断改革、均衡发展。

三是城镇化进程加快,带来城乡义务教育一系列新情况。城镇化的加快发展,区域之间人口大量流动,对教育资源分布提出了新的要求,对义务教育产生诸多影响。首先,全面性影响。城镇化对农村义务教育的布局、内容、手段乃至思想观念等各个方面都产生了影响。其次,差异性影响。有些地方城乡义务教育已无实质性区别,有些地方则鲜受城镇化触动,还重复着传统的教育方式。最后,长远性影响。城镇化方兴未艾,对农村义务教育的影响将长期存在。对于城镇化中伴生的挑战,例如乡村学校人数锐减、县镇学校人满为患、流动儿童不断增多等,目前尚需进一步充分与恰当地应对。

四是一些长期存在的热点难点问题还没有得到很好解决,与办人民群众满意教育的要求还有一定差距。近年来,各地积极贯彻落实《义务教育法》免试就近入学规定,努力探索小学升入初中具体方式,取得了积极进展,积累了重要经验。但是,地区间、学校间工作不平衡,一些大城市、知名初中的招生入学工作仍被诟病,影响了社会对教育事业的客观评价,不利于和谐稳定。同时,一些学生过重课业负担与心理压力没有得到根本缓解,中西部县镇大班额普遍难以因材施教。这些问题都需要给予高度重视、科学进行分析,标本兼治,在下一步改革发展中认真加以解决。可以说,义务教育仍然是最受社会关注的领域,相对于人民群众日益增长的教育需求,相对于教育现代化的要求,义务教育发展现状还有较大差距。

面向 2035 年,我国国内经济社会发展的有利条件、内在优势和长期向好的趋势没有改变,仍然处于可以大有作为的重要战略机遇期,为教育改革发展提供了坚实的物质保障和良好的外部环境。而且,上述挑战的另一面也是机遇。站在新的历史起点上,面对新的形势和任务,我们必须着力促进公平,大力提高质量,不断加强管理,继续深化义务教育改革。

（一）着力统筹城乡，全面推进义务教育均衡发展，努力深化教育改革

做好城镇化背景下的义务教育工作，要处理好几个关系。一是城乡统筹与倾斜农村的关系。在实行城乡一致的拨款标准、建设标准、教师编制标准的基础上，用更多的精力、更大的财力、更优惠的政策，促进农村义务教育的改革发展。二是全面推进与重点突出的关系。在城镇化背景下发展农村义务教育，当然要均衡配置校舍、图书、设备等资源，但合理配置教师资源是重中之重。努力通过提高教师质量来提升农村义务教育质量，让当地的孩子不仅进得来、留得住，而且学得好。三是统一要求与因地制宜的关系。义务教育的发展方向和基本标准，全国可有统一要求。但更重要的是，各地必须依据本地省情、市情、县情推动工作，善于以多样性应对问题的复杂性。

1. 加快推进农村义务教育学校标准化建设。学校标准化是推进义务教育均衡发展的基础。大力改善农村学校办学条件，实现农村义务教育学校标准化，对于整体提升义务教育质量和水平、促进城乡义务教育均衡发展具有十分重要意义。今后，应按照《国务院关于深入推进义务教育均衡发展的意见》要求，进一步完善义务教育阶段学校办学标准，对校园校舍、仪器配备、师资配置等方面提出明确具体规定。按照逐步实现基本公共教育服务均等化的总要求，坚持抓关键、补短板，保基本、守底线，推改革、促公平，强管理、提绩效，统筹规划，集中力量，循序渐进，从最薄弱的环节着手，从最困难的地方做起，全面改善薄弱学校基本办学条件，兜住义务教育网底，为加快推进义务教育学校标准化建设、促进义务教育均衡发展奠定坚实的基础。

从 2014 年起，用 4 年左右的时间，使贫困地区农村义务教育学校教室、桌椅、图书、实验仪器、运动场等教学设施满足基本教学需要；学校宿舍、床位、厕所、食堂（伙房）、饮水等生活设施满足基本生活需要；留守儿童学习和寄宿需要得到基本满足，村小学和教学点能够正常运转；基本消除县镇和乡村超大班额现象，逐步做到小学班额不超过 45 人、初中班额不超过 50 人；教师配置趋于合理，数量和素质基本适应课程发展和教育教学需要；小学辍学率努力控制在 0.6% 以下，初中辍学率努力控制在 1.8% 以下。为此，下一步推进农村义

务教育学校标准化建设的重点任务如下：

一是保障基本教学条件。教室应坚固、适用、通风,符合抗震、消防安全要求,自然采光、室内照明和黑板材料符合规范要求。每个学生都有合格的课桌椅。按照学校规模和课程方案配备必要的教学仪器设备、器材和图书,有条件的地方逐步达到小学生均图书不低于 15 册,初中生均图书不低于 25 册。根据学校地理条件和农村体育特点,因地制宜地建设运动场地和体育设施,保障学生锻炼和活动空间。

二是改善学校生活设施。保障每名寄宿学生有 1 个床位,消除大通铺现象。有条件的地方,寄宿制学校生均宿舍使用面积逐步达到小学不低于 3 平方米、初中不低于 3.3 平方米。设置浴室或澡堂,配备必要的洗浴设施。食堂或伙房满足学生就餐需要。设置开水房或安装饮水设施,确保学生饮水安全便捷。厕所要有足够厕位。北方和高寒地区学校应有冬季取暖设施。设置必要安全设施,维护师生安全。

三是妥善解决县镇学校大班额问题。适应城镇化趋势,充分考虑区域内学生流动、人口出生和学龄人口变化等情况,科学规划学校布局,并充分利用已有办学资源,首先解决超大班额问题,逐步消除大班额问题。必要情况下,可以采取新建、扩建、改建等措施,对县镇义务教育学校进行改造。加强新建住宅区配套学校建设。对教育资源较好学校的大班额问题,积极探索通过建立学校联盟等方式合理分流学生。对于大班额现象严重的学校,要限制其招生人数。

四是推进农村学校教育信息化。为确需保留的村小和教学点配置数字教育资源接收和播放设备,配送优质数字教育资源。逐步提升农村学校信息化基础设施建设与教育信息化应用水平,加强教师信息技术应用能力培训,组织推进信息技术在教育教学中的深入应用,使农村地区的师生方便共享使用优质数字教育资源。稳步推进农村学校宽带网络、优质资源、网络学习空间建设。加快学籍管理等教育管理信息系统的部署应用,保证学生、教师、资产等基本信息全部入库。

2.科学合理地配置教育资源。推进义务教育均衡发展,既要不断提高农村学校和城市薄弱学校的办学水平,又要保证进城接受义务教育的农村学生与城市学生享受同样的待遇,还要努力扩大城市优质学校的教育资源。因此,必须不断提高政府的保障水平,继续坚持教育资源配置向农村学校倾斜,注重发挥城镇教育资源特别是优质教育资源的辐射带动作用。要通过体制机制创新,开展义务教育阶段集团化办学等方式,扩大优质教育资源,缩小学校发展差距,提高薄弱学校办学水平。同时,注意传承和发扬集团内不同学校的办学特色和校园文化,而非简单地复制优质学校的办学理念和方式。

3. 不断提高义务教育管理水平。在学生、教师、财务等方面形成更加完善的管理制度,提升管理服务的科学化水平。各地、各校要建立健全学校办学章程和学校资产、财务管理、安全管理等各项管理制度,完善教职工代表大会制度和家长委员会制度,推动建立现代学校制度,促进学校规范化、精细化、科学化管理。要强化中小学生电子学籍信息管理系统的应用,动态跟踪学生流动,全面、及时掌握中小学生的准确情况,为控辍保学、经费监管、学生资助、学生营养改善计划实施和学生上下学交通安全管理等工作提供支撑。

(二) 着力完善政策,加强义务教育教师队伍建设,提高教育质量

教育大计,教师为本。教师队伍建设是提高教育质量、促进教育事业科学发展的根本环节,要把加强教师队伍建设作为推动教育科学发展最重要的基础工作来抓,建设一支师德高尚、业务精湛、结构合理、充满活力的高素质专业化教师队伍。

1. 更加重视农村义务教育教师队伍建设。改善教师的初次配置,采取有效措施鼓励新招聘的优秀大学毕业生到农村任教,新增高级岗位指标优先安排农村学校,动员一批高素质人才应聘农村教师。要探索出台提高农村教师待遇的各种有效政策措施,通过建设农村艰苦边远地区教师周转宿舍,从2013 年起设立农村小学和教学点教师岗位津贴等,提升农村教师职业吸引力。继续完善农村中小学教师补充和培养机制,着重加强农村紧缺教师和民族地区双语教师培训。

2. 更加重视义务教育教师队伍专业素质提升。贯彻落实教育部关于教师培训的意见,制定相应的培训规划,推动中小学教师全员培训工作,促进教师

队伍整体素质和专业化水平不断提高。继续实施以农村教师培训为重点的"国培计划",进一步加大对边疆、民族、贫困地区教师培训的支持力度,发挥国家级培训的示范引领作用和推进改革的主导作用。积极推进教师教育改革创新,构建职前培训和在职培训相衔接的现代教师教育体系,积极推进高师院校在服务、引领义务教育方面发挥作用。

3. 更加重视义务教育教师队伍体制创新。要落实以县为主的中小学教师管理体制,尽快实行城乡统一的中小学编制标准,对农村小学和教学点编制适当放宽,确保各学科教师的合理配置。要创新教师补充机制,扩大实施"特岗计划",建立中央补助经费动态调整机制。建立县域内义务教育阶段学校教师、校长流动机制,逐步实行县级教育部门统一聘任校长,促进校长、教师在一定区域内合理交流,推动区域内教师资源的平衡。

(三) 着力体现关怀,切实保障农民工子女受教育权益

随着城镇化进程的加快,面对人口流动性增加的趋势,如何切实保障进城务工人员随迁子女和农村留守儿童的受教育权益,让每个孩子都能成为有用之才,关系到教育公平的落实,也关系到义务教育均衡发展的顺利实现。

1. 关怀进城务工人员随迁子女。解决随迁子女问题,既面临城镇的容纳问题,又面临外来学生的融入问题。需要完善和深化"两为主"政策,做到"两个全覆盖",确保进城务工人员随迁子女平等享受义务教育的权利。[1] 也需要加强教育的针对性,使外来学生能够较快地融入新的学习和生活。各地要切实落实流入地政府职责,根据随迁子女数量和分布,规划好学校布局,提早做好相关部署,简化入学手续,接收符合条件的随迁子女入学。一旦入学,应切实保障他们与当地学生享受同等待遇,尽快适应城市的学习和生活,具备阳光心态。

2. 关怀农村留守儿童。解决留守儿童问题,既面临改善农村学校办学条件的问题,又面临关爱留守儿童身心安全健康等问题。为此,应扩大农村寄宿

---

① "两为主",即以输入地政府为主、以公办学校为主解决异地进城务工人员义务教育问题;"两个全覆盖",即将常住人口全部纳入区域教育发展规划,将随迁子女全部纳入财政保障范围。

制学校规模,改善办学条件和住宿条件,优先满足双亲均不在家的留守儿童寄宿、用餐、交通需求,同时保障不能寄宿的农村留守儿童就近上学。把留守儿童工作纳入地方经济社会发展总体规划和社会管理创新体系之中,按照"纳入规划、政府主导、多种模式、明确分工、发挥优势、齐抓共管"的思路,建立和完善政府主导、社会广泛参与的关爱和服务体系,加强心理辅导和健康教育,解决好农村留守儿童的安全保障、身心健康、行为习惯培养等突出问题。

(四) 着力标本兼治,减轻学生过重课业负担

针对中小学生课业负担过重、"应试教育"倾向等问题,在今后的工作中,既要明确方向、正确对待,又要遵循教育发展规律,通过加强研究、规范管理,逐步予以化解。要提高课堂教学效率,实施启发式教学,培养学生学习兴趣、态度和习惯。改革考核评价方式,建立中小学教育质量综合评价指标体系。推进中考高考改革,完善学生综合素质评价。开展阳光体育活动、综合实践活动和社会实践活动,让学生有更多的时间走出校园,接触自然,提升身体素质,增强创新精神和动手能力。

为体现尊重群众、尊重基层、尊重规律的精神,2013年教育部拟定了"小学生减负十条规定"稿并两次面向社会公开征求意见。各界人士广泛参与,积极建言献策,提出了许多宝贵的修改意见和工作建议。教育部在对这些意见建议充分研究论证的基础上,对减负十条规定进行了反复修改完善。①

1. 阳光入学。各地要均衡配置义务教育资源,切实缩小校际差距,严格实行免试就近入学,招生不依据任何获奖证书和考级证明。实行信息公开,县区教育行政部门要利用公告、网站等多种方式向社会公开每所小学、初中的招生计划、范围、程序、时间和结果,积极推行网上报名招生。

2. 均衡编班。按照随机方式对学生和教师实行均衡编班。编班过程要邀请家长和相关人员参加,接受各方监督。禁止以各种名目分重点班和非重点班。

① 对"减负"问题,一直智者见智、仁者见仁,最终该"小学生减负十条规定"未正式出台。——作者新注

3．"零起点"教学。一年级新生入学后,要严格按照课程标准从"零起点"开展教学。不得拔高教学要求,不得加快教学进度。

4．减少作业。一至三年级不留书面家庭作业,四至六年级要将每天书面家庭作业实行总量控制。要积极与家长互动,指导好学生的课外活动。

5．每天锻炼1小时。开足、上好体育课。安排好大课间活动或课间操、眼保健操,确保学生体育锻炼时间。

6．规范考试。一至三年级不举行任何形式的统一考试;从四年级开始,除语文、数学每学期可举行1次全校统一考试外,不得安排其他任何统考。每门课每学期测试不超过2次。考试内容不超出课程标准。考试与教育质量监测不公布学生成绩与排名。

7．等级评价。实行"等级加评语"的评价方式,采取"优秀、良好、合格、不合格"等分级评价,多用鼓励性评语,激励学生成长。全面取消百分制,避免分分计较。

8．一科一辅。每个学科可选择一种经省级有关部门评议公告的教辅材料,购买时遵循家长自愿原则。学校和教师不得再向学生推荐、推销其他教辅材料。

9．严禁违规补课。学校和教师要努力提高课堂教学质量,不得在节假日和双休日组织学生集体补课或上新课,不得组织或参与举办以升学为目的的培训班及校外文化课补习。

10．严加督察。各级教育督导部门要落实督学责任区制度,对减负工作定期进行专项督导,每学期公布督导结果。各级教育行政部门要对减负工作开展经常性检查,并受理群众举报,严格责任追究。

这次对小学生减负作出规定,只是基础教育教育改革的一个步骤。近年来,教育部按照找准症结、对症下药,标本兼治、综合施策,明确责任、落到实处的思路采取了一些举措,如修订义务教育课程标准和教材、启动县域义务教育均衡发展督导评估认定、实施教师"国培计划"、推进中小学教育质量综合评价改革等。近期,还将出台小学升初中办法、中考改革意见、学生学业水平考试改革意见、高考改革方案等。同时,将进一步加大课程改革力度,加强教学研究,深化教学改革。

（五） 着力攻坚克难，推动缓解城市择校问题

严格执行《义务教育法》规定，按照《教育规划纲要》和《国务院关于深入推进义务教育均衡发展的意见》要求，在加快均衡发展义务教育的同时，综合施策、突出重点、着重规范，进一步明确小升初划片入学模式、对口升学流程、入学办理方式、信息公开办法，落实各级政府和教育部门职责，强化工作监管和社会监督，全力推进权利公平、机会公平、规则公平，全面提高小升初工作水平。2013 年，教育部出台文件，指导直辖市、副省级省会城市、计划单列市加快形成更为明晰科学的小升初秩序，整体提高管理水平，全面促进教育公平。力争到 2017 年秋季，重点大城市各县（市、区）实行划片就近入学政策；各义务教育学校实现划片入学；每一所初中 90% 以上的生源由划片就近入学方式确定。组织考试及与入学挂钩行为得到根治，与择校有关的乱收费得到根治。为此，必须做好以下几方面工作。

1. 合理划定入学范围。县区教育行政部门要根据适龄学生和学校分布、学校规模、公共交通状况等因素，按照就近入学原则为每一所初中学校合理划定招生范围（单校划片）。对于城市老城区等难以实行单校划片的，可为多所初中划定同一招生范围（多校划片），多校划片的各片区办学水平要大致均衡。片区划定后要相对稳定，调整时要审慎论证。划片后要在当地主要媒体和网络进行不少于 10 个工作日的公示。期满后，由县级教育行政部门邀请相关部门和家长代表参与，研究社会反馈意见，调整和最终确定、公布片区范围。

2. 有序确定入学对象。单校划片学校采用对口直升方式招生，即一所初中对口片区内所有小学毕业生入学。多校划片学校，由县区教育行政部门统一组织小学毕业生登记信息，征求入学志愿。报名人数少于招生人数的初中，学生直接入学。报名人数超过招生人数的初中，以随机派位的方式确定学生。报名人数少于招生人数的初中应首先招足志愿生后再招收参加派位但没有能够进入派位学校的学生。随机派位工作由县级教育行政部门统一组织，邀请有关部门和代表参与。初中学校不得以办学改革或实验为名以任何形式跨片区选拔或变相选拔生源。户籍在本学区的非本学区小学毕业的学生申请升入学区内初中的，由县区教育行政部门统一受理、审核，符合规定条件的，按照相

对就近原则安排就学。

3.规范办理入学手续。县域内初中新生入学手续办理工作要在同一时段进行。学生及父母或其他法定监护人持户籍、身份、居住、务工等必要证明,到拟升入的初中或县级教育行政部门指定的地点办理入学手续。县区教育行政部门应及时汇总入学手续办理信息,优先确保户籍和实际居住地一致的学生就近入学。对实际办理入学手续人数超出或不满计划数的学校,及时就近调整。

4.全面实行阳光招生。小升初开始前,县区教育行政部门要通过多种形式主动向社会公开相关信息。主要内容是,本行政区域内小升初政策,初中学校划片范围、招生计划(班级和人数)、录取办法,经省级教育行政部门批准的特长生招生信息,各类学校的办学条件、师资力量等基本情况。小升初期间,县级教育行政部门要主动公布工作咨询、监督举报电话和信访接待部门地址,以及应公示的名单、招生结果等相关信息。学校也要主动公开招生结果等重要信息。

5.制订落实配套措施。将不低于50%的优质高中招生指标合理分配到区域内初中,并完善指标分配和录取办法,充分发挥对小升初的引导作用。义务教育阶段的择校生不应享受到校指标。县区教育行政部门确定特长生招生具体办法,并报省级教育行政部门备案。逐步减少特长生招生学校和招生比例,到2016年省级教育行政部门批准招收特长生的学校所招收的特长生比例应降到5%以内,至2019年全部取消。省级教育行政部门制订外来务工人员随迁子女初中入学的具体办法,由县级教育行政部门具体实施。

(六)着力强化督导,督促各地把义务教育重要工作落到实处

1.全面贯彻《教育督导条例》(以下简称《条例》)。2012年10月1日《条例》正式实施。该《条例》健全了督政、督学、监测体系,完善对地方各级人民政府履行教育职责的监督、评价制度,推动地方各级政府落实教育优先发展战略、发展和管理教育的责任。《条例》加强了督导机构和督学队伍建设,提升了教育督导工作的科学化水平。《条例》完善了教育督导法规和规章制度,规范教育督导工作。同时进一步完善教育督导问责机制,提高教育督导工作效果。

2. 督促落实义务教育均衡发展备忘录。建立推动有力、检查到位、考核严格、奖惩分明、公开问责的机制,是确保义务教育均衡发展各项举措落到实处、取得实效的重要保障。各地教育、发展改革、财政部门应建立协商合作机制,共同研究保障政策措施,实施重大项目。各省(自治区、直辖市)教育督导机构应根据本级政府与教育部签署的推进县域义务教育均衡发展备忘录的承诺,依据国家教育督导委员会关于县域义务教育均衡发展督导评估办法,制定本省域内的县域义务教育均衡发展评估验收标准和办法,切实做好义务教育基本均衡发展的验收。

改革永无止境,发展永无止境。伴随着时代的发展,义务教育领域仍会不断出现新情况、新机遇、新挑战。面向未来,我们必须以更大的勇气和智慧,抢抓机遇,乘势而上,大胆探索,开拓进取,不断开创义务教育改革发展的新局面。

(本文原载《中国教育科学》2013 年第 4 辑)

试论新形势下中小学校文化建设

党的十七届六中全会是在全面建设小康社会和文化改革发展关键阶段召开的重要会议。会议深刻地阐述了新形势下推进文化改革发展的重大意义,审议通过了《中共中央关于深化文化体制改革推动社会主义文化大发展大繁荣若干重大问题的决定》,从战略上对文化改革发展进行了全面部署,提出了明确要求。教育系统和广大中小学应根据中央要求,针对学校实际,积极投身到文化建设中来。

一、学校文化的基本含义

本文所述的"学校文化"指中小学学校文化,相应地"学校文化建设"亦指中小学校的文化建设。学校文化既具有一般文化的属性,又具有自身的特点。加强学校文化建设,需要从不同角度理解学校文化的含义。

(一) 学校文化具有广义文化的一般性

学校文化是一种组织文化,具有一般文化所固有的特征。西欧"文化"一词来源于拉丁文,原意是指农耕和作物培植,文艺复兴以后逐渐推广使用,把对人的教化称作文化。英国人类学家泰勒率先认为文化是一个复杂总体,包含知识、信仰、艺术、伦理、法律、风俗以及个人习得的能力和形成的习惯。其他多位国外学者从各自学术立场和观察角度出发,也对文化作出了相应定义。尽管表述不同,但他们都承认,文化是指人类创造出来的、可以通过学习获得并为后人学习和传递下去的一切物质和非物质产品。① 在中国,"文化"的含义也十分广泛,读书、写字、文学、艺术、图书、考古、民俗、礼仪、宗教等都属于文化。

尽管文化包罗万象,但大致可归纳出三个构成方面:一是观念形态,包括人们的世界观、价值观、宗教信仰、道德标准、认知能力、思维方式、心理特征等;二是物化产品,包括透过物质形式能反映人类精神世界变迁和人们观念差异的产品等;三是生活方式,包括人们的衣食住行、婚丧嫁娶、生老病死、家庭生活、社会生活等。构成文化的各因素之间有着千丝万缕的联系,研究文化问题时,不仅要考察其内部的各构成因素,更要努力探寻它们之间的内在联系。文化的性质受自然环境影响,更是由社会政治经济制度决定的。观念形态的文化是一定社会政治经济制度的反映。物质文化除了受社会制度影响之外,还受自然环境制约。文化是人类创造出来的,可以后天习得;文化是可供一个群体或社会全体成员共同享有的,并可以代代相传;文化是多样的,特殊性是其本质,相似性是其表现。广义的文化包含教育活动,通常意义上的文化,与教育成交叉关系。在新的形势下,开展学校文化建设要应对经济社会发展对教育的新期待,主动引领社会文化发展。

(二) 学校文化体现教书育人的特殊性

学校文化是一种特殊文化,具有自身特点,与其他行业文化有所不同。各行各业都可以有本行业的文化,经济部门的文化突出富民,政治机构的文化突出民主,文化领域的文化突出文明,社会组织的文化突出和谐等。企业文化重在创造利润、占领市场、形成工业化商业化团体,同时提倡双赢、多赢,回馈社会。社区文化注重提高居民素养,鼓励利益共存、相互帮助、绿化美化、门户安全。村镇文化注重改变农村相对落后状况,提高农民文化修养,促进社会主义新农村建设。

学校文化是学校全体成员在教育教学和管理实践中逐渐积累和共同创造生成的价值观念、思维模式、行为方式及其活动结果,其以具有特色的学校精

---

① 郑金州:《教育文化学》,人民教育出版社 2000 年版,第 11 页。

神、学校制度和物质形态为表现形式,影响和制约着学校全体成员的思想和行为。学校文化可以分为理念文化和具体文化,理念文化突出学校的办学思想、办学价值观、学校精神、校风、教风、学风等;具体文化包括课程文化、网络文化、制度文化、物质文化等。学校文化建设具有自觉性,有目的、有意识地进行建设;具有集中性,集中于一定年龄、一定场所进行传承;还具有有效性,有专人引领,有经费支持,可广泛传播优秀文化,整体提升国民素质。①

(三) 学校文化发挥核心价值的引领作用

学校文化直接涉及学生成长,具有明确导向,必须倡导先进文化,弘扬优秀传统,提倡核心价值观。先进文化包括世界先进文化结晶,更包括中华传统文化瑰宝。学校文化要弘扬中华传统文化,突出天下为公的价值观,天人合一的自然观,厚德载物的道德观,自强不息的人生观,先天下之忧而忧、后天下之乐而乐的幸福观,仁政、德政、修身、齐家、治国、平天下的政治观,有教无类的教育观等。学校文化不只是传承传统文化,更要弘扬现代意识,把现代优秀的思想通过恰如其分的方式加以渗透。

在当前和今后相当长的时期,学校文化建设要侧重弘扬以爱国主义为核心的民族精神和以改革创新为核心的时代精神,突出社会主义核心价值体系的要求,让学生具有社会主义荣辱观,具有民主法制、自由平等、公平正义的理念,为培养具备高尚道德情感、有责任心、有正义感、有奉献精神的社会主义合格公民奠定坚实基础。学校文化建设,最主要的是学校文化管理,即从文化的视角管理学校。学校文化管理要侧重于体察师生内心,最大限度地调动每个人的激情,让学校成为师生的精神家园。

二、学校文化建设的现实意义

在当前社会急剧转型、多种社会文化观念激荡、传统教育观念和现代教育

---

① 卢元锴:《论学校文化的背景及其策略》,《吉林教育》2005 年第 11、12 期。

观念的冲突中,学校文化建设显得格外重要。开展学校文化建设,校长、教师、学生都是重要主体,制度层面、精神层面、物质层面的文化都不能忽略。

(一) 学校文化建设是教育系统贯彻中央精神的重要举措

在物质条件得到改善之后,广大人民群众对精神文化生活的追求越来越高。时代呼唤文化,文化凝聚力量。党的十七届六中全会顺应历史潮流,对社会主义文化建设作出了全面部署。中小学应坚持马克思主义指导地位,坚持不懈地用中国特色社会主义理论教育全体师生员工,在真学、真懂、真信、真用上下功夫。坚持理想信念教育,让学生获得学习动力;提倡诚实守信教育,让学生保持本真做人;开展心理健康教育,让学生形成阳光心态。还要加强学校德育体系建设,动员社会各方面共同做好青少年思想道德教育工作。中小学对自身的文化建设要发挥主导作用,同时,政府、教育部门、社会各界应为学校文化建设提供更多支持,共同为青年一代的健康成长和全面发展创设良好环境。

(二) 学校文化建设是构建社会主义和谐社会的必然要求

社会主义和谐社会强调民主法治、公平正义、诚信友爱、充满活力、安定有序、人与自然和谐相处等。学校文化建设倡导和谐社会理念,有利于和谐社会构建。第一,学校应成为民主管理、依法管理的实践基地。学校在制订发展规划或做其他重要决策时应发扬民主,广泛听取意见,并考虑其是否在技术上可能、经济上合理、法律上允许、操作上可执行、进度上可实现。同时要提倡依法治校,学校的各项规章制度都应依法制定。第二,学校应成为公平正义、诚信友爱的基地。教育公平是社会公平的起点和核心环节。学校的大门是向人人敞开的,没有全民教育的普及和提高,便没有国家现代化的未来。教育不能只关注精英、面向少数,而应面向全体学生,要让所有学生享有平等接受教育的权利,尤其应将教育资源向基层和弱势群体倾斜,用教育公益性和公平性促进社会和谐。第三,学校应成为充满活力、安定有序的创新平台。学校要尽可能创设各种情境与机会,让管理者、教师、学生都能得到发展,让不同的人找到各自的位置,各得其所,激发他们的创新潜力,使其发挥最大潜能,鼓励优秀人才脱颖而出。第四,学校应成为培养与自身、与社会、与自然和谐相处的一代新人成长的沃土。通过学校文化的浸润,学生可形成积极的人生态度、良好的素质,为和谐发展奠定基础。

(三)学校文化建设是落实科学发展观的生动体现

科学发展观是新形势下指导我国各项工作的行动指南。科学发展观强调以人为本,学校文化建设着眼的也是人的价值。广义上说,有了人,就有了历史,有了文化。人之所以为人,主要不在于人是一种具有生理特性的物质存在,而在于人有文化。学生不仅是学习知识的认知体,更是有血有肉的生命体。学校必须关心人、尊重人、理解人,促进学生全面发展和健康成长。学校文化要突出人的培养,具有明确的时代特征,在与社会互动的过程中形成学校共同信念和价值追求。这种信念和价值追求能够影响和支配学生的行为方式并积淀为学校内在的精神,它弥散于学校之中,无形中主导着学校的运行和发展。只有开展学校文化建设,才能提升学校的软实力,才能将以人为本、全面、协调、可持续发展的科学发展观落到实处。

(四)学校文化建设是基础教育改革发展的迫切呼唤

在工业化、信息化、城镇化、市场化、国际化深入发展的大背景下,在落实《教育规划纲要》过程中,我国教育进入了推动公平、提高质量、深化改革、完善体系的新阶段。九年制免费义务教育在全国城乡已全面普及,高中阶段教育迅速发展,"有学上"问题已得到解决,"上好学"诉求日益凸显,基础教育的工作重点需要从规模扩张向内涵提升转变。加强文化建设、提升学校品质是中小学内涵提升的重要抓手和核心内容。

我国基础教育已处在一个新的发展时期,呼唤着学校文化建设和学校品质提升。从外部看,政府加大了教育投入,改善了办学条件,开展了学校布局调整,为学校文化建设奠定了基础。但是,在教育改革发展中也面临着一些问题,比如,如果农村学校撤点并校过急过快,村子里没有了琅琅读书声,则农村文化生态就会受到影响。又如,鼓励教师流动是促进义务教育均衡发展的有效措施,但如果操作不当,就可能会削弱某些学校已有的文化特质。从内部看,基础教育课程改革向纵深发展,教学形式五彩纷呈,但考试评价制度相对滞后,亟待培育一种以师生为本的新文化。面向未来,现代教育制度和教育实践必将进一步呼唤学校文化建设的自主、创新、内涵发展,催生学校文化建设的自觉、自信、能动意识,追求学校文化建设的有效、深入、持续进行。

三、学校文化建设的主要路径

学校文化建设要处理好理想与现实的关系、理论与实践的关系、共性与个性的关系、继承与创新的关系、责任与利益的关系。学校文化建设既要因地制宜、因校制宜,又要有所遵循,少走弯路。

(一) 塑造学校共同价值观,体现文化自觉

学校文化建设不是自给自足的存在,它受社会文化的制约并与其互为滋养。学校要有一种文化自觉,要意识到学校的文化精神和学校在当代中国社会的文化发展中的历史使命。这既是由学校文化建设与社会大文化复杂生态直接关联所决定的,也是由学校在文化继承和创新中的独特地位与功能所决定的。因此,学校文化建设不能局限于学校范围内思考问题,而应该关注社会文化环境对学校文化建设的作用,建立起社会文化与学校文化之间的良性互动关系。一所学校选择什么、崇尚什么、追求什么,外显为教育行为和校风,内隐的则是学校价值观。学校价值观为学校全体师生员工指明了共同的愿景,影响着师生员工和学校的日常行为、精神追求与发展方向,是学校取得成功的必要条件。[1] 学校的共同愿景是规范教育行为、引领学校发展的巨大推动力。在新的形势下,开展学校文化建设要自觉地将社会主义核心价值体系融入课堂教学、融入社会实践、融入学校管理、融入班主任工作。

(二) 追求学校文化建设高品位,增强文化自信

学校文化建设就是通过继承、创新和整合,使先进的、高品位的文化成为

---

① 卞恩鸿:《学校文化管理的实践与思考》,《基础教育参考》2008 年第 9 期。

学校的强势文化和主导文化。我们应从制度文化、精神文化、行为文化和物质文化等方面进行学校文化建设,增强学校核心发展力和文化自信。学校文化应是开放的,提倡国际主义与爱国主义的统一、合作与竞争的统一、共性与特色的统一。学校文化建设要追求高品位文化,塑造符合时代要求的文化,要加强文化传承与交流,弘扬中华传统文化,吸收借鉴国外优秀文化成果,在互动交流中丰富和发展社会主义先进文化。学校管理过程就是学校文化建设的过程。要建设优秀的学校文化,就必然要选择优良的管理、体现现代理念的管理,形成一种既有民主,又有集中;既有自由,又有纪律;既有统一意志,又有个人心情舒畅的良好局面。一所学校的文化离不开管理,一所学校的管理也离不开文化,优秀学校文化引领学校管理。

(三) 动员全员参与学校文化建设,发挥校长、教师、学生的能动作用

1. 改善校长的管理行为

校长是学校文化的掌舵者、营造者。学校管理的事务千头万绪,但校长必须保持强烈的文化意识,避免陷入事务堆里。校长对学校文化的理论认识如何,积极性、主动性如何,是否具有文化自觉性,决定着一所学校文化发展的厚度与宽度。[1] 在学校文化建设中,校长和学校管理团队应该自觉转变领导行为,激励人、培育人、发展人,要转变重事轻人、重权术轻品德、重他律轻自律、重控制轻激励、重效率轻价值等观念。

2. 发挥教师的主导作用

教师是学校文化建设的主导者、播种者、实践者,他们通过课程与活动实现文化的传承与创新。教师文化建设的内容包括教师观念、教师行为、教学研究、行为风范和文化活动等方面。要建设共同的精神家园,使教师具有归属感,增强学校的凝聚力,发挥教师的积极性和创造性。教师必须积极践行学校的文化理念,否则学校的文化就变成无本之木、无源之水。教师要实践学校的文化理念,前提是自己要领悟学校文化。教学是学校文化建设的落脚点和基

---

① 徐文彬、张勇:《我国学校文化建设研究:成就与展望》,《当代教育与文化》2009 年第 2 期。

石,通过教学,教师传播文化知识,并内化为人内在精神结构的一部分。由此,文化也实现了自身的延续、更新和发展。所以说,学校文化建设要源于教学,融于教学,在教学中实现学生的发展和文化的生态循环。

3. 重视学生对文化建设的参与

学生是学校文化建设的承载者、体现者、参与者。学生文化建设要依据学生文化的多层次性,以理想信念、价值观的精神层面为核心去建设学生的观念文化和活动文化;依据学生文化的多系列性,选择不同年龄段学生文化建设的重点;依据学生文化的多层面性,既要重视价值观培养层面的建设,也要重视文明礼仪层面的建设;依据学生文化的多形态性,重视学科课程文化资源的开发,既要有必修课,也要有选修课、社团活动、综合实践活动等。通过多层面的文化建设,构建养成机制、自律机制和创新机制。

(四)抓住学校文化建设的关键环节,力求取得成效

1. 逐步形成课程文化

要形成课程文化,就要实施好国家课程,建设好校本课程;建立融洽的师生关系,力争实现教学相长;不断提高教学效率,拒绝过重课业负担;既培养学生能力,增强学生体质,又将健康的情感、端正的态度和正确的价值观自然融入教学过程之中。欲形成课程文化,先要形成学校的课程特色,进而在先进思想的指引下,逐渐进入一种有益的课程文化氛围之中。

2. 积极探索网络文化

随着时代的发展,网络正广泛影响着师生的学习、工作和生活。在网络德育方面,要强化教师的网络德育意识、网络主体意识、网络法律意识和网络资源意识,丰富网络道德生活的内容,积极抵制消极文化的影响。教育学生不浏览、不传播、不制作不良信息,慎交网友,不进入营业性网吧,培养学生对网上信息的辨别能力。

3. 不断完善制度文化

民主与法制是建设现代学校的人文基础,学习与创新是推进现代学校建设的不竭动力,发展与诚信是个体与团队的信誉所系。学校制度文化是学校在日常管理要求或规范中逐步形成的,是全体学校成员认同和遵循的精神规

范,体现着学校个体特有的价值观念和行为方式。"不依规矩不能成方圆",要不断完善制度文化,使人人都遵守制度。

4. 整体提升物质文化

物质文化建设应该独具匠心、以物载德。学校的校容校貌等外在形象是把学校形象传播给社会公众的外显性视觉对象,它是学校现代文明程度的外在表现。建筑或造型新颖、具备时代气息,或古朴典雅、体现文化底蕴。学校建筑要符合学校特色,具备足够功能,总体风格保持一致、协调、和谐,营造校园文化氛围。学校要规划好硬件环境和软件环境,为养成学生优良个性服务;学校要突破课堂和围墙束缚,创设躬行实践的机会,加强环境教育,培养与自然和谐相处的观念。

学校文化建设是一个非常复杂的过程,内容涉及面广,开展学校文化建设的途径也丰富多样。中小学应探讨各种途径之间的关系,整合学校文化建设途径,使其形成一个有机整体,产生最佳效果。党的十七届六中全会指明了社会主义文化大发展大繁荣的方向,现在开展学校文化建设面临大好机遇,我们不能只有愿望,而要付诸行动。学校要顺应新形势,针对新情况,制定文化建设规划,明确文化建设主体,积聚文化建设力量,从而真正使学校办出特色,提升质量和品质。

(本文原载《教育研究》2012 年第 1 期,系国家社科基金项目"学校德育热点问题分析及政策建议"的研究成果之一)

我国中小学生品德状况调查与思考

党的十八大要求深入开展社会主义核心价值体系学习教育,用社会主义核心价值体系引导社会思潮、凝聚社会共识,强调把立德树人作为教育的根本任务,全面实施素质教育,深化教育领域综合改革,着力提高教育质量,培养学生创新精神,造就德智体美全面发展的社会主义建设者和接班人。在新形势下,有必要从中小学生抓起、从学校教育抓起,在弄清中小学生思想品德发展状况基础上,将育人理念融入教育全过程,突出抓好课程育人、文化育人、资源育人、礼仪育人、心理育人、网络育人、机制育人,切实做好学校德育工作。

一、中小学生思想品德状况总体良好

为准确掌握新形势下我国中小学生思想品德基本情况,提高学校德育工作的针对性和有效性,笔者在 2009 年与天津教育科学研究院和北京师范大学分别合作开展了相关调查研究的基础上,又于 2011 年与天津教育科学研究院合作开展了相关跟踪调研,形成了专题研究报告。① 调查研究结果可以大体反映我国中小学生思想品德的一般状况。

---

① 课题组综合考虑了我国东部、中部、西部不同经济社会发展水平的县域进行抽样。在小学中最终抽取 48 所小学、96 个班级、5236 名学生,其中,山东 1005 名、江苏 1163 名、河北 800 名、湖南 736 名、甘肃 690 名、四川 842 名;市区 2710 名,县城 1437 名,乡 1229 名;男生占 48.8%,女生占 51.2%;四年级学生占 51.2%,六年级学生占 48.8%。在中学中最终抽取 32 所中学、5167 名学生,其中,山东 1045 名、江苏 907 名、河北 819 名、湖南 623 名、甘肃 716 名、四川 1057 名;男生占 47.8%,女生占 52.2%,初二年级学生占 62.6%,高二年级学生占 37.4%。

157

（一）价值观方面

第一,具有强烈的爱国主义情感。爱国主义是指个人或集体对"祖国"的一种积极和支持的思想与态度,爱国主义是基本的同时也是崇高的道德情感。调查显示,我国中小学生普遍对祖国有很高的认同,对国家的未来充满信心。95.8%(94.3%)①的小学生为祖国感到自豪和骄傲,在学校举行升国旗仪式时,93.0%(89.9%)的小学生感到气氛庄严。同时,62.4%(70.8%)的中学生认为中国的国际地位很高或较高。84.3%(89.6%)的中学生为自己是中国人而自豪,91.7%(90.4%)的中学生对国家的未来充满信心。

第二,中学生的信仰以中国特色社会主义和共产主义为主。信仰是生命的"永动机"。有了信仰,青少年才会有抱负、有志向、有目标、有追求,人生才会有超越,才会有幸福。信仰就是理想信念,它对人的发展具有重要导向作用,中小学生只有树立崇高理想和远大志向,学习才有动力,前进才有方向,成才才有保障。调查显示,学生对"哪种理论对你的人生更有指导作用"的题项,其中选择中国特色社会主义的占32.2%,共产主义的占18.4%,此两项之和为50.6%。在2009年的测题中,没有中国特色社会主义选项,表示信仰共产主义的人数最多,占总人数的43.4%。

第三,具有较强的民主参与意识。很多小学生想当学生干部,以锻炼自己的能力,为教师、同学服务为主要目的。69.7%(68.6%)的小学生赞成用投票方式选举班干部。同时,有49.4%(46.9%)的中学生想当学生干部,77.8%(88.0%)的中学生表示,如果有机会愿意做一名志愿者。

第四,具有很强的环保意识。有97.6%(96.7%)的小学生、92.6%(85.6%)的中学生对别人乱扔垃圾表示反感。95.5%(97.8%)的中学生表示,在看到没有人用的水龙头在流水时会将其关掉。有理由相信,随着年青一代环保意识的增强,我们祖国会天更蓝、地更绿、水更净,真正成为美丽中国。

---

① 文中数字均来自实际抽样调查,其中,未加括号的数字为2011年调查数据,括号内数字为2009年调查数据,下同。

（二）人生观方面

第一，绝大多数学生对自我作了肯定性评价。小学生普遍认为自己生活愉快。94.3%（92.1%）的小学生对自己作肯定评价，94.4%（91.0%）的小学生认为自己生活得很愉快或比较愉快。中学生处在青春期，成长的烦恼相应的多一些，但他们总体上还是充满自信、积极向上的。

第二，学习目的兼重个人抱负和社会贡献。64.7%（68.3%）的中学生认为"个人努力"是获得成功最重要的因素。在学习目的方面，47.6%（50.9%）的小学生选择了为国家作贡献。中学生的学习目的依次主要是："增长知识、开阔视野""上大学、将来找份好工作""为了父母将来过得更好""为国家、社会多作贡献"。

第三，职业理想多元且现实。小学生的理想职业依次为：教师、医生21.6%（20.0%），演艺人员、运动员20.8%（25.1%），解放军、警察17.4%（16.6%），科学家、工程师12.5%（14.4%），企业家、商人9.3%（8.2%），政府工作人员5.0%（4.2%），掌握专业技能的工人或种粮大户0.3%（0.5%）等。中学生毕业后最想从事的职业依次是经理或管理人员15.7%、设计师12.7%、干部或公务员9.7%、专业技术人员8.3%、军人8.3%、艺术家8.1%、医生7.0%、教师6.2%、律师5.2%、警察5.1%、新闻工作者3.2%、运动员2.8%、理发美容师2.2%、厨师1.5%、护士1.4%、出租车司机0.6%、工人0.3%、农民0.3%。中学生最想从事的职业多具有收入高、稳定、社会地位高的特点，这本无可厚非，但想当工人、农民的如此之少，应该深思。

（三）基本品德方面

第一，绝大多数中小学生认同勤俭和秩序。中小学生普遍认同勤俭节约的观念。89.4%的小学生和77.9%（76.5%）的中学生认为勤俭节约是一种美德，应该提倡。88.9%（79%）的小学生能做到排队上车，86.1%（80.5%）的小学生决不闯红灯。对乱扔垃圾的行为，有97.1%（93.6%）的小学生明确表示反对。有70.1%（88.6%）的中学生能做到自觉排队上车，但有24.9%（11.1%）的中学生也会视情况而定；有59.3%（86.1%）的中学生能遵守交通规则,决不闯红灯,但也有 36.7%(13.9%)的中学生在着急的时候会闯。看见别人在校园里或教室里扔废纸、零食及包装物等行为时,有 84.9%(97.1%)的中学生明确表示反对。

第二,大部分中小学生拥有一定的生活自理能力。91.2%(85.8%)的小学生、87.9%(81.9%)的中学生表示自己应该干家务,农村学生、女生对参与家务活更有积极性。62.7%(58.1%)的小学生主动干家务活;70.7%(55.5%)的小学生能洗简单的衣服;63.1%(65.6%)的小学生能做简单的饭菜。

第三,绝大多数中小学生具有孝亲尊师、助人、文明礼貌等良好品德。85.8%(81.6%)的小学生当家里有好吃的东西时能想到父母,66.3%(65.3%)的小学生会主动帮父母做些力所能及的事情。91.0%(93.0%)的小学生在学校遇到教师会上前主动问好。94.5%(94.7%)的小学生乐于向社会献爱心,77.8%(77.9%)的中学生表示会给需要的乘客让座。有 76.4%(73.1%)的小学生能帮助同学解答难题,83.2%(84.0%)的中学生乐于在小组活动中相互合作完成任务,农村学生、女生的合作意识更高。大部分学生明确反对公共场所的不文明行为。88.4%(86.1%)的小学生、72.9%(54.9%)的中学生认为说脏话是缺乏修养的表现。

二、中小学生思想品德状况尚待继续改善

总体上,中小学生的思想品德状况是好的。我们不能夸大问题,悲叹所谓"垮掉的一代",或所谓"独生子女问题成堆"。无论什么时候,我们都必须坚信,历史的车轮是滚滚向前的,长江后浪推前浪,一代更比一代强。无数事实证明,年青一代是值得信赖的一代。不过,为了进一步有针对性地做好学校德育工作,也有必要正视中小学生思想品德方面存在的问题或不足。

(一)价值观方面

第一,部分学生尚不能全面看待我国当前民主法制的状况。60.1%

（69.8%）的中学生认为"我国目前有法不依、执法不严的情况严重或比较严重"，12.3%（37.6%）的中学生认为党员与普通群众一样，60.9%（59.2%）的中学生认为自己周围的共青团员和普通学生一样，37.1%（56.1%）的中学生认为多党制适合中国国情。这并不是说中学生的看法不对，而是表明，对价值观正处形成时期的他们，教育者应予以更多关心和引导。

第二，少数学生对自己的未来感到迷茫。有33.0%（25.6%）的中学生表示对自己信仰什么说不清。45.4%（39.5%）的中学生对自己的未来感到迷茫。34.6%（53.3%）的中学生对就业形势表示担忧，认为努力学习不一定就能找到好工作，甚至有7.0%（9.4%）的中学生表现出听天由命的消极态度。

第三，环境保护的实际行动弱于环境意识。虽然有97.6%（96.7%）的小学生、92.6%（85.6%）的中学生对别人乱扔垃圾表示反感，但能主动捡起垃圾的小学生和中学生分别只占53.1%（46.4%）、44.9%（59.7%）。可见，在今后大力推进生态文明建设中，应倡导环境保护从我做起、从一点一滴做起的行为。

（二）人生观方面

第一，学习压力和与父母、同学、教师的关系给大多数中小学生的生活带来了不少烦恼。小学生的烦恼主要来自学习压力大的占22.0%（22.2%），父母期望值高的占13.5%（17.9%），同学中没友谊的占7.0%（8.0%）。中学生的烦恼主要来自学习压力大的占46.8%（22.0%）、父母期望值太高的占24.1%（13.5%），同学中没友谊的占7.0%（8.0%）。对于部分学生来说，师生关系不够亲密也是影响学生生活质量的重要方面，在问到"当你遇到学习、生活方面的问题，老师是否经常找你谈心"时，有17.5%（27.2%）的小学生和20.4%（20.4%）的中学生回答"从来没有"。

第二，中学生对与异性交往持有较为开放的态度，但对早恋、婚前性行为等问题的危害认识不足。对中学阶段与异性密切交往的态度，32.6%的中学生表示赞同，对同学恋爱动机的看法，依次为好奇占36.0%，玩玩而已占24.7%，对教师或父母压制的叛逆占11.6%，从众、避免别人嘲笑自己落伍占5.7%，为了真正的爱情占7.6%。中学生对婚前性行为能接受的占31.2%。

（三）基本品德方面

第一，有相当比例的学生在勤俭节约、家务劳动、文明礼貌等行为习惯养成上存在问题。在勤俭节约方面，中小学生普遍认同勤俭节约的观念，但在实际行动中却有所弱化，有49.7%（69.9%）的小学生承认有浪费文具的行为。在家务劳动方面，有24.6%（18.1%）的中学生没有帮助父母做家务。在文明礼貌方面，72.9%（88.4%）的中学生认为说脏话不文明；47.4%（38.6%）的中学生从不说脏话；88.4%（84.6%）的小学生认为说脏话不文明；78.0%（88.1%）的小学生从不说脏话。但从上述数字也能看出，说脏话的中小学生大有人在。

第二，在诚信方面，抄袭作业、考试作弊等问题较为突出。26.9%（34.0%）的小学生有过抄袭作业的行为，13.1%（16.9%）的小学生在考试中作过弊。对于中学生来说，考试诚信问题更加严重，42.6%（49.8%）的中学生承认在考试中有过作弊行为。

（四）其他值得关注的问题

第一，"三好学生"评选方式有待改进。87.2%（84.2%）的小学生认为学校评选"三好学生"是公平的；52.8%（73.7%）的中学生对评选"三好学生"表示赞同。"三好学生"评选虽然得到了大多数学生的认同，但31.6%（32.4%）的中学生认为评选方式不公平，有47.2%（19.6%）的中学生赞同取消评选"三好学生"制度。

第二，校园暴力值得关注，学生的应对方式有待引导。对于同学间的欺侮情况，有3.5%（6.7%）的小学生认为"很普遍"；6.4%（3.5%）的中学生认为"很普遍"。受到欺侮之后，有15.1%（23.5%）的小学生、9.7%（5.4%）的中学生选择忍受，2.5%（2.7%）的小学生、7.7%（5.6%）的中学生选择报复，学生的应对方式有待引导。

第三，网络的教育功能发挥有待加强。当今，网络普及化程度迅速提高。有91.2%（78.6%）的中学生，78.6%（81.4%）的小学生表示上过网。从上网内容看，看电影、电视的中学生有24.2%（12.7%），小学生有12.7%（5.5%）；

聊天交友的中学生有 24.1%（11.3%），小学生有 11.3%（14.9%）；打游戏的中学生有 19.9%（16.0%），小学生有 16.0%（17.8%）；"查资料"的中学生有 18.1%（40.4%），小学生有 40.4%（34.1%）；看新闻资讯的中学生有 7.9%（4.5%），小学生有 4.5%（4.5%）。

第四，课余时间活动安排以休息娱乐为主，缺少社会实践活动。在课余时间安排多选上，除了写作业以外，中小学生最常做的事情是听音乐、看电视、看课外书、上网、找同学玩、睡觉、帮家长干活、运动、逛街等。其中，七成左右中小学生很少去青少年校外教育场所。学校一般都不安排学生进行体力劳动。实际上，教育与生产劳动相结合是促进中小学生全面发展的重要途径。学校理应结合课程改革，认真落实综合实践活动课要求，针对学生年龄、教学内容和课程安排，有序组织学生走出校园，了解社会，感受生活，积极探索，引导学生学思结合、知行并重。要积极引导学生参加志愿服务和社会公益活动，乐于参加力所能及的体力劳动，出点力、流点汗，乃至经风雨、见世面，从而培养学生热爱劳动、尊重劳动人民的情感，使学生更加珍惜劳动成果，不仅学到知识，还学会动手、学会动脑、学会做事、学会生存、学会合作。

三、努力做好新形势下育人工作

当今世界，多数国家的政府和人民都希望和平发展，保护地球生态，提升人类福祉。许多国家为了自身发展，力图抢占未来科技和产业发展制高点，更加重视改进学校德育，更加重视提高教育质量，把培养德才兼备的人才作为国家战略。然而，并非所有政治家都遵循联合国宪章或国际秩序，也并非所有团体势力都安于平静度日。于是，政治斗争始终存在，货币危机时有发生，军事冲突此起彼伏，宗教矛盾有增无减。总体上，这个世界处于大发展、大变革、大调整时期。各国重视加强学校德育的做法以及人类优秀文明成果，值得我们研究借鉴。国际社会思想文化或意识形态领域渗透到我国的糟粕，我们则应予以摒弃。

从国内看，改革开放以来综合国力和国际地位的持续提高，使得我国社会生产力、综合国力和人民生活水平不断迈上新台阶,经济总量跃居世界第二,显示出强大的生机与活力,创造了世界经济发展的奇迹。国力的增长,为我国教育持续改革发展和对外开放,为到 2020 年基本实现教育现代化、基本形成学习型社会、进入人力资源强国行列,奠定了坚实的物质基础,创设了良好的社会环境,开辟了广阔的未来空间。我们可以欣喜地看到,在市场经济发展中,人们的自主意识、竞争意识、效率意识、民主法制意识和开拓创新精神不断增强。这些都是学校德育发展与创新的难得机遇。但是,在快速发展和人口迁徙过程中,各种思潮相互激荡,社会经济成分、组织形式、就业形式、利益关系和分配方式日益多样化,也给人们的思想观念、道德标准、价值取向带来巨大冲击,道德观念淡薄、守法意识不强、善恶界限混淆、诚信规范缺失等现象比较严重,缺乏理想、见利忘义、追求享受的倾向也比较普遍。在互联网时代,良好的与不良的信息同时存在,真实的与虚假的消息鱼龙混杂,一方面先进的思想得到弘扬,而另一方面不实的消息也得到放大。以上种种,对学校德育工作影响很大。学校德育就像灵魂塑造,要耐心开展大量有创造性的教育工作,要依据新形势,针对学生实际做好育人工作。

(一) 课程育人

课堂教学是学校教育的中心,是学生道德认知、道德情感培养的主要途径。教育部门和中小学校要在课程改革中加强对思想品德类课程教学的管理和评价,推动在课堂教学中落实思想品德类课程以及所有课程的德育要求。与课程教学有机结合的德育,才是最基本最自然的德育。2011 年版的义务教育课程标准力求落实德育为先理念,突出了德育的时代特征。[①]

一是渗透科学发展观和社会主义核心价值体系。各学科都结合具体内容进行了有机渗透,特别是语文、历史和思想品德等更将相关内容写入课程标准。例如,对科学、技术、社会、环境的强调,对环境内容和环境问题的突出,就是对科学发展观的一种贯彻。

二是突出中华民族优秀文化传统教育。语文课程标准明确提出了"语文

---

① 孙智昌:《义务教育课程标准修订理念解读》,《中小学管理》2012 年第 4 期。

教育对继承和弘扬中华优秀文化传统和革命传统,增强民族文化认同感,增强民族文化凝聚力和创造力,具有不可替代的优势"。历史课程标准在目标部分增加了"继承和弘扬以爱国主义为核心的民族精神,认识到国家统一、民族团结和社会稳定是中国强盛的重要保证,初步形成对国家、民族的认同感,增强历史责任感"的要求。思想品德课程标准进一步要求学生"感受个人成长与民族文化和国家命运之间的联系,提高文化认同感、民族自豪感"。

三是增强了民族团结教育的针对性和时代性。这是依据我国是一个统一的多民族国家、各民族共同创造了辉煌灿烂的中华文化的国情,站在构建社会主义和谐社会的高度上来设计的。在原有民族团结教育的基础上,此次修订突出了"民族融合"和"共同发展"的内涵。历史课程标准增加了"认识国内各民族之间交流、相互影响和融合的重要性,增强民族平等和共同发展的观念"的要求。思想品德课程标准进一步强调,要让学生"知道我国是一个统一的多民族国家,各族人民平等互助、团结合作、艰苦奋斗、共同发展"。

全国 1064 万中小学专任教师是学校德育工作的主力军。广大教师可依据课程标准、教学内容和学生实际情况,在对学生传授知识和培养能力的同时,将良好的情感、端正的态度、正确的价值观自然融入课堂教学过程。

(二) 文化育人

学校文化是学校特色和历史积淀的反映,是全体师生认同的思维和行为方式,对学生思想品德养成具有潜移默化的导向作用和持久深远的影响功能。面向 2020 年,各级教育主管部门应组织关于学校文化建设的经验交流与深入研讨,推进各地开展学校文化建设,在促进义务教育均衡发展的背景下,继续提倡学校办出特色、办出品质。

一要确立学校文化建设的高品位。自觉追求高品位文化,是学校文化建设的基础和重要标志。要通过继承、创新和整合,使先进的、高品位的文化成为学校的强势文化、主导文化,应从制度文化、精神文化、行为文化和物质文化等方面进行学校文化创建,增强学校核心发展力。

二要塑造学校共同价值观。一所学校选择什么、崇尚什么、追求什么,外显为教育行为和校风,内隐的则是学校价值观念。学校价值观为学校全体师生指明了共同愿景,影响着师生员工和学校的日常行为、精神追求与发展方向,是学校取得成功的必要条件。通过学校文化建设,应大力弘扬民族精神和时代精神,深入开展爱国主义、集体主义、社会主义教育,倡导富强、民主、文明、和谐,倡导自由、平等、公正、法治,倡导爱国、敬业、诚信、友善,积极培育社会主义核心价值观。

三要改善校长的管理行为。校长是学校文化的掌舵者、营造者。学校管理的事务千头万绪,但校长必须保持强烈的文化意识,避免陷入事务堆里。校长对学校文化的理论认识如何,积极性、主动性如何,是否具有文化自觉性,决定着一所学校文化发展的厚度与宽度。学校文化建设中,校长和学校管理团队应该自觉转变领导行为。

四要着手学校制度文化建设。学校制度文化是学校在日常管理要求或规范中逐步形成的,是全体学校成员认同和遵循的精神规范,体现着学校个体特有的价值观念和行为方式。民主与法制是建设现代学校的人文基础;学习与创新是推进现代学校建设的不竭动力;发展与诚信是个体与团队的信誉所系。

五要提升学校物质文化。学校的校容、校貌等外在形象是把学校形象传播给社会公众的外显性视觉对象,它是学校现代文明程度的外在表现。物质文化应该独具匠心,以物载德。学校建筑可以或造型新颖,具备时代气息;或古朴典雅,体现文化底蕴。学校建筑要符合学校特色,适合教育之用,总体风格保持一致、协调、和谐,营造校园文化氛围。

(三) 资源育人

在新形势下,随着社会的快速发展,各种信息资源充斥于学生的生活和学习之中,德育不仅要做好校内的基础性工作,还要拓展外延,利用好校外德育资源。自2011年起,教育部倡议各部门各单位开放、开发适合广大中小学生需求的社会资源,构筑起校外教育的大课堂。许多地方以学校为龙头、社区为平台、家庭为基础,整合各方资源,形成了良好的育人氛围。

利用社会资源育人,需要充分顾及学校教育、家庭教育、社会教育的一致性,追求育人合力。利用社会资源育人,还必须开展公民教育,培养学生的社会责任意识、民主法制意识、遵守规则意识。利用社会资源育人,应该突出抓好生态文明教育,让学生热爱美好家园,参与环保行动。

面向 2020 年,国家正在建设一批大型的青少年学生综合实践基地,并支持这些基地以及此前已建成的县级学生校外场所发挥作用。各地须善于整合社会资源,充分利用各类校外活动场所,组织学生有计划、有目的地参加社会实践活动、红色旅游活动、专题考察活动。在现实背景下,抓工作光靠提倡和自觉是不够的。为此,要把组织学生参加社会实践活动的情况和成效作为评价学校教育教学工作的重要内容,将学生参加社会实践活动的考核结果纳入学生综合素质评价体系。

(四) 礼仪育人

礼仪不单是形式,更负载着丰富的文化内涵。礼仪的内涵十分丰富,几乎涉及人类生活的方方面面。礼仪是道德的示范,是行为的准则,是交往的枢纽,是文明的标志。在新形势下,礼仪教育是学校德育新的生长点。通过礼仪教育,学生的文明礼貌、团结同学、孝敬父母、沟通交流的意识可得到增强。2011 年,教育部印发《中小学文明礼仪教育指导纲要》,对中小学礼仪教育内容作出明确规定。教育部门和中小学校要开展礼仪教育,弘扬中华传统美德,推介通行的交往礼仪,引导学生养成良好习惯。为了提高文明礼仪教育的质量,学校必须遵循学生身心发展的规律,努力探索文明礼仪教育的规律,研究学生道德行为形成的内在机制,坚持以学生发展为根本,将文明礼仪教育贯穿于学校教育之中,不断提高教育的针对性和实效性。[①]

第一,坚持有机渗透。礼仪教育是学校德育的重要组成部分,应以日常管理为主线,以课堂教学为载体,以各种活动为途径,以学校、家庭、社会三位一体为网络,做到有机渗透,形成教育合力,发挥整体效应。

第二,坚持知行统一。学生的思想品德、礼仪习惯是在实践中逐渐形成,又在实践中表现出来的。在文明礼仪教育中,要加强对学生的礼仪指导和训练,引导学生在生活中不断体现和感悟文明礼仪,并付诸实践。同时,要抓好总结评比等环节,促进学生养成礼仪习惯,进而将其内化为良好的道德素质和

---

① 黄正平:《文明礼仪教育:为学生成长奠基》,《人民教育》2011 年第 18 期。

个人修养。

第三，坚持言传身教。教师是礼仪教育的主要实施者，也是学生主要的模仿对象。教师的道德品质、性格爱好、文化素养、治学态度、言行举止都会对学生的心灵产生影响，在学生成长中留下印记。在礼仪教育中，教师的以身作则、言传身教至关重要。在文明礼仪教育中，要加强师德师风建设，规范教师礼仪行为，让教师以深厚的思想感情、庄重大方的仪表、和蔼可亲的仪容、彬彬有礼的语言给学生做示范，产生耳濡目染之效。

第四，坚持内化自律。在礼仪教育中，要遵循学生品德、行为习惯形成的心理规律，从治礼、懂礼入手，提高学生的道德认识，明理、激情、导行，引发其内驱力的产生，进而促使道德认识内化，实现从他律到自律的转化。

（五）心理育人

《国家中长期教育改革和发展规划纲要（2010—2020年）》指出："加强心理健康教育，促进学生身心健康、体魄强健、意志坚强。"加强心理健康教育，培养学生积极、乐观、向上、抗挫的心理品质，促进学生人格的健全发展，是实施素质教育的必然要求。我国正处于重要战略机遇期，同时也是矛盾多发期。社会结构变动，贫富差别凸显，生活节奏加快，给教育工作带来了前所未有的冲击。社会思潮激荡，价值观念多元，网络信息海量，给青少年带来五彩斑斓的世界，也让他们遭遇诸多新情况、新问题，容易产生心理困惑或成长中的烦恼。在独生子女时代，家长过度溺爱或过高期望，使孩子的坚强意志得不到有效培养，学习中压力反而增加。在一些学校，教师习惯采取题海战术，反复考试训练，驱使学生拼时间、拼精力、拼健康。现在，是时候把时间还给学生，把空间还给学生，把幸福还给学生了，这是一项神圣的使命。必须告别"粗放式经营"，告别"大机器生产"，告别"填鸭式教学"，告别"见物不见人"，努力营造学生快乐成长的精神家园。

第一，总结推广心育成功经验。开展心育，很多地方做得很好。广东省中小学心理健康教育全面铺开，值得跟踪研究和总结。陕西省将心理健康教育师资纳入教师培训体系，通过省级培训，造就骨干教师。上海市虹口区教育局领导重视，亲自部署，试点引领，家校合作，富有特色。长春市以心理剧为载体,情景交融,静动结合,长期坚持,春风化雨,滋润心田。厦门市强化政府行为,精心组织。其他很多地方、学校也都对心理健康教育工作进行了积极的探索,取得了相应的经验,这是进一步做好心理健康教育的有益参考。

第二,加强心育师资队伍建设。心育是一项专业性较强的工作,教师需要做行家里手。教育部门要高度重视心育教师队伍建设,加强心育专业教师培训,造就一支骨干力量。同时,培养全体教师特别是班主任开展心育的基本能力。要统筹解决心育教师编制和职称评聘问题,解决一些地方存在着的"没人做"或"不愿做"的问题,并积极采取措施提高教师自身心理健康水平。广大中小学校要建立以专兼职心育教师和班主任为骨干、全体教师共同参与的心育工作体系。

第三,深入开展心育的科研探索。各地要及时了解和掌握中小学生心理健康的总体状况和发展趋势,研究分析中小学生教育和成长问题中的心理方面的因素,为进一步推动学校心育提供依据。各地应加强心理健康教育的理论研究、实践研究,探索心理健康教育的模式和方法,为心理健康教育的发展提供理论支持。通过开展心育的试验研究,着重解决点上的问题,从点上总结经验,再以点带面,逐步形成一种星罗棋布的局面。

第四,将心育真正推向全面普及。各地应制订或完善实施心育的规划,明确到2015年达到什么程度,到2020年全面普及需要提前采取哪些措施。学校应把心育作为教育教学工作和学生健康成长的有机组成部分,摆上重要位置,予以合理安排。教师要面向全体学生,确定科学的教育内容和方法,培养学生良好心理品质和健全人格。

(六) 网络育人

网络是把双刃剑。它已成为学生学习、生活、交友、娱乐的重要方式,对学生的价值观形成和道德认知具有重要影响。然而,网络中的不良或虚假信息确实太多。尽信网,不如无网。面向2020年,应兴利除弊,重视网络环境下的德育工作,这是学校德育与时俱进的必然要求。

第一,提倡正确认识网络。教师应把握网络环境对学生的影响,学会利用网络进行德育,不断探索网络环境下德育工作的有效途径,用主流的道德规范和思想文化引领学生,让他们能够正确对待网络虚拟世界,合理使用互联网和手机。教师应教育学生不浏览、不制作、不传播不良信息,慎交网友,不进入营业性网吧。

第二,提倡绿色网络建设。大力发展校园网络文化,不断丰富和更新健康向上的内容,逐步建成集德育管理、信息资源、活动管理为一体的网络德育平台。为中小学生建立的网络空间,应及时更新内容,不断改进形式,用他们喜闻乐见的内容和形式赢得其认可。

第三,提倡网络道德教育。结合不同年龄段学生实际和教学内容,有针对性地开展相关教育活动,引导学生树立网络责任意识和道德意识,增强他们对不良信息的辨别能力,防止网络沉迷和受到不良影响。培养学生依法使用网络的意识和行为,自觉抵制网络不法行为,使他们懂得在网络环境下如何维护自身安全和合法权益。

(七) 机制育人

对于学校德育的重要性没有人否认,但在实际工作中,人们更重视的仍旧是学生课业成绩或升学率。因此,为把德育要求落到实处,体现学校德育的实效性,就必须明确责任,开展督导,深化研究,相互配合。

第一,完善德育工作责任机制。教育部门和中小学校要将德育工作纳入当地教育发展规划和学校工作计划,确立年度德育工作目标和任务,明确相关责任主体,让学校德育有人问、有人管、有人抓。要设立德育工作专项经费,将其纳入教育经费年度预算,并保持稳定增长。

第二,完善德育工作督导评价机制。教育督导部门应加强对中小学德育工作的督导检查,将其作为新时期教育综合督导的重要内容,并使之制度化、规范化。各地在进行素质教育评价时,应加大德育工作及其效果权重,体现德育为首、育人为本。

第三,完善德育工作的研究机制。德育有规律,不能人云亦云。学生成长有年龄特征,不能超越阶段,搞"假大空"或"高大全"。要大兴研究之风,重视成果运用,让大批学校受益。德育没有固定模式,各地都可以大胆尝试,不断创新,在探索中前进。

第四,完善德育工作协同机制。学校、家庭、社会等各种教育力量,应在德育目标一致的基础上,建立教育网络,形成教育的正向合力,统一协调地开展德育工作,发挥德育整体效益。为此,要联系社会各方面力量,广泛整合社会资源,建设青少年健康成长的社会大课堂。努力构建以学校教育为主导、家庭教育为基础、社区教育为保障的德育工作格局,形成学校、家庭、社会育人合力,共同促进年青一代健康成长。

总之,学校德育要创造性地把党的十八大关于思想道德建设的各项要求落实到校、落实到班、落实到每位学生的心坎上,把中华传统美德通过恰如其分的形式内化为年青一代的自觉行动,还要引导学生养成好习惯。学校德育有规律,教育工作者要善于发现规律、尊重规律、依据规律,依据学生年龄阶段特征与个性特点,科学实施教化、贴近学生实际,因材施教引导、一把钥匙开一把锁,努力提升德育的针对性、实效性和感染力。

(本文原载《教育科学研究》2013 年第 1 期,系国家社会科学基金项目"学校德育热点问题分析及政策建议"研究成果,原标题为"新形势下我国中小学生品德状况调查与思考")

我国中小学生品德状况再调查与再思考

为追踪了解我国中小学生思想品德状况及心理发展情况，2015年，教育部基础教育一司再次组织开展了调查研究。①

一、调查实施

（一）完善工具

调查工具为课题组编制的《全国学生思想品德状况调查问卷》，问卷内容的80%与2009年和2011年开展品德调查时的问卷保持一致。根据形势发展，问卷的部分内容也作了一些调整。一是加大了中小学生心理健康状况测查的比重。调查问卷既包括了体现积极心理学内容的检测心理健康的题目，也加强了检测心理问题或烦恼的题目；既设定了检测一般幸福感的题目，也顾及检测具体心理健康之核心素养，如生命意义感，合群性、耐挫性和自信心等的题目。二是根据教育部相关文件关于中小学生五个方面德育内容及爱国、敬业、诚信、友善等价值观要求，②对原有问卷内容结构进行梳理。修改、完善了传统文化认同，中国特色社会主义道路认同，理想信念、社会公德、文明绿色

---

① 受教育部基础教育一司委托，天津市教育科学研究院刘金明研究员及课题组具体实施了这次调查。

② 参见《教育部关于培育和践行社会主义核心价值观 进一步加强中小学德育工作的意见》（教基〔2014〕4号）。

上网等部分内容,以便使调查内容与政策指向高度衔接,使中央和教育部的要求真正在调查项目中得到体现。三是将原先分排的中学生、小学生问卷合并为一个中小学生问卷,除 9 个题目不适合小学生回答仅由中学生作答外,其余111 个题目由中小学生共同作答。这样便于分析中小学生思想品德状况的年级发展趋势,保持调查内容共性,同时也能体现中小学调查内容的差异性。四是对个别项目选项作了调整,以使调查工具能更加精准地反映学生作答反应范围而又不致增大选答方差。在问卷修改过程中,课题组对每项测题从其方向性、措辞水平和反映范围等方面逐一进行了反复检查、修改完善,以确保调查工具的科学性。

(二) 开展实测

这次调查取样范围与此前的调查基本相同,涉及河北、甘肃、山东、四川、湖南、江苏等 6 个省、12 个城市、24 个区县的 62 所学校共 10233 名学生。为了提高样本校对调查取样的重视程度,教育部基础教育一司致函各地教育行政部门,再由各地教育行政部门负责通知、协调取样工作,保证了取样工作的顺利进行。实测时,采用邮寄问卷方式。为保障施测的标准化,采用统一印制标准化问卷,统一指导语、统一施测时间区间、统一施测程序。为统一施测人员素质,调查组织者要求尽量由学校德育教师或心理教师组织施测。从取样结果等多方面看,该实测方式比较科学、可行、有效。

(三) 处理数据

对调查结果的处理主要包括对各德目选项的频次统计,对各德目的年级、城乡和家长受教育程度等的差异分析,对有关德目不同监测时段同年级比较分析等。为便于对调查结果进行深入分析和评价,参照教育部有关学生综合素质测评分类标准和学生思想品德发展实际,将学生思想品德调查结果分为四类:百分数 90 分以上为思想品德表现优秀,百分数 75—89 分为思想品德表现良好,百分数 60—74 分为思想品德表现一般,百分数 60 分以下为思想品德表现较差。为避免人工录入的误差,对原始数据采用问卷机对标准化问卷集中录入,提高了准确度和效率。统计分析程序软件为 SPSS20.0 汉化版。录入完成后,对个别漏答较多的项目个案及出现系统填答倾向明显表现出不认真作答的个案进行删除,其他个别选题非故意漏答的项目按缺省值处理。

二、调查结果

(一) 表现优秀和良好的德目

1. 思想主流积极向上

一是热爱国家,热爱社会主义,热爱中华优秀传统文化。有 90.4% 的学生对作为一个中国人感到自豪,79.5% 的学生认为现在的中国在国际上的地位很高和比较高。87.9% 的学生听到奏唱国歌、升国旗时,心情庄肃静。88.6% 的学生对中国梦的具体含义有所了解。93% 的学生对中国特色社会主义道路前景很看好和比较看好。88.4% 的学生更喜欢过中国的传统节日,77.6% 的学生认为很有必要进行传统文化教育。这说明广大中小学生具有强烈的民族自豪感、民族自尊心和自信心,对中国特色社会主义充满制度自信和道路自信,对民族文化也充满自信。

二是崇尚个人努力,珍视家庭亲情。在人生获得成功的重要因素中,75.8% 的学生最看重个人努力,其次是运气机遇(9.0%)、天赋(8.2%)、家庭背景(7%),表明现在的青少年崇尚个人奋斗,愿意靠自己努力过幸福生活。在人的一生中,对影响个人幸福的因素最看重的依次是家庭亲情(36%)、友谊(21%)、健康(14.3%)、个人名誉(6.6%)、信仰(5.3%)、爱情(4.3%)、知识(3.8%)、金钱(3.5%)、事业(3.2%)、权力地位(1.9%)。我国青少年把家庭、友谊视为人类幸福最重要的源泉,反映出他们重家庭、人际关系等伦理道德的价值取向,而将金钱、地位放置在影响人生幸福的末位,反映出他们具有典型的东方价值观倾向。在做人最重要的道德品质中,学生将孝顺(63.9%)排在第一位,其次分别是诚信(58.2%)、遵纪守法(38.3%)、爱国(33.8%)、友善(31.3%)、敬业(19.7%)、勤劳(13.1%)、环保(19.4%)、俭朴(5.2%)、合作(5.1%)。在认知上,爱国、敬业、诚信、友善等核心价值观被排在价值认同的前列。可以说,青少年的人生观和价值观既保留了东方传统价值主流重亲情等内容,也有现代人崇尚个人奋斗的独立自主的价值观。

2. 基本品德素质良好

一是孝亲尊师。87.4%的学生记得父母的生日,98.6%的学生外出或回家时"经常"和"有时主动"向父母等长辈打招呼。98.2%的学生遇到教师时"经常"和"有时主动"向教师问好。只有7.4%的学生完全同意"教好学生是教师的天职,学生不必表示感激"的说法。

二是互助友善。看到同学有困难,周围的同学有97.7%"经常"和"有时"能帮忙,对于学习成绩差、家庭条件不好或身体有缺陷等弱势同学,80.5%的学生大多数情况下能做到关心帮助;向同学请教问题,77%的学生会耐心认真讲解。当在公共汽车上,看到老人、小孩、孕妇或残疾人上车后,76.4%的学生会让座;学校组织献爱心捐款活动,85.1%的学生能自愿捐款。

三是明礼守法。97.4%的学生在公众场合"经常注意"和"有时注意"自己不大声讲话,以免干扰别人。过马路遇红灯时,66.1%的学生遵守交通规则,绝不闯红灯;29.6%的学生一般情况下也不会闯,只有遇紧急情况下才会闯,两项合计为95.7%。

四是崇尚环保。73.7%的学生对低碳生活"非常了解"和"比较了解"。86.1%的学生认为乱扔废纸、零食及包装等垃圾行为是不对的,95.4%的学生对别人乱扔废纸、零食及包装等垃圾行为"很反感"和"反感"。86.8%的学生外出时能做到随手关灯,95.9%的学生看到自来水龙头没关上会随手关上。

3. 心理品质阳光健康

一是生活愉快,满意度高。幸福感的最重要综合指标是心情愉悦、生活满意。调查发现,86.3%的学生生活得非常愉快和比较愉快,88.6%的学生对自己的生活感到非常满意和比较满意。此项结果表明,广大中小学生生活的总体愉快度、满意度高。

二是乐观自信。93.9%的学生对自己作了积极正向评价,认为自己"很棒"和"还行",79%的学生对自己应对未来学习和生活上遇到的困难非常"有信心"和"比较有信心"。

三是专注有韧性。80.4%的学生学习时绝大多数时间能精神高度集中,极少分心和比较专心,做事情时 89.1%的学生能做到有始有终、善做善成。这说明广大青少年学生意志品质良好。

四是心理承受力较强。调查表明,93.1%的学生对人生挫折有正面认知,当问到"面对考试、升学、就业等压力,你是如何想的?"时,学生认为"车到山前必有路""自古英雄多磨难",说明大多数学生能正确看待挫折。当遇到困难和挫折时,76.8%的学生努力改变现状,使事情向好的一面发展,问题应对能力良好。当遇到如成绩下滑、失去朋友等打击时,77.1%的学生能很快和比较快地从不良情绪中恢复过来,情绪应对能力良好。总体表明,广大中小学生心理恢复力、情绪调节能力比较强,有较好的心理承受能力。

(二) 思想品德表现欠佳的德目

1. 部分学生人生偶像选择偏差

在人生偶像选择上,学生最崇拜的偶像按先后排序依次是歌星、影星、体育明星(27.7%)、父母(11.8%)、革命英雄(11.4%)、商界英雄(10.8%)、领袖人物(8.8%)、科学家(7.8%)、文化名人(5.2%)、教师(3.7%)、道德模范(2.2%)、其他(10.6%)。可见,将歌星、影星、体育明星排第一位的学生多,将教师、道德模范排后面的学生多。这在一定程度上说明,学生人生榜样选择多元、分散,较重视外表、影响和金钱等外在因素,榜样选择存在一定偏差,榜样教育有待加强。

2. 部分学生没有劳动习惯

67.8%的学生在家里主动干家务活,如洗衣服、扫地、擦地、洗碗、洗菜和倒垃圾等。66.5%的学生自己洗自己的袜子、内衣等衣物。66.9%的学生认为体力劳动光荣。当父母劳累了一天回来,45.7%的学生会"主动"为父母做些力所能及的事情,50.3%的学生"偶尔"为父母做些力所能及的事情。

3. 部分学生浪费现象严重

虽然有 81.3%的学生认为节俭是一种美德、值得提倡,但 59.2%的学生倾向于购买一些新款的文具、玩具、时髦的运动鞋等时尚物品。66.1%的学生的纸、笔、本等学习用品"经常"和"偶尔"没有用完或用坏就换新的。29.6%的学生认为周围同学浪费粮食现象普遍,回答不普遍的学生占45.1%,25.4%的学生回答不清楚。

4. 部分学生不讲诚信

部分学生存在说谎、抄袭、作弊和说话不算数等诚信问题。在过去的一年里,53.1%的学生对父母撒过谎,35.1%的学生向教师撒过谎。在过去的一年里,54.8%的学生"经常"和"偶尔"抄写过同学的作业,或请人代写过作业。在过去的一年里,24.2%的学生在考试或测试中作过弊。只有68.1%的学生答应过别人的事情经常能够做到。

5. 部分学生缺乏公共文明行为

部分学生爱护公共卫生、遵守公共秩序、讲求文明礼仪的行为缺乏,言行不一、知行脱节等现象较严重。51.5%的学生经常(3.1%)和偶尔(48.4%)扔废纸、零食及包装等垃圾。34%的学生在遇红灯时,别人闯,自己也跟着闯,或急的时候会闯。51.5%的学生偶尔说文明礼貌用语,7.7%的学生从不说文明礼貌用语,30.2%的学生认为说脏话只是个人习惯问题,有个性、很酷。49.5%的学生当别人用脏话骂自己时,会用脏话反击或气急了用脏话骂人。

6. 部分学生存在心理问题

29.9%的学生常常感到紧张、焦虑、心神不宁。26.1%的学生常常责怪自己,24.6%的学生常常发脾气,想控制但控制不住自己。13.4%的学生常常觉得别人和自己作对,13%学生常感到孤独苦闷,前途无望,甚至有轻生念头。这表明青少年焦虑、自责、冲动、敌对和抑郁等心理烦恼不少。有的心理问题,已经对他们的生理产生了影响。35.4%的学生常常难以入睡或醒得太早,20.6%的学生常常头疼、头昏,13.4%的学生常感恶心或胃不舒服,11.9%的学生常心跳厉害,说明学生的心理健康与不健康现象并存。

7. 部分中学生缺乏方向感、意义感

面对社会激烈的竞争,有62%的中学生有紧迫感、发奋学习,但也有7.4%的中学生没有什么紧迫感,觉得竞争离自己还远,有22.1%的中学生担心就算自己努力学习,也不一定能找到好工作,因而不能专心学习;7.9%的中学生听天由命,走一步算一步。面对未来,45%的中学生有长远打算,并且为此付出努力,41.3%的中学生一直在考虑人生未来,但还没想好,有9.1%的中学生不考虑将来,只想顺其自然,4.6%的中学生很少考虑未来,都听家长安排。34.2%的中学生认真思考过人生意义和生命价值,65.8%的中学生偶尔思考或从未思考过人生的意义和生命的价值。10.1%的中学生看不到自己有什么价值。21.5%的中学生认为自己活得有点价值。认为自己活得比较有价值和很有价值的中学生只占38.9%和29.4%。可见,对中学生的生命教育与理想教育有待加强。

(三) 一般生活状况和德育环境状况

1. 一般生活状况

一是学生学习压力较大,学习兴趣不高。13.1%的学生感到学习压力非常大,难以承受;47.9%的学生感到学习压力较大,但还可以承受;36.7%的学生对学习感到很厌倦或有些厌倦;喜欢和比较喜欢学习的学生占63.6%。学生的压力主要来自考试(61.8%)、升学(46.1%)和家长期望值高(40.1%)。

二是部分学生每天锻炼少,睡眠严重不足。每天锻炼时间一小时以上的学生只占24.6%,半小时到1小时的占32.7%,半小时以内的占62.1%,有13.6%的学生回答根本没有锻炼时间。睡眠达到8小时以上的只有32.7%,6—8小时的有51.8%,有15.5%的学生睡眠时间在6小时以下。

三是学生课余时间主要用于上网和看课外书。学生课余时间除了写作业外,43.2%的学生看课外书、上网或听音乐、看电影电视。24.6%的学生出去玩或运动;14.2%的学生帮家长干活;9.3%的学生补觉;8.8%的学生上各类课外学习班。学生看得最多的课外读物依次为小说名著类(43.8%)、科技科幻类(15.2%)、学习辅导类(12.5%)、童话寓言类(10.3%)、漫画类(9.9%)、历史知识类(8.2%)。

四是上网成为学生生活的重要内容。95.2%的学生上网,上网做得最多的事情依次是查资料(32.9%)、看电影电视(23.6%)、打游戏(17.2%)、聊天交友(15.9%)。上网时间每天半小时以上的占58.2%,其中13.6%的学生每天上网2小时以上。对于社会比较关心的青少年上网是否浏览色情暴力等不良信息,18.6%的学生认为此种现象很普遍和比较普遍。

2. 中小学生德育环境状况

从中小学生对家庭、德育课、教师和社会实践等德育途径实施的感受情况,可在一定程度上调查出学生所处的德育环境。

一是家长对学生思想品德关心不够,但亲子关系情况良好。家长仍被学生视为影响其为人处世第一重要的人(51%)。但父母最关心学生的身体健康(45.3%)和学习成绩(31.2%),其次才是思想品德(16%)和心理健康(7.5%)。总体上看,父母和子女的沟通情况良好,19.6%的学生和父母无话不谈,有时说、有时不愿说的占60.9%,与父母谈不来,很少说的占11.1%,从来都不说的占8.4%。当学生考试没考好,71.3%的家长通常会鼓励下次考好,24.4%的家长会批评数落,2.3%的家长会体罚学生,不关心的家长只占1.9%。61.7%的家长会立即制止学生乱扔垃圾等不文明行为。

二是专门德育课对学生做人有帮助,但德育课被挤占现象较重。88.1%的学生表示喜欢上德育课,87.2%的学生认为德育课对为人处世有帮助,但46.9%的学生回答德育课不能严格按课表上,有时不上或被语文、数学等课挤占。

三是大部分教师能做到教书育人。学生认为86.4%的科任教师在教学中,能自然地结合教学内容,既讲学科知识,又讲为人处事的道理。班主任除最关心学生成绩(47%)外,其次关心的是思想品德(28.3%)、身体健康(13.5%)、心理健康(11.2%),85.2%的学生认为教师师德表现很好和较好。当遇到学习和生活问题时,79%的教师经常和有时找学生谈心。

四是学生实践活动不足。60.3%的学生从没去过纪念馆、博物馆、科技馆、美术馆和青少年宫等校外教育场所。30.3%的学生表示没有参加过学校的德育主题教育活动(也说明学校未开展类似活动)。58.3%的学生未参加过任何志愿者或公益活动。16.9%的学生表示未参加过任何传统文化教育活动。27.1%的学生表示在学校未接受过关于生命意义、生命价值的教育。

五是学校对学生基本道德行为训练不严格。关于学校对学生基本道德行为是否有明确要求和严格训练,有40.7%的学生表示没有或不清楚。

三、相关思考

(一) 优良德目主要成因

1.党中央高度重视

近年来,我国现代化建设取得举世瞩目的成就,一跃成为世界第二大经济体,人民生活不断改善,国际形象、国际地位得到彰显。国家的强盛大大激发了广大中小学生的民族自豪感和爱国热情,更加坚定了学生的道路自信和民族文化自信。党的十八大提出了实现中华民族伟大复兴中国梦的宏伟目标和"四个全面"战略布局,将立德树人作为教育的根本任务,倡导在全社会培育和践行社会主义核心价值观,为中小学生思想道德建设指明了努力方向,提供了基本遵循。习近平总书记于2014年"五四"青年节、"六一"国际儿童节、教师节和2015年全国少先队代表大会期间多次就广大青少年儿童社会主义核心价值观教育作出重要指示,提出明确要求。

2. 中华优秀传统文化涵养

中华优秀传统文化具有跨时代的生命力,它成为广大中小学生思想品德发展的不竭之源。中华传统文化在个人修养上讲自强不息、厚德载物;在个人与他人关系上讲仁者爱人、以德立人;在个人与社会关系上讲天下兴亡、匹夫有责;在个人与自然关系上讲道法自然、天人合一。这些优秀的传统价值观基因,渗透在中国人日常生活的方方面面,潜移默化地熏陶人、规约人、塑造人,成为学生价值观修养的基本遵循。从调查数据可以看出,广大中小学生重家庭伦理亲情,崇尚个人努力,尊师孝亲、崇尚环保、乐观知足,这些优秀品质具有典型的东方文明特点。

3. 教育工作者积极努力

教育部和各地教育部门、中小学校积极行动起来,加强德育制度建设,重视德育各个方面,改进德育薄弱环节,提升德育的针对性、时效性和感染力。学生思想道德建设迎来了难得的历史机遇,步入了健康发展的崭新阶段。近年来,各地加强中小学德育工作形成的宝贵经验,概括起来有以下四点:一是始终坚持将培育和践行社会主义核心价值观作为学校德育工作的灵魂和主线;二是始终坚持将增强德育的时代性、规律性、实效性作为学校德育工作的重点;三是始终坚持将拓展渠道、改进方式方法作为学校德育工作的突破口;四是始终坚持将建立学校、家庭、社会三位一体育人体系作为学校德育工作的坚强保障。这些经验对于我们进一步培育和践行社会主义核心价值观、加强和改进中小学德育工作具有重要意义,必须长期坚持,并在实践中不断丰富、完善。

（二）欠佳德目主要成因

1.社会环境中存在不良因素

从发展阶段来看,当前我国仍然处于社会主义初级阶段,是在发展市场经济和扩大对外开放的环境中开展思想道德建设的。社会主义初级阶段的长期性,决定了解决思想道德领域问题的艰巨性;市场经济在促进竞争、增强发展活力的同时,其逐利性也会给思想道德领域带来负面影响;实行对外开放,在带来好的东西的同时也会泥沙俱下。社会思想道德主流积极健康向上,但也有一些问题亟待解决。有的信仰缺失、精神迷惘,把灵魂交给鬼神和"大师";有的价值观扭曲、唯利是图,"一切向钱看";有的是非、善恶不分,不讲社会良知和社会责任;有的无视社会公德、公序良俗,肆意突破道德底线。

2.学校德育工作不够与时俱进

从实际工作层面来看,社会主义核心价值观教育存在着一些困难和问题。一是一些地方思想认识不到位,重视程度不够,对社会主义核心价值观教育的重要意义和实质内涵的理解缺乏深度。二是对中小学德育研究不够,针对不同年龄阶段学生的社会主义核心价值观教育的目标内容仍不明确、方法手段有待改进,社会主义核心价值观融入学校教育教学全过程的机制尚不健全。三是学校、家庭、社会三位一体的育人格局尚未形成,一些教师的育人素质和能力有待提高,一些家长忽视价值观教育,一些不良社会文化现象特别是网络负面信息影响巨大,造成学生价值观冲突的困境。这些,决定了社会主义核心价值观教育的长期性、复杂性和艰巨性。

四、政策建议

（一）发挥好课程教学的阵地作用

学生在校期间的绝大部分时间都在课堂上,因此,加强课程教材建设和课堂教学、进行系统传授是德育的重要阵地。教育部正在加快对义务教育阶段品德、语文、历史三门课程统编教材的编写,同时推进普通高中课程标准修订,将社会主义核心价值观的要求有机融入其中。加强课程教学的管理,指导学校充分挖掘各门课程蕴含的德育资源,把各门课程育人目标和内容具体化,并有机渗透到学科课程教学之中。引导教师在传授知识和培养能力的过程中,培养健康的情感、端正的态度和正确的价值观。

(二) 发挥好优秀文化的熏陶作用

文化熏陶往往具有很强的渗透力量,它可以植入人的内心,对人价值观的形成影响最为深厚和久远。中华优秀传统文化源远流长,厚德载物,是取之不尽、用之不竭的德育资源。此外,我们党领导人民创造的鲜明独特、奋发向上的革命文化、红色文化,像井冈山精神、长征精神、延安精神、抗战精神、西柏坡精神,以及雷锋精神、大庆精神、"两弹一星"精神,像载人航天精神、抗震救灾精神等,也不断实现着中华文化的再生再造。学校应发挥隐性德育资源的浸润作用,将中华优秀传统文化、历史传统文化、革命传统文化与校园文化建设相结合,以建设优良校风、教风、学风为核心,以开展丰富多彩的校园文化活动为载体,营造校园文化氛围,对广大青少年学生进行陶冶。

(三) 发挥好社会实践的体验作用

良好品德一般是在认知的基础上,通过实践体验来形成。因此,要充分发挥社会实践在青少年成长中的作用,努力拓展校外教育功能,大力推进社会资源协同配合,引导学生亲身体验。深入开展"蒲公英行动计划"和"少年传承中华传统美德"系列教育活动,通过研学旅行、寻访红色足迹、志愿服务等校外实践,组织学生实地参观,近距离触摸历史、认识社会、体验美丽中国,了解中华民族灿烂悠久的文明史和中国共产党可歌可泣的革命史,激发学生对党、对国家、对民族、对家园的热爱,传承中华传统美德,坚定理想信念。认真贯彻落实教育部等部门印发的《加强中小学劳动教育的意见》,充分发挥劳动的育人功能。广泛开展校内劳动、组织校外劳动、鼓励家务劳动,通过劳动教育,提高学生劳动素养,培养学生热爱劳动、勤学敬业、诚实肯干、创新创造的品质,增强他们的社会责任感、创新精神和实践能力。

（四）发挥好教师队伍的主导作用

加强师德建设,推动教师专业成长,引导教师在"教书"的同时,提高"育人"的意识和能力,推进师德建设进入制度化、规范化轨道,提高教师职业道德水平。广大教师都要坚定理想信念、提高道德情操、掌握扎实学识、永怀仁爱之心。当前,要特别注重加强中小学班主任队伍建设,保障班主任各项待遇,提高专业化水平,让他们做学生成长的引导者,以自己高尚的情操和良好的思想道德风范教育和感染学生,以自身的人格魅力和卓有成效的工作赢得社会的尊重。

（五）发挥好学生守则的养成作用

中小学生正处在行为习惯养成和价值观形成的关键阶段,也是可塑性最强的时期。因此,要抓好中小学生行为习惯养成教育,引领他们在日常学习生活中践行社会主义核心价值观。要将教育部2015年修订颁布的《中小学生守则》这一落细落小落实的重要载体,作为行为养成教育的基本遵循和指导依据,校校上墙入屏、制订行为规范、纳入督导评价,引导中小学生记住每一项要求、遵守每一条准则,引导学校将学生守则融入教育和管理的方方面面。

（六）发挥好虚拟网络的便捷作用

网络正深刻改变着生活、学习和教育方式,要切实加强网络教育,用主流价值观占领网络这块新阵地。加强对学生的网络素养教育,增强他们的网络道德意识、网络法律意识,引导他们科学利用网络,抵制不良信息的侵害。加强绿色网络建设,增强校园网站的思想性、教育性、服务性和互动性,善于运用中小学生喜闻乐见、容易接受的方式,善于运用新兴网络平台和社交媒体,利用手机和平板电脑等移动终端,利用班级微博、校园微信和公共账号等新媒体,扩大网络正能量的传播。

（七）发挥好正面榜样的示范作用

先进典型和英雄模范是有形的正能量、鲜活的价值观。一个有希望的民族不能没有英雄,一个有前途的国家不能没有楷模。我们党历来重视先进典型、英雄模范的力量。要教育引导学生心中有榜样,引导他们学习先进典型和英雄人物,包括航天英雄、奥运冠军、大科学家、劳动模范、青年志愿者和那些助人为乐、见义勇为、诚实守信、敬业奉献、孝老爱亲的道德模范,特别要学习身边的教师楷模和"最美少年",使学生见贤思齐,提高自己的道德修养和美好情操。

(八) 发挥好家庭教育的协调作用

家庭是人生的第一所学校,是孩子的第一个课堂。要进一步明确家长在家庭教育中的主体责任,依法履行家庭教育职责,注重家庭、注重家教、注重家风,帮助孩子扣好人生第一粒扣子。切实强化学校对家庭教育工作的指导,推动形成政府主导、部门协作、家长参与、学校组织、社会支持的家庭教育工作格局。成立家庭教育工作指导委员会和工作管理机构,统筹家长委员会、家长学校、家长会、家访、家长开放日和家长接待日等各种渠道,密切家校沟通。丰富指导服务内容,举办家长培训讲座和咨询服务,组织社会实践和亲子活动,通过优秀家长现身说法、案例教学等方式,提高家长育人意识和能力,营造良好的家校关系和共同育人氛围,大力培养和弘扬良好家训、家规,将社会主义核心价值观融入家庭教育,发扬中华传统家庭美德。健全合力育人机制,建立学校教育为主导、家庭教育为基础、社会教育为支撑的协作机制,增强育人合力,形成全社会共同关心、支持中小学生健康成长的良好氛围。

(本文原载《教育科学研究》2016 年第 1 期)

试论以现代法治精神统领义务教育治理

依法治国是治国理政的基本方略,法治是治国理政的基本方式。党的十八届四中全会通过的《中共中央关于全面推进依法治国若干重大问题的决定》,明确了法治中国建设的性质、方向、道路和抓手,作出了全面建设中国特色社会主义法治国家和法治体系的重要部署,必将有力推进依法治国进程。我国正处在改革攻坚期、经济转型期、矛盾多发期,实现法治中国建设的宏伟目标面临诸多挑战,必须树立现代法治精神,以踏石留印、抓铁有痕的意志,在法治道路上迈出坚实步伐。作为法治中国建设的重要方面军,义务教育工作者应当以现代法治精神指引义务教育治理,以现代法治精神推动义务教育治理,以现代法治精神规范义务教育治理。

一、现代法治精神的内涵

在新形势下,现代法治精神的内涵包含以下五个方面。

第一,全面依法治国。全面依法治国突出"全面",就是各行各业都要树立法治精神,严格依法办事;就是无论官民都要守法,官要带头,民要自觉,人人敬畏法律、了解法律、遵守法律,使全体人民都成为法治的忠实崇尚者、自觉遵守者、坚定捍卫者,让人民权益靠法律保障,法律权威靠人民维护;就要做到有法可依、有法必依、违法必究、执法必严,自觉守法,遇事找法,解决问题靠法。

第二,彰显宪法价值。现代法治精神把宪法作为法律法规之上的国家根本大法。宪法是全国人民共同意志的体现,也是党治国理政的重要制度依托和最高行为准则,具有最高的法律效力。严格遵循宪法是建设社会主义法治国家的首要任务和基础性工作。

第三,体现人文品质。法律是治国之重器,良法是善治之前提。法治依据的法律应是良法,维护大多数人利益,照顾弱势群体权益,符合社会发展方向;执法的行为应当连贯,注重依法行政的全局性、整体性和系统性;法律、法规、政策的关系应当妥善处理,实事求是地解决人民内部纠纷。

第四,具有中国特色。现代法治精神强调坚定不移地走中国特色社会主义法治道路,崇尚坚持党的领导、人民当家做主、依法治国有机统一,不断促进国家治理体系和治理能力现代化,为实现"两个一百年"奋斗目标、实现中华民族伟大复兴的中国梦提供有力的法治保障。

第五,做到与时俱进。树立现代法治精神,就要顺应时代潮流,根据现代化建设需要,总结我国历史上和新中国成立后法治的经验教训,参照其他国家法治的有益做法,及时提出立、改、废、释的意见建议,促进物质、精神、政治、社会、生态等五个文明建设,调整公共权力与公民权利的关系结构,约束、规范公共权力,维护、保障公民权利。从而,让法治为国家复兴、民族幸福、人民福祉切实保驾护航,不断发挥强大正能量。

树立现代法治精神,就要用法治精神推进社会治理创新。过去强调管理,现在更强调治理。强调管理,一般体现为自上而下用权,提要求;强调治理,则主要期冀调动方方面面积极性,重协商。治理是各种公共的或私人的机构及个人管理其共同事物的许多方式的总和,是使相互冲突的或不同的利益得以调和并且采取联合行动的持续的过程。① 治理的实质,是建立在市场原则、公共利益和认同之上的合作。它所拥有的管理机制不单是依靠政府的权威,还依赖合作网络的权威,其权力是多元的、相互的,而不是单一的和自上而下的。② 治理是公共利益最大化的社会管理过程,最终目的是实现善治,本质是政

① 李阳春:《治理创新视阈下政府与社会的新型关系》,《中共中央党校学报》2014 年第 5 期。

② Anthony R.T.and others,*Governance as Trialogue*:*Government-Society-Science in Transition*,The Springer Press,2007,p.29.

府和公民对社会公共生活合作管理,体现政府、社会组织与公民的新型关系。

政府部门改作风、转职能,实质上,都是完善治理体系、提高治理能力。在完善治理体系中,应优先完善公共服务的治理体系;在提高治理能力时,须着力提升公共事务的治理能力。义务教育作为法定的基本国民教育,面向全体适龄儿童少年,关乎国民素质提升及中华民族伟大复兴,是国家最需要以现代法治精神引领的公共服务,政府亟待致力于治理创新的公共事务。改善义务教育治理,于法有据。义务教育突出了各方的法定"义务",是一种强迫教育。政府必须合理设置学校,保障适龄儿童少年就近入学;家长必须送法定年龄子女入学接受义务教育;学校则必须贯彻国家课程,优化教育教学,促进学生全面发展。

创新社会治理就是要实行善治,其特点是合法性、透明性、责任性、法治、回应、有效和稳定,其结果是推进治理体系和治理能力现代化。[①] 实行善治有五项基本要求,每项要求均可对改善义务教育治理有一定的启迪。

第一,形成正确的社会治理理念,重点解决治理为了谁的问题。义务教育为的是全体适龄儿童少年,让他们享受有质量的公平、免费的教育。

第二,强化政府在社会治理中的主导作用和服务功能,解决过度治理与治理空白的问题。义务教育阶段要处理好政府、教育行政部门与学校的关系,政府依法提供充分保障,教育部门依法制定好的政策,学校依法自主办学,各方履职应恰如其分,过与不及都不足取。

第三,建设组织平台,积极培育和发展社会组织,解决社会治理缺资源的问题。义务教育学校也可根据情况采取政府委托、政府购买、政府补贴方式,促进民办学校发展,以满足社会和家长多样化的教育需求。

第四,建好社区平台,发挥社区作用。义务教育可依托社会构建课后教育看护机制,关心进城务工人员随迁子女,照顾农村留守儿童。

第五,广泛吸引民众参加。义务教育学校在外部应普遍建立家长委员会,发挥其参谋、监督、助手作用;在内部应调动教师、学生的参加,听其意见、为其服务。

总之,要加快实现从等级制管理向网络化治理的转变,从把人当作资源和

---

① 俞可平:《治理与善治》,社会科学文献出版社2000年版,第10页。

工具向把人作为参与者的转变,从命令式的信号发布到协商合作的转变,形成我国义务教育治理新常态。

二、以现代法治精神推动义务教育改革发展

中央将依法推进治理体系和治理能力现代化作为深化改革总目标,反映了新形势下我们党对治国理政理念和方式规律性认识的深化,为做好义务教育工作指明了方向,必然要求以现代法治精神推动义务教育改革发展。①

(一) 依法深化教育改革

用法治方式凝聚改革共识,意味着将告别不破不立、破字当头、先破后立的法治被动时代,亦即告别以往文件开路、政策驱动的改革范式。为此,需要明确法治对改革的要求以及法治方式对改革的意义,以使改革与法治相互协调、相辅相成。在用法治推动改革的活动中,有的制度可以改革,有的法律也可以修改,但法治精神和方式则必须坚持。②

1. 用法治精神和方式保持义务教育改革稳中求进

自觉提高运用法治思维和法治方式深化改革、推动发展、化解矛盾、维护稳定的能力。依法深化义务教育领域综合改革,既要敢于突破阻碍发展的体制性障碍,以法治方式推进体制机制改革,以法治思维破解义务教育发展中的热点难点问题;又要保持改革的渐进性,防止过于激进的改革方案出台,坚持重大改革于法有据、依法推动。

2. 用法治精神和方式保障义务教育决策程序公正

尊重法律制度的权威,按照"游戏规则"办事,该听取意见的就要听取意见,该获得利益相关者认可的就要得到他们认可。要依法深化义务教育管理体制改革,实现政事分开、权责明确、统筹协调、规范有序。要依法深化义务教

---

① 王定华:《以法治精神推进我国义务教育改革发展》,《中国教育报》2014年11月22日。
② 陈金钊:《如何理解法治与改革的关系》,《新华文摘》2014年第17期。

育办学体制改革,健全政府主导、社会参与、主体多元、形式多样、充满活力的办学体制,形成以政府办学为主体、民间办学为补充,既提供基本公共服务,又提供多种选择的良性格局。①

3. 用法治精神和方式保证义务教育均衡发展

用法治凝聚改革共识,形成公民在义务教育方式上的最大公约数。用法治所奉行的科学和理性思维来满足民主、自由、公平、正义的诉求。缩小地区之间、城乡之间、学校之间在硬件条件、师资队伍、办学质量、管理水平等方面的过大差距,办好每一所义务教育学校,让广大适龄儿童少年接受公平的教育,同在蓝天下共同成长进步。

（二）依法改善外部治理

1. 改善外部治理方式

随着教育改革的持续深入,义务教育领域新情况、新问题层出不穷,教育公共管理的范围和领域不断扩大。所以,有必要充分发挥法治作用,综合应用立法、拨款、规划、信息、试点、新闻等方式,改进政策指导和行政措施,提高治理能力。创新学籍管理方式,推进全国统一的中小学生电子学籍系统建设与应用,实现一生一号、全国统一、籍随人走,为入学注册、跨省转学、经费监管、科学决策等提供技术支撑。

2. 改善外部治理内容

严格落实法定免试就近入学的规定,合理划定招生范围,有序确定入学对象,规范办理入学手续,全面实行阳光招生,逐步减少特长招生,在加快均衡发展的同时,指导各地健全科学、明晰、便捷的招生入学工作秩序。发挥优质教育资源引领作用,推广学区制管理、集团化办学、名校办分校、委托管理、学校联盟、九年一贯制等做法,实现优质资源共建共享。坚持规划先行,研究制定基础教育装备工作发展规划,加强装备质量标准建设,提高基础教育装备工作管理水平。加强分类指导,按照城镇化发展规划和户籍制度改革要求,消除不

---

① 袁贵仁:《深化教育领域综合改革推进教育治理体系和治理能力现代化》,《中国教育报》2014年2月13日。

合理门槛,提升进城务工人员随迁子女义务教育治理能力。

3. 改善外部力量运用

法治是现代教育治理的基本特征,对教育事业科学发展具有稳定持久的保障作用。所以,要推动《教育法》《教师法》和《民办教育促进法》等修订工作,不断健全教育法律制度体系。普遍建立法律顾问制度,完善规范性文件、重大决策合法性审查机制,健全规范性文件备案审查制度。建立健全依法办学、自主管理、民主监督、社会参与的现代学校制度。借鉴西方做法,普及家长委员会,探索学区理事会,让其参谋办学、支持办学。加强学校安全防范,依法明确安全责任,妥善处理事故纠纷,不让学校承担法外责任。

(三) 依法理顺内部关系

1. 要在管理制度上下功夫

加强学校内部制度建设,逐步完善依法治校的内部机制,推动《义务教育学校管理标准》贯彻落实,明确学校办学责任和权利。坚持校长负责制,同时充分发挥学校党组织战斗堡垒作用和党员教师先锋模范作用。实行校务公开,落实教职工代表大会制度,不断完善学校科学民主决策机制。

2. 要在人际协调上下功夫

定期召开教职工代表大会制度,把涉及教职工切身利益及学校发展的重要事项,提交教代会讨论通过。建立信息公告栏,公开校务信息,保证教职工、学生、相关社会公众对学校重大事项、重要制度的知情权。建立学校领导接待日制度,设立校长信箱,收集学生、教职工和家长的意见和建议。探索学生代表参与学校治理或决策的机制,建立学生自主管理的相关制度,发挥少先队、共青团、学生会、学生社团的作用,引导学生自我管理和参与学校治理。搭建信息沟通平台,使学生的意见和建议能及时上传。制定涉及学生利益的管理规定时,应充分征求学生及家长意见。

(四) 依法提升教育教学

1. 促进学生全面发展

内涵发展、提高质量、促进学生德智体美全面发展是义务教育学校的法定职责。立德树人、教书育人的工作,始终是教育第一位的要求。当前的关键,是要把党的教育方针和社会主义核心价值观细化、实化、具体化,进而转化在学生的系统培养之中,从根本上唤起人们的生命存在意识和精神追求取向。根据法律规定,加强教师队伍建设,改进教育方式,改善教学方法,更新教学手段,精选教材内容,优化教学过程,减轻学生过重课业负担,促进其德智体美全面发展、健康成长。

2. 加强法治精神教育

党的十八届四中全会决定把法治教育纳入国民教育体系,从青少年抓起,在中小学设立法治知识课程。[①] 因而,必须整合现有相关课程中的法治内容,抓紧设立这样的课程,推动中国特色社会主义法治理论普及。要探索以法治体现道德理念、以道德滋养法治精神的融合式教育实践途径,实现法治教育与道德教育相互促进,让传统美德培养、法治思维养成、法治精神强化贯穿于义务教育全过程,贯穿于学生成长全过程。让学生在课堂教学中获得法治知识,在校内外活动中养成法治思维,在生活浸润中形成法治习惯。围绕每年 12 月 4 日的宪法日,开展相应的实践活动。加强学校法治文化建设,向师生普法,向家长宣法,营造良好法治环境。

3. 实施新的学生守则

《中小学生守则》(以下简称《守则》)是中小学生最重要的行为指南,伴随其学习生活全过程,影响个人成长一生。面对新时代、新形势要求,2004 年版《守则》显得有些不适应,有必要修订完善。新《守则》应体现系统性、继承性、时代性、可行性,为此要立足治理模式和内容变革,广泛征求社会意见,把修订过程作为吸收全社会参与学生德育的范例,使其成为义务教育治理改革的有益探索。要让广大中小学生牢记《守则》、遵守《守则》,将《守则》的要求转化为自觉行动,把《守则》的实施过程作为法治精神养成的过程。

(五) 依法强化教育督导

逐步实现管办评分离,发挥"三驾马车"作用。依法强化教育督导,按照

---

① 《中共中央关于全面推进依法治国若干重大问题的决定》,人民出版社 2014 年版,第 26 页。

国务院教育督导条例,依照《县域义务教育均衡发展督导评估暂行办法》,针对教育部和各省(区、市)签署的《义务教育均衡发展备忘录》,全面开展对县级人民政府推进义务教育均衡发展工作的评估认定。推动各地抓好中小学教育质量综合评价改革,对中小学教育质量的衡量注重过程、变化和全面指标,实行"绿色评价"。

三、依法行政的主要内容

依法治国的核心是依法行政。要有效规范和制约权力,也就是要依法治权。只有国家公权力得到有效的规范和制约,才能保证国家公权力依法有效行使,才能形成良好的法律秩序和社会秩序,从而实现经济发展、政治清明、文化昌盛、教育进步、社会公正、生态良好的国家战略目标。在教育领域,应该正确对待公权力,规范义务教育治理。①

(一) 慎权

中央政府把转变职能作为大事,以壮士断腕的决心推进行政审批制度改革,着眼点就是推进治理现代化。在义务教育领域,也要审慎梳理权力清单,着力解决一些地方不同程度上存在的权力运用不当的问题。一是越权问题,超越所赋予的行政职责;二是扩权问题,把自己的权力扩得很大,什么都想管、都要管;三是交叉问题,动辄各部门齐抓共管,出现"九龙治水"局面;四是集权问题,过于集中,造成办事效率低,不利于科学决策和调动各方积极性;五是替权问题,上级代替下级和学校干预义务教育学校的具体工作。必须坚持"法定职责必须为",即依法安排教育经费、师资配备,落实各项法律规定,把义务教育摆在优先发展的战略地位;坚持"法无授权不可为",即不管是教育部门,还是其他什么部门,都不能滥用公权力干扰基层学校正常运转。②

---

① 张志勇:《如何推进教育治理体系和治理能力现代化》,《中国教育报》2014年3月5日。
② 黄文新:《论制度》,《中国领导科学》2014年第7期。

（二）确权

明确各级教育部门、相关部门的权力清单。根据国务院的要求,教育部已大幅度下放了审批权。在义务教育方面,除了国家课程教科书的审定,国家层面已无其他实质意义的行政审批项目了。今后仍要严格确权。一要依据法律。对于政府机构来讲,只有法律赋予的权力才能行使;而对于公民个人来讲,法律不禁止的事情都可去做。二要依据政策。根据政策规定和政策实施需要,国家教育行政部门抓宏观,省级教育行政部门抓中观,基层教育行政部门抓具体,学校抓政策执行和日常办学。三要依据职能。每个部门都有职能界线,每个工作人员都有岗位职责,应各就其位、各做其事,既不能"鸡犬之声相闻、老死不相往来",也不能"种了别人的地、荒了自己的田"。

（三）让权

让权,即把权力委托出去,将可管可不管的事情分转给适合的主体去管。既可委托给社会中介组织,也可委托给有信誉的专家学者。比如,关于学校质量评价,就可以交给专业组织和人员去实施。再比如,国家级基础教育成果奖,也可以委托教育学会去组织评选。社会组织和学术机构面临的约束较少,回旋余地也比较大,有利于多措并举、综合施策,从不同角度助推义务教育治理现代化,激发义务教育持续改革发展的生机活力。当然,不能不负责任,简单地一让了事。因为事业单位、社会组织也是由一个一个的人组成的,在履职过程中同样可能失之于严、失之于宽,或者出现主观臆断等问题。所以,让权后还要实施有效的监管。

（四）管权

要把权力关进制度的笼子里,充分发挥制度的规范作用。不管建立和完善什么制度,都要于法周延、于事简便,注重实体性规范和保障性规范的结合和配套,确保针对性、操作性及指导性强。于法周延,指的是制度在法理上、法律上要考虑周到、周密、周全,不存在遗漏、缺漏、错漏,从而增强制度的权威性与指导性,不让制度存在硬伤。于事简便,指的是在实践中制度要可用、易用、好用、不烦琐、不深奥、不昂贵,从而增加制度的吸引力与适用性。

(五)放权

义务教育阶段要给基层放权,给学校放权。加大行政审批改革力度,对已经明令取消的,要不折不扣地放给学校、放给社会,不能变相保留。对保留的项目,要抓紧清理审批流程,公开审批的标准、程序和结果。根据国家财税体制改革要求,整合义务教育专项资金,扩大基层和学校的统筹使用权,发挥资金使用最佳效益。整合各种常规性和临时性检查,减少检查活动,给基层和学校创造安心、静心的办学环境。"善政必简"。只有该简的简、该放的放,才能激发学校和社会活力、需求潜力和发展动力。

现代法治精神是义务教育治理的强大动力和基本遵循。义务教育工作者要在党的领导下,针对义务教育实际,依法律制定政策,靠法律推动改革,拿法律促进发展,以法律破解难题,凭法律维护权益,用法律规范行为,努力实现我国义务教育治理体系和治理能力的现代化。

(本文原载《教育研究》2015 年第 1 期,收编时略有修订)

启动学校品质提升

2015 年《教育部工作要点》提出:"推动学校特色发展,提升学校品质。"这是国家教育行政部门首次正式提出这一重要时代命题,提出这一命题不是偶然的。特色是事物所表现的独特的色彩、风格,常常是单方面的。学校特色创建是提升学校品质的重要基础,在办学特色的基础上进一步深入挖掘、总结提炼,形成学校的特色文化,进而提升学校品质。①

一、学校品质提升的基本含义

品质是质量、信誉、文化的综合体,外在是品牌,内在是内涵。学校品质是一个综合的概念,包含诸多要素,涉及多个主体。构建和提升学校品质,先进的思想和正确的理念是先导,优秀的校长和敬业的教师是主体,达标的硬件和规范的管理是基础,系统的课程和丰富的活动是载体,优雅的文化和独特的品牌是表现,优秀的学生和社会的认可是目标。学校品质是质量、内涵、文化、特色、信誉的集合体。

学校品质提升是一个有计划、有组织的过程,具有持续性。学校品质提升不仅表现为一种结果,还表现为一个动态的不断追求卓越的过程、一种机制。

---

① 2018 年《中共中央 国务院关于全面深化新时代教师队伍建设改革的意见》指出:"提高中小学校长办学治校能力,打造新品质学校。"可见,提高学校品质的工作上升为国家战略。2019 年王定华主编《新时代高品质学校建设方略》一书,由东北师范大学出版社出版,旨在帮助基层同志加深理解、做好实施。——作者新注

学校品质提升不仅是一个理想的目标,更是一项有计划、有组织的活动,需要提前设计品质提升的方案,确定具体行动计划,按计划来推进,同时根据内外部环境的变化不断地进行调整,做好总结,使之常规化、行为内化、成果固化。学校要建成民主管理、依法管理的实验基地;建成公平正义、诚信友爱的人间净土;建成充满活力、安定有序的成长乐园;建成培养与自身、与社会、与自然和谐相处的一代新人的生命摇篮。

学校品质提升是学校发展的整体性改进,具有复杂性。学校品质不是由某一个因素单方形成的,创建和提升的过程涉及学校管理、教学、课程等多方面,是一个复杂的系统,因此在某一点上的变革,需要把影响该问题的内外部因素综合考虑进来,整合学校品质提升的途径,使其形成一个有机整体,发挥最佳效果。学校品质提升的过程中,可能会出现这样或那样的问题,需要注意借鉴各地有益经验,同时避免简单照搬,实现优质教育资源利用效益最大化、最优化。学校品质提升,从时间上看,涉及过去、现在、未来;从空间上看,可分宏观、中观、微观;从对象上看,涵盖硬件、软件、外观;从形态上看,包含思想、行为、制度;从主体上看,依赖校长、教师、学生;从校情上看,当区分百年老校与新建学校、公立学校与私立学校。

学校品质提升是教育理想与追求下的具体行动,具有操作性。学校品质提升是在教育理想与追求下的具体行动,有了正确的教育观念引导,有了对学校理想目标的正确理解,学校品质提升的各项举措才会有正确的追求。学校品质提升的价值取向主要不是看创造了多少深刻的理论,而是要看有多少已切实转化为促进学校发展的具体行动,落实到教师的教、学生的学上,落实到教师的工作、学习、生活方式上,落实到学校的发展模式上,如此,方能真正推动学校品质的提升。

二、学校品质提升的时代背景

学校发展是一个动态的、不断深入的过程。在教育尚未普及的阶段,增加学位、实现有学可上是学校发展的首要任务。教育普及实现以后,标准化建设成为学校发展的迫切任务。学校建设标准化达到一定程度后,特色创建、文化建设、内涵发展应成为学校的追求目标。面向 2020 年乃至更远的未来,必须促进发展方式转变,将学校品质提升作为学校发展新的努力方向。

学校品质提升是基础教育改革发展的时代呼唤。近年来,在党中央、国务院的坚强领导下,在各级党委政府、教育部门和广大校长教师的共同努力下,我国义务教育均衡发展有力推进,学前教育快速发展,高中教育走向普及,"有学上"的问题得到有效解决,学校的硬件条件得到根本性改善。在基础教育改革发展新的历史起点上,提出学校品质提升,强调学校特色发展、内涵建设,正当其时。开展学校品质提升,也是迎接国际教育新挑战的需要。

学校品质提升是教育治理体系改革的现实需要。加快推进治理体系改革是深化教育领域综合改革的重要内容和目标。教育治理体系改革要落到实处,必须激发学校活力。我国地域辽阔,各地情况千差万别,相去甚远,完全用一把尺子衡量、推动工作往往事与愿违,有时甚至南辕北辙,让人啼笑皆非。教育改革面对着复杂的形势,各地的情况不同,人民群众期待不同,家长的诉求不同,学生群体也不同,要允许并鼓励地方先行先试,大胆探索,在完成基本任务的基础上根据本地本校实际有所创造,有所突破,有所引领。要实现教育治理体系和治理能力的现代化,提升学校品质是亟待突破的紧要任务。

学校品质提升是迈向教育现代化的重要步骤。党的十八大提出"两个一百年"奋斗目标,特别是到新中国成立 100 周年时要建成富强、民主、文明、和谐的社会主义现代化国家。教育现代化是一个国家现代化的基础和先导。《国家中长期教育改革和发展规划纲要(2010—2020 年)》明确提出到 2020 年要基本实现教育现代化。教育现代化的关键是人的现代化,学校品质的提升应该成为教育现代化的一个重要方面,也是迈向教育现代化的一个重要步骤。在这个时候提出学校品质提升的目标,恰如其分,让战线和学校知道未来若干年往哪个方向去努力。

学校品质提升是中小学校多年实践的科学统整。教育智慧来源于基层实践。近年来,各地各校立足本地实际,积极探索教育规律,在学校管理、德育工作、课程改革、课堂教学、教师培训、教研科研、信息化等方面开展了大量工作,形成了多种办学模式,涌现了各种各样的教育思潮,亟须用一个科学的概念加以统整。值得注意的是,已经有很多地方和学校自发提出了建设学校特色品质、提升办学品质。在教育部指导下,有的地方提出中小学校品质提升工程,有的地方启动基于品质提升的学校改进计划,有的地方开展了中小学特色品质建设的实践研究等。提升学校品质已有一定的工作基础,用学校品质提升统整基层相关实践,有利于形成推动基础教育工作的合力,形成教育工作的特色。

学校品质提升是解决热点难点问题的有效措施。就全国来看,随着义务教育均衡发展的不断深入,择校、课业负担过重等问题已在一定程度上得到解决。但是,在一些地方,中小学无序择校现象依然存在,中小学生的课业负担依旧较为沉重。在一定区域内,开展学校联盟、集团化办学、试行学区化管理,扩大与共享高品质教育资源,提倡学校品质提升,使每一所学校都以自身的特色、品质赢得社会认可,成为可以让家长接受身边的好学校,有效解决了教育热点难点问题。品质提升,不是建豪华学校,而是让每个学校都获得实实在在发展,获得成功喜悦。当前,要进一步全面落实国家教育方针,减少"花架子工程"、减少迎合各级检查而为之的无效劳动,把减下来的时间和空间还给学生和老师,提高教师教育教学水平,提高学校管理效益,提高学校内在发展动力。

三、学校品质提升的主要途径

学校品质提升重在实现师生高水平差异发展,具体来说,学校要创造丰富、高质量、高品位的校园生活,将学校的各个系统、各种关系和资源置于一种符合规律、和谐共生的平衡状态,为广大师生提供一个基于可持续发展生态意义的校园生活背景。学校作为提供教育的组织机构,教育服务的最终受惠者是学生,学校品质提升要将"一切为了学生的发展"作为起点与归宿,调动学校发展的所有力量,包括学校外部的教育行政力量、专家力量、家长力量以及内部的管理力量,从管理、教学、课程等多方面为学生提供高质量、多样化的教育教学服务,实现学生全面、个性和可持续发展。

（一）确立学校发展哲学

就是确立全校上下共同认可的、可以统领全局的、长期发挥作用的价值观。一所学校选择什么、崇尚什么、追求什么,外显为教育的行为和校风,内隐的是学校的价值观念。学校的价值观为学校全体师生指明了共同的向往和愿景,影响着师生员工和学校的日常行为、精神追求与发展方向。全校共同认可的价值观是学校取得成功的必要条件。愿景和价值观是学校品质提升的根基,共同价值观是愿景的灵魂,共同愿景是规范教育行为,引导学校发展的强大推动力。要明确学校的发展哲学,哲学并不是很高深的东西,而是反映普遍规律,也可以叫指导思想、指导原则、发展目标、下一步路径等。当前,有必要探索制订学校章程,让学校的价值观能相对固定,宁静致远。

（二）出台学校发展规划

学校发展规划是在客观全面认识学校当前状态基础上的面向未来的发展计划。好的规划潜在地包含着目标力、整合力、前瞻力、凝聚力、发展力和执行力,也是这些力量的和谐统一。一般说来,学校规划的制定主体是学校教师、领导和学生以及学校所处的社区和学校的上级行政机关,必然是多主体意见的统一。制定学校发展规划,应充分发扬民主,以全校共同认可的价值观为基础,经过全校师生员工广泛深入的讨论甚至争论之后达成最大限度的共识,这个过程弥足珍贵,是一次难得的凝聚人心的过程。学校发展规划的客体是校内外有关的人、财、物、智、信息等可用资源,必须合理配置这些资源。学校发展规划的过程是主体与客体的一体化。学校发展规划始于对内外环境的体察、思考和前瞻,抓手是解决发展中的问题,唤起发展的意识,谋划发展的步骤。有了科学明确的学校发展规划,学校品质提升就有了基础。

（三）落实学校管理标准

2014年教育部颁布的《义务教育学校管理标准（试行）》提倡"育人为本、全面发展;促进公平、提高质量;安全和谐、充满活力;依法办学、科学治理"的义务教育学校管理理念,提出"平等对待每位学生,促进学生全面发展,引领教师专业发展,提升教育教学质量,营造和谐安全环境,建设现代学校制度"6个方面,包含 22 项管理任务、92 条管理要求。开展学校品质提升的过程中,义务教育学校要以这一管理标准为基本遵循,高中学校进行参照。梳理本校各项制度,尚未达到标准要求的要抓紧完善,达到要求的要进一步细化,超过标准要求的要抓好落实。要努力建设充满生机的现代学校制度,突出民主管理、依法管理、校长负责、社会参与,调动方方面面的积极性,按照法治精神依法推动学校改革与发展。要构建学校制度体系,体现学校各级特有的价值观念和行为方式,为全体学校成员提供认同和遵循的精神规范,为学校品质提升打下坚实的制度基础。

(四) 发挥校长统领作用

校长是学校各项工作的统领者,也是学校品质提升工作的主要负责人。学校事务千头万绪,校长要保持清醒的头脑,避免陷入事务堆里。校长要朝着教育家方向努力,着力构建强有力的领导系统,发挥团队的作用,改善管理行为。校长要将学生的进步、成长、成就作为学校工作的终极目标,清晰、具体地列出学校的任务和目标,领导大家解决学校发展中面临的教育教学问题。改善学校领导团队的管理行为。学校管理人员要在校长的带领下,明确职责,抓好落实,注重细节。要注重管理团队领导力建设,校长的领导力表现在对学校办学方向、办学方式以及办学策略的正确引导上;中层干部的领导力体现在对校长领导力的放大和具体工作的执行上,具体表现为计划、协调、筹措、掌控、合作和创新等。

(五) 调动教师主体作用

教师是学校各项工作的主要承担者,要有理想信念、道德情操、扎实知识、仁爱之心。我国有 1069 万中小学专任教师,是国家公职人员中人数最多的一个群体。教师是学校品质提升最重要的主体,要提升学校品质,必须充分发挥广大教师的作用。学校要建设共同的精神家园,使广大教职工具有归属感,增强学校的凝聚力,发挥教师的积极性和创造性。学校要定期召开教职工代表大会,最大限度地听取教师对学校管理及各项工作的意见建议,讨论教育教学等方面重大事项,使广大教师真正参与到学校治理中来。要把教师有品质的发展作为学校品质提升的重要组成部分,构建教师发展共同体,鼓励教师开展教研、科研,聘请专家加强对青年教师的指导,积极为教师发展创造机会和舞台。

(六) 凝练学校特色文化

学校文化是学校全体成员在教育教学和管理实践中逐渐积累和共同创造生成的价值观念、思维模式、行为方式及其活动结果,其以具有特色的学校精神、学校制度和物质形态为表现形式,影响和制约着学校全体成员的思想和行为。学校文化是学校的灵魂,是学校可持续发展的内在驱动力,学校文化建设是学校品质提升的重要途径。要确定学校文化建设的高品位,提出的学校文化建设目标要有较高的站位。要审视校徽、校旗、校歌、校训,用这些标志性的东西形成文化特色、凝练文化共识、激励师生员工。学校重视网络文化建设,构建绿色网络空间,并引导学生具备一定的网络鉴别意识。

(七) 构建现代课程体系

课程是学校一切工作的核心,是学校品质提升最重要的载体。学校品质提升必须依托学生每天都要接触的课程才能有效推进。学校要在开足开齐国家课程、地方课程的基础上,根据学生发展需要和学校、社区的资源条件,组织开发富有特色的校本课程,形成学校独有的课程体系。高度重视综合实践活动课程,落实综合实践活动课程要求,组织学生开展研究性学习、社区服务与社会实践以及劳动技术教育,培养学生的创新精神和实践能力,提高学生综合解决实际问题的能力。鼓励教师积极探索教学方法,提高课堂教学效率,努力减轻学生过重课业负担。开展丰富多彩的校园文化活动,使活动课程化,发挥活动育人的功能,实现全方位育人。

(八) 促进学生幸福成长

学校要培养有品质的人,创设有品质的成长环境,设立有品质的课标,让学生站在学校的正中央。促进学生幸福成长就要致力于他们全面而有个性的发展,这是学校品质提升的一个核心目标。学校要全面贯彻党的教育方针,促进学生德智体美劳全面发展,形成核心素养。要使社会主义核心价值观校校上墙入屏,人人牢记于心,时时外化于行。要弘扬中华优秀传统文化,贯彻落实新修订的《中小学生守则》,让学生形成好习惯。要传授给学生基础知识和学科基本结构,避免过度学习,不要让学生学太多东西而失去学习兴趣,要关注学生创造性和动手能力的培养,着力减轻过重的课业负担。要让学生从小养成体育锻炼习惯,在小学阶段形成一些体育爱好,在中学毕业时有一到两项体育特长。不重视艺术教育就谈不上素质教育,就不能实现学校品质提升。要让学生初步具有感受美、鉴赏美、表现美、创造美的意识和能力,让学生能够表现、善于表现、勇于表现,每个中学生应该有一到两项乐器的演奏能力。要让学生动手实践,参加一定的生产劳动,让孩子们出点力、流点汗,甚至经风雨、见世面,不要把学生培养成温室里的弱苗。此外,还要加强心理健康教育,排解学生成长中的烦恼和心理困惑。在整个教育教学过程中,学校都要因材施教,体现一把钥匙开一把锁。

在致力于学校品质提升过程中,要处理好几个关系:

一是硬件建设与内涵发展的关系。提升学校品质是贯彻落实党的教育方针、全面实施素质教育的有效抓手,对于提高教育质量具有重要作用。硬件建设有标准,内涵发展无止境,品质提升永远在路上。

二是品质提升与日常工作的关系。学校品质应成为新形势下学校发展不懈追求的目标。以品质提升统整学校各项日常工作,明确发展思路,提高工作水平,建强骨干团队,不断推进学校品质提升工作深入发展,提高教育教学质量。

三是共同追求与因校制宜的关系。广大学校要抓住品质提升的主要途径,同时立足本校实际,坚持特色办学,谋求稳中求进,为中国特色社会主义建设事业培养出一批全面发展的高素质合格建设者和可靠接班人。

(本文原载《人民教育》2015 年第 12 期)

给力学校品质提升

学校品质是质量、内涵、文化、特色、信誉的集合体。开展学校品质提升，十分必要，恰逢其时，需要给力。

一、让世界教育给力学校品质提升

2015 年 5 月至 7 月笔者先后赴韩国、泰国、以色列、埃及等国进行教育交流任务，真切感受到世界教育出现的新变化，见证了联合国教科文组织举办的世界教育论坛上《仁川宣言》和《面向 2030 年世界教育行动框架》的问世。[①] 各国将基础教育作为国家行为予以安排，将基础知识作为核心素养予以强调，将多方参与作为改进治理予以提倡，将中国教育作为重要案例予以参照。

根据世界教育论坛精神和我国实际，可预测我国基础教育 15 年后能达到的一些目标，学校品质提升亦应顾及之。一是真正实现教育优先发展。世界教育论坛提出，到 2030 年各国教育投入应占其 GDP 的 4% 至 6%。同样，未来我国教育投入将进一步增长，逐步普及 12 年免费教育，实现基础教育办学标准化，切实提高教师待遇，普遍建立起现代学校制度。二是全面实现教育公平公正。面向 2030 年，地域之间、城乡之间的办学条件差距切实缩小，形成良好教育生态；校与校之间、人群之间的公平公正得以实现，儿童随父母一起生活，

---

① 笔者全程参加了这次世界教育论坛。时任联合国秘书长潘基文、时任韩国总统朴槿惠出席论坛并发表热情洋溢讲话，赢得与会者阵阵掌声。2019 年 12 月，笔者与潘基文先生共同在北京钓鱼台国宾馆出席活动，席间谈起这一往事，皆感慨良多。——作者新注

不再存在大量流动儿童、留守儿童,全体学生同在阳光下共同成长进步;对弱势群体更加关爱,对残疾儿童的教育拨款将达到普通儿童的 10 倍左右。三是切实培养学生良好品格。年轻一代要为正义、和平、包容、全纳、安全、可持续的发展作出贡献。未来的教育将更加关心人、尊重人、理解人,促进学生德智体美劳全面自由和谐发展。四是普遍提升终身发展能力。基础教育将重新回到基础,避免过度学习。学生具备基础知识等核心素养,掌握科学逻辑和学科结构,获得不断打开知识宝库之门的金钥匙。五是广泛运用信息技术手段。未来更加多样化的教育推送形式和学习方式必将涌现,一部分学校形态将发生重大改变,进入人人皆学、处处可学、时时能学的学习型社会。六是明确提高学生国际意向。外语教学不会削弱,国际交流力度还会加大。请更多外教来华任教,派更多教师出国任教。继续实施更加开放的留学政策,支持留学,鼓励回国,来去自由,发挥作用。

二、让优秀文化给力学校品质提升

中华文明源远流长,博大精深,为学校品质提升注入不竭动力。影响深远的诸子学说,浩如烟海的历史典籍,气象万千的诗词歌赋,匠心独运的书画雕刻,泽被后世的四大发明,都令后人推崇备至。人生也有涯,而知也无涯。在新形势下,中小学生亟待掌握的美德与素养应结合中华优秀传统文化的主要品质予以精选。

一是注重伦理、道德至上。在先贤们看来,德是首要的。比如,讲爱国的"先天下之忧而忧,后天下之乐而乐",岳母刺字"精忠报国";讲勤学的"少壮不努力,老大徒伤悲""只要功夫深,铁杵磨成针";讲诚信的"言必信,行必果""论必作,作必成";讲友善的"融四岁能让梨""温良恭俭让";等等。从诸子百家到宋明理学,从唐诗宋词到明清小说,从《三字经》《弟子规》到民俗歌谣,很多内容都是价值观教育的经典,教育者要为学生优中选优。

二是儒家为主、和而不同。中国传统文化中最主要的是儒家文化。当然,儒家思想和中国历史上存在的其他学说既相互竞争又相互借鉴,既独树一帜又和谐统一。还有,和谐中的相反相成思想,和谐中的多样性统一特征,和谐思想的有机整体观,亦富哲理。对中小学生开展优秀传统文化教育时,应侧重选择儒家文化之瑰宝,兼顾其他学说之名作。

三是与时俱进、应物变化。传统文化不仅是古代文化。许多学说流派都是顺应社会发展和时代前进不断发展更新的,具有长久生命力。五四运动之后所创造的优秀文化也应纳入传统文化教育范畴。这一时期的文化体现中西交汇,与此前中华文化相融通,是联系我国古代文化与当代文化的桥梁。

四是兼容并蓄、务实厚生。中华民族是一个兼容并蓄、海纳百川的民族,在漫长的历史进程中,不仅输出文化,还学习其他民族的好东西,从不同文明中寻求智慧、汲取营养、相互交流、相互学习、相互借鉴。中华优秀传统文化还注重发挥教化功能,助益国家治理,体现经世致用。在教育实践中,必须引导学生更加热爱祖国,同时懂得国际理解,还要初悟空谈误国、实干兴邦的道理。

三、让管理标准给力学校品质提升

2014 年 8 月教育部印发《义务教育学校管理标准(试行)》(以下简称《标准》),就加强义务教育学校管理提出了 6 类管理职责、22 项管理任务和 92 条管理要求,基本涵盖义务教育学校管理各主要方面,具有较强的针对性、指导性,为义务教育学校实现管理规范化、科学化和精细化提供了依据,也为高中学校管理提供了参考。[①] 教育部在全国确定了 8 个《标准》试点,目前都取得了良好成效,北京市海淀区、贵阳市、成都市蒲江县创造性地推进试点工作。

希望全国所有义务教育学校将《标准》作为学校加强内部管理和制度建设的基本依据,认真梳理管理工作的各个方面,排查存在的问题和差距,对于没有达到要求的项目,采取整改措施,组织攻关,明确达标的时间表、路线图、任务书和责任人,落细、落小、落早、落实,将 92 条要求逐一贯彻到学校管理实

---

① 2017 年教育部对《义务教育学校管理标准》修订并正式颁布,归并为 88 条管理要求。——作者新注

践中。开展学校品质提升,不能没有遵循。学校要按照《标准》,自觉规范管理和教育、教学行为,将各项要求作为行为指南,把各项标准落到工作实处。

四、让学校章程给力学校品质提升

学校依章办学是依法治教的应有之义,是未来学校品质提升的重要遵循。按照党的十八届三中、四中全会对建立事业单位法人治理结构、构建现代公共服务体系、推进社会事业改革创新提出的新要求,有条件的地方或学校要以此为改革发展契机,积极组织参与此项工作。学校章程制定要结合学校治理特点,服务立德树人目标,立足长远,放眼全局,统筹考虑,充分借鉴现有经验,因势推进。不过,学校章程事关教育改革全局,涉及学校法律定位、党政关系、治理结构、教师管理诸多方面,还涉及理事会制度、人财物管理制度的重构和改革。因而,各地在开展此项工作时宜分步实施,分层实现,不必操之过急。在义务教育阶段,在一定区域内的学校也可共享一个章程。

为了给各地学校制定章程提供参照和便利,在《事业单位章程示范文本》(2012 年印发)基础上,结合《全面推进依法治校实施纲要》,教育部、中央编办研究制定了中小学章程分类示范文本,现已通过中央深化改革领导小组批准,不久就要发布①。

五、让基层探索给力学校品质提升

党中央号召深化综合改革,加强依法治国,实现治理能力和治理水平现代化。学校品质提升是实现治理能力现代化的路径。在 2015 年 6 月于江苏泰州举办的全国义务教育改革发展现场经验交流会上,教育部明确倡导学校品质提升,正式拉开了全国学校品质提升的序幕。

---

① 《公办中小学章程范本》等四个章程分类范本已于 2016 年 1 月印发。——作者新注

学校品质提升没有太多现成经验可资借鉴,必须走实践的路子,鼓励基层探索,寻找源头活水。我国立体化的教育国情也决定了不能整齐划一推动工作或用相同尺子衡量成绩,要体现分类指导,鼓励各地先行先试,大胆探索,为一线教育实验者点赞,让各地在完成基本任务的基础上根据实际情况有所创造,有所突破,有所引领。教育部已确定合肥、兰州、赣州市为学校品质提升试点地区。希望更多地方启动学校品质提升,明白学校品质提升的时代背景、实施价值、重要意义,明确学校品质提升的基本目标、实施原则和主要任务,引导学校在确立发展哲学、制定发展规划、培育特色文化、构建科学课程、强化师生主体、凝聚民主参与等方面迈出新步伐,取得新进展。教育部将做好总结、提出意见、统筹指导、培育典型、推广经验。

(本文原载《人民教育》2015 年第 14 期)

试论新时代劳动教育的意蕴与方略

2020年3月,中共中央、国务院发布《关于全面加强新时代大中小学劳动教育的意见》(以下简称《意见》),对新时代劳动教育做了顶层设计和全面部署,意义重大,影响深远。我们必须增强全面贯彻党的教育方针、抓好新时代劳动教育的紧迫感、责任感,明确意蕴,凝练方略,加强保障,把劳动教育落到实处。

一、全面加强新时代劳动教育的意蕴

劳动教育是新时期党对教育的新要求,是中国特色社会主义教育制度的重要内容。广大教育工作者都应该有站位、有立场,全面把握新时代劳动教育的重要意义和丰富内涵,深化理论认识,增进思想自觉。

(一)劳动教育是贯彻马克思主义教育学说之应有之义

劳动是马克思主义用以分析人类历史发展的核心范畴。马克思认为,劳动是人类社会独有的、自觉的对象化实践,"整个所谓世界历史,不外是人通过人的劳动而诞生的过程,是自然界对人来说的生成过程。"[1]恩格斯在《劳动在从猿到人转变过程中的作用》中专门阐述了"劳动创造人"[2]的基本观点。

在揭示劳动与人的发展之间关系的基础上,马克思、恩格斯创立了人的全

---

[1] 马克思:《1844年经济学哲学手稿》,人民出版社2000年版,第170页。
[2] 马克思、恩格斯:《马克思恩格斯选集》(第3卷),人民出版社1972年版,第508—520页。

面发展的教育理论。首先,人的发展是劳动能力的发展。在谈到劳动过程时,马克思指出,人通过劳动改变身外的自然,也就同时改变他自身的自然,"使他自身的自然中沉睡着的潜力发挥出来,并且使这种活动受他自己的控制。"①恩格斯同样指出:"生产劳动给每一个人提供全面发展和表现自己全部的体力和脑力的能力的机会"。② 其次,人的发展是人的社会关系的发展。马克思认为,劳动是人类全部社会关系形成和发展的基础,而"这些社会关系实际上决定着一个人能够发展到什么程度"。③ 他指出,"人的本质是人的真正的社会联系,所以人在积极实现自己本质的过程中创造、生产人的社会联系、社会本质。"④最后,教育与生产劳动相结合是造就全面发展的人的唯一方法。在马克思看来,"未来教育对所有已满一定年龄的儿童来说,就是生产劳动同智育和体育相结合,它不仅是提高社会生产的一种方法,而且是造就全面发展的人的唯一方法。"⑤马克思恩格斯还极为重视综合技术教育,认为这种教育可以使少年儿童了解生产过程的基本原理,获得运用各种生产工具的最简单的技能,从而弥补旧式分工所造成的体力劳动与脑力劳动的分离。列宁进一步指出:"无论是脱离生产劳动的教学和教育,或是没有同时进行教学和教育的生产劳动,都不能达到现代技术水平和科学知识现状所要求的高度。"⑥

新时代劳动教育,是对马克思主义劳动观和教育学说的继承发展,是对劳动本质属性的回归,旨在引导学生正确认识劳动,正确看待劳动和劳动人民。我们应加强马克思主义劳动观的教育,"超越将劳动单纯视为技能训练的认识局限,使学生自觉认识到劳动是彰显生活意义的个体实现过程"⑦,是创造财富、创造价值、成就自我的过程,摒弃坐享其成、投机取巧、一夜暴富等不良思想,砥砺勤劳自强、诚实守法、创新创造之品格。

---

① 马克思:《资本论》(第1卷),人民出版社2004年版,第208页。
② 马克思、恩格斯:《马克思恩格斯选集》(第3卷),人民出版社1972年版,第333页。
③ 马克思、恩格斯:《马克思恩格斯全集》(第3卷),人民出版社1960年版,第295页。
④ 马克思:《1844年经济学哲学手稿》,人民出版社2000年版,第170页。
⑤ 马克思:《资本论》(第1卷),人民出版社2004年版,第556—557页。
⑥ 列宁:《列宁全集》(第2卷),人民出版社1984年版,第461页。
⑦ 徐海娇:《意义生活的完整性:人工智能时代劳动教育何以必要与何以可为》,《国家教育行政学院学报》,2019年第11期。

（二）劳动教育是贯彻习近平总书记关于劳动重要论述之关键举措

习近平总书记高度重视劳动的价值和意义，在一系列的讲话中作了深刻阐述。他指出："人世间的一切成就、一切幸福都源于劳动和创造"①，"人民创造历史，劳动开创未来。劳动是推动人类社会进步的根本力量"②，"人类是劳动创造的，社会是劳动创造的。劳动没有高低贵贱之分，任何一份职业都很光荣"。③ 他反复强调，"实现我们的奋斗目标，开创我们的美好未来，必须紧紧依靠人民、始终为了人民，必须辛勤劳动、诚实劳动、创造性劳动"④。

基于对劳动价值的重视，习近平强调要弘扬劳动精神和劳模精神。2013年，他在全国劳模大会上提出"各级领导干部要带头发扬劳模精神"⑤。2015年，他在全国劳模大会上再次指出"在前进道路上，我们要始终弘扬劳模精神、劳动精神"⑥。2018年五一前夕，他在给中国劳动关系学院劳模本科班学员的回信中强调："全社会都应该尊敬劳动模范、弘扬劳模精神，让诚实劳动、勤勉工作蔚然成风。"⑦ 2018年9月10日，他在全国教育大会上再次强调，要在学生中弘扬劳动精神，教育引导学生崇尚劳动、尊重劳动，懂得劳动最光荣、劳动最崇高、劳动最伟大、劳动最美丽的道理，长大后能够辛勤劳动、诚实劳动、创造性劳动。

习近平相关重要论述立足新时代，深刻揭示劳动的创造本质，高度评价劳动的重大意义，大力倡扬劳模精神、劳动精神和工匠精神，为全面加强新时代劳动教育指明了方向，确立了定位。对此，可作三点理解：第一，劳动不能泛化。不能辩称教师讲课是劳动，学生写作业是劳动，没必要再提劳动教育。其

---

① 《习近平谈治国理政》，外文出版社2014年版，第4页。

② 习近平：《在同全国劳动模范代表座谈时的讲话》，《人民日报》2013年4月28日。

③ 习近平：《在知识分子、劳动模范、青年代表座谈会上的讲话》，人民出版社2016年版，第9页。

④ 《习近平谈治国理政》，外文出版社2014年版，第4页。

⑤ 《习近平谈治国理政》，外文出版社2014年版，第4页。

⑥ 习近平：《在庆祝"五一"国际劳动节暨表彰全国劳动模范和先进工作者大会上的讲话》，《人民日报》2015年4月28日。

⑦ 习近平：《给中国劳动关系学院劳模本科班学员的回信》，《人民日报》2018年5月1日。

实,这些是广义的劳动,读书、写作业、搞课题,不是这里所说的劳动,课堂亦非劳动的主要场所。要让学生走出教室动手体验,感受过程,看到成果。第二,劳动不能矮化。不能以学生首任是学习为由,把劳动简单地理解为自己洗手绢和袜子。如果是那样,不搞劳动教育,学生也应做到。第三,劳动也不能窄化。到工厂去干活、到田间去收割,固然是劳动,但如果断定只有学工、学农才算劳动,则不可取。有利于增强学生动手体验、提升学生实践能力、激发学生做事热情的各种活动安排,都是应予以鼓励。

(三) 劳动教育是贯彻党的教育方针之有机部分

新中国成立 70 多年以来,中国共产党高度重视教育与生产劳动的结合,认为这是确保教育事业同国民经济发展的要求相适应,培养理论与实际结合、学用一致、全面发展的新人的根本途径。

新中国成立之初,囿于百废待兴的社会现状,劳动教育的定位多是为生产建设服务。1958 年 9 月,中共中央、国务院发出的《关于教育工作的指示》中明确提出,"党的教育工作方针,是教育为无产阶级政治服务,教育与生产劳动相结合",同时指出"教育的目的,是培养有社会主义觉悟的有文化的劳动者"①。党的十一届三中全会后,我国进入了改革开放新的历史时期,劳动教育主要是为了经济建设服务。邓小平在 1978 年全国教育工作会议上指出:"现代经济和技术的迅速发展,要求教育质量和教育效率的迅速提高,要求我们在教育与生产劳动结合的内容上、方法上不断有新的发展。"②21 世纪初新课改后,劳动教育的功能与定位得到拓展。2010 年,《国家中长期教育改革和发展规划纲要(2010—2020)》提出:"坚持教育为社会主义现代化建设服务,为人民服务,与生产劳动和社会实践相结合,培养德智体美全面发展的社会主义建设者和接班人"③。

---

① 中共中央文献研究室:《建国以来重要文献选编》(第十一册),中央文献出版社 2011 年版,第 425 页。
② 《邓小平文选》,人民出版社 1994 年版,第 107 页。
③ 中共中央文献研究室:《十七大以来重要文献选编》(中),中央文献出版社 2011 年版,第 865 页。

进入新时代,党的教育方针更加注重教育服务社会主义现代化建设和促进人的全面发展的有机统一,明确提出教育要"为人民服务、为中国共产党治国理政服务、为巩固和发展中国特色社会主义制度服务、为改革开放和社会主义现代化建设服务。"①"以凝聚人心、完善人格、开发人力、培育人才、造福人民为工作目标,培养德智体美劳全面发展的社会主义建设者和接班人"②。这就要求我们结合建设社会主义现代化强国认识劳动教育承担的新使命,结合产业新业态、劳动新形态拓展劳动教育的新内容,结合社会主义核心价值观突出劳动教育的新导向,为建设一支"知识型、技能型、创新型劳动者大军"③而努力。

(四) 全面加强劳动教育是新时代之现实呼唤

党的十八大以来,我国在劳动教育方面作出积极努力,取得可喜进展。2015 年,教育部、共青团中央、全国少工委联合印发《关于加强中小学劳动教育的意见》,提出要充分发挥劳动综合育人功能,以劳树德、以劳增智、以劳强体、以劳育美、以劳创新,促进学生德智体美劳全面发展。④ 2016 年,教育部修订的《中小学生守则》要求"勤劳笃行乐奉献","主动分担家务,参与劳动实践,热心志愿服务"。以此为指导,各地进行了积极探索。2010—2020 年,笔者实地调研发现:海南思源学校集团重视种植养殖;山西省晋中市张庆中学采取"学校+农户"的劳动实践基地模式;湖北省孝感市孝南区三叉镇初中在校门外设立劳动教育试验田;江苏省锡山高中探索劳动教育新方式,建成校内"社区",号召全体学生参与"社区"志愿服务,计 3 学分。云南省怒江傈僳族自治州的学校都有勤工俭学基地,普遍开展种植养殖;山东省淄博市临淄区每

---

① 《习近平谈治国理政》(第二卷),外文出版社 2017 年版,第 377 页。
② 习近平在全国教育大会上强调:坚持中国特色社会主义教育发展道路,培养德智体美劳全面发展的社会主义建设者和接班人。2018 年 9 月 10 日,http://cpc.people.com.cn/n1/2018/0910/c64094-30284598.html。
③ 习近平:《决胜全面建成小康社会 夺取新时代中国特色社会主义伟大胜利——在中国共产党第十九次全国代表大会上的报告》,人民出版社 2017 年版,第 31 页。
④ 教育部、共青团中央、全国少工委:《关于加强中小学劳动教育的意见》,http://www.moe.gov.cn/srcsite/A06/s3325/201507/t20150731_197068.html。

年开展劳动周,研发了课程,配备了教师。浙江宁波财贸学院重视提升学生劳动素养;东北林业大学常年组织学生在校属林场劳动实践。

虽然劳动教育已取得一定进展,但总体上与中央《意见》要求差距尚大。就学校看,劳动与技术课程常被占用,师资、场地、经费缺乏,劳动教育基本无计划、无考核。就家庭看,家长往往只关心孩子学业成绩,体力劳动和生产劳动常被忽视。就社会看,一夜暴富、不劳而获的思想有所蔓延,体力劳动和生产劳动被淡化,轻视劳动、不会劳动、不珍惜劳动成果的现象仍然存在。上述情况影响了青少年学生的健康成长,全面加强新时代劳动教育势在必行。

二、全面加强新时代劳动教育的方略

立足新时代,应当抓住重点,疏通堵点,突破难点,培育增长点,确立大中小学加强劳动教育的一些共同方略。

(一) 明确劳动教育原则

1.把握育人导向

劳动教育的重点是"在系统的文化知识学习之外,有目的、有计划地组织学生参加日常生活劳动、生产劳动和服务性劳动,让学生动手实践、出力流汗,接受锻炼、磨炼意志,培养学生正确劳动价值观和良好劳动品质"[1]。要转变劳动教育"技术化"的片面理解,扭转"有劳动无教育"的形式主义现象。不管组织学生参加什么样的劳动,都需要围绕劳动教育的目标,对劳动实践过程进行必要设计,分析实现有关目标的关键环节和要素,让学生身验之、心悟之。要使学生不仅拥有灵巧的手、聪明的脑,能创新、善思维,还对劳动、劳动者持有一颗温暖的心。[2]

---

[1] 中共中央、国务院:《关于全面加强新时代大中小学劳动教育的意见》,http://www.gov.cn/zhengce/2020-03/26/content_5495977.htm.

[2] 褚宏启:《21世纪劳动教育要有更高立意和站位》,《中小学管理》2019年第9期。

2. 遵循教育规律

劳动教育有规律，不能人云亦云。一要坚持适当适度。根据学生年龄特征、性别差异、身体状况等特点，选择合适的劳动项目和内容。要结合不同年龄段孩子身心发展的规律和特点，开展相应劳动教育。二要坚持有机融入。探索劳动教育在各种教育、教学活动中的渗透方式，有效发挥课程教学、社会实践、学校文化的劳动教育功能，让学生在日常学习生活中形成劳动光荣、劳动伟大的正确观念。三要坚持循序渐进。劳动可以分为家务劳动、手工劳动、生产劳动、社会公益劳动等类型。从可行性角度看，可从日常生活劳动教育入手，随着他们年龄的增长，逐步向服务性劳动教育和生产劳动教育拓展，夯实学生成长的基石。

3. 体现时代特征

新时代的劳动教育，应具有新时代的特点。一要弘扬劳动精神。让勤俭、奋斗、创新、奉献成为时代主旋律。新时代劳动教育不只关注学生做了什么，更重要的是让他们在动手实践、出力流汗中埋下崇尚劳动的种子，在接受锻炼、磨炼意志中涵养不懈奋斗的精神。二要融合科学技术。当前，人类生产工具和劳动形态发生深刻变化，"当代工人不仅要有力量，还要有智慧、有技术，能发明、会创新，以实际行动奏响时代主旋律"①。因此，劳动教育不仅要继承行之有效的传统方式，而且要开展信息化和工业4.0时代的新探索。三要提倡手脑并用。劳动教育诚然突出体力劳动，但并非只干不思。不仅应让学生"双脚扎进泥土里"，还要"头脑跟上新时代"。在劳动教育中，要鼓励学生手脑并用，灵活掌握、融会贯通各类知识和技巧，主动运用所学知识理解与解决问题，并做出基于证据的解释。② 四要激发创新潜力。比占有知识更重要的是拥抱智慧，只有让学生在体验和尝试中摆脱重复和机械，他们才能成为有感情、能创造的人。劳动教育要重视学生自身发展需求，尊重学生的自主选择，让他们进行大胆的研学、实践，使他们的创造潜力得到激发。

---

① 习近平：《在同全国劳动模范代表座谈时的讲话》，《人民日报》2013年4月28日。
② 教育部：《中小学综合实践活动课程指导纲要》，2017年10月17日，http://www.moe.gov.cn/srcsite/A26/s8001/201710/t20171017_316616.html。

4. 强化综合实施

劳动教育涉及方方面面,要取得切实成效,须进行系统、整体地思考和设计。从纵向上看,要根据学生年龄特点,把小学、中学、大学各学段的劳动教育贯通起来,处理好学期之间、学年之间、学段之间活动内容的有机衔接,要求逐渐提高,内容不断丰富,体现层层递进,螺旋上升。从横向上看,要促进劳动教育与德育、智育、体育、美育相融合,体现德智体美劳全面发展。普通高校要重点引导学生积累职业经验,树立正确的就业观,懂得空谈误国、实干兴邦的道理。职业院校在抓好职业技术教育的同时,强化劳动精神、劳模精神、工匠精神教育,让学生增强职业荣誉感。

5. 坚持因地制宜

中国立体化的国情决定了不能用一种要求推动工作,一把尺子衡量效果。不同区域的学校,比如农村、城乡接合部以及城市内部学校应当根据实际情况因地制宜。各地各校应当结合当地的自然、经济、文化等情况,充分挖掘可利用的资源,宜工则工,宜农则农,采取多种形式开展劳动教育。

(二)扩宽劳动教育途径

1. 落实相关课程

劳动教育不能仅仅局限于具体的劳动活动安排,还需要通过课程设置落到实处。《意见》规定,开齐开足劳动教育课程,完善教学大纲,明确课程目标,保证教育课时。根据《义务教育课程设置实验方案》和《普通高中课程方案》,中小学应将国家规定的综合实践活动课程、通用技术课程作为实施劳动教育的重要渠道。其他课程也蕴藏着大量劳动教育的素材,应因势利导、润物无声地开展劳动教育。如在语文、历史等学科教学中加大劳动观念和态度的培养,在物理、化学、生物等学科教学中加大动手操作和劳动技能的培养。高等学校应开设马克思主义劳动观、人类劳动发展史等专门课程,同时将劳动教育有机纳入专业教育,加强与行业企业紧密协同,深化产教融合,优化人才培养模式。

2. 开展校内劳动

在学校日常运行中渗透劳动教育,积极组织学生参与校园卫生保洁和绿化美化,普及校园种植。开辟专门区域种植花草树木或农作物,让班级、学生踊跃认领,精心呵护。有条件的学校应适当开展养殖。大力开展与劳动有关的兴趣小组或社团、俱乐部活动,组织学生参与手工制作、电器维修、班务整理、室内装饰、勤工俭学。广泛组织以劳动教育为主题的班团队会、劳模报告会、手工劳技展演,提高学生劳动意识。

3.组织校外劳动

将校外劳动纳入学校的教育工作计划,每个学段都应安排一定时间的农业生产、工业体验、商业和服务业实习等劳动实践。充分利用劳动教育实践基地、综合实践基地和其他社会资源,开展研学旅行、团日队日活动和社会实践。中小学可结合实际情况组织学生参加适当的生产劳动,有条件的学校应当设立劳动教育基地。高等学校可组织学生参加冬奥会、冬残奥会志愿服务或其他各类志愿服务、公益劳动,有条件的大学可在城郊设立青年林,人人种活一棵树,见证成长念祖国。

4.鼓励家务劳动

中小学应教育学生自己的事情自己做,家里的事情帮着做,参与孝亲、敬老、爱幼等方面的劳动,针对学生的年龄特点和个性差异,布置洗碗、洗衣、扫地、整理等力所能及的家务。密切家校联系,转变家长对孩子参与劳动的观念,让家长成为孩子家务劳动的指导者和协助者,形成劳动教育合力。大学生应当自立自强,理解父母,避免啃老,掌握就业创业本领。

(三) 联通劳动教育环节

1.增进劳动认知

知者,即人们对客观世界的理性认识。人类社会发展的历史告诉我们,每一项劳动技术,每一种劳动形态均来自于人类生产生活实践,是人类千百年来实践经验的积累和提高。刀耕火种技术决定生产劳动处于自然耕作的原始状态,而科技信息技术的使用则提升了劳动的现代化、自动化水平。因此,可通过讲解说明、操作训练、项目实践、反思交流、榜样激励等劳动教育形式,使学生对劳动技术、劳动形态的历史内涵及现实意义进行理性思考,能够运用娴熟的劳动技术从事各种具体劳动,最终明白只有掌握劳动技术才能进行有效劳动的科学道理。

2. 培养劳动情感

情者,即人的情绪与情感,是人们对客观事物是否符合其需要所产生的态度和主观体验。教育是心心相印的活动,唯独从心底发出来,才能打动心灵的深处。劳动教育要让学生切切实实地感受、体会到劳动和劳动人民的艰辛与不易,真正懂得"粒粒皆辛苦",从而树立"劳动最光荣、劳动最崇高、劳动最伟大、劳动最美丽"的思想感情。应让学生从劳动的成果上得到愉悦和满足,真正懂得生活靠劳动创造,美好人生也靠劳动创造,进而激发劳动情趣和劳动热情。

3. 磨炼劳动意志

意即意志,是人们自觉地确定目的,选择手段,去克服困难实现预定目的的心理过程。今天的学生绝大多数是在不愁吃穿的环境中长大的,培养他们吃苦耐劳精神、奋斗精神至为必要。所以,劳动教育的设计应有一定挑战性,不仅有质的要求,还要有量的规定;不仅有劳动体验,还要完成劳动任务;不仅提倡自己动手,还鼓励团队合作。不搞劳动一日游,不搞"留痕式"劳动。"通过劳动和创造播种希望、收获果实,也通过劳动和创造以磨炼意志、提高自己"①。

4. 养成劳动习惯

行为即人们在具体处理事务中的外在表现,习惯是由反复体验和练习而巩固下来的变成自己需要的行动方式。要有劳动的能力,必须真正动手去劳动。《尚书》云:"不知稼穑之艰难,乃逸乃谚。"没有挥洒过劳动的汗水,没有体味过劳动的艰辛,就很难真正理解劳动的内涵、珍视劳动的价值。"不能在课上'听'劳动、在课外'看'劳动、在网上'玩'劳动"。② 要明确一定时间,以体力劳动为主,组织学生亲身参与劳动过程,初步走进社会生产,了解草木鸟兽,体验稼穑农桑,在扎根大地的劳动中展现风采、感受快乐、实现成长、形成习惯。

---

① 习近平:《在同全国劳动模范代表座谈时的讲话》,《人民日报》2013 年 4 月 28 日。
② 陈宝生:《全面贯彻党的教育方针　大力加强新时代劳动教育》,《人民日报》2020 年 3 月 30 日。

（四）协同劳动教育主体

办好教育事业,家庭、学校、政府、社会都有责任。[①] 开展劳动教育,学校担负第一责任。同时,新时代劳动教育具有鲜明的社会性和实践性,要求学生面对真实的环境世界和现实生活,这与当下强调学习的情景化、综合化、应用化是一致的。欲达此目标,学校关起门抓劳动教育行不通。因此,新时代劳动教育应当发挥家庭基础作用,唤起家长责任,担当孩子榜样,做好教育引导;新时代劳动教育更需要社会各方面支持,加强政府统筹,搭建活动平台,形成协同育人格局,营造良好氛围。

三、全面加强新时代劳动教育的保障

新时代应有新担当。为避免劳动教育流于形式,就必须把劳动教育的各相关要素落实到位,确保劳动教育得到全面加强。

（一）人员师资保障

劳动教育能否取得满意的效果,很大程度上取决于师资队伍的专业水平高低,因此必须加强师资队伍建设。一是配备合格人员。积极探索建立专兼职结合的劳动教育教师队伍,保证专任教师的稳定性,并聘请能工巧匠、专业技术人员担任兼职教师。高等学校、职业院校应当建立必要的劳模工作室、技能大师工作室。二是明确管理要求。采取有效措施,在工资待遇、绩效考核、职称评聘、评优选先、骨干教师培养等方面,对劳动教育教师同等对待,保持劳动教育教师队伍的稳定与发展。三是加强专业培训。组织经常性的教研活动,开展教学竞赛,引导劳动教育教师探索教育规律,总结有效经验,不断提高

---

① 习近平在全国教育大会上强调:坚持中国特色社会主义教育发展道路,培养德智体美劳全面发展的社会主义建设者和接班人。2018 年 9 月 10 日,http://cpc.people.com.cn/n1/2018/0910/c64094-30284598.html。

劳动教育的实效性和专业化水平。

（二）实践场地保障

当前,适合学生的劳动教育项目少、基地少、建设不均衡,是制约劳动教育向深度广度推进的重要因素。[①] 为此应多措并举,加强实践场地的建设。一是拓展资源。教育行政部门应推动建立校际间及学校与社会相关部门间的协作机制和资源共享平台,强化资源统筹管理,推动公共资源间的相互联系和硬件资源的共享,为学校利用各种社会资源及丰富自然资源提供政策支持。二是以点带面。近些年,一些地方和学校在建设城市劳动技术中心,普通学校与职业学校的协同,城市学校种植角,建设联盟校共享基地、集团校共享基地、独立校单独基地,深化校企合作以及学校与社区合作等方面,探索出了行之有效的劳动教育场地建设模式。各地方应积极梳理,做好经验推广,为各学校拓展实践场地提供范例和样板。三是就地取材。农村地区应争取当地政府和有关部门支持,安排相应的土地、山林、草场或水面作为学农实践的基地。城市地区应与各部门协同建立劳动教育实践基地,或利用青少年校外活动场所、青少年宫和各类综合实践基地开展劳动教育。有条件的学校还可建设专门的劳动与技术教育教室,配置相应设备和所需耗材。

（三）经费投入保障

探索建立政府保障为主、学校等相关方面共同承担的多元化劳动教育经费筹措保障机制。政府部门应在师资队伍建设、设备配置、场地建设、常规运行经费等方面,加强财政投入。中小学可按照规定统筹利用公用经费开展劳动教育;高等学校应利用可支配资金用于劳动教育,确保建设经费充足,奖励资金到位,形成良性的发展机制。

（四）风险防范保障

增强安全意识,签署安全承诺,落实安全措施。针对学生身心发展阶段特

---

① 北京市委党校、光明日报联合调研组:《劳动教育,事关全面发展的大计》,《光明日报》2019 年 1 月 18 日。

征,适度安排劳动强度、时长,关注劳动任务与场所设备的适宜性。遵守安全规范,制订安全预案,预防接触有害物品,防范新冠病毒及各类传染病。同时要加强对学生的安全教育,提升学生安全防范能力,使其掌握应急避险和自救自护常识或技能。

(五) 督导评价保障

教育评价是"指挥棒"。教育督导部门应把劳动教育开展情况作为督导重点,对学校实施劳动教育进行经常性督导,对地方各级政府和有关部门保障劳动教育情况进行专项督导。完善通报制度、反馈制度、整改制度、约谈制度、激励制度等监督机制,压实责任,传导压力,奖优罚劣。各级各类学校应把学生劳动课程学习、劳动实践锻炼、创新性劳动成效以及劳动习惯养成、劳动品质形成,纳入学生综合素质评价内容。评价体系既包括参加劳动次数、劳动时间等量化指标,也包括劳动态度、实际操作、劳动成果等质性分析,考核结果记入学生综合素质档案,作为学生升学、评优的参考。通过多重努力,全面加强新时代劳动教育,培养德智体美劳全面发展的社会主义建设者和接班人。

(本文原载《课程·教材·教法》2020年第5期)

高等教育研究

用全国教育大会精神指引我国高等教育内涵式发展

　　党的十八大报告和十九大报告分别提出了"推动高等教育内涵式发展"和"实现高等教育内涵式发展"的重大论断。所谓高等教育内涵式发展,是指不单纯以规模和数量的增长为发展要素,而是以高等教育本质属性要求及高等教育内部诸要素有效开发为驱动的发展模式,具有规模适度、结构协调、质量提升等显著特征①。实现高等教育内涵式发展,是我国高等教育进入新时代的内在要求,也是我国实现高等教育强国的内在要求。党的十八大以来,党和国家把教育摆在优先发展的战略地位,谋篇布局高等教育繁荣,投入得以加大,容量又有增加,体系逐步健全。截至 2017 年,全国共有普通高等学校 2631 所,比 2012 年增加 189 所。在校总规模达 3779 万人,比 2012 年增加 454 万人,增长 13.7%。高等教育毛入学率达到 45.7%,比 2012 年提高 15.7%②,已提前实现《国家中长期教育改革和发展规划纲要(2010—2020 年)》中确定的 40%的目标。普通高校招生规模已经达到 842.1 万人,比 2012 年增加 94.3 万人,增长 12.7%,其中,招收普通本专科生 761.49 万人,硕士生 72.22 万人,博士生 8.39 万人。毕业生规模达 793.6 万人,比 2012 年增加 120.2 万人,增长 17.9%③。可见,我国高等教育正在实现从大众化向普及化的转变,为我国高

---

　　① 眭依凡:《引领高等教育内涵式发展:高等教育研究适逢其时的责任》,《中国高教研究》2018 年第 8 期。

　　② 教育部:《2017 年全国教育事业发展统计公报》,2018 年 7 月 19 日,见 http://www.moe.gov.cn/jyb_sjzl/sjzl_fztjgb/201807/t20180719_343508.html。

　　③ 教育部:《各级各类学历教育学生情况》,2018 年 8 月 8 日,见 http://www.moe.gov.cn/s78/A03/moe_560/jytjsj_2017/qg/201808/t20180808_344698.html。

等教育的新发展奠定了坚实的基础。

进入新时代,随着社会主要矛盾的转变和创新驱动战略、人力资源强国战略的日益推进,我国高等教育站在了由大向强的转折关头。在这个非凡的历史起点上,围绕着提质增效、改革创新主题,高等教育内涵式发展势在必行。2018年9月10日—11日召开的全国教育大会分析研究我国教育面临的新形势新任务,对当前和今后一个时期教育工作作出重大部署,动员全党全国全社会为加快推进教育现代化、建设教育强国、办好人民满意的教育而努力。总书记在全国教育大会上的讲话提炼了教育改革发展取得巨大成就的"九个坚持",对高等教育内涵式、特色化发展以及如何培养创新型、复合型和应用型人才进行了阐述①。总书记的这些重要论述,对我们分析和认识新时代高等教育内涵发展的新使命和新任务拓宽了视域,开启了思索,指明了前进方向。

一、坚持党的全面领导、确保社会主义办学方向是实现高等教育内涵式发展的根本保证

"东西南北中,党政军民学,党是领导一切的"。习近平总书记在全国教育大会上强调,我国是中国共产党领导的社会主义国家,这就决定了我们的教育必须把培养社会主义建设者和接班人作为根本任务,培养一代又一代拥护中国共产党领导和我国社会主义制度、立志为中国特色社会主义奋斗终身的有用之才。党的领导是扎实办好中国特色高等教育事业的根本保证和本质特征。加强党对高校的领导,必须抓住关键、抓在根本、抓好难点。

(一) 抓好党的政治建设

根据全国教育大会精神,在新时代应当加强各级各类学校党的领导和党

---

① 习近平:《坚持中国特色社会主义教育发展道路 培养德智体美劳全面发展的社会主义建设者和接班人》,2018年9月10日,见 http://www.xinhuanet.com/politics/leaders/2018-09/10/c_1123408400.htm。

的建设工作,支持学校党组织讨论决定学校重大问题,履行好把方向、管大局、做决策、抓班子、带队伍、保落实的领导职责,保证党的路线方针政策和上级党组织决定不折不扣得到贯彻执行。用"四个意识"导航,用"四个自信"奠基,用"两个维护"铸魂。建立健全加强和坚持党的领导的组织体系、制度体系、工作机制,形成落实党的领导纵到底、横到边、全覆盖的工作格局。

首先,坚持党管办学方向。把坚决贯彻党的理论路线方针政策和中央重大决策部署,作为首要职责任务抓紧抓好,在政治立场、政治方向、政治原则、政治道路上与党中央保持高度一致。学校党委要把主要精力放在抓方向、议大事、管全局上,谋划推进、保障落实人才培养、学科建设、科研管理等重大改革、重要事项,充分发挥党总揽全局、协调各方的领导核心作用。

其次,坚持党管意识形态。立足新时代,在教师引进、课程建设、教材选用、学术活动等重大问题上把好政治关。加强对学术组织、学生社团的引导,规范其健康有序地开展活动,管好各类思想文化阵地。

最后,坚持党管人才工作。按照既讲政治又懂教育的标准,着力在选好干部、配强班子、优化结构、储备人才上下功夫,使那些政治上敢担当、能担当、有担当的干部脱颖而出,让想干事者有机会、能干事者有舞台、干成事者有地位。加强对高层次人才的政治吸纳和政治引领,从培育导向到遴选标准,从使用方式到监督管理,都必须坚持正确的政治方向,不仅要求人才有才,更需要人才有德,有信仰,有公心,有情怀。

(二) 理顺大学决策机制

党委领导下的校长负责制是我们党对高等学校领导的根本制度,是高等学校坚持社会主义办学方向的重要保证。2014 年,中央办公厅印发了《关于坚持和完善普通高等学校党委领导下的校长负责制的实施意见》,进一步明确了这一根本制度。坚持和完善党委领导下的校长负责制,根本出发点和落脚点是要形成党政合力,办好让人民满意的大学,造就高水平一代新人。为此,必须高度重视制度的规约和保障作用,努力建立健全党政分工合作、协调运行的工作机制。

首先,完善科学决策机制。凡是涉及重要干部任免、重要人才使用、重要阵地建设、重大发展规划、重大项目安排、重大资金使用、重大评价评奖活动等工作,都要根据党的决策部署和各项规定,经学校党委常委会研究决定,保证高校党委对本校工作实行全面领导。

其次,完善民主议事机制。细化党委常委会和校长办公会议事规则,进一步明确议事范围、议事主体、议事程序以及议题的提出和确定、讨论的程序、表决的方式。

最后,建立沟通谈心机制。党委领导班子成员,应当同心同德,团结协同,相互补台。党委书记和校长应当相互尊重,相互理解,坦诚相见,切实做到日常工作定期沟通、重要决策事先沟通、紧急事项及时沟通,努力营造团结共事的正能量。

(三) 选好用好管好干部

坚持新时代党的组织路线,树立正确用人导向,把政治过硬、品德优良、业务精湛、锐意进取的优秀干部选配到各类学校领导岗位上来。发挥基层党组织作用,使基层党组织成为师生最贴心、最信赖的组织依靠,成为学校教书育人的坚强战斗堡垒,把教师和学生党员的先锋模范作用发挥好,把广大师生最广泛地凝聚团结起来。学校党组织要按照新时代党的建设总要求,坚持把政治建设摆在首位,不断推进党的建设新的伟大工程。加强党员日常教育管理,持之以恒落实中央八项规定,深入推进反腐败斗争,给学校营造风清气正的良好政治生态环境。学校要防止微腐败,在教师违规收受礼金礼品、教师与校外机构进行勾连、高校经费管理、考试招生、选人用人、科研项目、附属医院管理等方面,都要防控风险。

二、坚持立德树人根本任务、提高人才培养能力,是实现高等教育内涵式发展的本质要求

培养什么人是教育的首要问题。习近平总书记在全国教育大会上强调,坚持把立德树人作为教育的根本任务,要在坚定理想信念、厚植爱国主义情

怀、加强品德修养、增长知识见识、培养奋斗精神、增强综合素质六个方面下功夫。高等教育作为教育的最高层次，培养各类高素质人才是其核心使命、核心价值所在。推动高等教育内涵式发展，要把立德树人放在人才培养的核心位置，做到育人和育才的辩证统一。

（一）育人之本，在于立德铸魂

国无德不兴，人无德不立。从教育的使命来讲，在大学中以立德为根本，

首先，把握德与才的辩证关系。"德者，才之帅也"。蔡元培也曾指出德育缺失的后果："德育实为完全人格之本，若无德则虽体魄智力发达，适足助其为恶，无益也。"人才首先要有为人处世之德，其次才会有成事济世之才。正是在这个意义上，习近平总书记强调，"思想政治工作是学校各项工作的生命线"。

其次，把握好大德、公德、私德的辩证关系。钱穆先生分析古人的道德实践路径时说："《大学》直从诚意、正心、修身、齐家、治国、平天下一以贯之，而归宿到'一是皆以修身为本'。"朱熹亦言："君子教人有序，先传以小者近者，而后教远者大者。"对于有思想、有个性、有见识的青年大学生，德育既要立意高远，又要立足平实。只有教会学生善于与人相处，学会理解、宽容、沟通、合作，培养健康心理，塑造健全人格，才能更好地引导学生以品德润身、有公德善心、用大德铸魂，成为有大爱大德大情怀的人。

最后，把握德育的时代内涵。从现实的情况来讲，当前，在思想文化大激荡背景下马克思主义在意识形态领域的主导权面临严峻挑战，社会转型期社会主义核心价值观面临市场逐利性的挑战，实用主义、虚无主义等思潮对青年学生带来了一些负面影响。应当分析本来的，鉴别外来的，消化内生的，纠正错误的。因事而化、因时而进、因势而新，引导青年学生正确认识世界和中国发展大势，走出思想误区，澄清模糊认识，增强道路自信、理论自信、制度自信和文化自信。

（二）育才之要，重在素质提升

根据全国教育大会精神，笔者认为新时代智育应体现在 4 个方面。

第一,学习知识是本职。青少年学生应珍惜光阴,心无旁骛,如饥似渴学习知识。既重视宽度,又重视深度;既掌握知识,又形成见识;既把握特点,又洞悉规律;既勤于学习,又敢于创新、勇于实践,求真理、悟道理、明事理。

第二,立足国情是使命。平等对待每一位学生,减轻过重课业负担,激发好奇心、想象力。了解中华文化变迁,触摸中华文化脉络,感受中华文化魅力,汲取中华文化精髓。

第三,全球视野是站位。关注世界形势和发展变化,开阔学生视野,借鉴异域长处,摒弃腐朽思想。

第四,奋斗精神是动力。培养学生的责任感、坚强意志、吃苦耐劳精神。鼓励学生立鸿鹄志、做奋斗者,懂得志不求易、事不避难,力求敢于担当、不懈奋斗,从而刚健有为,自强不息。

(三)育生之要,重在全面发展

习近平总书记在全国教育大会上指出:"要以凝聚人心、完善人格、开发人力、培育人才、造福人民为工作目标,培养德智体美劳全面发展的社会主义建设者和接班人","要在增强综合素质上下功夫,教育引导学生培养综合能力,培养创新思维"。素质是在人的先天生理基础上经过后天教育和社会环境的影响,由知识内化而形成的比较稳定的心理品质。因此,综合素质的提升不只是学生认知的结果,也往往以学生的各种各样的体验为基础。"琴修德,棋开智,书练体,画蕴美",当感同身受、深切体验时,会把感情也融入于认识之中,使知识更容易影响到素质。素质教育不仅是一种人才培养模式,它更是一种教育思想,应当贯穿于人才培养的全过程。德智体美劳应五育并举,不能偏废,这是贯彻教育方针的体现。以外语类专业为例,在人才培养理念上,必须突出以人为本,不仅培养学生的语言应用能力,还要培养学生具备中国情怀与国际视野,社会责任感,人文与科学素养,合作精神,创新精神以及学科基本素养。同时,还必须身体健、意志坚、会动手。在人才培养模式上,要注重宽口径、厚基础,推动偏重外语技能性训练向综合素质教育转变,推动通识教育与专业教育互融共通。

三、坚持师德第一标准、提升教师队伍质量,是实现高等教育内涵式发展的基础工作

习近平总书记在全国教育大会上强调了教师队伍建设在教育中的基础性地位,指出:"教师是人类灵魂的工程师,是人类文明的传承者,承载着传播知识、传播思想、传播真理,塑造灵魂、塑造生命、塑造新人的时代重任。"教师队伍素质直接决定着大学办学能力和水平。在新时代,必须造就一支政治素质过硬、业务能力精湛、育人水平高超的高素质大学教师队伍。

(一)加强师德师风建设

习近平总书记指出,评价教师队伍素质的第一标准是师德师风。这让我们进一步认识到,学高为师,德高为范;立德为先,修身为本。因而,要把师德师风作为教师队伍建设的第一要求,实施师德师风建设工程,突出全员全方位全过程师德养成,推动师德师风建设常态化、长效化,引导教师明大德、守公德、严私德,成为先进思想文化的传播者、党执政的坚定支持者、学生健康成长的指导者。加强理想信念和社会主义核心价值观教育,引导广大教师自觉崇德正心,注重品格塑造,涵养道德情操,常"照镜子",勤"扫灰尘",清除思想邪气,滋养浩然正气,远离浅薄俗气,守住尊严骨气,使理想更坚定、追求更高尚、情趣更健康。加强职业道德教育,引导广大教师自觉树立坚定的职业信念,爱岗敬业、仁而爱人,有教无类、因材施教,以爱育爱、以爱化人,浇灌学生心灵之花美丽绽放,滋润学生人格之树健康常青。创新师德教育,大力宣传先进典型,加强引领,注意感召,积聚起强大的正能量。同时也要强化师德监督查处,列出师德考核负面清单,让有损于教师形象的行为无处遁形。①

(二)促进教师专业成长

随着信息化的不断发展,知识获取方式和传授方式、教和学的关系都发生

---

① 孙尧:《努力建设新时代高素质教师队伍》,《中国教育报》2018 年 10 月 22 日。

了革命性变化。这也对教师队伍能力和水平提出了新的更高要求。人才培养目标是教师从事教育和教学活动的根本指南。高校教师专业发展,除教学方法、研究能力等基础培训外,重在与人才培养目标相适应,精准施策,有的放矢,更好地发挥教师在人才培养中的应有作用。以外语专业类教师为例,《高等学校外语类专业本科教学质量国家标准》规定:"外语类专业旨在培养具有良好的综合素质、扎实的外语基本功和专业知识与能力,掌握相关专业知识,适应我国对外交流、国家与地方经济社会发展、各类涉外行业、外语教育与学术研究需要的各外语语种专业人才和复合型外语人才。"这意味着,外语类专业教师不仅要具有高超的外语水平和教学能力,还需具备相关学科知识。高校在组织外语专业类教师培训中,要侧重于外国语言学、外国文学、翻译学、国别与区域研究、跨文化研究、国际商务研究等相关学科知识的培训,拓宽教师的职业发展路径,使其更好地服务于外语类专业高层次国际化人才的培养。

(三) 改进教师考核评价

深化教师考核评价制度,构建以育人为核心的高校教育教学文化。习近平总书记指出,要健全立德树人落实机制,纠正不科学的教育评价导向。考核评价政策是调动教师工作积极性、主动性的"指挥棒",要深化高校教师考核评价制度改革,构建以育人为核心的高校教育教学文化。加强师德考核力度,将师德考核摆在教师考核的首位,严把选聘考核思想政治素质关。突出教育教学业绩,严格教育教学工作量考核,将教授为本科生上课作为基本制度,加强教学质量评价工作,强化课堂教学纪律考核。完善科研评价制度,坚持服务国家需求和注重实际贡献的评价导向,注重对科研成果转化业绩的考核。针对高校普遍存在的重科研轻教学实绩的评价取向,北京外国语大学设立本科优秀教学奖、教育教学成果奖,开展最受学生喜爱教师评选,开辟教学型教授职称评聘,召开本科教学工作会议,成立本科教育专家委员会,加大对教材、咨询报告等成果认定,这些措施促进形成了注重教学的氛围,有的教师还因此跻身国家万人计划教学名师。

四、坚持特色优势定位、融入国家现代化大局,是实现高等教育内涵式发展的内在动力

习近平总书记在全国教育大会上指出,要提升教育服务经济社会发展能力,调整优化高校区域布局、学科结构、专业设置,建立健全学科专业动态调整机制,加快一流大学和一流学科建设,推进产学研协同创新,积极投身实施创新驱动发展战略,着重培养创新型、复合型、应用型人才。大学始终与国家发展和民族振兴同向同行,这是大学发展的规律,也是世界一流大学建设的经验。高等教育担负着知识传递、生产、积累、创新、应用的职能,负有培养高素质创新型人才的重任,应当成为推动社会经济发展的有生力量。

(一) 坚持需求导向、特色发展

同质化没有出路,特色化才是方向。不同层次和类型的高校要结合自身办学优势,主动对接国家战略和国家创新体系对人才的需求,明确办学定位和学科专业布局,坚持有所为有所不为。各高校应当力图使发展规划更加鲜明,突出专业特色,积淀形成自身优势。坚持以特色求发展,以特色构筑核心实力不动摇,在推进人才强国战略、创新驱动发展战略、区域协调发展战略,实现中华民族伟大复兴的历史进程中,准确、科学地确立自己的战略基点,打好内涵式发展的"特色牌"。外语类院校作为国际化人才培养的重要基地以及中外人文交流的主要平台,欲实现内涵式发展、转型升级,必须适应新时代国家经济社会对外开放新形势新需求,符合我国在全球化进程中的新角色新定位,符合"一带一路"倡议对人才培养的新要求。

(二) 坚持学科带动、错位发展

学科专业是大学的基本元素,学科专业水平是大学核心竞争力的集中体现。学科专业建设不只是人无我有,更重要的是人有我优、人优我新。对新开设的学科专业,一方面需要注重国家需求迫切性、行业需求适应性以及办学管理现实性,另

一方面需要兼顾核心知识体系的一致性、系统性与关联性。对现有学科专业格局，要坚持结构优化，以特色带整体，整体促特色，打造优势特色学科专业群，提升学科交叉融合能力，构建与本校办学定位和办学特色相匹配的学科专业体系和人才培养结构。以北京外国语大学为例，对于新增的非通用语专业，学校将语种建设同国别与区域研究相结合，探索语种增设与科学研究、人才储备相互促进的发展模式。在优化学科布局方面，构建了外国语言文学、多语教育科学、区域与全球治理、比较文明等四大学科集群，推动国际关系与区域研究、国际传播学、国际商务与区域治理、国际法律与区域治理等交叉学科建设，学科的生态更加优化，为全面提升复合型人才培养质量和学术创新能力提供了重要的保障。

（三）坚持协同育人、创新发展

大学服务国家战略和经济社会发展最重要的是培养高层次人才。深入实施创新驱动发展战略、全面深化科技体制改革，迫切需要高等教育着力构建有利于创新型、复合型、应用型人才生成的教育教学培养体系。协同育人有利于学生创新精神和实践能力的培养，能够解决传统教育模式中人才培养结构与社会需求脱节等问题。深入推进科教协同育人，拓展高校与科研院所深度合作的战略平台，让学生更多地参与到科学前沿课题的研究中来。要深入推进校企校地协同育人，吸纳行业企业专家全过程参与人才培养，使教学过程更加贴近经济社会发展需求。同时，深入推进国际协同育人，面向全球开放办学，从单纯的学术交往上升到教育科研领域的深入合作，引入海外优质教育资源，实现学校的国际化战略与育人工作有机衔接，培养具有全球视野的时代新人。

总之，时代越是向前，知识和人才的重要性就愈发突出，高等教育的地位和作用就愈发明显。我们要以强烈的政治责任感和历史使命感，以饱满的热情和振奋的精神，认真学习、深入贯彻落实全国教育大会精神，以习近平新时代中国特色社会主义思想为指针，着力掌握贯穿其中的坚定信仰信念、鲜明人民立场、强烈历史担当、勇于创新精神和科学方法论，在推动高等教育内涵式发展的实践中努力创造新业绩。

（本文原载《中国高教研究》2018 年第 12 期）

推进高等教育现代化应把握十个方面

中共中央、国务院印发的《中国教育现代化 2035》，指明了我国各级各类教育的前进方向。作为教育现代化的重要领域，高等教育现代化在推进过程中应当把握十个方面。

一个指导思想。以习近平新时代中国特色社会主义思想为指导，坚定实施科教兴国战略、人才强国战略，紧紧围绕统筹推进"五位一体"总体布局和协调推进"四个全面"战略布局，坚定"四个自信"，坚持社会主义办学方向，遵循高等教育规律，凝聚人心，完善人格，开发人力，培育人才，造福人民。将服务中华民族伟大复兴作为高等教育的重要使命，坚持高等教育为人民服务、为中国共产党治国理政服务、为巩固和发展中国特色社会主义制度服务、为改革开放和社会主义现代化建设服务，大力推进高等教育理念、体系、制度、内容、方法现代化。

两个发展趋向。我国高等教育现代化，要特别注重质量，还要特别注重公平。要构建高等教育质量保障体系、评估监测机制，建立更加科学公正的考试评价制度，建立全过程、全方位人才培养质量反馈监控体系。专科突出应用，本科强化通识，硕士形成专长，博士体现创新。我们要努力发展具有中国特色世界水平的优质高等教育，加快建设"双一流"大学，让优势特色大学行稳致远，让产教融合高校各展所长。我们要真正确保高等教育公平，让省属高校、中西部高校获得更多资源，让贫困地区招生专项惠及边远地区，让所有适龄青年都有人生出彩的机会。

三个推进原则。我国立体化的国情决定了高等教育现代化既要有顶层设计、统一部署，又要实事求是、区别对待。为此，一要总体规划、分区推进，在国家教育现代化总体规划框架下，推动各地从实际出发，制定本地区高等教育现代化规划。二要细化目标、分步推进,科学设计和合理细化不同发展阶段、不同规划周期内发展目标和重点任务,有计划有步骤地推进高等教育现代化。三要精准施策、统筹推进,完善区域高等教育发展协作机制和教育对口支援机制,推动不同地区协同推进高等教育现代化。

四个战略区域。高等教育要主动对接、积极服务国家重大战略。一是促进京津冀高等教育协同发展,逐步实现资源共享、跨校选课、学分互认。采取国家重点大学分别承办一个学部或学院的新机制,支持雄安大学较快建成、后来居上、发挥作用、赢得认可。二是支持海南开展高等教育国际化办学,诚邀国内外名校合作共赢,引入国内顶尖外国语大学落地。对于这个国际自贸港、创新实验区、中华民族四季花园,最有效的办法就是以国际化助推高等教育现代化。三是鼓励长江经济带的高等学校提高质量、追求卓越、引领示范。四是指导粤港澳大湾区的高等学校优势互补、勠力同心,造就恪守"一个中国"立场、贡献国家现代化建设的爱国爱港爱澳人才。

五育并举方针。全面落实立德树人根本任务,促进学生德智体美劳全面发展。广泛开展理想信念教育,加强品德修养,培养奋斗精神,不断提高大学生思想水平、政治觉悟、道德品质、文化素养,让他们学会感恩、学会助人、学会谦让、学会宽容、学会自省、学会自律;既掌握知识,又形成见识;既把握特点,又洞悉规律;既勤于学习,又敢于创新、勇于实践,求真理、悟道理、明事理。切实强化学校体育,真正改进学校美育,大力弘扬劳动教育。

坚持改革创新。在现代化征程中,高等教育必将遇到难得机遇、严峻挑战,必须抢抓机遇、迎接挑战。实践无止境,创新无止境,解放思想无止境。要加强高等学校创新体系建设,建设一批国际一流的国家科技创新基地,提升高等学校原始创新能力。探索构建产学研用深度融合的全链条、网络化、开放式协同创新联盟。创新研究方法,提高哲学社会科学研究水平。充分发挥高校的创造性,健全有利于激发创新活力和促进科技成果转化的科研体制。鼓励各地各高校大胆探索、积极进行改革创新,形成充满活力、富有效率、更加开放、有利于高质量发展的高等教育体制机制。

提升师资水平。高等教育是各级各类教育的制高点,而高校教师是制高点之制高点。在高等现代化建设过程中,一定要造就一支政治素质过硬、业务能力精湛、育人水平高超的高素质专业化创新型教师队伍。大力加强师德师风建设，落实《新时代高校教师职业行为十项准则》，将师德作为评价教师的前提标准，推动师德建设长效化、制度化。培养高素质教师队伍，健全开放、协同、联动的教师发展体系，推动高校教师终身学习和专业自主发展。讲求高校教师的学科结构、学缘结构、年龄结构、性别结构，发挥老教师的传帮带作用，鼓励中青年教师勇挑大梁、建功立业。完善高校教师资格体系和准入制度，健全教师职称、岗位和考核评价制度。

驾驭人工智能。当今世界科技进步日新月异，新一轮科技革命以及由之驱动的产业革命蓬勃发展。互联网、大数据和人工智能等新技术的广泛应用，正在影响并深刻改变着人类的思维方式、学习方式和生产生活方式。高等学校应紧跟科技发展步伐，及时将最新成果融入课程教材和教学内容中，让学生掌握新知、增强能力、开阔视野。建设智能化校园，统筹建设一体化智能化教学、管理与服务平台。利用现代技术加快推动人才培养模式改革，实现规模化教育与个性化培养的有机结合。创新教育服务业态，建立数字教育资源共建共享机制，完善利益分配机制、知识产权保护制度和新型教育服务监管制度。

扩大对外开放。全面提升国际交流合作水平，推动我国同其他国家学历学位互认、标准互通、经验互鉴。扎实推进"一带一路"教育行动。加强与联合国教科文组织等国际组织、多边组织的合作。提升中外合作办学质量，优化出国留学服务。实施留学中国计划，建立并完善来华留学教育质量保障机制，全面提升来华留学质量。推进中外高级别人文交流机制建设，拓展人文交流领域，办好海外孔子学院，促进中外民心相通和文明交流互鉴。

增强治理能力。推进教育治理体系和治理能力现代化。提高教育法治化水平，构建完备的教育法律法规体系，健全学校办学法律支持体系、教育法律实施和监管机制。提升政府管理服务水平，提升政府综合运用法律、标准、督导、信息服务等现代治理手段的实效性。加强党对高校的全面领导，发挥学校党委办学治校主体责任，完善大学治理结构，激发全校各部门各学院干事创业的积极性。

（本文原载《学习时报》2019 年 9 月 6 日）

试论"双一流"建设的若干方略

推动"双一流"建设,坚持党的领导是前提,如此才能行稳致远;服务国家战略是导向,如此才能弯道超车;落实立德树人是根本,如此才是真办大学;一流的人才队伍是基础,如此才能任务落地;改革评价导向是关键,如此才能释放内生动力。①

一、"双一流"建设必须坚持党的领导、提高站位

教育是国之大计、党之大计。古今中外,世界一流大学都是按照自己国家的政治要求培养人。人才培养体系涉及学科体系、教学体系、教材体系、管理体系等,而贯通其中的是思想政治工作体系。加强党的领导和党的建设,加强思想政治工作体系建设,是形成高水平人才培养体系的重要内容②。建设一流大学和一流学科,必须牢牢掌握党对高校工作的领导权,坚持正确办学方向和建设导向,创新思想政治工作,把党的领导切实贯彻到办学治校全过程,为培养社会主义建设者和接班人提供坚强保证。

(一)坚持社会主义办学方向

习近平总书记强调,我国高等教育发展方向要同我国发展的现实目标和

---

① "双一流"就是国家集中资源在 21 世纪建设一批世界一流大学、世界一流学科。——作者新注

② 习近平:《在北京大学师生座谈会上的讲话》,《人民日报》2018 年 5 月 3 日。

未来方向紧密联系在一起,为人民服务、为中国共产党治国理政服务,为巩固和发展中国特色社会主义制度服务,为改革开放和社会主义现代化建设服务。正是在这个意义上,习近平总书记要求高校党委书记和校长都要成为社会主义政治家、教育家。这对高校党员领导干部同样适用。只有用"四个意识"导航、"四个自信"强基、"两个维护"铸魂,才能从党和国家的事业发展大局看问题、把方向,以高度的政治自觉参与到这场伟大的教育变革中来。从国际上看,进入新时代,中国积极推动构建人类命运共同体,日益走向世界舞台中心,应对人类共同面临的政治、经济、安全、气候等方面诸多挑战,在国际合作中创造新机遇,在参与全球治理过程中发挥越来越重要的作用。从国内看,进入新时代,社会主要矛盾发生关系全局的历史性变化,经济保持了中高速发展,已由高速增长转向高质量发展阶段,国家对高等教育的需要,对科学知识和卓越人才的渴求更加强烈。城镇化和农业农村现代化水平显著提高,国民财富不断增长,人民群众对接受质量高等教育的渴望越来越强烈,需求越来越多样。在中华民族日益走向伟大复兴的历史进程中,在由发展中大国向现代化强国迈进的关键阶段,提质增效,改革创新,发展中国特色世界一流水平的优质教育势在必行。

(二) 提升思想政治工作水平

习近平总书记在全国高校思想政治工作会议上指出,高校思想政治工作要注重联系学生实际,有针对性地回答一些综合性、深层次的理论和认识问题。在学校思想政治理论课教师座谈会上,习近平总书记用"八个统一"最后强调,要不断增强思政课的思想性、理论性和亲和力、针对性。这就告诉我们,思想政治工作不是说教灌输,而应该是融入式、嵌入式、渗入式的;不是单纯一条线的工作,而应该是全方位全过程,无处不在、无时不在的。应积极推进思政课堂、课程思政,将人才培养的政治方向有机融入专业人才培养方案,纳入课堂教学大纲,使思想政治工作至柔至刚、滋润万物的精神力量融通每一个课堂、贯穿学生的每一步成长。应充分发挥课堂、科研、实践、文化、网络、心理、管理、服务、资助、组织等方面工作的育人功能,实现全员全过程育人。

（三）履行办学治校主体责任

建设一流大学和一流学科,牵扯到方方面面,关系学校的办校定位、学科布局以及人才的考核机制、评价机制等,须通过加强党的全面领导来把方向、谋大局、定政策、促改革。因此,党的领导不是抽象的而是具体的,不是片面的而是全面的。高校党委全面领导,既要对全校党的建设全面负责,落实党建工作责任制,承担意识形态工作、全面从严治党、党风廉政建设等方面的主体责任,又要履行办学治校主体责任,坚持党委领导下的校长负责制,落实民主集中制原则,重要干部任免、人才使用、阵地建设,重大发展规划、项目安排、资金使用、评价评奖等要经党委常委会集体研究决定。高校党委全面领导,既要抓住领导干部"关键少数",坚持选好用好管好干部,按照社会主义政治家、教育家的要求选用高校领导干部特别是党政正职①,把政治过硬、品德优良、业务精湛、锐意进取的优秀干部选配到关键岗位上来,加强干部教育管理监督,也要抓好普通党员"基础多数",以提升组织力为重点,突出政治功能,实施高校基层党建质量提升工程,将中央精神和要求传达到每个支部,落实到每名党员。高校党委全面领导,既要领导好党内系统,还要注重调动党外各类群体的积极性和创造性。按照高校章程的具体要求,深入认识新时代对高校内部治理的新要求,坚持以人民为中心,明确党委常委会、校长办公会以及学术委员会等大学治理机构的权限和职责范畴,加强教代会、学生会以及党外知识分子的服务管理,引导各方主体能够积极参与学校公共事务,积极发挥协商共治在"双一流"建设中的重要作用。

二、"双一流"建设必须坚持需求导向、特色发展

国家需求是高校办学的动力源泉。历史表明,世界一流大学都是在服务自己国家发展中成长起来的。习近平总书记鲜明指出,要把服务中华民族伟

---

① 陈宝生:《全面加强教育系统党的政治建设》,《紫光阁》2018 年第 6 期。

大复兴作为教育的重要使命,加快一流大学和一流学科建设。中央出台《中国教育现代化2035》,对接制造强国、科技强国等国家重大战略,明确推进教育现代化的思路和方向。教育部推出"六卓越一拔尖"计划2.0,全面推进新工科、新医科、新农科、新文科建设。这一系列重大举措均体现了需求导向,意味着新时代对高校人才培养质量和服务经济社会发展能力的新要求新期待。

(一) 学科建设重在优化结构,交叉融合

学科专业是人才培养的基础和载体。习近平总书记在全国教育大会上强调:"要提升教育服务经济社会发展能力,调整优化高校区域布局、学科结构、专业设置,建立健全学科专业动态调整机制。"在一流学科建设过程中,不同服务面向专业侧重的大学须合理调整专业结构,突出交叉融合和协调创新,集成内外资源,只有这样才能实现差别化发展。以外语学科为例,改革开放的40年,也是中国外语教育事业大发展的40年。据统计,截至2018年,全国共有本科高校1245所,82.4%的高校开设了外语类本科专业,外国语言文学类专业在全国本科高校共设有3000多个专业点①,在服务国家经济建设和社会需求方面发挥了重要作用。但是,伴随着规模扩大,也出现了学科专业设置同质化,"平原"多(专业布点多)、"高峰"少(优势特色学科专业少)、培养能力不足等现象。建设一流大学和一流学科,首先,要做好增量规划。综合考量长期需求与准备、现实危机、潜在危机和当前任务急需等因素,有计划开设非通用语种,并不断进行动态调整,切忌盲目跟风。应以语言谱系关系为基础,强化通用语言的辐射能力,通过"非通用语+通用语+专业方向"和"非通用语(小)+非通用语(中)+通用语"的模式,鼓励学生辅修相近的非通用语课程。这样可以有效整合资源,避免重复建设。

(二) 高端人才培养要求打破常规,创新机制

人才培养是一流大学的核心,只有培养出一流人才的高校,才能够成为世

---

① 吴岩:《新使命 大格局 新文科 大外语——新时代高等外语教育改革发展如何谋变》,2019年3月26日,见http://www.fltrp.com/c/2019-03-26/519770.shtml。

界一流大学。当前,高校人才培养与我国"一带一路"建设新需求,与我国构建人类命运共同体新使命还不相适应,国家战略急需的"一精多会""一专多能"的全球治理人才、国际组织人才仍存在较为严重的供需缺口。据统计,在联合国系统雇员中,中国籍雇员目前仅占1.12%,列第11位,居菲律宾、印度、俄罗斯等国之后①。在世界卫生组织7000余名雇员中,中国雇员只有40余人②。根据全国教育大会精神,要大力培养掌握党和国家方针政策、具有全球视野、通晓国际规则、熟练运用外语、精通中外谈判和沟通的国际化人才,有针对性地培养"一带一路"等对外战略急需的懂外语的各类专业技术和管理人才。为实现这一高端人才培养目标,必须创新人才培养机制,开展校内交叉培养,各层次贯通培养,校外协同培养,国际联合培养,打通院系间、学校间、国际间的交流合作。如围绕培养目标,创新本、硕、博贯通培养方式,将高端人才培养阶段前移,对各学段课程体系进行整合优化,强化高端人才培养的系统性,才能解决培养模式阶段割裂、时间资源未充分利用等问题,以保证充足的人才培养周期。

三、"双一流"建设必须坚持以本为本、立德树人

本科教育在高等教育中是具有战略地位的教育、是纲举目张的教育。据统计,全国高等本科院校在校生、毕业生中,本科生与研究生比例是8∶1。根据各高校2018届本科生就业质量报告,C9联盟高校本科生的平均深造率为67.8%,其中清华大学、北京大学本科生深造率分别高达78.30%、74.49%。没有优秀的本科毕业生,研究生教育就没有高质量的毛坯和种子,就成了无源之水、无本之木,就无法培养出优秀的高层次人才③。推动"双一流"建设,必须认真研究"本科教育应该教给学生什么""怎样教效果才能最好"这两大原

---

① 焦以璇:《国际组织急缺中国人才,高校如何发力》,《中国教育报》2018年1月31日。

② 邬大光:《大学人才培养须走出自己的路》,《光明日报》2018年6月19日。

③ 陈宝生:《在新时代全国高等学校本科教育工作会议上的讲话》,《中国高等教育》2018年第23期。

始性问题,加快建设高水平本科教育,引领带动形成更高水平人才培养体系,以本科教育的全面振兴带动高等教育发展质量的整体提升。

(一) 坚持以德为先,让学生健康成长

孔子曰:"志于道,据于德,依于仁,游于艺",强调的是以仁、德为纲领,以六艺为基本,使学生能够得到全面发展。同样,现代教育论认为,人的发展在本质上是一种通过实践不断自我建构的过程,满足学生身心发展是教育存在的意义。一个学生不能只会动脑、不会动手,只知书本、不辨菽麦。修德,既要立意高远,又要立足平实。一个人只有明大德,守公德,严私德,其才方能用得其所。要厚植爱国主义情怀,把社会主义核心价值观教育融入教育教学全过程,帮助学生正确认识历史规律、准确把握基本国情,立志为国家的富强、民族的振兴而不懈努力,成为有大爱、大德、大情怀的人。深入开展道德教育和社会责任教育,引导学生养成良好的道德品质和行为习惯,崇德向善、诚实守信,热爱集体、关心社会。智育,重在知识学习,要加强基础知识传授,基本技能形成,核心能力陶冶,培养学生自主学习的习惯和可持续发展的能力。体育,不仅强身健体,还磨炼意志,要加强体育课教学和体育锻炼,提倡每天锻炼一小时,健康工作五十年,幸福生活一辈子。美育,可以滋润人生,陶冶情操,要配好美育教师,运用美育资源,提升艺术修养,让学生具有感受美、欣赏美、创造美的意识和能力。劳动教育,要准确定位,把社会实践、各种社团活动作为学生的第二课堂,让学生出点力,流点汗,充实学生社会体验。

(二) 突出通识教育,让学生有后劲

《礼记》曰:"博学之、审问之、慎思之、明辨之、笃行之。"孔子曰:"士先器识,而后文艺。"讲的都是学习首先要广泛涉猎各种知识,才能做到"海纳百川,有容乃大"。当下,知识的折旧率加快,"授人以鱼不如授人以渔",如何获取知识,如何进行创造性思维,显得尤其重要。这也是加强通识教育的初衷,即给学生建构一个相对广博和坚实的基础,培养大学生孜孜以求的探索精神和自主学习的能力。麦可思对2017届本科毕业生跟踪调研数据显示,53%的本科读研群体认为,"研究方法"是本科最需要改进的方面,其次是"学术批判

性思维能力"（52%）①。值得注意的是,外国语言文学先天具备通识教育功能。2017 年,教育部颁布的《大学英语教学指南》提出:"学习英语有助于学生树立世界眼光,培养国际意识,提高人文素养,同时为知识创新、潜能发挥和全面发展提供一个基本工具,为迎接全球化时代的挑战和机遇做好准备。"外语教育家王佐良先生谈到语言学习时就提倡:"通过文化来学习语言,语言也会学的更好。语言表达力同思想洞察力又是相互促进的。"正是基于此,北京外国语大学提出了"英语开道,复语跟进,加强通识,兼容并蓄,博学笃行"的理念,深入推进通识教育与外语教育有机融合。一方面,在学校层面构建具有北外特色的通识教育课程体系,强化外语人才的"宽口径、厚基础"培养;另一方面,引导各院系注重在外语专业教学中融入通识教育。英语学院率先创建了以思辨能力培养为导向的英语专业本科技能课程体系,把人文社会科学经典文本纳入课文,融合语言能力和思辨能力培养,同时提升跨文化能力和人文素养,在全国高校外语专业本科教学改革实践中发挥了引领示范作用。

（三）掀起课堂革命,让学生有冲劲

一流的本科应该有一流的课堂教学。苏格拉底说,教育是点燃一把火焰,而不是填满一个容器。孔子曰:"不愤不启,不悱不发。举一隅不以三隅反,则不复也。"教育的本质就是鼓励学生提问、质疑、辩论,以这种方式训练的学生更具独创性和分析力。有专家分析,课堂教学从低到高可以分成五个境界:"（1）起码要充满信息（information）;（2）尽量让信息都是事实（facts）;（3）最好把事实放在一个系统中成为一门知识（knowledge）;（4）更理想的层次是让知识充满智慧（wisdom）;（5）最理想的境界是把智慧上升到哲学（philosophy）。"②从而引出一堂好课的评判标准:若学生离开教室时感到点燃了一缕思想火苗儿,脑袋开了点窍儿,有那么点儿东西永远留在他们心中,这堂课就算成功了。我国大学课堂上安静和互动常见,质疑和争辩极少,应创新教育教学方法,推动启发式、探究式、讨论式、参与式教学改革,最大程度激发学生的

① 麦可思研究院:《2017 届国内读研比例 14.1%,近三成换专业》,2018 年 10 月 15 日,见 http://edu.sina.com.cn/kaoyan/2018-10-15/doc-ihmhafir7822086.shtml。
② 刘润清:《论一堂课的五个境界》,《英语教师》2010 年第 12 期。

潜能,最终达成知识、社会生活与师生生命的深刻共鸣。课堂教学改革是一场教育观念和教学模式的革命,也是一场课堂技术的革命。当前,人工智能、大数据等新技术的发展正在不断重塑教育形态。教育部正在实施的一流课程建设"双万计划",目的就是打造一批线下、线上、线上线下混合、虚拟仿真、社会实践"金课"。其中,虚拟仿真对于国际组织人才的培养尤为必要,通过模拟联合国及相关国际机构的真实场景,能够最大程度提升学生国际体验和应用能力。北京外国语大学作为教育部"人工智能助推教师队伍建设试点"高校,开发的教师发展智慧平台和教师智能素养提升平台已初具规模,在加强教师队伍建设、提升教师信息素养方面发挥了重要作用。

四、"双一流"建设必须坚持引育并举、广聚英才

百年大计,教育为本;教育大计,教师为本。在"双一流"建设过程中,要将教师队伍建设作为最重要的基础工作,把习近平总书记强调的"政治素质过硬、业务能力精湛、育人水平高超"作为教师队伍建设的基本要求落实到位。

(一) 拓展师德师风建设内容

古人讲:"贤希圣,士希贤。"育有德之人,需有德之师。梦想要以梦想去点燃,理想要用理想去唤醒。

首先,大力提升教师思想政治素质。教师作为人类优秀文明和先进文化的继承者、传播者,直接引领着学生理想信念和价值取向的形成。要坚持用习近平新时代中国特色社会主义思想武装教师头脑,加强理想信念教育,引导广大教师正确处理知识传授与价值引领之间的关系,回归教书育人的教师本位,自觉做先进思想文化的传播者、共产党执政的坚定支持者,更好担起学生健康成长指导者和引路人的责任。

其次,全面改善教师职业道德风貌。教师的使命就是教书育人,要有甘当人梯、甘当铺路石的奉献精神,要有"捧着一颗心来,不带半根草去"的思想境

界。建立教育、宣传、考核、监督、奖励、惩处相结合的师德建设长效机制，激发教师加强师德建设的自觉性，推动师德建设常态化、长效化、全覆盖、无死角。创新师德教育，挖掘老一代教师的典型事迹，使教书育人精神风范一代代传承下去，在青年教师中营造一种"高山仰止，景行行止，虽不能至，心向往之"的精神追求。

最后，推动构建和谐师生关系。严于己，而后勤于学生，这个无愧为教师的天职。密切的师生关系是实现教学育人统一的黏合剂。要不断完善制度，搭建平台，提供便利，鼓励青年教师担任班主任和兼职辅导员，或担任学生社团、社会实践的指导老师，促进教师以自己的模范行为影响和带动学生，使师德和学风相得益彰。引导教师坚持教书与育人相统一、言传与身教相统一、潜心问道与关注社会相统一、学术自由与学术规范相统一，更好担负起培养担当民族复兴大任时代新人的神圣职责。

（二）打造一流的人才队伍

古人云："治世不得真贤，譬犹治疾不得真药也。"教授是大学之基、思想之源、精神之柱。中华人民共和国成立初期，正是由于许国璋、王佐良、周珏良，柯鲁克、伊莎白、李莎等执教北外，坚持融通中外、博雅通达之精神，才奠定北京外国语大学在外语教育改革、服务国家外交事业的引领地位。新时代，建功立业正当其时，如果没有一个能够吸引高水平教师、奖励高效率、提供成长发展的学术职业体系，大学就不可能实现高水平教学、科研创新及创建世界一流的使命。

首先，引才要求贤若渴。根据学科建设需要，面向国内外引进一批优秀名师或富有潜力的青年骨干，做好引进人才与本土教师发展的良性循环，打造学校发展的核心竞争力。在落户、住房、子女教育、科研启动资金等方面提供政策支持和经济保障，解决人才的后顾之忧。诚然，要因地制宜，量力而行，并要反对恶意挖人。

其次，用才要各尽其能。待遇留人是前提，事业留人是关键。要深入推进教师管理体制机制改革，形成"千帆竞渡，百舸争流"的良好局面，让教师人人尽展其才、好老师不断涌现。近几年来，北京外国语大学建立卓越青年教师、卓越中青年学术带头人、冠名讲席教授和长青学者等各级人才梯队培养支持体系,构建人才长远发展规划,释放能干成事的制度红利,营造了人才发展的梯度空间。

最后,育才要精准"滴灌"。教师的幸福源于专业的成长。打造人才聚集成长沃土,还需坚持以促进教师专业发展为导向,找准人才队伍建设不足和短板,紧盯目标,瞄准靶心,充分发挥名师名家的传帮带作用,整合各类培训资源,精准施策、精准发力,持续用力,让老师有实实在在的获得感和幸福感。以北京外国语大学为例,学校通过教学观摩、工作坊、名师面对面等形式,邀请校内外资深学者讲授有关国别与区域问题、质性研究中的数据收集与分析等研究方法,邀请加州大学伯克利分校等国外一流大学专家团队指导在线课程建设与混合式教学,还对不具备博士学位的小语种教师,出资与英国高校合作开办专业教育博士(Ed.D.)项目。以上措施正在有效提升教师队伍卓越化、专业化、国际化水平。

五、"双一流"建设必须坚持科学评价、激活动力

教育评价是一种导向,这种导向科学与否,决定着教师如何教,学生如何学,对于教育发展的影响举足轻重。习近平总书记强调,要扭转不科学的教育评价导向,坚决克服唯分数、唯升学、唯文凭、唯论文、唯帽子的顽瘴痼疾,从根本上解决教育评价指挥棒问题。在新的历史时期,只有围绕立德树人目标,改革那些因循守旧、不合时宜的评价体系,才能为本科教育改革,建立高水平人才培养体系提供制度保障。

(一)构建育人本位的教学评价体系

坚持教学为要,一方面,加大对教育教学业绩考核的力度。将教授为本科生上课作为基本制度,加强教学质量评价工作,强化课堂教学纪律考核。在专业技术职务晋升中,实行本科教学工作考评"一票否决制",开辟教学型教授职称评聘,让努力教学并在教学中有杰出贡献的老师赢得荣誉与奖励;另一方

面,加大对教学业绩突出教师的奖励力度。在专业技术职务评聘、绩效考核和津贴分配中,把教学质量和科研水平作为同等重要的依据,对主要从事教学工作人员,提高基础性绩效工资额度。针对高校普遍存在着的重科研成果轻教学实绩的评价取向,北京外国语大学成立本科教育专家委员会,加大本科教改经费投入力度,提升本科优秀教学奖、教育教学成果奖的名额和奖金,增加教学型教授和副教授的名额,增大受益面。这些措施促进形成了注重教学的氛围,有的教师还因此跻身国家万人计划教学名师。

(二) 构建效益本位的科研评价体系

针对人文科学、社会科学、文化艺术等学科领域,中央出台的《关于分类推进人才评价机制改革的指导意见》强调,要突出成果的研究质量、内容创新和社会效益,推行理论文章、决策咨询研究报告、建言献策成果、优秀网络文章、艺术创作作品等与论文、专著等效评价。对于外语类院校而言,建设一流大学和一流学科,必须围绕经济社会发展和学校特色发展定位,坚持社会学科的共通性与外语学科的特殊性相结合,分类分层次分学科设置评价内容和评价方式,更加注重标志性成果、贡献和影响力,建立起激励教师分类卓越发展的新机制。

(三) 构建成长本位的学生评价体系

大学是刻苦学习、追求真理、放飞梦想的学术圣地。学生评价体系对高校人才培养的方向起着重要的导向作用,是促进学生自我检查、自我调节、自我完善的重要手段。从构建科学的评价指标体系看,在奖学金、五四奖章等先进评选中,要把培养学生德智体美劳全面发展作为衡量教育质量的根本标准,完善学生综合评价体系。既要看学生的学业水平,也要看学生的品德修养和身心健康状况;既要看全面发展,也要看个性特长发展;既要看学习的结果,也要看学习的过程和效率,在每一个方面都要建立可测量的具体指标。从强化评价体系对学习过程的引导看,要本着对学生负责、对高等教育质量负责的态度,从严从紧执行,让学生自我校准、自我加压,实现自我超越。坚决取消"清考"制度,让即将毕业的学生有危机感,让新入校的学生有压力感,把好学生毕业的出口关。

　　总之,"双一流"建设是一项伟大的创举,也是一项艰巨的任务。在此过程中,我们必须只争朝夕、凝心聚力、立足中国、放眼世界、广聚英才、激活动力、行稳致远,为加快推进教育现代化,建设高等教育强国作出新的更大的贡献。

　　　　　　　　（本文原载《中国高教研究》2019 年第 10 期）

造就高素质教师队伍推进"双一流"建设

习近平总书记2018年5月2日在北京大学师生座谈会上的重要讲话高瞻远瞩,意义重大,具有强烈的时代感、指导性、针对性和感染力。我有幸现场聆听了这场闪耀着马克思主义思想光辉的重要讲话,非常受益。总书记深刻指出,建设政治素质过硬、业务能力精湛、育人水平高超的高素质教师队伍是大学建设的基础性工作。要从培养社会主义建设者和接班人的高度,考虑大学师资队伍的素质要求、人员构成、培训体系等。这是党中央从新时代坚持和发展中国特色社会主义、实现中华民族伟大复兴的中国梦的战略全局出发,对新时代高素质教师队伍建设作出的深刻把握,为全面深化教师队伍建设改革、办好中国特色社会主义大学提供了根本遵循。

一、高素质教师队伍建设的战略要义

兴国必先强师。习近平总书记的重要讲话突出了新时代高素质教师队伍建设的重要战略意义。党的十八大以来,以习近平同志为核心的党中央对教师队伍建设高度重视,教师队伍建设全面提质增效,取得了令人瞩目的成绩。党的十九大明确提出加强师德师风建设,培养高素质教师队伍,倡导全社会尊师重教。2018年年初,党中央专门印发《中共中央 国务院关于全面深化新时代教师队伍建设改革的意见》,对新时代教师队伍建设改革作出全面部署。全国广大教师自觉贯彻党的教育方针、履行教书育人使命,支撑起了世界上最大规模的教育体系,朝着发展具有中国特色、世界水平的现代教育迈出坚实步伐。

教师是人才资源,同时又肩负着培养人才的职责使命。经济社会发展程度越高,人才重要性就越凸显。当今世界,国际竞争日趋激烈,各国之间经济、科技、军事等核心领域的竞争归根到底是人才的竞争。中国特色社会主义进入了新时代,我国社会主要矛盾已经转化为人民日益增长的美好生活需要和不平衡不充分的发展之间的矛盾。国家发展、民族振兴、人民向往更美好的生活,都需要更好的教育、高品质的教育。伴随我国建设社会主义现代化强国进程,迫切需要一批又一批各方面各领域的优秀人才,这一切都要依靠教师来实现和完成。

高校作为人才培养的主阵地,承担教育教学主体任务的教师是人才培养的主力军,也是学术创新的核心力量,教师的素质直接决定着学生学习质量、直接影响着学生创新能力的造就。在扎根中国大地办好中国特色社会主义大学进程中,在加快推进世界一流大学和一流学科建设征程中,广大优秀教师发挥着关键支撑作用。时代越是向前,高素质教师队伍建设的战略意义愈加突出。要从培养社会主义建设者和接班人的高度,更加重视高素质教师队伍建设。

二、高素质教师队伍建设的方位坐标

习近平总书记的重要讲话从源头上明确了高素质教师队伍建设的方位坐标,即以马克思主义为根本指导思想,围绕培养社会主义建设者和接班人这一根本任务,以树人为核心,以立德为根本,把立德树人内化到教师队伍建设和管理各领域、各方面、各环节,建设党和人民满意的"四有"好老师。在这个方位坐标中,特别地要将总书记强调的"政治素质过硬、业务能力精湛、育人水平高超"作为教师队伍建设的属性要求,一以贯之落实到位。

政治素质过硬,"硬"在坚定不移的理想信念。教师作为人类优秀文明和先进文化的继承者、传播者,直接引领着学生理想信念和价值取向的形成。为人民服务、为中国共产党治国理政服务、为巩固和发展中国特色社会主义制度服务、为改革开放和社会主义现代化建设服务,培养德智体美劳全面发展的社会主义建设者和接班人,这是教师理想信念的基准要求。身为教师就要始终忠诚于党和人民的教育事业,自觉把党的教育方针贯彻到教学管理的全过程,树立为教书育人事业奋斗的志向,自觉做先进思想文化的传播者、共产党执政的坚定支持者,更好担起学生健康成长指导者和引路人的责任。

业务能力精湛,"精"在扎实深厚的教学功底。扎实的知识功底、过硬的教学能力、勤勉的教学态度、科学的教学方法是教师业务能力的基本体现,也是对学生产生最深远影响的重要因素。处在当今信息化迅猛发展时代,知识获取方式和传授方式、教和学关系都发生了革命性变化,这对教师队伍能力和水平提出了新的更高的要求,客观要求教师始终处于学习的状态,及时更新知识储备,获取前沿知识,掌握运用先进教学方法,不断充实、拓展、提高自己,打牢教育教学功底,提升教学专业化能力。

育人水平高超,"高"在滋养性灵的以德施教。教师的工作是塑造灵魂的工作,育人的根本在于立德。老师的言传身教具有一种润物无声的教育力量。面对立德树人重任,客观要求老师首先要加强自我修养,以德立身、锻造品质、砥砺品行、练就修为,为学生树立学习的榜样。同时,要求教师以德施教、严爱相济、有教无类、因材施教,用纯厚的德学精心培育和引导学生,让每一名学生健康成长成才、自信追梦圆梦,让每一个家庭享受孩子学有所成的喜悦。

三、高素质教师队伍建设的实践路径

习近平总书记的重要讲话从内涵上指明了实现高素质教师队伍建设的科学路径。高素质教师队伍是由一个一个好老师组成的,也是由一个一个好老师带出来的。这既是辩证唯物主义教育观的方法论,也是高素质教师队伍建设实现路径的方法论。推进高素质教师队伍建设,就是要以习近平新时代中国特色社会主义思想为指导,抓好培养社会主义建设者和接班人这一根本,定位大局,精准施策,确保立德树人的成效经得起检验。

牢牢坚持正确的政治方向。切实加强教师队伍党的建设,充分发挥党组织的领导和把关作用,确保党牢牢掌握教师队伍建设的领导权,保证中国特色社会主义办学方向,保证教师队伍建设正确的政治方向。落实从严治党要求,加强政治建设,用习近平新时代中国特色社会主义思想武装头脑,增强政治意识、大局意识、核心意识、看齐意识。引导教师树立正确的历史观、民族观、国家观、文化观,坚定中国特色社会主义道路自信、理论自信、制度自信、文化自信。

突出师德师风第一标准。坚持教育者先受教育,把提高教师思想政治素质和职业道德水平摆在首要位置,把社会主义核心价值观贯穿到教书育人全过程,创新师德教育,突出全员全方位全过程师德养成。健全师德建设长效机制,推进师德建设常态化、法治化。加强师德师风监察监督,强化师德考评,体现奖优罚劣。开展师德师风建设工程,发掘师德典型,弘扬楷模精神,讲好师德故事。

深化教师管理综合改革。多元并举,推动建立以师范院校为主体、高水平非师范院校参与的中国特色师范教育体系。深化招生录取改革,优化师范生生源结构,吸引和鼓励更多乐教适教善教的优秀青年进入师范专业。以实践为导向优化教师教育课程体系,适应不同类型不同层次学校需要和学生发展需求,分类培养培训专业化教师队伍。就高校教师而言,为服务创新型国家和人才强国建设,亟待鼓励拔尖人才脱颖而出、打造教师创新团队,立足本土培养、发展或面向全球引进一批具有国际影响力的学科领军人才和青年学术英才,助推"双一流"建设。

优化教师队伍建设的保障环境。将教师队伍建设改革作为教育财政的重点投入领域予以优先保障,优先支持教师队伍建设中最薄弱、最紧迫的领域,重点用于提高教师待遇保障和专业素质能力。遵循人才成长规律,认真贯彻党的知识分子政策,切实增强为教师服务好的思想意识和行动自觉,做到政治上充分信任、思想上主动引导、工作上创造条件、生活上关心照顾。把尊师文化融入办学治校理念和教育改革实践中,加强对教师的人文关怀,为教师教学科研、工作生活创造良好的条件,使广大高校教师安心从教、热心从教、舒心从教、静心从教。

习近平总书记的重要讲话,充分体现了对教师队伍的亲切关怀和高度重视,对"双一流"建设中加快推进高素质教师队伍建设、坚持中国特色社会主义办学方向的厚望和嘱托。我们要将总书记重要讲话精神贯彻落实到教师队伍建设和办学治校的全过程,努力造就党和人民满意的高素质教师队伍,为培养德智体美劳全面发展的社会主义建设者和接班人,建设教育强国,实现中华民族伟大复兴中国梦作出应有的贡献。

（本文原载《人民日报》2018 年 5 月 30 日,《新华文摘》2018 年第 15 期转载）

我国高校师范类专业认证的缘起与方略

普通高等学校师范类专业认证诞生于新时代的大背景,立足于我国师范教育的现状,借鉴了国际教师教育质量保障体系建设有益经验,是一项具有深远意义的前瞻性、开拓性工作。

一、师范类专业认证的背景意义

开展师范类专业认证,构建中国特色、世界水平的教师教育质量监测认证体系,是全面保障和提升师范生培养质量、构建高水平师范人才培养体系、造就党和人民满意的高素质专业化创新型教师队伍的重要抓手和战略举措。

(一)国内现状

21世纪以来,我国的教师教育体系发生了较大变化,从封闭走向开放,从职前培养和在职培训走向一体化,从中师、大专、本科的所谓"旧三级"向专科、本科和研究生"新三级"转变,教师整体学历层次明显提升。

近年来,我国教师教育改革取得了积极进展,为基础教育和职业教育发展提供了强有力的师资保障。同时也看到,教师教育改革面临开放化背景下的教师教育质量保障制度亟待建立、综合化背景下的教师教育特色亟待强化、教师教育内涵式发展亟待引导等新情况、新问题。根据2018年1月中共中央、国务院《关于全面深化新时代教师队伍建设改革的意见》,2018年3月教育部等部委联合出台了《教师教育振兴行动计划(2018—2022年)》,把构建教师教育质量保障体系作为重大行动,明确提出要启动师范类专业认证,这是从源头上建设高素质专业化创新型教师队伍的一项重要举措。

(二) 国际环境

教师教育是教师队伍的源头活水,高质量的教师教育已成为国际社会的普遍共识。进入 21 世纪以来,为适应经济社会发展特别是教育改革发展对高素质专业化教师队伍的迫切需要,英国、美国、德国、俄罗斯、日本等国纷纷建立健全教师教育质量保障体系,颁布标准、严格选拔、开展认证、加大投入,从源头上保障教师队伍整体素质和专业化水平。

二、师范类专业认证的主要特点

实施师范类专业认证,旨在以认促建重规范,以认促改上水平,以认促强创一流,将切实推动师范专业内涵建设,不断增强师范专业服务基础教育和职业教育的能力。

(一) 理念明确

师范类专业认证以"学生中心、产出导向、持续改进"三大理念为行动指南,引领新时代教师教育人才培养体系的重塑。一是学生中心。即强调以师范生学习效果和个人发展为中心配置教育资源和安排教学活动。二是产出导向。即聚焦师范生"学到了什么"和"能做什么",强调明确学习产出标准,对接社会需求,全面评价师范生培养质量。三是持续改进。将评价结果用于教学改进,形成"评价反馈改进"良性循环。

(二) 分级分类

目前师范类专业认证构建了纵向三级递进、横向三类覆盖的分级分类认证标准体系,这是我国政府颁布的第一个分级分类专业认证标准。三级监测认证之间相互衔接,逐级递升,覆盖中学教育、小学教育、学前教育三类专业,规范和引导师范专业合理定位,特色发展,追求卓越。认证首次运用"互联网+"、大数据等信息网络技术,多维度、多视角监测评价师范类专业教学质量状况。

(三) 省部协同

教育部和省级教育行政部门加强统筹协调,形成整体设计、有效衔接、分工明确的协同机制。教育部负责顶层设计,指导监督专业认证工作。委托评估中心开展第一级监测、第三级认证和中央部门所属高校的二级认证工作。省级教育行政部门负责本地区专业认证工作,制订实施方案。中央部门所属高校向评估中心提交认证申请。

(四) 分步实施

2014 年,教育部首先在江苏、广西开展师范专业认证试点。2016 年底,为期两年的试点工作如期完成。在取得了试点经验的实践基础上,2017 年 10月,教育部出台《普通高等学校师范类专业认证实施办法(暂行)》,正式启动全国范围师范类专业认证工作。2018 年已完成打样工作和部属师范大学部分专业认证工作,接下来将在各省委托的评估机构的直接操作下,分步有序开展。

(五) 专家支持

教育部设立师范类专业认证专家委员会,这是专门为认证工作成立的决策咨询专家组织,负责认证工作的规划与咨询,对拟承担师范类专业认证的各地教育评估机构进行资质认定,负责认证结论的审定等工作。认证有一套工作流程、工作清单、工作技术、工作方法和工作纪律要求,有必须完成的"规定动作",同时也给专家留有"自选动作"空间。

(六) 学校自主

高校要明确在专业质量建设方面的主体责任,在"放、管、服"大背景下,开展师范类专业自我评估。在自评自建的基础上,由学校自愿提出认证申请。

在接受认证的各个环节,学校都要做到态度积极、材料翔实、汇报准确、展示全面。

(七) 不收费用

教育部、省级教育行政部门分别为组织开展相应的师范类专业认证工作提供经费保障,不向学校收取费用。

(八) 妥用结果

认证结果来之不易,应当将其作为师范类专业准入、质量评价和教师资格认定的重要依据,作为政策制定、资源配置、经费投入的重要依据。各地各校应强化结果应用,重引导、强激励、树标杆。

三、师范类专业认证的初步进展

2018 年是师范类专业认证工作的开局之年。2018 年以来,教育部教师工作司根据《普通高等学校师范类专业认证实施办法(暂行)》,结合各地规划和各校申请情况,稳步推进了以下工作。

(一) 召开认证工作会议

2018 年 1 月,教育部召开了全国师范类专业认证工作会,北京主会场集中 32 个省(市、区)教育行政部门负责人及 6 所部属师范院校领导,视频分会场覆盖了全国教育行政部门、教育评估机构及举办师范类专业的部属高校与地方高校教师代表。陈宝生部长出席会议并发表讲话,还为专家委员会成员颁发聘书。师范类专业认证工作正式启动。

(二) 搭建认证组织体系

教育部高等教育教学评估中心负责具体实施工作。经各地区教育行政部门推荐、教育部认证专家委员会审议,最终确定了教育部高等教育教学评估中心、北京教育评估院等 11 家教育评估机构具备开展第二级师范类专业认证工作资质。制订了认证工作专家遴选标准,并组建了拥有 1300 名专家的国家师范类专业认证专家库。

（三） 审核认证实施方案

按照"2018 年少数学校、少数专业先行先试,2019 年、2020 年逐步推开,时间服从质量"的思路,结合各地师范类专业布局实际,认证专家委员会审议各省师范类专业认证实施方案,并向各省反馈了审核意见。

（四） 研发认证管理系统

完成了师范类专业认证管理信息系统开发工作,实现教育部教师工作司、教育部高等教育教学评估中心、省级教育行政部门和评估机构、学校、专家、认证专家委员会、认证专家委员会秘书处等多级用户信息交互使用。实现了认证全过程的信息化管理,涵盖专业认证申请受理、自评自建、进校考查、得出结论、整改提高的全部过程。

（五） 开发质量监测平台

教育部教师工作司会同教育部高等教育教学评估中心在广泛征集专家和教师教育质量监测需求基础上,形成质量监测平台建设方案。依据建设方案,完成了教师教育质量监测平台指标体系研制工作,为教师教育质量常态监测与周期性认证提供了依据。教师教育质量监测指标体系选取与教师教育质量相关的关键要素,包含学生、教师、课程、条件四个维度,共计 50 个具体监测项,其中通用项 26 个、师范类专业特色项 24 个。

（六） 完成首批认证打样

首批中学教育、小学教育、学前教育三类师范类专业认证工作关系着师范类专业认证整体工作的前进方向、推进节奏和整体成效。第二、三级认证的样板专业,将是对分级分类专业认证模式的重大实践,必将发挥示范引领作用。教育部依据各省师范类专业认证实施方案,经学校自主申请、省教育厅推荐、教育部高等教育教学评估中心审核、配强大组长、精选小组长和成员,分别对浙江师范大学学前教育专业、首都师范大学小学教育专业进行二级打样认证。接着,教育部又组织开展了对华东师范大学汉语言文学专业的三级打样认证。在此过程中,组织其他教育评估机构观摩学习。随后,相继完成了东北师范大学、西南大学、华中师范大学、陕西师范大学等 4 所部属师范大学 16 个专业的第二级认证工作。

(七)研制两类认证标准

2018 年,教育部教师工作司会同相关专业机构广泛听取了设置中职和特教专业的高校意见,在此基础上,集中了职教和特教专家,研制了《中等职业教育专业认证标准》和《特殊教育专业认证标准》。经过认真打磨加工、反复征求意见,2019 年三级五类认证标准的制定全面完成。

四、师范类专业认证的未来展望

师范类专业认证工作在我国尚属首次,认证标准和实施工作有待于在实践中得到检验、不断完善。总的看来,通过入校认证,专家认证技术水平逐步提升,发掘了一批可引领全国认证工作的核心专家。认证组织流程逐渐理顺,引导各教育评估机构以统一质量标准开展认证工作。同时,浙江省教育评估院、江苏省教育评估院等 8 家教育评估机构进行了系统的观摩、学习,为保证全国统一的认证组织流程、工作标准奠定了基础。

(一)认真总结完善

当前,师范类专业认证也有一些环节需要完善。一是认证核心的评价工作尚未得到科学、有效的贯彻和落实。目前认证专业的毕业要求制定、分解尚不合理、细化,课程目标支撑、落实不够明确。同时,专家在查证过程中还不能以"产出导向"为主线,不能以产出评价为重点。二是认证启动后各方面准备、支持、匹配不够。认证工作短期内开展较快,对保证认证工作质量提出了很大挑战。如:评估机构专业化水平与组织能力不能满足工作需求,学校按认证理念转变人才培养模式预留时间不足,专家数量、精力、能力也难以满足认证需求。三是认证组织流程尚需优化。首批认证中部属师范大学第二级认证工作采取了 36 个专业联合进校的工作模式,联合进校虽在一定程度上提高了认证速度,但其组织流程尚需优化。四是各评估机构工作水平有待提高。评估机构对认证理念、标准的理解,对认证关键环节的掌握有待提升。五是各校认证专业普遍存在培养目标尚需明晰。人才培养目标、毕业要求、课程目标及课程教学之间的"产出导向"取向需要加强,还存在评价机制和质量保障机制不够健全等问题。

(二) 体现稳中求进

要继续加强评建过程指导,严格进校标准,确保"成熟一个,认证一个"。针对已开展的认证工作,加强总结分析。同时,向各省级教育行政部门、各学校深入讲解认证工作促进师范教育质量提升、推动师范教育改革的初心,尽可能消除认证进度横向比较心理。引导和促进师范类专业按照学生中心、产出导向、持续改进理念开展专业建设,推动师范教育改革。通过将理念引入认证专业,促进专业按照中小学(含幼儿园、中等职业学校、特殊教育学校)教师需求设定培养目标,按照认证标准要求制定人才培养规格,按照产出导向教育理念构建课程体系,实施教学活动。

(三) 理性对待结果

认证结论分为"通过,有效期 6 年""有条件通过,有效期 6 年""不通过"三种。其中,认证结论为"通过,有效期 6 年"或"有条件通过,有效期 6 年"的专业,须依据认证工作专家现场反馈意见和专家组现场考察报告进行整改,并提交整改报告。学校要理性对待认证结果,客观分析专家组反馈意见,仔细梳理分析,认真整改落实,持续改进提升;各省要按照要求,依据实际建立相应的专家组织和结论审议机制。教育部认证专家委员会审定认证结论,保证认证结果的科学性和权威性。

（四）做好自评自建

自评自建是专业认证工作的重要环节。高校要承担起师范类专业质量建设的主体责任，对照认证标准，对人才培养质量进行自我检查、自我评价、自我改进、自我建设，健全校内工作机制，促进专业质量持续改进。

（五）实现全面覆盖

2019年后，教育部还开展职教和特教的认证，同步推进三级五类师范类专业认证工作，实现全覆盖。职教认证标准立足"三性（师范性、专业性、职业性）融合"，聚焦制约培养质量短板；特教认证标准将特别注重教育情怀，规范和引导特殊教育专业加强内涵建设。

总之，开展师范类专业认证过程中，应当牢记习近平总书记"四有好老师"和"四个引路人"的嘱托，精益求精，追求卓越，提升质量，为培养德智体美劳全面发展的社会主义建设者和接班人提供坚强的师资保障。

（本文原载《中国高等教育》2019年第18期）

切实推进高校教师考核评价制度改革

　　教师考核评价制度改革是高等教育领域综合改革的重要内容,也是高校教师发展和人事制度改革的重点难点问题。科学合理的考核评价制度能够激发高校教师教书育人科学研究、创新创业的活力。2016 年 8 月《教育部关于深化高校教师考核评价制度改革的指导意见》(以下简称《指导意见》)出台后,在全国高校界产生了较大影响。进一步推进高校教师考核评价制度改革落实落细,努力培养造就师德高尚、业务精湛结构合理、充满活力的高素质专业化创新型教师队伍,开创高等教育改革发展新局面,是当前和今后一段时期高等教育战线的重要任务。

一、高校教师考核评价制度改革的重大意义

　　深化高校教师考核评价制度改革,以此为抓手加强教师队伍建设、破除体制机制障碍、激发高校办学活力,是新时期推进高等教育提质发展,更好服务经济社会发展需要的重要保证。对此,中央有要求、各校有需求、各地有探索,亟待从国家层面给予进一步政策指导。

(一) 贯彻落实习近平总书记重要讲话和中央系列文件精神的迫切需要

　　党的十八大以来,以习近平同志为核心的党中央继往开来高度重视人才和教师工作,对加强教师队伍建设作出系列重要指示。2013 年至 2016 年,总书记每年都在教师节前通过向广大教师致慰问信、与教师座谈给教师回信等

各种方式,对教师队伍建设工作作出重要指示,要求各级党委和政府从战略高度认识教师工作的极端重要性,把加强教师队伍建设作为基础工作来抓,使教师成为最受社会尊重、让人羡慕的职业;勉励广大教师做有理想信念、有道德情操、有扎实学识、有仁爱之心的好老师,做学生锤炼品格、学习知识、创新思维、奉献祖国的引路人。在 2016 年 12 月召开的全国高校思想政治工作会议上,总书记最后对教师队伍建设提出明确要求,强调传道者自己首先要明道、信道,要坚持教书和育人相统一、言传和身教相统一、潜心问道和关注社会相统一、学术自由和学术规范相统一,努力成为先进思想文化的传播者、党执政的坚定支持者,更好担起学生健康成长指导者和引路人的责任。

2016 年,中央印发《关于深化人才发展体制机制改革的意见》,提出创新人才评价机制,突出品德、能力和业绩评价,改进人才评价考核方式。中央领导的重要论述和中央有关文件的要求,迫切需要进一步细化和落实,真正落实到具体的政策举措中,落实到各校的考评制度中,让高校教师真正感受到党和国家对人才的重视、对知识分子的尊重和信任。

(二) 高等教育适应新形势更好服务国家经济社会发展的迫切需要

在加快实现教育现代化的征程上,我国高等教育正面临前所未有的新形势、新要求。从世界形势看,世界多极化、经济全球化、文化多样化深入发展,世界范围内新一轮科技革命和产业变革蓄势待发,人才竞争越来越居于核心地位,各国都将人才作为综合国力竞争的核心要素。从国内形势看,我国正进入全面建成小康社会决胜阶段,中央提出了实施创新驱动、建设世界科技强国、建设中国制造强国、"一带一路"建设等战略任务,这一系列重大战略目标的提出与实现,迫切需要发挥人才的支撑作用。

"致天下之治者在人才"。高校教师队伍作为人才的中坚力量,作为教师队伍的重要组成部分,对提升综合国力、实现民族振兴,在当前比任何一个时期都更加凸现。考核评价制度作为高校教师入职、选聘、任用、薪酬、奖惩的基础和依据,调动教师工作积极性、主动性的"指挥棒"作用比任何一个时期都更加显现。适应经济社会发展提出的新要求,迫切需要深化高等教育综合改革,切实推进考核评价制度改革,提高高校教师整体素质和水平。

(三) 高校深化综合改革与实现"双一流"建设的迫切需要

当前我国高等教育处在快速发展阶段,国务院印发"双一流"建设总体方案,从建设、改革两方面共安排了 10 项重点任务,其中"建设一流师资队伍"是五项建设任务的首要任务。

高等教育的核心竞争力在教师,国家"双一流"建设战略,离不开一流的教师队伍;建设一流的教师队伍,迫切要求对教师考核评价制度进行改革。许多高校综合改革方案将教师考核评价作为改革的重要内容,高校的章程中基本都有关于教职工考核的相关要求。建立一个科学规范、促进发展的教师考核评价机制,是"双一流"建设非常重要的基础性工作,对于推进高校改革发展具有非常重要的现实意义。

二、高校教师考核评价制度改革的有益经验

教育部高度重视教师考核评价体系建设工作,2011 年印发《关于进一步改进高等学校哲学社会科学研究评价的意见》,2013 年印发《关于深化高等学校科技评价改革的意见》,从不同领域对高校教师考核评价改革指明方向。2014 年,围绕深入推进高校教师考核评价机制改革这一主题,教育部委托相关高校和单位开展专题研究,并在全国范围内进行专项调研和创新案例征集,全面深入了解高校教师队伍考核评价工作的基本情况、难点问题和创新实践,同时进行深入系统的国际比较研究。通过调研了解到,很多高校对教师考核评价机制改革进行了积极探索,在教师分类管理、考核指标体系建立、评价机制创新、丰富考核主体、引导教师全面发展等方面做了有益的探索和实践。这些好经验好做法值得总结和推介,主要有以下几个方面:

(一) 严守师德底线,强化师德考核

各地各高校普遍将政治素质和职业道德作为教师招聘、考核时首先考量

的内容。北京、内蒙古、江西等地明确要求高校要建立健全师德考核制度,在教师年度考核、岗位聘任、专业技术职务晋升、评优奖励等工作中实行师德表现"一票否决"。江苏、河北、湖北、四川等省份注重师德楷模的宣传表彰和激励,对师德表现突出的,在各类高层次人才评选中优先考虑。清华大学、天津大学、东北林业大学、河海大学等构建多方参与的师德评价体系,加强对考核结果的运用,并将考核结果存入教师档案。

(二)突出教学业绩,强化教学质量

越来越多的高校把教学当作教师的要务,并且在绩效津贴分配方案中,提高教学工作业绩分配占比。南京大学着力建设"教学支持"与"教学评估"双轮驱动模式,一方面通过新进教师教学培训、课程研讨等形式,建立教学发展支持服务体系;另一方面,对教师教学工作进行综合评价,评价结果作为职称评聘的重要依据。北京外国语大学以学生为中心,形成了比较完善的教师课堂教学质量评价指标体系,考评结果作为教师职称评定和岗位考核的重要依据。

(三)调整科研导向,弱化量化指标

许多高校在教师考核体系中弱化对论文数量的追求,使教师多一些时间和空间,能够从容地安排自己的学术计划,打磨出富有学术思想、学术品位、学术积淀的学术精品。复旦大学从 2012 年开始全面推行"代表性成果评价制度",取消教师晋升高级专业技术职务的论文数量、科研项目数量等量化标准,改为围绕"学术贡献、学术影响、学术活力"三个维度构建的评价体系。中国人民大学制定的《教师科研工作考核办法》,改变以往以攒分为基础的科研评价制度,试图克服以数字衡量学者的"学术 GDP"的弊端,使行政性评价让位于同行学者评价,量化评价让位于定性评价。

(四)探索发展性评价,引领全面发展

不少高校将考核评价机制与教师职业生涯发展相结合,把个人成长和学校发展融合在一起。中南大学考核评价不仅重视教师个人工作业绩表现,更

注重教师的职业生涯与学校的未来发展,学校通过建立"五年阶梯式"人才培养模式、实行"531"计划等,为教师提供相应层次的发展平台,授予各层次人才名誉称号并给予相应的经费支持,引导教师分类、分层发展。北京交通大学将发展性评价贯穿于教师管理始终,在签订合同时注重体现个性化的指标,促进教师成长发展,实现教师个人与学校发展的"双赢"。

(五) 关注个体差异,实行分类管理

一些高校按照不同类型、不同层次教师的特点,探索实施分类管理考核和评价的策略,取得了良好的实施效果。浙江大学将教师岗位设置为教学科研并重、研究为主、教学为主、社会服务与技术推广、团队科研教学等五类岗位,对各类岗位分别设置相应的准入条件和要求,并允许动态调整。武汉大学把教师岗位由原先的基础教学型、教学科研并重型和科研为主型拓展为教学为主型、教学科研型、科研为主型和社会服务型,教师可根据自身的特长和所承担的任务,选择适合自己专业发展的岗位,既尊重了教师个性特点,也激发了教师发挥自身特长的积极性。

总体上看,各地各高校积极探索教师考核评价改革,积累了不少经验、取得了一定成效,但仍然存在一些问题。比如:教师选聘把关不严、师德考核操作性不强;考核评价缺乏整体设计,重科研轻教学、重数量轻质量的情况还比较严重;对教师学科和团队建设职责评价不足;考核评价急功近利,考核结果与绩效、利益挂钩过于紧密等问题。这些需要引起我们高度重视,下大力气认真研究解决,不断改进、完善和优化考核评价制度设计,使之更好发挥作用和效力。

三、高校教师考核评价制度改革的重点任务

改革不是千篇一律,各地各高校在加强教师队伍建设,推进"双一流"建设进程中,应进一步转变理念,回归常识,回归本分,回归初心,回归梦想。在教育部《指导意见》的基础上,积极研究制订符合地方和学校实际的教师考核评价实施细则,做好各项重点工作落实。

（一）严把教师选聘考核师德关

"学高为师，身正为范"。高校教师的思想政治素质和道德情操直接影响着青年学生世界观、人生观、价值观的养成，决定着人才培养的质量，关系着国家和民族的未来。党的十八届六中全会明确提出全面从严治党，切实做好思想理论工作、意识形态工作，并在全国高校思想政治工作会议上作出全面部署。高校应进一步增强政治敏锐性和大局意识，把思想政治素质作为教师选聘考核的基本要求，贯穿到教师管理和职业发展全过程。在招聘过程中，坚持思想政治素质和业务能力双重考察；在聘用管理上，将思想政治要求纳入教师聘用合同。要深入落实《教育部关于建立健全高校师德建设长效机制的意见》，推行师德考核负面清单制度，实行师德"一票否决"。

（二）切实扭转对教师从事教育教学工作重视不够的现象

把教授为本专科生上课作为基本制度，明确教授、副教授等各类教师承担本专科生课程、研究生公共基础课程的教学课时要求。教师担任班主任、辅导员，解答学生问题，指导学生就业、创新创业、社会实践、各类竞赛以及老中青教师"传帮带"等工作，应计入教育教学工作量。加强教学质量评价工作，学校应实行教师自评、学生评价、同行评价、督导评价等多种形式相结合的教学质量综合评价。提高教师教学业绩在校内绩效分配、职称评聘、岗位晋级考核中的比重，充分调动教师从事教育教学工作的积极性。把坚持党的基本路线作为教学基本要求，旗帜鲜明地坚持正确舆论和价值导向，加强对教师课堂教学活动和教学实践环节的考核监督力度。对于在课堂教学中传播违法、有害观点和言论的，应依纪依法严肃处理，确保社会主义高校的办学方向。

（三）调整完善科研评价导向

坚持服务国家需求和注重实际贡献的评价导向，扭转将科研项目与经费数量过分指标化、目标化的倾向。改变在教师职称评聘、收入分配中过度依赖和不合理使用论文、专利、项目和经费等方面的量化评价指标的做法。积极探索建立以"代表性成果"和实际贡献为主要内容的评价方式，将具有创新性和影响力创建性的学术成果作为评价教师科研工作的重要依据,扭转重数量轻质量的科研评价倾向。针对不同学科领域和研究类型,建立分类评价标准。注重个体评价与团队评价的结合。建立合理的科研评价周期。适当延长考核评价周期,共享考核评价结果。

(四)综合考评教师社会服务工作

充分认可教师参与学科建设、人才培训、科技推广、专家咨询和承担公共学术事务等方面的工作,以及在政府政策咨询、智库建设、在新闻媒体及网络上发表引领性文章方面的贡献。落实国家关于高校教师离岗创业有关政策,保障教师在科技成果转化中的合法收益。

(五)将教师专业发展纳入考核评价体系

鼓励各高校开展教师发展性评价改革,在教师考核指标体系中增设教师专业发展指标,细化对教师专业发展的要求。落实5年一周期的教师全员培训制度,支持高校普遍建立教师发展中心,加大经费投入。

(六)推动建立各类评估评价政策联动机制

教师评价体系不是孤立的,与科研评价体系、学科评估体系以及各类大学排名和人才评价体系都有紧密联系,中国应当探索建立自己的科研评价体系和学科评估体系。要探索建立院校评估、本科教学评估、学科评估和教师评价政策联动机制,优化、调整制约和影响教师考核评价政策落实的评价指标。扭转评价指标过度强调教师海外学历、经历或在国外学术期刊上发表论文的倾向,并作为院校评估、本科教学评估和学科评估改革的重要内容。

四、高校教师考核评价制度改革的关键环节

着力抓好"由谁来评价""评价什么""怎么评价""评价结果怎么用"四个关键环节,提升高校教师考核评价管理的科学化水平。

（一）抓评价主体

积极推进简政放权,向高校和用人主体放权、为人才松绑。在评价主体上,充分发挥同行、学生、学校、学院多方面作用,完善同行评议制度,注重发挥"小同行"的重要作用,大力推进国际同行专家评价。积极探索实施第三方评价,引入专业化的人才评价机构,建设评价专家数据库,鼓励信息共享与成果互认。

（二）抓评价标准

突出品德、能力和业绩导向,注重凭能力、实绩和贡献评价人才。根据不同学科、不同岗位的特点,建立科学合理的分类评价标准。对从事基础研究的教师主要考察学术贡献、理论水平和学术影响力;对从事应用研究的教师主要考察经济社会效益和实际贡献;对科研团队实行以解决重大科研问题与合作机制为重点的整体性评价。

（三）抓评价方式

坚持质性评价与量性评价的结合,不断完善"量"与"质"相结合的评价体系。尊重科学研究灵感瞬间性、方式差异性、路径不确定性的特点,鼓励人才从事重大原创性研究。探索差异化的弹性考核,鼓励教师根据自己的兴趣和特长、实际工作需要等情况,一定程度上自由地选择从事教学、科研和公共服务等工作量的大小,避免急功近利、学术浮躁现象。

（四）抓评价效果

考核评价本身不是目的,而是促进教师发展的手段。考核评价既要关注教师以往业绩,更要着眼于教师的未来发展。高校要建立教师考核评价的校、院(系)分级管理体系,注重与教师的及时沟通和反馈,同时发挥学校教师发展中心的作用,制订教师培养培训计划,提供专业的帮助和指引,促进全体教师可持续发展。

（本文原载《中国高等教育》2017 年第 12 期）

切实加强高校教师职称评审监管

为深入落实党的十九大精神,用习近平新时代中国特色社会主义思想武装头脑、指导实践、推动工作,近期教育部在出台《关于深化高等教育领域简政放权放管结合优化服务改革的若干意见》的基础上,会同人力资源社会保障部研究出台了《高校教师职称评审监管暂行办法》(以下简称《暂行办法》)。① 这是深入推动高等教育领域"放管服"改革的奋进之笔,也是切实推动高等教育内涵式发展的重要举措。

一、立足战略全局,充分认识加强高校教师职称评审监管的重要意义

党的十九大报告明确提出,转变政府职能,深化简政放权,创新监管方式,增强政府公信力和执行力。"放管服"改革从根本上就是要转变政府职能,加强高校教师职称评审监管是政府职能的一次深刻调整,对于进一步厘清政府和高校关系、激发高校活力和教师创造力具有重要意义。

(一)这是实现教育治理体系和治理能力现代化的必然要求

加快推进治理体系和治理能力现代化,是党中央的重大部署。党的十九

---

① 2017年3月,教育部等五部门印发《关于深化高等教育领域简政放权放管结合优化服务改革的若干意见》。2017年10月,教育部、人力资源社会保障部印发《高校教师职称评审监管暂行办法》。——作者新注

大报告强调,必须坚持和完善中国特色社会主义制度,不断推进国家治理体系和治理能力现代化。推进教育治理体系和治理能力现代化,就是要根据教育发展的自身规律和教育现代化的基本要求,以构建政府、学校、社会新型关系为核心,以转变政府职能为突破口,建立科学规范、运行有效的制度体系,形成政府宏观管理、学校自主办学、社会广泛参与的格局。将教师职称评审权下放至高校,同时加强监管,就是政府职能的重大转变、政府角色的重要调整,政府向高校放权,从大包大揽的单向管理转向多元主体的协同共治,从微观的直接管理转向宏观的间接管理,实现管理重心、管理理念、管理方式的转换。政府从职称评审的供给者转变为监管者,是教育治理体系和治理能力的再造,同时作为承接权力的高校也需要并必将完善内部治理结构,恰当处理学术权力与行政权力、学校权力与院系权力的关系,加强内部自我监管,提高治理能力,对推进教育治理体系和治理能力现代化意义深远。

(二) 这是落实和扩大高校办学自主权的重要步伐

党的十九大报告明确提出,要深化机构和行政体制改革,深化简政放权。党的十八届三中全会通过的《关于全面深化改革若干重大问题的决定》提出,要扩大学校办学自主权。进一步落实和扩大高校办学自主权,是激发高校办学活力、全面提高高等教育质量的重要基础。下放高校教师职称评审权,由高校自主评审、按岗聘用,就是要进一步落实和扩大高校办学自主权,让高校享有充分评价人才和使用人才的自主权。同时,加强监管是落实和扩大高校办学自主权的保障,只有管得好、管到位,才能放得更开、放得彻底,管不好,放也会受到限制。

(三) 这是进一步激发高校教师创造力、推动高等教育内涵式发展的重要举措

党的十九大报告提出:"努力形成人人渴望成才、人人努力成才、人人皆可成才、人人尽展其才的良好局面,让各类人才的创造活力竞相迸发、聪明才智充分涌流。"推进高等教育领域"放管服"改革,就是要行简政之道,革烦苛之弊,为高校及教师松绑减负,发力"教育的制高点"和"制高点的制高",激发

广大教师的积极性和创造力,加强高校教师队伍建设,提升高等教育质量,推动高等教育内涵式发展。职称制度改革与教师的专业发展、职业成就等切身利益紧密相关,是激励教师积极性和创造力的重要指挥棒。将教师职称评审权下放至高校,由高校自主评审,有利于高校结合学校实际情况,制定职称评审办法、操作方案等,确立适当的评审标准,实行科学合理的分类评价,使人尽其才、才尽其用。同时,加强监管,也是保障评审公平、公正、科学操作之必要举措。

二、坚持权责统一,推动高校完善教师职称评审制度

权力和责任是对等的、统一的。不存在无责任的权力,也不存在无权力的责任。授予权力伴随着责任的承担,责任的承担要求权力的保障。在下放高校教师职称评审权时,须坚持权责相统一原则,由高校行使自主权力、承担主体责任,推动高校自主自强。

(一) 放权担责同步到位

《暂行办法》明确强调,高校教师职称评审权直接下放至高校,不具备评审能力的可以采取联合评审、委托评审的方式,主体责任由高校承担。也就是说,如果不具备独立评审能力,高校可通过其他有效方式来履行其权力主体和责任主体之角色。高校可结合实际制定本校教师职称评审办法和操作方案等,同时相关文件要报主管部门、教育部门、人力资源社会保障部门备案。高校在岗位结构比例内,自主组织职称评审、按岗聘用,同时评审工作、评审过程要公开公示,秉公用权,审慎用权,担负责任。权责同步下放,是对高校主体意识的强化,是政府与高校权责关系的调整,由强调政府外控走向强调高校内控,高校作为权责主体,自觉担当,激发内生动力,加强制度建设和能力建设,做好职称评审工作。

(二) 评价使用紧密结合

按照权责相统一原则,高校作为用人主体,在人才选拔、评价、使用等方面

具有主导地位,自主决定、自担风险、自行调节。《暂行办法》重申高等教育"放管服"改革精神,由高校自主组织职称评审、按岗聘用,就是要推动高校实现对教师的自主评价、自主使用,改变过去评价与使用相脱节、用人主体在人才评价方面话语权不足的问题。通过实施自主评聘,高校可以根据学校发展目标与定位,将教师职称评审与学校事业发展、岗位需要、教师队伍建设规划等紧密结合起来,制定切合实际的实施方案,对不同类别岗位的教师制定不同的评价标准,创新评价方式,充分发挥职称制度的激励导向作用,做"以岗评聘、人岗相适",确保评出来的是符合需要的,实现评价使用深度融合,落实和扩大学校用人自主权,推动学校事业发展。

三、完善监管体系,保障高校教师职称评审活而有序

权力是责任,也是信任,但信任不能代替监督。在"放管服"改革的整体部署中,放权只是转变职能的第一步,放权只是手段,不是目的,放权的目的是促进高校在法律法规框架和政府宏观指导下的自主办学,激发出生机与活力。在放权的同时,必须加强监管,才能走出"一放就乱、一乱就收、一收就死"的怪圈。放权不是放任,而是为了腾出手来加强监管,越是下放评审权,就越要完善监管体系,加强事中事后监管,确保高校教师职称评审活而有序。

(一) 明确监管主体

《暂行办法》明确,高校主管部门对所属高校教师职称评审工作实施具体监管和业务指导。教育行政部门、人力资源社会保障部门对高校教师职称评审工作实施监管。强化高校自律和社会监督,高校加强自我监管,鼓励公众、媒体等社会力量加入监管,构建多元主体协同共治的监管模式。

(二) 突出监管重点

《暂行办法》指明了改革方向、职称政策、工作程序、问题处理等多方面监管内容,这集中体现了相关部门加强监管的重点:一是管方向。高校教师职称

评审工作必须认真贯彻落实党和国家教育方针,体现为人民服务、为中国共产党治国理政服务、为巩固和发展中国特色社会主义制度服务、为改革开放和社会主义现代化建设服务的原则,切实把师德评价放在首位。二是管政策。高校教师职称工作必须符合国家职称政策,符合职称制度改革的要求,贯彻落实《关于深化职称制度改革的意见》《关于加强和改进新形势下高校思想政治工作的意见》等中央文件要求。三是管程序。在高校职称评审办法、操作方案等文件制定方面,因职称评审事关广大教师切身利益,影响重大,要按照学校章程规定,广泛征求教师意见,经"三重一大"决策程序讨论通过、公示后执行。在组织评审方面,评审组织组建、评审操作等要程序规范、健全。职称评审相关文件、材料等要按规定程序报送。四是管效果。对高校教师职称自主评审效果、存在的问题、教师反映比较强烈的问题处理情况等进行评价,激励成就,矫正不足,引导学校不断改进教师职称评审工作。

(三) 创新监管方式

在监管方式方面,《暂行办法》按照"放管服"改革的要求,大胆创新,采取非现场监管和现场监管多种方式。一是书面审核。高校主管部门每年对高校报送的职称评审工作情况等材料进行核查。二是"双随机抽查"和专项巡查。"双随机抽查"是监管体制的重大改革,是被国内外实践都证明的行之有效的科学监管方式。随机不是随意,而是有规则的。公开随机抽查事项,随机确定检查对象和检查人员,合理确定随机抽查的比例和频次。专项巡查则是根据抽查情况、群众反映或舆情反应较强烈的问题,有针对性地进行。三是信息公开。信息公开,核心在"公开",关键在"真实",根本在"监督"。《暂行办法》要求高校教师职称评审严格执行公开、公示制度,主动接受监督。教育、人力资源社会保障部门及高校主管部门将抽查、巡查情况通报公开。信息公开,确保相关者及时、便捷、有效地获取信息,这也是社会监督不可或缺的基础。四是自我监管和社会监督。《暂行办法》要求有关部门及高校须完善投诉举报制度,畅通意见反映渠道,强化高校自律和社会监督,及时处理群众反映的有关问题。高校作为责任主体,要完善自我内部监管机制,加强对职称评审组织实施的监管,同时要完善投诉举报制度,让教师等利益主体有表达意见的合理途径,并得到恰当的答复。社会公众是加强监督的重要力量,通过公开的信息、确实的案例,提出意见、举报、建议等,推动高校完善教师职称评审工作。

(四) 健全惩处机制

有权必有责,用权受监督,失责必追究。《暂行办法》针对受评教师、评审专家、高校和院系党政领导及相关责任人员、高校等不同主体,提出了相应的违纪违法惩处措施,构建了较系统完整的惩处体系。一是对受评教师。高校教师职称评审中申报教师一旦被发现弄虚作假、学术不端等,按国家和学校相关规定处理。因弄虚作假、学术不端等通过评审聘任的教师,撤销其评审聘任结果。二是对评审专家。完善评审专家遴选机制,对违反评审纪律的评审专家,应及时取消评审专家资格,列入"黑名单"。三是对高校和院系党政领导及其他责任人员。如果利用职务之便为本人或他人评定职称谋取利益,按照党政纪律和法律法规的相关规定予以处理。四是对高校。高校因评审工作中把关不严、程序不规范,造成投诉较多、争议较大的,教育、人力资源社会保障部门及高校主管部门要当好"裁判员",及时亮"黄牌"警告,并责令立即整改。对整改无明显改善或逾期不予整改的高校,要亮"红牌"罚下场,暂停其自主评审资格直至收回评审权,并进行责任追究。上述惩处机制在某种程度上也是信用机制,要让失信者一处违规、处处受限,通过加强外部监督,反向激励建立良好的自我约束,营造高校教师职称评审的良好环境。

四、加强组织领导,确保改革举措落地生效

高校教师职称评审工作涉及广大教师切身利益,影响大,社会关注度高,直接关系高等教育的改革发展,各有关部门、各高校必须高度重视,切实加强党的领导,总揽全局,协调各方,同心协力,稳步推进。

(一) 明确权责,敢于担当

权力就是责任,责任就要担当。政府相关部门及高校要明确高等教育

"放管服"改革背景下的高校教师职称评审权责,依法行使授予的权力、履行赋予的职责。这些权责都是不可推卸、不可放弃的法定权责,必须勇于担当、直面挑战。对于高校来说,就要明确自主评审的权责,从评审标准、评审程序、评审方案的制定到评审的组织实施,再到评审结果的确定与应用,以及评审的自我监管,都是高校自主的权力和责任。即使尚不能独立组织评审的高校,也要自主谋划如何联合或委托评审,解决面临的问题,而不能畏首畏尾、裹足不前。对于监管部门来说,高校教师职称评审权下放之后,监管就成为更为重要的权责。为预防"一放就乱",各级相关部门要各司其职,责无旁贷,敢抓敢管,敢于较真,在把该放的权力放到位的同时,把该管的事情管好,做到不越位、不缺位、不失责。政府有关部门和高校要妥善处理好高校教师职称评审"放管服"改革、发展与稳定的关系,确保职称评审权有序转接,确保维护高校教师切身利益,促进优秀人才脱颖而出。

(二) 除旧鼎新,提升能力

不破不立,"放管服"改革要实现对旧方法的扬弃,也要实现相关主体能力的再造。对于高校来说,教师职称评审权下放对高校内部治理能力建设是机遇,也是挑战。高校要依据大学章程,推行依法治校,规范学术权力与行政权力的运行规则;加强职称评审管理制度建设,确立内部职称评审相关主体的权责,建立科学合理的教师评价标准,完善评委遴选、程序优化、过程监管等职称评审工作,提高自主评审能力,实现评审公平公正。对于政府部门来说,放权不容易,要管住、管好更不容易,相比改革前政府部门直接主导高校职称评审,改革后的监管需要更强的能力、更好的办法。相关部门要切实转变理念、转变工作方式方法,从微观事务中解脱出来,集中精力抓监管,改变与审批相伴的"看家本领",打造与监管相匹配的素质能力,开阔思路、创新办法。要"居敬行简",用权适度,合理有效实施监管。要加强对高校的业务指导,组织开展培训交流,寓监管于服务,提升高校职称评审承接能力。

(三) 上下联动,左右协同

高校教师职称评聘工作涉及多个层次、多个部门,推进"放管服"改革,必须坚持上下联动、左右协同。在纵向上，在中央有关部门明确放权、推进监管之后，省级有关政府部门也需要积极跟进，制定配套政策措施，确保自主评审权落实到校到位，确保权力受到监管，避免"上放下不放""你管我不管"。同时，高校也要积极贯彻执行上级部门有关要求，结合自身实际制定具体办法，做好职称评审工作。在横向上，教育行政部门应主动加强与有关部门的沟通协调，共同推动高校教师职称自主评审，加强协同监管，形成合力，确保权力下放充分、监管到位。

（四）加强督查，推进改革

下放高校教师职称评审权，加强监管，是高等教育领域"放管服"改革的重要内容之一，中央相关部门要对地方及高校推进教师职称评审改革情况开展全面督查，地方相关部门也要相应开展督查，及时总结和推广改革有益经验，发现和解决改革中存在的问题，坚决打通政策出台实施的"最先一公里"和政策落地的"最后一公里"，确保改革措施落实见效。

（本文原载《中国高等教育》2017年第23期，原标题为《加强高校教师职称评审监管推动"放管服"改革向纵深发展》）

改革开放 40 年我国外语教育政策回眸

习近平总书记在新时代第一次全国教育大会上,号召大力培养掌握党和国家方针政策、具有全球视野、通晓国际规则、熟练运用外语、精通中外谈判和沟通的国际化人才,有针对性地培养"一带一路"等对外战略急需的懂外语的各类专业技术和管理人才,有计划地培养选拔优秀人才到国际组织任职。习近平总书记的重要指示,是做好我国外语教育政策制定、贯彻、完善的重要遵循。在新时代,外语教育与国家命运紧密相连,外语教育政策成了国家整体战略的重要组成部分。

一、改革开放初期的中国外语教育政策

1978 年,党的十一届三中全会召开,全会恢复和确立了实事求是的思想路线,全党全国的工作重心从以阶级斗争为纲转移到经济建设上来,对外积极开放,营造和发展良好的国际环境,对内大力改革,经济建设快速发展,社会进步成效明显。中国外语教育也紧跟形势发展,围绕党和国家工作重心,在对外开放和对内改革过程中,扮演重要角色。

(一)召开外语教育座谈会

在邓小平同志亲自领导下,为了研究外语教育如何围绕新时期中心任务服从和服务于国家需求,1978 年教育部召开了全国外语教育座谈会,时任全国人大常委会副委员长的廖承志同志到会并作了重要指示。会议总结了中华

人民共和国成立以来外语教育的经验教训,讨论了加强外语教育、提高外语教育水平、为实现"四个现代化"培养外语人才的办法和措施。同时,还就外语师资队伍建设、教材编写、电化教学、科学研究等方面规划进行了讨论。

全国外语教育座谈会客观分析了我国基础外语教育的现状,讨论的一系列外语教育方面的问题政策性很强,涉及不少多年想解决而又难以解决的问题,如外语教育的地位、语种布局和师资培训等,并对新的历史时期外语教育提出了明确任务。会议认为,为了加速我国的社会主义革命与建设,进一步加强与世界各国人民的友好往来,加强反帝、反殖、反霸斗争,迫切需要培养大批又红又专的外语人才。加强外语教育是提高整个中华民族科学文化水平的重要组成部分。"即使我们的国家将来实现了'四个现代化',我们还是需要向外国学习的,还要加强与各国人民的友好往来。所以,搞好外语教育是具有战略意义的长远计划。"[①]

(二)出台加强外语教育文件

根据 1978 年外语教育座谈会精神,经国务院批准,1979 年教育部印发了《加强外语教育的几点意见》。这份文件充分体现了党的十一届三中全会的精神和要求,所规定的外语教育方针明确、措施得力,因而受到外语界广泛欢迎并得到了认真的贯彻执行,我国外语教育由此迎来繁荣发展的新局面。[②]通过该文件,教育部对做好外语教育工作提出了具体要求。

1. 加强中小学外语教学

教育部指出,中学外语课和语文、数学等课程一样,是一门重要的基础课,应当受到重视。首先在重点中学和有条件的城市中学开设,三五年内城市中学要普遍开设,并要不断提高教育质量。城镇中学和农村中学的外语课可在条件具备后逐步开设。小学外语要在保证质量的前提下,在重点小学和有条件的大中城市小学逐步开设。为了早出和快出人才,除继续办好和发展一批外国语学校,为高等学校输送高水平的外语学生之外,还应办好一批文理分

---

① 教育部:《全国外语教育座谈会纪要》,1978 年。
② 戴炜栋等:《高校外语专业教育发展报告》,上海外语教育出版社 2008 年版,第 15 页。

科、加强外语教育的重点中学,为培养有外语基础较好的科技人才创造条件。

2. 开好高校公共外语课程

教育部要求,大力办好高等学校公共外语教育和各种形式的业余外语教育,培养既懂专业又掌握外语的科技人才。高校公共外语课应增加学时,提高教学要求。高年级可指定一、二课程用外语讲授。公共外语除英语外,有条件的院校还要开日语、德语、法语、俄语等语种的课。充分挖掘学校潜力,开办各种形式的科技人员、高校理工科教师及出国留学生的外语培训班。

3. 办好专业外语教育

教育部希望,集中精力办好一批重点外语院系,使之成为培养水平较高的外事翻译、高校专业外语师资和外国语言文学研究人才的基地。这些学校主要从外国语学校的毕业生及外语基础较好的中学毕业生中招生,当时按照周恩来总理关于打好政治、外语和文化知识三个基本功的指示,严格进行训练。要求学生毕业时至少掌握两三门外语。为了培养高级翻译、研究人才及高等学校专业外语的骨干教师,这些学校应逐步扩大研究生的招生规模,积极开展科研,努力把学校办成教学中心和科研中心。

4. 合理开展语种布局

教育部提出,语种布局要有战略眼光和长远规划。主要任务还是大力发展英语教育,但也要适当注意日语、法语、德语、俄语等其他语种的教育。中小学语种的设置,一律由省级教育行政部门作出规划,统一掌握。中小学可在少数学校开设俄语课,与苏联接壤的各省、自治区开设的面可适当大一些。有条件的外国语学校要开设俄语专业,为高等学校输送俄语人才。要注意外语的连续性,小学升初中,初中升高中,高中升大学,都要做好语种的衔接工作。

5. 进行外语师资建设

教育部要求,大力抓好外语师资队伍的培养和提高。为改变高等学校外语教师队伍青黄不接、高水平骨干教师后继乏人、中学外语师资质量偏低、数量缺乏的状况,必须开展多种形式的在职和脱产进修活动。采取出国进修、邀请外国语言专家来华讲学或举办外语教师培训班、选择国内有条件的学校开办师资进修班等措施,提高中小学外语师资水平。

6. 选编主流外语教材

教育部号召,选编出版一批大、中、小学外语教材。各类通用语种的外语教材均应组织统编或委托有关院校主编,由教育部组织的外语教材编审小组审查通过。有条件的语种可根据不同要求和不同编写体系,编写几套教材,以便选择。每套教材力争配以唱片、录音、幻灯、电影等各种视听教材,以提高教学效果。此外,可以在教学中选用国外教材。

7. 开展外语教育研究

教育部号召,加强外语教学法和语言科学的研究,认为必须大力开展外语语言方面的基础理论和应用科学的研究。当时,由于学习外语者人数激增,外语师资跟不上,教育部希望尽快把外语电化教学搞上去。

(三) 加强外语教育的政策举措

1. 办好外国语学校

1979 年,教育部颁布《关于办好外国语学校的几点意见》。根据该文件规定,当时确定整顿和恢复了原有的 11 所外国语学校,并对外国语学校的性质和任务、学制、教材、教师队伍建设等提出了具体意见。随着改革开放的深入和高考必考外语政策出台,外语深受社会重视,外国语学校和具有外语特色的实验学校在全国如雨后春笋般建立起来。这些学校大都发展为当地外语教学的领头羊,起着外语教学示范的作用,也为高校输送了大批具有扎实外语基础的优质生源。①

2. 提升中学外语教育

1981 年 4 月,教育部颁发了《全日制六年制重点中学教学计划试行草案》,决定逐步恢复初中 3 年、高中 3 年的学制,并规定中学 6 年外语课的学时量和总学时。1982 年教育部召开了全国中学外语教育工作会议,会议认为加强外语教育具有重要的战略意义,中学外语是整个外语教育的基础,应采取切实有效的措施,扎扎实实地提高质量。会后教育部颁发了《关于加强中学外语教育的意见》,对中学外语教育提出了一系列具体要求。中学外语教育得

---

① 刘道义等:《基础外语教育发展报告》,上海外语教育出版社 2008 年版,第 13 页。

以迅速恢复和发展,高校新生的外语水平也逐年提高。

3. 组织中学外语学科调查

1985 年国家教委组织开展了新中国成立以来规模最大的一次学科调查,对全国 15 个省市中学英语教学开展了为期一年零七个月的调查研究,此次调查为教育行政部门决策提供了可靠依据。调查发现我国中学外语水平有明显的提高,但是仍然存在很多问题。在调查初见成效、中学外语教学主要问题已经明朗的情况下,国家教委中学司于 1986 年召开了全国中学外语教育改革座谈会,提出了《关于改革和加强中学外语教学的几点意见》,对当时我国中学外语教育进行了指导。①

4. 构筑高校外语教学体系

20 世纪 80 年代,高等外语教学得到了较好的恢复和发展,逐步构筑了多层次、全方位的高校外语教学体系。以外语为专业的高等外语院校共有 10 所;带有涉外功能专业倾向的高等外语院校共有 7 所;设有外语系的综合性大学共有 32 所;11 所理工科院校开设以培养科技翻译及理工科公共外语教师为培养目标的科技外语专业;经国务院批准的高等师范院校共有 202 所,其中 174 所开设外语系科。既有 2—3 年的专科,又有 4—5 年的本科,同时还开展了硕士、博士研究生教育。1983 年,全国具有外语专业硕士学位授予权的高等院校达到 37 所,具有博士学位授予权的高等院校共有 6 所,高水平的外语人才梯队迅速建立起来。②

这一时期,高等外语教育的语种数量和培养学生的数量都有了大幅度增长。一方面,至 1984 年底,全国开设的外语语种多达 34 个,其中大多数外语院系都设有英语、俄语、德语、法语、日语专业。另一方面,外语专业在校学生数量有了大幅度增加,包括研究生在内的高校外语专业在校生总数达 6 万余人。

5. 建设合格外语师资队伍

"文革"期间,大批的外语专业教师遭到了各种形式的迫害,广大外语教

---

① 刘道义等:《基础外语教育发展报告》,上海外语教育出版社 2008 年版,第 13 页。
② 戴炜栋等:《高校外语专业教育发展报告》,上海外语教育出版社 2008 年版,第 15、16 页。

师对外语教学的新理论、新学科、新方法所知甚少。针对这种情况,为改变专业外语教师水平与迅猛发展的形势不相适应的问题,改革开放后,各种层次的外语师资培训迅速在全国范围内开展起来。与此同时,外语教师规模得以迅速扩大。中小学外语教师成了"主科教师",专业发展任务很重,教育部和各地采取倾斜性政策措施,让外语教师得到培训提高。教育部在国家外国专家局的协助和主办院校的努力下,先后邀请中外语言文学专家300多名,举办了英语、法语、德语、日语、俄语、西班牙语、阿拉伯语等7个通用语种的教师培训,特别是1980—1983年内实施的高校英语师资培训的"三年计划",对改变我国英语师资队伍的面貌起到了重要作用。[①] 合格的外语专业师资队伍的建设,不仅促进了外语专业教学质量的提高,还大大促进了外语教育研究。在搞好教学的同时,外语教师们还开展了科研工作,如教学大纲和教材编写、教学法研究、外语学报和其他外语期刊的编辑,等等。[②]

二、20世纪末期至21世纪初叶的中国外语教育政策

世界经济和政治格局在20世纪末发生了新的深刻变化,经济全球化和世界多极化成为世纪之交的新常态。经济全球化使世界各国之间的经济联系日益加深,生产布局、金融往来、投资走向、技术开发、人才培训、环境保护等,都跨越了国界。世界多极化使世界各种力量逐渐形成既相互借鉴又相互制约和制衡的关系,有利于遏制霸权主义和强权政治,推动建立公正合理的国际政治经济新秩序。和平与发展成为新的时代主题。伴随着改革开放的深入,我国的综合国力和社会各领域的发展迅速,中国加入世贸组织,2008年北京奥运会成功举办,对中国外语教育来说,既是挑战,更是机遇。世纪之交,国家从深化本科外语教育改革、加强大学外语教育、发展中小学外语教育、开展业余外语教育等方面大力引导,逐步形成了全民重视外语、学习外语的热潮。

---

① 李传松:《新中国外语教育史》,旅游教育出版社2009年版,第236、290页。
② 戴炜栋等:《高校外语专业教育发展报告》,上海外语教育出版社2008年版,第15—16页。

（一）推动外语本科专业教育改革

1994 年,时任副总理的李岚清在北京外国语大学听取外语专业教学改革情况汇报后指出,外语专业教学要努力适应社会经济发展需求,培养复合型人才,指明了外语专业教学改革的发展方向。1998 年,教育部高教司印发了《关于外语专业面向 21 世纪本科教育改革的若干意见》,标志着高等外语专业教育对于复合型人才培养的共识和模式探索渐趋清晰。大多数外语院校以外语语言教学为基础、以适应区域经济与社会发展需求为要求、以学校现实基础为起点,遵循逐步建设、注重质量、拓宽专业、巩固升级的方针,逐步由单科性的专业外语教育发展走向了多科性的外语人才培养之路,并以上海外国语大学和北京外国语大学为代表,形成了南北两大区域的六种模式的专业教学改革态势,即:(1)外语+专业知识;(2)外语+专业方向;(3)外语+专业;(4)专业+外语;(5)非通用语种+英语;(6)双学位。此后,各校又在此基础上逐步深化教学内容改革,强化专业知识教学,提升该模块教学的层次,乃至在部分外语类院校中成功创建经济类、管理类、新闻类、教育技术类和国际政治类专业硕士研究生教学点,提高了"专业+外语"这一人才培养模式的层次与质量。[①]

（二）促进大学外语测试发展

大学外语是大学生修习的公共基础课。大多数高校选择英语作为第一外语,有的高校还开设大学德语、大学俄语、大学日语、大学法语等选修课程。

1980 年,教育部颁发了改革开放以来的第一份大学英语教学大纲《英语教学大纲(高等学校理工科本科试用)》,对改革开放初期迅速恢复和发展大学英语教学起到了重要作用。此后,《大学英语教学大纲(高等学校理工科本科用)》(1985)、《大学英语教学大纲(高等学校文理科本科用)》(1986)颁布。这两份大纲都规定,基础阶段各级教学结束时均应安排考试,其中四、六级结束时,应按本教学大纲的要求进行全国统一考试。大学英语四、六级考试为检

---

① 戴炜栋等:《高校外语专业教育发展报告》,上海外语教育出版社 2008 年版,第 19 页。

查和评定大学生的英语水平提供了统一的量尺,为用人单位判断毕业生的外语水平提供了参考,同时也对大学英语教学起到了积极的反馈作用,推动了教学大纲的贯彻执行。《大学英语教学大纲(修订本)》(1999)把原理工科、文理科两份大纲合并成一份,将教学对象确定为全国各类高等院校的本科生,提出"分类要求和因材施教""英语学习四年不断线"等思想,第一次把大学英语四级定为全国各类高校学生均应达到的基本要求。① 从 1987 年开始第一次四级考试和 1989 年开始第一次六级考试以来,大学英语四、六级考试的规模日益扩大。1987 年第一次实施四级考试时,参加者仅有 10 多万人;而到 2004 年,全年四、六级考生则达到 1100 万人之多,成为世界上规模最大的单科考试。

由于种种原因,大学英语四、六级考试的作用被过分放大,有的学校将四、六级考试和毕业证书、学位证书挂钩,有的用人单位把四、六级测试通过的证书作为录用毕业生的必要标准,这就导致了不少学校盲目追求通过率而进行应试教学,少数学生考试作弊,甚至有些人铤而走险,作出违法乱纪行为。教育部为此启动了大学英语四、六级考试改革项目,并于 2005 年正式向社会公布,主要有以下三条措施:(1)按照《大学英语课程教学要求》修订考试大纲,制定了《全国大学英语四、六级考试改革方案(试行)》;(2)采取适当措施降低考试的社会热度,突出考试为教学服务的功能;(3)改革考试管理体制,进一步加强考务管理。②

(三) 着手小学外语教育恢复和发展

改革开放前,全国开设外语的小学凤毛麟角。随着改革开放的形势对外语教学水平的要求越来越高,开始有越来越多的小学开设了外语课。1986 年全国人大审议通过了《中华人民共和国义务教育法》,全民义务教育的时代开启,更多的适龄学生得以接受教育,也有更多的学生开始接触外语。到 20 世纪末,全国小学英语开设面已达 30 个省、自治区、直辖市,学生人数近 500 万。

---

① 王守仁等:《高校大学外语教育发展报告》,上海外语教育出版社 2008 年版,第 19 页。
② 李传松:《新中国外语教育史》,旅游教育出版社 2009 年版,第 309—311 页。

2001 年教育部印发了《关于积极推进小学开设英语课程的指导意见》，正式决定把小学开设英语课程作为 21 世纪初基础教育课程改革的重要内容。此后，全国小学英语课程的开设出现了跨越式的发展，全国城市和县城小学开设外语课，小学外语教师队伍迅速扩大，从 2003 年到 2006 年增加了 30% 以上，小学外语教师学历提高也很快。①

1999 年，受教育部委托，北京外国语大学陈琳教授主持国家基础教育阶段《英语课程标准》的研制，推出了我国第一套依据国家《英语课程标准》编写的小初高"一条龙"英语教材。小学外语教育的恢复和发展，有利于提高我国公民的基础外语素质，为进一步学习外语和其他专业奠定了基础，提升了全社会的外语水平。

（四）召开中学外语教学座谈会

根据时任副总理李岚清 1996 年 6 月 28 日关于加强外语教学法研究的指示，为指导外语教学改革的健康发展，国家教委基础教育司于 1997 年 6 月 26 日在北京召开了中学外语教学座谈会。会议肯定了外语课程改革和教材建设方面所取得的可喜成果，指出了中学外语教学存在的很多亟待解决的问题，特别是哑巴英语成了普遍现象。为此，李岚清向全国推荐了"张思中外语教学法"②。这次座谈会还提出，办好一批外国语学校，既为培养高水平外语人才打下基础，也有利于中学外语教学整体水平的提高。于是，大批外国语学校得以创办并发展，截至 2008 年上半年，全国有近 2000 所具有外语特色的学校。其中绝大多数都是由普通中学改造而成的。正式挂牌外国语学校的有 797 所。各外国语学校在当地教育行政部门的指导、关注下，积极开展了多项外语教育教学实验和研究工作，并参加了大量的教研活动，对推动我国中、小学英语教育改革发展发挥了积极作用。③ 张正东教授曾先后主持过五次全国性的英语教学情况调查，每次调查报告都呈现了大量有关我国外语教育现状的宝贵数据和事实，包括总体现状、问题、难点，以及细致的课程表、教材、教法、学

---

① 刘道义等：《基础外语教育发展报告》，上海外语教育出版社 2008 年版，第 31 页。
② "张思中外语教学法"体现在十六个字上：适当集中，反复循环，阅读原著，因材施教。
③ 李传松：《新中国外语教育史》，旅游教育出版社 2009 年版，第 340—343 页。

生潜力的描述与分析等广泛内容,为我国外语教育政策科学、适宜地制定和有效落实提供了重要参考。①

(五) 普及业余外语教育

邓小平同志曾亲自决策,在全国开设《广播电视英语课程》,由中央电视台和中央人民广播电台同时播出。教育部指定北京外国语大学陈琳教授担任中央电视台《广播电视英语课程》节目的主讲人,从 1978 年直至 1983 年,先后讲授 5 年时间,节目一经播出,在全国掀起了一个英语学习的高潮。这一节目,适应了当时改革开放新形势和社会各界对外语学习的需求,成为全国人民社会生活中的一件大事。《广播电视英语课程》教材的销售量仅在北京地区就达 1500 万套,掀起了改革开放之初全民学英语的热潮,大众英语学习时代由此开启。②

进入 21 世纪以后,我国对外改革开放力度不断加大,特别是我国加入世贸组织和成功申办 2008 年奥运会后,全社会形成了学习外语的热潮,幼自四五岁的儿童,老至古稀的老人都有不少人学英语。为了给北京举办 2008 年奥运会创造良好的语言环境和国际交往氛围,2002 年,北京市正式成立了北京市民讲外语活动组委会,陈琳教授任专家顾问团的团长。8 年间,顾问团完成了全市公共场所标识、首都党政机关和职务名称、中华菜谱等文件英译的纠错和规范工作,先后正式编印出版了三套规范性文件。这些文件为北京奥运会的成功举办作出了贡献,也为在全社会倡导普及外语教育作出了巨大贡献。

随着中国外语教育事业的迅速发展,外语教育界每年都有很多重要事件发生,它们从不同角度影响着我国的国家外语能力与公民外语素质的提高,因

---

① 张正东教授参与了 20 世纪 80 年代至 90 年代末的历次全国基础教育英语教学大纲研讨与审稿,对中学英语课程如何开设、开设的性质、教学的目的、培养学生何种能力,以及课时数等方面的政策制定产生过重要的积极作用。

② 2018 年 7 月 20 日教育部作出的《关于授予陈琳同志"全国优秀教师"荣誉称号的决定》称,陈琳,男,汉族,1922 年出生,中共党员,北京外国语大学教授,我国著名外语教育专家。陈琳同志爱党敬业,始终坚持听党的话,跟党走,把为人民服务放在首位,以浓厚的家国情怀和强烈的社会责任感,为外语教育事业奋斗 70 载,为推动中国外语教育发展作出了卓越贡献。

此有必要定期记录我国外语教育的发展过程,全景展现外语教育现状。北京外国语大学文秋芳、王文斌教授自 2011 年起牵头编写《中国外语教育年度报告》,对每年我国外语教育各个领域的大事、活动和发展进行全面系统地梳理,涉及我国高等外语教育、基础外语教育、社会外语教育、外语教师教育与发展、信息技术与外语教育等五大领域。该书不仅具有史料意义,而且及时回顾、总结了我国外语教育工作的经验与教训,从中发现问题,并探索解决的新途径。[①]

三、新时代中国外语教育政策

党的十八大以来,中国特色社会主义逐步进入新时代。国家各项工作朝着更加注重内涵和全面协调发展的方向迈进,对外开放走上一个新台阶。"一带一路"倡议,扩大中外人文交流,构建人类命运共同体,讲好中国故事,贡献中国方案,等等,给外语教育提出了新的要求。[②] 人们进一步认识到,外语是国际交流与合作的重要沟通工具,是人类思想与文化的重要载体。学习和使用外语对汲取人类优秀文明成果、借鉴外国先进科学技术、传播中华悠久灿烂文化、增进我国与其他国家的相互理解和交流具有重要意义。

(一) 以国家战略为导向,构建渐趋科学化的外语教育政策

外语教育政策的制定上升到国家战略的层面,以"一带一路"倡议、中国文化走出去、经济全球化等国家战略和国际实际为导向,我国需要构建科学化、系统化、全球化的立体式外语教育政策体系。在此大背景下,国家重视协调各级各类外语相关部门和各方专家参与外语教育政策制定,力图统筹规划、厘清职责、明确目标、制定标准、出台政策、监督执行,做好语种布局,有效衔接

---

① 文秋芳、徐浩:《2012 年中国外语教育年度报告》,外语教学与研究出版社 2013 年版。

② 蒋洪新、贾文键、文秋芳等:《新时代中国特色外语教育:理论与实践》,《外语教学与研究》2018 年第 3 期。

小学、中学和大学不同阶段的外语教学,制定高水平复合型外语人才培养规划。

为服务国家战略,2017年教育部颁布了修订后的《普通高中英语课程标准》,明确了高中英语教学的基本理念,从此也能看到我国外语教育的基本政策。一是发展英语学科核心素养,落实立德树人根本任务。高中英语课程具有重大的育人功能,应发展学生的语言能力、文化意识、思维品质和学习能力等英语学科核心素养。普通高中英语课程体现德育为首、能力为重、基础为先、提倡创新,注重发展学生英语语言运用能力。在此过程中,帮助他们学习理解和鉴赏中外优秀文化,培育中国情怀,坚定文化自信,拓展文化视野,增进国际理解,逐步提高跨文化沟通能力、思辨能力、学习能力和创新能力,形成正确的世界观、人生观和价值观。二是构建高中英语共同基础,满足学生个性发展需求。普通高中英语课程应在有机衔接初中阶段英语课程的基础上,通过必修课程为所有高中学生搭建英语学习核心素养的共同基础,形成必要的语言能力、文化意识、思维品质和学习能力,为他们升学、就业和终身学习构筑发展平台。同时,高中英语课程应当遵循多样性和选择性原则,根据高中学生的心理特征、认知水平、学习特点以及未来发展的不同需求,开设丰富的选修课程。三是开展英语学习实践,着力提升学生能力。倡导指向学科核心素养发展的英语学习活动。提倡自主学习、合作学习、探究学习,开展体现综合性、关联性和实践性的英语学习活动。通过学习理解、应用、实践、创新等一系列融语言、文化于一体的活动,分析中外文化异同,发展多元思维和批判性思维,提高英语学习能力和运用能力。四是完善英语课程评价体系,促进核心素养有效形成。建立学生为主体的促进学生全面发展、健康个性发展的课程评价体系。评价应聚焦促进学生英语学科核心素养的形成及发展,采取形成性评价与终结性评价相结合的多元评价方式,关注学生在英语学习过程中所表现出的情感、态度和价值观等要素,引导学生学会规划和调整自己的英语学习目标、学习方式和学习进程。五是重视现代信息技术应用。丰富英语课程学习资源。应当重视现代信息技术背景下教学模式和学习方式变革,促进信息技术与课程教学的深度融合,根据信息化环境下英语学习的特点,科学地组织和开展线上线下提合式教学。丰富课程资源,拓宽学习渠道,在课程实施过程中重视营造信息化学习环境,及时了解和跟上科技的进步和学科的发展,充分发挥现代教育技术对教学的支持与服务功能,选择恰当的数字技术和多媒体手段,确保虚拟现实人工智能大数据等新技术的应用,促进学生的有效学习和英语学科核心素养的形成和发展。①

(二) 以对接对象国为特征,加强非通用语言教育

党的十八大以来,国家推动国家紧缺人才培养。通过国际区域问题研究及外语高层次人才培养项目,派出外语非通用语种人才 3454 人,涉及 42 个非通用语种、62 个国家,其中 32 个为"一带一路"沿线国家,培养了一批后备师资人才。派出国别与区域问题研究人才 1207 人,涉及 60 个国家,其中 35 个为"一带一路"沿线国家,培养了一批了解沿线国家语言文化和当地经济社会发展、直接对接对象国的高素质复合型人才。② 2015 年教育部提出了加强外语非通用语种人才培养的指导思想:"全面贯彻党的教育方针,坚持立德树人,以培养国家急需人才为关键,以创新人才培养机制为重点,以强化政策和条件保障为支撑,加快培养一批具有国际视野、通晓国际规则、能够参与国际事务和国际竞争的应用型、复合型非通用语种人才,更好为服务国家外交战略和走出去战略提供强有力的人才智力支撑。"③

非通用语的开设,有利于深入开展国别和区域研究。2012 年教育部批准设立的第一批国别和区域研究培育基地,包括北京大学南亚研究中心、北京外国语大学中东欧研究中心,都依托所在大学非通用语种的资源和专业优势,聚焦国家重大政策需求。2017 年,全国高校又新增备案的教育部国别和区域研究中心达 390 余个,仅北京外国语大学就一次备案获批 37 个。④

---

① 教育部:《普通高中英语课程标准》(2017 年),人民教育出版社 2018 年版,第 2—3 页。
② 丁超:《对我国高校外语非通用语种类专业建设现状的观察分析》,《中国外语教育》2017 年第 4 期。
③ 教育部:《关于加强外语非通用语种人才培养工作的实施意见》,2015 年。
④ 丁超:《对我国高校外语非通用语种类专业建设现状的观察分析》,《中国外语教育》2017 年第 4 期。

（三） 以四个自信为导向，构建中国特色外语教育政策

我国幅员辽阔，人口众多，不同层面（国家、地方、学校）、不同地域（沿海、内陆）、不同模块（基础教育、高等教育、职业教育等）、不同学段（小学、中学、大学）、不同类型（外语院校、综合院校、职业院校等）都有各自的特点①。要以道路自信、理论自信、制度自信、文化自信为导向，坚持弘扬、输出民族文化，构建本土化、区域化、多元化的外语教育政策。我国的外语教育在传授外国语言文化的同时，也要将中国特有的概念和内容置于外语的观念中，让中国元素自然地进入外语话语，使中国学生在学习和掌握英语用语规范和文化内容的同时，加深对中国文化的理解②。与此同时，要促进中国文化走出去，让更多的外国人学习中文和中国文化。

（四） 以民族振兴为导向，构建更具前瞻性的外语教育政策

党的十九大提出，从现在到 2020 年全面建成小康社会，实现第一个百年奋斗目标；到 2035 年基本实现社会主义现代化；到 21 世纪中叶全面建成富强、民主、文明、和谐、美丽的社会主义现代化强国。这是对中国未来发展的全新谋划展望，这幅全面建设社会主义现代化国家的蓝图，分为近期、中期和远期三个阶段，从时间与空间、中国与世界的坐标系上，标注出了承前启后的历史方位、继往开来的前进方向。中国未来的外语教育政策要以这幅宏伟蓝图为目标，站在服务中华民族伟大复兴的高度上，构建前瞻性、引领性的外语教育政策。

总之，外语教育可以培养学生的跨文化交流能力，为学习其他学科知识、汲取世界文化精华、传播中华文化打下基础。同时，外语教育有利于学生树立人类命运共同体意识和多元文化意识，形成开放包容的态度，发展健康的审美情趣和良好的鉴赏能力，加深对中国文化的理解，增强爱国情怀。2018 年 9 月，习近平总书记在全国教育大会上深刻地指出，中国要加强同世界各国的互

---

① 张蔚磊：《我国外语教育政策的实然现状与应然选择》，《外语教学》2015 年第 1 期。
② 吴茜：《中国外语教育的文化使命》，《湖北大学学报》（哲学社会科学版）2013 年第 4 期。

容、互鉴、互通,加强教育服务国家外交的能力,通过教育交流合作,助推构建人类命运共同体。学习好、阐释好、贯彻好习近平总书记的重要讲话精神,是全党、全国、全社会,特别是教育领域的一项重大政治任务。在这种背景下,中国的外语教育必将大有可为。

（本文原载《课程·教材·教法》2018 年第 12 期）

世界格局变革下我国本科教育的若干方略

世界格局,是指国际关系结构,即世界上各种力量,经过不断消长变化和重新分化组合,从量变逐渐发展到质变,构成的一种相对平衡的态势。世界格局涵盖经济、政治、军事、文化、教育等因素,由这些因素构成,又反过来深刻影响这些方面,再由这些因素协力孕育国际政治经济新秩序。

深入分析世界格局变革的规律性、复杂性和不确定性,对于把握高等教育发展趋势,分层次建设重基础、高水平、有特色的本科教育,具有重要意义。

一、世界格局变革下本科教育的定位

当人类社会进入 21 世纪第三个十年之际,世界格局发生深刻调整,对高等教育特别是本科教育带来巨大冲击,需要认真研判,准确定位,化危为机。

（一）新冠疫情影响全球

2020 年暴发的新冠肺炎疫情,波及范围之广、影响领域之深,历史罕见,给人类生命安全和身体健康带来巨大威胁,对世界格局和世界治理体系产生重大影响,给全球各行各业带来巨大挑战。教育置身其间,影响十分明显。

首先,新冠疫情使高等教育形态发生革命性变化。疫情期间,传统的教室被宽带网络教学、数字课程平台所取代,常规的课堂被远程答疑解惑的翻转课堂所取代;本科招生综合测试、硕士研究生入学面试、博士研究生入学考试,也通过线上完成;生动热闹的本科生暑期夏令营也变成了云端研学活动。大规模在线教学将全方位促进高等教育数字化转型,催生未来高等教育新业态。

据调研数据显示,在线教育中互动的维系、注意力的维系至关重要。① 在教师作用上,在线教育不只是将传统教学转移到网上,还需要教师对教学内容进行全新的思考和设计,从知识的传输者变为学习任务驱动的设计者。在学生学习上,自主学习能力成为影响学生在线学习效果的关键因素,需要更加关注本科生自学能力和自我管理能力的培养,激发学生学习的内驱力。在教育内容上,应当精选对本科生持续进步、终身发展、建功立业、健康生活所必需的基础知识、基本技能,提升学生驾驭科技手段、运用网上资源、判断海量信息的素养。

其次,新冠疫情对全球学术就业环境产生巨大影响。疫情导致高校正常招生、教学活动受到干扰,留学教育、国际交流计划被搁置或取消,很多师生的学习、工作、就业规划被打乱。疫情还导致许多高校收入来源减少。哈佛大学、麻省理工学院等的领导层纷纷发表公开信,表示学校主要收入来源受到巨大影响,将重置预算并取消本年度招聘计划。② 当然,我国也无法置身事外。"受全球疫情冲击,世界经济严重衰退,产业链供应链循环受阻……国内消费、投资、出口下滑,就业压力显著加大"。③ 党中央、国务院对此高度重视,多次对统筹疫情防控和经济社会发展、全面强化稳就业举措作出重要部署。关于这次疫情对高等教育带来的各种冲击,教育部门、各类学校应特别观察之、研究之、适应之、引导之,与各国同行携手,把教育治理及各项工作做得更好。

最后,新冠疫情对我国国际话语体系建设提出严峻挑战。这次新冠疫情防控战,充分地展示了中国的大国担当、大国风范和大国气度,为全世界抗击新冠肺炎提供了借鉴、经验和支援。但从国际舆论来看,中国在国际上的话语权并不占优势。一方面是因为美国等西方国家的政客处心积虑"甩锅"抹黑,另一方面也说明我国在国际话语体系建设上尚需改进。高等院校尤其是外语院校应一马当先发挥作用,加强国别区域和全球问题研究,推动海外中国学研究,将语言优势转化为话语优势,为我国国际话语体系建设作出应有贡献。

---

① 中国教育科学研究院课题组:《大规模在线教育六点启示》,《光明日报》2020 年 4 月 21 日。

② 《全球学术就业进入"黑暗时期"》,《环球科学》,https://huanqiukexue. com/a/qianyan/xinli__renwen/2020/0417/29607.html。

③ 李克强:《政府工作报告》,《人民日报》2020 年 5 月 23 日。

（二）"一带一路"全面推进

随着人类命运共同体理念、"一带一路"倡议的深入推进，我国与"一带一路"沿线地区和国家形成了丰富的合作成果，对世界格局产生了深远影响。这其中既蕴含着重大机遇，也伴随有巨大挑战，使得高等教育的基础性、先导性地位和作用更加凸显。

首先，迫切需要加快外语能力建设。只有语言相通、文化相通，才能实现真正意义上的"民心相通"。在"一带一路"倡议的实施过程中，英语、法语等通用外语至关重要，而非通用语的战略支点作用也日益显现。"一带一路"沿线现有 64 个国家，由于这一合作倡议的开放性和包容性，还会不断有国家或地区参与进来，而通晓相关小语种的人才却是奇缺的，很多部门和行业遭遇"小语种危机"。[①] 2016 年 4 月，中共中央办公厅、国务院办公厅印发《关于做好新时期教育对外开放工作的若干意见》，提出了培养国家战略和重点行业发展急需人才的任务，明确将"非通用语种人才"列为重点培养的五类人才之一。

其次，迫切需要优化人才培养结构。在"一带一路"建设进程中，行业企业拓展海外市场、积极走出去，仅仅依靠先进生产设备的输出，很难解决水土不服、售后服务与使用支持跟不上的根本性问题，而应当"生产线+人才群"双管齐下，[②]这对高校人才培养提出了更高要求。不同类别本科院校或不同层次院校的本科教育阶段，都应主动对接国家需求，瞭望世界发展大势，对标国际行业标准，从本校实际出发，优化学科专业布局，创新人才培养模式，致力培养学生适应社会发展和国际竞争需要的必备品格和关键能力。"双一流"建设高等学校应发挥学科优势，在海洋、极地、网络、太空、核安全等新兴领域发力，突破人才瓶颈，做好人才储备，为中国参与全球治理提供有力人才支撑。地方本科院校应积极参与本省市"一带一路"建设行动计划，加快培养"一带一路"建设急需的各类专门人才。工科类院校应加强机械类、电气信息类、化工与制药类等高质量工程科技人才的培养，并注重学生专业外语能力的提升，

---

① 瞿振元：《"一带一路"建设与国家教育新使命》，《光明日报》2015 年 8 月 13 日。
② 罗学科、谢丹：《"一带一路"背景下高等教育国际化的思考与探索》，《北京教育·高教》2017 年第 12 期。

助力中国行业企业"走出去"。职业本科院校应加快培养适应"一带一路"沿线国家经济社会发展需要的、掌握国际通用技术技能的应用型人才。

最后,迫切需要推进中外文化交流。民心相通归根结底是文化的交融。只有更多地促进文化上的彼此理解、融合,才能进一步在合作的内涵方面真正产生化学反应,进而让彼此共同成长。作为中外人文交流的重镇,高校在来华留学教育、中国文化海外传播等领域具有先天优势,承担重要使命。2018 年,共有来自"一带一路"沿线 64 个国家的 26.06 万名留学生来华留学,占来华留学总人数的 52.95%。① 2020 年 5 月,习近平主席给北京科技大学全体巴基斯坦留学生回信,鼓励他们多同中国青年交流,同世界各国青年一道,携手为促进民心相通、推动构建人类命运共同体贡献力量,为高校做好新时代留学工作指明了方向。发挥人类命运共同体理念的价值引领作用,加强来华留学生教育,推动中外文明交流互鉴,通过外化与内化的文化互动,搭建中外文化交流战略对话平台,为"一带一路"建设夯实民意基础,是高等学校服务国家战略和人类发展之责任。(见图 1)

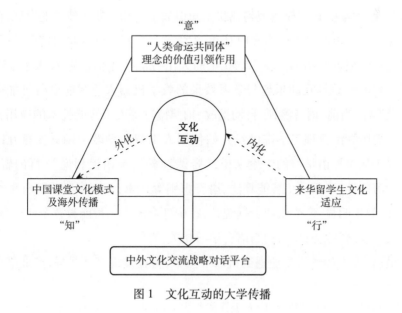

图 1 文化互动的大学传播

① 《196 个国家和地区的 49.22 万名留学生去年来华留学》,《新华每日电讯》2019 年 6 月 4 日。

（三） 世界科技迅猛发展

互联网、云计算、大数据、人工智能、3D 打印等现代技术正在引发世界格局的深刻调整,重构人们的生活、学习和思维方式,引发了人们对未来教育的深入思考。

首先,大学的物理围墙逐渐消失。美国学者阿兰·柯林斯和理查德·哈尔弗森在《技术时代重新思考教育》中提出了"即时学习"的概念:无论何时你想学习什么内容时,你都可以在线找到所学的东西,并完成学习任务。正如当前国内大学生所经历,入门物理学和入门经济学可由享有世界声誉的老师来讲授,任何人都可以通过下载的方式得到耶鲁大学的课程资料。随着全球开放课程的迅猛发展,大学作为网络课程资源提供者的身份将会日益凸显,大学的物理围墙必将被打破,学生的全球化学习成为可能。正如印刷术的发明打破了知识的精英垄断,网络开放课程的迅速普及也会使大学的物理围墙逐渐消失。

其次,大学的知识权威遭到威胁。知识数字化和互联网技术的发展,使知识传递方式由单向讲授转为多向互动,大学知识权威遭到威胁,教育实际效能受到质疑。根据斯坦福大学《2030 年的人工智能与生活》报告,未来 15 年,"在教育领域,兼具互动乐趣与学习效果的教学机器人等智能设备可能会得到普及"[1]。当前,语音测评、自动批改、拍照搜题等人工智能技术的应用日益广泛。美国乔治亚理工学院已经开始使用人工智能助教帮助其安排在线课程。对于从事外语学习的学生来说,"智课教育""英语流利说""百词斩"等语言学习软件,运用人工智能算法、语音识别等技术,实现了学习目标的个性化设计,效果明显,广受欢迎。据统计,在中外众多人工智能教育企业中,融资轮次最多、经营业务最多,均与语言学习相关。[2]

最后,大学的学科专业遇到挑战。当下,科技发展日新月异,产业需求迭

---

① 斯坦福大学:《2030 年的人工智能与生活》,https://www.sohu.com/a/208936691_236505。

② 亿欧智库:《2019 全球人工智能教育行业研究报告》,https://www.iyiou.com/intelligence/reportPreview? id=115143&&did=645。

代速度远胜以往,将使得未来很多行业受其影响,甚至消失。第五届世界互联网大会发布了全球首个 AI 合成新闻主播,不但有中文,还有英文。谷歌翻译、讯飞翻译等人工智能翻译平台,逐渐凭借其高效性和准确性占据了翻译行业的重要地位。这些变化不仅影响高等教育的目标,也影响它的内容、技术、手段、标准、方法、理念等。对此,各类本科院校应当因势利导,主动求变,锐意改革,较快发展,特色取胜。

(四) 我国政府高位部署

进入新时代,面向现代化,党和国家事业发展对科学知识和卓越人才的渴求比以往任何时候都更为强烈。习近平总书记鲜明指出,只有培养出一流人才的高校,才能够成为世界一流大学。办好我国高校,办出世界一流大学,必须牢牢抓住全面提高人才培养能力这个核心点,并以此来带动高校各项工作。建设高水平本科教育,须提高政治站位,将新时代党的教育方针全面落到实处。

对本科教育更加强调。本科教育是具有战略地位的教育、是纲举目张的教育。从世界高等教育发展趋势看,且不说一些著名院校专司本科教育,更多一流研究型大学也普遍将本科教育放在学校发展的重要战略地位。进入 21世纪以来,美国、英国、德国、澳大利亚等国家纷纷启动本科教育创新改革,提出"重塑本科教育"。2018 年,中共中央、国务院印发了《中国教育现代化2035》,明确提出建设一流本科教育,推进"六卓越一拔尖"计划 2.0,实施一流专业建设"双万计划"等。随着新时代第一次全国教育大会召开、新时代全国高等学校本科教育工作会议的举办,以及教育部一揽子加强本科教育政策的出台,本科教育的重要性在国家层面被提到前所未有的高度。坚持"以本为本",推进"四个回归",①加快建设高水平本科教育,是新时代高教战线的重要使命。

对国际化人才更加重视。随着中国日益走近世界舞台中央的步伐不断加

---

① 指教育部建设高水平本科教育和人才培养质量提出的"回归常识、回归本分、回归初心、回归梦想"。

快,国际化人才已经成为国家谋划对外开放和发展大局的一项重要举措。《教育规划纲要》提出,"要适应国家经济社会对外开放的要求,培养大批具有国际视野、通晓国际规则、能够参与国际事务和国际竞争的国际化人才"。2014年,教育部设立国际组织人才培养项目,有组织、成批量地向联合国教科文组织、联合国难民署、国际电信联盟等派出实习生。2018年9月,习近平总书记在全国教育大会明确提出,要大力培养掌握党和国家方针政策、具有全球视野、通晓国际规则、熟练运用外语、精通中外谈判和沟通的国际化人才,有针对性地培养"一带一路"等对外战略急需的懂外语的各类专业技术和管理人才。2020年6月,教育部等八部门印发《关于加快和扩大新时代教育对外开放的意见》,把培养具有全球竞争力的人才摆在重要位置,提出要提升我国高等教育人才培养的国际竞争力,加快培养具有全球视野的高层次国际化人才。在党中央的统一部署下,国际化人才的战略布局和培养机制不断完善。

二、世界格局变革下本科教育的措施

面对世界格局变化,我们应具有超前意识和全球眼光,从更长远的角度、更广阔的舞台思考定位,实施前瞻性的学科和人才战略布局,做到因事而化、因时而进、因势而新。

(一) 保持战略定力

当前,"双一流"建设加快推进,国际竞争日益激烈,各种思想观念相互激荡,各种矛盾诉求相互碰撞,各种评比排行名目繁杂,"在这样的复杂环境中,保持理论上的清醒、增强政治上的定力是很要紧的"①。

首先,保持战略定力需要牢牢把握社会主义办学方向。我国高等教育的发展方向要同我国发展的现实目标和未来方向紧密联系,为人民服务,为中国共产党治国理政服务,为巩固和发展中国特色社会主义制度服务,为改革开放

① 《习近平总书记系列重要讲话读本》,学习出版社、人民出版社2016年版,第283页。

和社会主义现代化建设服务。习近平总书记在全国高校思想政治工作会议上提出的"四个服务",充分体现了我国高等教育发展的道路自信,是党的教育方针在新时代的创新发展。本科阶段作为高等教育的基础阶段,是大学生世界观、价值观、人生观形成的关键时期,更应坚定为党育人、为国育才的初心和立场,以思想自觉引领行动自觉,把道路自信、理论自信、制度自信、文化自信转化为办好中国特色世界一流大学的自信。

其次,保持战略定力需要全面落实立德树人根本任务。中国自古以来就将"立德""树人"作为教育的价值追求。① 如今党中央把立德树人作为高校立身之本,彰显了中国高等教育的初心和使命。建设扎根中国大地的世界一流大学,必须把培养德智体美劳全面发展的社会主义建设者和接班人作为根本任务。当今世界处在一个大发展、大变革、大调整时代,充满不确定性。世界怎么了、我们怎么办,这是整个世界都在思考的问题,也是青年学生应该回答的时代之问。他们对中国发展既充满信心又感到民族复兴之艰巨,对全球格局既看到发展大势不可逆又感到一些困惑,对未来世界既寄予期待又有些许迷茫。本科院校要引导师生树立正确的历史观、民族观、国家观、文化观,自觉抵制错误思潮,增强学生对中国特色社会主义的道路自信、理论自信、制度自信和文化自信。着重培养学生探索精神、可持续发展潜质和国际化生存能力,使他们能够从容面对未来复杂多变且"不确定"的社会挑战,以不变应万变。提倡每天锻炼一小时,健康工作五十年,幸福生活一辈子,让学生养成锻炼习惯,保持充沛体力精力。培养学生既能欣赏异域文化之美,又能表现琴棋书画之美,进而创造人生奉献之大美。鼓励学生参加志愿服务、创新创业和社会实践,让他们在动手实践、出力流汗中埋下崇尚劳动的种子,在接受锻炼、磨练意志中涵养不懈奋斗的精神。②

最后,保持战略定力需要在复杂多变的国际局势中平心静气、冷静观察。受中美经贸摩擦和新冠肺炎疫情叠加影响,两国教育交流合作受到严重挑战。美国政客将部分正常中美教育交流合作活动政治化,对部分专业拟赴美中国

---

① 《左传·襄公二十四年》云:"太上有立德,其次有立功,其次有立言,虽久不废,此之谓不朽。"《管子·权修》云:"一年之计莫如树谷,十年之计莫如树木,百年之计莫如树人。"
② 王定华:《试论新时代劳动教育的意蕴与方略》,《课程教材教法》2020年第5期。

学生进行签证限制,取消富尔布莱特项目,使中美教育交流合作遭遇寒流。在
这个问题上,高等学校要坚定信念、积极应对、辩证看待、稳妥把握。要认识到
美国高校对华交往合作的态度是开放的,对于留学生的态度是欢迎的。不管
政治经济关系如何变化,要始终保持自信和定力,坚持教育对外开放不动摇,
主动加强同世界各国的互鉴、互容、互通,形成更全方位、更宽领域、更多层
次、更加主动的教育对外开放局面。① 不能因一时一事或某些利益集团、某
些人的言论而受到大的影响,努力为增进两国人民的相互理解和友谊作出
贡献。

(二)深度开放合作

当今世界,高校已从遗世独立的象牙塔走向社会发展的轴心,它和社会经
济不再是相互分离、各自发展的"平行线",而是密切结合、共生共长的"螺旋
体"。② 随着我国高等教育进入普及化,高校应坚持开放式办学,对内深化校
际校企合作,对外深化国际交流合作,实现本科教育的模式创新与内涵式
发展。

首先,立足内外资源创条件。当前,学科交叉融合已成为世界高等教育的
新趋势。各类本科院校应进一步把办学视野打开,在更大范围内优化配置教
学资源。一方面,优化配置校内资源,压一般,保重点,把有限的财政资源用到
关键处,充分保障重大任务、重大项目的资金投入。另一方面,积极推动育人
资源"校外找",建立产学研用共赢机制,汇聚社会优质资源;积极推动育人资
源"校际选",实现跨校选课、学分互认,整合知名院校优质资源为我所用。其
中,行业特色型高校学科相对单一,虽然除了传统优势学科之外,其他学科也
取得发展,但对高素质复合型人才培养、重大科研攻关的支撑尚显不足,应深
化与综合性大学的实质性合作,强化联合、协作和共享,不忘老朋友,结识新朋
友,扩大朋友圈。

---

① 张烁:《教育部等八部门印发意见,加快和扩大新时代教育对外开放》,《人民日报》2020
年6月23日。
② 顾秉林:《开放合作,为实创新——知识社会中的研究型大学》,载教育部中外大学校长
论坛领导小组主编:《中外大学校长论坛论文集》(第三辑),高等教育出版社2006年版,第180页。

其次,实施出国交流广覆盖。近年来,习近平总书记在"一带一路"国际合作高峰论坛、中国国际进口博览会、博鳌亚洲论坛等重大场合,多次向世界宣示中国将扩大教育开放。在世界科技水平总体领先于我国的情况下,开放式培养是加快培养和造就国际一流的拔尖创新人才的有效途径。我国高等学校应深化与世界一流大学的实质性合作,鼓励学生走出国门,进行跨地域跨文化的交流学习,支持教师国外访学,合作完成科研课题,实现教育资源国际化流动。有条件的院校应加快实施全球化培养战略,对教师出国研修、参加国际会议实行资助广覆盖,对学生出国学习、海外实践实行资助广覆盖,从而丰富师生的国际视野、国际体验,增强学校发展的内在活力和国际竞争力。

最后,参与全球治理占高地。当今中国正逐步从参与世界、融入世界、渴求被世界理解,转向主动参与全球治理、积极引领全球治理。作为国家发展的先导工程和基础工程,我国高等教育需加快从"跟跑并跑"到"并跑领跑"的跨越,进而引领全球教育发展。《2030 年教育宣言》[①]特别强调,必须在发展的大背景中审视教育未来,增加对人类发展、经济、社会、环境可持续性的共同关注,增强教育系统之间的联系。[②] 我们不能被动地接受挑战,应从机构合作、文化互动、人才培养等三个维度出发,统筹布局,全面发力,主动参与全球教育治理。在机构合作方面,主动与世界一流高校建立战略性的合作关系,跟踪国际前沿,培养师资队伍,吸纳国际人才,使学校的教学科研与国际接轨。在文化互动方面,提升来华留学生文化适应度,加强中国优秀传统文化和比较文明教育,增强中国文化软实力。在人才培养方面,要看到,中国在国际组织的职员数量与我国大国地位很不匹配,亟须弄清现状与问题,探索理论与概念,总结经验,主动借鉴,稳步改革,大胆创新,加大国际组织人才的培养力度,提升中国参与全球教育治理的能力。(见图 2)

---

① 2015 年 5 月 21 日,由联合国教科文组织与韩国政府共同主办的"世界教育论坛"召开,笔者亲往参加。论坛通过了《2030 年教育宣言》,又称《仁川宣言》,为今后 15 年的全球教育确立了新目标,得到了来自 130 多个国家的与会代表以及非政府组织和青年团体的一致支持。

② UNESCO.Education 2030:Incheon declaration and framework for action: towards inclusive and equitable quality education and lifelong learning for all,http://unesdoc.unesco.org/images/0024/002456/245656E.pdf.

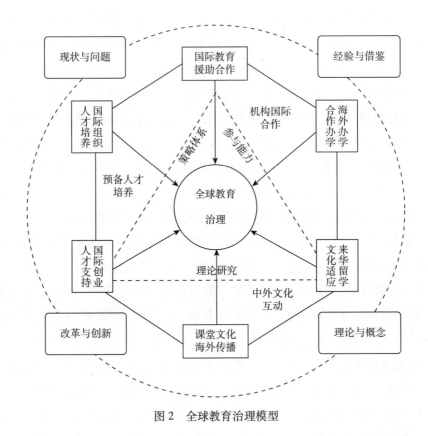

图 2　全球教育治理模型

（三）培养全球胜任力

如何加快培养全球治理人才,特别是适应国际组织需要的尖端人才,让我们培养的人才更加自信、从容地活跃在国际舞台上,是当前高校必须面对的重要课题。为此,应基于西方发达国家的成功经验、中国职员的工作体验、中国高校的培养现状,系统推进培养理念、招生选拔、课程教材、培养方案、师资队伍、管理机制的创新,为实现全球治理的中国参与提供人才支撑。

英语开道,复语跟进。要看到,现在大多数的本科生已在中小学教育阶段学习过十几年的英语,因而今后本科院校所有专业、全部学生都应该力争做到英语熟练。同时,还要看到,随着世界格局变化和全球合作的深化,单纯掌握一门外语在国际人才市场已缺乏竞争力,掌握两门外语,成为国际组织招贤纳士的基本门槛。对此,各类本科院校迫切需要加大公共外语和专门用途英语的建设力度,着力培养精通一种专业、具有突出外语能力的外向型人才。外语类院校应紧密对接"一带一路"建设迫切需求,大力培养复语型人才,同时探索开设非通用语+法律、商贸、教育、外交、传播的复合型专业,大力培养精通专业的外语人才和精通外语的专业人才。

立足国情,全球视野。《礼记》有云:"大道之行也,天下为公,选贤与能,讲信修睦。"全球胜任力离不开脚下的土壤与大地,有着强烈的民族身份认同、民族自尊心的人在国外才会受到尊重。为此,本科院校应创造机会和条件,大力弘扬中华优秀传统文化、革命文化和社会主义先进文化,使学生了解中华文化变迁,触摸中华文化脉络,感受中华文化魅力,汲取中华文化精髓。新时代社会主义建设者和接班人,不仅要有中国情怀,而且要有世界眼光和国际视野,在世界舞台上发挥作用。应加强中外国际比较、对象国社会调查、全球区域问题研究等实践性环节,培养学生关注世界形势及其发展变化,借鉴异域长处,摒弃腐朽思想,承担起为世界、为人类作贡献的责任。

加强通识,全面发展。当今世界日新月异,知识更新换代加快,学生本科阶段仅学习专业知识已无法满足时代需要,更重要的是学会获取知识、主动更新知识。据麦可思对2018届国内读研本科毕业生的调研数据显示,对于"本科母校需要在哪些方面改进教学"这一问题,55%的读研本科生认为是"学术批判性思维能力",其次是"研究方法"(51%)。① 在这个意义上,通识教育应当大力提倡。通识教育的意义不只是增加若干概论性质或人文方面的课程,其重要目的在于培养学生良好的情感、积极的态度、正确的价值观,提升学生严密的逻辑思维和独立思考、解决实际问题的能力。面对世界格局大变革,本科阶段应重视跨文化能力的培养,同时加强中文教育,开好写作与沟通课程。无论是精通中外谈判,还是从事国际人文交流,写作、沟通、表达能力是必备素质。

---

① 麦可思研究院:《专业本科生国内读研比例为14.7%,近三成转换专业》,2019年10月27日,https://new.qq.com/omn/20191027/20191027A037TC00.html。

（四）打造国际化课程

课程建设是实现一流本科教育的主要途径和基本手段,课程设置、内容实施、评价反馈等直接影响到人才培养效能与质量,应着力提升专业建设水平,推进课程内容更新,推动课堂革命,打造一流的国际化课程。

突出专业的外向性。建设一流本科,培养一流人才,专业教育是"四梁八柱"。本科院校应把建设一流本科专业作为加快推进一流大学和一流学科建设、实现内涵式发展的重要基础和根本抓手。引进国际先进教学资源,开发具有中国特色和国际竞争优势的专业课程,并逐步实现原有各类课程的全英文授课,以吸引更多的世界优秀青年来华留学。外语、外贸、外交、外事等方面的专业应坚持外语技能和学科训练并举、语言文化学习与国别区域研究并举。2019 年,教育部面向全国开展了一流专业的申报与评选,力求通过这些专业,突出示范领跑,带动面上进步,三年作出显绩。入选该轮国家一流专业的本科院校,应当加大政策支持,倾斜资源配置,对标国家要求,推动改革发展,做到名副其实。

提升课堂的互动性。今天,大规模的优质在线教育资源不断向公众开放,依托慕课开展混合式教育模式正在成为课堂"新常态"。这意味着本科教育不再是单行道,信息传递不只是教师对学生的传递或反复的测验。教师要让自己提供的资源成为学生自主学习的支持系统,并在学生可能会遇到困难的地方搭好"桥梁",引导学生的学习逐步走向深入。要想办法提升学生的学业挑战度,让学生主动参与,师生合作完成学习过程,而不是由教师独立完成整个教学过程。要强化科研育人功能,引导学生不停地认真观察、思考、联想、推测、论证、再观察、再思考,追寻真理,得出结论,进而形成严谨的态度、探究的品质、合作的精神。

体现教材的融通性。教材是传播知识的主要载体,既要体现一个国家、一个民族的价值观念体系,又要体现人类文化知识积累和创新成果。应鼓励和支持专业造诣高、教学经验丰富的专家学者参与教材编写,逐步摆脱对外国原版教材的依赖。参照课程标准,遵循学科逻辑结构,符合学生心理结构,反映各国先进文化,适合本校莘莘学子,体现主流意识形态,形成专业经典范式,赢得全国广泛拥戴。要加强教材研究,创新教材呈现方式和话语体系,实现理论体系向教材体系转化、教材体系向教学体系转化、教学体系向学生的知识体系和价值体系转化,使教材更加体现时代性、前沿性。

(五) 拥抱人工智能

在移动互联网、大数据、超级计算、脑科学等新理论新技术驱动下,人工智能呈现人机协同、跨界融合、共创分享等新特征。[①] 高等学校应充分利用人工智能,研究人工智能,进而驾驭人工智能。

以人机协同改革教学范式。促进信息技术手段与人才培养体系深度融合,是全球人才培养模式改革的大趋势。一方面,全面推进教室革命。利用虚拟现实和增强现实技术创造逼真的现场情景,打造智能教室,用智能语音技术实现互动,让更真实的学习体验、更高效的实践学习成为可能。另一方面,全面推进课堂革命。人工智能对教育的影响绝不仅仅是技术的赋能,更有对人才培养方向和理念的影响。应鼓励广大教师在继承发扬传统课堂优势的同时,主动运用互联网、人工智能等技术,打造精品慕课、翻转课堂、混合式教学范式,提升本科教育效率。

以人工智能促进学科融合。新一轮科学技术和产业革命的方向不会仅仅依赖于一两类学科或某种单一技术,而是多学科、多技术领域的高度交叉和深度融合。自然语言处理是人工智能领域中的一个重要方向,各类本科院校都应抓住这一机遇。人工智能时代,基于大规模数据概括出的语言规律,可以帮助我们掌握人类学习语言的过程。应结合人工智能技术优势,推动心理学、神经科学、脑科学、认知科学等学科研究深入互动,从认知角度入手,深入挖掘、探索语言学研究新领域。[②] 相关院校已成立人工智能重点实验室或研究院,与相关科技企业合作,运用人工智能手段,开发智能学习软件,探索人类学习的生理机制和内在规律,并且从本科阶段培养人工智能研究、开发及运用的人才。

---

① 《习近平向国际人工智能与教育大会致贺信》,《人民日报》2019 年 5 月 17 日。
② 周建设、张文彦:《智能时代的语言学研究》,《中国社会科学报》2018 年 9 月 14 日。

以共创分享拓展办学资源。据统计,2019 年我国共有 12500 门慕课上线,超过 2 亿人次在校大学生和社会学习者学习慕课,6500 万人次大学生获得慕课学分。① 高等学校应加速教育教学活动场所的全球移动和线上"迁移",通过信息网络的放大作用及认知技术的增强作用,进一步扩展传统办学空间、打造新型学习空间,实现多次数、多地点学习和不同群体的共同学习。② 2020 年新冠疫情期间,我国教育系统运用信息技术手段组织开展网络教学,搭建远程平台,停课不停教、停课不停学,摸索出了很多行之有效的做法,需在后疫情时代将其进一步制度化、常态化。

(六) 完善保障机制

本科教育不仅是教学管理部门的事情,还涉及管理服务体系、教师队伍建设、考核评价体系和资源配置等。因此,一流的本科教育离不开多元化的保障体系。

首先,优先安排本科教育。全校上下要对立德树人进行再认识,使领导精力、教师精力、资源投入落实到本科教育上来。学校党委会、常委会和校长办公会要把教学列入学校的主要议事日程,把建设高水平本科教育作为新时代学校建设改革发展的重点任务,明确建设目标、重点内容和保障措施。大学主要负责同志及分管校领导要经常性研究本科教育工作,全体教授都要给本科生上课或者举办学术讲座。教师应精心教学、专注科研,通过教学传递,使学生知识得以增长;通过研究活动,使学生能力得以提升;通过师生互动,使学生视野得以拓展。

其次,科学评价教师绩效。坚持分类指导与分层次评价相结合,坚决克服唯文凭、唯论文、唯帽子、唯奖项的顽瘴痼疾。在专业技术职务评聘、绩效考核和津贴分配中,把教学质量和科研水平作为同等重要的依据,对主要从事教学工作人员,提高基础性绩效工资额度,保证合理的工资水平。使教学科研型教师受到激励,科研教学型教师受到鼓舞,教学型教师受到尊重。充分发挥行业

---

① 教育部:《中国慕课行动宣言》,http://www.moe.gov.cn/s78/A08/A08_ztzl/ztzl_zxkf/201904/t20190418_378663.html。

② 吴朝晖:《本科教育的未来》,《光明日报》2019 年 6 月 18 日。

部门在人才培养、需求分析、标准制订和专业认证等方面的作用,通过购买服务方式,支持社会专业评估机构开展教育质量评估。

最后,全力支持教学一线。理念要变成目标,变成行动,变成效果,要有实招硬招,需要真金白银的投入。在"双一流"建设的统筹布局中,要科学论证本科教育的经费预算,确保资源配置统一到人才培养的核心任务上来。学校各部门要回应教师关切,解决他们在工作中、生活中遇到的困难,调动广大教师的积极性、主动性;增加教授评聘名额,让符合条件者无须多年等待;改善教师待遇,在政策允许的前提下,普遍提高教师的绩效工资水平,并对成绩优异者给予重点奖励,加大对教学成果奖、科研成果奖的奖金额度;特别关心青年教师,让他们进修提高有机会,干事创业有平台,未来发展有奔头。

三、世界格局变革下本科教育的统筹

在我国日益走向世界舞台中央,经济结构实施战略性调整,高等教育向普及化迈进的大背景下,高等学校中的本科教育既拥有着前所未有的良好发展机遇,也面临着严峻的挑战。如何正确处理好发展过程中的若干矛盾关系,把握机遇,迎接挑战,实现平稳较快发展,是高等学校必须认真研究解决的重要问题。

(一) 本科教育与研究生教育

无论时代如何变化,本科教育在大学的根本地位、基础地位不会改变。没有优秀的本科生培养质量,研究生教育就没有高质量的毛坯和种子,就无法保证培养出优秀的高层次人才。同样,高质量的研究生教育对本科教育人才培养机制完善、学术氛围塑造以及师资队伍建设均具有重要促进作用。没有厚重的学术积淀,就无法为本科教学提供有效的支撑。如何利用研究生培养中的学术创新资源反哺和带动本科教育的改革与创新,是"双一流"建设面临的基础性问题。

高等学校是分层分类的,应办出特色,不宜一个模子。任何一个国家不可能只发展研究型大学,而是通过合理的制度和规划将大学进行分层,适应社会发展的不同需求。大学中的各学院的任务也不相同,有的学院没有本科,自然不存在"以本为本"的问题。有条件的高校在落实"以本为本"的基础上,可围绕培养目标,探索本、硕贯通培养,将高端人才培养阶段前移,解决培养模式阶段割裂、时间资源未充分利用等问题,以强化高端人才培养的系统性。积极推行本科生导师制度,促进教师、研究生和本科生在学习生活、科研项目中的密切互动,这不仅有利于激发学生的奇思妙想和学术热情,也可以让教师发现学生的潜质和教学中的问题。

(二) 人才培养与科学研究

对于本科院校而言,人才培养主要体现为本科教学,科学研究主要体现为科研发表。教学与科研是相互促进的关系,犹如车之两轮、鸟之双翼,缺一不可。不应该有脱离教学的科研,也不应该有缺乏科研支撑的教学。

本科教学关乎国家发展和安全,既是现代大学的初衷,也是现代大学最根本的任务。[1] 重视本科教学,注重教授为本科生上课,是世界一流大学的明确要求。如美国普林斯顿大学规定,所有教师都必须承担本科生教学任务,即便是诺贝尔奖获得者也得如此。[2] 高校教师不管名气多大,老师是第一身份,上课是第一责任,要心系学生,站立讲台,以最高的水平忠实地搞好教学,以专注的投入诚恳地带好学生。同时,没有科研的教学是低水平的教学、重复性的教学。要用科研反哺教学,坚持教学出题目、科研做文章、成果进课堂,形成学生发展与教师科研相互促进的生态系统。专业教学讲究精耕细作、精益求精,但求其精不能失其大。教师通过科研既可以丰富学科知识,提高认知水平和创新思维,使专业教学更有活力与气象。

(三) 中国学生与国际学生

随着我国综合国力和全球影响力的增强,中国学生走出国门,留学深造;

---

① 刘仁山:《"双一流"建设与新时代人才培养》,《国家教育行政学院学报》2018年第6期。
② 杨学义、李茂林:《全球视野下的大学办学理念剖析——以全球三所精英大学为例》,《国家教育行政学院学报》2011年第2期。

外国学生纷纷来华,深度学习。高等学校教学内容、方式、管理上面临诸多挑战。虽然受新冠疫情影响,高等学校国际交流暂时受阻,但从长远来看,全球化仍是潮流。

本科院校尤其是国际化程度较高的院校,应统筹谋划本土学生和国际学生的培养,加强留学生管理。一要提高标准,宁缺毋滥。招收不是接收,数量服从质量,根据实际,适当提高国际学生准入条件,使国际学生与中国学生的招生标准大致统一,高水平院校应成为招收各国优秀青年的场所。二要统一管理,一视同仁。将国际学生的教学安排、后勤服务、校规要求纳入全校总体框架,推动同堂上课、同区生活、平等相促,让中外学生之间良性互动,进而增强对中国社会的融入感。三要针对特色,因材施教。留学生来自世界各国,文化背景、生活习惯、宗教信仰、知识结构、个性特点等等各不相同,应当针对差异,有的放矢,充分关心,造就完备的留学生教育管理制度体系。

(四) 教育传统与教育变革

每所高等学校都有自己的成长背景和传统学科。随着科技进步、社会发展,既要继承传统,发展重点的优势学科,又要勇于变革,涉足新的领域。如何把握传统与变革的关系,显得至关重要。

继承传统指的是不忘本来,走特色发展之路。将传统优势学科作为安身立命之本,集中优势领域,遵循学科发展的内在规律,坚持长期积累、精益求精、重点突破,以巩固优势,积聚能量,引领发展。在世界格局变革中,本科院校应围绕"外"字做文章,以国际化带动本科专业整体提升,为党和国家培养储备非通用语人才、国别区域研究人才、国际组织人才、高端翻译人才等高素质涉外人才。

勇于变革指的是要吸收外来,面向未来,走创新发展之路。时代在变,万物皆流,与时俱进,还看今朝。历史的车轮是滚滚向前的。立足新时代,跨步"十四五",面向2035,要"勇于变革、勇于创新,永不僵化、永不停滞"①,如此

---

① 习近平:《在庆祝中国共产党成立95周年大会上的讲话》,人民出版社2016年版,第28页。

才能适应新形势,引领新未来。应热切地了解世界一流大学的先进经验,进而理解、消化、思考如何应用到自己的大学之中,不能采取全盘接受或者全盘抛弃的绝对主义态度。

总之,身处中华民族伟大复兴的壮丽征程,面对汹涌变革的世界大势,本科院校使命在肩,任重道远。必须把握大局大势,把准前进方向,加快人才培养的思想创新、理念创新、方法技术创新和模式创新,推动新时代本科教育进一步改革发展,提质增效,行稳致远。

(本文原载《教育研究》2020 年第 8 期)

教师教育研究

新时代我国教师队伍建设的形势与任务

百年大计,教育为本;教育大计,教师为本。教师是教育事业的第一资源,是国家繁荣、民族振兴、人民幸福的重要基石。据统计,我国各级各类专任教师共 1578 万人。① 正是这个庞大的职业群体支撑起世界上最大规模的教育体系。进入新时代,党中央将教师工作摆在前所未有的重要地位,教师队伍建设迎来了新的历史机遇和发展契机。党的十九大报告提出习近平新时代中国特色社会主义思想,明确了治国理政的基本方略,描绘了全面建设社会主义现代化国家的宏伟蓝图,强调要优先发展教育事业,特别强调加强师德师风建设,培养高素质教师队伍,倡导全社会尊师重教。国运兴衰,系于教育,根本在教师。决胜全面建成小康社会,建成富强民主文明和谐美丽的社会主义现代化国家,实现中华民族伟大复兴,要加快教育现代化,办好人民满意的教育,建设教育强国,都离不开教师的贡献。

2017 年 11 月 20 日,习近平总书记主持召开十九届中央深改组第一次会议,审议通过中共中央、国务院《关于全面深化新时代教师队伍建设改革的意见》(以下简称《意见》),并于 2018 年 1 月 20 日正式印发,这是新中国成立以来第一份以中共中央名义印发的教师队伍建设文件。《意见》的出台,是学习贯彻习近平新时代中国特色社会主义思想的重要举措,是贯彻落实党的十九大精神的重要举措,是满足人民日益增长的美好生活需要的重要举措。《意见》擘画了新时代教师队伍建设的宏伟蓝图,指明了新时代教师队伍建设的改革方向,对各级党委和政府抓好新时代教师队伍建设工作提出了明确要求。

---

① 教育部发展规划司:《全国教育事业统计》,2017 年 5 月。

落实好党中央关于加强新时代教师队伍建设的重大战略部署,就必须认清当前教师工作面临的形势和挑战,明确新时代教师队伍建设的指导思想,必须把握新时代教师队伍建设的重点任务和保障措施。

一、新时代教师队伍建设的形势和挑战

中国特色社会主义进入新时代,教师队伍建设工作也随之进入了新的历史发展阶段,迎来了新的发展机遇,同时也面临着新的挑战。教师队伍建设必须在巩固已有工作的基础上,抓住机遇,直面挑战,确保在新的历史起点上取得更大突破。

(一) 新时代教师队伍建设已具备的基础

党的十八大以来,教师队伍建设贯彻新发展理念,换档升级,提质增效,进展明显。

第一,师德师风建设不断完善。2012 年以来,教育部分别出台了加强中小学教师和高校师德建设长效机制文件,明确了中小学教师和高校教师师德禁行行为,构建了覆盖大中小学教师的师德建设制度体系。师德建设逐步迈向法治化和规范化。

第二,教师教育改革不断深化。教育部严格控制师范院校改制、摘帽,师范院校稳定在 180 所左右,其他参与教师教育的院校稳定在 380 所左右,教师教育专业点保持在 5000 个左右。教育部通过实施卓越教师培养计划,建立高等院校、地方政府、中小学"UGS 模式"协同育人新机制,推动各地各校不断深化教师教育改革,增强教师教育内涵建设,大力加强师范生教学实践,切实提高师范生培养质量。

第三,教师国培体系得以建立。国家构建起了较为完备的大中小学和幼儿园教师国培体系,2012—2017 年,中央财政累计投入国培计划专项经费超过 100 亿元,培训各级各类教师超过 900 万人次,有力地带动了各地开展五年一周期 360 学时的教师全员培训。根据国家教育信息化总体布局,2013 年教育部启动实施中小学教师信息技术应用能力提升工程,采取"标准建设、培训创新、能力测评、推进应用"相结合的新机制,到 2017 年,基本完成了全国 1000 多万中小学幼儿园教师的信息技术应用能力专项培训。自 2017 年起,国家实施职业院校教师素质提高计划,中央财政每年投入近 7 亿元,参训的职业院校教师超过万人,推动了职教双师型教师队伍建设。①

第四,乡村教师队伍得到明显加强。通过实施"特岗计划",五年来,中央财政支持中西部省份共招聘 28 万名特岗教师,增加了乡村教师数量,极大优化了乡村教师结构,提升了乡村教师整体水平。2013 年,教育部启动集中连片特困地区乡村教师生活补助政策,到 2018 年,已经安排专项经费 140 亿元,覆盖了 725 个贫困县,惠及 130 多万名乡村教师,乡村教师下不去、留不住、教不好的难题得到一定破解。

第五,推进教师编制配备改革。教育部会同中央编办出台政策,统一了城乡中小学教职工编制标准,实施生师比与班师比相结合的教师配备标准,倾斜支持乡村教师配备补充。

第六,推进城乡教师交流轮岗。在教育部、人社部、中编办等部门的推进下,在部分省区推进"县管校聘"改革,通过定期交流、学区一体化管理、乡镇中心校教师走教等方式,引导优秀校长、教师向乡村和薄弱学校流动。

第七,深化教师职称制度改革。在中小学设立正高级职称,2016—2018 年评审中小学正高级者达 9000 人。深化高等教育放管服改革,全面下放高校教师职称评审权,充分发挥高校办学自主权。与此相关的是,教育部非常重视深化高校教师考核评价制度改革,建立重师德、重能力、重业绩、重贡献的评价体系,引导高校教师潜心教书育人、静心研究学术。

第八,整体素质结构得到优化。据 2017 年统计,教师学历层次得到提升,有 93.7% 的小学教师取得专科以上学历,82.5% 的初中教师取得本科以上学历,分别比 5 年前高出 8.7 和 10.9 个百分点。年龄结构日趋优化,普通高校、中小学教师中 45 岁以下的分别占 69.8% 和 70.5%,中青年教师成为主体。师生结构比例趋于合理,与 2012 年相比,小学生师比降低了 0.59 个百分点,初

---

① 教育部教师工作司:《国培总结资料》,2017 年 5 月。

中生师比降低了 1.18 个百分点,高中生师比降低了 1.82 个百分点。[①] 上述成绩和进展,为全面深化新时代教师队伍建设改革奠定了基础。

(二) 新时代教师队伍建设所面临的挑战

当然,面对新方位、新形势、新要求,教师队伍建设还存在诸多问题。

首先,师范教育有所削弱。对师范教育的重视程度正在下降,对师范院校、师范专业的投入支持力度不够。部分师范院校综合化的现象较为严重,师范生招生比例在不断下降。有些院校师范生培养质量不高,难以适应教育需要。

其次,教师待遇保障不力。中小学教师平均工资水平相对低,特别是中部人口大省的中小学教师工资收入明显偏低,既低于全国平均水平,也低于当地财政收入增速。

再次,教师管理体制机制尚待理顺。受城镇化进程、二孩政策、高考改革等因素影响,急需增加教师数量,优化调整教师编制配备。但是,真正增加编制总量的省份不多,乡村学校结构性缺编和城镇"大班额"现象还将在一定时期内存在。在教师资源配置上,人社部门管总量、教育部门管调配的格局尚未完全形成,学校人成为系统人的身份变革还没能实现,校际、区域均衡配置任重道远。中小学教师中级、高级岗位结构比例较低,教师发展通道不畅。同时,高校教师职称评审下放后的监管工作也亟待加强。

最后,高校教师教书育人工作需要加强。高校重科研、轻教学的现象还普遍存在,高校教师专业发展机构建设薄弱,部分教师教育教学能力亟待提升,在很大程度上影响了高校的人才培养质量。

二、新时代教师队伍建设的基本遵循

当前和今后一个时期,各地贯彻《意见》、落实党中央关于加强教师队伍

---

① 教育部发展规划司:《全国教育事业统计》,2017 年 5 月。

建设的重要决策部署,必须明确指导思想、目标任务和总体原则,从而采取具有前瞻性、引领性、针对性的政策举措。

(一) 新时代教师队伍建设的指导思想

指导思想是行动指南。只有确立正确的指导思想,才能让教师队伍建设进程行稳致远,取得应有成效。指导思想应明确举什么旗、走什么路、坚持什么、树立什么。新时代教师队伍建设必须要全面贯彻落实党的十九大精神,以习近平新时代中国特色社会主义思想为指导,紧紧围绕统筹推进"五位一体"总体布局和协调推进"四个全面"战略布局,坚持和加强党的全面领导,坚持以人民为中心的发展思想,坚持全面深化改革,牢固树立新发展理念,全面贯彻党的教育方针,坚持社会主义办学方向。落实立德树人根本任务,遵循教育规律和教师成长发展规律,加强师德师风建设,培养高素质教师队伍。倡导全社会尊师重教,力争形成优秀人才争相从教、教师人人尽展其才、好教师不断涌现的良好局面。

(二) 新时代教师队伍建设的分阶段目标

加强新时代教师队伍建设,既要力求解决当前教师队伍建设存在的突出问题,又要着眼于中长期教育改革发展、经济社会发展对教师队伍建设的根本期盼,分阶段提出目标任务。

到 2022 年,要基本健全教师培养培训体系,支撑各级各类教师的专业发展。教师职称制度得到较大改进,广大教师职业发展通道比较畅通。教师管理体制机制障碍破除取得重大进展,事权人权财权相统一的管理体制普遍建立。教师待遇提升保障机制更加完善,教师职业吸引力明显增强。总体上,教师队伍规模、结构和素质能力基本满足各级各类教育发展需要。

到 2035 年,广大教师综合素质、专业化水平和创新能力大幅提升,培养数以百万计的骨干教师,造就数以十万计的卓越教师,让数以万计的教育家型教师脱颖而出,从而使教师整体素质和层次结构能够有效满足各级各类教育发展的需要。教师管理体制机制科学高效,实现教师队伍治理体系和治理能力现代化,教师队伍充满生机活力。广大教师能够主动适应信息化、人工智能等新技术变革,积极有效开展教育教学。全社会尊重教蔚然成风,广大教师在岗位上有幸福感、事业上有成就感、社会上有荣誉感,让教师成为令人羡慕的职业。

(三) 新时代教师队伍建设的总体原则

第一,确保正确的政治方向。学生是未来实现中华民族伟大复兴中国梦的主力军,教师是打造这支中华民族"梦之队"的筑梦人。加强新时代教师队伍建设,必须要确保中国特色社会主义办学方向,以落实立德树人根本任务、培养社会主义合格建设者和可靠接班人为出发点和落脚点,努力造就党和人民满意的高素质专业化创新型教师队伍。要坚持党管干部、党管人才,坚持依法治教、依法执教,坚持严格管理监督与激励关怀相结合,充分发挥党组织的领导和把关作用,确保党牢牢掌握教师队伍建设的领导权,保证教师队伍建设正确的政治方向。

第二,强化全方位保障措施。教育的改革发展,教师的积极有效工作,根本上取决于教师的地位待遇。必须坚持教育优先发展战略,把教师工作置于教育事业发展的重点支持战略领域,在规划上优先谋划教师工作,在经费安排上优先保障教师投入,在工作部署上优先满足教师队伍建设需要,拿出系列真招实招,对准广大教师最盼、最急、最忧心声,解决好教师队伍建设重点、热点、难点问题。

第三,突出良好的师德师风。教师是立教之本、兴教之源。广大教师从事的是传播知识、传播思想、传播真理的工作,致力的是塑造灵魂、塑造生命、塑造人的事业。所以,要把提高教师思想政治素质和职业道德水平摆在首要位置,把社会主义核心价值观贯穿到教书育人全过程,突出全员全方位全过程师德养成,推动教师成为先进思想文化的传播者、党执政的坚定支持者、学生健康成长的指导者,推动教师做学生锤炼品格的引路人、做学生学习知识的引路人、做学生创新思维的引路人、做学生奉献祖国的引路人。

第四,深化全方位改革创新。改革是时代标志,是破解教师管理体制机制障碍的关键,不改革就没有出路。改革越到深处,面临矛盾越多、难度越大,必须要抓铁有痕,踏石留印,攻坚克难,砥砺前行。要抓住教师队伍建设的关键环节,优化国家顶层设计,推动基层实践探索,破解发展瓶颈,把管理体制改革与机制创新作为加强新时代教师队伍建设的突破口。

第五,针对相应的类型特点。我国东中西部区域经济社会发展差异、城乡发展差异,决定了不能用一个标准推动工作,不能用一把尺子衡量成绩。同时,各级各类教育对教师队伍的需要也不相同。因此,必须要立足中国国情,根据各级各类教师的不同特点,统筹考虑区域、城乡、校际差异,采取针对性的政策举措,定向发力,确保实效。

三、新时代教师队伍建设的重点任务

根据教师队伍建设面临的新形势,遵循新时代教师队伍建设的指导思想与基本原则,努力实现教师工作的总体目标,就必须将教师队伍建设工作重点放在以下方面。

(一) 拓展师德师风建设内容

全面开展师德师风建设,是铺就教师职业底色之举,也是提升教师素养的关键。加强新时代教师师德师风建设,应当将提高教师思想政治素质和职业道德水平并重,将社会主义核心价值观贯穿到教书育人全过程,突出全员、全方位、全过程的师德养成。

首先,切实加强教师队伍党的建设。充分发挥党组织的领导和把关作用,确保党牢牢掌握教师队伍建设的领导权,把住方向,谋好大局,定好政策,促进改革。落实从严治党要求,加强政治建设,用习近平新时代中国特色社会主义思想武装头脑,增强政治意识、大局意识、核心意识、看齐意识。

其次,大力提升教师思想政治素质。加强理想信念教育,解决好教师的世界观、人生观、价值观这个"总开关"问题。引导教师树立正确的历史观、民族观、国家观、文化观,坚定道路自信、理论自信、制度自信、文化自信;引导教师带头践行社会主义核心价值观,加强中华优秀传统文化和革命文化、社会主义先进文化教育。

再次,全面改善教师职业道德风貌。健全师德建设长效机制,引导广大教师以德立身、以德立学、以德施教、以德育德。开展师德师风建设工程,发掘师德典型,讲好师德故事,持续推出一大批影视作品和文学作品,注重宣传感召,弘扬社会正能量。加强师德教育,营造崇德向善、见贤思齐、德行天下的良好氛围。加强师德奖励,强化师德考评,推行师德考核负面清单制度,体现奖优罚劣。

最后,认真落实党的知识分子政策,对广大教师政治上充分信任,思想上主动引导,工作上创造条件,生活上关心照顾,让广大教师心暖气顺。

(二) 推进教师教育综合改革

教师教育是教育事业的工作母机,是教师队伍建设的源头活水,具有先导性、关键性、基础性。新时代加强教师队伍建设,必须要深入推进教师教育综合改革。

第一,完善教师教育体系。建立以师范院校为主体、高水平非师范院校参与的中国特色师范教育体系。为此,应研制师范院校建设标准和师范类专业办学标准,重点建设一批师范教育基地,整体提升办学水平;提高师范专业生均拨款标准,提升师范教育保障水平;调动一流综合性高校参与师范教育,增强教师教育力量;开展师范类专业认证,保障培养质量。

第二,提高师范生生源质量。要改革招生制度,可采取提前批次录取、增加面试环节的方式,或实行大类录取、入学后二次选拔跟进,吸引和鼓励乐教、适教、善教的优秀青年进入师范专业。

第三,创新教师培养模式。推进教师教育课程改革,增强师范生人文素养,以实践为导向优化教师教育课程体系,加强"三字一话"等教学基本功训练。不同类型不同层次学校的教师,既应有共同的品质,又应有不同的特质,所以要分类培养高素质专业化的中小学教师、高素质善保教的幼儿园教师、高素质"双师型"的职教教师、高素质创新型的高校教师。

第四,增强教师培训实效。陆续发布各学科教师培训的标准,针对受训教师的实际,做到按需施训,发挥好各类国培项目的示范引领作用,带动基层培训和校本教研,激励教师专业成长。中小学教师国培计划集中支持中西部乡村教师,职业院校教师素质提高计划重点提升职业院校教师的实践教学技能,高校教师国培计划注重提升西部青年教师教学能力。

第五,造就一流高等教育人才。服务创新型国家和人才强国建设、世界一流大学和一流学科建设,做好人才发展规划,鼓励拔尖人才脱颖而出、捷足先登,打造高校教师创新团队,立足本土培养、发展或面向全球引进一批具有国际影响力的学科领军人才和青年学术英才。

(三) 促进校长队伍专业发展

中小学校长是教师队伍的关键少数,必须要给予高度重视,不断促进校长队伍的专业发展。

首先,界定校长核心素养。《意见》要求:"加强中小学校长队伍建设,努力造就一支政治过硬、品德高尚、业务精湛、治校有方的校长队伍。"

其次,加大校长培训力度。实施校长国培计划,体现跨界培养。要开展乡村中小学骨干校长培训,帮助他们成为乡村教育管理骨干,带动乡村教育质量提升。还要精心选拔培育一批具有领航作用的名校长,组织多种形式研修,支持校长大胆探索,创新教育思想、教育模式、教育方法,形成办学风格,营造教育家脱颖而出的制度环境。

最后,明确校长的新任务。《意见》指出,校长在办学治校能力得以提升之后,应"打造高品质学校"。这是新时代校长的共同任务。打造高品质学校,就要调动校长、书记的主体作用,确立学校发展哲学,凝练学校发展的价值观,开展课堂改造,科学实施课程,贯彻学校管理标准,完善学校章程,构建现代学校制度,促进学生全面发展。

(四) 破解教师管理体制障碍

理顺教师管理体制机制,是释放激发教师工作活力的关键之举。要针对教师管理体制机制顽疾,逐一突破。

首先,创新教师编制配备,增加教师编制总量。对于中小学教师队伍,要盘活事业编制存量,优化编制结构,向教师队伍倾斜,采取多种方法、多种形式增加中小学教师总量。实行省级统筹、市域调剂、以县为主、动态调配方式,加大统筹配置和跨区域调整力度。对于高校教师队伍,要积极探索实行高等学校人员总量管理,为高校人力资源自主配置留足空间。

其次,改进教师资格制度,提高教师准入门槛。新入职教师必须取得教师资格,逐步提高中小学和幼儿园教师入职学历标准,逐步将幼儿园教师学历提升至专科,小学教师学历提升至师范专业专科或非师范专业本科,初中教师学历提升至本科,有条件的地方将普通高中教师学历提升至研究生。严把高校教师选聘入口关,实行思想政治素质和业务能力双重考察。

再次,推进教师职称制度改革,更好地发挥职称对教师的激励作用。适当提高中小学中级、高级教师岗位比例,切实解决教师职称晋升难的问题,畅通教师职业发展通道。将高校教师职称评审权下放到高校,由高校自主组织职称评审、自主评价、按岗聘任,相关行政部门按照职责分工,做好高校教师职称评聘的事中、事后监管。

最后,开展教师管理评价改革,激发各类教师工作活力。对中小学教师的评价,应当坚持德才兼备、全面衡量,突出教育教学实绩考核;对职业院校教师的评价,应当判断其"双师型"发展程度,是否具备必要的技能水平和专业教学能力;对高校教师的评价,应当突出对其教育教学业绩和师德考核,并将教授为本专科学生上课作为基本制度。

(五) 提升社会地位工资待遇

教师的获得感、幸福感、安全感源于教师的地位待遇,应采取切实措施予以提升。

首先,明确教师职业的公共属性。公办中小学教师是国家公职人员,居于特殊的法律地位。与之相适应,教师的政治地位、社会地位、职业地位应得到提升,同时他们也必须承担国家使命和公共教育服务的职责。也就是说,较之一般的社会从业者,教师发挥着特殊重要的作用。

其次,提高教师工资待遇。完善中小学教师待遇保障机制,健全中小学教师工资长效联动机制,核定绩效工资总量时统筹考虑当地公务员实际收入水平,确保中小学教师平均工资收入水平不低于或高于当地公务员平均工资收入水平。对于高校教师,则需推进薪酬制度改革,扩大高校收入分配自主权。

而民办学校,则应与教师依法签订合同,按时足额支付工资。

再次,保障教师合法权益。建设现代学校制度,突出教师主体地位,落实教师知情权、参与权、表达权、监督权,保障教师参与学校决策的民主权利,维护教师职业尊严和合法权益,还要关心教师身心健康。

最后,加大教师表彰力度。大力宣传教师"时代楷模"和"最美教师"。开展国家级教学名师、国家级教学成果奖评选表彰,做好乡村学校从教 30 年教师荣誉证书颁发工作,开展多种形式的教师表彰奖励活动,并落实相关优待政策,还要鼓励社会力量对教师出资奖励。

(六) 优化乡村教师资源配置

优化乡村教师资源配置,是补齐教师短板之举。

首先,强化乡村教师补充。鼓励师范院校为乡村学校及教学点培养一专多能的全科教师。鼓励大学毕业生基层创业,增加定向培养师范生人数,扩大"特岗计划"实施规模,源源不断地为乡村学校补充合格师资。

其次,促进城乡交流轮岗。推进"县管校聘"改革,实行县域内义务教育学校教师、校长交流轮岗,推动城镇优秀教师、校长向乡村学校、薄弱学校流动。小规模学校或教学点的课程不易开齐,而实行学区(乡镇)内走教,则可在一定程度上加强弥补。

再次,加大乡村补助力度。在已有工作基础上,推动各地提高对乡村教师补助标准,不断扩大补助覆盖面。加强乡村教师周转宿舍建设,让乡村教师住有所居。

最后,优先支持青年教师。帮助乡村青年教师解决普遍存在的困难,关心乡村青年教师工作生活,并在培训、职称评聘、表彰奖励等方面向乡村青年教师倾斜。

(七) 增加教师队伍建设投入

根据《意见》精神,各地应当切实将教师队伍建设改革作为教育财政的重点投入领域予以优先保障,完善支出保障机制。优化经费投入结构,优先支持教师队伍建设中最薄弱、最紧迫的领域,重点用于提高教师待遇保障和专业素质能力。加大师范教育投入力度,夯实教师队伍建设的基础。健全以政府投入为主、多渠道筹集教育经费的体制,充分调动社会力量投入教师队伍建设的积极性。制定严格的经费监管制度,规范经费使用,加强经费管理,切实用好每一笔经费,确保资金使用效益。

(八) 形成教师队伍建设合力

在新的历史时期,不管是适应党内外、国内外环境的深刻变化,抢抓新时代带来的新机遇,还是应对工作对象和工作条件的深刻变化,解决新的历史条件下教师队伍建设改革面临的不平衡不充分发展的问题,都对教师工作者的治理能力提出了更高的要求。教师工作者应当更新治理理念,拓宽眼界和视野,补充新的专业知识,增强克难意识、创新意识、实干意识。教师工作者急需增加治理能力,做到责任过硬、作风过硬,掌握战略思维、创新思维、辩证思维、法治思维、底线思维,进而解决教师队伍建设改革难题,提高落实工作效益。教师队伍建设是个系统工程,除了教育部门责任之外,还有赖于其他部门的参与、支持和配合。要加强与编制、发改、财政、人社等部门的协同,形成联动机制。要积极争取社会支持,遵循"双赢"原则,鼓励和吸引社会力量,积极参与支持乡村教师队伍建设。要推动地区支援,促进不同区域之间的互相学习、借鉴、支援。

落实《意见》,加强新时代教师队伍建设涉及广大教师切身利益,政策性强,社会关注度高。要通过各级各类媒体加大宣传力度,把重大意义讲清楚,把支持政策讲透彻,把工作安排讲具体,把相关要求讲明确,切实增进广大教师和社会各界对教师队伍建设改革的理解、认同和支持。应当认真开展理论研究和实践探索,发现规律、遵循规律、运用规律,让教师队伍建设符合教育发展规律。

教师队伍建设是关于人的一项艰巨工作,长期以来积累的矛盾很多、堆积的障碍很大,必须要鼓足勇气,下定决心,知难而进,攻坚克难。扎实改进工作作风,不驰于空想,不骛于虚声,要深入教师中间,掌握一手资料,摸清真实情况,抓住事关教师队伍建设改革全局的大事,研究解决思路,找出落实路径。发扬钉钉子精神,以真抓的实劲、敢抓的狠劲、善抓的巧劲、常抓的韧劲,突出重点,突破难点,采取实招,强力推进,督导伴随,考核挂钩,让《意见》的每项政策真正得到贯彻,让广大教师普遍受益,焕发出教书育人的强大正能量。

(本文原载《教育研究》2018 年第 3 期)

开启新时代教师队伍建设新征程

党的十九大报告举旗帜、指方向、明方略、绘蓝图,总结了党的十八大以来党和国家事业的历史性变革,系统阐述了习近平新时代中国特色社会主义思想,对决胜全面建成小康社会、开启全面建设社会主义现代化国家新征程作出了全面部署,是我们党进入新时代、踏上新征程、书写新篇章的政治宣言和行动纲领。在举国上下学习宣传贯彻党的十九大精神的热潮中,中国教育学会第三十次学术年会在上海隆重召开。这次年会,以"公平·优质·多样——面向未来的中国基础教育"为主题,谋划新时代基础教育新发展,很有意义,这是中国教育学会学习宣传党的十九大精神的重要举措,也是教育系统贯彻落实党的十九大精神的生动写照。在此,谨向本次会议表示热烈祝贺,向与会教师们致以亲切问候。

党的十九大报告关于教育工作的论述,重点突出,要求明确,广大教育工作者必须切实贯彻。党的十九大提出的中国特色社会主义建设的十四条基本方略,教育工作者也应当认真学习领会,在工作中主动进行比对,牢牢把握。

一是坚持党对教育工作的领导。"党政军民学,东西南北中,党是领导一切的。"教育和教师工作必须坚持和加强党的领导,确保社会主义办学方向。二是坚持教育以人民为中心。教育的对象是人,要关心人、理解人、尊重人,促进学生德智体美劳全面发展和健康成长。要紧紧依靠广大教师,政治上充分信任,思想上主动引导,工作上创造条件,生活上关心照顾,调动他们的积极性、内驱力。要努力建设一支师德高尚、业务精湛、结构合理、充满活力的高素质专业化创新型教师队伍,引导他们争做有理想信念、有道德情操、有扎实学识、有仁爱之心的好老师,在教书育人的岗位上建功立业。三是坚持全面深化教育改革。抓住关键环节，破解瓶颈问题，把管理体制改革与机制创新作为突破口，增强教育生机活力。四是坚持创新、协调、绿色、开放、共享的新发展理念。鼓励创新，普职融合，均衡发展，扩大交流，照顾弱势，让师生有更多获得感、幸福感。五是坚持发挥教师办学治校的主体作用。构建现代学校制度，发挥教师作用，听取家长意见，科学管理，民主管理，自主办学，社会参与。教育部门要确权、慎权、放权，充分发挥权力的调节作用，而不滥用权力。六是坚持依法治教、依法治校、依法办学、依法执教。提升教师法治意识和法治思维，加强对学生的法治教育。七是坚持把社会主义核心价值观融入学校教育全过程。做到社会主义核心价值观的基本内容"校校上墙入屏，人人入脑入心"，成为自觉行动。八是坚持在发展中保障民生。教育是最大的民生，要把教育放在优先发展的战略地位，在发展中补齐短板，努力让每个孩子都享有公平而有质量的教育，促进社会公平正义。九是加强生态文明教育。开展环境教育、可持续发展教育，让学生爱护花草树木、践行垃圾分类、节粮节水节电，让学生懂得"绿水青山就是金山银山"的道理，并在行动中加以落实，不断提高生态文明意识。十是加强安全教育。学生安全重于泰山，一个没有安全保障的学校是不合格的学校，一个没有安全意识的教师是不称职的教师。安全教育有用有效，平时多一次安全演练，危难时刻就多一分生的希望。安全工作要突出重点，防交通事故、防校门砍杀、防楼道挤踩、防溺水群死、防性侵欺凌。安全事故要划定责任，是学校的责任不能推诿，不是学校的责任，也不能对校长和教师无端指责。要给校长和教师松绑，使学校能够放心地开展各类体育活动、实践活动和研学旅行。十一是加强国防教育。促进军民团结，开展拥军活动，广泛组织军训，磨炼学生意志。十二是加强两岸三地教育合作。做好对港澳教育的引领，促进与台湾教育交流，让"一个中国"观念深入人心。十三是加强国际理解教育。改进学校外语教学，培养学生国际意向，鼓励增加人员往来，支持留学、鼓励回国，来去自由、发挥作用，助力构建人类命运共同体。十四是加强学校党的建设。落实全面从严治党要求，把政治建设摆在首位，用习近平新时代中国特色社会主义思想武装头脑。

当前，我国社会主要矛盾已经转化为人民日益增长的美好生活需要和不平衡不充分发展之间的矛盾。以前，基础教育更重视规模发展、硬件建设，解决有学上的问题。当前和今后一个时期,重点要提高质量、提升品质,全面贯彻党的教育方针,落实立德树人根本任务,办人民满意的教育,解决上好学的问题。在这个重大历史交汇期,教师作为发展教育第一资源的地位更加凸显。基础教育是国民教育的基础,教师是基础之基础;高等教育是教育的制高点,教师是制高点之制高点;立德树人是教育的根本任务,教师是根本之根本。党的十九大报告明确指出:"加强师德师风建设,培养高素质教师队伍,倡导全社会尊师重教。"我们要按照党的十九大精神,依据中央关于全面深化新时代教师队伍建设改革的意见,确保方向,强化保障,突出师德,深化改革,分类施策,培养造就大国良师。

首先,要加强师德师风建设。我国有 1578 万多名各级各类学校专任教师。广大教师学为人师、行为世范,扎根基层、默默奉献,阳光美丽、成绩凸显,是党和人民以及广大家长值得信赖的一支队伍,但各地个别教师师德失范的现象也时有发生。现在,有必要全面加强师德师风,健全师德建设长效机制,实施师德师风建设工程。做一名人民教师,就应当恪守师德规范,树立师风品质,提高育人能力,履行岗位职责,引领学生健康成长。教育部门则应当大力宣传弘扬当代教师风采,向全社会推介先进典型,加强引领,注意感召,积聚起强大的正能量。同时也要列出师德考核负面清单,让有损于教师形象的行为无处遁形。

其次,要培养高素质教师队伍。研究出台教师教育振兴行动计划,办好师范院校和师范专业,克服一定程度上存在的师范院校和师范专业被弱化的倾向。深入实施卓越教师培养计划,分类培养高素质专业化教师。开展师范类专业认证,以认促强,以认促建,比学赶帮,提高未来教师素养。统筹推进国培计划、省培计划、市培计划、县培计划以及校本教研、影子培训,采取线上线下的混合式培训,调动教师自主研修的兴趣和动力,分类分层开展教师能力建设,提高培训的针对性和有效性。发挥教学名师、教育名家的示范带动作用。教育家并不神秘,教育家也不遥远,教育家正朝我们走来,教育家就在大家中间。时代在变,万物皆流,与时俱进,还看今朝。在教书育人岗位上有理论、有实践、有影响、有威望,教出一批又一批学生,积累丰富的办学实践经验,桃李满天下,这样的人堪称当代的教育家。

再次,要深化教师管理综合改革。创新和规范中小学教师编制配备。完善准入和退出制度、教师聘用制度。深化职称制度改革,适当提高中小学中高级教师岗位比例。改进考核评价制度,突出教学实绩。推行中小学校长职级制改革。扩大"特岗计划"招聘规模,从目前每年招聘 6 万名左右特岗教师,扩大到每年招聘 10 万名优秀大学毕业生到基层岗位任教。推进教师交流轮岗,深化"县管校聘"改革,把义务教育学校教师从"学校人"变为"系统人"。切实落实乡村教师支持计划,培养一专多能的"全科教师",加大对乡村教师的补贴力度,越是离城镇远,越是生活艰苦,补贴越多,同时还要为有需要的乡村教师提供周转宿舍。特别要关心乡村青年教师的职业发展问题与个人情感问题。

最后,要倡导全社会尊师重教。将尊重教摆在重要位置,改善生活待遇,关注身心健康,维护教师的职业尊严和合法权益。对不尊重教师、辱骂教师、殴打教师的行为要严肃处理,不能一再发生。教师与其他人群发生矛盾,明明受到委屈,有关地方教育行政部门为息事宁人,不分青红皂白、违心处理教师的行为要予以纠正。要重提师道尊严,厚植尊师文化,构建新时代尊师文化体系。加强尊师教育,赢得家长和社会各界理解支持,营造全社会尊师氛围。

三十年来,中国教育学会紧跟时代发展步伐,支持教育决策,服务学校和教师发展,为推动教育改革和国家繁荣进步作出了积极贡献。希望中国教育学会和广大会员在党的十九大精神指引下,继续围绕定位,发挥优势,立足岗位,砥砺前行,成为教育教学研究的推动者、教育体制机制改革的探路者、国际教育学术交流的引领者,为建设教育强国、全面建成小康社会、实现中华民族伟大复兴不懈奋斗。

(本文原载《中国教育学刊》2017 年第 12 期,系作者在中国教育学会第三十次学术年会上的致辞整理稿)

用奋进之笔谱写新时代
教师队伍建设新篇章

当今中国,工业化、信息化、新型城镇化、农业现代化迅速发展,科技革命日新月异,国际竞争日趋激烈,国家经济社会发展对德智体美劳全面发展人才的渴求越来越迫切,人民群众对"上好学"的需求越来越旺盛。教育发展、国家繁荣、民族振兴,亟须一批又一批的好老师。党的十八大以来,以习近平同志为核心的党中央将教师队伍建设摆在突出位置,作出了一系列重要决策部署,各地各部门采取有力措施,教师队伍建设取得显著成就。广大教师不忘初心、牢记使命,爱岗敬业、教书育人,改革创新、服务社会,作出了历史性贡献。同时,还应清醒地认识到,教师队伍建设还存在诸多亟待改善和加强的方面,有的地方对教育和教师工作重视不够、对教师队伍建设投入力度不足、对师范院校支持不够,有的教师思想政治素质、师德素养和专业化水平需要提升,教师管理体制机制亟须理顺,教师地位待遇有待提高,等等。这些问题如果不尽快解决,势必影响加快实现教育现代化的进程,势必影响办好人民满意教育的民生事业,势必影响教育强国目标的实现。党的十九大报告明确提出,"我国社会主要矛盾已经转化为人民日益增长的美好生活需要和不平衡不充分的发展之间的矛盾",人民对公平而有质量的教育的向往更加迫切,必须"加强师德师风建设,培养高素质教师队伍"。

在这重大的历史交汇期,我们必须从战略高度充分认识教师工作的极端重要性,全面贯彻落实党的教育方针,遵循教育规律和教师成长发展规律,按照"统筹规划、优先发展,整体推进、师德为要,深化改革、创新机制,分类指导、精准施策"的基本原则,切实抓准教师队伍建设重点、热点、难点,整体谋划,主动作为,大力推进,砥砺前行,用奋进之笔,谱写教师队伍建设新篇章。

一、统筹规划新时代教师队伍建设

为贯彻落实党中央精神,教育部在认真学习党的十九大精神,以习近平新时代中国特色社会主义思想为指导,系统梳理教师工作突出问题、全面总结基层创新做法、深入开展多项课题研究、充分借鉴国际先进经验的基础上,组织研制《全面深化新时代教师队伍建设改革的意见》,并由十九届中央全面深化改革领导小组第一次会议审议通过。这个文件对于全面建成小康社会目标部署安排、建设社会主义现代化国家2035的宏伟蓝图,分段提出未来五年、2035年教师队伍建设的目标任务,就全面加强师德师风建设、大力提升教师专业素质能力、深化教师管理综合改革、不断提高教师地位待遇、切实加强党对教师工作的领导等五项核心工作提出明确举措,是今后相当长一个时期我国教师队伍建设的纲领性文件。

一是明确方向。各级党委和政府、各有关部门要把加强教师队伍建设作为一项重大政治任务和根本性民生工程切实抓紧抓好,将教师工作置于教育事业发展的重点支持战略领域。要把坚持和加强党的全面领导贯穿于教师队伍建设各环节,切实推进教师队伍治理体系和治理能力现代化,形成优秀人才争相从教、广大教师尽展其才、好老师不断涌现的良好局面。

二是增强信心。近年来,经过教育战线的不懈努力,一些制约教师队伍建设的体制性、制度性障碍开始"破冰",一些人民群众关切的教师队伍重大难点问题开始"破解",一些教师教育和教师管理领域的创新举措开始"破土"。在教师工作总体向好、各项改革进入深水区和攻坚期的局面下,要推动各地各校落实教师工作的主体责任,满怀信心,勇于担当,积极争取党委和政府的支持,加强部门之间协调,加大对师范院校支持力度,提升培养培训基础能力,增加财政经费投入,切实提升教师队伍建设的保障水平。师范院校一般不"摘帽",严控师范院校更名为非师范院校。国家和地方也要适时提高生均拨款标准,遴选有基础、有意愿的师范院校,不断加强师范专业建设,支持学校改革发展,要让大家看到前景。

三是攻坚克难。教师工作点多、线长、面广,情况比较复杂,亟待破解的难题较多;教师队伍建设改革政策性很强,牵一发而动全身。要推动各地切实贯彻党中央精神,落实国务院工作部署,按照教育部确定的工作思路,结合地方工作实际,认真谋划、超前部署,找准突破口、找到着力点,常抓不懈、久久为功,将深化教师队伍建设改革各项政策举措落细、落小、落实,增强广大教师的获得感,提高教师职业的幸福感。

二、启动实施教师教育振兴行动计划

教师教育是教育事业的工作母机,是教师队伍建设的源头活水,是先导性、关键性、基础性工作。当前,教师教育还存在诸多亟待解决的难题,师范生的生源质量在下降,教师培养层次还不高,教师教育模式仍需创新,教师教育课程还需改进,教师培养质量与中小学一线的期盼存在差距。出台教师教育振兴行动计划势在必行。

一是加强体系建设。建立以师范院校为主体、高水平非师范院校参与的中国特色师范教育体系。重点建设一批师范教育基地,完善教师培训、教研体系,不断优化教师教育布局结构,整体提升师范院校和师范专业办学水平,引导师范院校进一步明确办学定位,以培养优秀教师为己任,聚焦改革重点,以特色谋发展,以特色创一流。

二是调动一流高校。创造条件,推动一批有基础的高水平综合大学成立教师教育学院,设立师范专业,积极参与基础教育、职业教育教师培养培训工作,重点培养教育硕士,适度培养教育博士,造就学科知识扎实、专业能力突出、教育情怀深厚的高素质复合型教师。

三是升级卓越计划。按照教育部"六卓越一拔尖"的总体工作部署,启动"卓越教师培养计划2.0"实施工作,打造新时期卓越教师培养的升级版,创新幼儿园、小学、中学、中职、特教教师培养模式,增强高校举办师范教育的动力,引领高校将教师教育特色贯穿于学校人才培养、学科专业建设和学校发展规划各项工作之中。

四是提高生源质量。鼓励条件较好、办学水平较高的师范院校实行提前批次录取，或采取入校后二次选拔方式，选拔有志于从教的优秀学生进入师范专业。大力推动本科后教师培养，增加教育硕士招生计划，增加师范院校研究生推免名额，扩大教育硕士、教育博士招生规模，不断提升教师培养层次，切实改善师范生生源质量。

五是创新培养模式。根据基础教育改革发展需要，以实践为导向优化教师教育课程体系，注重师德养成教育，不断更新课程内容，推进协同育人的教师教育新模式。开展师范生技能展示活动，强化"三字一话"等师范生基本功训练，落实师范生教育实践不少于半年。

六是完善保障措施。建立教师教育改革实验区，完善高校、地方政府、中小学"三位一体"的协同育人机制。提高师范生生均拨款标准，加强教师培养经费保障。加强教师教育学科建设。教育硕士、教育博士授予单位及授权点向师范院校倾斜。强化教师教育师资队伍建设，在专业发展、职称晋升和岗位聘用等方面予以倾斜支持。

三、科学开展师范类专业认证

开展师范类专业认证是国际通行的做法，是推进教师教育改革、加强师范专业建设、提高教师培养质量、提升教师教育机构能力的关键之举。先期，在教育部指导下，江苏、广西两个省份已经开展了师范类专业认证试点，取得了明显的效果。为此，教育部决定在全国推开师范类专业认证工作。

一是完善标准。教育部在总结试点工作的基础上，广泛调研国内师范类专业办学情况，借鉴国际教师教育质量保障的先进做法，根据不同专业特点，分类研制认证标准和认证办法，于 2017 年 10 月印发了《师范类专业认证办法》及中学教育、小学教育、学前教育专业三个认证标准。

二是自愿参加。教育部发布专业认证标准，健全专业认证体系，建设全国教师教育基本状态数据库，实施办学条件监测，尊重高校办学自主权，对各地不作强制性要求,由设置师范类专业的高校自愿申请参加。

三是分级负责。师范类专业认证分为三级,一级是底线要求,二级是合格认证,三级是卓越认证。认证工作实行省部协同,部属高校由教育部统一组织认证,省属高校先由各地组织认证,通过后申请国家认证,以有效落实省级教育行政部门在师范教育方面的监管与投入责任,同时引导师范院校特色发展、追求卓越。

四是免收费用。教育部开展的专业认证经费由中央财政予以专项支持,省里具体实施的认证由地方财政统筹解决,不收学校任何费用。

五是科学操作。师范类专业认证坚持"学生中心、产出导向、质量持续改进"的认证理念,建立国家统一的认证体系,统一认证机构资质、标准程序和认证结论审议,确保认证过程的规范性及认证结论的一致性,努力做到平稳启动、扎实推进、逐步铺开。

六是妥用结果。将认证结果与教师资格考试、经费拨款等形成不同程度的关联,加大对师范院校的支持力度,推动师范专业以师范生为中心配置资源、组织课程和实施教学,推动师范院校根据培养目标及核心能力素质要求,检视培养过程和学习效果,促进学校不断改进教学、持续提高师范生培养质量。

四、分类推进教师全员培训

科学制定各级各类教师培训规划,推动教师终身学习、持续发展。

一是制定标准。教育部于2017年11月先行印发了义务教育阶段语文、数学、化学等学科的教师培训课程指导标准,以后将出台各学科的中小学、幼儿园教师培训课程指导标准。以标准为纲,切实推动各地分类、分科、分岗开展教师全员培训。开展诊断测评,训前对教师的教育教学能力进行科学诊断,测出水平,分出层次,将分层培训落到实处。科学合理设课,以教师培训课程标准落实学生课程标准,贴近教师一线教学实际,实现按需施训。注重资源开发,根据标准开发出系列完整的优质教师培训课程资源,支持教师连续递进式学习。

二是聚焦国培。改革实施幼儿园、中小学、职业院校、高校教师校长系列"国培计划"，调整聚焦重点方向，倾斜支持乡村教师校长培训、职业院校教师企业实践、高校青年教师培训。指导各地明确项目管理职责，用好用足专项资金，加快培训项目执行进度，统筹整合优质资源，提高培训的实效性和针对性。

三是突出基础。改进培训内容，对接课程教学改革实际，模块化设置培训专题，切实提升教师教育教学实践能力。加强教师的师德修养、信息技术等培训，创新教师信息技术培训手段，促进信息技术与教育教学深度融合。

四是创新模式。转变培训方式，采取集中面授、网络学习、送教下乡、跟岗研修等多种培训方式，满足不同环境、不同地域、不同阶段的教师学习所需，切实提升培训实效。积极探索移动学习、虚拟现实、人工智能等新技术在教师培训中的应用，推动教师做信息化、智能化学习的先行者。落实乡村教师、校园长培训指南，创新乡村教师校长培训模式，为乡村教师提供解渴、能用、好用、管用的培训，加大贫困地区教师培训扶持力度。

五是加强管理。加强项目管理，健全教师培训质量评估制度，采取学员评估、专家评估和第三方评估等多种方式，加强教师培训过程监控和绩效评估。落实《教育部关于大力推行中小学教师培训学分管理的指导意见》，建立教师培训学分标准体系，推动教师培训自主选学，规范培训学分认定，建立培训学分银行，搭建教师培训与学历教育衔接的"立交桥"。推广"国培计划"优秀工作案例，推进各地教师培训管理上台阶、改革有实效。

六是完善体系。建立健全地方教师发展机构和专业培训者队伍。逐步推进县级教师发展机构建设与改革，实现培训、教研、电教、科研部门有机整合；鼓励师范院校与幼儿园协同建立幼儿园教师培养培训基地；支持高水平学校和大中型企业共建"双师型"教师培训基地；搭建高等学校校级教师发展平台，加强院系教研室等学习共同体建设；逐步构建国家、省、市、县、校教师培训基地网络，夯实教师专业发展支持服务体系。

七是提供保障。将教师培训经费列入各级政府教育财政预算，学校按照不少于公用经费5%安排教师培训经费，确保广大教师在职学习所需。

五、全面落实乡村教师支持计划

2017年6月,教育部在新疆召开了全国乡村教师队伍建设暨万名教师支教工作会议,陈宝生部长强调各地要抓好乡村教师支持计划落实工作,打通"最后一公里"。

一是生活补助。各地要加强重点督查,尽快实现全覆盖,并进一步扩大乡村教师受益面。加大资金投入,逐步提高补助标准,用足中央奖补政策,形成"越往基层、越是艰苦、待遇越高"的激励机制。加强审核把关,确保各地上报的实施工作数据准确有效。健全管理机制,确保资金使用安全、规范。

二是特岗计划。逐步扩大教师特岗计划实施规模,切实发挥特岗计划在乡村教师招聘中的主渠道作用。用足招聘计划,对于不能完成招聘计划的,将不再增加或视情况减少下一年度招聘名额。加强统筹管理,确保特岗教师在工资待遇、社会保障、职称评聘、评优评先、年度考核等方面与当地公办学校教师同等对待。加强特岗教师培训,为特岗教师搭建发展平台。落实特岗教师入编入岗,对于特岗教师待遇和入编入岗政策落实不到位的,要严肃查处,立即整改,对整改不力的,暂停特岗计划。

三是编制标准。推动尚未出台落实城乡统一编制标准实施办法的省份尽快出台。各地教育部门要积极争取当地政府支持,盘活事业编制存量,优化结构,优先满足教育发展需要,调剂部分事业编制用于补充中小学教师。无编可补的地方,应探索通过设立周转编制、机动编制、政府购买服务等方式补充教师。完善编制动态管理机制,省级统筹、市域调剂、以县为主,动态调整。编制向乡村小规模学校倾斜,按照班师比与生师比相结合的方式核定。要进一步加强对中小学编制使用情况的督查和监管,严禁挤占、挪用、截留中小学编制和有编不补。

四是人才专项。从政治高度认识和实施好"援藏援疆万名教师支教计划"、"三区"人才支持计划教师专项,并逐步扩大规模,特事特办,好事办好。从2018年起,净增4000名内地教师赴新疆等地支教。

五是抓好落实。落实"一把手"领导责任,把乡村教师支持计划纳入"一把手"工程。抓住牵一发而动全身的体制机制瓶颈,如交流、职称、考核等问题,下大力气,努力破解。教育部将指导发布年度实施报告,展示工作成绩,奖补奋发有为者,通报不足,督促落后不力者。

六、有序深化教师职称制度改革

职称关系着教师工作成效、职业声誉和报酬待遇,应成为激发教师工作积极性的牵一发而动全身的关键抓手。但是当前在教师职称评审中,仍在很大程度上存在着名额少、评审难、要求繁的问题,必须切实推进教师职称制度改革。

一是拓宽通道。职称晋升难,高一级职称的名额紧张是主要原因,这是不考外语、不看论文也不能解决的。对此,教育部已与有关部门达成共识,将适当提高中小学中级、高级教师岗位比例,让广大教师职业发展通道比较畅通。落实中央"放、管、服"要求,将高校教师职称评审权直接下放至高校,按照"权责相统一"的原则,由高校自主行使权力、承担责任,拓宽教师职称评聘通道。

二是完善标准。进一步完善职称评价标准,建立符合中小学教师岗位特点的考核评价指标体系,坚持德才兼备、全面考核,突出教育教学实绩,引导教师潜心教书育人。有条件的地区可单独建立农村和艰苦边远地区中小学教师职称评审委员会或评审组,进行单独评审。做好正高级教师职称评审工作,高标准严要求,树立教师发展标杆。

三是倾斜乡村。加大对一线教师特别是农村教师的倾斜力度,从 2017 年起,评审通过的正高级教师中,担任学校和教研机构党政领导职务的原则上不超过 30%。

四是强化激励。大力加强教师日常考核和聘后管理,实现岗位能上能下,避免职称晋升后的职业倦怠问题。

五是做好监管。进一步加强监督管理,完善公开公示、投诉举报等制度,加强督查监管,严厉查处职称评审中的违纪违法行为。要做好高校教师职称评审权下放和监管工作。教育部、人力资源社会保障部印发了《高校教师职称评审监管暂行办法》,重点采取书面审查、"双随机"抽查、信息公开、投诉举报等方式,加强对高校教师职称评审的监管,贯彻落实党和国家教育方针和职称评审相关政策要求,保证职称评审规范、公开、公平。对于职称评审中的违纪违法行为,按相关规定严肃处理、追责。

七、妥善做好教师管理服务

教师队伍管理体制机制改革已进入深水区,要想取得突破,各地各部门须视野再宽一些、步子再大一些、招数再多一些、改革力度再强一些。

一是资格制度改革。全面推进中小学教师资格考试和定期注册制度改革,对于尚未参加试点的省份尽快纳入,全局推开,深入推进。科学完善教师资格考试政策,逐步将修习教师教育课程、参加教育教学实践作为认定教育教学能力、取得教师资格的必备条件。新入职教师必须取得教师资格。推行定期注册制度,建立完善教师退出机制,提升教师队伍整体活力。

二是聘任制度改革。积极研究、不断完善中小学教师公开招聘工作,建立符合教育行业特点的中小学、幼儿园教师招聘办法,遴选乐教、适教、善教的优秀人才进入教师队伍。落实《中小学校领导人员管理暂行办法》,明确任职条件和资格,规范选拔任用工作,激发办学治校活力。

三是推进交流轮岗。以义务教育教师队伍"县管校聘"管理体制改革为重点,推进校长教师交流轮岗,优化城乡优质教师资源配置,引导优秀教师向薄弱地区流动。实行学区(乡镇)内走教制度,地方政府可根据实际给予相应补贴。

四是完善考核评价。科学完善相关政策,防止形式主义的考核和检查干扰正常教学。不简单用升学率、学生考试成绩等评价教师。深入推进高校教师考核评价制度改革,突出教育教学业绩和师德考核,将教授为本科生上课作为基本制度,建设一支思想政治素质过硬、师德师风高尚、教书育人能力突出的中国特色社会主义高校教师队伍。做好国家"万人计划"教学名师的学习宣传推广,让"国字号"的教学名师发挥引领示范作用。

八、积极倡导全社会尊师重教

党的十九大报告中明确提出要"倡导全社会尊师重教"。要让各界知道,基础教育是国民教育的基础,教师是基础之基础;高等教育是教育的制高点,教师是制高点之制高点;立德树人是教育的根本任务,教师是根本之根本。为此,要突显教师职业的公共属性,强化教师承担的国家使命和公共教育服务的职责,确立公办中小学教师作为国家公职人员的特殊法律地位,提升教师的政治地位、社会地位和职业地位。大力弘扬源远流长的中华民族尊师重教的优良传统,构建新时代尊师文化体系。加强尊师教育,重提师道尊严,坚决杜绝辱骂甚至殴打教师暴力事件的发生。通过多种渠道多种形式,树立正确的教育观、成才观,赢得家长和社会各界对教师的理解支持。完善教师待遇保障机制,不断提升教师工资收入水平,调整收入分配激励机制,有效体现教师工作的价值。通过多种措施,进一步形成浓厚的尊师风尚,让广大教师在岗位上有幸福感、事业上有成就感、社会上有荣誉感,逐步把教师职业变成让人羡慕的职业,以强师梦构筑强国梦。

(本文原载《教育科学研究》2018 年第 2 期)

教师队伍建设的重大
成就与努力方向

　　教育是国之大计、党之大计,教师是立教之本、兴教之源。习近平总书记在全国教育大会上发表的重要讲话,科学回答了事关教育现代化、建设教育强国的重大理论和实践问题,就教师队伍建设作出战略部署,对尊师重教提出更高要求,为新时代教师队伍建设提供了根本遵循。深刻认识当前我国教师队伍建设状况、加强新时代教师队伍建设,是全面贯彻党的教育方针、促进教育公平、提高教育质量、提升学校品质、深化教育改革的必然要求,是建设中国特色社会主义教育体系的重要内容,也是加快实现教育现代化、建设教育强国的根本保障。

一、教师队伍建设取得的重大成就和面临的问题

　　今天的学生是未来实现中华民族伟大复兴中国梦的主力军,广大教师是打造这支中华民族"梦之队"的筑梦人。我国现有各级各类专任教师近 1627 万人,分布在 51 万多所学校和幼儿园,为 2.7 亿在校生传道授业,支撑起了世界上最大规模的教育体系。党的十八大以来,习近平总书记对广大教师无比关心、对教师队伍建设工作高度重视,每年教师节都通过到学校视察、看望慰问教师、致祝贺信等方式,对全国教师表示亲切问候,就教师工作作出重要指示,特别是亲自推动出台了中共中央、国务院《关于全面深化新时代教师队伍建设改革的意见》。在以习近平同志为核心的党中央坚强领导下,教师队伍

建设提档升级、提质增效,取得重大成就。

师德师风建设不断完善。2012 年,教育部分别制定加强中小学教师和高校师德建设长效机制的文件,构建了覆盖大中小学教师的师德建设制度体系。2018 年制定高校教师职业行为十项准则、中小学教师职业行为十项准则、幼儿园教师职业行为十项准则,分类提出教师职业行为倡导标准和禁行底线。

教师教育改革不断深化。严控师范院校改制、摘帽,师范院校稳定在 180 所左右,其他参与教师教育的院校稳定在 380 所左右,教师教育专业点保持在 5000 个左右。高校、地方政府、中小学相结合的协同育人新机制普遍建立。

教师国培体系建立健全。2012—2018 年,中央财政累计投入教师"国培计划"专项经费超过 137 亿元,培训各级各类教师超过 1200 万人次,有力带动了各地 5 年一周期 360 学时的教师全员培训。

乡村教师队伍建设明显加强。通过实施"特岗计划",2012—2018 年中央财政支持中西部省份共招聘 51 万名特岗教师,持续为乡村教育输入"新鲜血液",优化了乡村教师队伍结构。2013 年教育部启动集中连片特困地区乡村教师生活补助政策,到 2018 年已经安排专项经费 153 亿元,覆盖 725 个贫困县,惠及 130 多万名乡村教师。

推进教师编制配备改革。国家统一了城乡中小学教职工编制标准,实施生师比与班师比相结合的教师配备标准,倾斜支持小规模学校和教学点。推进"县管校聘"改革,通过定期交流、学区一体化管理、教师走教等方式,引导优秀校长、教师向乡村和薄弱学校流动。

深化教师职称制度改革。在中小学设立正高级职称,2016—2018 年评审为中小学正高级职称者达 9000 人。同时,深化高等教育"放管服"改革,全面下放高校教师职称评审权。

教师整体素质结构得到优化。据 2017 年统计,教师学历层次得到提升,有 93.7% 的小学教师取得专科以上学历,82.5% 的初中教师取得本科以上学历;年龄结构日趋优化,普通高校、中小学教师中 45 岁以下的分别占 69.8% 和 70.5%;师生结构比例趋于合理,与 2012 年相比,小学生师比降低了 0.59 个百分点,初中生师比降低了 1.18 个百分点,高中生师比降低了 1.82 个百分点。

在看到我国教师队伍建设取得重大成就的同时,也要深刻认识教师队伍建设面临的问题。当前,教育工作面临的外部环境和内在需求都发生了深刻变化,受城镇化进程、全面二孩政策、高考改革等因素影响,教师队伍在数量和质量等方面存在的矛盾愈发突出。比如,教师队伍配置在区域、校际还不平衡;教师培养还不充分、不完善;一些地方对教师关心不够,重硬件轻软件、重外延轻内涵的现象比较突出。我们既要看到成绩,也要正视问题,深入学习贯彻习近平新时代中国特色社会主义思想,努力建设一支宏大的高素质专业化教师队伍。

二、全方位推进新时代教师队伍建设

全国教育大会对新时代教师队伍建设作出了系统部署。在推进教育现代化、建设教育强国的进程中,我们要牢牢抓好教师队伍建设这一基础性工作,使教育改革发展更有活力,让教育现代化动能更加强劲。当前,尤其要抓好以下几方面工作。

加强党的领导,保证教师队伍建设正确方向。把党的领导贯彻到教师工作各方面、各环节,教育引导广大教师不断增强"四个意识"、更加坚定"四个自信",树立共产主义远大理想和中国特色社会主义共同理想,切实将广大教师的思想和行动统一到党中央决策部署和全国教育大会精神上来,担负起新时代教师的神圣使命。

突出第一标准,推进师德师风建设。师德师风是评价教师队伍素质的第一标准。广大教师要贯彻落实习近平总书记的要求,像春蚕吐丝那样竭心力,像蜡炬成灰那样发光热,像和风细雨那样润心田,像孺子牛那样做人梯。新时代,要更加突出师德师风建设,着力健全长效机制,实施师德师风建设工程,全面强化师德教育,加快建设师德全员养成体系。

适应发展需求,推进教师教育振兴。教师教育是教师队伍建设的工作母机。新时代,要统筹实施《教师教育振兴行动计划(2018—2022年)》,坚持师范院校的师范主业不动摇,加大对师范院校支持力度,鼓励有基础的综合性大学举办教师教育,分类推进教师培养模式改革,不断提升教师培养质量,持续为教育发展供给优秀师资。强化教师发展中心和教师培训者队伍建设,建立教师全员发展支持服务体系,改革实施"国培计划",大力开展混合式研修,组织高质量培训,促进教师终身学习。

围绕效能优化,推进教师管理改革。优化管理效能是增强教师队伍发展活力的关键。新时代,要全面实施教师资格制度,构建教师队伍建设标准体系,稳步推进教师职称制度改革,打通教师职业上升通道。推进县域内校长和教师交流轮岗,使教师由"学校人"变为"系统人",促进师资均衡配置。健全聘用引进、考核评价、激励约束等管理制度机制,吸引优秀人才从教,探索优胜劣汰机制。

拿出真招实招,保障教师待遇权益。根据教师法、义务教育法的规定和中央相关文件要求,建立联动机制,确保义务教育教师平均工资收入不低于当地公务员平均工资收入水平。科学调整教育支出结构,教育投入更多向教师倾斜,确保国家各项惠师强师政策落地见效。对300万名乡村教师要高看一眼、厚爱三分,加大倾斜支持力度,改善其工作和生活条件。积极探索建立教师公共服务社会支持体系,完善教师从教保障激励机制。

提高教师地位,营造尊师重教风尚。中华优秀传统文化中尊师重道的思想是厚植尊师文化的源泉,良好家风中尊敬师长的礼教是尊师精神内化养成的土壤,醇厚校风中敬爱老师的规训是尊师行为固化的结晶,社会氛围中感念师恩的行动是礼敬教师的感召。要加强尊师宣传,明确教师的权利和义务,避免"校闹"。要共同唱响尊师风尚主旋律、弘扬正能量,提高教师政治地位、社会地位、职业地位,使教师安心从教、热心从教、舒心从教、静心从教。

三、再聚焦落实新时代教师队伍建设政策

一分部署,九分落实。立足新时代,各地、各部门、各级各类学校应当聚焦关键,锁定目标,攻坚克难,蹄疾步稳,切实抓好教师队伍建设各项政策的落实。

聚焦问题导向,抓好破解难题落实。针对存在问题,深入开展研究,优化政策设计,推动基层探索,根据各级各类教师特点和区域、城乡、校际差异,将国家政策化为操作方法,采取务实管用举措,破解制约发展瓶颈问题,拓宽教师发展晋升通道。

聚焦发展走向,抓好各方协同落实。教师队伍建设的走向是凝聚人心、完善人格、开发人力、培育人才、造福人民。必须加强党委领导,抓好教育、发改、财政、人社、编制等部门的协调,统筹部署,形成合力,协同落实,激发教育事业持续健康发展,支持广大教师在新时代建功立业,努力培养德智体美劳全面发展的社会主义建设者和接班人。

聚焦目标定向,抓好既定任务落实。按照教育现代化总体目标要求,抓好全国教育大会精神和中央教师文件的贯彻落实,确保教师队伍建设任务目标如期实现。到 2022 年,教师培养质量有较大提高,教师培训效果明显增强,教育管理体制机制基本理顺,教师职业吸引力明显增强。到 2035 年,教师综合素质、专业化水平和创新能力大幅提升,培养造就数以百万计的骨干教师、数以十万计的卓越教师、数以万计的教育家型教师。

(本文原载《人民日报》2018 年 11 月 4 日,收录本书时略有修改)

全面建成小康社会之际我国
教师队伍建设基本方略

全面建成小康社会需要一支师德高尚、业务精湛、充满活力的高素质专业化创新型教师队伍,而这样的教师队伍必然助推全面建成小康社会目标的实现。为此,各地各相关方面必须实施好教师队伍建设基本方略。方略即方向、方法、政策、策略,实施好方略需要对特定对象总结提炼、分析综合、明确重点、狠抓落实。为此,应当总结教师队伍建设成绩,增强全面建设小康社会决心信心;分析教师队伍建设形势,立足全面建设小康社会攻坚阶段;落实教师队伍建设政策,助推全面建设小康社会目标实现。

一、总结教师队伍建设成绩,增强全面建成小康社会决心信心

习近平总书记对教师队伍建设高度重视,多次作出重要指示,发出战略动员。中共中央、国务院《关于全面深化新时代教师队伍建设改革的意见》(中央4号文件)对全国新时代教师工作提出明确要求。各级党委政府、教育等相关部门、各级各类学校不忘初心、牢记使命,按照要求,积极作为,加大教师工作力度。党的十九大以来,我国教师队伍建设取得突出进展。

(一) 中央4号文件开始落实

学习新思想,立足新时代,中央4号文件擘画宏伟蓝图,明确发展目标,规

划实施路径。各地各部门把落实中央 4 号文件作为重要政治任务,摆在特别突出的位置。教育部党组多次开展会议专门研究教师工作,在《求是》杂志发表关于落实中央 4 号文件的署名文章。教育部长向各省份党政主要领导同志寄发春节贺信专门提出尊师期待,在全国两会上生动地提出"提、改、育、用、保、尊"六字箴言。中办、国办印发了 4 号文件分工方案,明确了任务书,细化了中央和国务院各相关部门的教师队伍建设责任状。各地高度重视,提前部署,及早谋划,因地制宜,启动制定地方实施意见,构建中央统领、地方支撑,无缝对接、全面覆盖的新时代教师队伍建设改革制度体系。至 2018 年底,所有省份出台了中央 4 号文件实施意见。各省份实施意见亮点很多、实招不少。浙江要求各地在出台公务员津补贴和奖金政策时,必须同时间、同幅度考虑中小学教师。辽宁实施"校园先锋工程",加强教师党员队伍建设;要求师范大学在校师范生人数要达到在校生总数的 70% 以上,重点支持高水平师范院校和师范专业相关学科进入省内高校"双一流"行列。江西提出将出台公办幼儿园人员配备规范,鼓励有条件的地方建立中小学教职工编制"周转池",逐步给予优秀教师在省内主要景区免门票或优惠的措施。广西实施高校思政队伍支持计划,引导、监督民办幼儿园配齐教职工;推动乡村教师生活补助提标扩面。广东提出实施粤东粤西粤北中小学教师公费定向培养计划,推动建立省、市、县三级教师周转编制制度,全面落实山区和农村边远地区教师生活补助。福建提出绩效工资分配向班主任、名优教师和特殊岗位教师倾斜,学校可设立校内教龄津贴,探索实行"人员控制数"管理模式,要求师范院校师范类在校生不低于 2/3。

(二) 师德规范逐步完善

坚定政治方向,加强思想政治教育,引导广大教师深入了解党情、国情、民情、社情,增强对党和国家的认同,带头弘扬社会主义核心价值观。2018 年教师节主题是弘扬高尚师德、潜心立德树人。为加强师德规范,弘扬高尚师德,教育部分别研制了高校教师职业行为十项准则、中小学教师职业行为十项准则、幼儿园教师职业行为十项准则,每一项都提出正面倡导,同时划出底线标准,各准则还明确了处罚办法,旨在推动师德建设走上规范化轨道。2018 年,北京大学、北京师范大学、北京外国语大学等高校出台师德规范文件。湖南长沙启动师德师风建设三年计划，发布中小学师德考核负面清单。教育部加强师德宣传，追授郑德荣、李芳，授予曲建武、陈琳"全国优秀教师"荣誉称号，宣传李保国、黄大年、钟扬等先进事迹。推选教书育人楷模，评出年度最美教师，在全社会弘扬真善美，传播正能量。

（三）综合改革纵深推进

破解瓶颈，改革用力。研究健全中小学教师工资待遇联动机制，启动完善绩效工资总量核定和内部分配办法。推动加大义务教育教师工资待遇保障力度，平均工资收入水平低于公务员的地方整改达标，财力较强的省份要加快进度。深化中小学职称制度改革，理顺评审体制，人社部门牵头制定政策，教育部门牵头具体实施。改变正高级名额控制办法，2018 年在上年 3500 人总量基础上增加 10%名额，2019 年由地方在岗位结构比例内开展评审。启动《教师教育振兴行动计划》，明确未来 5 年振兴目标和 10 大振兴行动。实施教育部直属师大师范生公费教育，原"免费"改为"公费"、履约服务期由原 10 年缩短为 6 年，彰显关怀，体现自信。启动师范专业认证，提高门槛，奖优罚劣，优胜劣汰，确保质量。支持吉林、云南怒江、河北涿州、海南等地创建国家教师发展协同创新实验基地。实施人工智能助推教师队伍建设行动，分别在宁夏、北京外国语大学开展基础教育领域、高等教育领域试点，并探索经验、创新做法、引领示范。

（四）乡村弱项正在补强

乡村强，才是真的强。加大乡村教师公费培养力度，2018 年有 28 个省通过在学免费、上岗退费等多种形式，吸引 4.5 万名高校毕业生到乡村任教。实施"银龄讲学计划"，2018 年招募 1800 名退休优秀教师到乡村支教，到 2020 年累计招募 1 万名。扩大实施特岗计划，2019 年计划招聘 9 万人。改善生活待遇，实施乡村教师生活补助政策，2013 年以来中央财政划拨 127.5 亿元，惠及 8 万所学校、130 万名教师。推进交流轮岗，江苏如皋、湖北武穴等地通过无校籍管理、学区制等多种方式，引导城镇优秀教师校长向乡村流动。改革国培计划,2018年培训中西部乡村教师校长100多万人次,并提升针对性和互动性。开展表彰奖励,由教育部教师工作司和中国教师发展基金会组织,从2018年起实施乡村优秀青年教师培养奖励计划,每年遴选300人,连续实施5年。①

(五)"三区三州"气象更新

"三区三州"②是我国深度贫困地区。全面建成小康社会,就必须让这些地区实现脱贫目的。脱贫攻坚,教师为基。深入开展民族团结教育,涌现出了"最美乡村教师"、全国教书育人楷模等一大批教师典型。加大补充力度,实施援藏援疆万名教师支教计划,2018年向西藏、新疆选派教师4000人。实施"三区"人才教师计划,2018年选派2.4万多人,其中一部分赴"三区三州"讲学服务。同时,为西藏定向培养高海拔艰苦边远地区教师。加大培训力度,教育部专门设立新疆南疆幼儿园园长专项培训项目;实施中小学信息技术应用能力提升培训对口支援"三区三州"等深入贫困地区项目,遴选7家单位承担相关任务。西藏、新疆通过国培和区培培训教师20多万人,云南怒江傈僳族自治州2017年培训教师9000人次。

二、分析教师队伍建设形势,立足全面建成小康社会攻坚阶段

当前,中国特色社会主义进入了新时代,全面建成小康社会进入攻坚期。时代越是向前,知识和人才的重要性就愈发突出,教育和教师的作用就愈发凸显。国运兴衰,系于教育;教育大计,教师为本。党中央、国务院历来高度重视教育工作,亲切关怀广大教师。习近平总书记在党的十九大报告中强调,加强师德师风建设,建设高素质教师队伍,倡导全社会尊师重教。2018年1月,中

---

① 本文数字除注明的外,均来自工作中的一手资料。
② "三区"指西藏、新疆南疆、四省藏区(四川甘孜、云南迪庆、甘肃甘南、青海南部藏区),"三州"是指四川省凉山彝族自治州、云南省怒江傈僳族自治州、甘肃省临夏回族自治州。

央 4 号文件对教师工作系统地提出政策措施。2018 年 5 月,习近平总书记在北京大学视察时强调,建设政治素质过硬、业务能力精湛、育人水平高超的高素质教师队伍。2018 年 9 月,习近平总书记在新时代第一次全国教育大会上发表重要讲话,强调加强师德师风建设,理顺教师管理体制机制,切实提高教师地位待遇,号召广大教师提高育人本领,实施素质教育,努力培养德智体美劳全面发展的社会主义建设者和接班人。习近平总书记的重要指示和党中央的文件规定都是对新时代教师队伍建设作出的重大战略安排,具有深远的历史意义,当然也对 2018 年至 2022 年全面建成小康社会之际的教师队伍建设工作具有重要指导意义。立足新方位,站在新起点,我国教师队伍建设面临着新机遇,也面临着新挑战,许多新情况新矛盾新问题需要去面对、去解决。我们要提高站位,科学研判,认清形势,找准方向。

(一)基点要充分认识

教师是教育的第一资源,是国家富强、民族振兴、人民幸福的重要基石。从国际看,科技进步日新月异,国际竞争日趋激烈,人才越来越成为提高综合国力和国际竞争力的战略性资源和决定性因素。从国内看,大力实施乡村振兴战略和打赢脱贫攻坚战三年行动,全面建成小康社会进入决胜时期,踏上了建设社会主义现代化国家的新征程,加快实现中华民族伟大复兴的中国梦正在路上,这归根到底也要靠人才。从人民看,我国社会主要矛盾已经转化为人民日益增长的美好生活需要和不平衡不充分的发展之间的矛盾,人民"上好学"的需求越来越旺盛。从教育看,加快教育现代化,办好人民满意的教育,建设教育强国,是国家的基础工程。无论从人才培养、人民需求,还是教育发展来看,关键在教师。

(二)重点要充分把握

教育是经济社会发展的优先领域,教师是教育发展的突出议题。从中央看,习近平总书记对教师关怀如此之深切前所未有,中央对教师工作如此之重视前所未有。从部委看,相关部委支持教育部和教师队伍建设力度之大前所未有,教师工作在教育系统地位之突出前所未有。不管在中央的文件中,还是在有关领导的讲话中,教师内容均被单列强调,这是更加重视教师队伍建设的一个信号。从地方看,各省党委政府如此认真研究制定教师专项文件、部署教师专项工作前所未有。抓好教师工作已是上下同心、左右共识,怎么重视都不过分,怎么用力都不过分。

(三) 痛点要充分研判

教师领域每天都在发生着很多的事情,但有一些本不应该发生的却成了切肤之痛,这是让我们痛心的地方。从师德看,我国1600多万教师,总的看都是让党放心、人民满意、学生敬仰、家长信赖的好老师,但极个别人伤天害理、道德败坏。近来接连曝出一些高校教师性骚扰事件,引发一系列社会反应、舆论炒作,严重影响了教师形象。从待遇看,教育在19个行业大类中的排名,从2013年、2014年的第11位逐步提升到2017年的第6位,教师平均工资实现了连年增长,已属不易。但是由于部分地方重视不够、政策理解偏差等原因,还有不少省份义务教育教师平均工资收入仍低于当地公务员平均工资收入水平,这与有关法律和中央文件精神严重不符。

(四) 难点要充分分析

教师队伍建设面临着一些老大难问题,有的长期存在、悬而未决,这是需要我们破解的地方。从管理看,事权财权人权没有统一,体制机制障碍尚未破解。一些地方乡村结构性缺员与城镇缺编问题加剧,编制倾斜不够,区域调配不顺,部分学校教师严重不足。一些地方"县管校聘"改革举步维艰,交流轮岗机制不活,配套制度不完善,教师流动存在困难。一些高校考核评价制度改革呼声很高、动作很小,重数量轻质量、重科研轻教学的现象没有太大改观。从均衡看,东中西部存在明显的经济发展水平梯度,城乡二元结构分明,各级各类教育在办学理念、投入、条件、标准等方面差异很大,区域、城乡、校际教师队伍发展水平存在较大差距。中西部和乡村地区教师队伍整体素质明显低于东部和城镇,中西部教师的工资待遇明显低于东部地区。从负担看,中小学教师承担着一些不必要的工作负担。在一些地方,名目繁多的检查、评比、考核等让教师疲于应付,形式多样的创建、示范等让教师们无所适从。

（五）薄弱点要充分关注

教师队伍建设存在着一些短板弱项，这是需要我们补强的地方。乡村和"三区三州"是最薄弱的区域。总的看，当地教师队伍面貌发生了很大变化，但在部分地方，"新鲜血液引不进、优秀人才留不住、在岗教师不安心"的现象仍然存在，性别失衡、年龄断层、教非所学等问题在小规模学校尤其是教学点比较严重。从幼儿园看，这是我国发展最快的一个领域，也是最大的短板之一。很多老师从小学转任过来，没学过幼儿托育，带来了小学教学方法。还有的幼儿园从业者从中职毕业，素质不高、能力不强，个别的还没有教师资格证。从青年群体看，学历较高，好学上进，视野宽广，思想活跃，开放自信，处于成长大好年华，但也面临着一些现实困难。对于乡村青年教师来说，文化生活相对单调，有的婚恋问题难以解决，一定程度上影响了其下得去、留得住、教得好的决心。对于高校青年教师来说，多数未经正规师范训练，教育教学能力偏弱。同时，由于不少学校激励机制不顺、政策不硬、支持不够，高校青年教师面临着工作和生活上的难题。

（六）上升点要充分催化

近年来，教师队伍建设出现了一些新的增长点，这是需要我们加油助力的地方。从教师教育发展看，振兴行动浓墨重彩、开启发端，配套政策接连推出、精准实施，止住了边缘化和弱化颓势，扭转了改头换面和摘帽倾向，回归初心的师范教育再度繁荣令人期待。从提升学历层次看，虽与世界发达国家对中小学、幼儿园教师学历要求本科以上、对高校教师学历要求博士以上相比还有很大差距，与我国实现教育现代化目标相比也有一定距离，但我国各级各类教师学历合格率逐年提高，均接近100%，高一级学历也在逐年攀升，提高入职学历标准已有现实基础，目标实现不再遥远。从运用人工智能看，人工智能成为创新发展的新引擎，"教育+人工智能"成为教育转型升级的新模式。教师领域运用人工智能已有初步规划，有待加快推进。可以说，这都是教师队伍建设全面升级的能源棒，是教育事业全面发展的倍增器。

三、落实教师队伍建设政策,助推全面建设小康社会目标实现

随着各地落实中央4号文件的实施意见逐步研制完成,乡村和"三区三州"教师队伍建设的深入攻坚推进,新时代教师队伍建设即将踏上新征程。在全面建成小康社会之际,我们要以落实全国教育大会精神和中央4号文件为统领,抓住问题、聚焦关键,全面发力、多点突破,增强系统性、整体性、协同性,全面深化新时代教师队伍建设改革,切实推进每一项政策举措落地生根、开花结果、见到实效,努力开启新时代教师队伍建设新篇章。

(一)聚焦方向,把正把牢

方向决定道路,道路决定命运。我国教育事业坚持的是中国特色社会主义办学方向,培养的是德智体美劳全面发展的社会主义建设者和接班人。我国教师队伍坚持的是中国特色社会主义建设方向,造就的是党和人民满意的人民教师。要坚持党对教师队伍建设的全面领导,把好方向之舵,领好前进之航,做到政治上同向、思想上同心、步调上同频、行动上同力。要压实党委责任,充分发挥领导和把关作用,把方向、谋大局、定政策、促改革。各省(区、市)党委常委会每年应当专题研究一次教师队伍建设,各级各类学校要经常性研究教师工作。加强教师党建,把政治建设摆在首位,加强习近平新时代中国特色社会主义思想武装,解决好世界观、人生观、价值观这个"总开关"问题。教育引导广大党员教师增强"四个意识",不断提高政治觉悟和政治能力,对党忠诚、为党分忧,永葆共产党员政治本色,牢记党的宗旨,挺起共产党员的精神脊梁。落实党的知识分子政策,多一些包容、多一些宽容,政治上充分信任,思想上主动引导,工作上创造条件,生活上关心照顾,让广大教师心暖气顺、心平气和。

(二)聚焦底色,铺厚铺实

师德是教师的基础色彩,学高为师,德高为范。一个人学历层次再高、教

学能力再强、研究成果再丰富,如果品行不正、德行不端,其高素质也是变色质、变味质,空有教师之名,难符教师之实。应当把师德师风作为教师队伍建设的第一要求,实施师德师风建设工程,突出全员全方位全过程师德养成,推动师德师风建设常态化、长效化,引导教师明大德、守公德、严私德,成为先进思想文化的传播者、党执政的坚定支持者、学生健康成长的指导者。要加强师德教育,强化理想信念,引导教师树立正确的历史观、民族观、国家观、文化观,坚定"四个自信";加强社会主义核心价值观教育,增强价值判断能力、价值选择能力和价值塑造能力,帮助教师在纷繁复杂的社会现象面前认识正误、厘清曲直、明辨是非;加强中华优秀传统文化和革命文化、社会主义先进文化教育,引导教师热爱祖国、奉献人民、造福社会。加强师德宣传,发掘师德典型,讲好师德故事,持续推出一大批让人喜闻乐见、反映时代风貌的影视作品和文学作品,推进全国高校"黄大年式"教师团队创建活动,弘扬以"西迁精神"为代表的老一辈知识分子的爱国奋斗精神,注重典型引领,加强精神感召,营造崇德向善、德行天下的浓厚氛围。强化师德考评,推出负面清单,对于屡教不改、屡禁不止,敢于触碰高压线、红线、底线的,必须严肃查处,不能手软。

(三) 聚焦质量,分类分育

借鉴国际经验,界定教师应当具备必备素质,诸如专注于学生和教学,对所教科目谙熟于心并善于传授,对学生学习进行管理和掌控,对教学实践进行系统思考并汲取有益做法将自己置于学习共同体之中。[1] 进而言之,新时代高质量教师应具备 10 项基本素质:红色基因、奋斗精神、改革思维、创新意识、学习理念、专业技能、育人本领、奉献情怀、爱生品格、扶弱品质。当然,不同类型、不同阶段学校对教师的素质要求也有侧重。应当紧紧抓住各级各类教育的不同特点,注重学思践悟、知行并进,分类培育、分级指导,努力培养造就符合时代需要的高质量教师。在此过程中,一要提高办学水平,振兴师范教育,加大投入力度,提高生均拨款,提升保障水平。二要加强体系建设,完善以师

---

① National Board for Professional Teaching Standards, *What Teachers Should Know and Be Able to Do*, 2018, pp.6-18.

范院校为主体、高水平非师范院校参与的中国特色师范教育体系,增强师范整体实力。三要加强标准建设,研制师范院校建设标准和师范专业办学标准,实施专业认证,提高准入门槛。四要提高生源质量,改革招生制度,改进培养方式,吸引选拔有志于从教的优秀学生进入师范专业。五要分类分级育人,创新培养培训模式,加强教育实践,推进地方政府、高等学校、中小学"三位一体"协同育人,分类深化中小学、幼儿园、中职教师培养模式改革,升级培养卓越教师,提高培养质量。六要优化培训项目,改进培训方式,强化线上线下相结合,提高实践课程比例,突出跟岗研修,增强培训实效。中小学教师突出专业化,推进供给侧结构性改革,提高培养层次,强化教学基本功和教学技能训练;幼儿园教师突出善保教,大力培养初中毕业起点的五年制专科层次,强化保教融合,造就才艺兼备;职业院校教师突出"双师型",深化产教融合、校企合作,加强企业实践,提高实践教学能力。高校教师突出创新型,提升专业能力,促进专业成长,增强创新素质。此外,实施中小学名师名校长领航工程,倡导教育家办学并发挥引领示范作用。

(四)聚焦待遇,改善改高

教育要发展,人民上好学,归根到底靠的就是广大教师的奉献精神和人梯情怀,但也要保障他们相应的收入待遇。只有有了更好的待遇,教师的获得感、幸福感和安全感才会更加充实、更有保障、更可持续,精神才会更强更纯,情怀才会更香更浓。完善中小学教师待遇保障机制,健全中小学教师工资长效联动机制,明确中小学教师和公务员平均工资水平的比较口径,核定绩效工资总量时统筹考虑当地公务员实际收入水平,公务员发放奖励性补贴时应及时统筹考虑教师。研究制定绩效工资总量核定和内部分配办法,完善收入分配激励机制,有效体现教师工作量和工作绩效,充分体现多劳多得、优劳优酬,让多干活儿、干好活儿的教师获得更好的待遇。建立体现增加知识价值导向的收入分配机制。

(五)聚焦管理,破坎破障

教师工作是涉及人的工作,点多面广线长,面临矛盾很多、难度很大,尤其在管理方面存在着不少瓶颈障碍,束缚了教师的手脚,影响了队伍的活力。改革是解决问题的钥匙、破坎破障的利器。在全面建成小康社会之际,应当深化改革,坚决破除一切不合时宜的思想观念和体制机制弊端,突破利益固化的藩篱,消除"中梗阻""肠梗阻",确保动力足、有生机。抓住问题要害,聚焦管理痼疾,实施破解之策,持之以恒,久久为功,优化形成教师人人尽展其才、好老师不断涌现的制度环境,让教师创新创造活力充分释放出来。

一要创新编制管理,盘活事业编制总量,向教师队伍倾斜,优先保障教育发展需要,采取多种形式增加中小学教师总量;加大教职工编制统筹配置和跨区域调整力度,义务教育教师编制实行省级统筹、市域调剂、以县为主,动态调配。鼓励地方出台公办幼儿园人员配备规范、中等职业学校人员配备规范、特殊教育学校教职工编制标准,积极探索实行高等学校人员总量管理。

二要严格资格准入,新入职教师必须具有教师资格证,提高入职门槛,从源头上保证教师质量。深化中小学教师资格考试和定期注册改革,逐步提高中小学幼儿园学历标准,建立符合教育行业特点的中小学、幼儿园教师招聘办法,遴选乐教适教善教的优秀人才进入教师队伍。完善职业院校教师资格标准,探索将行业企业从业经历作为认定教育教学能力、取得专业课教师资格的必要条件。严把高校教师选聘入口关,实行思想政治素质和业务能力双重考察。

三要深化职称岗位改革,加快修订中小学、中职、高校岗位设置指导意见,提高中小学中高级教师岗位比例,研究在中职学校设立正高级职称,做好高校职称评审监管,让教师职业发展通道更宽广、更通畅。

四要深化考核评价改革,突出教育教学实绩和师德要求,努力扭转中小学单纯以升学率和学生考试成绩评价教师的倾向,努力扭转高校教师重科研轻教学、重数量轻质量的倾向,引导教师潜心教书育人、静心研究学术。

(六)聚焦短板,补齐补强

乡村和"三区三州"是教师队伍建设领域的短板弱项,尤其"三区三州"是短中之短、弱中之弱。目前,全国乡村专任教师有近300万人,"三区三州"专任教师有32万多人,他们分布在草场林海、偏僻山区、海岛渔村、戈壁大漠、雪域高原,坚守在祖国的每一个角落。全面建成小康社会,加快教育现代化,不能让一个地区落后,不能让一个民族掉队。要抓住乡村和"三区三州"教师队伍建设最关键领域和最紧迫任务,多措并举,加快攻坚,定向发力,精准施策,标本兼治,切实形成下得去、留得住、教得好、有发展的局面。继续大力落实乡村教师支持计划。加强编制倾斜,落实城乡统一的中小学教职工编制标准,科学核定乡村小规模学校编制,确保开齐开足国家课程。加强培养补充,鼓励地方采取多种形式定向培养全科和一专多能的乡村教师;扩大"特岗计划"实施规模,提高工资性补助标准,提升招聘质量,"十三五"期间达到每年招收 10万人。实行"县管校聘",推进交流轮岗,引导城镇优秀教师校长向乡村学校流动,努力做到科科有骨干教师、校校有领军人才。实施乡村教师生活补助,鼓励扩大实施范围,提高补助标准,惠及更多教师。加大周转房建设力度,按规定将符合条件的纳入住房保障范围,让乡村教师住有所居。着力支援"三区三州"教师队伍建设,实施好万名教师援藏援疆支教计划、"三区"人才教师计划以及各类支持项目,引导更多的优秀教师到当地支教服务,带来粮食、留足种子、授人以渔,充分发挥示范引领作用。加大培养培训力度,结合民族地区特点,把坚决执行党的民族和宗教政策、维护祖国统一和民族团结的思想政治素质作为根本标准,把业务能力提升作为根本主线,努力造就一支"三区三州"高素质教师队伍。

(七) 聚焦青年,关注关爱

当前,我国中小学(不含幼儿园)教师有 1190 多万人,40 岁以下的 637.7万人,占 53.55%;高校教师 165.7 万人,40 岁以下的近 88.8 万人,占53.57%。[①] 要把青年教师工作摆在突出位置,紧紧依靠和充分信任青年教师,切实关爱和大力帮助青年教师,支持他们在教育的广阔天地里发挥作用,建功立业。要关注师范生,教育引导他们在大学的神圣殿堂里,学习知识,增长才干,成长为新时代的好老师。关注他们的思想,培正他们的品行,为他们上好思政课、师德课,帮助他们扣好成长路上的每一粒扣子,引导他们爱国励

---

① 教育部发展规划司:《教育事业统计》,2018 年,第 58 页。

志,思想坚定,信念执着。关心他们的学习,优化培养课程,创新培养方式,注重以知促行、以行促知,既为他们讲好基本理论知识,也带他们开展教育实践,引导他们求真力行,丰富学识,知行合一。关爱乡村青年教师,丰富精神文化生活,畅通成长发展通道,让他们能融入当地、受百姓尊重、有前进希望。帮助解决乡村青年教师工作生活困难,特别要关注他们的婚恋问题,解决他们的后顾之忧。搭建乡村青年教师向上阶梯,在培训、职称评聘、表彰奖励等方面向他们倾斜,优化发展环境,加快成长步伐。关爱高校青年教师,健全传帮带机制,充分发挥教学名师和优秀教师的示范引领作用,帮助青年教师提升教育教学能力。加大支持力度,倾斜科研项目,加快培养创新思维活跃、学术视野开阔、发展潜力的青年教师,促进脱颖而出。帮助青年教师解决住房等困难,让他们安心从教、热心从教、舒心从教、静心从教。

（八）积极鼓励,建功立业

在新时代第一次全国教育大会上,习近平总书记对教师提出更高希望:"要像春蚕吐丝那样竭心力,像蜡炬成灰那样发光热,像和风细雨那样润心田,像孺子牛那样做人梯。"当今时代是需要作为的时代,是能有作为的时代,是大有作为的时代。广大教师要不负党和人民,不负时代,不负韶华,自觉树立终身学习理念,坚持崇德修身,做到"四有"和"四个相统一",成长为政治素质过硬、业务能力精湛、育人水平高超的新时代高素质教师,成为学生健康成长的"四个引路人"。自觉提高创新本领,做教育改革的开路先锋,把改革的顶层设计和最新精神转化为自己的教育教学日常工作,创新教育思想理念,改进教学方式方法,破解育人瓶颈障碍,用自己的实践去试错改革、检验改革、推动改革,推动教育事业快速发展。特别是"乡村"和"三区三州"广大教师,是当地教育"活的灵魂",是当地孩子睁眼看外面世界的"第一面镜子",是推进教育脱贫攻坚的具体实践者,任务更艰巨,使命更光荣。应当自觉奉献更多爱心,点燃每个孩子的梦想,守护每个孩子的希望,让孩子们自尊自信、自立自强,昂首挺胸、绽放笑脸,和城市、和其他地区的孩子们共享同一片蓝天,接受公平而有质量的教育,帮助他们成长成才,挖掉穷根,减贫脱困,跳出谷底,彻底阻止贫困现象代际传递,打赢脱贫攻坚战。

总之,各地、各相关方面、各级各类学校教师应当坚持以习近平新时代中国特色社会主义思想为指引,深入贯彻全国教育大会精神和中央 4 号文件规定,在全面建成小康社会之际,奋力拼搏、开拓创新,锐意进取、攻坚克难,以更加奋发有为的精神状态,全面深化新时代教师队伍建设改革,努力开创教师队伍建设的新局面,为全面建成小康社会作出贡献。

(本文原载《全球教育展望》2018 年第 11 期)

关于深入实施卓越教师
培养计划的若干思考

　　优质的教师教育体系是高质量教育体系的核心组成部分,加强教师教育、培养卓越教师已成为各国提高教育质量的重要政策举措。2014 年,多个国家在国际教师职业峰会上围绕"卓越、平等和包容性——为所有人提供高质量的教学",提出应重视优秀教师对卓越与公平的重要性。同年,教育部启动实施卓越教师培养计划,以存在主要问题为导向,以提高培养质量为目标,以深化模式改革为重点,力求从源头上建设一支高素质、专业化的教师队伍,为促进教育公平、提高教育质量奠定坚实的师资保障。

一、卓越教师培养计划的实施背景

　　教师教育是教育事业的工作母机,有高质量的教师教育,才有高水平的教师队伍。近年来,我国教师教育体系不断完善,教师教育改革持续推进,教师培养质量和水平得到了提高,但也出现了一些新情况和新问题。部分院校不关注基础教育和职业教育的改革发展,关起门来办教师教育,教育教学改革相对滞后,教育实践质量不高,教师教育师资队伍薄弱,培养出来的师范生与幼儿园、中小学和中等职业学校的实际需求还存在一定差距。

　　针对教师培养的薄弱环节和问题,2014 年 9 月,教育部启动实施卓越教师培养计划,以适应国家经济社会发展和教育改革发展为总体要求,以深化教师培养模式改革、建立高校与地方政府、中小学协同培养机制为重点,充分发挥示范引领作用,推动举办教师教育院校深化教师培养机制、课程、教学、师

资、质量评价等方面的综合改革,全面提高教师培养质量,努力培养一大批有
理想信念、有道德情操、有扎实学识、有仁爱之心的好教师。

二、卓越教师培养计划的特点任务

卓越教师培养计划是我国高教领域系列卓越人才教育培养计划的重要组成
部分,是高校深化教育教学改革、提高教学水平和教师人才培养质量的重要抓手。

卓越教师培养计划主要有以下三个突出特点:一是坚持问题导向。针对
教师培养的适应性和针对性不强、课程教学内容和教学方法相对陈旧、教育实
践质量不高、教师教育师资队伍薄弱等突出问题,从创新协同培养机制、建立
模块化的教师教育课程体系、突出实践导向的教师教育课程内容改革等方面
提出了一系列有针对性的措施。二是反映基层创新。在深入调研的基础上,
将相关院校在创新协同育人机制、深化教育教学改革、建设教师教育师资队伍
等方面的试点经验上升为国家政策。三是加强分类指导。针对中学教育、小
学教育、学前教育、中等职业教育、特殊教育改革发展需要,遵循不同类别教师
的培养规律,分别提出卓越中学、小学、幼儿园、中等职业学校、特殊教育教师
培养模式的改革重点和目标要求。

卓越教师培养计划提出了四个方面的主要任务。一是在建立高校与地方
政府、中小学"三位一体"协同培养新机制方面,明确了高校与地方政府、中小
学全方位协同的具体内容,提出要建立"权责明晰、优势互补、合作共赢"的长
效机制。二是在强化招生就业环节方面,提出通过自主招生、入校后二次选
拔、设立面试环节等多样化的方式,遴选乐教适教的优秀学生攻读师范专业;
开展生动有效的就业教育,鼓励引导师范生到基层特别是农村中小学任教。
三是在推动教育教学改革创新方面,提出建立模块化的教师教育课程体系,突
出实践导向的教师教育课程内容改革,在教师教育课程中充分融入优秀中小
学教育教学案例;推动以师范生为中心的教学方法变革,充分利用信息技术变
革教师教学方式和师范生学习方式;开展规范化的实践教学,提出将实践教学
贯穿培养全过程,分段设定目标,确保实践成效;探索建立社会评价机制,提出

试行卓越教师培养质量年度报告制度。四是在整合优化教师教育师资队伍方面,提出高校建立教师教育师资队伍共同体,聘请中小学、教研机构、企事业单位和教育行政部门的优秀教育工作者、高技能人才担任兼职教师,形成教师教育师资队伍共同体持续发展的有效机制。

三、卓越教师培养计划的实施进展

经高等学校申报、省级教育行政部门推荐、专家会议遴选,并经网上公示,2014 年 12 月,教育部办公厅印发《关于公布卓越教师培养计划改革项目的通知》,确定 62 所高校承担 80 个卓越教师培养计划改革项目。一年多来,项目承担学校高度重视卓越教师培养计划改革项目实施工作,根据教育部《关于实施卓越教师培养计划的意见》和项目实施方案,在人才培养模式改革等方面进行了积极探索,积累了有益的经验。相关省份在政策、经费方面给予了倾斜支持,以确保计划顺利实施。

(一) 优选生源,遴选乐教适教学生攻读师范专业

北京师范大学、南京师范大学通过加大招生宣传力度、参与本科自主招生命题等方式,有效深入考核学生的专业知识和基础素质。华东师范大学、上海师范大学积极探索师范生"适教"潜能的考察方法和标准,面试方案包括专家面谈、讲台体验、团队互动和心理测试等多个环节。杭州师范大学按照"三位一体"招生要求,将高考成绩、会考成绩和面试成绩按照 5∶2∶3 比例,汇总本校招生总成绩。天津职业技术师范大学等加强入校后"二次选拔"力度,从大学一、二年级在校生中选拔优秀生源进入师范专业学习。为加强"本硕一体化"中学教师培养,华东师范大学等增加免试攻读教育硕士人数,选拔乐教适教、专业基础扎实、专业研究能力突出的优秀学生进入教育硕士阶段学习。

(二) 协同育人,提高教师培养适应性和针对性

东北师范大学从扩大 U-G-S 实验区辐射范围、在全国建设"优质教师教

育创新实验区"和"本科实"转向"本硕融合"等三个方面积极拓展 U—G—S 平台,促进教育科研与教育实践的有效融合。上海师范大学紧紧围绕"卓越中学语文教师"培养指向,根据长期合作型、松散结合型和项目委托型三种协同培养模式,建设 5 个以教学—科研一体化的课题组共同组成的研究中心支撑卓越教师培养计划,实现协同培养机制的创新。首都师范大学、浙江师范大学积极建设教师发展学校,建立了大学和中小学的深度交流机制。江西科技师范大学、河南科技学院等积极加强与相关企业和职业学校建立联系,建立校外实践和教学基地,积极构建校—政—企—校"四位一体"协同育人机制。重庆市建立了由高校、政府、区县教师进修学院和中小学组成的"四位一体"协同培养机制,成立了 22 家单位组成的重庆教师教育联盟,共同制定培养目标,搭建交流平台,开展教学研究。

(三) 实践导向,深化师范生培养教育教学改革

华中师范大学充分利用本校教育信息化优质资源,研制中学数字化教师信息技术应用能力标准,培养能在信息网络环境下、面向真实问题教学的各学科数字化教师。陕西师范大学建立学生海外游学制度,力求卓越教师改革项目的每名学生具有一个月左右的海外教育见习实习经历。西南大学建设"师元在线"网络研修平台,开发师范生课堂教学能力测评系统,并与教育创新实验区等机构合作开发建设优质中小学微课程和精品案例资源库。首都师范大学实行"4+6"实习,4 周在远郊区县农村校实习,6 周在城区优质校实习,使学生对我国的基础教育有更全面的了解。浙江师范大学以竞赛为抓手开展师范生教学技能训练,构建了五级师范生教学技能竞赛体系。河南大学卓越班学生在开封市一些中学开展"一对一"跟随优秀教师见习,并赴全省各类中学实习,作为中学教学名师助手,全程跟岗。湖南第一师范学院启动修订并全面实施新版人才培养方案,加强培养适应农村基础教育改革与发展的卓越教师,力求形成可供示范、推广的农村卓越小学教师培养新模式。沈阳师范大学、四川师范大学等适应培养应用型幼儿园教师要求,对培养课程、培养方式、实习见习等各方面进行了全方位的设计。重庆师范大学构建全新小学全科教师师范生培养课程体系,并针对新要求将特殊教育专业人才培养方案修订为"教育

与康复 2+2 整合型"方案。卓越职教师资培养院校对师范生作出企业实践教学和职业学校教育实习各半年的实践教学要求。

（四）加强师资，提升教师培养重要的"软实力"

东北师范大学每年有计划地从师范专业相关学科中选择 10 名本科生实行"本科—课程与教学论硕士—课程与教学论博士"连读，为学校学科教育教师队伍补充新生力量。江苏师范大学实施"博士化工程""国际化工程""接地气工程"和"借智工程"四大工程，为卓越中学教师培养提供有力的教师教育师资保障。郑州师范学院组建了由本校和郑州大学医学院、河南省康复中心及特殊教育学校等三方面人员组成的项目师资团队，为复合型特教教师培养奠定基础。广东省于 2014 年启动实施高校与中小学校师资互聘千人计划，计划到 2018 年实现高校与中小学校师资互评覆盖本校所有师范类专业。

（五）优先支持，形成合力积极推动计划举措落地

卓越教师培养计划全国共有 216 所高校申报项 276 个，入选率仅为 29%。入选的 62 个院校都高度重视，精心筹划、周密组织，举全校之力在经费安排、政策支持方面予以倾斜，保证卓越教师培养计划的顺利实施。不少省份也在经费、政策方面积极支持计划实施、举措落地。江苏省对卓越教师培养计划给予经费支持，并优先支持项目学校开展教育硕士学位工作，优先安排师范类专业招生计划，在职称评审中将项目视作国家级教改项目，参与教师优先进入国内访问学者计划和江苏省高校优秀中青年教师境外研修计划等。湖南省由教育厅统筹师范生生源，统筹建立实践实训基地 800 余所，为高校师范生实践实训提供重要保障。

四、卓越教师培养计划的未来愿景

作为教师教育振兴行动的重要内容，作为教师教育改革的重要突破口和着力点。下一步，我们将对卓越教师培养计划倾斜支持、力推改革、专业指导、

示范引领,使计划得以坚持、创新、发扬和壮大。①

（一）加大支持力度

2015 年,中央财政对 80 个卓越教师培养计划改革项目给予了一定的经费支持,在 2016 年中西部高等学校青年骨干教师国内访问学者项目中专项支持名教师教育师资。要进一步推动综合改革力度,推进教师培养模式机制的深层次变革,全面提高教师培养质量,必须进一步加大支持力度。下一步,我们将加大经费支持力度,建立卓越教师培养计划长效经费保障机制;在增加教育硕士数量、加大推免比例、加强师生国际交流等方面对计划院校项目予以优先支持;将加大对卓越教师培养计划的宣传表彰力度,组织开展优秀工作案例评选,通过简报、专栏等形式宣传典型经验。各省也要继续加大政策、资金支持力度,并对参与改革项目的中小学在办学投入、教师队伍建设等方面给予倾斜。

（二）着力改革发展

《中共中央关于全面深化改革若干重大问题的决定》提出,创新高校人才培养机制,促进高校办出特色争创一流。《中共中央关于制定国民经济和社会发展第十三个五年规划的建议》明确提出,坚持深化改革。要破除一切不利于科学发展的体制机制障碍,为发展提供持续动力。卓越教师培养计划是人才培养模式改革的计划,是教师教育振兴和改革发展的重要抓手。之后,我们要在卓越计划基础上进一步推动改革试点,遴选确定一批实验项目和课题,建设一批国家教师教育改革创新实验区,破解教师教育中存在的问题、怪题、难题,推出教师教育改革发展的实招、硬招、新招。各校要坚持培养优秀教师

---

① 2018 年 7 月,教育部《关于实施卓越教师培养计划 2.0 的意见》发布。"卓越教师培养计划 2.0"雄心勃勃地谋划:经过 5 年左右的努力,办好一批高水平、有特色的教师教育院校和师范专业,师德教育的针对性和实效性显著增强,课程体系和教学内容显著更新,以师范生为中心的教育教学新形态基本形成,实践教学质量显著提高,协同培养机制基本健全,教师教育师资队伍明显优化,教师教育质量文化基本建立。到 2035 年,师范生的综合素质、专业化水平和创新能力显著提升,为培养造就数以百万计的骨干教师、数以十万计的卓越教师、数以万计的教育家型教师奠定坚实基础。——作者新注

的办学方向,克服改革动力不足、缺乏有效措施手段、不敢或不愿打破常规的想法和做法,凝聚起改革的高度共识,形成深化教师教育综合改革的强大合力,建设成具有鲜明教师教育特色的高校。

(三) 做好交流指导

教师教育是基础性、长期性的工作,人才培养绝非一蹴而就。卓越教师培养计划实施周期 10 年,究竟举什么旗、走什么路、以什么样的精神状态、朝着什么样的目标前进关系着"卓越计划"甚至是教师教育工作全局。我们鼓励百花齐放、百家争鸣,要加强经验交流、定期研讨切磋,更要依托项目办和专家委员会,进一步加大指导、咨询和检查力度,确保项目的方向、进度和效果。近期,已委托专家委员会分类启动《卓越教师培养计划项目评价指标体系与实施办法研究》,将对计划的实施开展科学研究,并予以有效指导。我们坚持实行改革项目承担高校动态调整机制,对计划实施效果进行定期检查,对实施成效显著的,予以相关倾斜支持;对检查不合格的,将取消承担资格。教指委和项目办要切实履责,通过会议、现场、远程等多种方式,做好计划的指导、咨询、检查、服务工作,定期提交进展报告,为"卓越计划"实施积极建言献策。

(四) 广泛示范辐射

卓越教师培养计划的启动实施在教育领域和社会上引起了广泛关注,不少省份以实施"卓越计划"为契机,整体推动本省教师教育改革,发挥了示范引领作用。但也要看到,"卓越计划"的承担院校仅仅是全国教师教育院校的1/10,要提升教师教育的地位、加强教师教育的体系、推动教师培养质量的全面提高,这只是万里长征的第一步。"路漫漫其修远兮,吾将上下而求索。"我们要不忘初心,继续前进,在各省、各校、行政部门、专家等的密切配合、共同努力下,进一步发挥"卓越计划"的示范引领、辐射带动作用,让更多的教师教育院校和师生明确方向、坚定信心、孜孜以求、追求卓越,开创教师教育繁荣发展新局面,为全面建成小康社会、实现中华民族伟大复兴的中国梦提供坚实的师资保障。

(本文原载《中国高教研究》2016 年第 11 期)

关于实施教师教育振兴行动计划的政策与思考

　　国运兴衰,系于教育,根本在于教师。决胜全面建成小康社会,建成富强民主文明和谐美丽的社会主义现代化国家,实现中华民族伟大复兴,建设教育强国,办好人民满意的教育,从根本上都需要高素质的教师队伍。2017年11月20日,习近平总书记主持召开了十九届中央深改组第一次会议,审议通过中共中央、国务院《关于全面深化新时代教师队伍建设改革的意见》(以下简称《意见》),并于2018年1月印发,这是1949年以来第一份以中共中央名义印发的专门加强教师队伍建设的文件。《意见》描绘了新时代教师队伍建设的宏伟蓝图,指明了新时代教师队伍建设的改革方向,确定了深化教师队伍建设改革的系列核心举措,对各级党委和政府抓好新时代教师队伍建设工作提出了明确要求。贯彻落实《意见》是当前和今后一段时间教育改革发展和教师队伍建设的核心任务。落实好党中央关于教师工作的重大战略部署,就必须认清当前教师工作形势,把握工作重点,分清主次任务,有序施策,确保成效。

　　教师教育是教育事业的工作母机,是教师队伍建设的源头活水,是先导性、基础性、关键性工作。习近平总书记提出:"要加强教师教育体系建设,加大对师范院校的支持力度,找准教师教育中存在的主要问题,寻求深化教师教育改革的突破口和着力点,不断提高教师培养培训质量。"[1]因此,必须要把师

---

　　① 习近平:《做党和人民满意的好老师——同北京师范大学师生代表座谈时的讲话》,《人民日报》2014年9月10日。

范教育放在中华民族伟大复兴基础工程的战略位置上来思考、来统筹、来部署,要切实给师范教育升位,坚持师范院校的主体地位不动摇,全面办好各级各类师范院校,同时鼓励综合性大学举办师范教育,加强和拓宽教师供给渠道,改进教师供给方式,提升教师供给质量。为此,2018 年 3 月,教育部等五个部门专门印发了《教师教育振兴行动计划(2018—2022 年)》(以下简称《计划》)。《计划》着眼长远,立足当前,以提升教师教育质量为核心,以加强教师教育体系建设为支撑,以教师教育供给侧结构性改革为动力,推进教师教育创新、协调、绿色、开放、共享发展,从源头上加强教师队伍建设,着力培养造就党和人民满意的师德高尚、业务精湛、结构合理、充满活力的教师队伍。

一、教师教育振兴行动计划出台背景分析

从 1897 年南洋公学师范院建立算起,我国的教师教育已经走过了 120 多年的历程。教师教育历史悠久、不断发展,培养了数以千万计的中小学、幼儿园教师,支撑起了世界上最大规模的基础教育体系。从 20 世纪末期开始,我国封闭定向的传统师范教育体系开始被打破,开放灵活的现代教师教育体系逐渐形成,教师教育办学层次从旧三级向新三级转变,教师教育逐步迈入大学化新阶段。据统计,2017 年,全国共有 187 所本专科层次的师范院校和 383 所举办教师教育的非师范院校,其中包括 142 家教育硕士培养单位和 15 家教育博士培养单位;在每年新录用的 30 万名左右的中小学教师中,师范毕业生占 3/4 以上。[①]

近年来,国家先后启动实施师范生公费教育、卓越教师培养计划、教师教育精品资源共享课建设计划、中小学教师校长国培计划、职业院校教师素质提高计划、中小学教师信息技术应用能力提升工程等重大项目,着力加强教师培养和培训,教师教育改革力度不断加大。但是,随着我国教师教育体系开放程度的增强,由于过程监管和质量评估没有跟上,教师教育院校出现了办学水平

① 教育部发展规划司:《全国教育事业统计》,2017 年 5 月。

参差不齐的现象,部分院校办学不规范,高水平大学参与不足。师范院校主要以文理教育为主,在大学综合化发展中处于不利位置,长期以来获得的外部资源和支持不足。部分师范院校举办教师教育的动力不足,师范类专业和师范生比例在逐年下降,教师教育特色在退化,教师教育体系在弱化。在新的历史发展阶段,激烈的国际竞争、经济社会发展转型升级、人民群众对于公平而有质量教育的迫切需求,同时基础教育改革发展、构建现代职业教育体系的新形势、新任务、新要求,都对高素质教师供给提出了更加迫切的需求。在这样的形势下,师范生生源质量下滑、培养层次规格不高、课程教学陈旧、学科专业和师资薄弱、内涵发展不够等问题愈发凸显,教师培养培训质量滞后于教育事业发展需求,这些问题正在成为制约教育进一步改革发展的瓶颈难题。

教师教育是促进教育公平、提高教育质量、加快实现教育现代化的重要支撑,是缩小教育的城乡、区域、校际差距,加强对困难群体精准帮扶的根本。立德树人根本任务的落实、民族素质的提高、学生的健康成长、创新人才的培养、高素质专业化创新型的教师队伍的建设也在呼唤高水平的教师教育。因此,振兴教师教育已是箭在弦上、不得不发,面对新形势、新任务、新要求,唯有把教师教育摆在更加重要的战略地位,优先规划、优先支持、优先保障、加快振兴,才能推动我国教育事业科学发展。

二、教师教育振兴行动计划主要内容阐释

《计划》首先明确了振兴教师教育的目标任务,即经过 5 年左右努力,办好一批高水平、有特色的教师教育院校和师范类专业,教师培养培训体系基本健全,为我国教师教育的长期可持续发展奠定坚实基础。师德教育显著加强,教师培养培训的内容方式不断优化,教师综合素质、专业化水平和创新能力显著提升,为发展更高质量更加公平的教育提供强有力的师资保障和人才支撑。为此,《计划》从师德教育养成,培养规格层次提升,教师资源供给改善,教师教育模式创新和师范院校作用发挥五个维度,提出了十大行动,打出一套振兴我国教师教育的"组合拳"。

（一）师德养成教育全面推进行动

育有德之人，需有德之师。高尚的师德，将对学生产生最生动、最具体、最深远的影响。因此，加强教师教育，要将师德教育摆在首要位置，强化党建引领，丰富师德教育内涵，将提高思想政治素质与提升师德修养并举，切实增强广大教师立德树人的责任感和使命感。

推进教师党建工作。全面推进从严治党，健全教师党组织，宣传引导凝聚师生，充分发挥党支部战斗堡垒作用。选优配强党支部书记，注重选任党性强、懂教育、会管理、有威信的优秀党员教师担任党支部书记。加大在教师中发展党员力度，重视在优秀青年教师中发展党员，充分发挥党员教师的先锋模范作用。坚持党的组织生活制度，创新方式方法，增强党的组织生活活力，引导党员教师遵从党章党规，加强党性锻炼，切实增强广大教师的政治意识、大局意识、核心意识、看齐意识。①

推进提高思想素质。切实加强理想信念教育，推动教师加强中国特色社会主义理论体系学习，深入领会习近平新时代中国特色社会主义思想。推动教师准确理解和把握社会主义核心价值观的深刻内涵和实践要求，将之体现在教书育人全过程。推动教师加强中华优秀传统文化教育，使广大教师热爱祖国、奉献祖国、积极弘扬爱国主义精神。不断开辟思想政治教育新阵地，组织广大教师开展多种形式的社会实践活动，充分了解党情、国情、社情、民情，进一步坚定道路自信、制度自信、理论自信、文化自信。落实党的知识分子政策，政治上充分信任，思想上主动引导，工作上创造条件，生活上关心照顾，不断增强教师思想政治工作的针对性和实效性。②

推进师德师风养成。切实加强师德教育，将提高教师职业道德水平摆在提升教师能力素质的首要位置，将师德教育作为师范生培养和教师培训课程的必修模块，贯穿到教书育人全过程，引导教师以德立身、以德立学、以德施

---

① 《中共中央 国务院关于全面深化新时代教师队伍建设改革的意见》，人民出版社 2018 年版。

② 《中共中央 国务院关于全面深化新时代教师队伍建设改革的意见》，人民出版社 2018 年版。

教、以德育德。要大力弘扬"学而不厌、诲人不倦"的教书育人精神,将"四有好老师""四个引路人"和"四个相统一"要求细化落实到教师教育课程,培养一大批学高为师、身正为范的新时代优秀人民教师。要深入开展中华优秀传统文化教育,通过组织经典诵读、开设专门课程、开展专题培训等形式,引导师范生和在职教师汲取文化精髓、传承中华师道、涵养教育情怀、做到知行合一。

(二) 教师培养层次提升行动

提升教师培养供给侧结构性改革水平。全面提高师范生的综合素养与能力水平,全面提升教师培养的学历层次。为义务教育学校侧重培养素质全面、业务见长的本科层次教师。为高中阶段教育学校侧重培养专业突出、底蕴深厚的研究生层次教师。办好一批幼儿师范高等专科学校和若干所幼儿师范学院,扩大专科以上层次幼儿园教师培养规模。

提升对教师教育素质能力要求。增加一批教育硕士专业学位授权点,引导鼓励有关高校扩大教育硕士招生规模,对教师教育院校硕士研究生推免指标予以统筹支持。支持探索普通高中、中等职业学校教师本科和教育硕士研究生阶段整体设计、分段考核、有机衔接的培养模式。适当增加教育博士专业学位授权点,引导鼓励有关高校扩大教育博士招生规模,面向基础教育、职业教育教师校长,完善教育博士选拔培养方案。支持师范院校扩大特殊教育专业招生规模,加大特殊教育领域教育硕士培养力度。鼓励优秀特岗教师攻读教育硕士。

(三) 乡村教师素质提高行动

做好乡村教师定向培养补充。推进本土化乡村教师培养,扩大乡村教师公费定向培养规模,以集中连片特困地区县和国家级贫困县为重点,通过公费定向培养、到岗退费等多种方式,为乡村学校培养补充一专多能的"全科"教师,让他们下得去、留得住、教得好、有发展。支持中西部地区提升师范专业办学能力,加强中西部地区和乡村学校教师培养,着力为边远、贫困、民族地区教育精准扶贫提供师资保障。加大紧缺薄弱学科教师和民族地区双语教师培养力度。

开展乡村教师全员培训。重点加强区县教师发展中心建设,建立健全乡村教师成长发展的支持服务体系。改进乡村教师培训内容,针对教育教学实际需要,注重新课标新教材和教育观念、教学方法培训,赋予乡村教师更多选择权,提升乡村教师培训实效。推进乡村教师到城镇学校跟岗学习,鼓励引导师范生到乡村学校进行教育实践。继续实施"国培计划",集中支持中西部乡村教师校长培训。

(四) 师范生生源质量改善行动

改善师范生招生培养制度。改革师范生招生制度,鼓励部分办学条件好、教学质量高院校的师范专业实行提前批次录取或采取入校后二次选拔方式,选拔有志于从教的优秀学生进入师范专业。加大入校后二次选拔力度,鼓励设立面试考核环节,考察学生的综合素养和从教潜质,招收乐教适教善教的优秀学生就读师范专业。改进完善教育部直属师范大学师范生免费教育政策,将"免费师范生"改为"公费师范生",履约任教服务期调整为 6 年。推进地方积极开展师范生公费教育工作,对符合相关政策规定的,采取到岗退费或公费培养、定向培养等方式,吸引优秀青年踊跃报考师范院校和师范专业。提升学前师范生生源质量,前移培养起点,积极推行初中毕业起点五年制专科层次幼儿园教师培养。

改善教师教育院校层次结构。推动一批有基础的高水平综合大学成立教师教育学院,设立师范专业,积极参与基础教育、职业教育教师培养培训工作。整合综合大学优势学科的学术力量,凝聚高水平的教师教育师资团队。发挥综合大学的专业优势,开设厚基础、宽口径、多样化的教师教育课程。创新教师培养形态,突出教师教育特色,重点培养教育硕士,适度培养教育博士,造就学科知识扎实、专业能力突出、教育情怀深厚的高素质复合型教师。[①]

(五) "互联网+教师教育"创新行动

创新教师培养模式。充分利用云计算、大数据、虚拟现实、人工智能等新

---

① 《中共中央 国务院关于全面深化新时代教师队伍建设改革的意见》,人民出版社 2018 年版。

技术,推进教师教育信息化教学服务平台建设和应用。实施好教师教育在线开放课程建设计划,遴选认定 200 门教师教育国家精品在线开放课程,推动在线开放课程广泛应用共享。研制师范生信息技术应用能力标准,推动以自主、合作、探究为主要特征的教学方式变革,提高师范生的信息素养和信息化教学能力。

创新教师培训模式。以"互联网+"支持中小学教师全员培训,促进教师终身学习和专业发展。推动信息技术与教师培训的有机融合,实行线上线下相结合的混合式研修。依托全国教师管理信息系统,加强在职教师培训信息化管理。推行培训自主选学,实行培训学分管理,建立培训学分银行,搭建教师培训与学历教育衔接的"立交桥"。实施新一周期中小学教师信息技术应用能力提升工程,引领带动中小学教师校长将现代信息技术有效运用于教育教学和学校管理。实施人工智能助推教师队伍建设行动,推动教师主动适应信息化、人工智能等新技术变革,积极有效开展教育教学。

(六) 教师教育改革实验区建设行动

推进"三位一体"协同育人。地方政府、高等学校、中小学相互配合,协同支持建设一批由地方政府统筹,教育、发展改革、财政、人力资源社会保障、编制等部门密切配合,高校与中小学协同开展教师培养培训、职前与职后相互衔接的教师教育改革实验区,带动区域教师教育综合改革,全面提升教师培养培训质量。

实施"卓越教师培养计划"2.0版。从 2018—2019 学年起,推动实践导向的教师教育课程内容改革和以师范生为中心的教学方法变革,突出师德、创新、实践等新时期教师发展需求,开设模块化、选择性和实践性的教师培养课程,构建公共基础课程、学科专业课程、教师培养课程比重适当、结构合理、理论与实践深度融合的课程体系。强化教育实践能力提升,以教育见习、实习和研习为主要模块,构建包括师德体验、教学实践、班级管理实践、教研实践等全方位的教育实践内容体系。

以"国培计划"带动全员培训改革。改革中小学幼儿园教师国培计划,按照面向全员、突出骨干、倾斜乡村、学用结合、协同治理的原则,全面推进中小学教师全员培训。实施新一周期的职业院校教师素质提高计划,按照示范引领、服务需求、产教融合、整体提升的总体思路,组织职业院校教师分层、分类参加国家级培训,带动地方有计划、分步骤实施全员培训,同时建立教师到企业实践常态化机制。实施中小学名师名校长领航工程,将个性培养、情景培养、跨界培养、课题培养、精准培养、协同培养相结合,培养造就一批具有较大社会影响力、能够在基础教育领域发挥示范引领作用的领军人才。实施高校教师国培,引领各级各类高校健全新入职教师培训制度,突出教育教学技能、信息技术应用、大学生学业及心理辅导能力提升,采取"专题讲授+实践教学+返岗教研"相结合的混合型培训方式,让新入职教师走上讲台前具备所需的素质能力。加强教育行政部门对新教师入职教育的统筹规划,推行集中培训和跟岗实践相结合的新教师入职教育模式。

(七) 高水平教师教育基地建设行动

建设教师培养体系。建立以师范院校为主体、高水平非师范院校参与的中国特色师范教育体系。综合考虑区域布局、层次结构、师范生招生规模、校内教师教育资源整合、办学水平等因素,重点建设一批师范教育基地,发挥高水平、有特色教师教育院校的示范引领作用。加强教师教育院校师范生教育教学技能实训平台建设。建立稳定的教育实践基地,切实落实师范生到中小学教育实践不少于半年的制度。国家和地方有关重大项目充分考虑教师教育院校特色,在规划建设方面予以倾斜。推动高校有效整合校内资源,鼓励有条件的高校依托现有资源组建实体化的教师教育学院。推进教师教育职前职后一体化建设,实现师范教育和教师培训功能融合。师范院校评估要体现师范教育特色,确保师范院校坚持以师范教育为主业,严控师范院校更名为非师范院校。

建设教师培训体系。加强县级教师发展中心建设,制定教师发展中心建设标准,实现培训、教研、电教、科研部门有机整合,继而更好地为区域教师专业发展服务。推动教师学习资源公共服务平台和教师网络研修社区建设,支持教师线上线下相结合混合式的终身学习。依托相关高等学校和大中型企业,共建"双师型"职业教育教师培养培训体系。推进高校成立教师发展中心,加强院系教研室和教师学习共同体建设,夯实高校教师专业发展平台。

（八）教师教育师资队伍优化行动

优化教师教育师资队伍建设。引导支持高校加大学科课程与教学论博士生培养力度，做好教师教育师资队伍储备。改进教师教育师资管理评价，对教师教育师资的工作量计算、业绩考核等评价与管理，应充分体现教师教育工作特点。在岗位聘用、绩效工资分配等方面，对学科课程与教学论教师实行倾斜政策。优化教师教育师资结构，鼓励高校引进优秀中小学教师担任兼职教师，实行高校教师和中小学教师共同指导师范生的"双导师制"。推进职业学校、高等学校与大中型企业共建共享师资，允许职业学校、高等学校依法依规自主聘请兼职教师，支持有条件的地方探索产业导师特设岗位计划。推进高校与中小学教师、企业人员双向交流。高校与中小学、高校与企业采取双向挂职、兼职等方式，建立教师教育师资共同体。国家和省级教育行政部门加大对教师教育师资国内外访学支持力度。

优化培训者队伍建设。各地应统筹建设培训专家库，并实行动态调整，建立一支专兼职结合的优秀培训者队伍。要注重遴选一线优秀教师作为兼职培训者，将其承担教育行政部门组织或认定的培训任务计入教学工作量，并建立工作绩效考核机制。实施骨干培训者队伍建设工程，国家开展万名专兼职教师培训者培训能力提升专项培训。组建中小学名师工作室、特级教师流动站、企业导师人才库，充分发挥教研员、学科带头人、特级教师、高技能人才在教师常态化研修中的重要作用。

（九）教师教育学科专业建设行动

加强教师教育学科体系建设。建立健全教师教育本专科和研究生培养的学科体系，大力推进教师教育一流学科建设，推进教师教育研究，凝聚教师教育智力资源。鼓励支持有条件的高校自主设置"教师教育学"二级学科，国家定期公布高校在教育学一级学科设立"教师教育学"二级学科情况，加强教师教育的学术研究和人才培养。

加强教师教育课程资源建设。构建全方位教育实践内容体系，将实践教学贯穿培养全过程，分段设定目标，与基础教育、职业教育课程教学改革相衔接,强化"三字一话",提高教师育人的实践能力和课堂的变革能力。修订《教师教育课程标准》,组织编写或精选推荐一批主干课教材和精品课程资源。发布《中小学幼儿园教师培训课程指导标准》。开发中等职业学校教师教育课程和特殊教育课程资源。鼓励高校针对有从教意愿的非师范类专业学生开设教师教育课程,协助参加必要的教育实践。建设公益性教师教育在线学习中心,提供教师教育核心课程资源,供非师范类专业学生及社会人士修习。

(十) 教师教育质量保障体系构建行动

加强教师教育质量标准制定与引领。制定师范院校建设标准和师范类专业办学标准,规范指导各地加强师范院校和师范专业建设。出台《普通高等学校师范类专业认证标准》,启动开展师范类专业认证,将认证结果作为师范类专业准入、质量评价和教师资格认定的重要依据,并向社会公布。

加强教师教育质量监测评估。建立高校教师教育质量自我评估制度。建立健全教育专业学位认证评估制度和动态调整机制,推动完善教育硕士培养方案,聚焦中小学教师培养,逐步实现教育硕士培养与教师资格认定相衔接。建设全国教师教育基本状态数据库,建立教师培养培训质量监测机制,发布《中国教师教育质量年度报告》。建立健全教师培训质量评估制度。高校教学、学科评估要考虑教师教育院校的实际,将教师培养培训工作纳入评估体系,体现激励导向。

三、教师教育振兴行动计划保障措施探析

一分部署,九分落实。为使相关责任主体将振兴教师教育的各项行动落到实处,确保改革举措取得成效,必须明确责任分工,加大经费投入,开展督促检查,确保将《计划》落到实处。

(一) 明确责任分工

各地党委和政府应当提高对教师培养培训工作的重视程度,把振兴教师

教育列入更高位置,纳入优先的议事日程。加强组织领导,强化统筹协调,突出问题导向,拿出有力举措,切实做好各项行动的贯彻落实工作。教育行政部门要做好行动实施的规划和总体指导,对教师队伍建设实际情况进行深入调研,摸清当前和中长期教育改革发展对教师培养供给的需求,以基础科学规划师范生培养规模结构,确保教师培养与岗位需求有效衔接;同时,要根据教育发展对教师能力素质需求和教师能力素质发展现状,科学制定各级各类教师培训的规划,满足教师专业发展需求,引领教师终身学习。应建立振兴教师教育的部门协调机构,推进教育、发展改革、财政、人力资源社会保障、编制等部门的沟通协调,推动相关部门履职尽责,为教师教育振兴提供有力的人力、物力和财力支持,营造更为有利的政策环境。教育部成立国家教师教育咨询专家委员会,为教师教育改革的重大决策提供有力智力支持,总体指导各地行动的实施工作。各省级教育行政部门也要相应成立专家指导组织,做好本地教师教育各项改革行动的咨询指导工作。

(二) 加大教师教育经费投入

切实扭转教育发展中重硬件、轻软件,重外延、轻内涵的倾向,切实加大教师队伍建设的经费投入力度,要将教师队伍建设作为教育投入的优先领域予以保障。同时,要优化教师队伍建设经费的支出结构,重视教师教育的"工作母机"作用,优先安排经费支持师范院校,支持教师专业发展。要提高师范生生均拨款标准,使师范生生均拨款标准高于一般专业的拨款标准,满足师范生培养在实践教学方面的额外成本支出,彰显国家对教师教育的重视,激发高校承办教师教育的积极性。要加大教师培训的经费投入力度,满足广大教师日益增长的能力提升和专业发展的需要,各级政府要将教师培训经费列入财政预算,有条件的地方要出台教师培训经费拨款标准,确保足额安排师培训经费,各级各类学校要按照年度公用经费预算总额的5%安排校本教师培训经费,确保教师5年360学时全员培训落到实处。

(三) 建立督查落实机制

要建立健全教师教育质量保障机制,教育部已经发布师范类专业认证办法及中学教育、小学教育、学前教育三类认证标准,启动了师范类专业认证工作,必须把师范类专业认证工作做扎实,发挥专业认证的核心抓手作用,以评促建、以评促改、以评促强。要建立完善教师培训质量评估体系,采取学员评估、专家评估和第三方评估等方式,加强教师培训过程监控和绩效评估。要探索实施大数据评估,建设全国教师教育基本状态数据库,利用大数据手段开展教师培养培训质量监测。要强化专项督导,国家有关部门组织开展对教师教育振兴行动计划实施情况的专项督导检查。要建立奖惩制度,对教师教育改革成效突出的地方要予以表彰奖励,对行动落实不到位、敷衍塞责的,要追究相关部门负责人的领导责任。

(本文原载《国家教育行政学院学报》2018 年第 6 期)

新时代我国中小学教师
国培的进展与方略

　　国运兴衰,系于教育,根本在教师。建成富强、民主、文明、和谐、美丽的社会主义现代化国家,实现中华民族伟大复兴,加快推进教育现代化,办好人民满意的教育,建设教育强国,都离不开广大教师的积极贡献。2018 年,我国有各级各类专任教师 1673 万人,其中,中小学和幼儿园专任教师 1412.49 万人(含义务教育阶段教师 973.09 万人,普通高中教师 181.26 万人,幼儿园教师258.14 万人)。[①] 这是一个庞大的群体,也是基础教育改革发展中最重要的有生力量。当今时代,新一轮科技革命和产业变革正在孕育兴起,一些重大的颠覆性技术创新正在创造新产业、新业态,大数据、云计算、移动互联网等新一代信息技术同机器人和智能制造技术相互融合的步伐加快。与此同时,在经济社会迅速变革、教育发展不断革新的背景下,各种社会思潮交融、交织、交锋,各种教育理论互学、互鉴、互抵,教师的诉求更加明确、更加强烈,学生的构成也更加多样、更富个性。这不仅深刻改变着人类的思维模式,也对教育内容方式、形态模式和学习方式方法产生着革命性影响,对教师的知识储备和能力素质提出了新的更高要求。因此,为适应新形势应对新挑战,有必要树立精品国培理念,总结基层经验,瞄准突出问题,充分发挥"国培计划"的示范引领作用,促进教师培训全面提质增效。[②]

---

　　① 张烁:《2018 年全国教育事业发展有关情况》,《人民日报》2019 年 2 月 27 日。
　　② "国培计划"是"教师国家级培训计划"的简称,由教育部、财政部于 2010 年起实施,"十三五"期间全面覆盖,对象涉及全国各省份的各级各类学校教师,尤其聚焦的是中西部的中小学教师、校长,幼儿园教师、园长。本文所指"国培"主要指中西部中小学和幼儿园专任教师的国家级培训。

一、中小学教师国培的进展成效

教师培训是促进教师从资格走向合格、从合格走向卓越的有效途径,是教师提升素质能力的重要环节和不断实现专业成长的根本需要。在各类培训中,全国中小学教师对"国培"的知晓率已达100%。对于国培的效果,有的认为很大,有的认为一般,有的则认为不大。究竟进展怎样、成效如何? 2016—2019年,教育部教师工作司连年派出专家团队对"国培计划"实施情况进行调研和指导,并要求国培承办单位在每次培训后让学员匿名评估培训效果。2017年,还委托带有"第三方"性质的专家工作组就23个中西部省份乡村教师的国培获得感,直接访谈国培各实施主体,直接听取基层教师真实心声。专家工作组达到各省(区)后,随机抽取2个县(市)、前往乡村学校举行座谈会,并随机访谈那里的教师。"十三五"期间,财政部教科文司亦对"国培计划"资金使用情况和实施效果进行追踪和了解。通过多方调研,总的来看,"国培计划"在各地实施成效显著,中小学教师培训大规模开展。国培加强了县级教师培训机构能力建设,形成了省市县三级专家团队,国培的"输血"功能正在向"造血"功能演进。各地在"国培计划"实施过程中,改革管理模式,创新工作机制,积累了成功经验。

一是管理效度明显提高。国培是一项复杂的系统工程,必须精心组织操作,深入研究分析,认真提炼总结。吉林省以实施"国培计划"为契机,以项目区县为核心,构建乡村教师专业发展支持服务体系,自2015年起,有效落实国培重心下移,将项目区县区分为A、B两类,提高管理效率,每年让9万余名乡村教师受益,至2019年乡村教师覆盖面接近100%。该省一直秉承示范引领、雪中送炭和促进改革的宗旨,以支持乡村教师专业发展为重点,充分发挥省级引领的"专业、专注、专管、专责"作用,走出了一条具有鲜明特色的国培之路。河南省围绕国培全面深化综合改革,结合本省教师队伍建设实际,优化顶层设计、强化全过程质量管理,建立了五级联动、协同创新的工作模式,形成了"规划五级统筹、项目齐抓共管、工作共同推进、成果共建共享"的国培新格局。

广东省加强省级中小学教师发展中心建设,在教师培训支持服务体系方面成效显著。安徽省实行"分工合作、分职管理,按职问效、按效问责"管理制度,责任明确,便于落地。重庆市坚持"两统一融"一体化创新设计五类项目,以乡村教师能力素质为核心,以乡村教师全员培训为重点,强化一体化设计,统筹定位各类项目重点、统筹设计各类项目模式,确保了项目实施质量。新疆维吾尔自治区"双向带动,多方联动"构建乡村教师支持服务体系,通过高校示范带动县域教师专业发展培训基地学校、县域教师专业发展培训基地学校示范带动乡镇片区教研中心,项目县市师训部门、教研部门、电教部门、中小学校幼儿园等多方协同,联合推进国培落地,逐步构建起了县域教师专业发展长效支持体系。

二是培训模式更新。国培没有固定模式,符合国家政策、遵循教育规律、可以取得实效就好。湖北省沙洋县创新送培模式,促进乡村教师在引领中实践、在实践中提升、在提升中发展、在发展中聚集成果,从而有效提升课堂执行能力、提高教育教学质量。重庆市铜梁区创新"三研三磨"递进式研课、磨课模式,聚焦乡村教师教学热点、难点问题,以研导磨、以磨促研、研磨结合,实现从理论密室到实践田野的有效过渡,磨出了知识的梯度、教师的热度、课堂的深度,形成了教与学的共振与合力。陕西省渭南市临渭区抓实影子研修,着力能力提升,创新乡村教师培训团队跟岗实践模式,精心遴选 50 位骨干青年教师参加团队研修,具体组织实施了培训团队跟岗实践,通过创新设计、强化管理、制度跟进、实招推动,培育了一支用得上、干得好的本土化培训团队。长沙师范学院探索出中小学教师知识实践统整的培训模式,还创新实施了湖南省幼儿园青年精英教师培养高端研修项目。

三是培训质量明显提升。为保障国培成效,各主体单位实行顶层设计、实施过程、质量评估全过程监管。在项目设计阶段,国家层面组织专家对示范性国培项目承担机构和方案进行评审,对国培项目进行实施方案现场诊断,提出修改意见并书面反馈。在项目实施阶段,国家层面依托信息化管理系统,加强项目过程监控。在项目结束后,采取参训学员网络匿名评估等方式,分项目对培训绩效进行评估并反馈有关省份机构。安徽省引入第三方评估机制,由省教育评估中心对国培绩效进行评估,公开评估结果,反馈改进意见。甘肃、内蒙古建立以资深专家为主的培训教学督导组,进驻培训点,全面监督培训方案落实。上海市、福建省实行见习教师规范化培训,实行新入职教师到优质中小学校跟岗学习一年,并与教育硕士学位相衔接的培养机制。山东省适应"互联网+"新形势,进一步完善远程培训模式,加强优质培训资源共建共享。北京师范大学在中华优秀传统文化涵养师德、华东师范大学在信息技术应用能力的国培方面凸显了特色。贵阳幼儿师范高等专科学校一体化设计搭平台,多级联动促实效,建构幼儿教师专业成长。

四是增加了培训经费。"十三五"期间,中央财政每年对中小学教师国培计划的支持力度已稳定在每年 22 亿元,经费投入比启动时增长 4 倍。截至 2018 年,中央财政累计投入国培计划专项经费 140 多亿元,培训中小学幼儿园教师超过 1300 万人次,实现了中西部农村 640 万教师轮训一遍。在国家示范引领下,2018 年,全国省级财政性中小学教师培训经费达到 19.37 亿元,是 2010 年经费的近 2.6 倍。东部 9 省普遍加大投入,中西部 23 个省份中湖北、湖南、重庆、贵州的省级财政中小学教师培训经费增加超过 5000 万元,江西、河南、广西、新疆、青海的省级财政性中小学教师培训经费增加超过 2000 万元。① 浙江、湖南省加强经费保障,浙江明确提出教职工工资总额的 3% 和中小学公用经费的 10% 用于教师培训,湖南明确农村学校按不低于年度公用经费的 8% 安排教师培训经费。

二、中小学教师国培的困难问题

调研发现,"国培计划"在实施过程中也存在一些困难问题。

一是项目顶层设计有待优化。2010—2018 年,三分之二省份在国培、省培、市培、县培、校本研修等五级培训之间的关系和相互衔接方面需要深入研究、进一步理顺。国培中西部五类项目中,送教下乡比较受学员欢迎,但置换脱产团队研修项目和网络研修培训项目效果不明显、亟待优化。网络研修项目模块设计仍然需要进一步提高。基层教师呼唤国家出台县级教师培训机构建设标准和能力建设的政策措施。虽然,2018 年教育部出台《教师教育振兴

---

① 此处数字源于教育部教师工作司一手资料。

行动计划(2018—2022)》提出加强县级教师发展中心建设,制定教师发展中心建设标准,实现培训、教研、电教、科研部门有机整合,继而更好地为区域教师专业发展服务,但对此尚未形成广泛共识,政策还没有全面落地。

二是培训管理机制有待完善。2015年国务院出台的《乡村教师支持计划》要求,各省到2020年完成乡村教师360学时的全员培训,并确保培训效果。事实上,各省区进展不一,一些深度贫困地区比较集聚省份保障有质量的全覆盖,任务较重。在2019—2020年全覆盖攻坚阶段,县级教育行政部门和师训教研部门由过去主要是选送学员转变为国培项目的实施主体,不少县一时适应不了。不适应既表现在思想认识上,也表现在统筹力度上,县级的培训能力和管理经验普遍跟不上。

三是培训适需性有待提高。调研发现,部分培训院校机构在需求分析、方案研制、团队配置、资源提供、基地建设、训后指导,以及与项目区县对接等方面不足,培训课程大多为理论性课程,或实践性课程也多为适合城区学校的课程,解决教师职业倦怠、心理健康教育、留守儿童关爱等培训内容缺乏。一些培训院校就一些项目搞纯网络培训,对解决乡村教师面临的突出问题帮助有限,不少参训教师反映存在"不实用""用不上"的问题。

四是教师自主性有待激发。教师的工学矛盾比较突出。部分省份项目区县基于项目时限内完成全覆盖任务的需要,将各项目密集安排,国培实施的时间遂比较集中、密度较大,给教师教学工作造成不便,甚至是加重负担。缺乏激励措施,省级缺乏一些具体的激励措施,走在前面的"引领者""示范者"未得到有效的激励,参训教师中有相当一部分还处于"被动推进"状态。

总的来看,随着近年来教师培训投入的增加、培训机会的增多,中小学教师对优质教师培训资源的期望值越来越高、对个性化培训需求满足的渴望越来越强。对此,仍任重道远。

三、中小学教师培训的未来方略

党中央、国务院对教师专业发展非常重视,要求以新时代教师素质要求和国家课程标准为导向,改革和加强师范教育,提高教师培养培训质量;实施全员轮训,突出新课程、新教材、新方法、新技术培训,强化师德教育和教学基本功训练,不断提高教师育德、课堂教学、作业与考试命题设计、实验操作和家庭教育指导等能力;进一步实施好"国培计划",增加农村教师培训机会,加强紧缺学科教师培训。① 国培应亟待按照中央要求,进一步深化改革,提高培训质量,激发教师内生动力,通过选树标杆、推广典型、以点带面、全面提质,推动国培新发展。

一是以标准引领方向。近年来,教育部已经相继颁布教师教育课程标准、中小学教师校长专业标准等,作为教师校长培养、准入、培训、考核等工作的重要依据。2017 年,教育部出台了义务教育语文、数学、化学学科教学的《中小学幼儿园教师培训课程指导标准》,2020 年将推动其他 19 个学科领域的幼儿园和义务教育教师培训课程标准出台,规范和指导各地按不同能力层次开设具有针对性和系统性的培训课程。同时,教育部在研制加强教师发展机构政策举措,切实推动与教研、科研、电教等部门的整合与联合。各地、各部门应当进一步发挥标准的引领和规范作用,保基本、促公平、导方向、提质量。

二是以短板作为重点。服务科教兴国、乡村振兴、军民融合、区域协调发展国家战略,统筹做好本地区教师校长培训总体规划,按计划、分步骤、有质量地完成乡村教师培训全覆盖的攻坚任务。科学统筹项目区县覆盖范围,倾斜支持集中连片特困地区县和国家级贫困县教师培训,尤其是向"三区三州"等深度贫困地区倾斜,确保新增项目区县以贫困县为主,制订省域内贫困地区教师培训扶贫专项工作方案。发挥省级项目办和培训专家团队作用,开展本地区乡村教师校长培训需求分析,对参训机会较少的乡村教师提供高水平培训。针对幼儿园办园中存在的突出问题,组织举办民办幼儿园园长专题培训,切实提升幼儿园园长规范办园的能力和水平,加强园长依法办园和安全管理的意识和能力。幼师国培项目旨在"补短板",以师德修养、幼儿保育与教育为重点,通过国家级、省级、地(市)级、县(区)级等各级培训,加大对幼儿园教师培

---

① 《中共中央 国务院关于深化教育教学改革全面提高义务教育质量的意见》,2019 年 7 月 8 日,见 http://www.gov.cn/zhengce/2019-07/08/content_5407361.htm。

训力度。

三是以需求制定规划。教师是一项专业性、实践性、探索性、创新性很强的工作。教师所处的区域不同、专业背景不同、专业发展阶段不同、所在的学校生态不同,需求具有多样化和个性化的特征。因此,应当基于新教师、熟练教师、专家型教师的成长规律,分层分类设计和提供符合其专业发展阶段特性的培训内容、培训方式。开展教师需求调研,在培训规划上从"自上而下"转向"自下而上",在培训项目设计上从"提供方主导"转向"需求方主导",在培训实施过程中从"一成不变"转向"动态调整",在培训跟踪指导方面从"短线集中"到"长线支持"。要继续坚持以问题为导向、以案例为载体、以任务为驱动,增强教师参训动力,满足教师个性化学习需求。

四是以模块设置课程。将党的十九大精神、全国教育大会精神作为教师校长国培的首要内容,设置培训课程专题,贯穿教师校长培训全过程。将师德师风、心理健康、信息技术、留守儿童关爱教育等作为培训的必修内容,专设中华优秀传统文化教育、信息技术应用等培训项目,增强教师的师德修养、法治观念、价值认同和信息化素养。明确教师分级培训目标,开展教师能力诊断,优化教师培训内容,实施有针对性地培训,增强教师参加培训的获得感。围绕重点解决乡村教师校长在教育教学中的实际问题,分层、分类、分科设置有针对性的培训模块内容。优化培训课程结构,实行任务驱动教学,突出教师参与、强化教师实践,确保培训类课程学时占总学时的比例原则上不少于50%,跟岗实践课时原则上不少于三分之一。启动实施中小学教师信息技术应用能力提升工程2.0,引领带动中小学教师校长将现代信息技术有效运用于教育教学和学校管理。

五是以"种子"培育团队。针对培训体系不健全、院校机构培训能力不足这一当前制约提升教师培训质量、推进教师培训专业化的瓶颈问题,以省级教师培训团队为主要对象,加强能力建设,重点为各地规划实施中小学教师培训培养专兼职培训者和骨干教师,开发提供一批优质培训课程教学资源。要创新完善线上线下混合式培训模式,为实施中西部和幼师国培项目提供强有力的支持,为各地科学有效地开展教师校长培训工作作出示范。在此过程中,一方面要抓"种子"教师。强化国培计划的示范引领作用,留下一批"种子",加强骨干培训者国内访学和国外进修力度,通过组建中小学名师工作室、特级教师流动站等形式,充分发挥教研员、学科带头人、特级教师在教师常态化研修中的重要作用。另一方面要抓"种子"管理者。培训管理者是地方实施教师培训的关键少数。开展教师培训管理者专项培训、经验交流和培训研究,建立教师培训机构资质准入和质量评估制度,确保教师培训实效。

六是以名师开展领航。实施中小学名师名校长领航工程,通过深度学习、导师指导、示范提升等环节进行系统培养,开展每轮 3 年的名师名校长国培,以便他们成长得更好、在当地乃至较大区域发挥辐射带动作用。通过实施"双名工程",帮助参训学员进一步凝练教育思想,提升教师教育教学创新能力,提升校长实践创新能力,着力培养造就一批具有鲜明教育思想和教学模式、能够引领基础教育改革发展的教育家型卓越教师,以及具有较大社会影响力和知名度、能够引领基础教育改革发展的教育家型卓越校长。同时,引导支持参训教师校长以深度贫困地区为重点开展教育扶贫,建立名师名校长工作室,加强对口支援、协作帮扶等社会服务,辐射带动基础教育事业发展、质量提升。

七是以创新优化项目。国培要体现"雪中送炭",优先安排贫困县作为项目县。合理安排培训任务,减负增效,使国培更"接地气"。针对师范生置换优秀骨干教师开展培训操作难度大、部分地区甚至无法实施的问题,调整现有项目设置,适当允许地方自主创新项目。同时,推行集中培训、网络研修混合式培训方式,合理安排培训时间,有效缓解工学矛盾。针对网络研修规模过大、缺乏实效的问题,各地要合理安排研修任务,落实线下研修,遴选建设贴近乡村教师教育教学实际的网络资源,切实增强网络研修的实效性。针对乡村校园长培训缺乏有效指导的问题,按照乡村校园长"三段式"培训、送培下校诊断式培训、乡村校园长工作坊研修三种模式,指导各地结合实际,有效开展乡村校园长培训。在培训观念上坚持"重心下移",在培训内容上坚持"深入浅出",培训方式上坚持线上线下"混合式培训",真正推动教师培训与日常教研、教育教学的融合,应用人工智能、"互联网+"、大数据等现代信息技术推动教师培训和管理的常态化,继续推动信息技术与教师培训深度融合,帮助教师应用信息技术促进教育目标、内容、方法和手段各方面的改革,促使教师形成以学习者为中心的新型教学形式。借力"互联网+"创新教师教育模式,建设一批支持教师创新能力培养的智慧教室,围绕中小学课程标准和教师日常工作需要,研发和推广教师培训在线课程,推进优质资源共享。建设网络研修社区,创新教师网络研修方式,让教师"处处能学、时时可学"的在线研修活动、教学实践支持成为可能。

八是以精品打造标杆。遴选具有较强学科优势、丰富培训经验、较高培训研究水平的优质培训机构承担"国培计划"示范性项目,重点选树、分科打造一批示范培训基地和品牌培训专业,使其成为精品培训项目的"大本营"。建设一批示范性县级教师发展机构,引导建立完善高等学校、市县教师发展中心、教师专业发展学校、校本研修一体化的教师职后发展体系。开展培训精品项目创建工作,充分发挥示范性项目的引领带动作用,推动国培示范性项目从数量扩张向质量提升转型,缩减承办机构数量。启动"国培示范区(校)""国培示范专业(课)"建设,提出培训改革奋进之笔,完成培训成果得意之作,选树国培优秀工作案例,促进优质培训资源共建共享。

九是以管理改革增效。开展训前诊断、训中测评、训后跟踪。加强骨干培训者参训选派管理,为参训学员搭建训后学以致用的平台,注重参训学员培训能力提高和协作帮扶意识。聚焦培训主题,加强对参训教师的精准诊断、对症示范和对比研磨,落细落实培训环节,切实改进课堂教学,推动与校本研修的有效衔接。合理安排研修任务,切实落实线下研修要求,大力推行混合式培训,建立教师学习共同体,促进教师常态化学习。落实"国培计划"培训机构资质标准,开展示范性项目承担机构资质动态调整,择优遴选一批工作基础良好、专业优势突出、教师校长认可的培训机构承担任务。在各省份上报教育部、财政部规划方案评审环节,对年度绩效评估排名靠前的省份予以免评,实行审核备案制。各省在遴选培训机构环节,改革完善项目招投标机制,对绩效考评优良的单位实行2—3年周期招标。根据国家政府采购有关规定,结合培训服务特点,确定适用采购方式,优化采购流程,不断提升项目实施效率。落实项目协同申报与实施机制,鼓励具备资质的教师培训机构会同地(市)级、县(区)级教师发展中心和优质中小学幼儿园,联合申报、分工负责、协同推进项目,完善乡村教师校长专业发展支持服务体系。

十是以专家指导评估。2019 年教育部成立了"国家教师教育专家咨询委员会",还成立了针对各学段的教师专业发展的教学指导组织。下一步,要发挥这些专家组织,以及此前成立的全国中小学、幼儿园教师培训专家工作组作用,加强对项目规划方案研制、项目实施过程的指导。对典型案例,加大专家解读和宣传推广力度。采取实地调研、现场指导、网络监测评估、学员匿名评估、第三方评估等多种方式,对各地、各机构项目实施过程及成效进行绩效评估。调整优化中西部项目评审机制,加快实施进度,对国培项目评审的两个关键环节进行调整优化,确保国培及时部署启动、按时保质完成。

立足新时代,教师队伍建设改革已经进入攻坚期、深水区,必须进行整体谋划、综合推进、攻坚克难、久久为功。各地各有关方面要认真学习习近平总书记关于教育的重要论述,不忘初心、牢记使命,总结进展,明确方略,砥砺前行,谱写国培计划和教师队伍建设的新篇章。

(本文原载《全球教育展望》2020 年第 1 期,人大复印资料《中小学教育》2020 年第 5 期)

新时代我国中小学校长国培的进展与方略

在推动基础教育公平、提高基础教育质量、提升基础教育品质的过程中，全国数以十万计的中小学校长的地位显得格外重要。他们是教改的领头雁、学校的定盘星、教师的主心骨、学生的引路人，是贯彻党的教育方针、实施素质教育、落实立德树人根本任务的关键人物。从某种意义上说，一位好校长就是一所好学校。校长办学治校能力的不断提升，是推动基础教育改革发展、实现中国教育梦的坚强保障。

一、"校长国培"的缘起

改革开放以来，在致力于基础教育普及和质量提高的过程中，我国对中小学校长的培训始终比较重视。进入 21 世纪第二个十年之后，我国基础教育面临新形势、新任务，在适龄儿童少年全面实现"有学上"之后，"上好学"的愿望日益强烈。于是，在普遍开展教师培训的同时，开展校长培训、提升校长全面素质、提高办学治校能力，以更加关注内涵品质发展、深化课程教学改革、完善考试评价方式，成为对中小学校长的时代要求。校长培训有多种方式、多个途径，而从国家层面总体设计、统筹安排、分层开展、分步实施中小学校长高端培训，不啻是加强校长队伍建设、促进基础教育现代化的有益探索，也符合广大中小学校长的热切期盼。

教育部审时度势，设立专项资金，凝聚各方共识，采取系列动作。2013 年6 月，组建中小学校长和幼儿园园长国家级培训项目管理办公室，挂靠国家教育行政学院,负责"校长国培"启动筹备和日常管理工作。2013年8月,《教育部关于进一步加强中小学校长培训工作的意见》出台,正式宣布从国家层面组织实施中小学校长培训,"以促进校长专业发展为主线,以提升培训质量为核心,以创新培训机制为动力",努力造就"品德高尚、业务精湛、治校有方、人民满意"的中小学校长队伍。2014年6月,《教育部办公厅关于启动实施中小学校长国家级培训计划的通知》印发,具体作出启动实施中小学校长国家级培训计划(即"校长国培")安排,并提供了相关教育政策依据和前提条件准备。"校长国培"的启动,受到全国教育界高度关注和一线校长普遍欢迎。"校长国培"的缘起和定位正是根植于我国基础教育改革发展的实际,立足于中小学校长渴望高层次培训的诉求。

从缘起看,"校长国培"不同于教育部以往组织的校长培训,因为它更能够立足新的现实,针对新的群体,开展了新的项目谋划,设计了新的课程内容;"校长国培"也不同于各地一般性的校长培训,因为它注重体现国家担当,凝聚全国智慧,顾及不同地域。"校长国培"实行"拔高"与"托底"两条腿走路。"拔高"就是响应"教育家办学"号召,组织实施中小学名校长和幼儿园名园长培养计划、卓越校长领航工程,重点为优秀校长、园长成长发展创造条件和搭建平台。"托底"就是组织实施农村校长助力工程和培训者能力提升工程,主要是加强农村地区、集中连片特殊困难地区、民族地区校长培训,加大薄弱学校校长培训力度。"校长国培"不仅指向了优秀校长、教育家型校长等中小学校长,而且还与国家脱贫攻坚战略和全面建设小康社会同频共振,让边远贫困地区校长受益。

从缘起看,"校长国培"从一开始就具备四个功能定位。一是高端引领,即培养一批能够创新办学治校实践、具有先进教育思想、社会影响较大的优秀校长,造就教育家型校长。二是"雪中送炭",即为中西部农村地区、边远贫困地区培养一批实施素质教育、推进基础教育改革发展的倡导者和带头人。三是促进改革,即着力推进中小学校长培训内容、方式、机制等方面改革,不断增强校长培训的生机活力,不断促进校长培训和中小学校改革的双向联系。四是示范带动,即促进各地不断完善中小学校长培训体系,提高校长培训治理水平和治理能力现代化,增强校长培训的吸引力、感召力,推动中小学校长队伍整体素质全面提升。

二、"校长国培"的进展

"校长国培"主要开展全国中小学校长示范性培训项目,包括卓越校长领航工程、边远贫困地区农村校长助力工程、特殊教育学校校长能力提升工程、培训者专业能力提升工程。自 2014 年至 2020 年,这四项工程针对不同层次、不同类别培训对象,采取分级分层分类策略,互相配合,协同发力,为基础教育改革和发展所需要的高素质专业化中小学校长队伍提供了人才保证。

(一) 卓越校长领航工程

1. 界定领航定位

卓越校长领航工程每周期三年,遴选对象是本已经基础扎实、素质良好的中小学校长,通过对其实施个性培养、情境培养、跨界培养、课题培养、精准培养、协同培养,帮助他们成为理论功底深厚、人文素养宽广、家国情怀浓厚、办学治校突出、实践创新显著、社会担当积极、示范引领给力的学校治理骨干,以便让他们在本地乃至全国发挥领航作用。

2. 体现分类卓越

卓越校长领航工程直接面向全国各省、直辖市、自治区的中小学校长的代表性群体,分别开展高端培训,分级开设培训班,分层设置培训目标,力图体现分类卓越,造就学校治理的带头人、未来教育家或教育家型校长。第一类是中小学骨干校长高级研修班,主要目的是涵养、提升校长的办学治校能力,造就能够在国家起到引领示范作用的一批优秀中小学校长。第二类是中小学优秀校长高级研究班,主要目的是指导、助力校长凝练办学思想、形成办学风格、增强教育研究能力,提升校长的理念与政策水平,走向未来教育家。第三类是中小学名校长领航班,主要目的是激励、促进校长创新教育实践,积极发挥"研修—研究—领航"的作用,促进校长创新教育实践,引领区域乃至全国教育发展,提升教育思想引领能力,造就一批在国内外具有较大影响力的教育家型校长。

3.取得预期成效

卓越校长领航工程的首期中小学名校长领航班自 2014 年下半年筹备,于 2015 年 4 月开班。教育部时任副部长刘利民出席,表达祝贺,体现重视。教育部中学校长培训中心主任代蕊华称"该班具有示范性、引领性""更重个性化、主体性"。遵循着这样的逻辑,各承办院校(机构)通过深入调研分析,了解校长的真实能力与需求,研制科学合理的培训方案,组织开展相关培训。第一,领航工程在高级研修班和研究班的实践中取得了新成果,如在承担中小学骨干校长高级研修班任务中,教育部小学校长培训中心设计适切的研修目标,设置合理的课程模块,优化和创新培训模式,建立高水平的专业化师资队伍、重视研修班文化建设、关注对研究成果的评估、铺设个性化立体化的学习通道等,进一步拓展和延伸培训成效①。第二,领航工程在培养教育家型卓越校长研究中取得了新成果。例如,有学者对首期中小学名校长领航班群体的结构和特征进行了研究,指出首期名校长领航班群体具有"整体素质较高、结构趋向科学合理、富有理想献身精神等特征"②;有学者提出领航班名校长要投入乡村教育振兴大业中去,"名校长在走向边远贫困地区,致力于乡村教育振兴的办学探索中,必将大有可为"③;有学者对领航校长培训模式进行了研究,江苏教育行政干部培训中心提出"培养基地—地方政府—名校长学校"的名校长培训模式。第三,领航工程在基地建设方面已取得进展。教育部中学校长培训中心、教育部小学校长培训中心、教育部幼儿园园长培训中心、北京大学、清华大学、北京教育学院、中国人民大学附属中学联合学校总校、江苏教育行政干部培训中心、杭州师范大学、齐鲁师范学院、河南师范大学、浙江省教育行政干部培训中心、广东省中小学校长培训中心等中小学名校长领航班培养基地,在领航班名校长培养工作中都发挥了重要作用。2018 年,作为首期中小学名校长领航班结业成果,《培养造就领军人才领航校长专业发展:国培计划

---

① 曹婧:《小学骨干校长高端培训的实践探索:基于全国小学骨干校长高级研修项目的思考》,《中小学管理》2019 年第 4 期。

② 于维涛:《首期名校长领航班群体的结构分析和发展对策》,《教师教育研究》2016 年第 5 期。

③ 代蕊华:《名校长须投身于乡村教育振兴大业》,《中国教育报》2016 年 2 月 17 日。

的首期中小学名校长领航班的理论创新与实践探索》出版。当年,第二期名校长领航班启动。学员来自全国各省份,每省份有 1 位中学校长学员、1 位小学校长学员。他们中的多数已经是在教学、管理、研究等方面基础扎实、贡献较大、颇有功底的一线校长。

(二) 边远贫困地区农村校长助力工程

"校长国培"边远贫困地区农村校长助力工程体现国家工程项目常有的扶弱和托底功能,面向中西部地区贫困县的乡镇以下农村中小学校,培训对象主要包括农村中小学校长或幼儿园园长,对他们分类开展培训,以提高其解决办学重点难点问题的能力。这类培训旨在为相对落后地区培养一批实施素质教育、推进农村教育改革发展的带头人。

边远贫困地区农村校长助力工程培训的目标、对象、内容、方式以及组织运作机制自成一体,针对农村校长的基本特点和主要需求进行设计,具有较强的可操作性和可推广性。农村校长助力工程承担院校(机构)积极探索适切的农村校长助力工程培训模式并取得了一系列成果。吉林省教育学院所开展的课程探索与教学实践,聚焦本省农村校长培训专业化课程建设与教学改革,对一线需求给予积极应答[1]。同时,成都师范学院为探索农村校长培训模式改革方向,开展了于"五位一体"实践引领的培训模式创新[2]。此外,陕西师范大学、华中师范大学、西南大学、首都师范大学、天津师范大学、保定学院、渤海大学、辽宁教育行政学院、黑龙江省教育学院、上海师范大学、扬州大学、浙江师范大学、浙江外国语学院、河北师范大学、安徽师范大学、江西师范大学、南昌师范学院、湖北省普通教育干部培训中心、湖南第一师范学院、广西师范大学、重庆第二师范学院、重庆市教育管理干部培训中心、四川师范大学、陕西学前师范学院、贵州师范大学、云南师范大学、西北师范大学、新疆师范大学、新疆教育管理干部培训中心、石河子大学等承担院校(机构)也积极参与农村校

---

① 赫坚:《边远贫困地区农村校长培训"吉林模式"课程探索与教学实践》,《中小学教师培训》2018 年第 10 期。

② 张佳、郭平:《基于"五位一体"实践引领的农村校长培训模式创新:以教育部农村校长助力工程为例》,《中小学教师培训》2015 年第 1 期。

长和园长的国培。

（三） 特殊教育学校校长能力提升工程

"校长国培"特殊教育学校校长能力提升工程直接面向全国特殊教育学校校长开展培训,旨在施行特殊教育学校校长能力建设,培养一批能够引领当今特殊教育改革发展的骨干校长。为了加快推进特殊教育发展,不断提升特殊教育水平,切实保障残疾人受教育权利,2014年初教育部等九部委印发了《特殊教育提升计划(2014—2016年)》(以下简称《计划》),明确提出提升特殊教育水平,提高特殊教育质量,加强特殊教育保障。该《计划》提到,逐级开展特殊教育校长培训,培养能够引领特殊教育学校改革与发展的校长。为指导和组织做好特殊教育学校校长培训,2014年教育部印发《关于实施"校长国培计划"——2014年特殊教育学校校长能力提升工程的通知》,随后启动特殊教育学校校长能力提升工程。其中,"国培计划"中西部地区新建特殊教育学校校长培训项目,注重提升特教校长做好学校发展规划和改进学校管理的能力,帮助其成为能够解决特殊教育学校办学重点难点问题、在特殊教育改革与发展中引领全体教师不断走向新的发展阶段的带头人。笔者还注意到,江苏省特殊教育师资培训中心多次承担特殊教育学校校长能力提升培训项目,紧密结合国家《计划》的实施战略,围绕"提升特殊教育学校校长学校发展规划和改进学校管理的能力"的培训主题,成立核心团队,制订翔实方案,选定培训基地、确立培训内容、组织影子培训,加强资源整合,精心管理考核,取得了良好效果。①

（四） 培训者专业能力提升工程

"校长国培"培训者专业能力提升工程旨在对培训者进行培养,直接面向从事校长培训工作的培训机构、高等学校、中小学等,提高这些机构或学校相关管理者的专业素质,帮助他们成为具有先进教育思想、现代培训理念、较强

---

① 王婷婷:《〈特殊教育提升计划〉实施背景下特殊教育学校校长培训的实践探索:以国培计划特校校长能力提升培训项目为例》,《佳木斯职业学院学报》2015年第10期。

培训能力的高素质专业化培训师。培训者专业能力提升工程着重强化培训者的专业能力,"培训者应具备政策文件学习能力、培训需求调研诊断能力、培训方案设计能力、课程开发能力、教学实施能力、绩效评估能力、工作坊主持能力、信息技术应用能力等"专业能力①,还要掌握"以人为本、终身学习、远程网络"等基本培训理念,在培训理念上有所创新。

自 2014 年至 2020 年,"校长国培"进展良好。一是形成了培训制度。经过探索和实践,"校长国培"基本制度的"四梁八柱"得以搭建,培训实施规程规范、承办单位招标要求、经费管理办法、培训评价程序等几乎应有尽有,海外研修也形成了规则并付诸了实施。二是凝练了培训理念。开展理论研究,更新培训模式,探索参训者适切,实现培训效果最优化;中外校长培训的比较研究也在一定范围开展;相关学术研究在各地各校得以较为全面、深入的开展,研究成果在报刊、网络等媒介得到了传播共享。三是达到了培训预期。四项工程均得到有效实施,培训规模不断扩大,基本达到校长培训全覆盖。至 2020 年 4 月,"校长国培"共培训校(园)长 27.61 万人,含中小学校长 14.84 万人,幼儿园园长 12.77 万人。其中,卓越校长领航工程共培训 7849 人,农村校长助力工程共培训 26.82 万人。四是健全了培训体系。各承担院校(机构)积极立足本院校(机构)实际,"瀑布"阶梯式体系逐渐形成;培训基地不断加强,培训管理者积累了体验,培训机构从业要求基本规范,能够实施分类施训,加强质量监控,严格结果运用,推行信息化管理。

"校长国培"之所以取得上述进展,可概括为以下几点经验。第一,思想重视是大前提。一方面,对中小学校长的地位更加重视。他们是基础教育工作的直接领导者和组织者,处于教育工作最为基础的关键位置,决定着学校的发展策略、治理水平、教学质量、学校品质,也在很大程度上影响或决定着青少年学生的全面发展和健康成长。另一方面,对"校长国培"的作用更加重视。中小学校长培训是加强校长队伍建设的重要举措,而国家级培养是为新时代中小学校长培训工作把舵定向的示范性培训。这些年,各地把校长培训工作

---

① 孙福胜:《新时代中小学校长和幼儿园园长培训者专业能力探析:以教育部"校长国培计划"培训项目为例》,《创新人才教育》2018 年第 4 期。

作为校长队伍建设的重中之重,切实加强组织领导,做好顶层设计,明确各级政府在中小学校长培训中的责任。第二,质量保障是生命线。数量是质量的前提,但没有质量的数量是没有意义的。唯有坚持以提升质量为核心,按需施训、分类施训,优化培训内容,创新培训模式,强化质量监管,校长培训工作才能保持强大的吸引力和旺盛的生命力。质量意识在过去七年不断得到重视,增强了校长培训效果。第三,开放培训是增长点。坚持开放办教育、开门办培训,以我为主、兼容并蓄,请进来、走出去并重,加强国内的区域合作,扩大与境外的合作,实现优质资源共享,切实提高校长培训工作的层次和水平。第四,创新培训是原动力。各级教育、人事、编制、财政等部门只有坚持协调配合,不断创新,才能激发校长参加培训的内驱力,建立完整的校长培训系统运行机制,校长培训工作也才能永葆生机和活力。各地在校长培训工作中根据实际情况,不断探索新形势下校长培训的管理体制机制、培训方式、培训内容等。第五,经费投入是活水源。没有经费作保障,校长培训工作就成了无源之水、无本之木,难以持续开展。校长培训经费必须坚持以政府投入为主,确保逐年增加,并不断拓宽经费筹措渠道。七年来,各级政府不断加大培训经费,社会公益组织、企事业单位等也持续关注并支持校长培训工作。

可见,校长国培自2014年至2020年间,取得了较大进展,积累了一定经验。这些进展提高了校长们的素质能力,促进了中小学校长的专业成长,这些经验成就了全国校长培训工作的持续发展,也是今后校长培训工作的活力源泉。同时,也必须看到,我国中小学校长基数大,培训的整体专业化水平还不够高,各培训班次的效果参差不齐,一些培训承办单位的保障能力与基础教育改革和发展的要求还存在一些不适应:培训内容不适应发展要求,培训方式不适应多元要求,培训力度不适应均衡要求,培训管理机制不适应创新要求。

三、"校长国培"的方略

在新的历史起点上,"校长国培"既要扎根中华大地办社会主义培训事业,更要在积极打造精品培训和拓展培训帮扶渠道等方面着力,凝聚各方力量构建"校长国培"的中国话语,推进"校长国培"行稳致远。2020年是具有关键节点的一年,"校长国培"应当总结"十三五"成绩与问题,规划"十四五"新方略,在新的起点上进行再思考,再部署,再动员。

（一）提高政治站位

提高政治站位,就要提升认识,明确方向,不忘初心,牢记使命,为党育人,为国育才。旗帜鲜明讲政治,立德树人为人民;提高政治站位,就必须确立政治意识、大局意识、核心意识、看齐意识,腹有诗书气自华,坚定不移跟党走;提高站位,就必须严明政治纪律、政治规矩,用制度管人,依制度办事,逐步实现"校长国培"的科学化、规范化,不糊弄学员,不套取经费;提高政治站位,就必须执行党的主张,实施国家战略,贯彻教育方针,提高受训学员的全面素质,把基础教育工作摆到实现党和国家大局之中去看待、去谋划、去实施,推动"一带一路"建设,助力构建人类命运共同体。

（二）环顾外部形势

放眼世界,胸怀全局,抢抓机遇,迎接挑战,遵循规律,继往开来。环顾左右,新科技革命加深加广,人工智能扑面而来,各种思想思潮交流交融交锋;环顾左右,成就与困难同在,机遇和挑战并存。2020年肆虐全球的新冠肺炎疫情,波及范围之广、影响领域之深,历史罕见。疫情给人类生命安全和身体健康带来巨大威胁,给全球公共卫生安全带来巨大挑战,也必将对世界经济、世界格局和世界治理体系产生重大影响。教育作为其中的重要领域,正在受到冲击。这是一次危机,也是一次大考。"校长国培"要特别观察之、研究之、适应之、引导之,努力将疫情对国培的负面影响降到最小,还要积极作为、化危为机。面对新机遇新挑战,"校长国培"要站在百年未有之大变局中,以世界为轴,从更广阔的舞台上思考定位、谋划发展,深刻认识我国基础教育的重要历史使命,拥抱教育形态转变,推广人工智能手段,规范国际交流项目,为实现"两个一百年"奋斗目标、实现中华民族伟大复兴的中国梦、促进人类和平进步健康安全贡献应有力量。

（三）加强政策引导

"校长国培"是国家工程,要加强顶层设计,增强贯彻党的教育方针、执行教育政策的自觉性;是一项专业性非常强的培训工作,需要设计者和执行者有着专业化的教育培训政策素养和丰富的实践经验。就培训专业化来讲,必须熟悉国家教育政策、国培各项要求。从培训政策研究视角来看,"校长国培"的一系列项目,表现出"学、修、研、领"四个阶梯,是理论性、政策性、实践性、操作性很强的领域,必须在以往探索和经验的基础上,进一步做好全面总结,加强顶层设计,做好理论武装,从而深化对中小学校长职业发展和专业成长规律的认知,加强对各地相关培训的指导、支持、检查,共同凝练其专业理念。[1]

（四）增强需求适切

"校长国培"实施是以培训对象的需求为前提的,也就是熟悉掌握培训对象的培训经历、培训需要、培训心理等一系列培训需求,在此基础上开展培训,才能够最大限度保证培训效果最优化和价值最大化。重点要对参训校长领导风格、在培训过程中的反思状况、所处的成长环境、专业成长自传、实际工作中的困难等问题进行深度调研和分析,增强他们的实践反思意识和反思能力,才能够有效地把握自身的专业实践。[2] 在此基础上,有针对性地开设教育理论课程,提高政治理论修养,组织教育实践观摩,形成素质教育自觉,增进依法治校意识。

（五）发挥辐射功能

"校长国培"的培训项目和工程所履行的职责是不同的,但都自觉承担了服务基础教育改革发展和促进校长专业发展的使命,在分门别类的培训过程中,实现了培训对象需求的最大满足,培训辐射带动力的最大发挥,培训成果

---

[1] 郭垒、徐丽丽:《中小学校长培训专业化:政策研究的视角》,《教师教育研究》2018 年第 2 期。

[2] 梅秀娟、马喜、梁红梅:《农村校长反思能力现状与提升路径研究:基于农村校长助力工程中参培校长的分析》,《中小学教师培训》2018 年第 9 期。

共享性的最大展开。2019 年,"校长国培"项目办在教育部教师工作司的领导下,组织了首期和二期中小学名校长领航工程的校长和园长赴四川凉山州进行支教。"校长国培"在教育培训帮扶薄弱学校和贫困地区的实践中发挥卓越校长领航工程参训校长的奉献精神,受到了社会各界的高度赞赏。下一步,中小学名校长领航工程应更加突出领航、培养教育家型校长。就是在每个三年周期内将原本基础扎实、素质良好的中小学名校长,造就成为理论功底深厚、人文素养宽广、家国情怀浓厚、办学治校突出、实践创新显著、社会担当积极、示范引领给力的教育家型校长,让他们通过名校长工作室等平台或渠道,在本地乃至全国发挥领航作用①。

(六)构建话语体系

"校长国培"是社会主义教育事业的组成部分。各有关方面应当认真学习贯彻习近平总书记关于教育的重要论述,牢牢坚持社会主义办学方向,扎根中国大地办教育体现中国特色②。在开展"校长国培"时,也要努力办好社会主义培训事业。迄今,"校长国培"得到顶层设计者、具体执行者和培训受益者等的一致认同,构建了包括培训政策、理念、体系、模式、评价、研究等系统化的话语体系,为中国话语构建提供了新素材。基于新时代中小学校长培训事业变革的新形势,在总结既有经验的基础上,需要进一步改进培训设计和运作机制,秉持打造高品质培训,促进"校长国培"高质量发展的新理念,开辟新路径。要深入巩固特色优势培训项目和工程,重点抓好中小学名校长领航工程的"精品工程"建设,让"领航班成为新中国成立以来我国中小学校长培训中最高层次的培训班"③。这是中国向世界展示中国培训的一张鲜靓名片,需要继续深耕细作,提高工程质量。

(七)采用混合研修

在培训模式上,混合研修是必然选择,要实现线上线下一体化。既要坚持

① 王定华:《中小学名校长领航工程的理念进展方略》,《中国教育学刊》2018 年第 8 期。
② 陈宝生:《深入学习贯彻习近平总书记关于教育的重要论述》,《旗帜》2020 年第 2 期。
③ 刘利民:《名校长的使命与担当》,《中小学管理》2016 年第 9 期。

继续在农村校长培训中积极推广应用"影子培训"和"送培进校"诊断式培训的有效模式,又要充分发挥网络研修的培训优势,按照中共教育部党组《关于贯彻落实〈2018—2022年全国干部教育培训规划〉的实施意见》的要求,"加强中国教育干部网络学院及其分院的标准化建设,统筹整合网络培训资源,建设兼容、开放、共享、规范的全国教育干部网络培训体系"。要发挥中国教育干部网络学院的远程网络培训优势。要主动迎接、积极驾驭人工智能,让未来的校长国培更加科学、更为有效。

(八)开展能力建设

加快"校长国培"承担院校(机构)的国家级培训基地建设和校长培训协作机制建设。通过政策支持、标准引领、评估反馈等手段,优先把具有培训质量高、绩效评估好、培训模式先进、在同类培训中形成优势特色的承办院校(机构)纳入校长国培优质培训基地行列内,发挥他们的示范引领作用。按照《教育部办公厅关于共建教育系统干部培训协作机制的通知》,建立"校长国培"的培训协作机制,推动"校长国培"信息管理系统建设和全国中小学校长培训协作机制资源共商共建共享。同时,强化培训者专业能力提升工程创新建设,把培训者打造成开展全国中小学校长培训的精兵强将,要超前布局培训者专业能力提升的培训标准,以点带面,通过"校长国培"的培训者专业能力提升工程,带动全国各省份培训者专业能力提升工程标准化建设。

综上所述,校长国培意义重大,成绩明显,问题尚存。在进入"十四五"之际,各地各有关方面应当全面总结校长国培的成绩问题、经验教训,认真分析新冠肺炎疫情后经济社会和基础教育的新形势、新形态、新需求,按照《中共中央 国务院关于全面深化新时代教师队伍建设改革的意见》要求,进一步提升校长国培的科学性、针对性和有效性,不断凝练方略,加大培训力度,全面提升广大中小学校长的政治素质和业务水平,增强办学治校的能力,打造高品质学校,培养造就一代新人。

(本文原载《中国教育学刊》2020年第9期)

中小学名校长领航工程的理念进展方略

当今世界正处在大发展大变革大调整之中,新一轮科技和工业革命正在孕育,新的增长动能不断积聚。当代中国,工业化、信息化、新型城镇化、农业现代化迅速发展,全面建成小康社会进入关键时期。在这个重大历史交汇期,教育部门和各级各类学校必须突出内涵发展,着重强调校长队伍建设,坚持全面深化改革,坚持新的发展理念,避免走进老办法不好用、新办法不会用、硬办法不敢用、软办法不当用的局面。在对全体教师进行培训、开展能力建设的同时,实施中小学名校长领航工程,培养造就高端教育人才,大力倡导教育家办学。

一、名校长领航工程的理念

2014 年教师节,习近平总书记到北京师范大学看望慰问教师时发表重要讲话,对教师工作提出明确要求,号召广大教师做有理想信念、有道德情操、有扎实学识、有仁爱之心的四有好老师。中小学校长也是教师,上述要求完全适用。2015 年教育部启动中小学名校长领航工程,遴选确定一批培养基地和专家,并经各省份推荐择优选定一批中小学名校长学员,之后采取双向选择的方式,建立指导关系,这些名校长平时各在本校,定期集中研修。名校长领航工程,对一批原本优秀的中小学名校长再进行精心培养,抓住这些关键少数,有利于辐射带动广大校长提升办学治校能力。这些学员都是名校长,领航工程希望他们"名"在哪些方面呢?

第一，"名"在信念坚定。名校长要自觉做中国特色社会主义的坚定信仰者，自觉把党的教育方针贯彻到教育教学和管理工作的全过程，严肃认真对待自己的职责。国无德不兴、人无德不立，高尚的师德至关重要。可以肯定地说，全国广大中小学校长中绝大多数是好的，但个别校长违反师德行为时有发生。在领航校长培养过程中，必须重视把提高校长思想政治素质和职业道德水平摆在首要位置，把社会主义核心价值观贯穿到治学治校全过程，用习近平新时代中国特色社会主义思想武装头脑，加深对中国特色社会主义的思想认同、理论认同、情感认同。引导领航校长树立正确的历史观、民族观、国家观、文化观，坚定"四个自信"，率先成为先进思想文化的传播者、党执政的坚定支持者、学生健康成长的指导者。加强社会主义核心价值观教育，加强中华优秀传统文化和革命文化、社会主义先进文化教育，引导领航校长热爱祖国、奉献人民、投身教育。

第二，"名"在思想引领。教育是心灵的沟通、灵魂的交融、思想的碰撞、人格的对话，名校长应该成为具有教育思想的学者。名校长和普通校长的根本区别就在于是否具备教育思想。一位名校长，不仅要忠诚于党和人民的教育事业，贯彻党的教育方针，做好教育教学和管理工作，还要逐步形成自己的教育思想。[①] 名校长要多认真研习古今中外教育家的思想观点、理论理念，注重继承和发展。树立终身学习的思想，广泛涉猎科学、文学、艺术、哲学、管理知识，开阔视野，丰富想象，掌握规律。没有思想的名校长，只是在当地有名气而已。而有丰富教育思想的名校长，就可以归入教育家的范畴了。教育家并不神秘，教育家也不遥远，教育家正朝我们走来，教育家就在校长中间。

第三，"名"在实践创新。领航校长应多从当下的教育实践提炼，主动了解经济社会变革的趋势，准确把握新时期学生成长的特征，扎根基层，循循善诱，立德树人，默默奉献，做学生锤炼品格、学习知识、创新思维、奉献祖国的引路人。通过实践去检验，通过检验去反思，通过反思去提升。陶行知先生本人身体力行，创办了晓庄师范学校，为中国乡村教育的发展写下了浓墨重彩的一笔。平民教育家晏阳初则用"农夫的身手、科学的头脑、艺术的情趣、改造世

---

① 刘利民：《名校长的使命与担当》，《中小学管理》2016 年第 9 期。

界的精神",积极投身于教育实践当中,在河北、重庆等多地创办乡村学校,开展乡村教育的实践创新。新时代的名校长更要着眼于国家大局,着眼于教育改革发展的大势,着眼于素质教育进程中的热点难点问题,将教育理论与实践有机结合,勇于创新,砥砺前行。"敢探未发明的新理和敢入未开化的边疆",扎根中国、融通中外、立足时代、面向未来,努力办出具有中国特色、世界水平的现代教育。积极探索培养创新人才的途径,树立正确的人才观和科学的质量观,考虑学生的个性特点,不按一个标准、一个模式培养学生,力图为每个学生提供适合的教育,促进学生全面而有个性地发展。

第四,"名"在社会担当。名校长不仅要办好自己的学校,还要有使命担当。名校长的思想水平、价值追求、办学境界将在一定程度上影响中国教育的发展与未来,其使命已经超出了办好自己的学校。所以,名校长理应多一些家国情怀,站得高、看得远、想得深,胸怀天下、心系未来,把自己的教育管理工作与实现中华民族伟大复兴的"中国梦"结合起来,与"两个一百年"的奋斗目标紧密结合起来,树立家国情怀,增强责任意识,通过思想研讨、送教下乡、支教讲学、工作室结对帮扶等多种方式,帮助和引领有需要的地区、有需要的学校也得到发展。

二、名校长领航工程的进展

自 2015 年 4 月正式实施以来,首期中小学名校长领航班精选 58 位中小学校长,调动各地教育行政部门、培养基地参与,做到了"四个结合":中央搭平台和地方给舞台相结合,海外研修和国内访学相结合,导师指导和个性培养相结合,工作室建设和精准帮扶相结合。遵循拔尖创新人才成长规律,提供了"温暖的气候""肥沃的土壤",为名校长的"长"、教育家的"冒"提供理论滋养,搭建发展平台,创设百花齐放、争相竞艳、奋勇争先、人才辈出的环境条件。[1] 教

---

[1] 于维涛:《首期名校长领航班群体的结构性分析和发展对策》,《教师教育研究》2016 年第 5 期。

育部和各地教育部门对名校长的培养和支持更加重视,力度较大,实践探索比较丰富,取得的成效也比较明显。

一是教育部进行了顶层设计。教育部在总结各省市区名校长好的培养经验的基础上,2014年启动实施中小学"校长国培计划",系统设计了卓越校长领航工程,推出了骨干校长高级研修班、优秀校长高级研究班和名校长领航班。2015年至2018年,教育部指导名校长领航项目办公室先后举办首期中小学名校长领航班在线主题研讨活动、管理者高级研修班、中期成果展示及总结交流研讨班、集中研修活动、培养基地负责人工作会议、海外研修等活动,制定《中小学名校长领航班培养管理办法》《关于进一步完善中小学名校长领航班工作室建设的指导意见》等,为名校长领航班学员培养工作提供了有效管理和有力服务。

二是各基地开展了精心培养。2015年至2018年,首期中小学名校长领航班8家培养基地按照整体规划、个性指导、训用结合、连续培养、协同创新的思路,各展所长、不断探索,形成了各具特色的培养模式。教育部中学校长培训中心精益求精,铸就卓越教育领导高地,精准辐射,搭建思想引领互助平台。教育部小学校长培训中心创新培养模式,引领校长专业发展,培养教育家型校长的卓越品质。北京教育学院紧紧围绕"夯实专业功底,助力名校长领航"这一主题,扎实推进研修活动。人大附中充分利用学校的办学实践成果以及生成性资源,关注学员校长的办学成效,促进校长学员及其学校的发展。广东二师"任务驱动"下的个性化培养模式,综合采用大数据精确分析名校长发展基础,一人一案、精准帮扶,助推教育家型校长的成长和学校创新发展。华南师大搭建异质共学平台、主题引领促进思想凝练,汇聚多方资源为学员成长搭建平台。江苏二师聚焦主旨、秉承逻辑、融通课程、情智共生培养名校长。浙江外国语学院坚持行动性、现场性、辐射性、推广性相结合,为名校长成长搭建脚手架。

三是名校长付出了辛勤努力。2015年至2018年,首期名校长领航班参训校长克服工学矛盾,认真研读名著,撰写研修笔记,参加集中学习,开展学校管理案例研讨、办学诊断研讨,开展课题研究,提升素质能力。他们参与名校长论坛,开展专题调研,分赴美国东部、西部开展教育考察,通过多种方式总结、凝练自己的办学思想。其间,共发表论文 379 篇,出版著作 107 部。发挥领航作用,深入教育实践,培养本地校长,帮扶薄弱学校,参与送教下乡,开展巡回讲学,传播教育智慧,助推其他校长专业成长,提升办学理念水平。

四是各方面给予了积极肯定。2015 年至 2018 年,首期名校长领航班受到社会各界高度关注,具有广泛的社会影响力。各界媒体对名校长领航班培养工作的宣传报道,让名校长领航班的社会影响力进一步提升。中国教育报和教育部教师工作司的合办栏目"中国好校长的领航者"系列和名校长工作室系列、校长周刊,对名校长的教育思想和实践进行了系列报道,为传播名校长的教育智慧,推广他们的办学经验作出了突出贡献。北师大出版社策划出版了"中小学名校长领航丛书",涵盖了首期中小学名校长领航班所取得的一批优质培养成果,充分展示了我国首期中小学名校长领航班参训校长的教育情怀、时代特色、精神风貌,为我国中小学名校长的培养和教育家型中小学校长的培养提供了一套鲜明范式,代表着当前我国中小学校长培训的最新最高成果。

三、名校长领航工程的方略

2018 年 1 月印发的《中共中央 国务院关于全面深化新时代教师队伍建设改革的意见》(以下简称《意见》),是党中央出台的第一个专门面向教师队伍建设的里程碑式政策文件,是今后相当长一个时期我国教师和校长队伍建设的纲领性文件。《意见》指出:"支持教师和校长大胆探索,创新教育思想、教育模式、教育方法,形成教学特色和办学风格,营造教育家脱颖而出的制度环境。"[①]中小学校长还必须政治过硬、品德高尚、业务精湛、治校有方,提升办学治校能力,打造高品质学校。为贯彻落实中央决策部署,2018 年 3 月,教育部等五部门印发《教师教育振兴行动计划(2018—2022 年)》,提出:"实施中

---

① 《中共中央 国务院关于全面深化新时代教师队伍建设改革的意见》,见 http://www.moe.gov.cn/jyb_xwfb/moe_1946/fj_2018/201801/t20180131_326148.html。

小学名师名校长领航工程,培养造就一批具有较大社会影响力、能够在基础教育领域发挥示范引领作用的领军人才。"同时,教育部印发了《关于组织实施"国培计划"——中小学名师名校长领航工程的通知》,正式启动名师名校长领航工程即"双名工程",完善国家与地方基础教育高端人才培养体系。

2018 年 4 月,教育部启动了第二期中小学名校长领航班,遴选了教育部中学校长培训中心等 13 家第二期中小学名校长领航班培养基地,分别承担培养任务。对于培养基地来说,应当充分发挥自身专业优势,准确把握拔尖创新人才培养新常态,认真研究引导名校长培养规律,在首期名校长领航班的实践探索基础上,引导有潜能、有思想的名校长走上大师之路,再培养造就一批基础教育领域的拔尖创新领航骨干人才。[1]

2018 年 5 月 2 日,习近平总书记在北京大学主持开展了师生座谈会,发表重要讲话。本人有幸参加座谈会,现场聆听了总书记的重要讲话。总书记强调指出,要努力造就政治素质过硬、业务能力精湛、育人水平高超的高素质教师队伍。[2] 这一号召不仅适用于大学教师,也适用于全国 1578 万名各级各类学校的教师和 30 多万名中小学校长,并为新时代进一步做好中小学名校长领航工程指明了方向。各地各校都应当对标要求,理清思路,把握方略,科学实施第二期中小学名校长领航班,将名校长领航工程引向深入。

一要开展个性培养。深入了解每位名校长的成长轨迹、优势特长、短板不足、个性特点,认真诊断每位名校长成长发展的有效路径,潜心观察其自身变化和实现自我超越的能力,帮助其实现各得其所的成长。[3] 要改革教学方式方法,通过导师与名校长双向交流制订学习规划、开展项目合作、发表论文成果等形式,进行个性化培养。要鼓励名校长独立思考、积极表达,增强其自信心,激发和挖掘其想象力、创造力。

二要开展情景培养。名校长是否能成为教育家型校长,关键在于岗位实

---

① 于维涛:《首期名校长领航班群体的结构性分析和发展对策》,《教师教育研究》2016 年第 5 期。

② 王定华:《造就高素质教育队伍,推动"双一流"建设》,《人民日报》2018 年 5 月 30 日。

③ 杜洁云:《卓越校长的人格特质与专业特征研究——以首期中小学名校长领航班为例》,华东师范大学教育学部硕士学位论文,2017 年。

践。各培养基地应紧密结合中小学教育教学实际,在名校长领航工程实施过程中充分融入国内外优秀学校教学与管理案例课程,展示学校情景,分析影响因素,运用换位思维,把距离拉近,把自己摆进。要从名师名校长最为关心、最迫切需要解决的、最感兴趣的专题入手,确立培训目标、设计培训课程,并根据学习情况妥善调整培养方案,为名校长提供个性化、多样化的选择学习发展机会。

三要开展跨界培养。中外历史上许多杰出人才,往往是广泛涉猎科学、文学、艺术、哲学等领域的知识渊博的人才。只具备单一学科的知识和技能,无法解决教学与管理涉及的综合问题,也很难成长为创新型人才。因此,各个培养基地应当为名校长学员搭建广阔发展平台,不设围墙,打破天花板,提供尽可能开放的培养环境。做到跨学科、跨学校选课,甚至跨区域选课。以跨学科培养模式,拓展名校长文化视野,提高其运用综合知识解决复杂问题的能力,实现全方位素质提升。

四要开展课题研究。课题研究能够极大地促进名校长及其工作室成员的科研氛围,调动名校长及工作室成员参加教学研究的积极性,是一种很好地促进名校长专业素养向更高水平提升的方法。应引导名校长围绕教育教学和管理工作中需要解决的实际问题进行有意识、有目的的研究,通过不断发现问题,持续研究问题,反思和改进教育教学和管理工作,并在学习、工作、研究的过程中,提高自身的专业化水平,成长为研究型、专家型、创新型的名校长。

五要开展精准帮扶。名校长领航班学员要对乡村地区、革命老区、民族地区的中小学同行提供帮助。那里的中小学校长队伍总体上学历偏低、年龄偏大,存在理念滞后、动力不足、缺少专业引领等方面的问题。各培养基地要通过工作室建设,开展精准帮扶,促进"教学相长"与"学学相长",引导名校长关注教育欠发达地区的"造血功能",落实党中央的精准扶贫部署。要通过组织影子培训、跟岗学习、挂职锻炼等方式,带动中青年校长成长。通过交流任职、管理咨询等方式,支持薄弱学校管理改进。通过课例示范、集体教研等方式培养农村骨干教师和校长。通过组织学生结对手把手帮扶,定期开展互访交流等活动。

六要开展协同支持。纵观名校长成长、成家,都必须具备个人努力、组织培养、岗位锻炼、领导关注、机制激励五个核心要素。中小学名校长的人权与事权在地方党委政府及其教育行政部门。区域理念文化、规章制度、环境氛围都对名师名校长成长产生着深远的影响。因此,教育部教师工作司与各个基地要主动督促协调各地,把名校长领航班培养工作纳入区域教师队伍建设整体规划,充分发挥各级教育行政部门在名校长培养工作中的战略规划、管理使用、激励机制等各项工作中的领导作用。将"选、育、用、管"有机融合,探索构建"公开遴选、集中培训、实践锻炼、跟踪管理、择优使用、动态调整"六位一体递进培养链条,统筹兼顾,形成合力。

(本文原载《中国教育学刊》2018 年第 8 期)

切实加强基础教育教师队伍建设

百年大计,教育为本;教育大计,教师为要。加强教师队伍建设,让教师安心、热心、舒心、静心从教,始终牵挂着党和国家领导人的心。面向未来,必须提高师范教育质量,增进教师培训实效,改善教师管理服务,加强教师待遇保障,提升教师队伍整体水平,切实以一支宏大的高素质专业化教师队伍托起国家的未来与希望。

一、牢记中央领导同志重托

习近平总书记 2016 年教师节在北京市八一学校发表的重要讲话,站在实现"两个一百年"奋斗目标和中华民族伟大复兴中国梦的战略高度,深刻阐释了推进国家繁荣、民族振兴、时代发展必须更加重视教育事业,全面贯彻落实党的教育方针,夯实基础教育奠基工程,提升教师队伍整体素质,树立强烈人才观念,大力推进素质教育,努力培养出更多更好能够满足党、国家、人民、时代需要的人才。

习近平总书记的重要讲话,强调了基础教育在国家人才培养体系中的基础性、先导性地位,明确提出了基础教育是立德树人的事业,是全社会的事业,要加大对基础教育的支持力度;充分肯定了广大教师的巨大贡献,勉励教师做学生锤炼品格的引路人、学习知识的引路人、创新思维的引路人、奉献祖国的引路人;深情表达了对广大中小学生的殷切关怀,鼓励学生做心灵纯洁、人格健全、品德高尚和有文化修养、有人文关怀、有责任担当的人;明确要求各级党委和政府把教育摆在优先发展的战略位置,强化责任意识,及时研究解决教育改革发展的重大问题和群众关心的热点问题,使各级各类教育更加符合教育规律和人才成长规律。各级教育部门和中小学校应深刻领会习近平总书记系列重要讲话的精髓要义,着力深化基础教育改革,把加强教师队伍建设作为办好基础教育的关键,充分发挥教师主体作用,将年轻一代培养成为德智体美劳全面发展的社会主义合格建设者和可靠接班人。

习近平总书记在2016年教师节的重要讲话,是继2014年教师节在北京师范大学发表重要讲话后,又一篇加强教育和教师工作的纲领性文献,充分体现了党中央对教育工作的高度重视和对广大教师的亲切关怀。总书记在两次教师节重要讲话中均强调,党和国家事业发展需要一支宏大的师德高尚、业务精湛、结构合理、充满活力的高素质专业化教师队伍,需要一大批好教师。各级教育部门和中小学校应准确把握习近平总书记系列重要讲话的科学论断,充分认识教师工作的极端重要性,把教师工作摆在教育事业重中之重和优先发展的战略地位,进一步明确工作方向和行动举措;要将加强教育和教师工作与"两学一做"学习教育活动紧密结合起来,不负重托,不忘初心,按照经济建设、政治建设、文化建设、社会建设、生态文明建设"五位一体"总体布局和全面建成小康社会、全面深化改革、全面依法治国、全面从严治党"四个全面"战略布局,切实贯彻创新、协调、绿色、开放、共享"五大发展理念",深化教育领域综合改革,着力提升质量、促进公平、优化结构、健全法制、加强党建,为基本实现教育现代化、全面建成小康社会发挥好关键支撑作用。

二、胸怀基础教育事业大局

基础教育是国民教育的根基,人才成长的摇篮。各级教育部门、中小学校和广大教师应当按照习近平总书记的要求,在党委、政府领导和相关部门支持下,乘势而上、相时而动,因地制宜、身体力行,着力在实践中立德树人、推动公平、形成合力,不断取得新的实效。

（一）着力立德树人

立德树人是教育的根本任务,是教师的天职使命。全面贯彻党的教育方针,要结合时代要求解决好培养什么人、怎样培养人的重大问题。在德育方面,要加强思想政治教育和品德教育,加强中华优秀传统文化教育和革命传统教育,全面推动社会主义核心价值观进教材、进课堂、进学生头脑,使之内化于心、外化于行,从小就让社会主义核心价值观的种子在学生心中生根发芽,教他们扣好人生的第一粒扣子;提高学生服务国家服务人民的社会责任感,引导学生自尊、自信、自立、自强,养成健康、乐观、向上的品格。在智育方面,要树立全面发展、人人成才、终身学习、系统培育的观念,遵循青少年成长特点和规律,大力推进素质教育,鼓励引导学生乐于学习、勇于创新、善于实践,掌握科学的学习方法,培育奠基的核心素养。在体育方面,要强化体育课和课外锻炼,大力发展校园足球,引导学生养成运动习惯、掌握运动技能、强健身心素质。在美育方面,要培养学生良好的审美情趣和人文素养,让学生能够发现美、感受美、欣赏美,熟练掌握一门乐器。在劳动方面,要组织和引导学生积极参加适当的科技活动、生产劳动、勤工俭学、志愿服务、研学旅行,使学生树立正确的劳动观点和劳动态度,热爱劳动和劳动人民,提升动手能力和综合素质。

（二）着力推动公平

坚持把促进公平作为国家基本教育政策,使之成为教育工作的战略重点,不断促进教育发展成果更多更公平惠及全体人民。办好学前教育,统筹谋划、精心组织,落实好第二期、第三期学前教育三年行动计划,完善普惠性幼儿园建设发展长效机制。均衡发展九年义务教育,优化教育资源配置,逐步缩小区域、城乡、学校之间在硬件、师资、管理、质量、品质以及群众认可度等方面的明显差距,努力办好老百姓身边每一所学校。加快普及高中阶段教育,研究攻坚计划,制定倾斜政策,推动普通高中多样化、特色化发展。大力发展中等职业教育,保持普通高中和中等职业教育招生规模大体相当,着力增强中等职业教育吸引力。推进教育精准扶贫,重点加大对革命老区、民族地区、边远地区和贫困地区基础教育的投入力度,保障基本办学经费,完善资助帮扶体系。特别关心贫困人口子女、进城务工人员随迁子女、农村留守儿童和残障少年儿童等,帮助他们解决学习生活困难,让每一个孩子都对自己有信心、对未来有希望。

(三) 着力形成合力

基础教育是全社会共同的事业,办好基础教育全民有责。要推动管办评分离,建立政府、学校、社会之间新型关系,推动形成政府主导、部门协作、学校组织、家长参与、社会支持的教育工作格局。加快建立依法办学、自主管理、民主监督、社会参与的现代中小学校制度,充分发挥教师办学治校的关键作用。学校要担负主体责任,对学生负责,对学生家庭负责,同时积极争取家庭、社会密切配合。健全家长委员会、家长学校、家长会、家访和学校开放日等各种家校沟通渠道,听取家长意见建议,引导家长尊重学校教育安排、尊重老师创造发挥,形成科学育人理念,配合学校搞好孩子的学习教育;同时,培育良好家风,给孩子以示范引导,帮助孩子健康成长。协调宣传、文化、科技、体育等机构及企事业单位,积极为学生了解社会、参与实践、锻炼提高提供条件,为城乡不同年龄段孩子及家庭提供教育指导服务。

三、出台师范教育政策举措

习近平总书记指出,一个人遇到好老师是一生的幸运,一个学校拥有好老师是学校的光荣,一个民族不断涌现一批又一批好老师是民族的希望。必须采取切实政策措施,让好老师源源不断、层出不穷。

近年来,国家在教师教育领域出台了一系列政策措施,如实施师范生免费教育、卓越教师培养计划、深化教师教育课程改革、加强师范生教育实践等,取得了显著成效,培养造就了数以千万计的合格教师,有力支撑起世界上最大规模的教育体系,显著提升了国民素质和我国人力资源开发水平。同时必须清醒认识到,教师教育还存在着师范生生源质量有所下滑、培养层次规格明显落后、课程内容与教学方法相对陈旧、师范专业与师范师资建设较为薄弱、培养培训体系不够完善等突出问题,已滞后于教育事业发展对高素质专业化师资的需求,成为制约中国教育进一步改革和发展的瓶颈。特别是在新的历史时期,面对日趋激烈的国际竞争、经济社会发展加快转型升级和人民群众日益多样化的教育需求,面对信息化、新型城镇化和新人口政策带来的挑战,教师教育还不完全适应国家创新人才培养和全面建成小康社会的需要。振兴当代师范教育,已成为我国面临的紧迫任务。

(一)提升培养层次

全面提高师范生的综合素养与能力水平。根据各地实际,为幼儿园培养补充一大批学前教育专业本专科学历新教师,为义务教育学校培养补充更多接受过高质量教师教育的本科及以上学历新教师,为普通高中培养补充更多研究生层次新教师,为中等职业学校大幅增加培养补充具有实践技能的"双师型"专业课教师,让教师培养规格层次满足保障国民教育和创新人才培养的需要。

(二)提高生源质量

通过公费培养、设立师范生奖助学金等方式,吸引优质生源报考师范专业。适应高校考试招生制度改革新要求,鼓励设立面试考核环节,关注未来教师综合素质,扩大师范专业招生自主权。鼓励和引导高校采用"大类招生、二次选拔"的方式,选拔乐教适教的优秀学生进入师范类专业。鼓励高水平综合性大学设立教师教育专业。建立健全符合教育行业特点的教师招聘办法,畅通优秀师范毕业生就业渠道。

(三)健全质量体系

建立教师培养培训质量监测机制,发布《中国教师教育质量年度报告》。开展师范类专业认证,突出实践环节,将认证结果作为师范类专业准入、质量评价和教师资格认定的重要依据。明确教育实践的目标任务,构建全方位教育实践内容体系,强化"三字一话"等师范生教学基本功训练。修订《教师教育课程标准》,颁布《中小学教师培训课程标准》,组织编写或精选推荐一些主干课教材和精品课程资源。鼓励高校针对有从教意愿的非师范类专业学生开设教师教育课程,协助参加必要的教育实践。推动建设公益性教师教育在线学习中心,提供教师教育核心课程资源,供非师范类专业学生及社会人士修习。

(四) 建设优质基地

综合考虑区域布局、层次结构、师范生招生规模、校内教师教育资源整合、办学水平等因素,探索建设国家级师范生培养基地,发挥高水平、有特色教师教育院校的示范引领作用。推动高校有效整合校内资源,鼓励有条件的院校依托现有资源组建实体化的教师教育学院。推动地方整合教师培训机构、教研室、教科所(室)、电教馆的职能和资源,建设研训一体的县级教师发展中心,更好地为区域教师专业发展服务。引导高等学校与地方教育行政部门在优质中小学共同建设一批教育实践基地,开展师范生见习实习、教师跟岗培训和教研教改工作。利用云计算、大数据、虚拟现实等技术,推进教师教育信息化教学服务平台建设和应用,推动以自主、合作、探究为主要特征的学与教方式变革。支持高校建设教师教育在线开放课程,实现教师教育优质课程资源共建共享。深入实施中小学教师信息技术应用能力提升工程,提高师范生和在职教师信息化素养和应用能力。加强师范生培养和在职教师培训信息化管理,建设教师专业发展"学分银行"。

(五) 增进培训实效

发挥"国培计划"示范引领、促进改革和"雪中送炭"的作用,不断提高教师培训的针对性和实效性,加快培训一大批"种子"骨干教师。建立健全面向全员、突出骨干、倾斜乡村、学用结合、协同治理的教师培训制度体系。实行按需培训、分层培训、专项特训,鼓励参与式、讨论式、情景式培训,让基础教育教师学有所得,研有所感,训有所获。进而,视野更加开阔,借鉴世界先进教育理念,取其精华,为我所用;文化更加自信,继承弘扬中华优秀传统文化思想,在教育教学中百尺竿头更进一步。

四、大力弘扬师德优化管理

（一）弘扬师德师风

习近平总书记提出的"四个引路人"要求，与"四有"好老师一脉相承。广大教师应自觉肩负起党、国家和人民的重托，切实担负起塑造灵魂、塑造生命、塑造人的神圣使命，严格履行好传播知识、传播思想、传播真理的神圣职责。学为人师，行为世范，潜心育人，甘当人梯。既当好经师，以学术造诣开启学生智慧之门；又当好人师，以人格魅力引导学生心灵。热爱学生、严慈相济，辛勤耕耘、乐于奉献，把全部精力和满腔热情献给教育事业。遵循学生成长成才规律，改进教育教学方式，践行学思结合、知行统一、因材施教，注重与生产劳动、社会实践相结合。崇德向善、以德施教，带头践行社会主义核心价值观，引导学生把握好人生方向。各地各校应加强师德宣传，在广大教师中、在全社会大力宣传和弘扬优秀教师的先进事迹和高尚品德，深入开展向优秀教师学习活动。健全师德建设长效机制，构筑覆盖各级各类学校的师德建设制度体系，推动师德建设走上常态化、规范化、法治化轨道，不断提高教师思想政治素质和职业道德水平，提升教师教书育人、立德树人实绩。

（二）优化管理服务

树立现代治理理念，深化"放管服"改革。全面加强教师教育体系建设，全面推开中小学教师资格考试和定期注册制度改革，加快建立符合教育行业特点的教师选聘和任用制度，深入推进教师职称制度改革，逐步健全校长教师流动机制，打通、拓宽教师职业发展通道，展现教师职业发展美好前景。创造有利条件，鼓励教师和校长在实践中大胆探索，创新教育思想、教育模式和教育方法，形成教学特色和办学风格，造就一批教育家，倡导教育家办学。继续改善教师待遇和工作、生活条件，让教师有更多实实在在的获得感，健全教师发展支持服务体系，进一步弘扬尊师重教的良好社会风尚。要满腔热情关心教师,拿出真招实招,让广大教师安心从教、热心从教、舒心从教、静心从教,让广大教师在岗位上有幸福感、事业上有成就感、社会上有荣誉感,让教师成为让人羡慕的职业。

五、统筹城乡教师均衡配置

2015 年 6 月《国务院乡村教师支持计划(2015—2020 年)》出台,2016 年 7 月《国务院关于统筹推进县域内城乡义务教育一体化改革发展的若干意见》发布,2016 年 9 月全国乡村教师队伍建设工作推进会召开。这些文件和会议对在新型城镇化进程中推进义务教育持续健康发展作出重要部署。各地各部门都要按照要求,均衡配置县域内义务教育教师队伍。

(一) 统筹编制岗位

统一编制标准和岗位结构比例,推进城乡教师资源一体化配置。首先,落实城乡统一的义务教育学校教职工编制标准,针对城镇学校大量接收进城务工人员子女等情况,动态调整编制,针对村小、教学点学生规模小、生源分散等特点,按照生师比和班师比相结合的方式核定编制,着力解决城镇学校和乡村小规模学校师资不足的问题。其次,会同相关部门研究确定县域统一的岗位结构比例,增加乡村学校、薄弱学校中高级教师岗位数量,逐步实现县域内同学段学校岗位结构总体平衡。最后,建立城乡义务教育学校教职工编制统筹配置和跨区域调整机制,由县级教育行政部门在核定的编制总额和岗位总量内,统筹分配各校教职工编制和岗位数量,一体化配置城乡教师资源,努力破解教师队伍结构性矛盾。

(二) 推进交流轮岗

推动教师在县域内城乡之间的交流轮岗,实现城乡义务教育教师队伍协同发展。首先,推动地方采取定期交流、跨校竞聘、学区一体化管理、教师走教等多种途径,重点引导优秀校长和骨干教师向乡村学校、薄弱学校流动,县域内重点推动县城教师到乡村学校交流轮岗,乡镇范围内重点推动中心学校教师到村小、教学点交流轮岗,补充和加强乡村教师队伍,改善乡村教育质量。其次,明确城镇学校、优质学校每学年教师交流轮岗的比例不低于符合交流条件教师总数的 10%,其中骨干教师交流轮岗不低于交流总数的 20%。最后,国家层面继续开展义务教育教师队伍"县管校聘"示范区建设,全面推进"县管校聘"管理体制改革,尽快破解制度瓶颈,为教师交流轮岗提供制度保障,力争用三到五年时间实现县域内城乡义务教育教师队伍协同发展。校长的交流也要合理开展,发挥关键少数的作用。

(三)职称评定倾斜

实行职称待遇倾斜政策,提高乡村教师岗位吸引力。首先,推动各地切实做好深化教师职称制度改革工作,落实职称评聘向乡村教师倾斜的有关政策,确保乡村学校教师职称即评即聘,积极引导城镇教师向乡村学校流动。其次,健全长效联动机制,统筹考虑当地公务员实际收入水平同步调整义务教育学校绩效工资总量,依法保障县域内义务教育教师平均工资水平不低于当地公务员平均工资水平。再次,推动各地在收入分配中向乡村教师倾斜,全面落实并完善连片特困地区乡村教师生活补助政策,使乡村教师实际收入水平不低于同职级县镇教师,不断增强乡村教师的岗位吸引力。还要不断改善乡村教师生活条件,扩大边远艰苦地区乡村学校教师周转宿舍建设规模,使更多乡村教师受益。最后,建立专门面向乡村教师的荣誉制度,由国家、省、县分别对乡村学校从教 30 年、20 年、10 年以上的教师颁发荣誉证书或给予鼓励,好事办好,让广大乡村教师有更多获得感。

(四)开展能力建设

改革补充和培养培训方式,促进乡村教师专业发展,提升其能力素质。依据省级统筹、统一选拔原则,按照教师职业特点和岗位要求,完善教师招聘办法。扩大"特岗计划"覆盖面,使其成为中西部乡村教师补充的主渠道。改革教师教育,加强师范生本土化培养,结合乡村教育实际,定向培养"一专多能"的乡村教师或全科教师,让他们下得去、留得住、教得好。提供参加研修培训机会,加强与国内同行的交流研讨,帮助乡村教师不断获得专业成长。

六、激励广大教师创新实践

创新时代呼唤创新教育,创新教育需要创新教师。广大教师要立于创新前沿,以先进的教育思想引领学生"苟日新,日日新,又日新",以高尚的人格魅力和学识魅力让学生"高山仰止、景行行止",以高超的教学艺术既授学生以"鱼",更授学生以"渔",努力成长为中华民族伟大复兴"梦之队"的"筑梦人"。

(一) 树立强烈创新意识

爱因斯坦曾说过,唤起对创造性表达和知识的喜悦是教师的最高艺术。教师想"点燃"学生,首先要身怀"火种"。教师在整个教学过程中,在每个教学环节上,需要不拘一格,营造创新氛围,设计创新情景,提供创新条件,激发学生兴趣,促进学生思考,启迪学生创新灵感和创新思维。教师需要精心呵护学生的冒险精神、求异思维,尊重学生个性特点,鼓励大胆提问,乐见别出心裁,欣赏标新立异,善于因势利导,使学生充满求知欲望,激荡探究热情,放飞想象翅膀,释放创新潜能。

(二) 推进教学模式创新

教学有法、但无定法、贵在得法。教师需要着眼于教育启蒙和奠基,致力于创造环境和土壤,聚焦于培养兴趣和潜质,坚持学思结合、知行统一、因材施教,另辟创新人才培养蹊径。面向"互联网+",充分发挥翻转课堂、慕课、微课作用,促进课堂内外、学校内外结合,增加学生动手实践机会。改变应试教育的死记硬背、机械训练,让学生掌握必要的基础知识、学习方法和创新方法,鼓励学生大胆探索和实践,主动去验证已知、获得新知、探索未知。让学生意识到创新是敢于质疑、批判求证的过程,是团结协作、独立思考、升华认识的过程,是接受新事物、维护新观点、迎接新挑战的过程,而创新往往需要经历曲折反复、失败重来，只有锲而不舍、坚持不懈才能获得最终成功。

（三）练就过硬教学本领

"水之积也不厚，则其负大舟也无力。"信息时代学习途径多样，知识来源丰富，教师面临挑战，故步自封终将被淘汰。教师需要同学生一样，共同面对世界瞬息变化，保持好奇心和求知欲，始终处于学习状态，站在教学发展前沿，刻苦钻研、严谨笃学，不断充实、拓展、提高自己。不仅要有胜任教学的专业知识，还要有广博的通用知识和宽阔的胸怀视野。广大教师需要主动更新教育观念，科学革新教学方法，熟练运用教学手段，形成独特教学风格，积极开展教育实践，不断增强教学本领。

（四）积淀深厚人文素养

海纳百川，有容乃大。没有人文精神的教育，将阻碍创新人才的诞生。教师需要常读经典，与思想家、文学家、科学家、教育家对话，涵养人文底蕴，拓展博大胸襟，培育科学精神，把人文素养渗透到教学实践，不限于知识传授，不止于课堂教学。组织学生开展丰富多彩的志愿服务、社会调查、自然探秘、劳动实践等，带领学生走进历史长河，走进艺术长廊，走进先贤殿堂，使学生多角度、多方位地接触了解社会。让学生观察更加敏锐、视角更加独特、思维更加活跃，意识到肩负的国家使命和社会责任，不断激发创新动机，促进创新能力的形成和提升。

总之，未来一个时期，应该以提升教师教育质量为核心，以加强教师教育体系建设为支撑，以教师教育供给侧结构性改革为动力，推进教师队伍建设创新、协调、开放、绿色、共享发展，努力做到"三个坚持"。一是坚持统筹规划，兼顾公平质量。以落实立德树人根本任务为最终目的，着力培养面向未来的高素质教师。同时将教育脱贫攻坚作为重点任务，坚持保基本、补短板、促公平，为边远贫困地区乡村学校培养补充教师，促进城乡协调发展。二是坚持问题导向，力推改革发展。针对师范教育体系、层次、机制、投入、生源、课程、教学、师资和质量评价等方面存在的问题，着力改革创新，明确破解难题的途径和办法，为发展提供持续动力。三是坚持政府履责，提供有力保障。科学确定教师培养规模层次,不断优化教师教育布局结构,加大对师范院校支持力度,提升培养培训基础能力,建设高质量的教师教育体系。回应教师关切,破解瓶颈问题,加大经费投入,努力推动教师队伍建设切实取得进展。

(本文原载《教育科学研究》2017 年第 1 期)

努力造就新时代高素质高校教师队伍

2018 年 5 月 2 日习近平总书记在北京大学师生座谈会上的讲话,从实现中华民族伟大复兴的战略高度,抓住培养社会主义建设者和接班人这个根本,对建设高素质高校教师队伍提出了明确要求,在战线引起了强烈反响,受到广泛拥护。习近平总书记在北京大学师生座谈会上的讲话,与"四有"好老师、"四个引路人"的论述一脉相承,为建设适应新时代发展需要的高素质高校教师队伍指明了方向。我们要认真学习领会,深入贯彻落实习近平总书记重要讲话精神,以落实《中共中央 国务院关于全面深化新时代教师队伍建设改革的意见》为抓手,标本兼治、综合施策,打好"组合拳",努力建设一支政治素质过硬、业务能力精湛、育人水平高超的高素质高校教师队伍。

一、坚持以师德师风为第一标准,全面提升高校教师队伍思想政治素质和职业道德水平

习近平总书记提出,评价教师队伍素质的第一标准应该是师德师风。教师的一言一行不仅对学生有着最深刻、最直接的影响,而且一举一动也往往成为社会风尚的标杆。必须加强师德师风建设,让广大教师成为引导学生健康成长、引领社会良好风尚的重要力量。

坚持党对教师队伍建设的领导。充分发挥党委(党组)的领导和把关作用,确保党牢牢掌握教师队伍建设的领导权,把方向、谋大局,定政策、促改革。落实全面从严治党要求,加强政治建设,用习近平新时代中国特色社会主义思

想武装头脑,推动广大党员教师增强"四个意识"。把坚定理想信念作为思想建设首要任务,引导教师树立正确的历史观、民族观、国家观、文化观,坚定"四个自信";引导教师带头践行社会主义核心价值观,加强中华优秀传统文化和革命文化、社会主义先进文化教育。选优配强教师党支部书记,实施教师党支部书记"双带头人"培育工程;重视做好在优秀青年教师中发展党员工作,实施"双培养"机制。充分发挥党支部教育管理监督党员的战斗堡垒作用和党员教师的先锋模范作用,把广大师生凝聚在党的周围。配齐建强高校思想政治工作队伍和党务工作队伍。把从事学生思想政治教育计入高等学校思想政治工作兼职教师的工作量,作为职称评审的重要依据。

全面加强师德师风建设。落实《关于建立健全高校师德建设长效机制的意见》等文件,推动各地各校制定完善符合实际需要的实施细则或办法,建立教育、宣传、考核、监督、奖励、惩处相结合的师德建设长效机制,创新师德教育,大力宣传先进典型,强化师德监督查处。激发高校教师加强师德建设的自觉性,明确高校师德建设工作的责任主体,推动师德建设常态化、长效化、全覆盖、无死角。依照教育部关于教师职业行为十项准则和高校教师师德失范行为处理指导意见,建立教师个人、所在学院和学校三级责任落实机制,全方位规范和引导高校教师以德立身、以德立学、以德施教、以德育德,坚持教书与育人相统一、言传与身教相统一、潜心问道与关注社会相统一、学术自由与学术规范相统一,更好担负起培养担当民族复兴大任时代新人的神圣职责。建强高校思政课教师队伍。突出顶层设计,加快研制出台《高校思政课教师队伍培养规划(2018—2022)》等专项文件,实施"高校思政课教师队伍后备人才培养专项支持计划"。突出精准施策,开展高校思政课教师学习贯彻习近平新时代中国特色社会主义思想专题轮训,搭建中青年思政课教师骨干教师成长发展平台,增设一批高校思政课教师培训研修基地。突出教学质量,加强思政课教师教学工作指导。深入开展优秀思政课案例分享,开展高校思政课教师队伍建设专项督查。

二、坚持以教育教学能力为重要基础,全面提高高校教师队伍业务能力和育人水平

习近平总书记指出,建设社会主义现代化强国,需要一大批各方面各领域的优秀人才。这对高校教师队伍能力和水平提出了新的更高的要求。同样,随着信息化不断发展,知识获取方式和传授方式、教和学关系都发生了革命性变化。这也对教师队伍能力和水平提出了新的更高的要求。

着力提高教师专业能力。研究出台高校新时代教师队伍建设改革制度文件,促进高校教师专业成长。实施人工智能助推教师队伍建设行动,通过国家专项支持引导、各地试点推进、企业全方位参与方式,采取切实行动,推动教师更新观念、重塑角色、提升素养、增强能力,主动应对新技术变革。搭建校级教师发展平台,组织研修活动,开展教学研究与指导,推进教学改革与创新。加强院系教研室等学习共同体建设,建立完善传帮带机制。全面开展高等学校教师教学能力提升培训,重点面向新入职教师和青年教师,为高等学校培养人才培育生力军。重视各级各类学校辅导员专业发展。结合"一带一路"建设和人文交流机制,有序推动国内外教师双向交流,支持孔子学院教师、援外教师成长发展。

关注青年教师成长发展。加强青年教师教育教学能力培训,实行每 5 年一周期的全员培训制度。推进新入职教师岗前培训与高校教师资格制度研究,确保新教师走上大学讲台前具备合格的教育教学能力。完善青年教师职业导师制,充分发挥教学名师和优秀教师的示范引领作用。推动高校设立教师教学发展中心,开展教师培训、教学研究、教学咨询、评估管理以及职业发展咨询等,为青年教师提升教育教学能力搭建平台。深化高校收入分配制度改革,制定分配政策时适当向青年教师倾斜,逐步提高青年教师的收入水平。通过教职工代表大会等渠道,支持和引导青年教师参与学校管理。关心青年教师生活,采取有效措施帮助青年教师解决住房等困难,以使青年教师安居乐业。

加强高端人才培养。服务创新型国家和人才强国建设、世界一流大学和一流学科建设,完善"千人计划""万人计划""长江学者奖励计划"等重大人才项目,着力打造创新团队,培养引进一批具有国际影响力的学科领军人才和青年学术英才。加强高端智库建设,依托人文社会科学重点研究基地等,汇聚培养一大批哲学社会科学名家名师。高等学校高层次人才遴选和培育中要突出教书育人,使科学家同时成为教育家。

三、坚持以管理综合改革为关键突破,全面释放高校教师队伍创新活力和发展潜力

习近平总书记指出,我国大学硬件条件都有很大改善,有的学校的硬件同世界一流大学比没有太大差别了,关键是要形成更高水平的人才培养体系。高校教师队伍建设要抓住问题要害,聚焦管理顽疾,实施破解之策,持之以恒,久久为功。

深化高等学校教师人事制度改革。积极探索实行高等学校人员总量管理。严把高等学校教师选聘入口关,实行思想政治素质和业务能力双重考察。适应人才培养结构调整需要,优化高等学校教师队伍结构,鼓励高等学校加大聘用具有其他学校学习工作和行业企业工作经历教师的力度。配合外国人永久居留制度改革,健全外籍教师资格认证、服务管理等制度。

推动高等学校教师职称制度改革。将评审权直接下放至高等学校,由高等学校自主组织职称评审、自主评价、按岗聘任。条件不具备、尚不能独立组织评审的高等学校,可采取联合评审的方式。推行高等学校教师职务聘任制改革,加强聘期考核,准聘与长聘相结合,做到能上能下、能进能出。高校主管部门对所属高校教师职称评审工作实施具体监管和业务指导。教育行政部门、人力资源社会保障部门对高校教师职称评审工作实施监管。

深化高校教师考核评价制度改革。加强师德考核力度,将师德考核摆在教师考核的首位,严把选聘考核思想政治素质关。突出教育教学业绩,严格教育教学工作量考核,将教授为本专科生上课作为基本制度,加强教学质量评价

工作,健全教学激励约束机制,强化课堂教学纪律考核。完善科研评价导向,坚持服务国家需求和注重实际贡献的评价导向,探索建立"代表性成果"评价机制,实行科学合理的分类评价,建立合理的科研评价周期。重视社会服务考核,综合考评教师社会服务,完善科研成果转化业绩的考核。引领教师专业发展,将教师专业发展纳入考核评价体系,建立考核评价结果分级反馈机制,积极推进发展性评价改革。

推进高等学校教师薪酬制度改革。建立体现以增加知识价值为导向的收入分配机制,扩大高等学校收入分配自主权,高等学校在核定的绩效工资总量内自主确定收入分配办法。高等学校教师依法取得的科技成果转化奖励收入,不纳入本单位工资总额基数。完善适应高等学校教学岗位特点的内部激励机制,对专职从事教学的人员,适当提高基础性绩效工资在绩效工资中的比重,加大对教学型名师的岗位激励力度。

百年大计,教育为本;教育大计,教师为本。培养社会主义建设者和可靠接班人,重点在高校,关键在教师。高校教师是我国教育制高点的制高点。我们要认真学习贯彻习近平总书记在北京大学师生座谈会上的讲话精神,以更加奋发有为的精神状态和更加勇往直前的战斗姿态,努力造就一支支撑中国教育制高点的高素质教师队伍。

(本文原载《中国大学教学》2018 年第 6 期)

比较教育研究

为造就拔尖人才奠定基础

在许多人心目中,美国的基础教育组织松弛、知识零散、水平较低,这的确是主要的方面。可是,纽约市有三所重点高中,通过严格考试选拔学生,进行系统科学文化知识传授,努力为造就拔尖人才奠定基础,又反映出美国基础教育的另一面。

纽约市实行 12 年义务教育。公立中小学基本上都实行按家庭住址就近划片入学,但史蒂文森高中(Stuyvesant High School)、布朗克斯科学高中(Bronx High School of Science)和布鲁克林技术高中(Brooklyn Technical High School)例外。它们名字虽然不同,但实际上都实施四年制普通高中教育,面向全市初中,公开招考,择优录取,是纽约市仅存的三所重点高中。这三所高中都有 60 年以上的历史,曾受 20 世纪 50 年代末《国防教育法》专款资助 4 年,奠立了较好的硬件基础,并且聚集了一批全市一流的教师,形成了追求拔尖、不断创新的校风。三校的毕业生有许多日后成为科学家和名人。例如,布朗克斯科学高中的毕业生中有 5 名诺贝尔奖获得者。这三所重点高中在纽约名气很大,众多家长希望子女进入这些学校接受优质的教育。①

一、录取什么样的新生

纽约市每年约有 10 多万名 8 年级(初中最后一年)学生。多数人选择附

---

① 本文数据除注明的外,均由笔者实地调研所得。——作者新注

近的高中,15%左右的人选择私立高中,还有约 3 万学生经个人申请、学校推荐,参加这三所重点高中每年 12 月联合举办的选拔考试。考生只需参加一场考试,内容涵盖数学、英语两门课,试题力图测试学生的知识面以及分析问题和解决问题的能力。测试共 3 个小时,采用标准化试卷,邻座考生试卷内容并不雷同,满分为 800 分。史蒂文森高中通常录取线在 560 分以上,布朗克斯科学高中录取线在 530 分以上,布鲁克林高中录取线在 500 分以上,每年有所浮动。三校每年录取学生共 2700 多人,不足考生的十分之一。如果有学生因考试成绩欠佳而名落孙山,但自认为仍有潜力,则可申请于 9 年级时再考一次。三校录取新生最主要的依据是选拔考试的分数。他们认为参照因素过多会招致不必要的干扰,影响录取的公正性。所以,被录取的都是英语和数学成绩优秀的学生。当然,初中推荐时除看学生学业成绩外,还要看学生的全面表现。对来美不满 4 年、英文尚欠缺但学有潜力的学生,根据政府有关法令,学校适当降分录取,并对其补习一段时间的英语。三所高中奉行种族平等原则,学生的种族背景呈现多样化。例如,史蒂文森高中学生中,白人占 44.2%,非裔占4.0%,拉美裔占 4.5%,亚裔占 47.3%。三所高中均无住宿设施,来自全市各区的学生只得早出晚归,很多学生每天早晨 6 点多就得离家乘地铁或其他公交车上学。

二、培养什么样的人

史蒂文森高中提出,要培养善于观察,富有想象力,思维敏捷的人;不断进取,敢为人先,勇于创新的人;能说能做,乐于实践,身心健康的人;实现自我,愿意协作,贡献社会的人。

布朗克斯科学高中明确提出培养"全面发展的人"。他们称学校是激发动机、丰富大脑和净化心灵之地,是帮助学生以提高自我、服务社会为目标的大家庭。学校要为发展学生在自然科学和人文科学方面的兴趣和天才提供机会。

布鲁克林技术高中"旨在激励有潜力的学生最大限度地发挥才能,贡献社会"。该校确定了四项目标:1.提供一种发展环境,让具有优越学术潜能的学生充分发展智力禀赋,着眼于在长远上能解决世界性的问题。2.在数学、科学、工程、计算机和艺术领域,用创新的和跨学科的方法开展教学研究。3.吸引优秀教师指导学生获得最大限度的优异成绩。4.为学生在大学阶段和未来社会中发挥领导者或专家作用做准备,明确他们对社会的责任。

可见,纽约市的三所重点高中都在努力为造就未来科技和社会的拔尖人才奠定基础。这三所学校没有专设思想政治课,但都很重视道德教育和法制教育,将之体现在各科教学和各项活动中,要求学生与人为善,勤奋向上,遵纪守法,尊老爱幼,准备做一个好公民。

三、如何实现培养目标

(一)设计新颖的课程

三所重点高中在设计课程时,确定以学生为本的原则,及时反映科技新发展的原则,适应周围社会环境的原则和多元文化原则,采取必修课与选修课相结合的办法。必修课要求学生掌握必要的基础知识和合理的学科结构。选修课涉及面广,并不断推陈出新,供学生在教师指导下选择,以满足学生兴趣爱好,开阔视野,发展个性特长。

必修课程主要有英语(语言基础写作、文学、诗歌、戏剧、修辞逻辑、新闻等)、数学(代数、几何、三角、微积分、统计、计算机等)、自然科学(物理、化学、生物、天文、地球科学等)、社会科学(美国历史、世界历史、经济、时事、地理、心理学、社会学等)、艺术(绘画、音乐、舞蹈表演等)、卫生安全(卫生、医药、营养、安全等)、体育(运动、健身、游泳等)等门类。这些科目有的贯穿高中四年,有的则只在低年级或高年级开设。

选修课涉及工、农、林、商各业,经济、法律、文秘、家政、环境、通信、驾驶、制造、建筑、财会、时装、食品、维修各科以及非裔美国人历程、美国对外政策、程控音乐、灾害研究、人类基因、海洋生态、文学与妇女等许多领域。布鲁克林技术高中设计出一些专业领域,如空间工程、建筑工程、生物医学科学、化学、民用工程、计算机科学、计算机工程、环境科学、医学入门、工业设计、机械工程、媒体通信技术、社会科学研究等,指导学生围绕这些专业领域进行选择,以免面对众多选修课而无所适从。

三所高中开设的非英语语言有法文、德文、西班牙文、中文、意大利文、日文、拉丁文、现代希腊文、俄文等。学生必须至少选择其中一门。

选修课程依据深度分为基础、一般、高级三档,供不同年级、不同程度的学生选择。基础水平课程是进一步选修的台阶;一般水平课程为基本要求,修满规定学分即可达到毕业水平;高水平课程与大学衔接,学分为大学承认。

(二) 选择系统的教材

三所高中每门文化课都有教材,由各校各学科教研组(department)从纽约市教育局审定的多套教材版本中选定。三校选择教材的标准大致是:内容叙述详尽,知识系统;对定理、定律或生化现象,从推导步骤、发现过程、实验验证、现象解释、相关科学家介绍、趣闻逸事等多方面、多层次展开叙述;有大量的插图、照片,生动形象,诱人一读。例如,史蒂文森高中选用的《美国历史发展》一书是必修教材,大32开本,920多页,内容系统、图文并茂。由于教科书知识内容丰富,要求一般学生掌握基本知识即可,有某一专长和志向的学生,则可利用教科书内容丰富的优势,通过自学向纵深发展。

(三) 教师做学生的导师和朋友

三所高中均不专设教学班级或班主任。每位教师兼做数十名学生的咨询员或导师。学生遇到的学习、生活、心理、生理等方面的问题,均可找导师求得解决。学校特别尊重学生的人格,让他们充满自信,发展自己。学校对教师的素质要求较高。在史蒂文森高中,160名教师中有20位具有博士学位,其余几乎都有硕士学位,而且还要利用业余时间进修提高。史蒂文森高中重视学生良好心理素质的养成,设心理咨询室,配三名专职咨询员;设同伴聊天室,由三名教师兼职负责。在这样的重点高中,学生的心理压力较大,教师注意观察学生的变化,及时化解各种矛盾,成为学生的朋友。

（四）优化教育过程,加大信息传递

三所高中每天安排 10 节课,每节 40 分钟(布鲁克林技术高中每节 41 分钟),课间只有 45 分钟。实行分层次教学,没有固定的教室,没有固定的同班同学。比如,一位学生数学在 A 教室上,物理可能到 B 教室上,每学期都有调整,处在动态之中。

他们认为,教育过程包含不同层次,可概括为 5 个 W。1. WHAT,即教什么、学什么。这个环节非常必要,三校均注意加大信息的传递。2. WHY,即为什么。教学方法多为讨论式,师生相互提问,共同探讨,气氛活跃,对科学原理让学生不仅知其然,还要知其所以然。3. WHO,即学习的主体是谁。让学生进行自我分析,了解自己的性向。三校大量每天布置家庭作业,学生通常每天晚上 7 点至 11 点要做作业。4. WHERE,即从哪里可得到知识。从课堂、书本自然可得到大量的间接经验,而在实践、生活中亦可获得丰富的直接经验。史蒂文森高中上"股票证券"课,教师要求学生先阅读报章杂志,学习有关知识,了解股票行情,选择可靠的公司,每人拿 1 万元"钱",自己作出判断,决定买进卖出,一个星期以后按照真实的股市涨跌结算。5. HOW,即如何运用知识三所高中鼓励学生敢于演讲,阐述自己主张;自选题目写小论文,在校刊上发表自己的见解;到公司、企业见习,当义工,理论联系实际。

学科考核是多方位的。如语文,课堂考试可以拿到学分,而参加演讲比赛、演话剧、朗诵等也可以拿到学分。体育课可在运动会上,也可在参加球类比赛、参加代表队方面拿到学分。考试计分采用百分制,考试成绩不公开,更不以学业成绩给学生排名次。

（五）注重培养学生的创新精神和实践能力

三所高中重视发展学生的创新思维,鼓励发表不同意见;让学生敢于提出问题,解决问题,探索未知领域,因而学生具备较强的科研意识、创新精神和创新能力。三校注意指导一些学生参加体现创新精神的英特尔竞赛(Intel Science Talent Search),每年都捧奖杯。三校重视开设技术类课程,并鼓励学生开展丰富多彩的课外、校外活动,反对死读书。学生刊物、学生"政府"、演

讲队、辩论队、兴趣小组、俱乐部非常活跃。这些课外活动,一般于每天下午3点正课结束后,由学生自行举办,教师有时参加并提出指导意见。据告,史蒂文森高中有100个俱乐部、30种刊物、26个体育运动队,校学生会动员成百上千的学生积极参加各种活动。布朗克斯科学高中课外、校外俱乐部也有60多个,学校的礼堂常被忙于彩排的学生所占领。三所高中一致倡导学生接触社会。例如,对建筑有兴趣的学生,鼓励去建筑设计公司参观,做义工。有的学生给科学家当助手,有的甚至跑到国外研究机构去见习。还有学生定点到教堂帮助收容的无家可归者,有的帮助社区图书馆整理书籍,有的到医院为孤独的老年病人读报,等等。学校要求,学生参加社会活动的时间,每年不得少于50小时。这些活动,增进了学生的动手能力、组织能力,有利于团结合作、乐于助人的精神的养成。

(六)重视开展信息技术教育

所有学生都要学习计算机软件和硬件的基础知识,接触计算机语言。一部分学生在教师的指导下较深入地学习编程。三校每个教室都有联网插孔,广泛利用计算机和网络辅助教学。学校图书馆的计算机供学生随时使用,所有学生有自己的电子邮件地址,60%的学生设计了自己的主页。史蒂文森高中除继续使用原有计算机房开展信息技术教育外,新购置了三部"移动计算机车"。即将32台便携式计算机,置于一个专门设计的多层推车上,哪个班需要,就推至这个班的教室使用。学生可以将事先充了电的便携式计算机置于各自的书桌上,借助安装于各教室或教学楼某部位的解调器,可以方便接入互联网。计算机与解调器之间采取无线联结。"移动计算机车"比建立专门计算机房节约,教学环境又比较自然,受到师生欢迎。

(七)对学生实行严格管理

学生管理分教学与校纪两大部分。教学管理通过学分选课制实施,学分和学业进展情况由学校教务部门统管。每个年级规定学分要求,完成当年学分者准予升级,对满44个学分的学生颁发普通高中毕业证书。拿到更多学分,且操行表现良好、课外活动积极或有其他突出成绩的学生,学校为其颁发优秀毕业生证书。校纪管理则以校规为准。学生在校行为及一切活动,从选课注册、考勤请假、课堂学习、课后作业、课外活动、成绩评定、公物使用、语言举止、餐厅制度,直到厕所使用等,其行为都有明确规定。对帮伙、暴力、吸毒、酗酒、性骚扰等问题,校规中更是严令禁止。

（八）密切与大学的联系

三所高中与哥伦比亚大学、纽约大学等本地大学联系,让学生前往参观图书馆、实验室,或参与大学的一些活动。某些学科优异的学生,在 12 年级就可以选读大学 H2 门相关学科,学分可获得大学的承认。大学招生人员每年来学校开展咨询辅导,与学校有关人员共同从 11 年级起辅导学生选择合适的大学。有 150 多所大学的代表每年参加布鲁克林技术高中的春季大学节,开展咨询服务,物色中意学生。三所高中并不要求学生只盯住名牌大学,而是鼓励学生根据兴趣、特长、家庭经济状况等作出选择,但仍然有三分之一以上的毕业生被名牌大学录取。

四、有关的几个问题

（一）重点高中在美国为什么能存在

纽约很多人认为,办重点高中乃是理所当然的事。首先,它们已存在多年,办出了成绩,得到了社会认可;其次,未来社会不仅需要高素质的劳动者,还必须有科技精英和社区领袖,这些人在高中阶段应奠定良好基础;再次,人的天赋、兴趣、爱好等确有差别,不必施与千篇一律的教育;最后,除三所重点高中外,学生们还可选择私立或其他公立高中。所有公立高中的软硬件配备也都达到了市教育局规定的标准,并非薄弱校。学生上这样的学校离家近,可避免激烈竞争的压力,学习进步时容易得到老师的鼓励,因而很多家长和学生选择了就近入学。一些学业成绩一般,但在音乐、绘画等方面有特长的初中毕业生,可不受学区限制,报考市属拉瓜地艺术高中。

（二）重点高中为什么不"片追"

虽说是重点高中,对学业成绩要求高,但纽约的这三所重点高中都提供全面发展的教育。究其原因,美国高等教育已处大众化阶段,上大学已不成问题,高考不是"独木桥"。大学录取不仅看 SAT 成绩,还要看高中的整个成绩单,看学生参加课外活动、社会公益活动的情况,还要看老师的推荐信,等等。凡此种种,意在促进高中学生的全面发展。

（三）有趣的学生比例

在纽约市高中里,亚裔学生平均只占 12%,而在这三所重点高中,亚裔学生占 40%以上。其中,华人、华侨子女约占亚裔的三分之二。亚裔家长望子成龙心切,普遍强烈支持子女上重点高中,在初中阶段就送他们上补习班,以加强数学、英语训练。亚裔学生一般学习刻苦勤奋,重视考试,善于应试,因而考上重点高中比例较高。看来,教育中"应试"倾向有一定的文化根源。

（本文原载《课程·教材·教法》2001 年第 3 期,原标题为《为造就拔尖人才奠定基础——美国纽约三所重点高中调查》）

美国中小学课程考察

教学是学校的核心任务,课程是教学的关键载体。课程是学校为实现培养目标而选择的教育内容、学科系列及其进程与安排,包括学校老师所教授的各门学科和有目的、有计划的教育活动。课程包括文化课程、科学课程、活动课程、实践课程、隐性课程。长期以来,美国基础教育课程注重以人为本、联系实际、改革创新,对国家的进步、国民的发展,发挥着独特的作用,对世界许多国家也产生影响。

一、历史渊源

19世纪前,美国中小学课程延续着一贯的传统。小学课程以读、写、算(3R'S)和宗教内容为核心,而与生活相关、全面发展儿童心智的课程,如家庭地理、文献地理、初级科学、自然、图画、音乐、教育、游戏、缝纫、手工等,虽已出现在学校的课堂中,但所占比重微乎其微。中学课程以文科类课程为核心。尽管以埃略特(C.Eliot)等人组成的中等教育"十人教育委员会"提出了以削减古典人文课程、增加现代人文科学和自然科学为特征的新的中等教育课程体系,但该课程体系确立的出发点却定位在智力发展以及为学生升入大学做准备上,因而该课程体系的学术性有余,而职业性、生活性、实践性不足。

形成于19世纪末的进步主义教育思潮及其所引发的进步主义教育运动为美国基础教育的改革做了理论铺垫。在以杜威、帕克等人所倡导的"教育即生长""教育即生活""教育即经验的不断改造"等教育本质论以及"从做中学"等教学理论影响下,美国中小学课程在20世纪初发生了深刻变革,而此时具有明显进步主义倾向的改革不仅波及范围广泛,而且影响异常深远。小学课程中传统的3R'S课程在课程结构中所占的比重由1856年的70.1%降至1926年的51.7%,而图画、音乐、体育、活动、手工等经验性课程在课程结构中所占比重则由1856年的14.2%升至1926年的36.5%。中小学课程改革以1918年"中等教育改组委员会"发表《中等教育基本原则》报告为标志开始启动。首先,该报告确立了新的中等教育的目标及原则:保持身心健康,掌握基本知识技能,履行公民职责,成为家庭有效成员,养成职业素养,善于利用闲暇时间。其次,倡导为具有不同需要的学生开设多样化课程。最后,倡导将教育心理学、教育测量、教育评价、教学等领域的新理论应用于课程和教学实践。在此报告的倡议下以及在进步教育协会主持进行的"八年研究"的影响下,20世纪20—30年代美国中学的课程从传统的学术性中挣脱出来,增加了诸如消费、家政、保健、体育、性格养成等生活性和实用性的课程,并在学术性科目中增加了当代文学、演讲、新闻、辩论、戏剧、广播、电视等反映现时代人文发展新成果的课程。

20世纪初叶美国中小学课程结构的改革是美国基础教育由传统走向现代的重要标志。一方面,新的课程结构的确立,使其基础教育从此走上了一条多样性和实用性发展的道路;另一方面,进步主义教育理论在中小学课程发展中的渗透,使其基础教育从此逐渐形成了进步主义的传统。

第二次世界大战前夕的课程改革,是以杜威进步主义教育为代表的。杜威批判了传统教育的课堂中心、课本中心、教育中心,提出活动中心、儿童中心、儿童兴趣中心的主张。杜威主张"教育即生活""学校即社会"。他提出"从做中学"的教学原则,并从这个原则出发,认为课程教材要与儿童生活经验相联系。笔者多次去杜威曾经工作过的哥伦比亚大学师范学院访问。每次都会注意到镶嵌在大门内侧墙壁上的杜威名言:教育是人类进步和社会改革的基础。的确,杜威不愧为美国头号教育家,他著作等身,理论自成体系。他的教育思想,对美国教育的影响是持续、深刻和全面的。

二、战后美国中小学课程发展阶段及特点

（一）第一次课程改革

第二次世界大战结束之际,美国中小学课程仍然沿袭 20 世纪初所形成的模式或惯例。然而,新的社会生活及思想观念无可回避地对教育产生着深刻影响,第一次课程改革此时悄然兴起。以注重兴趣养成和发展、培养学生生活适应能力为主旨的小学课程,主要有:社会研究,包括历史、地理、公民的综合;语文艺术,包括阅读、写作、听说;健康教育,包括体育、保健;艺术,包括音乐、美术;数学和科学。"生活适应教育"是战后初期美国中等教育改革的主题。在课程结构上,它要求中学课程不应仅具有学术性,而应具有社会性、职业性;不应仅局限于抽象的概念、原理,而应包括从事家庭生活、职业活动和公民活动在内的各种实用知识和技能。这种课程结构的确立有助于养成学生丰富的个性并使其积极有效地参与家庭、社会生活和职业活动,但它却淡化了学生学术能力的培养,进而导致国家科学事业的大幅度滑坡。这种弊端的长期累积,最终引发了以 1957 年苏联人造卫星上天为导火索的一场广泛、深刻的课程改革。

（二）第二次课程改革

第二次课程改革在 20 世纪 50—70 年代。50 年代后期,美国学术界许多人士对"生活适应"的功利主义教育提出了强烈的批评,同时批评当时的课程内容只反映了 19 世纪的科学成果,而未反映 20 世纪科学成就,于是强烈要求课程改革。1957 年,苏联人造卫星的上天使美国人突然醒悟到:当学校教育注重儿童个性发展以及为学生个人生活服务的理念和实践走向极端时,它将不得不背负起国家高科技人才减少、科技水平下降的罪责。为此,1958 年,由艾森豪威尔总统亲自签署的《国防教育法》及其以后的修正案将数学、自然科学和现代外语定为所有学校必设的核心课程,即所谓的"新三艺",以培养学

术人才;同时,将历史、地理、公民和英语等课程进行修订,以真正确立国民的国防意识。适应这一特定背景,要素主义教育、结构主义等教育思潮盛行一时。尽管这些教育思潮的哲学、心理学基点各不相同,但它们都试图通过修改具有进步主义倾向的课程目标、内容、结构,培养具有扎实的知识基础和学术能力的人才。在上述因素的影响下,美国小学课程发生了变化:加强 3R'S 的教学;加强数学和理科的教学;提高课程标准,增加课程的理论性;开设现代外国语的学校增多。相对于小学课程改革来说,中学课程改革的幅度和力度更大一些。教育家康南特(B.Conant)在对美国中等教育进行广泛调查基础上,提出了一套中等教育改革方案。其中,在课程结构方面,主张中学课程应以必修课和选修课两种形式进行组织。必修课分为英语(4 年)、社会研究(3—4年,包括 2 年历史)、数学(1 年以上)和自然科学(至少 1 年);选修课分为职业类(打字、速记、文书、供销、商业、农业、工艺等)、学术类(必修课内容的加深)和补习课(为学习困难的学生开设),无论学生制定选修课的计划如何,它都必须占学生学习时间的一半以上。康南特关于中等教育课程改革的方案尽管并未体现为官方政策,但却成为 20 世纪 60 年代美国中等教育课程改革的主要参照系。经过这一阶段关于课程的讨论与改革,逐渐形成了以必修课程和学术性课程为主、必修课与选修课相结合、为学生升学和就业服务的中等教育课程结构。但这种课程结构同时也存在着过分强调智力发展和压抑学生个性发展的不足,而这些不足在越南战争、民权运动、学生运动、精神文化颓废等社会问题和新兴的人本主义思潮等大背景的催化下,又酿成了美国 20 世纪70 年代新一轮课程改革风潮。

面对"非人性化教育"的众责,20 世纪 70 年代美国中小学教育的课程改革又捡起了曾一度丢弃的进步主义传统,倡导开设"关联课程"和"人文化课程",所不同的是此时的口号是人本主义。具体而言,小学在发展学生智力的同时注重培养其情感和态度,大量增加了与现实生活密切关联、激发和培养学生兴趣的课程内容。中学在"教育人性化""教育与生活相联系""培养更为有效的人"的课程教学目标促进下,其课程结构发生了如下重大变化。(1)必修课比例下降。必修课一般包括传统学术性科目,如英语、数学、科学、社会研究等,也包括生活实用性科目,如驾驶教育、生计教育、消费教育、打字等。此时的必修课在学校教学计划中所占比重尽管不尽相同,但大都保持在50%左右。(2)选修课比例上升。这种选修课在整个学校教育课程体系中所占的比例一般在59%左右。(3)职业课程大量增加。美国综合中学的职业课程在这一时期获得了巨大发展,在初、高中阶段,职业课程在整个课程体系中以分别占22%和24%的比例高居各类课程之首,而20世纪50年代末一度备受推崇的外语课程则分别降至2%和4%。显然,由于过分强调所谓的人性化教育和生活实践教育,美国中小学课程发展最后走进学术性衰弱的误区,学生的整体科学文化素质在大幅度地下降。面对这一紧迫现状,美国又掀起了课程改革浪潮。

自20世纪70年代中叶始,美国发起了"回归基础"(Back to the Basis)运动。这场运动要求严格中学的升级考试制度,注重道德教育。在课程结构上要求取消"社会性服务"等非学术性内容,大量减少选修课,增加必修课,限制职业课程,将学校主要科目界定为数学、科学、外语和历史等,各科目注重加强基本事实、概念和原理等内容的传授。"回归基础"的课改有以下四个特点:(1)课程改革的指导思想是"精英主义"。美国一些科学家认为,美国教育如不能培养出数量足够的高质量的科学家,在未来社会中美国的优势就没有保证。(2)课程改革的理论基础是结构主义。布鲁纳结构主义的课程观风靡一时,其强调基础知识和学科的基本结构。(3)新课程在内容和结构上与传统课程迥然不同。新课程要求学生尽可能地感到像一名科学家那样,不仅使用工具,还要以他的眼光看问题;不仅仅体验他的劳动成果,还要体验从事智力活动的欢乐。因此要把"探究""问题解决""发现教学"等科学方法作为教学的主要目标。在新的课程中,教师不再是所有知识的源泉,而是学生学习的指导者;学生是学习的主体。(4)此次课程改革由一流科学家推动。课程的编制也是由专家进行的。例如当时的新数学、新物理、新化学、新生物课本都是由大学或专门委员会编写的。这样做,实现了教育内容的现代化。

(三) 第三次课程改革

第三次课程改革是20世纪80年代初开始的。从教育外部看,科学技术迅猛发展,带来生产的深刻变化和社会的不断变革,国际局势趋于缓和,但经济竞争日益激烈。从教育内部看,一方面,中等教育普及和终身教育思潮兴起,另一方面,中小学教育质量下降。1983 年,美国"高质量教育委员会"发表《国家处在危险之中:教育改革势在必行》的报告,提出和实行了一系列教育改革方案。之后,老布什总统提出《2000 年教育规划》,克林顿总统签署《2000 年教育目标法》,用意都是着重推进课程改革,提高教育质量。

至 20 世纪 80 年代,美国最后掀起与"回归基础"性质相近的"高质量教育"运动。《国家处在危险之中》的报告发挥了导向作用。它提出了一套新的中学课程方案:加强学术教育,开发"新基础课程",提高中学毕业学术标准,规定高中 4 年内必须学习现代核心课程,即英语(4 年)、数学(3 年)、科学(3 年)、社会研究(3 年)、计算机(半年)。由卡耐基教育促进会第八任主席主持撰写的《高中:关于美国中等教育的报告》中更详细地规范了美国高中阶段课程的结构。该报告指出:高中阶段的课程主要由共同核心课程(必修课程)和选修课程组成,其中,共同核心课程主要包括语言类课程(英语、文学、外语和艺术)、历史课程、公民课程、科学类课程、数学课程、技术课程、健康课程、职业课程、跨学科课程等;共同核心课程应占全部课程的 2/3,而选修课程则降至 1/3。在"恢复基础教育"运动和"高质量教育"运动的影响下,美国基础教育阶段,尤其是中等教育阶段的课程结构最后发生了重大变化,即恢复和确立了学术性学科在课程结构中的主体地位,加强了全国范围内课程结构的统一性,减少了差异性。

第三次课程改革主要有三个特点:(1)课程改革的指导思想是"大众教育",与 20 世纪 60 年代的课程改革有很大不同。这次改革强调"科学为人人"(Science for All),要求培养学生的科学素质。(2)课程改革的理论基础是建构主义。心理学家皮亚杰把主客体的相互作用看作是一切经验和知识的源泉。他既反对纯粹来自感官经验的经验主义,也反对知识来自纯粹的理性主义,他认为"知识基本上就是建构"。(3)科学教育的目标强调科学素质培养。20 世纪 80 年代对科学素养的理解包括三个方面:理解科学哲学,即科学的本质,科学的价值等;了解科学发展历史;理解科学与社会的关系,注重"科学与社会""科学与人文""科学与技术"等范畴,强调培养学生"解决问题"的能力。

三、美国中小学课程现状

（一）课程仍处在改革变化之中

进入 20 世纪 90 年代以来，美国基础教育课程结构的调整仍在继续。与以往不同的是，此时的课程结构调整，已不再是否定前期成果的彻底改革，而是真正认识到学术素养不强乃本国学生培养质量低下这一基础教育的传统症结。为此，20 世纪末期美国基础教育课程结构的调整仍然在逐步推行加强课程的学术性、加强课程的统一性、培养学生的学术能力等政策。1990 年的《全美教育目标》、1991 年的《美国 2000 年教育战略》和 1993 年的《2000 年目标：美国教育发展》都一再强调加强中小学的核心课程，即英语、数学、自然科学、历史、地理、外语、艺术等，试图以此提高学生的学业水平，迎接 21 世纪全面的挑战。这说明了美国暂时结束了课程发展长期飘摇不定的历史，进入到稳步推进的时期。

概观美国课程结构变革的整个历程，20 世纪以来中小学课程一直处于基础学术教育与生活适应教育、统一要求与灵活多样、提高教育质量与实现教育平等这三对矛盾的反复对抗之中。就课程结构而言，则表现为学术性科目与非学术性科目、共同必修的核心课程与选修课在比例上的此消彼长的持续摇摆之中。这种摇摆其实是社会本位主义教育价值观与个人本位主义教育价值观各持一端、相互对立的结果，是一种价值观试图修正另一种价值观的表现。由此可以发现，当一种教育价值在教育实践中走向极端之际，需要注入与其相对的价值观，尽管目的是试图实现二者的"中和"，但也往往会出现矫枉过正的结果。这似乎是难以避免的，不过应当肯定的是，几乎每次的矫枉过正都意味着处于两端的二者将分别向着中间迈进了一步。

（二）课程的分级管理体制

美国基础教育课程体系主要体现了如下特点：国家建议、州级标准、学区决策、学校实施、周期修订、有分有合。

国家建议。美国不设国家统一课程,不过联邦教育部要对全国课程标准提出建议。另外,在全国范围内有很多非营利组织或研究部门提出种种课程改革计划,对课程发展提出指导性意见。例如,美国科学促进协会提出的《2061计划》就是个关于科学教育课程改革的前瞻性研究计划,还有很多学科性的研究组织对学科课程进行研究,提出不断更新课程体系或教材。

州级标准。美国各州教育厅都制订有自己的课程标准,作为学区和学校课程制定的主要依据,及对学校课程实施情况检查的主要标准。一般来说,州课程标准比较具体、详尽,有很强的可操作性。

学区决策。无论是国家建议还是州级标准,最终课程安排和教材选择的权利都在地方学区。各学区根据本州课程标准选择不同版本的教材。从程序上看,教材选用最终由学区董事会集体决定。

学校实施。学校根据学区课程安排及教材选择情况,进行本校课程设置,执行学区课程决策。学校在执行课程计划时必须遵循两个原则,一是课程实施和检验要达到州课程标准,二是必须采用学区所规定的教材。也就是说,学校课程执行的大纲和教材都是一定的。虽然这样,学校在执行课程的过程中也有很大的自主性,校际也有很大的差异。首先,每个学校所提倡的课堂教学方法有很大的不同,比如同样上科学课,有的学校采用综合理科形式,有的则采用分科教学形式。教学进度也不必统一,完全由教师自己调控。其次,学校可以根据本校学生和教师的特点向学区申请开设校本课程,一旦获得通过,便可得到由州教育厅和学区资助的课程经费。比如有的学校开设农业牧业课程,有的开设音乐类课程等。这些都体现了学校的特色。由于美国中学广泛采用学分制,开设校本课程的空间较大。

周期修订。美国课程标准和教材已经形成周期性修订的制度。比如有的学区采用每六年为一个教材修订的周期,但每年启动不同的学科修订计划。教材修订的过程是:分析回顾、课程修订、选用教材资料、实施执行、检查调整。周期修订保证了教学内容和方法的不断更新,也是对课程实施周期性监督检查。

有分有合。分科和综合是近些年来课程发展的热门话题。加利福尼亚州主要采用的是分科教学课程体系。虽然他们将理、化、生统一称作科学课,将史、地和公民课称为社会学课,但从州级课程标准看,各学科的标准还是相对独立的。此外,教材也基本是相对独立的学科教材。分科课程体系保证了学生对学科知识的系统掌握和理解。但在学校执行课程时,很多教师在课堂教学中注重采用综合课程的形式,提高了学生综合分析问题和解决问题的能力。

(三) 从《2061 计划》看美国中小学课程

为改变美国中小学科技教育薄弱的局面,1985 年,美国促进科学协会、科学院、教育部等机构,联合启动了一项面向 21 世纪、致力于科学知识普及的中小学课程改革工程。当年恰逢哈雷彗星临近地球,改革计划又是为了使美国青少年能够适应未来,包括 2061 年哈雷彗星最后临近地球的那个时期科学技术和社会生活的急剧变化,所以取名为《2061 计划》(Project 2061)。这么多年过去了,该《计划》取得一定成效,对推动美国中小学科技教育发挥了应有的作用。

1.《2061 计划》的指导思想

《2061 计划》认为,美国青少年的科技知识非常贫乏,远不能应对世界科技飞速发展的挑战,亟须在全国范围内搞一次科技扫盲,在科学、数学和技术教育上制定一个示范性、指导性的基本标准,编写新的教学大纲,号召全国中小学,以及幼儿园据此实施科技教育,从而使年轻一代具备科学技术的基础素质。该《计划》确定的基本标准,是面向所有学生的普及科技教育底线,它鼓励天资聪颖的儿童少年超越这个标准,以获得更好发展。《计划》强调,普及科技教育不是盲目增加学校教学内容,中小学教学重点是指导学生获得最根本的科学知识,形成良好的科学素质。

2.《2061 计划》的内容与实施

(1)科技素质基本标准:《面向全体美国人的科学》。1985 — 1989 年,美国促进科学协会在首都华盛顿建立了领导实施《2061 计划》的总部,动员了 800 多位科学家、企业家、大中小学教师,总结战后科学、数学和技术领域的深刻变革和未来发展趋势,汲取美国以往教育改革成果,于 1989 年发表了题为《面向全体美国人的科学》的报告。《报告》指出,我们的后代面临巨大变革,科学、数学和技术位居变革的核心。它们导致变革、塑造变革，并且对变革作出反应。《报告》提出了未来儿童和青少年从小学到高中毕业应掌握的科学、数学和技术领域的基础知识框架，包括主要学科的基本内容、概念和技能，学科间的有机联系，以及掌握这些内容、概念和联系的基本态度、方法和手段。该《报告》试图为所有学生制定一整套学习目标，达此目标，就算具有了较好的科学素质。

（2）实现科学素质的参照目标：《普及科学的阶段指标》。1989 — 1993年，《2061计划》在总部华盛顿之外，分别设立了旧金山、圣地亚哥、费城、圣安东尼奥、麦迪逊郊区麦克伐兰、阿瑟农村等6个分部，根据已提出的理论和指导思想，研究实施所需要的条件、手段及策略，设计不同模式的课程。经过5年的研究和实验，1993年，《普及科学的阶段指标》报告问世。该《指标》把《面向全体美国人的科学》中阐述的科学素质目标，分解为二年级、五年级、八年级和十二年级结束时的学习目标及衡量标准，即一系列特定的科学素质目标纲要。它并不直接支持特定的课程设计，所规定的也只是有关科学素质的临界值，而不是科学素质的最高值或平均值，但它集中反映了《2061计划》的重点，即科学、数学和技术知识内部的整合，以及相互之间概念上的联系。

（3）对课程问题的进一步思考：《科学素质的源泉》《科学素质的蓝图》。1993—1999年，《2061计划》在一些州和学区进行科学、数学和技术领域教育改革实验。每个实验以《2061计划》的6个分部为中心向四周辐射。一般每个分部确定5—6所实验学校，依据《普及科学的阶段指标》，制定实验学校的科学教育大纲，组织编写教材，培训教师，开展大学、中学、科学家、企业家甚至包括家长和社区之间的多向交流，开展同包括中国在内的许多国家的交流与合作。期间，《科学素质的源泉》和《科学素质的蓝图》两个报告相继出版。《科学素质的源泉》主要对科学素质观，以及科学素质的衡量标准作进一步说明，以使社会各界和教育工作者对此有更深刻的理解和把握。《科学素质的蓝图》着重介绍以目标为导向的改革思路、课程设计的基本方法以及关于进行课程设计的原则性建议，同时还探讨了如何围绕各地区的不同特点，有针对性地选择相应课程系统的问题，目的在于帮助改革者和教育工作者，从宏观上把握和理解科技教育课程的整体改革。

（4）教育体制改革建议：《改革的蓝图》。2000年，为更有效地推动课程改革向纵深发展，《2061计划》总部组织专家撰写了大量报告，并对这些报告进行汇总，出版了《改革的蓝图》。该书重点阐述了《2061计划》实施中遇到的各种问题，集中描绘了如何改变教育体制中不适应部分，以完善提高科学素质课程的蓝图。它涉及教师培养和培训，评估和监督，学校支持，家庭与社区的责任，商业界与工业界的作用，政策及法律、法规的调整和适应，经费保障，以及学生在接受科学知识方面的教育平等问题，等等。此后，《2061计划》在此"蓝图"指导下，编制了丰富多彩的参考材料，并使之变成电子信息广为传播；制定了关于课程改革和《2061计划》推行情况的评价标准；提倡大学要继续支持基础教育；加强教师培训和对科技教育的科学研究工作。

在《2061计划》和一系列改革措施的推进下，美国中小学科技教育师资专业水平已有所提高，学生学业成绩开始有所改观。据美教育部统计，从1992年到1999年，中小学教师中曾主修或副修所教科目人数比例增大，其中数学教师从77%增至82%，科学教师从82%增至88%。1993年至2000年，高中生参加大学入学考试SAT和ACT的成绩连年提高，这在历史上是少有的。另据《2061计划》总部《今日2061》2002年第2号上的资料分析，由于教师自身素质的提高，学生数学和科学的成绩在提高之中，其中学生的几何概念比以前形成得完善。再就是，随着信息技术的飞速发展，《2061计划》加大了对信息技术教育的强调力度。

3. 从《2061计划》看美国中小学科技教育

（1）科技教育要遵循合理的教学原则。《2061计划》提出的教学工作所遵循的基本要求，基本上体现了当前美国中小学科技教育的原则。第一，教学应很好地培养和利用学生的好奇心和创造性。教学应从学生感到有趣、比较熟悉的问题和现象入手。第二，教学应该强调理解的质，而不是强调信息的量，要让学生在理解的前提下掌握科学概念。第三，科学概念应在不同的情况下出现，并以不同的方式叙述，以易于学生掌握。第四，为使学生能运用所学知识，严密审慎思维，分析问题，科学表达，逻辑论证，必须为学生提供此类实践机会。第五，鼓励学生利用各种场合，参与诸如搜集证据、观察现象、撰写概述、会见记者、使用仪器等与科学有关的集体性活动，培养他们从事科学技术工作的协作精神。第六,培养学生对证据、逻辑和科学问题提出疑问和见解的习惯。第七,让学生多接触些在某种历史环境下提出的一些科学思想观念,懂得社会对科学技术发展的影响,以及科学技术对社会的冲击。

(2)谋求课程结构的合理性。《2061计划》强调基础学科,主张在中小学开设数学、科学、技术方面的核心课程;同时,各学科内部以基础知识的传授和基本技能的培养为主。力求处理好核心课程和一般课程的关系,以核心课程为主;处理好知识传授和能力培养的关系,逐步改变美国基础教育长期以来忽视系统科学知识传授的做法,增加系统的科学基础知识传授时间。在加大科技知识教学力度的同时,重视文化、历史、地理等社科知识的传授。近年来,《2061计划》提倡使用"大科学"的概念,培养学生的广阔的科技意识。

(3)发挥学生的能动性和教师的主导性。注重因材施教,尊重学生的个性,鼓励发展特长,允许跳级。保持较大的选修课比例,特别在高中阶段,指导学生根据自己的能力和兴趣爱好进行选择。重视培养学生的创造性,鼓励学生思考问题,而不是告诉现成答案,努力为培养拔尖人才奠定基础。非常注重发挥教师在课程设计和实际教学中的主导作用,认为只有教师才能有效地针对学生的实际,直接传授知识、启迪智慧,也只有教师才能根据改革的精神和课堂教学经验,创造性地更新课程、改善教学。实事上,越来越多的教师正采用多种教学方法,帮助学生发展思维和想象品质,增强解决实际问题的能力。

(4)综合推进科技教育改革。《2061计划》认为,没有一个团体或部门是唯一具有智慧和权威的机构,改革离不开合作与交流。中小学教师、行政官员、社区领导者、大学教授和政策制定者应取长补短,共同为中小学科技教育献计献策。因此可以说,《2061计划》具有综合性。实施的对象是综合的,它力图在实验区内,面向从幼儿园到高中各个阶段的所有学生和学科,进行科技普及;实施的范畴是综合的,它在制定新教学大纲的同时,配套改革教材内容、教学技术、考试方式和学校的组织机构;参与者也是综合的,要使这些改革措施彼此兼容,就得顾及家长、政策制定者、教师等各个方面的因素。教学人员有本校教师,也常请教授、专家、科学家等来校讲课。教学以课堂教学为主,有时也走出校园,到政府机构、企业、大学或田间,接触社会和自然。

(5)教学手段现代化。美国中小学科技教育中,多媒体计算机在图书馆及课堂内外广为使用,网上教学和远程教学的潜力在进一步开发。2000 年,美国 100%的中小学安装了计算机,90%的中小学联入互联网,80%的中小学教室可以上网。这对科技教育的实施大有裨益,比如《2061 计划》课程中许多比较抽象的科学原理,可以生动形象地表现出来,便于学生理解和掌握。21世纪初,布什政府及其教育部决定,为学校现代化增拨技术款项,用于研制开发更适合学生使用的教学设施,开发丰富多彩的教育软件。并且,根据《2000年儿童互联网保护法》,拨款研制或购买儿童不宜信息的过滤软件;减少师生用纸笔进行的书面工作或作业的负荷,进一步开发使用计算机资源。

面向未来,美国科技教育将继续发展。首先,科学主义与人文主义并重,"文化脱盲"与"科学脱盲"并举。美国总统布什强调,联邦政府在教育方面的作用,首要的不是为体制服务,而是为儿童服务。他还签署了《不让一个儿童掉队法》,这与面向全体美国人普及科学知识的《2061 计划》的精神是一致的。其次,增加政府教育投入,进一步加强国家干预。把编订和推荐统一的全国课程标准作为提高科技教育水平的重要措施,号召各地充分参照国家标准开展教学活动。最后,以提高教育质量为宗旨,把科技教育列为提高教育质量的核心任务。

(四) 从《国家科学教育标准》看美国中小学课程

美国《国家科学教育标准》(以下简称《标准》),是评价学生从科学教育大纲中学习知识和获得能力所达到的水平及质量的标准,是评价科学教师教学质量的依据,同时也是评价教学实践和政策的标尺。《标准》也为科学教育提出了前景规划和未来目标,它打破了目前美国教育结构的限制,将最优秀的教育方式和方法总结推广,从而成为未来美国所有教育领域改革的参照样本。现将 1994 年美国国家研究委员会通过的《国家科学教育标准》概述如下。

科学教育可以被看成是整个教育系统的一个分系统。这个分系统由许多部分组成,比如学生和教师、学院和大学教师教育计划、教科书和出版部门、校长和校董会、家长和学生团体、科学家和工程师、工商业界和立法者等。《标准》为改进科学教育的各个环节提供了一个统一的、目的明确和前景清晰的发展图景。

加强科学教育是教育改革的重要组成部分。《标准》是美国提高整体教育系统水平所做出的巨大努力中的一部分。在 1994 年美国国会通过《2000年目标：美国教育法》以后，该法律中的目标在几年中一直处于讨论之中。目标包括国家英语、数学、外语、公民和政府、经济学、艺术、历史、地理和科学。在各个学科中广泛推行标准将会对教育起到普遍的支持和促进作用。《标准》中的学校科学教育目标是，让学生能够使用科学原则和了解科学过程；感知和体验因了解自然世界而带来的满足感和激动，提高学生从事经济生产的能力；在智力方面有能力参加关于科学技术问题的公开讨论和辩论。

从《国家科学教育标准》可以看到美国基础教育课程标准的主要特点。

1. 课程标准涉及基础教育阶段各门主要学科，已经成为学校课程教学、教材编写、考试和评价体系体制的最高准则与依据。在美国首先出台的是数学学科的课程标准。1989 年，美国全国数学教师协会就率先制定颁布了《学校数学标准与评价标准》，由此开创了制定全国课程标准的先河。1994 年颁布的《2000 年教育目标法》在英语、数学、科学、外语、历史和地理等 6 门学科的基础上，增加了公民和政府、经济学、艺术 3 门学科。而实际上，已经订立标准的学科超出了上述范围。除全国标准外，各州也纷纷制定和修订了课程标准。课程标准成了教学、考试、评价的依据。

2. 注重标准的多维性、可测性、层次性和表述的精确性，以便为全国测量学生的知识和技能提供科学的依据。指导性和参考性的全国性的课程标准与指令性的州级乃至地区的课程标准相结合。全国性的课程标准是美国正在加强的，而地方性的课程标准仍占主导地位。通过对美地方课程的考察，可以看到：分级管理是美国地方课程开发的权利保障；依法管理是美国地方课程开发的法律保障；民主决策是美国地方课程开发的显著特点；教师是地方课程开发的中坚力量。

3. 通过实施严格的和多样的评价措施来保证课程标准的真正落实。近年来，美国基础教育开始所谓 3A，即成绩（Achievement）、评价（Assessment）和绩效（Accountability）。而连接三者的纽带，就是标准。随着《不让一个孩子掉队法》的实施，州级统考开始推进，这有利于对课程标准的贯彻。

四、美国中小学课程的未来发展

(一) 科学专题增多

美国学者认为,专题是较高的科学观点,概括事实和概念,应用专题把科学学科的主要的子领域联结起来,教师能够帮助学生看到所有的科学的逻辑的和实质性的相互关系。例如,生命科学的子科目遗传学、进化论、古生物学等,可以用进化的专题以及变化模式、规模和结构的专题连结起来。根据这些连结可以解释子领域中的事实。科学的专题应该用于指导班级活动的设计。专题能用于设计班级活动,为学生们提供逻辑的顺序和教育的范围。例如,在能量怎样流通于生物系统的学习中,学生可以感性地认识营养物质在一些容易养育的生物体中的流动,如家养植物、草履虫、面粉甲虫、小白鼠等。以后,学生们就可以应用这些知识考虑能量在生态系统通过食物链或食物网的流通。用能量专题连接这两个活动将促进概念的联系效应,而不是把这两个活动孤立地来对待。面向未来,科学专题会更多地出现在中小学课程中。专题不会造成知识的片面化,相反更强调事物之间的联系,强调多角度分析问题。

(二) 重视机会平等

课程上的机会平等不仅意味着有平等地学习同样课程的机会,汪霞认为还应包括:(1)为来自家庭背景不良或下层的学生开设提前入学课程、补习过渡课程等,以提高他们的知识基础,使他们有能力与家庭背景优良的学生站在同一条起跑线上,真正平等地学习同样的正规教育课程。(2)课程不应搞一刀切,虽在国家政策的大范围之内实行,但要有足够的灵活性,使之适应于地方的差异,要求一个落后山村的学生与生活在发达城市的学生学习一样的课程,这显然是不平等的。课程应有深浅难易之分,根据实际情况,予以分类,逐步提高。(3)正规教育课程的设计需面向大多数,应考虑到地区、经济的差异,尤其要兼顾那些处在社会经济金字塔底部的家庭的孩子。否则,一种主要为使极少数人日后获取好工作和高报酬而设计的课程,难以适用于绝大多数的普通学生。(4)在课程上的机会均等,即给每一个人平等的机会,这并不是指名义上的平等,不是指对每个人一视同仁,如目前许多人认为的那样。机会平等是要肯定每一个人都能学到适当的课程,而且这种课程的进度和方法是适合于个人的特点的。美国中小学课程试图贯彻机会平等的精神,但要走的路还很长。

(三) 连续多向型课程

为满足未来人态度、兴趣和学习需求的变化,并适应未来社会经济发展和工商企业对多种人才的需求,课程系统将由现阶段的单向型转变为连续的多向型。即课程系统不只是面向某一阶段或特定阶段的学习者。未来的学习是终身的持续的过程,是使人们不断适应变化着的条件的过程。所以,课程须有整体性和连续性,是一种抛弃年龄和年级的限制,倡导开放的、可接纳所有人的、随时可进入的系统。在这一连续性的系统中,学生根据已有的知识基础、发展需要和兴趣爱好,可有多种选择和多种发展方向。而且,学生能够较为自由地转换课程类别,以便得到最大限度的发展。

(四) 课程富有弹性

首先,美国学校有较多选修课程。当学生不断地学习时,兴趣和知识不断向新的境界扩展,因此,课程也必须针对此种情况而供给新的可选科目,务必使每个学生均各得其所,各展其长,而能适应个人与社会的需要。其次,美国学校课程内容颇有伸缩性。为适应学生的能力、学校的环境和具体地域的需要,课程或有综合型和分科型,或分成不同的难易程度。课程会留有余地,供地方、学校、学生酌量灵活选择。最后,课程的教学顺序和时数也具有弹性,通过配合时令、事件以及学生的特殊性,而适当调整或补充。

(五) 显露与潜在并重

美国在学校教育中有计划、有组织地实施的课程谓之"显露课程"或"正式课程"。它们都显现在教学计划中,师生显然都知道要教、要学的内容。然而,学生在校习得的不只是读、写、算等方面可以测量的知识、技能上的发展,还从学校的制度、组织、社会过程和师生交互作用等方面,接受没有显现出来的价值和规范上的陶冶,这种通过教育环境有意或无意地传递给学生的非公开性教育经验途径即潜在课程。潜在课程注意学生在班级或学校的社会关系中所产生的非正式学习,重视学校及教室结构特征对学生社会化的意义,强调学生身心特质的社会意义及其与情境学习的关系。所以,重视潜在课程无疑开拓了新的领域,扩展了课程系统的视野。美国学校显露课程与潜在课程并重,其含义是多方面的:显露课程与潜在课程并非主从关系,而是相互对应和相互独立的,各有自己独特的内容、设计模式等,是两种独立的课程形态;两者是互相促进的,在相互依赖中共同发展;显露课程与潜在课程的关系不是静态的,而是一种互动辩证的关系,二者的分界是不断调整的,是可以相互转换的。潜在课程虽然具有潜在与难以控制的特点,但它却有独特的结构。与显露课程相比,潜在课程常常带有无意识性和随机的特点,体现出非规范性的特征;在内容方面,潜在课程重视知、情、意的整体性学习;在来源方面,除了教材之外,也重视学校组织特性、学校文化、教师人格和行为、同辈团体、能力分组、学生身心特质等因素对学习的影响。

(六) 加强劳动课程和服务课程

展望未来,技术和劳动课程将成为学校课程中举足轻重的一个方面,并且会得到新型教师的帮助,他们可以是工程师和领班,也可以是博物馆的解说员、企业管理人员、导游人员等。这种新变化已不同于以往:问题不在于接受一门新学科,如单纯开设一门劳动课、技术课等,而是要在现代化社会热气腾腾的环境中重新思考和安排课程。因此,就不仅仅是判断劳动的教育效能,而是要把劳动、技术、文化结合起来,并且把这些内容纳入课程设计的整体中。由此便扩展了以劳动为目的和手段的教育的各项目标、课程,不仅预见到了对技能和知识的掌握,而且也预见到了如何培养正确的态度以对待劳动界、技术及其对人类生活的影响。

服务学习(Service Learning)要求学生服务他们的社区,将学生的服务经验直接引入学习活动之中。展望未来,美国将进一步把服务学习作为课程资源和课程学习的一部分,将服务学习有机地融入课程之中。美国重视中小学的实践活动由来已久,但"从做中学"的办法产生了一些负面影响,导致学生知识缺乏系统。而重视服务学习其实有所区别。服务学习具有目的性,是课堂教学的补充,是培养学生动手能力、思想品格的有效步骤。教育行政部门的服务学习有一定的经费支持。服务学习的结果,要求有评价,作为升学的一个依据。

(七) 课程内容的现代化与全球化

课程内容现代化,从宏观上看,是现代科学技术迅猛发展的必然要求。人类社会的知识出现了总量迅速增加,老化日益加快,物化期渐趋缩短等前所未有的状况。课程若不能根据现代科学技术发展的要求,及时更新自己的不适应的内容,就将出现不适应甚至严重危机。更主要的是,课程内容现代化由社会自身发展要求所决定。当今世界,竞争激烈,为求生存、求发展,就必须及时更新技术、设备,开发新产品。课程内容不改革、不革新,就不能适应未来社会的生产和生活。课程内容的全球化意味着将全球观念渗透到课程内容中,学习有关跨国间的种种问题;学习能满足全球迫切需要的内容,特别是保护环境、维护和平、热爱民主、促进国际经济和道德新秩序的内容;学习有关制度、生态、文化、经济、政治和科技之间的交叉联系;学习通过他人的眼光、心理、心态来看待事物;学习树立多元化观念,了解并尊重世界范围内人类社会中存在的多样的思想观念和行为方式,形成对国际事务的关心。美国学者考夫曼在《教育的未来》一书中,提出了 21 世纪高中应教授的 6 项内容:(1)接近并使用信息,包括图书馆和参考书、计算机数据库、商业和政府机构的有关资料等;(2)培养清晰的思维,包括分辨语意学、逻辑、数学、电脑编程、预测方法、创造性思维等;(3)有效的沟通,包括公开演说、身体语言、文法、语词、绘画、摄影、制片、图形绘制等;(4)了解人的生活环境,包括物理、化学、天文学、地质和地理学、生物和生态学、人种和遗传学、进化论等;(5)了解人与社会,包括人类进化论、生理学、语言学、文化人类学、社会心理学、种族学、法律、变迁的职业形态、人类存续问题等;(6)个人能力,包括生理魅力与平衡、求生训练与自卫、安全、营养、卫生和性教育、消费与个人财务、最佳学习方式和策略、记忆术、自我动机和自我认识。美国的一批致力于教学改革的社会科学家、教师、作家和心理学家,通过讨论会或非正式聚会等形式,就 21 世纪高中课程的设计原则广泛征询意见。大家认为,21 世纪的高中课程应符合以下要求:有助于学生适应社会;有助于学生理解自身;有助于未成年人理解他们对未来投资;有助于学生了解社会变革性质方向及他们在变革过程中角色定位;有助于学生把课堂学习转化为未来责任。

（八）跨学科综合化课程

当代科学的发展表明,每一门学科都不是单独发展的,它总是在整个动态系统中,各要素之间相互作用的结果。随着科学发展整体化过程的加强,不同学科的原理或认识方法可相互渗透运用,而新的技术思想往往产生在几门学科的结合点上。这种发展的趋势对课程改革产生了巨大影响,它要求课程为学生提供在不同领域内建立的共同的认识方法,以使学生建立科学的世界观和认识论。所以进一步增设跨学科的综合化课程乃是十分必要的。通过运用系统方法的整体性原理实现学科之间的横向联系,让学生改变从一个角度考察现象的思维定式,形成多维的、多角度的、立体型的思维方式。综合化课程使学生对文化科学技术及其发展有全面性的认识,并且对一些新的学科或跨学科的知识以及各个学科之间的联系有较多的了解,同时教学内容的伸缩性和灵活性也比较大,可以避免知识的重复和割裂。

（九）课程具有人文特征

学校课程要培养学习者成为具有丰富人性的人。为此,需精选课程内容、削减课时、根本改变课程教授的方法,同时改善学校生活的过程,培养学生自主的、创造性的生活态度。为培养学生丰富人性,就得调整课程结构,使课程留有余地,进一步灵活化,并更多地提供使学生能够或个人或集体地开展发挥兴趣爱好的自主的、创造性的活动,让学校生活更加丰富多彩。课程的人性化是适应经济社会成熟化进展的一种根本性变革,是从传授知识的过程向培养独立思考、正确判断能力的课程作质的转变,是从学生的实际能力出发,使学习负担合理化、人的培养完善化的必由之路。

（本文原载《课程·教材·教法》2003 年第 12 期,人大复印资料《中小学教育》2004 年第 3 期复印）

美国高中课程改革考察与分析

    2006 年 10 月,中国高中课程代表团就美国高中课程改革和学生创新精神培养问题,访问了美国教育部及部分州教育厅,与美国亚洲协会、哥伦比亚大学、纽约大学、弗吉尼亚大学教授进行了座谈,还深入到纽约州维切斯特县的博览富高中(Braircliff High),纽约市皇后区的长岛市高中(Long Island City High),弗吉尼亚州劳顿县的自由高中(Freedom High)、夏威夷州的麦金利高中(Mckinley High)、罗斯福高中(Roosevelt High)听课。笔者通过本次率团考察及此前先后参加中美联合在丹佛、德莫因、上海、纽约、北京等地举行的高中教育论坛,了解到了美国高中课程改革的一些进展情况。

一、谨慎修订课程标准,突出基础知识并满足多样化需求

    受地方分权的教育管理体制影响,美国一直没有全国统一的高中课程标准。自 20 世纪 80 年代起,为了引导各州开展教育改革、提高教育质量,联邦教育部和有关机构制定了高中核心课程的基本参考标准,并启动了"2061 计划""蓝带学校计划""英才教育计划""新型高中计划"等项目鼓励和资助各地按照教育部颁布的参考标准进行高中课程改革实验。"9·11"事件后,随着《不让一个孩子掉队法》实施,美国朝野提高教育质量的呼声日高,各州遂对照全国标准,根据本州实际组织开发或完善了本州的高中课程标准。到2006 年,除艾奥瓦州外,其余 49 个州均开展了此项工作。

（一）认真完善必修课课程标准

美国教育界认为,面对世界科技迅猛发展和学习化社会悄然而至的新形势,一次性学校教育对人的一生发展远远不够,终身教育、终身学习、终身发展成了国家进步和个人成长的必由之路。高中课程改革要适应新的形势,更新学科内容,重视培养学生的学习热情、自学能力、探究本领,以便在将来工作和生活中不断获得新的知识和技能。首先,保证英语、数学、科学、社会、体育、艺术、外语等基础性课程在课程标准中的地位,要求学生必修,保证充足的课时。其次,纠正曾经存在的轻视知识的倾向,精选对学生终身学习有益的课程内容,保留或增加基础知识,体现学科的逻辑结构和学生的心理特征。最后,虽然美国高中未设思想政治课,但自 2001 年以来在相关学科普遍增加了美国历史和国际理解等方面的分量,强化了课程的德育功能,突出加强了爱国主义教育。弗吉尼亚州教育厅列出了高中生必读的篇目如美国《宪法》《独立宣言》以及历届总统的演说等,要求各校贯彻在教学之中,以灌输美国精神。同时,也重视外语和国际知识教学,培养学生的国际意向,帮助他们做好应对经济全球化挑战的准备。

（二）探索开发选修课纲要

各州鼓励高中开设丰富多彩的选修课,使学生各得其所,各展其长。为更好地适应新时期社会和个人的需要,一些地方教育部门或高中正在探索开发针对学生能力、学校环境和具体地域的特点选修课程纲要,其中明确表述了高中选修课程的总体设置、学分管理制度、选课的原则、程序和要求,以及学校对学生选课的建议等。有的州把选修课程设计成综合型;有的州则分成不同的难易模块,供地方、学校和学生自主选择。纽约州博览富高中的课程设置和管理像大多数美国高中一样,实行基本要求框架下的学分制,即学生在完成一定必修课学习的基础上,可选修适合本人的学科领域,实现有个性的发展。每学年博览富高中都向每位学生及家长印发选课指导手册,介绍学校课程设置、课程资源和选课要求等,以帮助学生根据自己的兴趣、能力及人生理想选择适当的课程。学校专设学生选课和生涯指导咨询员,随时为学生提供选课指导。

（三）注重学科综合化渗透

在培养目标上,美国高中阶段教育重视培养学生的综合素质,旨在造就适应性强的复合型人才。在教育结构上,强调普通教育与职业教育的融合和渗透,提倡办综合性高中,不人为规定普高与职高的比例。2006 年 10 月,美国教育部政策研究负责人艾伦·金斯伯格(Alan.L.Ginsburg)在华盛顿向笔者介绍,美国现只有 5% 的高中校系职业高中,其余均为综合高中,兼有双重功能。在教育内容上,重视课程整合,支持课程融通实验,增设综合性课程,培养学生具备广阔的视野。长期以来,美国的高中将物理、化学、生物、地理视为有机整体统称为"科学",鼓励学科间的融合,重视科学与数学的联系。在博览富高中化学课上,教师作光谱分析时,也会讲解光速、波长、频率三者之间的关系,而这是物理学的内容。在长岛市高中的一节数学课上,教师在讲解函数图像时,所举例子不单纯是抽象的变量之间的关系图像,而且还有物体的运动速度与时间的关系,通过讨论图线形状变化,让学生认识物体运动规律。

（四）谨慎操作课程标准的修订

在课程标准制订、修订和整个课程改革过程中,美国教育部门注意听取各方意见,并通过由小到大的实验,逐步推开。2006 年 10 月,里士满弗吉尼亚州教育厅副厅长琳达·沃林格(Linda M.Wallinger)向笔者介绍,该州曾一度将各科标准挂到网上,接受公开审议,并指定专人搜集整理网上意见。在美国,众多著名科学家、教育学家、心理学家、诺贝尔奖获得者对基础教育发展充满热情和责任心,他们认真研究高中教育规律,踊跃参与数学、科学等课程改革,而不是置身事外,评头品足,空发议论。大学教育学院的教授们在指导学生实习时,注意观察高中教育教学的运转和学科教学情况,与高中教师切磋琢磨,提供专业指导。此外,中学与社区的关系也非常紧密,学校服务社会,社会支持学校。学区委员会由社区各界人士代表参加,讨论本学区教育发展方向,为高中课程改革献计献策,并提供条件保障。在广泛听取意见后,州教育厅的学科专家和特邀专家对课标的每个细节逐一进行讨论,如某个内容要保留,理由何在;某个知识点要加入,是否必要;某个表述要删除,会不会割断知识链,等等,在取得共识前不会草率行动。在他们看来,课程改革乃是学校之本,涉及方方面面,只能和风细雨式渐进,不可疾风暴雨般硬推,这样可少走弯路。但总体而言,美国高中课程标准在实施过程中还是颇具灵活性的,课程标准的教学顺序和课时均具有弹性、留有余地。基层学区可以根据地方文化、时令季节、重大事件、家长意见以及学生实际对课程进行相应的调整或补充。

二、注重综合素质评价,激励拓宽视野,促进全面发展

(一) 大学录取标准比较全面

教育考试与评价对高中课程实施具有直接的导向功能,美国研究型大学的录取行为对高中课程改革发挥了较好的引领作用。美国的 4000 所高校中,多数采取宽口径录取,但也有 200 所左右的研究型大学通过全面衡量申请人的素质决定录取与否,考察包括以下几方面。一看标准考分。其学术性向测试(SAT)成绩应在全体考生中比较靠前。二看高中成绩。首先要考虑学生在高中的选课质量特别是英语、社会研究、数学、科学和外语成绩,其次要了解高中阶段的平均分数(GPA),以及学生在班级中的排名情况。三看论文写作。文章不但要文字优美,还要风格鲜明,内容独到,应能体现出热情、智力、创造性和写作水平。四看推荐信函。教师或辅导员的推荐信需对学生的态度、能力作出准确评价,对其在团体中的重要角色进行定位,反映其与众不同之处。五看面试情况。面试或由招生人员亲自面谈,或委托外地校友代为面试。主要是了解学生的综合分析能力、言语表达能力和临场应变能力等。六看体艺特长。在许多申请者都符合智力条件的情况下,非智力因素显得非常重要。许多院校都偏爱有体育、音乐或戏剧专长的学生。七看社会实践。考查学生是否参加过社会实践活动,参加了什么样的实践以及活动持续的时间,以此判断学生是否具有责任心、同情心,是否具有领导才能。八看先修课程(Advanced Placement 简称 AP 课程)。学习了几门大学先修课程,成绩如何。正是因为大学录取时衡量标准比较全面,才有力地引导着高中促进学生全面发展,努力

办出以人为本的高中教育。

（二）发展学生的非智力品质

美国的高中不"片面追求升学率"。教育工作者认为教育的对象是人，必须关心人、尊重人、理解人，教育目的是促进学生全面成长。在实际教育教学活动中，应顾及学生差异，注意培养学生良好品德、豁达性格、坚强意志、健康体魄和审美情趣等非智力因素。自由高中每个教室里都张贴着由学生自定的"社会公约"，内容皆系自我规范之词，如尊重、责任、礼貌、互助和诚信等。整洁的校园、文明的环境和自律的公约，对学生有着潜移默化的影响，发挥着学校的育人功能。长岛市高中则要求每位学生每天都要上一节体育课、半节音乐课。

（三）锻炼学生的实践能力

美国的高中注重通过课内外、校内外的教学或活动，增强学生的实践能力。在自由高中生活技能课上，学生在教师辅导下饶有兴趣地用可乐瓶、打气筒等废品或低成本材料自制水推火箭。这所高中的实践教室颇像工厂车间，车、铣、刨等各种工具应有尽有。麦金利高中的学生在学校养殖场养鱼，在玉米试验田里劳动，从做中学，锻炼了动手能力。长岛市高中成立亚洲俱乐部、法国俱乐部、希腊俱乐部、意大利俱乐部、烹饪俱乐部、艺术俱乐部、舞蹈俱乐部、形体俱乐部、啦啦队俱乐部及科学研究俱乐部，等等。该校还组建了男女棒球队、排球队、网球队、篮球队、手球队、足球队、垒球队、橄榄球队、保龄球队、高尔夫球队，以及剑术队、体操队、游泳队和摔跤队等，众多的学生社团举办了丰富多彩的活动，有的是学术性的，有的是为锻炼学生领导才能提供的各种平台，有的提供课堂以外社会化或者人际交往的机会。

（四）普遍开展研究性学习

美国高中重视给学生提供课题研究的机会，以拓宽学习领域，获得研究本领。以博览富高中为例，学生课题分为初级、高级，指导教师中有的是本校教师，有的是校外专家。2006年度，他们的研究课题"城区气喘病流行问题研究"的指导者来自当地医院,"质子疗法问题研究"的指导者来自一个国家实验室,"多样能源及应用"课题则是由一家著名工程公司的工程师担任指导教师。参加课题研究的学生,一般能够选择重要的理论或现实问题,制定方案,刻苦研究,取得进展。例如,有的学生以"模拟蛋白质的构成"为课题,使用超级计算机和专门软件,花一年时间,克服重重困难模拟出蛋白质折叠情况,制作出与真实蛋白质尽可能接近的系统。有的学生以"记忆与学习"为课题,观察不同类型的记忆如何激活大脑的不同部位,探索在瞬时记忆、短时记忆或长时记忆等记忆类型活动时相应的大脑皮层变化,试图揭示记忆与学习的关系。也有的学生以"美国与印度的食品文化"为课题,使用斯瓦茨(Schwartz)价值量表,从2005年住在纽约市和新德里市的年龄在15—75岁的居民中抽出共150名男女进行测量,观察其对某种食品的购买和消费态度,从而进行文化、宗教和种族等方面的社会分析,探讨国家和社会经济状况对民族食品的影响。还有的学生研究"什么是优质教育网站",对100名初中生使用的5个教育网站的情况进行跟踪测试,从内容构成、组织方式、交互作用及操作难易等方面,用实验方法分析这些网站的优缺点并予发布。

三、广泛开设先修课程,鼓励优秀学生提前学习大学内容

(一) 先修课程呈扩大之势

先修课程即大学先修计划课程,于1951年由福特基金会资助启动实验,1955年美国大学理事会(College Board)接手管理,1956年首次举办AP考试,当时的考试课程只有11门。20世纪80年代之后,开设AP课程的学校逐渐增多。进入21世纪,随着各界对高中教育质量期待的提高及名牌大学招生时对申请人AP考试成绩的看重,开设AP课程的高中越来越多。2006年有1.5万多所高中开设了AP课程,占全美高中总数的60%以上。其中,多数高中开设3—5门,优质高中则往往开设10门以上。至2006年,AP课程计划涵盖了22个领域的37门课程:物理(力学)、物理(光学)、物理(电学)、生物学、微积

分 A、微积分 B、微积分 C、化学、计算机 A、计算机 B、心理学、统计学、环境科学、人类地理学、宏观经济学、微观经济学、美国史、欧洲史、世界史、美国政府与政治、政府与政治(写作)、音乐理论、艺术史、美术作品(绘画)、美术作品(二维设计)、美术作品(三维设计)、英语、英美文学、法语、法国文学、拉丁语、拉丁文学、西班牙语、西班牙文学、德语和德国文化、中文和中国文化、日语及日本文化等。其中,中文和中国文化于 2003 年列入 AP 课程计划,自 2007 年开考。

(二) 先修课程基本得到认可

AP 课程对学生、高中校、大学均具有多重意义。对学生来讲,学习 AP 课程,可提前体验大学阶段学习,挑战自我,开阔视野,进入一个崭新的学习领域。高中学生学完 AP 课程可参加由美国大学理事会组织的全国标准化统考。AP 考试采取 5 分制,3 分及格,即可为多数大学所接受;名牌大学则要求 4 分乃至 5 分才能折抵大学学分。例如,2003 年的规定是,只有 5 分的 AP 成绩才能折抵学分。学生若有几门 AP 课程高分通过全国统考,便可在申请大学时占得先机。把成绩带入大学折抵学分,可节省学费,并有更多的时间从事自己喜欢的研究,谋划下一步的专业发展。对高中来讲,通过设置 AP 课程,丰富了办学层次和教学领域给学生提供更广阔的发展空间,让天资聪颖和学有余力的学生捷足先登,增强了学校的影响力。对大学来讲,由于 AP 课程使高中生多方向、多层次分流,可在一定共性发展基础上实现有个性、有特长的发展,从而有助于改革大学招生考试办法,拓宽发现和选拔人才的道路。美国的大学之所以看重 AP 成绩,一是认为 SAT 允许多次考试、取其最佳,难以看出学生实际水平,而 AP 课程只允许考一次,无法靠机械训练提高成绩,更能预测高中生未来在大学里的成绩;二是断言 SAT 只考某一方面的知识,且所考内容与学生未来在大学阶段学术潜力发展关系不大,而 AP 考的本身就是前置的大学课程,涵盖知识面较广;三是 SAT 几乎都是选择题,不利学生尝试多种解题办法,而 AP 考试题目比较灵活,学生可以自由发挥,分数由人工评定,比机器评卷更能测出学生的思维能力。

从总体上看,AP 课程还是受到欢迎和肯定的。2006 年 5 月,美国国家科学基金会(NSF)向大学理事会拨款 180 万美元,重新设计高中的物理、化学、生物和环境科学等科课程,以提高学生学习科学的兴趣。NSF 希望在设计新课程时,要运用新的教育科研成果来编排内容,以新课程为载体,唤起广大学生科学探索之热情。为此,大学理事会成立了 4 个 AP 课程委员会进行工作,所有课程修改将于 2007 年 12 月完成,2009 年秋季按新课程标准实施考试。

(三) 先修课程普及存在困难

AP 课程远非尽善尽美,对于本已学习困难的学生,AP 课程会造成一定的心理压力,导致学生产生自卑感,甚至厌学、辍学。对此,美国教育部在办公大楼正门悬挂"不让一个孩子掉队"标语,时时提醒联邦教育政策要面向全体学生。各州启动相应"控辍计划"希望能帮助学习困难的学生完成学业。从学校方面看,即使认同了 AP 课程,地处偏远的高中或城市师资条件较差的高中,在开设方面也常感力不从心,面临诸多困难。对此,有关部门一方面反复解释,强调 AP 课程不要求所有高中都开设,各高中应量力而行;另一方面,积极通过网络 AP 课程进行弥补,或请大学教师上课以解决高中师资力量不足等问题。毕竟,AP 考试成绩是研究型大学录取新生的一项指标,高中不可能坐视不理。但是,美国高中办学条件参差不齐,学生学业水平差别也大,完全解决这一问题近期无望。事实上,美国教育界也无意将高中拉平。

四、实行广泛分层教学,为创新人才的培养奠定坚实基础

在创新型国家建设的总体战略中,美国各州勇于摆脱制约高中教育发展的桎梏,开阔办学思维,创新教学实践。在课程改革和教学过程的各个环节中,重视对学生创新精神和创造能力的培养,因材施教,让所有学生在各自基础上获得充分发展。

(一) 高中课程的设置存在差异

美国高中虽处义务教育阶段,但由于各自的历史传统、教育哲学和经费来

源不同,各地各校的硬件条件、师资水平及办学质量相差悬殊。一些非常有影响的私立寄宿制高中及专司学术性的大学预备教育,成为远近闻名的重点高中,即使在公立教育范畴之内,也长期存在"重点高中"。例如,弗吉尼亚州杰弗逊科学技术高中,就一直跨学区选拔招收在数学、物理、生物或计算机方面有天赋的学生。与此类似,纽约市三所优质高中采用考试选拔新生,实施学术性教育,努力为拔尖人才培养奠定基础。还有一些社区或者大学办的"磁石学校"(Magnet School),其课程具有挑战性,教师也是经过精心挑选的,学业要求较高,目的就是满足学生的兴趣和学习需求,为他们提供更多发展机会。联邦教育部专设"磁石学校基金",用以奖励学术水平高、课程改革有成效及作出贡献的磁石学校。

美国的"重点高中"之所以能存在和发展,有其适宜的土壤。很多人认为,未来社会不光需要高素质的劳动者,还必须有科技精英和社区领袖,这些人在高中阶段应奠定良好基础。而且人的天赋、兴趣和才能确有差别,高中阶段又是学生成绩分化时期,应施予针对性的教育。弗吉尼亚大学教育学教授迈克尔·麦肯纳(Michael C.Mckenna)2006年10月在该校对笔者坦言,美国高中生中有20%是一流的,有45%属于一般的,有35%则是很差的。将前20%的学生用一种具有生机活力的方式培养成才,就可以引领科技进步,使美国经济发展获得持续的智力支持。当然,上述的判断并非所有美国人都认同,因而主张基础教育均衡发展、取消实际存在着的重点学校的声音也不绝于耳。

出人意料的是,近年来,有23个州由州财政投入支持寄宿制高中,面向全州招收拔尖学生。这样的寄宿制学校,在伊利诺伊州和北卡罗来纳州已存在20多年,但其余各州是2002年后新设立的,其中肯塔基州2007年开工建设。除了北卡罗来纳州有2所这样的寄宿制高中外,其余22州均只有1所,这些高中主要依据考试分数、学术成就、个人文章、教师推荐等面向全州招录新生,选拔性很强,申请者中只有10%左右被录取。

可见,在美国,面向全体学生的普及教育和面向少数学生的英才教育是同时存在的。2006年美国教育部开展了700万美元的中小学英才教育项目,约翰·霍普金斯大学也宣布继续其由来已久的"青少年英才教育计划"(Talent Search)。无论大学,还是高中,在选拔英才苗子时并无固定的模式,往往先看学生数学或科学潜力,再看其全面素质。一般能力出众者(gifted)可能被发现并得以重点培养,某种能力出众者(talented)也可能受到专门指导。英才在美国并不神秘,比例较高,大约20%的学生被视为英才。

(二) 实施校内分层教学

美国高中课程进度适应学生学习程度和需要,尤对学习有困难的学生给予特殊关照,体现出较强的人本精神和向每个纳税人负责的态度。各地多数学区组织学生参加学术性向测试预考(PSAT),高中以此作为进一步分层教学的依据。分层教学形式多样,校内课程设置和结构有较大的选择性和自主性;课堂教学的灵活性和开放性也很大。不仅如此,在校内还通过学生社团和形式多样的课外活动满足学生的不同需求,在校外通过与政府、社区和大学的有效联合,为学生创造出多样化的学习机会。这些措施充分考虑了学生的个性差异,满足了不同需求,促进了学生潜能的发展。

在面向全体学生的同时,一些高中还重视给那些有潜力的学生提供进一步发展的空间。特别是在11年级和12年级的课程安排上,突出了分层或多向发展。如博览富高中11年级英语课分为:常规水平的英语11,差别性教学的英语11C,荣誉课程英语11H以及英语11AP课程——英语语言和写作。教师指导学生依据学业成绩和能力选择课程,例如,要选择荣誉课程英语11H,应先在英语9和英语10课程学习中成绩优异,并获得校英语教研部的推荐。荣誉课程除了涵盖常规水平课程的内容外,还希望学生在思考、阅读、写作和听说技能等方面获得高水平,要求读更多材料,写出研究论文,强化对文学作品作专题研究,对作品多艺术形式作深度分析,突出批判性讨论和反思式写作。相应地,该校对学习英语11AP课程要求则更高。

为了体现自主性和选择性,强调发挥学生的主体意识,弗吉尼亚州把课程标准称作"学习标准",并在各门学习标准前言中明确指出,学习标准并非涵盖全部具体教学内容或方法,而是鼓励教师参考这些标准选择适合学生的教学策略和评价方式。学生修完这些课程需参加考试,根据通过考试的情况,获得不同的高中文凭。例如,就科学课程而言,要获得"标准文凭"至少要完成两个不同领域的3门科学课程;要获得"高级学习文凭"则至少要完成3个不同领域的4门科学课程。

美国的大学不同院系对科学掌握程度要求不一,高中生需根据自身情况,选择与日后大学学习相适合的高中科学课程的学习内容。例如,博览富高中的物理课程设置就体现了这个特点。一是概念物理。介绍物质相互作用和能量的特性和本质,以及力学、热学、电磁学、波动学、光学和原子核等基本的物理学原理,面向所有学生,传授作为现代科技社会的合格公民所必备的科学知识,弘扬科学精神,注重科学与生活、社会的联系。二是AP物理。涵盖力学、热学、电磁学、波动学、光学、狭义相对论和原子的结构。学习AP物理的学生需具有代数和三角函数、实验技能、图线分析技能等方面的基础,旨在为今后学习科学或工程的学生做准备。三是研究性物理。为那些对科学、工程、数学、计算机有极大兴趣、具备较强的科学背景的学生做继续深造的准备,指导他们开展科学探究,充分发挥其潜能。

(三)培养学生创新精神

一是鼓励学生大胆思考。美国高中大力开展启发式教学,尊重学生的主体地位,突出了教学的发展性。长岛市高中一节化学课上,教师在讲授气体的占空间、可压缩、易扩散性质时,都通过演示实验帮助学生理解,并指导学生自己归纳出结论。学校努力保护学生的好奇心和求知欲,提倡和鼓励学生大胆质疑、独立思考、勇于冲破思维定式。二是注重知识发生过程。在自由高中的一节物理课上,教师讲解物体平抛运动这节课的大部分时间,是让学生通过实验台上的操作,验证物体在水平方向匀速运动和竖直方向自由落体运动的等时性、测量物体的初速度、描绘其运动轨迹、分析测量数据得出物体的轨迹方程。数据的采集是实时的,数据的分析处理更强调方法,整个课堂给学生创设了较宽松的探究氛围。教师引导学生积极主动参与实验,亲身体验知识发生的全过程,经过认真思考和分析,自己得出正确的结论。三是为学生提供创新的时间和空间。在教学中,美国高中重视提高课堂效率,不搞加班加点,让学生有时间思考问题。各高中不仅强调课内学习,也强调课外多渠道学习,强调学生之间的相互促进和交流,强调接触自然,参与实践,锻炼发现问题、提出问题、分析问题和解决问题的能力。四是让学生初步掌握创新的基本方法。各高中重视帮助学生了解创造发明过程,掌握创造发明的基本方法或规律,逐步具备初步的创造能力。

中美两国高中教育既有共同之处,又有较大区别。在全面实施我国高中新课程的过程中,应借鉴美国有关做法,同时避免简单照搬。一要坚定信心,全面推进高中课程改革,精选学生终身学习所需的基础知识,注重学生良好品德养成,有效利用高中课程"选修模块"增强对课程的适应性,探索高中与大学的课程沟通,为造就创新型人才奠定基础。二要坚持不懈,努力优化教学过程,启发学生主动发展,尝试开展分层教学,加强书本内容与现实生活的联系,不断培养学生的创新精神和实践能力。三要与时俱进,积极稳妥地推进大学招生制度改革,开展综合素质评价,探索科学的多样化人才选拔机制,引导广大高中生全面发展。

(本文原载《教育研究》2007 年第 3 期)

美国基础教育发展与改革：历史考察

　　美国的历史不长，是一个比较年轻的国家。从 1776 年独立建国至今的两百多年间，美国教育发展引人瞩目。美国教育改革发展与其经济、社会、文化、科技的不断进步紧密联系，伴随于实现"美国梦"的全过程。其中，作为面向广大国民的美国基础教育直接提升了其人口素质，为国家进步奠定了重要的人才基础。以史为鉴，可明白很多事理。对美国基础教育发展历程进行梳理，有助于加深对美国基础教育过去与现在的了解，也可以借鉴其教育实践和教育思想，从而借他山之石以攻玉，达到洋为中用之目的。

一、美国基础教育发展的基本脉络

（一）基础教育萌芽阶段（1776 年以前）

　　美国教育是伴随着美洲大陆的发现和移民的出现而兴起的。14 世纪以前，作为美洲主要土著人，印第安人生活在原始、简朴的状态中。

　　1492 年哥伦布发现新大陆后，欧洲殖民者便开始了探索美洲的历程，使印第安人平静的生活被彻底打破。从此，美洲出现一些传授知识、培养技能的教育行为。

　　16 世纪以后，英国及欧洲其他国家的人群逐渐登陆并居住于美洲大陆，北美大陆成为殖民地，长达百余年之久。那时，随着移民的不断涌入，北美大陆欧洲文化的色彩浓烈，对教育十分重视。1636 年哈佛学院成立，1647 年首批公立学校问世。移民按自己的意愿办学,不同的移民区产生不同的教育模式,带着宗主国的烙印。那时,唯有上等阶层子女可以受到较好的教育,贫穷和下等阶层子女与正规教育无缘,很早就得学艺谋生。

1. 土著美洲人的教育

哥伦布发现的所谓新大陆,对北美土著人来说,其实并不新。考古发现表明,北美大陆的第一批居民是在公元前 15000 年左右穿越白令大陆桥来到北美的。随着时间的推移,早期美洲居民的活动范围不断扩大,由北到南向中美洲和南美洲扩展,乃至遍及整个大陆。直到大约 500 年前欧洲人来到这片土地上,才打破了原本的秩序和宁静。

在这片陆地上,印第安人繁衍生息,各具特色的本土部落群体也缓慢地得以形成。虽然各个部落存在着文化差异,不过,要想成为一名合格的部落成员,每一个儿童、青少年都必须接受一定的教育和训练。这至少包括三个方面:

一是生存技能。为了生存下去,就要了解地理、温度、水源,还要与自然界和谐相处,接受有关生存经验和身体技能的训练。

二是传统文化知识。为了更好地在群落中生活,他们还要学习本部落的歌曲、舞蹈、戏剧等知识和本领。

三是精神意识。为了在精神层面上获得一份安宁,他们须参加宗教学习,以了解宗教、敬畏宗教。宗教学习往往是由家族或者部落中的年长者通过庆典、祭祀等活动,以故事叙述方式进行。

2. 欧洲人开拓新大陆的教育

1565 年,西班牙殖民者在美洲建立了第一个殖民定居点。之后,来自其他国家的殖民者建立了更多的定居点。当欧洲人陆续来到这片新大陆时,他们也把欧洲的教育理念和经验带到了美洲。这些殖民者不仅重视对自己子女的教育,而且重视对土著美洲人的教育。在他们看来,土著人是野蛮的、未开化的,其儿童也必须接受文明教化和基督教教育。

那时候,教育与宗教没有分离,教会不仅对年轻一代传授宗教教义,而且还教授阅读、写作、商业贸易、手工业以及艺术绘画等。尽管也有一部分西班牙殖民者的孩子进入教会学校,但是大部分家庭条件较好的西班牙殖民者还是选择聘请家庭教师在家里教育孩子,或者将孩子送回国内上学。客观来说,西班牙人对土著美洲人的这种强制性同化政策收到了成效,给土著人奠定了初步的文化基础。

值得一提的是,在殖民者中,法国人对土著美洲人并没有实行强制性的同化政策,而是尝试着融入当地的部族社会,学习他们的语言,了解他们的文化,并与他们通婚。不过,由于法国政府在1673年停止了对美洲的殖民活动,故而法国的学校制度也没能在美洲发展起来。

3. 殖民地时期的初等教育

在新英格兰殖民地,最常见的初级教育机构是主妇学校。它是一种家庭式的学校,收费低廉,由周边受过一些教育的主妇在家里的厨房或起居室举办。主妇学校主要教儿童吟唱童谣,以及基本的拼写和阅读技能。提供初等教育的机构还有阅读学校和写作学校,主要教授阅读和写作知识。阅读学校是更为基础的一类学校,它主要以阅读启蒙和宗教教育为主。写作学校以教授商贸所需的技能为主,包括写作、算数、复式记账法等。在殖民地后期,这两类学校也获得了一些公共经费的支持。

此外,提供教育的机构还包括慈善学校或贫儿学校,主要招收那些无力支付学费的贫困家庭儿童。这类初级学校采取宗教式教学,教育目标主要是为来世做准备。课程主要以"4R"为主,即阅读、写作、算术和宗教。记忆和背诵是基本的教学方法。教师主要是通过恐吓的方式来激励学生,让他们遵守学校秩序。

4. 殖民地时期的中等教育

拉丁文法学校是作为大学的预备学校而产生的,因为精通拉丁文是大学招生的基本要求。公立和私立的拉丁文法学校都是为满足富裕家庭中的男孩进一步学习的需求而产生的。在学校中,学生每天学习8个小时,每周学习6天。主要学习拉丁文、希腊文和希伯来文等古典语文,还要学习其他包括自文艺复兴以来培养有教养的人所要进行的古典教育科目。一般来说,学生们星期一至星期四上午学习语法,下午学习阅读,星期五温习和考试,星期六写作文,星期日一般做教义问答和宗教练习。学生的学习任务非常繁重,他们需要大约7年的时间才能完成一整套课程。1635年,在波士顿建成的拉丁文法学校开学，它被认为是第一所建立在英属殖民地的正式"公立"中学。随着1647年教育法案强制要求建立文法学校的规定颁布，文法学校逐渐在各地建立起来。

文实学校作为殖民地的一种教育机构，出现于18世纪中期，文实学校最早最有力的支持者就是本杰明·富兰克林。富兰克林深受启蒙哲学的影响，特别是受约翰·洛克的影响，主张传授实用知识，培养殖民地所需要的熟练工匠、商人和农民，指出英语应该成为教学的主要语言，而不是拉丁语。从新英格兰开始的文实中学运动扩展到了西部和南部地区。文实学校的类型是多样的，有寄宿的，有走读的，有教师举办的，有家长或社会团体举办的，还有教派或慈善家举办的。文实学校还因得到了公共资金的支持，其规模不断增大。女子文实学校的建立扩大了女性的受教育机会。

5. 殖民地时期的教育法

新英格兰殖民地发展了政教合一的传统，于1642年颁布了第一部教育法即马萨诸塞教育法，首次明确提出了国家应在教育中扮演重要角色。该法是义务教育法令的雏形。5年后，殖民地颁布了1647年教育法。该法要求建立学校，要求所有50户及以上家庭的城镇都必须为本地儿童提供基本的读写教学，它规定教师的工资应该由学生家长或者社区里的人共同支付。它还要求凡满100户家庭的城镇必须建立一所文法学校，以准备将一些男孩送去继续深造。那些不服从的城镇将被处罚。

（二）基础教育初创起步阶段（1776—1861年）

从美国独立后至南北战争前这段时期，属于教育改造或教育制度的初创时期。为了有效培养新型劳动力，适应经济发展，也为了把各不相同的移民文化熔炼在美利坚合众国这个大熔炉里，以巩固新生政权，繁荣经济和文化，19世纪20年代掀起了一场席卷北部和中西部的公立学校运动，成了普及、平等、免费、不属任何教派的美国公立学校制度的开端。公立学校运动其实就是依靠公共税收维持，由公共教育机构管理，面向所有公众的、免费的义务教育运动。当时，美国北部各州的大部分选民认为，创建由州政府规定并由地方管理的免费学校是明智的选择。在这种教育模式盛行后，美国开始出现了有教无类的免费教育制度。从此,基础教育作为正规、公益的教育模式在美国长期存在。

1. 教育理论家强调教育作用

开国元勋托马斯·杰斐逊(Thomas Jefferson)认为政府的权力是被统治者授予的,人人享有政府不可掠夺的若干权利。1779年,杰斐逊在弗吉尼亚州议会上提出了《关于进一步普及知识的法案》,主张在弗吉尼亚州建立公共教育制度。该法案提出将县划分成不同的小区,每区设一所由税收支持的小学,为所有入学的白人男女儿童提供三年免费教育,学生学习古典学科和现代历史,掌握必要的文化知识和计算能力。每区建立一所寄宿文法学校,招收那些付得起学费的学生,以及聪慧但出身贫困的学生,后者学费由州提供。文法学校的课程包括拉丁语、希腊语、地理、英语、文法和高等算术。该法案极具精英主义特质,并且富有自由主义和人道主义色彩。虽然该法案最终没有获得通过,但是,杰斐逊提出的普及免费公共教育观对于美国基础教育制度的建立具有重要意义①。

本杰明·拉什(Benjamin Rush)是费城学院的一名教授。他提出要建立由公共财政资助的免费学校制度,在他制定的《关于在宾夕法尼亚州建立公立学校和普及知识的方案》中,他提出在每个有100户或超过100户家庭的城镇建立一所免费小学,每个县建立一所文实学校。拉什积极倡导女性教育,由他建立的费城女青年文实学校是美国最早的女子文实学校之一。出于他的"共和机器"的教育理念,他对黑人教育、宗教教育都给予支持,并主张建立由公共财政支持的宗教学校。与其他理论家相比,拉什更多关注教师质量与品质以及他们得到的经济支持。他还是严厉的共和国理论家,主张通过教育甚至教化来实现自律和政治。

诺亚·韦伯斯特(Noah Webster)被誉为"共和国的教师",他认为教育之目的是灌输爱国主义,制定国家语言和课程是实现这一目的的根本途径。他赞成免费学校的观念,支持女性教育。他编写了《英语语法课程》,代替了当时的英语课本,他还编写了《美国英语词典》,这成为促进美式英语发展的一个重要工具。他最受欢迎的一本书是《初级拼写读本》,内容包括带有政治和

① 滕大春著:《美国教育史》,人民教育出版社1994年版,第50—56页。

爱国内容的联邦问答和关于道德和行为方面的知识。有评论认为,他的课本对美国教育产生的影响要比他的理论设想大得多。

2. 创办崭新的初等教育机构

建国初期的美国初等教育虽然留有欧洲的痕迹,但是在一定程度上满足了人民大众的教育需求,为他们提供了学习的机会。

导生制学校在美国得到普遍推广并赢得广泛赞誉,它被认为是 19 世纪末美国出现的工厂式城市学校的原型。导生制学校源于英格兰,由约瑟夫·兰卡斯特引进到美国。导生制学校以学生的学习能力为标准,挑选出导生或实习教师,进而通过他们来教授学生。1806 年,纽约市成立了美国第一所导生制学校。导生制学校为贫穷儿童提供了一种廉价的受教育机会,这也成为了慈善学校的一个典范。后来,导生制学校逐渐衰落,原因是导生们无法赢得学生的尊重,无法维持秩序,以及所教授科目的局限性。

主日学校是一种慈善学校,起源于英国。1786 年,弗吉尼亚州出现了美国第一所主日学校,目的是向平时需要工作的儿童提供道德教育,传授读写的基础知识,强调阅读和背诵圣经。主日学校主要出现在一些大城市的工厂里。随着主日学校规模的不断增长,它面向所有儿童开放,这扩大了儿童受教育的机会,也使主日学校成为公立学校的先驱。

1827 年,在纽约和费城成立了幼儿学校,招收 2—6 岁的贫困儿童,学生主要学习基础文化知识,接受道德教育。在美国,幼儿学校在 1840 年前后出现了短暂的中断,并在 19 世纪 50 年代随着幼儿园的兴起而得以复兴。它在学校引导大众关注教育需求方面发挥着重大作用,作为小学预备学校被保存下来,成为城镇学校的组成部分。

3. 开展公共学校运动

公立中学运动发端于内战之前,其初衷在于取代拉丁文法学校,此外,人们也对私立中学的收费制度以及私人控制学校的制度感到不满。1821 年,在波士顿成立了英语古典男子学校,标志着公立中学运动的开端。1824 年,该校改名为英语中学,这是美国建立的第一所公立中学。1826 年,美国建立了第一所女子公立中学。对公立中学运动具有重要意义的是 1827 年的《马萨诸塞州法》,这是美国第一部要求建立公立中学的法律。该法依据城镇或区的大小,对教师数量和所授学科进行规定,要求在具有 500 或 500 个以上家庭的所有城镇或地区建立一所公立中学。它还要求,当已开办中学的城镇或地区人口达到最低 4 千人的时候,学校课程中必须开设拉丁语和希腊语。事实上,该法没有被严格执行,该州的中学数量也增长缓慢。这是因为,当时大多数人都未完成初等教育,大众对中学的需求是非常有限的。直到内战后各种政治的、社会的、经济的因素汇集起来,才创造出了对公立中学的巨大需求。

1830—1860 年这段时期在美国教育史上被称为公共学校运动时期。公共学校运动形成于美国当时特殊的政治、经济和社会发展背景之下。公共学校运动以兴办州立学校制度为宗旨,促使州政府加强对教育尤其是财政方面的支持,在一定程度上实现了教科书和教学的标准化,加强了教师培训。虽然公共学校运动遭到各方的批评,但是它获得了广泛的公共支持,为美国公共教育制度奠定了坚固的基石。

那时,城市移民劳动力大量汇集。从 19 世纪三四十年代开始,大量来自爱尔兰、德国和南欧的新移民涌入美国的大城市就业,他们大多信奉罗马天主教,一般不说英语。新移民在为工业化提供大量必需劳动力的同时,也产生了越来越多的问题,其中就包括教育问题。广大工人的受教育需求极为迫切。城市化的发展推动了适龄儿童的集中化,工人阶级个人无法负担起子女教育所需的费用,工人们要求给他们的孩子建立一个良好的教育制度,建立由税收支持的公共学校。

起初,死记硬背的机械教学方式在公共学校最为常见,学生学习的东西就是书本。普遍使用的教科书是系列读本,以传授美德与宗教教义,宣扬美国的文化和民主政体。到了 19 世纪中期,为公共学校出版和使用的教科书种类更加多样,教学方法也发生了变化,简化教学方法、直观的教学原则、实物课程观以及爱儿童的教育理念逐步得以体现。

(三) 基础教育普及发展时期(1862—1945 年)

从南北战争至第二次世界大战前这段时期,是美国教育的普及发展时期。19 世纪中期,美国爆发了具有划时代意义的南北战争。南北战争后,美国教育阔步前进,逐渐枝繁叶茂起来。

1. 制定义务教育法律

1852 年,马萨诸塞州通过了全美第一个义务入学法,规定每一城镇满 500 户居民设立一所中学,适龄少年儿童必须入学。要求所有 8 — 14 岁的儿童每年就学 12 周,连续 6 年。到 1918 年,全美各州都颁布了义务入学的法律规定。这些法案虽然没有即刻得到充分执行,却提高了入学率,降低了文盲率。到 1919 年各州都普及了年限不等的义务教育。在美国教育初创阶段,为适龄儿童提供免费的基础教育是以原则的形式出现,而在南北战争后,国家通过联邦和州两级政府联动的方式,对免费基础教育的推广提供了具体的实施保障。1868 年联邦政府设立教育机构,负责搜集、印发、统计教育信息,管理联邦教育经费,对各州教育系统提供咨询和帮助。州政府设立教育委员会或教育厅,依照州教育法规实施教育行政。州下面设学区,学区的教育管理机构成了具体管理教育事务的实权部门,从此形成了教育的地方分权制。

2. 开展综合中学探索

20 世纪初,美国的综合中学出现,其典型特征是学术研究和职业培训实现了并轨。综合中学的课程是多元化的,它为不同能力和不同兴趣的学生开设了系列课程。这些课程主要有四类:

一是大学预备课程,包括英语和文学、外国语、数学、自然和物理科学以及历史和社会科学;二是商业或企业课程;三是工业、职业、家政和农业的课程;四是为计划中学毕业后就结束接受正规教育的学生提供修改过的学术课程。学生基于自己的能力、目标、兴趣或者未来的教育前景,可以选择不同的教育轨道。

3. 发起进步主义教育运动

进步主义教育反对传统的以教师为中心、以学科为中心的课程,主张以儿童为中心的课程。进步主义教育协会的成立,曾一度扩大了进步主义教育在全国的影响。在流行了一二十年之后,在大萧条到来之前,进步主义教育很快陷入了低潮。进步主义教育运动超越了美国历史上所有的教育改革运动,虽然在 20 世纪二三十年代进步主义教育从来也没有完全占领美国教育,但它的深远影响大大超出了它所处的时代,它作为一种审视课程和学习过程的方法从来没有消失过。

20 世纪初的美国人口实现了大幅增长,到 1930 年已达到 1.23 亿。人口的增长很大程度上是大量移民涌入的结果。这些移民基本上是天主教徒或犹太教徒,许多人是农民或难民,他们的生活方式与那些本土出生的美国人迥然不同。在人口数量迅速增长的同时,人口的城市化进程也日益加快。新移民往往聚集在拥挤的隔离地区的出租房内,环境和卫生状况极为糟糕。新移民不仅通过他们外来的方式使本土出生的美国人感到惊恐,而且他们固执地忠于犹太教和天主教,使占支配地位的新教徒市民感到震惊。新移民文化与美国本土文化之间的差异巨大,这在客观上恶化了与住房、卫生条件和公共教育有关的现实问题。

在这期间美国的经济迅速增长。到1920年,美国已经成为当时世界上最大的制造业国家。随之而来的是在工业和政治上的腐败肆虐。为了回应商业和政治活动中的负面影响,进步主义运动应运而生。进步主义者向政府的理念提出了挑战,要求政府从商业团体中夺取控制权,将其用于推进社会变革,保护弱势群体利益。

进步主义对教育的影响日益深刻。随着人口的迅速增长,学生人数亦随之增多,需要扩大学校规模、加强师资配置、增加教学设施等。进步主义改革者呼吁要让学校变得更加卫生,要有更多的开放空间和阳光,要更有助于创造性活动的开展,要降低师生比例等。此外,进步主义教育改革运动初级阶段的目的是为各类学生尤其是为不断增加的城市贫困儿童提供一种新型教育,使教育事业更为有效,使儿童成为教育过程的中心。进步主义教育改革者对当时一些学校的无效或低效不满,他们主张把企业的原则和实践应用于学校管理,以提高学校效率。

约翰·杜威(John Dewey)是美国的教育家,也是世界的教育家。杜威于1859年出生于美国西北部佛蒙特州一个叫柏灵顿的风景秀丽的农业小镇。祖辈是为逃避迫害于1630年逃到新大陆的英国移民。父亲是小商,母亲是地方法官之女。滕大春先生在为杜威的《民主主义与教育》中译本所作的序言中写道,杜威的幼年平凡无奇,他送过报,干过杂工,开垦过荒地等。他就读的当地中小学校比较陈腐,杜威也学业平平①。不过,在课堂之外的广阔乡村活

① [美]约翰·杜威:《民主主义与教育》,王承绪译,人民教育出版社1990年版,第5页。

474

动中,他获得体验,受到启迪。杜威就读的大学是位于当地的佛蒙特大学。笔者曾于一个秋季访问过这所大学。当时,树叶五色斑斓,校园美不胜收,颇有世外桃源的感觉。不管现在还是过去,要论美丽,佛蒙特大学堪称上乘,不过要论学术,这个大学还算不上一流。遥想杜威当年,就在家门口上这所大学,并不会感到骄傲。好在,他从课外活动和广泛的阅读中得到了可贵的启发。大学毕业后,杜威在本州和宾夕法尼亚州中小学任过教。时值美国南北战争后的重建时期,美国在政治、经济方面改革力度很大,在文化教育方面掀起了学习德国学术的热潮。杜威受此学风激励,在工作之余主动求教于佛蒙特大学教授陶瑞(H. A. Torry)。在陶瑞指导下,杜威认真研读了黑格尔的哲学著作。他撰写的哲学论文被黑格尔的崇信者哈里斯(William T. Harris)视为佳作,并予以发表。彼时,美国效仿德国大学既重教学又重科研的传统,于1976年在马里兰州巴尔的摩创建约翰霍普金斯大学①。在哈里斯鼓励下,杜威成了约翰霍普金斯大学的一名研究生。他博览群书,而又精读哲学著作,1884年荣获哲学博士学位。

杜威勤于思考、乐于实践,著作等身。杜威的理论为进步主义教育提供了智力基础,他被认为是进步主义时代美国知识分子的真正代言人。杜威本人也热衷于兜售自己的教育思想,曾到中国、俄国讲学,阐述学说,扩大影响,他在《我的教育信条》一书中的名言"教育是社会进步和改革的基本途径"至今镶嵌在哥伦比亚师范学院大门内侧的墙壁上,启发着人们的思考,指导着教育实践。他的进步主义教育理论反映了其实用主义哲学,认为课程要以儿童为中心整合多个学科,并让学生在体验中学习,最佳的教学方法是"做中学"、问题解决、实验、手工活动、合作学习与演绎性思考。他提出教育的目的是要促进个体发展和为儿童全面参与民主社会做准备,不过,他也赞成学校作为社会变革的基本工具本质上具有政治任务。在美国教育界,人人都知道杜威,就像在中国人人都知道孔子一样。

---

① 约翰霍普金斯大学首任校长吉尔曼(D. Gilman)参照德国柏林大学和莱比锡大学的范例,大力提倡学术研究。他比喻道,一个教授只会上课,不懂科研,就会变成会说话的鹦鹉。笔者恰好也曾访问过柏林大学、莱比锡大学,对其既重教学又重科研的校风印象深刻。

（四）基础教育的改革创新阶段（1946—2000 年）

第二次世界大战后,美国基础教育进入了大发展和大改革的时期。伴随国内外政治、经济和科技变革,当时基础教育的发展水平已经不能满足社会的期望。于是,一连串的法律和一系列改革政策出台。

1. 关心贫困学生

与种族问题一样,20 世纪 60 年代的最初几年中,贫困现象在国家的议事日程中得到高度重视,消除贫困成了政府的首要目标。教育被视为消除贫困的关键。在基础教育领域,1964 年的《经济机会法案》提出了"先行计划",对那些 3—5 岁不能正常上幼儿园的处境不利儿童实施资助。1965 年,美国通过了《初等与中等教育法》,这是"向贫困宣战"中最重要的一项教育立法。该法规定每年从联邦基金中抽出十多亿美元资助教育。第一条规定为地方学区的低收入家庭儿童提供教育援助,联邦资助基金的 80% 将用于该项目。

20 世纪 70 年代美国的经济动荡使地方财政收入急剧减少,这进一步加剧了富裕学区和贫困学区之间的财政不平衡。贫困学区的家长、公民团体、教师和管理者向州议会施加压力,要求增拨资金,缓解弱势学校面临的财政薄弱,以及教育机会缩减等问题。"塞拉诺诉普里斯特案"的判决,成为法院判决学校财政改革运动的一大基石。法院认为,儿童的教育质量不仅取决于其所在学区的财政状况,而且还取决于整个州的富足程度。人们对教育经费不均衡的关注和诉讼,迫使立法机关推行学校财政改革,旨在增加州教育拨款,缩减生均教育经费差距。

2. 照顾多元背景

对其他族裔学生实施双语教育。20 世纪 60 年代的美国中小学校基本上只用英语授课,这在某种程度上对于无英语表达能力或英语表达能力有限的学生是一种不公平。1968 年,美国修订了《初等和中等教育法》,增加了双语教育计划,首次颁布《双语教育法》。在整个 70 年代,联邦政府多次修订该法,对双语教育的支持力度不断加大,扩大了符合双语教育学生的范围,从英语表达能力有限的学生扩展至英语不精的学生,并通过向学区提供竞争性拨款,通过向学院和大学提供培训拨款的方式为双语教育提供额外的支持。

颁布关于印第安人的教育法。印第安人的教育得到了政府的高度关注。美国参议会印第安人教育特别小组委员会提交的报告，即《印第安人教育：国家的悲剧和挑战》，介绍了印第安人公立学校的教育情况，提出了 60 项建议，其中包括增加印第安人教育经费，课程中保护印第安人语言、文化和历史，增加印第安人家长参与教育自己孩子的机会等。联邦政府顺应了印第安人的教育诉求，于 1972 年和 1975 年相继颁布了《印第安人教育法》和《印第安自决权暨教育补助法》，赋予印第安人家庭和部落更多地参与管理和决定其自身教育的权利。

扩大墨西哥裔、亚裔美国人的教育机会。墨西哥裔、亚裔美国人的孩子起初只能在种族隔离的学校上学，即使能在白人学校上学，也经常被隔离在不同的教室或不同的楼层中。这种情况在第二次世界大战结束后才逐渐改观，他们的孩子可以进入种族融合学校，不过，由于许多社区的住房模式和入学地区的局限，很大程度上种族隔离依然存在并固定化。

（五）21 世纪的新努力

第二次世界大战后的几十年里，美国教育改革从未停息，教育结构调整从未中断，对人才培养规律的探索从未放弃。进入 21 世纪后，世界格局变化很大，美国社会受"9·11 事件"影响也很大。美国决意继续加大教育改革与发展力度，努力培养效忠美利坚合众国的、素质较高的一代新人。至 21 世纪初，美国教育类型多种多样，实验丰富多彩，成就有目共睹，但存在的问题也不容忽视，因而需要继续探索新的发展道路。

小布什（George W.Bush）总统时代颁布《不让一个孩子掉队法》等一系列法律、政策，加强教育治理与管控，是基于教育优先发展的战略考虑，确实是把教育摆到直接影响美国国际地位高低、国际竞争成败的高度来谋划的。旨在让全社会形成共识，各界参与和支持教育事业，对教育体制进行根本性改革，重塑学习体系，全面提高教育质量。

巴鲁克·奥巴马（Barack Obama）总统也对教育十分关注。奥巴马将教育视作重建美国经济和改善民生水平的基石之一，并在刺激经济法案中将教育置于相当优先的地位，就基础教育的改革提出了一系列方案。奥巴马政府增加了联邦政府对基础教育的拨款,启动了一些基础教育改革项目,纠正了一些地方过度强调州级统考带来的弊端,加强了与中国、欧洲在基础教育方面的交流,提高了对弱势群体学生的关注。

二、影响美国基础教育发展的重要文献

在美国成为世界头号强国的发展进程中,教育起到了巨大的推动作用,而这种教育对社会发展进程的巨大作用,很大程度上取决于强有力的法律与政策保障。在不同发展阶段,美国出台关键性法律与政策,引导基础教育的发展方向。对这些法律与政策进行梳理,有利于理解和掌握美国基础教育的发展现状和未来趋势,具有较强的现实意义。

(一)《国防教育法》

1957 年,苏联第一颗人造卫星上天使得美国政府顿生强烈的危机感,迫切感到有必要加快教育改革,培养足够数量的科技英才以满足国家安全的基本需要,美国国会于 1958 年通过了旨在大力提高教育质量的《国防教育法》。该法并不是专门加强国防教育的法律,而是致力于提高教育质量的一揽子拨款方案。当时认为,教育上去了,美国才有资格与苏联在各方面抗衡,保障国防安全。该法共有十章,即:总则;学生贷款;加强科学、数学和现代外国语的教学;奖学金;教学指导、辅导和测验;发展语言;发展传递媒介;技术员训练;科学情报工作和各州统计工作。主要内容可概括为以下五个方面:

第一,加强数学、自然科学和外语教育,推动这些课程的现代化;

第二,加强英才教育,对大学生和研究生提供奖、贷学金,使任何英才不因经济困难而失去享受高等教育的机会;

第三,加强实验室建设和教学手段现代化;

第四,积极发展职业教育,大力培养中层技术人员;

第五,强化师范教育,提高教师水平。

根据该法,联邦政府每年斥资数百亿美元资助各州的教育改革,推动上述

目标的实现。1964年，国会延长了该法的有效期限，并补充了新内容，扩大了发放奖、贷学金的数量。1982年，国会最后修订该法，以加强科技人才的培养，应对苏、德、日等国在科技、贸易、空间领域及战略武器方面的挑战。该法通过联邦专项补助金的方式，加强了联邦政府在教育领域中的干预作用，是美国提高教育质量的核心策略，是教育发展中的一个里程碑。后来，外国人到美国短期访问也好，长期考察也罢，所接触的人，所研究的事，很多都与《国防教育法》有直接或间接的联系。美国教育人士时不时会提到该法，比较该法实施前后的变化，谈及提高教育质量的重要性、现实性。由此可见，该法在美国基础教育发展历史上起到重要的推动作用。

（二）《国家处在危险之中》

1983年美国高质量教育委员会发布报告《国家处在危险之中》，副标题是"教育改革势在必行"。这是美国回归基础思潮和行为的具体表现。当时，美国高中课程呈现出失衡发展的状况，其影响因素主要包括课程及其功能的泛化，教育哲学流派影响的强弱变化，"民主平等""社会功效"和"社会流动"三种教育价值观的影响，学科中心、社会中心和学习者中心三种课程观的影响，学校系统对课程改革固有的阻力等①。报告罗列美国中小学生在国际比赛中处于劣势以及基础教育的其他种种问题，呼吁开展教育改革，提高教育质量。这份报告认为教育成绩下降并不是一时所致，它在很大程度上是由于教育过程本身存在令人不安的缺陷造成的。

就课程来说，中学课程已趋于单一化，内容浅显且分散，学生乐于选修那些容易拿到学分的科目。科学的课程政策制定不仅需要国家、地方及学校的"课程共有"理念，而且需要与课程政策密切相关的各类人士的积极参与。

就学校对学生的要求来看，在整体平均成绩持续下降的同时，高中生的家庭作业量却减少了。其他国家常常从6年级就开设科学必修课，美国却较晚。到1980年只有8个州将外语作为必修课。

就学习时间而言，美国中学生每天在校学习时间是6小时，全年在校180

---

① 程可拉、胡庆芳：《美国高中百年课程发展述评》，《课程·教材·教法》2004年第10期。

天,而其他一些发达国家的中学生通常每天在校学习 8 小时,全年在校学习 220 天。美国中学家庭作业也比较少,甚至不留家庭作业。

就教师情况来看,教师职业吸引力不够,进入教师队伍的往往不是高校最优秀的毕业生,而且教师培训时,对教学方法用时较多,而对教师所教学科的学术提高不够。

《国家处在危险之中》提出了以下建议:一是加强中学新基础课的训练;二是提高教育标准和要求;三是增加教与学的时间;四是改进师资培养工作,使未来的教师适应较高的教育标准;五是联邦、州及地方官员以及各级教育领导人员在教育改革中必须发挥决定性作用,并提高必要的财政资助。

(三)"2061 计划"(Project 2061)

为改变美国中小学科技教育薄弱的局面,1985 年,美国促进科学协会联合科学院、联邦教育部等 12 个机构,启动了一项面向 21 世纪、致力于科学知识普及的中小学课程改革工程。当年恰逢哈雷彗星临近地球,改革计划又是为了使美国青少年能够适应未来,包括 2061 年哈雷彗星最后临近地球的那个时期科学技术和社会生活的急剧变化,所以取名为"2061 计划"。这么多年过去了,该计划取得了一定成效,对推动美国中小学科技教育发挥了应有的作用。

"2061 计划"认为,美国青少年的科技知识非常贫乏,远不能应对世界科技飞速发展的挑战,亟须在全国范围内搞一次科技扫盲,在科学、数学和技术教育上制定一个示范性、指导性的基本标准,编写新的教学大纲。它号召全国中小学以及幼儿园据此实施科技教育,从而使年轻一代具备科学技术的基础素质。该计划制定的基本标准是面向所有学生的普及科技教育的底线,它鼓励天资聪颖的儿童少年超越这个标准,以获得更好的发展。计划强调普及科技教育不是盲目增加学校教学内容,中小学教学重点是指导学生获得最基本的科学知识,形成良好的科学素质。

第一,1985—1989 年为准备阶段。由科学家、企业家、大中小学教师和教育工作者等参与总结战后科学、数学和技术领域的深刻变革和未来发展趋势,吸取美国 80 年代以来教育改革的成果,于 1989 年推出了阶段性成果《普及科学——美国 2061 计划》的报告。该报告明确指出,下一代必将面临巨大的变革。科学、数学和技术位居变革的核心,它们导致变革、塑造变革,并且对变革作出反应,它们对今日的儿童适应明日的世界十分重要。该报告提出了未来儿童和青少年从小学到高中毕业应掌握的科学、数学和技术领域的基础知识框架,包括主要学科的基本内容、基本概念、基本技能,学科间的有机联系,以及掌握这些内容、概念和联系的基本态度、方法和手段。

第二,1989—1993 年为进展阶段。根据第一阶段提出的理论和指导思想,研究实施所需要的条件、手段及战略,并设计不同模式的课程。同时,针对第一阶段的研究报告,展开广泛讨论,制定相应的教育改革和革新工程。1993年《普及科学的阶段指标》报告问世,标志着"2061 计划"第二阶段圆满结束。该报告阐述了数学、科学、技术以及社会科学的性质、特点,确定了各年级学生应达到的知识水平及发展程度。

第三,1993—2012 年为深化阶段。"2061 计划"在更多的州和学区进行科学、数学和技术领域的教育改革实验。"2061 计划"于 1996 年设计了进一步的改革蓝图,编制丰富多彩的参考材料,并使之变成电子信息,广为传播;制定关于课程改革和工程推行情况的评价标准;促使各级教育的一体化,特别提倡大学要继续支持基础教育;加强教师培训和对科技教育的科学研究工作;筹集和落实改革所需资金。

第四,2012 年之后为参照阶段。各地根据"2061 计划"的理论和实践成果,反思本地教育改革或教学模式,试图借鉴其重视基础知识传授和促进学生科学素养提高的具体做法。一些国家也一直跟踪、关注着"2061 计划"的后续报告和成果,特别是其提出的有关学科的关键知识点、不同阶段学生的核心素养构成。

（四）"蓝带学校"计划

义务教育普及后,提高质量便成了永恒的主题。美国联邦教育部于 1982年开始实施"蓝带学校"(Blue Ribbon School)计划,旨在通过精神鼓励和物质刺激,引导各地提高中小学办学水平和义务教育质量,促进学校改进。"蓝带学校"计划的目标主要包括以下三个方面:

一是甄选在一定时间内达到了较高的学业标准,或者取得了显著学业进步、得到普遍公认的优秀公立和私立中小学校;

二是通过实施这个计划,引导所有的学校开展教育科研,努力提高办学水平,并确立自我评价、自我发展目标,明确前进方向和步骤;

三是促使这些优秀学校之间和学校内部更好地相互学习,交流办学经验。

"蓝带"是美国中小学能够获得的最高荣誉,遴选过程十分复杂。首先由各州经过考察后将学校名单报送联邦教育部,然后联邦教育全国审查小组(National Review Panel)审查各州推荐名单,为了确保蓝带学校水平和资料的可信度,蓝带学校均须接受实地考察。最后全国审查小组经过慎重研究后,将最终名单推荐给教育部,并由教育部审查后宣布获选学校。

2002年《不让一个孩子掉队法》颁布后,美国基础教育的一些改革项目被整合或淡化,但"蓝带学校"计划得以保留。不过,这个计划与时俱进了,简化了申请表格,由州教育厅集体办理,对相对落后地区在名额上给予倾斜,促进教育均衡发展,照顾那些虽不卓越但进步明显的学校。正因为如此,这个计划被称为"新蓝带学校"计划。截至2012年,全美有3.9%的学校进入蓝带学校之列。

2014年11月11日,美国教育部部长邓肯(Arne Duncan)参加2014年度蓝带学校认定表彰会,该年度又有390所公立学校、50所私立学校被认定为蓝带学校。至此,23年来美国共认定了7900多所蓝带学校①。

(五)《美国2000年教育战略》

1991年,时任总统老布什发布了《美国2000年教育战略》,期望在20世纪的最后10年彻底改革美国中小学教育模式,不拘一格地创办全球第一流的中小学校,从根本上提高全体美国人的知识和技能水平,使美国在21世纪保持世界头号强国的地位。

《美国2000年教育战略》具体目标包括六个方面:

一是所有学龄儿童具有入学学习准备;

---

① 见2014 Blue Ribbon School/www.ed.gov。

二是中学生的毕业率至少应提高到90%;

三是美国的学生在学满4、8和12年时,应当在有相当难度的课程——其中包括英语、数学、科学、历史及地理等科目中,学习成绩优秀,考试合格;

四是美国学生在数学与科学成就方面将是全球第一,名列前茅;

五是每个成年人都具有文化知识和在国际经济活动中的竞争能力;

六是每所学校将成为无毒品、无暴力的场所,还将成为秩序井然而又富有浓厚学习氛围的园地。

《美国2000年教育战略》提出了四个方面的主要对策:

第一,为今天的学生创办更好更负责的学校。学校能够使家长、教师、学校及社区对学生的学业成绩进行衡量和比较,并在发现学生学习成绩不够好时不断提出具体的改革措施。

第二,为明天的学生创办新一代的美国学校。美国将发动富有创造力的天才设计和举办"新一代的美国学校",这种学校彻底打破传统模式,不拘一格,它们将是世界上最好的学校,能使学生达到"国家六大教育目标",在学业上获得飞跃进步,从而保持美国世界强国地位。

第三,美国变成人人学习之国。仅仅为今天和明天的学生而改善学校是不足以确保美国在2000年的竞争实力的,为此,要求美国成年人"回到学校去",把美国变为"人人学习之国"。

第四,把社区变为大课堂。重新推广美国传统价值观念,如家庭凝聚力、家长责任心、邻里互助以及社区教会、公民组织等,认为教育责任由学校向整个社会的转移是办好教育的关键所在,符合学生全面发展的环境要求。

(六)《2000年目标:美国教育法》

1994年,克林顿政府宣布了题为《2000年目标:美国教育法》的全国性教育改革计划,并首先作为法案提请国会参众两院审议通过,以完成立法程序。为此,联邦政府第一年就将拨款4.2亿美元用于这个教改计划。美国政府把教育改革置于获取更强经济竞争力的中心,并将改革传统的地方教育引向深入,促进全国统一的学术标准的形成。

长时间以来,学校教育的标准偏低始终是美国政府、教育界和民众所广泛关心的问题。美国学生在阅读、数学、科学等方面的能力水平不仅与亚洲和欧洲国家相比大为逊色，就是与20世纪70年代相比，也鲜有出色的表现。这一令人担忧的状况是美国80年代以来历任总统的教育改革都无法忽略的重要背景，也是2000年美国教育法所谋求解决的问题。

美国的地方主义传统和地方分权的教育管理体制，在对美国教育发展发挥了巨大作用的同时，也显示了它的局限。国家教育的意志很难得以贯彻，统一标准难以建立，教育交流也存在着某种障碍。而如果这些问题得不到改善，就很难在提高教育质量方面收到切实效果，包括硬件方面如资金、设备等教育资源的配置也无法得到切实保障。这是2000年美国教育法提倡建立国家统一标准的又一个原因。该法确立了许多宏观目标，如：对学生提出更高期望、彻底改革教师培训制度、增加学校的责任、加强学校和家长及工业企业的联系、通过建立国家技术标准委员会来鼓励发展更系统化的工业培训体系等。

根据该法，联邦政府将成立一个国家教育标准与发展委员会来监督新标准的确立和评估方法的改进。此外，如前所述，该法还提出了六个中观和微观目标。

2000年美国教育法受到社会的普遍欢迎，并将在20世纪末的六年中对美国的教育发展起到积极的促进作用。但它的效果究竟如何，也并不非常乐观。尽管该法在协调联邦政府和各州的通力合作方面作出了努力，但它仍自觉不自觉地维护了美国的分权传统。因此，国家标准能否真正建立，也是一个不小的疑问。

（七）"力争上游"计划

2009年颁布的《美国复兴与再投资法》，目的就在于刺激经济发展、增加就业机会、投资包括教育在内的支柱领域。为了调动各州改革教育的热情，提高教育改革的成效，联邦教育部预留了43.5亿美元经费用于"力争上游"（Race to the Top）计划，用来鼓励和激励各州创造教育改革与创新的良好环境，以极大地改进学生的学业成就，包括促进学生考试成绩显著进步、缩小学业差距、提高高中毕业率，以及为学生在大学和职场取得成功做好准备。

"力争上游"计划经费使用由各州向联邦申请,联邦教育部对各州是否能够达到改革的一些关键标准进行衡量,那些表现卓越的州将有可能赢得较多拨款。资金分配主要依据国际基准的教育标准,着重看各州是否招募和保持了高质量的教师队伍,是否建立了数据体系以评价学生表现,是否告知了教师如何改善教学和改变薄弱学校等。据统计,截至2013年,美国联邦教育部已经通过"力争上游"计划向16个学区资助大约3.83亿美元,范围从1000万美元到4000万美元不等。①

（八）《不让一个孩子掉队法》

《不让一个孩子掉队法》(No Child Left Behind Act)是美国"9·11事件"后由美国国会通过、时任总统小布什签署生效的旨在提高教育质量,以培养具有爱国主义精神的高素质年轻一代。

该法还对提升教师质量作出了规定。首次提出通过测验来提高教师能力,通过提高大学毕业要求来增强未来师资力量,要求所有教授核心课程的教师,如教授英语、阅读、数学、科学、外语、市政、经济、艺术、历史和地理的教师,都必须在2005—2006年度实现"高素质",新入职教师则必须在聘用时就是"高素质"教师。联邦政府首次参与制定教师的资格要求,虽然教师资格证由州颁发,但是怎样才能算是一个"高素质"的教师则是由联邦政府规定,并强迫州政府执行。对"高素质"教师的规定,引发了各方的讨论和质疑,其直接后果是在许多学区和学校,尤其是薄弱学校,都出现了高素质教师紧缺的问题。

该法规定,从2005—2006年度开始,各州每年要对3年级到8年级的所有学生进行阅读和数学考试,对10年级到12年级的所有学生每年还要再加试一次。

该法规定,要开展对4年级、8年级学生的数学、阅读方面的州级统考,用考试成绩给学生、教师排队,以激励先进、鞭策后进。还规定要特别关注弱势

---

① 《美国宣布启动2013"力争上游"学区竞赛》,朱晓玲编译,《中国教育报》2013年8月27日。

群体学生的学业进步。为确保各州和私立教育委员会的提名工作顺利进行，对于上述提到的"取得异乎寻常的进步""达到很高的学业水平"的界定和标准，联邦教育部还分别就公立学校和私立学校提出了具体、明确的指标要求。这里的不利家庭背景的学生是指学生在学校全部或部分免费就餐、来自社会经济地位较低的家庭，如低收入家庭学生、不能熟练掌握英语的学生、少数民族裔学生和移民家庭学生等。在评选的第一个标准中，要求申请学校至少有40%的学生来自不利家庭，且根据州制定的评价系统，

这些学生取得了超乎寻常的学业成就，同时要求各州提交的提名学校中，符合第一个标准要求的学校数量至少占提名学校总数的一半。此外，要求提名的学校必须是认真执行残障人教育法的学校，确保残障人也能接受良好的教育。该法具体规定了对那些在州考试中没有达到年度进步目标的小部分学校和学生实施制裁。最为严厉的是，如果学校连续五年没有完成年度进步目标，学校就要被列入改造学校范围内，并交由私人办学团体接管，学校的教师将被解聘或者被州政府接管。

在执行的过程中，这部法律一直饱受争议。有人说，它是应运而生，有利于提高教育质量。也有人说，这部法律不符合美国的教育传统，甚至缺乏宪法支撑。后者认为，该法要求各州自定标准并实施考试，这导致的结果是各州的考试标准并不一致，在某个州内认为已经达到熟练程度的学生不一定能够通过另一个州的考试。还说，拿应试的办法试图提高教育质量，与美国传统的教育哲学不符，会加重教师的心理压力和学生的课业负担。尽管看法不一，但都承认，在21世纪初叶这个法律是发挥了作用的，对当时过于松懈的教育氛围是一种刺激和引导。

（九）《2007—2012年战略规划》

继《2002—2007年战略规划》颁布实施后，美国联邦教育部于2007年3月公布了《2007—2012年战略规划》。与《2002—2007年战略规划》相比，《2007—2012年战略规划》组成结构基本相同，包括教育使命（Mission）、战略目标（Goal）、具体目标（Objective）、实践策略（Strategy）。《2007—2012年战略规划》提出新时期美国联邦教育部的使命为：通过加强优质教育和保证教

育公平,提升学生学业成就,为全球竞争做好准备①。

《2007—2012年战略规划》提出了教学和管理的三个目标:

第一,提高学生成绩,力争到2014年使所有学生的阅读和数学均达到目标要求。包括:提高学生的阅读、写作成绩;提高学生的数学成绩;提高教师素质;构建安全守纪、远离毒品的学习环境;为家长提供更多信息和选择,支持特许学校,鼓励各州及社区为水平欠佳学校的学生提供多种选择;提高高中毕业率,提早干预以促使有退学风险的学生步入正轨。

第二,提高所有高中学生的学习成绩。增加高中学生选修有挑战性课程的比例;增加AP课程及AP课程教师的数量;提高所有学生在数学和科学方面的熟练水平;提高外语水平。

第三,确保高等教育的普及性。确保提供优质高等教育资源并提高学生毕业率。通过大学预备奖学金、学生贷款和校园助学项目来提高高等教育的普及率,为美国发展急需的行业,尤其是为外语、数学和科学等领域提供更多的毕业生。提高向学生和家长提供的联邦政府学生补助的效益,创造高效率的综合补助体系。资助专门知识与技能的全国性计划项目,支持并完善各州和地方教育体制以提高社会青年的学习效果。

三、美国基础教育发展的历史经验

在世界近代史上,美国是后起之秀,其教育发展甚为迅速,在较短时间内一跃成为教育大国,用两百多年走过了欧洲国家几千年走过的道路。这里有经济、政治、文化方面的原因,也有教育界自身的努力。

(一)移民重教传统,北美得以继承

来美移民一般都具有面对社会巨变的气魄和能力,敢于直面新情况,促进

---

① 丁连普:《美国联邦教育部〈2007—2012年战略规划〉述评》,《世界教育信息》2008年第6期。

教育的不断发展。欧洲来美移民多是政治、经济、宗教上受压迫者或受难者。他们远涉重洋来到新大陆,期盼享有自由民主的生活。从北美建立殖民地起,人们对教育就很重视。移民每踏上一片土地,有两件事必做:一是修教堂,二是建学校。有识之士认为,教育既可促进经济发展,又可增进民族团结;教师是最好的警察,开办一所学校就等于关闭一所监狱。当时,凡是殖民地比较繁荣的地方,必是教育发达之地。英国清教徒为国教所不容,来美洲大陆后不久即致力于教育,仿照牛津和剑桥两校,先设立哈佛学院,后设立耶鲁学院。

新兴国家民族矛盾逐渐理顺,形成了多元文化。各民族相互融合,彼此学习,相得益彰。在由众多欧洲移民所建立的国度里,曾存在尖锐的宗教教派矛盾。在作为英国殖民地之际,不同派别之间也矛盾重重,教派不同,所传教义、所设学校背道而驰。它们互相敌对,水火不相容。美国建国后,人们逐渐承认培养公民的目标与培养宗教信仰是不矛盾的。各教派为保持和扩大在教育阵地的优势,以本教派的理解决定公民形象,创办它们理想中的学校,传授与其宗教相适应的宗教教义和文化知识。当时,宗教和教育是一体的,国家引导和利用了教会办教育的热情和力量。随着美国的政治改革和经济发展,人们不得不面对现实生活,加上自然科学和哲学思潮的冲击,教会只好在控制教育方面节节退让。国家实现了教育的世俗化,公立学校与教会彻底分离,但教会仍举办私立学校,出资聘用教师,收取学生学费,供家长做选择。

美国的多元文化对教育的影响是广泛和深刻的。2006 年 10 月 17 日,美国人口达到 3 亿。白人占一半略多,其余是非裔美国人、拉丁美洲美国人、亚洲美国人等。笔者于 2006 年 10 月到夏威夷州麦肯利高中和罗斯高中访问时,发现少数民族学生已不再是少数,各民族学生大致可以和谐相处,倒也是一道风景。2013 年,笔者参观了洛杉矶的一些学校,各色人种的学生均享有免费接受 12 年义务教育的机会。只是,美国各学区内学校办学条件差距较大,真正意义上的教育公平未见休止符,永远在路上,那些享有盛名的重点学校通常汇集了经济地位比较高的白人家庭的少年儿童。

(二) 联邦项目引导,各州具体推动

对教育进行目的明确、策略适当、方式有效的政策干预,是实现教育发展

与经济社会发展相协调的重要保障。虽然美国宪法规定教育管理系各州的事务,但联邦政府却始终把教育作为其实现国家目标的重要政策工具,在宪法允许的范围内对教育进行积极干预。尽管不同执政党的政策侧重和干预方式有所不同,但总的来说,美国联邦政府对教育的政策性干预都取得了明显的效果。本章列举的美国历史上的重大教育决策大都是联邦政府通过干预使教育直接服务于国家政策目标,并对社会历史进程产生重大影响的事例,如:普及中等教育的政策提高了美国国民的素质,《国防教育法》推动了美国科技教育的发展。美国历史上这些教育政策和法律对个人及社会产生了巨大的经济效益,备受各界欢迎,成为一股社会进步的力量。美国的经验表明,中央政府对教育的积极干预为实现教育与社会经济发展的良性循环起到重大的积极作用,它不仅有利于教育自身的发展,而且可以促进经济发展和社会稳定。无疑,历史上这些成功范例为历届美国政府重视教育发展与改革提供了依据。

美国的经验还表明,联邦政府对教育的干预必须有明确而具体的目标,并配以强有力的财政手段。由于无法对教育进行直接的行政管理,美国联邦政府对教育的干预主要通过立法和财政资助手段来间接地实现。因此,财政补助成为联邦政府干预教育、实现其政策目标的最重要手段。上面的事例,很多都是用立法的形式实施的财政手段。从这个意义上说,财政干预是最有效的教育政策。

重视普及教育,不断提高国民的基础教育水平是国家综合国力的基础。美国历来十分重视提高国民的基础教育水平,是世界上最先提出普及中等教育和高等教育目标的国家,并为此建立了一套开放式的学校教育制度,投入大量的公共经费。现在,美国是世界上教育普及水平最高的国家之一。至2014年,高中入学率达到95%以上,高等教育的毛入学率也达到60%以上。美国的发展历程向世界表明:要成为世界强国,必须有强大的教育体系做基础。

(三) 管理体制多元,办学模式灵活

首先是教育行政的分权制。美国是联邦制的市场经济国家,美国宪法第十条修正案规定教育权力属于各州。教育管理体制上的地方分权制、办学和管理的主要责任集中在各州和地方。美国各级政府之间并不存在行政上下级

关系,总统对州长没有行政管理权。各州教育厅一般对本州教育董事会
(Board of Regents)负责,而不是对州长负责。董事由选民选举产生,不拿工
资,定期到州教育厅开会,审议本州教育发展的大事,形成决议后交教育厅具
体承办。在基础教育方面,学区是管理学校、任免校长、评聘教师、财务管理的
基本单位。

其次是办学主体的多元化。美国以公立学校为主,公私并举。除政府外,
社会团体和个人均有权开办学校,而且公立私立学校并举。私立中小学学生
约占15%,经费渠道来源多样。

最后是学校模式的多样化。教育机构和制度、学制、办学形式、学生构成、
教育内容和方法等方面都表现为多样化。美国公立中小学的模式让人眼花缭
乱,小学多是五年制的,但也有地方采用四年制或六年制。就整个中小学教育
来看,有四四四制的,有六三三制的,有五三四制的,不过都强调课程打通,从
幼儿园到高中进行统筹考虑。K-12 的概念最为流行,采取从幼儿园到高中
的一贯制,只排年级,不分什么小学、初中、高中了。

教育体制上的这些特点决定了美国在教育上能够充分发挥地方分权和市
场调控的积极作用,联邦政府必须避免对州的教育管理权限过分干预。这是
美国教育本身具有活力的根本原因。另一方面,在市场调节难以发挥作用的
领域和时候,充分发挥政府的宏观调控和干预职能同样是重要的。世界上最
好的学校在美国,最坏的学校也在美国。地方负责制的管理体制,使美国各地
的基础教育差别很大。各地有权发挥自主性、创造性,使本地的基础教育具有
特色、灵活多样,这是好事。然而,各地经济条件不同,办学水平各异,导致教
育质量参差不齐,有些地方的学校甚至达不到州最低标准。所以有人说,美国
的基础教育并不算成功。但是,在这样的情况下,美国基础教育仍然为国民素
质提高作出了贡献,还为高等院校输送大批合格新生,并最终造就出科技发展
的英才和各行各业的骨干,从这一方面来说,美国基础教育也有其成功之处。

(四) 大兴研究之风,遵循教育规律

历史上,美国针对民族、自然、经济等方面的新问题,以不同于传统的观点
进行分析、钻研、实验,探讨教育规律,寻求解决方法。在逼人的形势下,美国

人自学成风,研讨成风,求实成风,求新成风。杜威的实用主义教育理论、巴格莱的要素主义教育理论、哈钦斯的永恒主义教育理论等,各树一帜,从不同侧面阐述教育问题,影响深远。而今,美国对教育研究的重视不减当年,从联邦教育部,到大学,到基层学区,专职研究人员聚精会神,兼职研究人员孜孜以求,力图将教育决策建立在科研基础上,将教学实践根植于理论研究中。在美国教育中,不唯上,而求是;不尚空谈,而重调查。在美国,教育领域博士学位获得者居各科之首。全美教育研究会的年会历来是人头攒动,云集数千人。

值得一提的是,近年来美国日益重视对中国教育的研究,试图将中国教育的得失作为借鉴。哥伦比亚大学师范学院于2001年成立了中国教育中心,对中国的义务教育、教育财政、基础教育课程、高等教育体制等问题开展研究。这个中心定期举办中国教育问题研讨会,出席者包括校内外对中国教育感兴趣的人士,有时也邀请中国驻纽约总领馆教育领事参加。与会者就中国教育的某个问题切磋交流,相互启发,有时展开争论,好不热闹。2006年10月,笔者率中国高中教育代表团访问美国联邦教育部时,对方介绍为了研究提高高中教育的途径,教育部专门支持研究人员成立了全国高中教育研究中心。这个中心设立了专门网站,发布高中教育研究成果,提出高中教育发展建议①。

美国基础教育发展政策的形成,具有强大的研究基础,如,《美国国家科学教育标准》就是大批科学家、教育专家和教师共同研究的产物。各州都以此为参考制定了本州的科学教育标准,而后续的科学教育教材的编写、科学教育教学的实施、科学教育的评价等皆以科学教育标准为依据,对每款每条都有具体落实,并且有相应的检查,这便使科学教育标准落到实处,由"标准"引导了"教材""教学""评价"的改革,具有非常明显的系统性。并且,关于科学教育培养目标的定位以及相应的"标准""教材""教学""评价"等发展决策的制定不因政府的改组或者某权威人士的言论而变化,具有相对的稳定性。

美国基础教育发展政策的形成,非常注重实证性和针对性。无论是调查报告还是研究文章均注重数据收集、定量分析,无论是权威人士还是一般学者,所得结论都注重相应证据的展示。注重以事实、证据说明问题,提倡实事

---

① 见 http://www.betterhighschools.org。

求是地研究,坚持科学严谨的学术态度,所有观点都建立在调查研究而不是主观臆断之上。这便使所得结论具有一定的可靠性,而可靠程度高的结论对政府的决策也就具有真正的参考价值,相应地由此作出的相关决策也更具有针对性和可操作性。

此外,美国的教育公共信息系统也非常发达,全国及各州均建立了相对完善的教育信息系统,各种教育信息相当完备。这也为教育界和整个社会系统了解和广泛参与基础教育改革提供了必要的基础和条件。

(五) 尊重学生个性,促进全面发展

美国中小学注重人的发展,注重实际能力的培养。受以杜威为代表的进步主义教育思潮的影响,美国基础教育开始主张尊重儿童,尊重儿童的兴趣和需要,开放教育,以儿童为中心,以活动为中心组织教学,让儿童"从做中学",从生活实际中学,反对读死书,注重培养学生解决实际问题的能力。他们还提出了"全儿童"(whole child)的概念,主张儿童身心的全面发展。虽然进步主义教育运动在一段时间内受到批判,但它所倡导的基本原则深入人心,改变了人们传统的教育观、人才观,在很大程度上成为了美国教育思想的主流。美国中小学强调尊重学生,尊重学生的兴趣和需要,鼓励学生个性的自由发展和自我表现,注重造就学生健康的人格,以及促进多方面能力的发展。美国学校教师权威较少,课堂教学多采用讨论式,学生可以自由发言,课堂气氛很宽松。除了课程设置上考虑了学生的多方面需要外,美国中小学在教学的组织方式上也很重视学生的个体差异,不搞一刀切,提倡个性化教育,如按程度编班,实行个别化教学和分层次教学,力图让每个学生都能学有所得。美国中小学生能够享有一个宽松的学习环境,发展自己的个性和才能,同进步主义的教育观、人才观是密切相关的。

虽然多数大学,尤其是州立大学和名牌大学,要求学生提供某种升学考试成绩,比如学术评估测验(SAT)或美国大学考试(ACT),但考试成绩只是学校考虑是否录取学生的众多条件之一。学校还同时考察学生在中学的学业成绩、选课情况、社会活动能力、是否有特殊才能、社区服务的表现、工作经验以及个人的志向和目的。这种综合选拔的制度对于中小学教育起着积极的导向

作用。因此，美国学生不搞死读书，他们非常注意多方面发展自己的才能。到了中学阶段的最后两年，除了准备参加 SAT 或 ACT 的考试外，美国中学生都要主动联系去社会服务机构如老人中心或医院做义工。在美国，中学生打工也非常普遍。去公司或餐馆打工可以锻炼独立生活能力，同时也能取得实际工作经验以提高自己报考大学的竞争能力。

（六）提倡向外学习，博采异邦众长

美国是众多国家移民汇聚之地。各国移民把祖国学校模式移来，在互相交流观摩中，美国自然成为各国教育竞赛会的会场或各国教育博览馆。独立建国后，美国多次认真向欧洲优良教育学习取法。就中等教育而言，如果美国仅仅依照波士顿市 1821 年的决议，中学放弃升学准备的目标，高等院校必然缺乏高质量的生源。美国在注重中学完成就业准备的同时，对欧洲中学重视升学准备的做法仍然保留。后来在 1918 年制定了中等学校七项原则，既重升学准备，又重就业准备，更重生活能力准备，走向了综合中学的道路。就初等教育而言，如果美国不向瑞士裴斯泰洛齐的教育教学思想学习，美国中小学必将长期沉溺于本本主义。通过向外学习，美国尊重儿童天性，崇尚自由自觉，实行人格感化和利用直观教学等先进原则和方式方法，从而改变了教育的落后面貌。美国在教育上从不闭关自守，总是注重向外学习，引进经验，引进人才，学习借鉴别国长处。

四、结语

美国经过较短的历史发展，成为世界上最发达大国，与重视教育改革是分不开的。美国教育在自身的发展过程中，形成了独具特点的深层意识，即当国家面临重大危机时，总是想以教育改革为中心，企图摆脱危机的困扰。1957年，当苏联第一颗人造卫星上天时，美国政府及教育界受到强烈冲击，在赶超苏联的口号下，于 1958 年颁布了著称于世的《国防教育法》，目的是为了使教育适应现代科技的发展，适应国防竞争的需要。进入 20 世纪 80 年代后，面对

日本和西欧各国在经济和科技上的崛起,美国深感国际竞争的危机,美国高质量教育委员会于 1983 年提交了《国家处在危险之中:教育改革势在必行》的报告,引起了全国各界人士的强烈反响。教育在经济竞争日趋激烈的情景下对未来发展的重要性,已愈来愈成为美国各阶层的共识,就是在总统竞选纲领中乃至施政过程中,也无一不提出自己的教育改革方案和计划。自 21 世纪初以来,美国政府重视基础教育力度不减,举措不断。美国教育理论和教育实践者勇于创新,成果丰硕。美国的基础教育,值得进一步观察与研究。

(本文原载《中国教育科学》2015 年第 3 辑)

美国高等教育发展与改革:历史考察

　　作为一个比较年轻的国家,美国从 1776 年独立建国到 20 世纪中期,在历史长河中只是较短的时间,却拓展了大学职能、形成了自己特色、发展成为高等教育大国与强国。第二次世界大战至今,美国高等教育保持了一些传统,又进行了一系列改革,大众化教育和科研创新并举,得到了迅速发展,很多做法值得观察与研究。1940 年全美有 150 万学生进入高等院校,1960 年超过 320 万进入高校,1970 年这一数字达到 850 万,到了 1980 年人数上升到 1200 万。截止到 2014 年,美国共有 4294 所高等院校,其中 2634 所为四年制学院或大学,1660 所学校是面向职业或工作准备的两年制学院,这 4000 多所院校共接受 1700 多万各种类型的学生。① 尽管当今美国在高等教育领域内可谓独领世界风骚,然而为了迎接未来的挑战,维持其在全球的领先地位,它仍然不断进行高等教育领域的改革,努力提高办学效益和教学质量,从而使得高等教育为美国经济与社会的发展提供更好的智力与人才资源支持。

一、深受英国影响:殖民地时期的高等教育

　　美国高等教育的源起,是伴随着美洲大陆的发现和移民的出现而产生兴起的。14 世纪以前,作为美洲主要土著人,印第安人生活在原始、简朴的状态

---

① National Center for Education Statistics:The Condition of Education, 2015, http://nces.ed. gov/programs/coe/indicator_csb.asp.2015-10-17.

中。1492年哥伦布发现新大陆后，欧洲殖民者便开始了探索美洲的历程，印第安人平静的生活被打破。1607年，英国殖民者在今弗吉尼亚州的詹姆斯敦建立了殖民地。1620年，"五月花"号轮船把另一批英国人运抵普利茅斯。普利茅斯今属马萨诸塞州，毗邻大西洋，虽至今人口不到十万，但因是最早的移民登陆点之一，建有欧洲移民纪念亭、印第安人纪念馆，故为北美名城，参观者四季不断。笔者亦数次前往，驻足遐思，感慨良多。随着岁月流逝，如今"五月花"号客船已不复存在，但后人按原船建造的"五月花"二世客船经常停泊在普利茅斯港口，供人参观。有时，这艘船会应邀驶往波士顿、纽约、费城等地，作为青少年爱国主义教育的载体。

遥想当年，移民群体一般都具有面对社会巨变的气魄和能力，敢于直面新情况，勇于采取新措施来解决自身困境。美国的早期移民多是政治、经济、宗教上的受压迫者或受难者，他们远涉重洋来到新大陆，期盼享有自由民主的生活。可以说，从北美建立殖民地起，人们对教育就很重视。移民每踏上一片土地，有两件事必做：一是修教堂，二是建学校。有识之士认为，教育既可促进经济发展，又可增进民族团结，"教师是最好的警察，开办一所学校就等于关闭一所监狱"。当时，凡是殖民地比较繁荣的地方，必是教育发达之地。英国清教徒为国教所不容，来美洲大陆后不久即致力于教育工作，仿照牛津和剑桥两校，先设立哈佛学院，后设立耶鲁学院。

北美大陆是以殖民地形态出现在世人面前的。为了更好地生存与发展，来到新大陆的移民群体对于教育事业非常重视。早期的殖民时期，北美文化多由移民携入，教育活动基本上是宗主国原有模式的移植，这一时期的移民大多数是来自英国的清教徒，他们到了美洲大陆后很快按照故土的高等教育类型兴办起教育。由于宗教是维系民众的重要事务，因此教育往往是服务于人们的宗教目的。可以说，殖民地时代甚至是整个19世纪早期以前的美国高等学校基本上都是宗教性质的学校，这些学校一方面是由某个教会所资助，另一方面也享受政府的津贴，不过学校更多地承担着培养牧师的宗教性责任，世俗事务和政治活动基本上与其无涉。

1636年，哈佛学院的成立掀起了美国高等教育新篇章。哈佛学院坐落在美国马萨诸塞州的剑桥市，与波士顿市只隔一条查尔斯河，它是欧洲来北美移民所建的最早的高等教育机构。1637 年,出生于伦敦的英国青年约翰·哈佛从英国剑桥大学毕业,到新建的学院内工作。他只有 29 岁,虽然患有肺病,但是由于工作很积极,得到好评。1638 年 9 月,哈佛的肺病恶化,不久离世。尽管那时的学院只有一名正式教师、一间木板房和几十名学生,但是哈佛希望它能逐步发展壮大。他立下遗嘱,将其全部约 400 本藏书和一半资产大约 780 英镑捐赠给这所学院。这些捐赠,对于当时的学院来说意义非同寻常。当时学院刚刚成立,政府一年给予的拨款也仅仅是 400 英镑。哈佛的义举,引起很大反响。因为这样的事情,在当时的北美,实在是凤毛麟角。于是,这所学院被正式命名为哈佛学院,即后来的哈佛大学。随后,1693 年在南部地区威廉·玛丽学院成立,1701 年在康涅狄格耶鲁学院问世。这三所学院是北美最早的学院,它们完全按照英国牛津、剑桥模式来打造,当时的目的都是培养传教士和牧师。院长都是由富有威望的牧师担任,大部分教师和董事也是牧师。日常开支主要来自学费、政府投入以及私人捐助。

殖民地时期北美高等教育的水平参差不齐,总体上说并没有值得称道的成绩,与欧洲大学相比差距很大。由于早期学院均为私立,收费昂贵,因此只有极少数富人子弟才有机会进入学习。到了独立战争前期,哈佛的毕业生仅为 40 人,耶鲁仅为 35 人。[①] 独立后的联邦政府并没有过多地考虑高等教育问题,甚至在宪法中都没有提及教育事业,教育被认为是州和地方的责任,这奠定了后来美国高等教育发展多样性特色的基础。另外,在这一时期,美国高校所形成的外行董事会等制度在后世得以保存并形成自身独有的特征,从而创造出美国大学的传统。

二、确立分权体制:独立建国至南北战争前夕的高等教育

独立建国后,民族矛盾逐渐理顺,构成了多元文化。各民族基本上可以相

---

① 林晓:《美国中北部协会院校认证标准与程序研究》,浙江大学出版社 2010 年版,第 33 页。

互融合,彼此学习,相得益彰。在众多欧洲移民所建立的国度里,曾存在尖锐的宗教教派矛盾。在作为英国殖民地之际,国教派和清教派势不两立,天主教和基督教也矛盾重重,教派不同,所传教义、所设学校背道而驰。它们互相敌对,水火不相容。建国后,人们逐渐承认培养公民的目标与培养宗教信仰是不矛盾的。各教派为保持和扩大在教育阵地的优势,以其本派的理解决定公民形象,创办它们理想中的学校,传授与其宗教相适应的宗教教义和文化知识。当时,宗教和教育是一体的,国家引导和利用了教会办教育的热情和力量。随着美国政治改革和经济发展,人们不得不面对现实生活,加上自然科学和哲学思潮的冲击,教会只好由控制教育而节节退让,国家实现了教育的世俗化,公立学校与教会彻底分离,但教会仍举办私立学校,出资聘用教师,收取学生学费,供家长作出选择。

这期间,不仅来自英国的移民,而且其他各国来的移民都把母国学校模式移来,在互相交流观摩中,美国便成为各国教育竞赛会或博览馆。同时,美国独立后也曾多次认真向欧洲学习教育模式。就高等教育而言,如果南北战争后美国只是发展务实的农工学院,而不向正在发展学术教育的德国柏林大学学习,那么美国高校的学术地位将很难与欧洲相比。美国高等教育当时实行两条腿走路,兼顾传播知识和发展知识。

这期间,美国奠定了分权制的教育管理模式。美国宪法没有规定联邦具有教育权力,因而教育权力属于各州。于是,美国教育体制便形成自己的基本特点。一是教育行政的分权制。教育管理体制上的地方分权制,办学和管理的主要责任集中在各州和地方。美国各级政府之间并不存在行政上的上下级关系,总统对州长没有行政管理权。各州教育厅对本州教育董事会(Board of Regents)负责,而不是对州长负责。董事由选民选举产生,不拿工资,定期到州教育厅开会,审议本州教育发展的大事,形成决议后交教育厅具体承办。在基础教育方面,学区是管理学校、任免校长、评聘教师、财务管理的基本单位。二是办学主体的多元化。美国学校有公立、私立之分,政府、社会团体和个人均有权开办学校。美国近一半高校是私立的,经费渠道来源多样。美国没有国立大学,公立大学通常由州政府举办,后来一些有实力的大城市也举办某种高等教育。南北战争前,私立高等教育机构多由教会团体举办,不以营利为目的。三是学校模式的多样化。从一开始,美国便没有完全统一的高等教育办学模式,教育机构和制度、学制、办学形式、学生成分、教育内容和方法均呈现多样化。

三、设立赠地学院:南北战争至第二次世界大战时期的高等教育

南北战争是美国历史上一场大规模的内战,参战双方为美利坚合众国(简称联邦)与美利坚联盟国(简称邦联)。这场战争的直接起因系美国南部十一州以亚伯拉罕·林肯于1861年就任总统为由而陆续退出联邦,另成立以杰斐逊·戴维斯为"总统"的政府,并驱逐驻扎南方的联邦军。林肯遂下令攻打"叛乱"州。经过四年激战,1865年4月3日,联邦军攻克里士满。4月9日,同盟军总司令罗伯特·李将军率部2.8万人向联邦军投降。美国南北战争以北方的胜利而告结束,美国恢复统一。从南北战争至第二次世界大战,是美国高等教育的发展与创新时期。1868年联邦政府设立教育部,负责搜集、印发、统计教育信息、管理联邦教育经费、对各州教育系统提供咨询和帮助。州政府设立教育委员会和教育厅,依照州教育法规实施教育行政。州下面设学区,其教育当局成了具体管理本学区具体教育事务的实权部门。

18世纪后期,美国政府鼓励人们向俄亥俄河以北和阿巴拉契亚山以西地区移民,那里有广袤的荒原以及可供耕耘的肥沃良田,于是"西进运动"蔚然成风,出现了人群大迁徙。这一时期,无论从经济发展角度考虑,还是从民族团结视角出发,政府都愿意多给教育一些支持,但苦于缺乏资金,竟长期未能如愿。然而国家不是没有资源,换一下脑筋,便找到了答案,那就是用捐赠土地的办法资助教育发展。

1862年,美国国会通过了参议员莫里尔提出的教育法案,后经林肯总统签署成为法律,即《莫里尔法》(*Morrill Act*)。该法规定:第一,联邦政府在每个州至少资助一所高等院校从事农业和机械工程教育;第二,按照1860年国会规定的议员分配名额,联邦政府根据各州议员数,按每个议员三万英亩标准

向各州赠予国有土地或等额土地期票；第三，出售这些土地的收入，10%用于购买校址用地，其余用于设立捐赠基金，利息不得低于5%；第四，这笔捐赠基金如果五年内未能用于兴办上述学院，须全部退还给联邦政府。根据该法，美国半数以上的州都迅速在联邦政府支持下建立了以农科和机械为特色的学院，即"赠地学院"（Land-Grant Colleges）。经过半个世纪发展，美国每一个州都至少有一所赠地学院或大学，它们面向社会招生，培养直接服务于社会的各类专业人才，从而体现出美国高等教育注重实用性的一面。

《莫里尔法》具有重要的历史意义。第一，通过对高等教育中应用学科的资助，促进了传统"学术型"高等院校向"实用型"高校转化，为美国经济和社会发展培养了大批应用型人才，极大地推动了美国工业化和农业现代化进程；赠地学院还非常重视面向社会提供技术服务，在农业技术普及和推广方面发挥过重大作用。第二，赠地学院的建立为公立高等教育体系形成和发展奠定了基础，极大地促进了美国高等教育发展。《莫里尔法》初衷虽是资助农业、机械等实用学科，但并不排斥自然学科乃至古典学科，因此很多赠地学院将其专业范围扩展到艺术、科学、教育、工程、矿业和林业等学科，许多学院逐步发展成为综合大学。第三，《莫里尔法》及相关法律为联邦政府介入和资助高等教育奠定了基础。在发展中西部教育过程中，政府没钱有地，通过捐地办法资助教育事业，堪称聪明之举。

笔者曾先后访问过马里兰大学、威斯康星大学、得克萨斯农工大学、俄亥俄州立大学。其中，威斯康星大学地处麦迪逊市，得克萨斯农工大学地处"学院站"（College Station），两者都是大学城，可以说大学是城市主体，校长比市长地位高。马里兰大学地处的大学园（College Park）、俄亥俄州立大学所在的哥伦布市，到处都有大学烙印。上述赠地学院都是以农工为特色、多学科并举的综合性大学，学校面积广阔，校园环境优美，招生人数众多，注重满足当地广大受教育者需求，与州政府关系密切，科技成果转化力度大，为经济社会发展提供智力支持，在各自州高等院校中发挥着"领头雁"的作用。

19世纪后期，随着一系列法案的出台，美国高等教育正式进入大发展时期，诸多欧洲高等教育办学理念的到来为美国研究性大学提供了丰富的思想宝库。在充分借鉴德国现代大学办学经验的基础上，美国大学的逐渐形成自身独特性格,这主要体现在:一是强调高等教育要服务于社会,科学要为农业和新兴工业的发展服务;二是强调学术职业要更加民主化,同时采用以学科为主的系、院体制而非德国大学的讲座教授制度;三是管理方式更加强调参与性和精英性,原则上董事会成员由校外精英担任,校长和院长等职务则是由董事会选聘,同时要注意参考教师、行政人员和学生等群体的意见等。①

四、逐步走向繁荣:第二次世界大战至 20 世纪末的高等教育

第二次世界大战之后,在教育民主化浪潮的影响下,高等教育的规模和入学人数呈现爆炸式的增长态势,迎来了发展"黄金期"。伴随国内外政治、经济与科技形势的变化,美国教育面临着诸多挑战,同时也采取了一系列影响深远的措施。《退伍军人权利法》《国防教育法》《高等教育法》《国家处在危险之中:教育改革势在必行》《2000 年目标:美国教育法》等相继出台,其核心都是要把高等教育提到直接影响国家的国际地位高低、国际竞争成败的高度来考虑。在这种时代氛围下,整个美国社会形成了初步的共识,人们普遍参与和支持兴办高等教育事业,进而通过对教育体制进行根本性改革,力图重塑学习体系,全面提高教育质量。

总体来看,第二次世界大战后的美国,教育改革从未停息,对教育体制的调整从未中断,对人才培养规律的探索从未放弃。至 20 世纪末,美国已经形成了多种多样的教育类型,所取得的教育成就也是有目共睹,尽管仍然存在着大量难以解决的问题,然而这也是促进美国不断探索新的教育发展道路的动力。

(一) 制定《退伍军人权利法》

1944 年 5 月,美国国会通过了著名的保障军人权益法案,即《退伍军人权

---

① [美]菲利普·阿特巴赫等:《世界一流大学:发展中国家和转型国家的大学案例研究》,王庆辉等译,上海交通大学出版社 2011 年版,第 11 页。

利法》(*The GIBill of Rights*)，又称《1944 年军人再调整法》(*The Service men's Read justment Act of 1944*)。该法于 1944 年 6 月由美国时任总统富兰克林·罗斯福(FranklinD.Roosevelt)签署生效。根据这项法律，从第二次世界大战中退伍的军人除了可以立即获得以失业保险形式体现的经济补助，还可到高等教育机构接受培训。具体来说，由经批准的教育和培训机构向战时所有在军队服役 90 天以上的退伍军人提供一年以上、不超过四年的教育和培训，联邦政府支付其每年不超过 500 美元的学杂费和每月 50 美元的生活补贴。在该法激励下，1945 年以后的几年中，美国出现了前所未有的大批退伍军人涌入高校之浪潮。截止到 1956 年，约 800 万名退伍军人获得了资助，接受了形式多样的再就业教育和培训，政府为此项目提供的资助总额超过 100 亿美元。

　　这一政策措施不仅保障了退伍军人的就学权利，而且减缓了大批复员军人对劳动市场的压力，对社会稳定起到了积极作用。同时，增强了复员军人重返社会的适应能力和在劳动市场上的竞争能力，提高了他们的知识水平和全面素质，促进了战后美国经济的恢复和发展。《退伍军人权利法》同样对美国高等教育产生了重大的影响，表现在：(1)对于联邦政府的决策者们来说，高等教育已经非常明显地成为实现国家目标的工具；(2)扩大了接受高等教育的机会，为高等教育大众化奠定了基础；(3)刺激了平民青年对高等教育的需求，使他们认识到进入高等院校能够大大增加其对职业的选择性和灵活性，特别为那些家庭经济条件较差的青年人提供了先入伍，然后获联邦资助上大学的先例；(4)推动了高等院校的发展，一些大学获得用于临时容纳大量退伍军人的许多校外场所，有的成为新建大学的开端，有的成了新建社区学院的基础或其他大学分校所在地，并为日后形成的公立大学体系、多校园大学、学院群和开放大学创造了条件；(5)大量成人进入高等院校后，学生构成出现多样化、成人化趋势。另外，高校为了适应退伍军人的需要，也在积极探索改革课程和教学方法。

　　《退伍军人权利法》的最突出功绩是让人们形成了一个观念，即无论一个人处于什么样的年龄、性别、种族、宗教或家庭状况中，都可以而且应该享有受教育的机会。这一法律让更多的农夫和工人的子女有可能获得他们不曾梦想的更好教育，并让教育将带来更好工作和更好生活的信念在社会上普遍生根。

在 1940 年美国共有大约 16 万人取得大学学位，而由于《退伍军人权利法》实施，1950 年大学毕业生接近 50 万人。在上大学的退伍军人当中，大约半数已经结婚，25% 已经为人父母。最终，共有 220 万第二次世界大战退伍军人进入大学读书，此外还有 350 万退伍军人就读职业学校，150 万退伍军人参加在职培训，还有 70 万退伍军人接受了农技辅导。《退伍军人权利法》的教育福利还可以在国外享用。退伍军人管理局在 1950 年报告说，有 5800 名退伍军人根据美国《退伍军人权利法》到 45 个国家学习。大部分高校还认可军人们在服役时接受的教育培训课程。《退伍军人权利法》不仅帮助各种背景的人接受高等教育，而且也使公众对高等教育的看法得以改变。传统的美国高等教育多数是以私立小型文科学院为主，实行住校制与精英式管理，而该法实行 30 年之后，美国高等教育面貌焕然一新。美国的公立大学接纳了 80% 左右的学生，规模大、专业多，与经济社会联系紧密。自此，美国高等教育为人们带来的是社会、教育和经济地位的提高，而不是作为一种上流社会的标志，高等教育实现了社会意义上的大众化。

（二） 发展社区学院

随着中等教育的初步普及和公民受教育意识的提高，人们对中学后教育的需求越来越大，同时也由于经济发展特别是技术进步，美国社会对于有较高知识和技能水平的高职人才的需求也不断增大，传统的高等院校独领风骚的模式无论在数量还是功能上都难以适应不断发展变化的社会要求。在这种背景下，社区学院应运而生。

社区学院最早起源于初级学院。1892 年，芝加哥大学出于让更多的高中毕业生有机会进入学院低年级学习的考虑，将本校分成了两级学院，前两年称为"初级学院"，后两年称为"高级学院"，并自 1900 年起授予初级学院毕业生协士（Associate，副学士）学位。芝加哥大学主张通过三条途径来建立和发展初级学院：(1) 把比较薄弱的四年制学院改造成为初级学院；(2) 高中向上延伸开设中学后课程，提升为初级学院；(3) 创办作为大学预备性质的社区学院。第二次世界大战结束之际，大量复员军人的入学，促进了初级学院的新发展。1947 年，高等教育委员会在表述公立初级学院时使用了"社区学院"的概念,这不仅仅是名称上的变化,而是包含着为地方和社区服务的含义,相应地这种短期高等教育机构在内容上也从升学预备教育为主转向职业教育为主。1964年美国国会提出:"国家必须准备使对全体高中毕业生至少再进行两年的教育成为可能",将普及社区学院作为今后的教育政策目标提上日程。1963年的《高等教育设施法》及1965年的《高等教育法》都涉及并鼓励社区学院的发展。于是,20世纪60年代以后,社区学院进入新的迅速发展的时期,学校数和学生数迅速增加。

相对于赠地学院来说,社区学院的发展主要是依靠州及地方的资源发展起来的,联邦政府很少对社区学院提供专门的财政补助,但其对高等院校的各种专项经费,社区学院大都可以享受,如对贫困学生的奖贷学金,图书资料购置补贴等。按照1963年的《高等教育设施法》,联邦政府将高等院校基建基金的22%用于公立社区学院的建设。1967—1969年间,社区学院获得了49亿美元的基建基金。根据1963年的《职业教育法》,兴办职业教育的社区学院可以获得一定的联邦财政补贴。

社区学院的出现和发展对美国高等教育的大众化起到了至关重要的巨大作用,其在美国的整个高等教育体系中占有重要地位。可以说,近几十年来,美国高等教育事业最令人瞩目的发展就是社区学院数量的快速增长和规模的急剧扩大,在完成初步培养的基础上,社区学院同时能够为拟转入本科院校的学生提供转学准备课程计划,还实施职业教育计划、劳动力培训计划、成人和继续教育计划。社区学院在美国能有长足的发展,主要因为其具备服务社区、专业实用、学费较低、可以转换等特点。由其所具有的不同于普通大学的突出特点所决定的。

笔者也曾考察过休斯敦社区学院系统。该学院系统提供廉价和便捷的受教育机会,提供技能开发及定向培训,开展普通教育并协助部分毕业生升入普通大学高年级,提供技术培训,提供文化普及项目,开设个人素质提高的培训计划,提供综合性的学生辅助服务,提供学习和工作实习必要设施,提供充分的和有效的资源管理。学生毕业以后可以申请转读正规的得克萨斯州立大学或其他大学,也可很快找到工作。休斯敦社区学院系统是得克萨斯第三大社区学院,生源以本地为主同时辐射世界各地,其中大休斯敦地区占55%,大休斯敦地区以外占 39%，得克萨斯州以外及外国学生占 6%。休斯敦社区学院系统现有外国学生 1000 多名，分别来自 123 个国家和地区，其中中国留学生逾百人。休斯敦社区学院系统已不再是过去受人鄙视的"野鸡大学"，而是注意开设适应当地经济社会发展需要的专业和课程，采取灵活多样的教学形式，广泛运用多媒体手段和远程教育技术，重视提高质量的现代化的高等教育机构。

通过对美国社区学院办学情况的观察，可得到一些启示。

第一，随着市场经济的逐步完善，办大学的观念要更新，招生制度要改革。美国人认为上大学是民族整体素质提高的必要手段，是美国人基本生活和工作的需要，也是人人应当享有的平等受教育的权利。每个人应当有上大学的机会，政府有责任为每个人提供这样的机会，满足他们的需求。

第二，为适应市场经济需求，专业设置要拓展，成人高校与普通高校之分要淡化。区域社会需要什么，学校就应当提供相应的教育和培训项目，这是美国社区学院生存与发展的基础，也是其基本办学宗旨。正是这样，美国社区学院开设专业广泛，没有成人与普通之分。

第三，有针对性地解决办学投入不足问题，理顺管理体制。国家和地方财政在有条件的情况下，可以对条件好、质量优、经费缺的成人高等学校，按一定的学生人数比例，提供必要的办学经费，以弥补成人高校办学经费之不足。

第四，专科层次的高等教育可以颁发协士（副学士）学位，以增加这个层次教育的吸引力。

第五，社区学院或其他高等职业技术教育不能办成终结性教育，要给有志深造的毕业生提供继续升学的机会，这样才不使学生产生误入此境、悔恨终生之感。

（三）颁布《国防教育法》

1957 年苏联第一颗人造卫星上天使得美国政府顿生强烈的危机感，认为有必要尽快改革教育，培养足够数量的科技英才以满足国家安全基本需要。美国国会于 1958 年通过了《国防教育法》。该法并不是专门加强国防教育的法律，而是致力于提高教育质量的一揽子拨款方案。取名国防教育法，就是想强调教育的重要性,以至于同国家安全息息相关。就教育议题到美国短期访问也好,长期考察也罢,你接触的人,你研究的事,差不多都与《国防教育法》有直接或间接的联系。接待你的美国教育人士,时不时会提到该法,比较该法实施前后的变化,谈及提高教育质量的重要性、现实性。

尽管《国防教育法》表述甚为繁杂,但概括起来,主要包含以下内容:第一,加强数学、自然科学和外语教育,推动这三门课程的现代化;第二,加强英才教育,对大学生和研究生提供奖贷学金,使任何英才不因经济困难而失去享受高等教育的机会;第三,加强实验室建设和教学手段现代化;第四,积极发展职业教育,大力培养中层技术人员;第五,强化师范教育,提高教师水平;第六,改革高等教育,培养更多适应国家发展需要的人才。

根据该法,联邦政府拨出数百亿美元资助各州的教育改革,推动上述目标的实现。1964年,国会延长了该法的有效期限,并补充了新内容,扩大了发放奖贷学金的数量。1982年,国会最后修订该法,以加强科技人才的培养,应付苏、德、日等国在科技、贸易、空间领域及战略武器方面的挑战。该法通过联邦专项补助金的方式,大大加强了联邦政府在教育领域中的干预作用,是美国提高教育质量的一颗定心丸,在教育发展中具有里程碑意义。

(四)出台《高等教育法》

1965年11月8日,美国总统约翰逊(Lyndon Baines Johnson)在得克萨斯州的西南州立大学签署了具有重大历史意义的《高等教育法》,其在演讲中将这一法案说成是能够为"有志向的青年人提供教育来改变自身命运的途径"。历史事实表明,这一法案的通过的确是美国社会的一大幸事,许多寒门子弟通过这一法案的实施看到了未来社会流动的希望。

《高等教育法》的内容有八编,其内容涉及有关高等教育建设的七个方面。该法案在最前面阐述了其立法宗旨:"为了强化我们的学院和大学的教育条件,并对接受高等教育的贫困学生提供了经济资助。"法案的基本内容是:总则、大学社区服务及继续教育项目、高校图书馆资助、教师项目、资助学院、学生资助、发展中的学院、改善本科生教学、1963年高等教育设施法的修订等。在八项内容中最核心的是关于学生资助的内容,该法案创建了两种新的资助模式,即"教育机会助学金"(Education Opportunity Grants)和"保障性学生贷款"(Guaranteed Student Loan),同时保留并延长了《国防教育法》在有关国防学生贷款项目与大学生勤工助学项目,与此同时,国会每年都拨款用来补助落后的高校和贫困学生。

《高等教育法》的历史意义极为重大,它奠定了联邦后来制定高等教育政策的基础,标志着联邦政府介入高等教育领域迈出实质性的一步,同时针对学生的资助赋予了合法性,开创了平民接受高等教育的新时代。从长期来看,《高等教育法》颁布和实施改善了美国高等教育的条件,缓和了美国教育危机和美国社会发展中的"人才瓶颈"问题,使得美国迅速成为世界上高等教育最发达的国家之一,同时保证了美国经济科技发展在世界上的领先地位。实践证明,联邦对教育的援助得到了丰厚的长期的回报。

五、适应形势新变化:21 世纪的探索

第二次世界大战后的几十年里,美国教育改革从未停息,对教育结构调整从未中断,对人才培养规律的探索从未放弃。世纪之交,美国教育类型多种多样,实验丰富多彩,成就有目共睹,但存在的问题也不容忽视,正在继续探索新的发展道路。进入 21 世纪后,世界格局变化很大,美国社会受"9·11 事件"影响也很大,美国高等教育也随之发生了一定的变化。

2001 年 9 月 11 日,笔者正在纽约工作,目睹了世贸中心从遭撞燃烧到轰然坍塌的全过程。这两栋摩天大楼曾是纽约经济繁荣的象征,突然化为乌有,夺去了近 3000 名无辜平民的性命,震惊了全世界,也成为美国许多对内对外的政策转折点。"9·11 事件"中,劫持两家飞机撞击世贸中心的恐怖分子,劫机撞击五角大楼的恐怖分子,劫机后遭遇乘客抵抗坠落到宾夕法尼亚州森林之中的恐怖分子,多以留学签证赴美,即属于留学生身份。这一点让美国朝野突然意识到其经济发展和科技创新在很大程度上依赖外国专家与留学生。于是,美国决意继续加大各级各类教育改革与发展力度,提高教育质量,努力培养效忠美利坚合众国的、质量较高的一代新人。

　　"9·11事件"让美国高等教育界对国际安全观进行反思。冷战时期,各国为了自身安全和战略利益考虑,不断扩充军备,导致美苏两霸剑拔弩张。冷战结束后,随着社会矛盾的空前激化,民族和宗教矛盾日益扩大,暴力倾向和暴力事件有增无减,冷战时期所奉行的扩充军备和核武库做法已经不合时宜。不同文明之间应相互学习,共存共荣。任何文明都是人类集体智慧的结晶,不同文明创造了人类的共同繁荣。人类社会的不同文明不仅使得这个世界丰富多彩,而且也相互影响、相互渗透、共同前进,绘成人类社会色彩斑斓的全景图,创造出一个又一个辉煌的人间奇迹。面对不同文明,人类社会只能秉持理性,互相包容,求同存异,学会和睦共处。

　　2002年年初,小布什(George W.Bush)总统签署《不让一个孩子掉队法》,基于教育优先发展的战略考虑,加强教育治理与管控,把教育摆到直接影响美国国际地位高低、国际竞争成败的高度来谋划。当时,联邦政府的目的是让全社会形成共识,各界参与和支持教育事业,对教育体制进行根本性改革,重塑学习体系,全面提高教育质量。

　　2006年9月,美国高等教育未来委员会在历时一年的调查研究之后,向教育部时任部长玛格丽特·斯佩林斯提交了一份旨在规划未来10年至20年美国高等教育走向的报告:《领导力的考验——美国高等教育未来规划》。报告指出,尽管高等教育一直令美国引以为豪,但是却没有做好准备应对学生日益增加的多样性和越来越激烈的全球经济竞争。美国高等教育正处于盲目自大的危险之中,"当教育对于国家繁荣越来越重要的时候,其他国家正在超越我们"。

　　总结这份报告为美国高等教育描绘的蓝图,可以用三个词概括,即"进得来""留得住""出得去"。所谓"进得来",是指未来的高等教育敞开大门,消除对低收入家庭和少数民族学生的入学机会限制;"留得住",是指让进入大学的学生能够负担得起大学生活所需要的费用;"出得去",是指注重大学的教育质量,让接受过大学教育的学生都能获得良好的教育结果,今后能够立足社会。委员会提出了六项改革建议:

　　一是做好学生的入学准备工作,向更多学生提供经济援助,使更多学生能够接受并且负担得起有质量的高等教育。

二是整个学生资助体制应该简化、重组，建立激励机制，更好地管理资助经费和对工作进行评估。

三是高等教育系统应大力提倡"清晰化、透明化"，辅以大学各项信息数据的更新和公开。应加强对学生学业的重视，发展一套以教育结果为重点的大学评估认证机制。

四是大学应保持持久的创新能力，不断进步。

五是联邦投资应集中用于事关美国全球竞争力的领域，如数学、科学和外语。

六是发展终身教育策略，充分认识和理解高等教育对每一个美国人未来的重要性。

高等教育未来委员会在报告中指出，目前由于学业准备不足、缺乏信息，以及一直存在的经济阻碍，大学对低收入家庭和少数民族学生的入学机会存在限制，"为了敞开高等教育的大门，我们必须更好地教育我们的学生，帮他们做好接受高等教育的准备，在中学阶段就要有一个高起点"。报告建议，各州应该采用能够让所有学生做好升学准备的高中课程；努力按照大学和雇主的期望培养高中生；鼓励大学与初高中长期合作，帮助学生做好接受高等教育的准备。各大学应该紧密与中学合作，确保中学师资训练有素，中学课程与大学需要一致，清楚升学考试标准；扩展远程教育和成人教育项目。各州和大学应该共同发展早期评价考试，尽早明确高中学生是否在升学的轨道上；扩展高中生提前接受大学教育的项目、双重注册项目、"成绩分班考试"以及国际文凭项目，让高中的最后一年变得更有价值。大学先修课程（AP）考试和国际文凭项目（IB）都是为高中生提前接受大学教育而设计，特别是国际文凭项目，系为16岁至19岁具有高度学习动力的中学生设计大学预科课程，因其卓越的教育品质被国际认定为精英教育的典范，其培养出来的学生受到世界知名大学的青睐。

报告提出，学费的不断增长远远超出了通胀率、医疗保健开支以及家庭收入的增长。大学通常不能提供清楚、详细、公开的信息，包括大学经费开支及大学发展状况的可比较数据。由于目前的数据系统非常有限和不足，政策制定者很难从教育内部渠道获得有关学生进步的有效信息。而信息的缺乏又以学生学业成就方面的信息为重点。这反映了美国大学对于学生教育结果和质量的忽视。

报告建议联邦政府,在确保隐私不受侵害的前提下,为全国每一个学生建立个人学习档案,跟踪其进步情况。建立用户本位的高等教育信息数据库,让学生、家长、政策制定者通过搜索引擎获取各种可比较的各大学信息,如录取信息、费用、毕业率、学生学业成就等。政府应要求美国国家教育统计中心公布各高校年度收支报告。联邦政府应提供资金,以供各州收集公立院校学生学业成就数据,进行跨州比较。鼓励大学通过"学术能力和进步评价"来测量学生的学业成就,并资助各州、高等教育机构共享和交换信息。向学生和公众公布上述信息。将每十年一次的成人读写测试周期缩短到每五年一次。

对于大学的创新能力及教育质量的提高,报告建议,联邦政府应该增加"改进中等教育后教育基金",基金重点用于教学和学习方法革新的研究,例如神经科学、认知科学以及组织科学。加强美国教育部、能源部、国防部、国家科学基金、国家卫生研究院以及美国宇航局的合作,共同促进高等教育的创新。鼓励各大学开放资源和教学内容,各学校、各学科及整个教育领域实现教学资源共享。报告指出,美国应增加对教育和科研的投资,特别是一些重点领域,如科学、技术、工程、数学、教育、保育、生物制药等。美国应努力培养急需的外语人才。改革美国移民政策,让重点学科(科学、技术、工程、数学)的留学生更容易获得绿卡。在签证面试时取消让学生证明自己毕业后不在美国滞留的要求。

报告还建议各州及各大学应加强远程教育建设,惠及农村偏远地区学生及接受成人教育的学生。学生资助体制应涵盖转学学生和非全日制学生。统一各大学之间学分转换标准,避免学生因重复修读课程而延误毕业时间。

教育部时任部长玛格丽特·斯佩林斯接受了高等教育未来委员会提交的报告,并在此基础上公布了美国高等教育改革行动计划:

一是加强高中毕业生进入高等教育前的准备工作。将仿效基础教育《不让一个孩子掉队法》的一些做法,推进高中大学预科和预修课程的建设,加强高中教育的绩效评估。

二是增加以需求为基础的大学生财政资助,完善有关制度,简化大学生申请资助的程序。

三是建立大学生学习状况数据信息系统,提高高等教育的透明度,加强绩效评估。为此,联邦教育部将拨专款给学校和地方政府,用于收集和公开数据。

美国教育部曾经寄希望于这份报告的意义可与开创赠地学院的《莫利尔法》以及第二次世界大战后为退伍军人支付大学费用的《退伍军人权利法》相提并论。实践证明,高等教育未来委员会的这份报告以及联邦教育部的努力,在当时还是发挥了一定的作用,算得上是美国高等教育领域的一次改革尝试,但如果说它是美国高等教育的里程碑,则显得有些夸张。

在 21 世纪的第二个十年里,巴鲁克·奥巴马(Barack Obama)总统的教育政策的亦对其高等教育发挥一定作用。奥巴马将教育视作重建美国经济和改善民生水平的基石之一,并在刺激经济法案中将教育置于相当优先的地位。他于 2015 年 12 月签署了《每一个学生成功法》(*Every Student Succeeds Act*),淡化及部分地代替了《不让一个孩子掉队法》(*No Child Left Behind Act*)。在他任期内,不仅就基础教育的改革提出了一系列方案,而且增加了联邦政府对高等教育的研发拨款,增加了大学生贷款额度,启动了一些高等教育改革项目,取得了一定的成效。

六、结语

在世界近代教育史上,美国高等教育是后起之秀,在较短的时间内一跃跨入先进行列。美国高等教育用 200 多年时间走过了欧洲国家上千年走过的道路。其发展中所获历史经验与教训,不仅对于美国自身,而且对其他致力于增强高等教育质量与竞争力的国家都是一笔可资挖掘的财富。在早期殖民地时期,教育被看成是家长或宗教的事务,公众并不认为政府应插手教育,人们也并不想设立专门教育机构来领导并管理全国教育事业。然而随着社会发展,这种教育独立于政府之外的传统逐渐不能适应实际需求,越来越多的人认识到要对教育进行目的明确、策略适当、方式有效的政策干预,这是实现教育发

展与经济社会发展相协调的重要保证。不过,对大学内部治理,政府依法不予
干涉。不仅私立大学按章程自主办学,就连公立大学也依各自章程享有高度
自主权。高等教育要获得繁荣,就需要适应经济社会发展,还需要遵循教育规
律,因此必须不断探索和研究。历史上,美国针对民族、自然、经济等方面的新
问题,能够用不同于传统的观点进行分析、钻研、实验,以便发现教育规律,追
寻解决方法,推动改革创新。例如,杜威的实用主义教育理论、巴格莱的要素
主义教育理论、哈钦斯的永恒主义教育理论等,各树一帜,从不同侧面阐述教
育问题,影响深远。而今,美国对教育研究的重视不减当年,专职研究人员聚
精会神,兼职研究人员孜孜以求,力图将教育决策建立在科研基础上,将教学
实践根植于理论研究中。在高等教育进程中,美国很多大学不唯上、重求是,
不尚空谈、注重调查,给后人留下深刻印象。

(本文原载《美国高等教育:观察与研究》,人民教育出版社 2016 年版)

德国基础教育质量提高
问题的考察与分析

    2007 年 10 月,笔者同中国基础教育代表团就德国基础教育质量提高问题,访问了德国各州文教部长联席会议秘书处(KMK)、德国教育与研究部、部分州文教部,与德国教育专家举行了基础教育质量提高研讨会,并同社会各界进行了广泛接触和较深入的交流,实地考察了柏林、波兹坦、迈森、德累斯顿、莱比锡、慕尼黑、威姆丁、迪林根等地学校。通过考察,基本上了解到了德国基础教育质量提高的有关做法。

一、调整宏观教育结构,为大力提高基础教育质量创造环境

(一) 充分发挥州教育自主权,同时加强国家级层面的沟通协调

    长期以来,德国的教育政策与教育规划是由其联邦体制所决定的。各州享有充分的教育主权,初等、中等和高等教育均由州管理。这样,各州可以发挥主动性和自觉性,因地制宜地开展教育工作。同时,由于各州教育自行其是,造成了州与州教育质量参差不齐。为了协调各州在教育方面的政策,推动各州既保留本州的教育特色又兼顾其他各州的利益,保证全国教育的基本水平,成立于 1948 年的各州文教部长联席会议(KMK),近年来全面担负起协商各州在教育发展方面合作的职能。其中包括:处理跨地区的教育文化事务,协

调相关的全国性政策,在与联邦政府和欧盟的合作及谈判中,代表各州的共同利益。特别是2004年提斯(Erich Thies)博士出任秘书长以来,KMK强化了在各州在教育体系、教育结构方面的协调工作,并积极推动各州高中学分、毕业成绩或文凭的互认。KMK定期召开会议,商讨重大教育事项,其通过的建议体现了各州的意志。2007年10月19日,KMM在波恩召开会议,原则上通过了将基础教育学制由目前12年和13年并存统一调整为12年制的决议。这次会议还作出决定,即从2008年起,小学二年级、三年级学生都应参加全国的德语、数学统一测试,将此作为改变教学组织偏于松散状况、促进各地努力提高教育质量的措施。

(二) 积极研究教育体制改革,着手调整中等教育结构

德国基础教育体制复杂,学段划分不一,学校类型较多。除柏林州和勃兰登堡州的小学实行6年制外,德国其他各州的小学均为4年制。在小学结束时对全部学生进行分流。通常分为三类:一是敞开入学的普通中学;二是开展职业训练的实科中学;三是开展升学预备教育的文理中学又叫文法学校。2007年巴伐利亚州36%的小学毕业生进入普通中学,45%进入实科中学,其余的19%升入文理中学。柏林州的中学类型更多,分为普通中学(学生占11%),实科中学(22%),介于普通中学和实科中学之间的混合中学(8%),还有文理中学(33%),以及介于文理中学和实科中学之间的文实学校(26%)。

各界呼吁,适应科技发展新形势以及未来社会对复合型人才的要求,按照综合化的需要,应将所有的上述学校进行整合。萨克森州的中学现已归并为两种类型,一类是文理中学,另一类是文实中学。如其他各州一样,该州的文理中学同样是开展学术性训练,提供升学预备教育。文实中学的学生毕业时可直接参加职业培训,也可在本校或转入文理中学再读一年文化课后参加高中会考,继而升入大学。

(三) 开始重视幼儿教育,进行早期智力开发

长期以来,幼儿教育被视为家长自己的事,政府不加干预。随着这些年德国经济的复苏和发展,妇女就业比率上升,加之受早期智力开发理论的影响,

人们的观念开始发生变化,对幼儿教育逐渐重视起来,政府部门也着手进行推动。2003 年以来,德国的所有联邦州均通过了将儿童日托机构确认为教育体系的一个不可缺少组成部分的教育与指导计划。如今,全国已有 90%以上的幼儿接受幼儿教育,其中巴伐利亚州自 1974 年就把幼儿教育作为学制一部分,该州如今 98%的儿童接受学前三年教育,在全德名列前茅。不过,德国的幼儿园近四分之三由教会、医院、红十字会设立,其余由乡镇设立,家长是需要交费的。

2007 年 10 月 17 日,各州政府代表在慕尼黑市召开了早期教育工作会议。会议认为,在新时期新阶段,德国的资源不能出口,优势是外销知识产品,随着科技的发展,幼儿教育的重要性愈益显现,必须从小奠定儿童持续发展的基础,这样将有助于大幅度提高基础教育的质量。要舍得在早期教育上花些精力,投些资金。为进一步促进学前教育发展,就要改变德国高校未设幼教专业的状况,全面改革日托机构专业人才的进修制度,还要提高从事早期教育的工作人员的职业地位。可以预见,德国各州将把早期教育摆到重要位置,通过多种适合幼儿身心发展规律的形式,开展早期智力开发。

(四) 开展教育督导评估,指导学校提高质量

在这次考察中,汉堡州的哈泽(Inke Hase)女士、石因州的索不陶(Barbara Soltau)女士和萨可森州教育评价研究所的克拉格(Astrid Kruger)先生、巴伐利亚州威姆丁市教育局的海尔(Peter Hell)分别向代表团介绍了本州举行学校督导评价的做法。德国的教育督导评估,就是对学校的督导和评估,体现"督学"功能,并无"督政"一说。对学校的督导评估,包括内部评估和外部评估。其中内部评估由学校对自身情况进行调查反思,对学生考试成绩进行分析研究,听取家长意见,改善学校工作。而外部评估则由州教育评估机构组织实施,关注学校的办学思想、办学行为、整个面貌和教师队伍。

在督导评估准备阶段,校长要按要求提供大量背景材料,如教学、教师、管理、对外联系、正在运作的项目等情况。学校需回答多份问卷,学生、教师、家长代表也须填写。问卷有网上问卷,有纸质问卷,不要求署名。网上问卷的评定,是通过州属学校质量评估机构(ISB)负责评判。进驻学校的评估组由 4—

5人组成,成员包括1位领队(通常是外地校长)、2位专家、1位经济界代表,有时还包括1位家长代表。

评估组一般在受评学校工作3天。第一天,先查看学校大致情况,形成整体印象。接着,分成两组去听不同的课堂教学,尽量涉及多个年级。一天快结束时,一个小组与校长面谈,另一小组与副校长谈,开诚布公地进行意见交流。评估组注意了解校长及其在学校发挥的作用及所承担的工作任务。之后,一组与分管教育的市长谈话,另一组与管理学校房产的部门会谈,还要与家长代表谈。第二天,评估组进行深入听课,观察课堂上的学生反应、观察课间休息情况。还要与学校的教辅人员、秘书接触,了解情况,甚至与午餐管理协会见面,与教师团队见面。第三天,上午继续听课,下午与校长、副校长谈话,还要看图书馆的阅读书、教科书、计算机联网情况。

在巴伐利亚州,内部评估2年一轮,外部评估4年一轮。外部评估结果分为四等,1分为特差,2分为差,3分为良,4分为优。不过,学校得1分的情况几乎是不会发生的。如果某校得的是2分,校长得向教育局、家委会诉职,说明情况。学校与地方教育局据此制定未来几年学校发展的目标和规划。借助督导评估的契机,教师们与校外专家一起在社会目标、方法、学习、面对错误四方面制订未来4年的改进计划。学校督导评估注重双向互动,在评估组进驻学校期间,校长可就学校校舍建设等问题提出合理要求,如评估组认可,就进入申请程序了。对评估成绩前10%的学校,由州教育评估机构向全社会公布。对其他等次的学校,则由州教育评估机构书面通知校长,并抄送给地方教育局,不在媒体上公布。反馈给学校的不只是等次,更重要的是具体的工作指导意见和学校发展建议。学校对这些意见和建议非常看重,组织全校教师认真研读,总结经验,吸取教训,制订和完善学校未来发展的具体方案。

二、采取切实改革措施,努力提升基础教育整体质量

(一) 成立国家教育质量研究所,制订学校质量评价标准

为了制订和实施全国性的基础教育质量标准,2004年6月,各州文教部

长联席会(KMK)组建了国家教育质量研究所(IQB)。办公地点设在洪堡大学内,配17名专职人员,同时成立了理事会,邀请数百名政治家、科学家、学科专家兼职。该所的主要任务是研究和制订适用于德国的教育质量指标体系,对各州的基础教育质量开展研究,推动各州学业考试程度逐步相当,以此提高各州教育的平衡性。

1. 制订学科质量标准

从2005年开始,IQB组织优秀课程专家、学科专家、教育专家等设计问卷,积极尝试制订供各州参照的主要学科的基本标准。每科出1000个题,抽出18000名学生接受测试。2007年,各州根据IQB的标准,结合本州实际进行部分调整,制订出本州的标准。2008年,全部16个州,初步确定出数学、德语各600个题目,然后再经过逐年完善,到2011年建立正式的质量标准。外语、物理、化学、生物等学科参照这一进程予以开展。

2. 制订合格学校标准

IQB组织大批专家制订出了全德合格学校标准,分为六项共49条。

第一项,教育过程方面。教学目标和内容以教学计划为导向;教学结构清晰;学习安排促进学生的主动性,指导学生为自己的学习过程负责;将新型媒体和互联网应用于教学中,以刺激并支持学习过程;向教师、学生、家长公开评判上课、考试的标准;了解学习能力较弱的学生,并予以特别关注;发现天资聪颖的学生,并予以特别促进;在教学计划中,考虑到性别差异;学校的参与者在互相的交流中,遵循既定的行为规范;学校采取相应的措施,防止吸毒现象的发生。

第二项,学校成绩和结果。学生离校时可以达到毕业水平;各年级学生达到相应年级教学目标要求的水平;学生毕业论文应达到州平均水平;德语至少达到州平均水平;数学至少达到州平均水平;第一外语至少达到州平均水平;学生能够自主解决问题并向全班展示结果;学生之间有建设性的相互合作;非暴力解决矛盾;学校生活丰富多彩;学生对学校感到满意;家长对学校感到满意;教师对学校感到满意;其他机构对学校感到满意。

第三项,学习和工作条件。教室、专业空间按照学习要求进行布置;教师办公室按照教学任务进行布置;学校有多媒体及电脑设备;校舍和设施应处于安全、良好状态;校园应能让学生得到积极的放松或休息。

第四项,学校领导。校领导的职责要清楚规定,透明公开;有效规划教学组织;校领导真正负起责任;校领导把已作出的决定付诸实施;校领导与同事及其教职工之间信息沟通流畅;校领导负责各种会议的领导工作,使会议目标得以达到;人事发展符合学校的发展目标。

第五项,质量管理。管理活动应按照已确定的学校规划来进行;要对学校规划进行系统的再发展;定期评估学校的工作并不断改进;学校要按照既定的培训计划对教师进行培训;学校要促进形成反馈文化。

第六项,合作情况。在作出重大决定之前学校要成立相应的工作组;教学人员深入合作;教学人员与家长深入合作;与其他类型的学校深入合作;学校与其他机构深入合作;人事代表与校长进行合作;教师与学生在设计学校生活中深入合作。

(二) 学校设置体现差别,教学过程注重因材施教

1. 从学校设置看

德国各州不断加大对基础教育的投入,要求所有学校均达到基本的设置标准,以保证适龄儿童、少年都能享受到合格的教育。在此前提下,允许学校体现出不同的程度,提倡学校办出特色。

一是允许重点学校存在。萨可森州设立了面向全德国招生的英才文理中学,意欲为造就拔尖人才奠定基础。位于该州迈森市的阿菲尔特文理中学就是其中之一。这所学校师资一流、设施齐全、条件优越,每年通过考试招收 50 名有较好潜质的学生,进行精心培育,以升入重点大学为目标,并为其打下持续超常发展的基础。

二是设置特色学校。例如,勃兰登堡州波兹坦市在两德统一后建立了一所蒙特梭利学校,这所学校积极开展教学改革,实施复式教学,每三个年级为一个教学集体,学生之间相互引导,彻底打破了传统意义上教学班的概念。这所学校学生的学业成绩和多方面素质良好,在全州有一定名声。再如,萨可森州德里斯顿设立了专门招收体育特长生的特色学校。

三是评选实验学校。萨可森州决定,从 2008 年起,面向全州 1050 所中小

学校,用3年时间,每年评出10%左右的实验学校,开展教育教学示范,州教育行政部门给予一定的政策和资金支持。

四是补贴私立学校。私立学校的教师工资和学校建设经费主要由所属宗教团体、基金会、私人企业或公民个人提供,但公用经费基本由政府给予财政保障。政府对私立学校的补贴,受益的是学生,体现了义务教育的普惠性。私立学校的存在,为广大家长和学生提供了多样化的教育选择机会。

2. 从招生和升级制度看

公立学校基本上实行就近入学办法。就近入学,并不是只有一种选择,常常有若干学校可供学生选择。由于学生总体人数的减少,即使学生跨区申请,学校一般也不会轻易拒绝。不过,跨区就学的学生家长需要交纳一定的转学费,一年500欧元左右。德国中学普遍实行弹性升级制,洪堡中学学制安排灵活,允许有天分的学生不上5年级及6年级,直接升入7年级。如果仍然学有余力,可不参加第8年级学习,而跳入9年级,进而提前准备升入大学。

3. 从在校学习时间看

长期以来,德国的中小学采用半日制授课。学生上午8点进校,在校上6节课,到中午13点30分放学回家。如今,出于提高基础教育质量的考虑,有些州拿出一定数量的学校,进行全日上课的实验。联邦教育与研究部每年拿出40亿欧元,用于支持各州推行全日制教学。据该部2007年统计报告,现在25%的学校提供全日制的教育项目。其中,小学阶段的全日制,下午的活动带有托管班的性质,中学阶段则开设很多选修课,让学生自由选择。慕尼黑的圣安娜中学下午选修课17点才结束,成了实际上的全日上课。专家研究认为,全日制让学生尤其低年级的学生下午产生疲劳,但全日制普及后各地均可实现从13年学制转换为12年学制。另外,下午学生在校,可以解决父母不在家无人看管的问题,高年级的学生也可在校利用学校资源学习。

4. 从教学方式看

教学环境比较宽松,注重启发学生思维。一般每个班的学生在25人左右,便于教师因材施教。课堂教学普遍采取启发式教学,采用对话式方法,教师十分注意启发学生的思维。教师提出问题后,师生共同讨论,也有学生引经据典,相互争辩,双边活动频繁,气氛十分活跃。学生回答问题,可以站起来,也可以坐着发言,师生关系融洽。教师注重培养学生学习科学文化知识的思路,教会学生如何搜集资料,引导学生自发研究问题、拓展思路。

(三) 不断探索开发课程资源,充分体现出多样性和选择性

尽管各州之间的具体课程有所不同,但是核心课程还是大体一致的,即德语、一至三门外语(取决于学校类型)、历史、地理、数学、自然科学(生物、化学、物理)、美术、音乐、体育、政治等。同时,作为选修课程的有宗教教育和哲学。这个原则在第二次世界大战后从未受到严重挑战,仅有的变化发生在选修课程上,学生可以选择各种课程,诸如健康教育、法律、外语、自我防卫、医疗等等。尽管人们承认传统原则落后于时代发展,但是这种原则在学术界仍然享有难以动摇的权威。德语课程的大纲在未来不可能发生显著变化,因为它深深地根植于教育传统中。

德国许多中小学根据学校的定位、特点和实际情况,依据统一的教学大纲标准开发、开设了一些适合学校基本情况的学科课程、综合性课程和综合实践活动课程供学生选修,以丰富课程的多样性、加强课程的开放性、增加课程的选择性,为学生创造了更多发展和选择的机会。这些课程大多反映了德国经济社会发展、历史文化传统和生态环境等方面的特点和需要。

洪堡中学通过多样探索,逐步形成了以语言和科技教学为主要特色的课程设置。学校非常重视第一外语英语的教学;第二外语是拉丁语,学生可以在9 至 10 年级的必修科目中选择法语和汉语或汉语和"科学与自然"作为第三、第四外语及以英语为工具语言的理科选修课。从 11 年级起学校开设经济学和信息学课程,为学生提供更多的高考科目。初中选修课中的"科学与自然"是该校课程的独创,它基于专题教学,如测量气候变化、分析提取能量等将每一专题同时从数学、物理、化学、生物、地理课的角度进行综合、分析、研究和学习,更加注重了课程的综合性、实践性、活动性和探究性。学校每两年举办"世界中学生科技大会",邀请世界十几个国家的"小科学家"共同研讨发明和创意,该校的科技小组在柏林市乃至全德的众多竞赛中成绩斐然。学生还有很多机会参加众多活动,如洪堡学校乐队、洪堡剧团、学生家长合唱团等,诸如此类的实践活动为学生提供了参与社会生活的机会,让学生在实践中感受、探

究和体验,增强社会责任感,培养创新精神和实践能力。

德国各州教育行政部门赋予了地方和学校开发课程资源和开设课程科目的一定空间和自由度,同时也为研究机构和社会团体参与开发、编写学校使用的教材提供了可能与机会。如巴伐利亚州文教部在要求执行统一的教学大纲标准的前提下,为地方课程和学校课程的开发、设置和教材选用留有较大空间,让其根据实际情况和学生需求开设相应课程,为学生选取依据教学大纲标准编写并经州文教部审定的不同版本的教科书。以该州德语科目为例,可供学校选用的不同版本的教科书达 10 种之多。课程开设的多样性和教材使用的多样化呈现了课程教学资源的不同特色,满足了教学的不同需求,增强了教学的适应性,从而提高了教学的质量与效益。

(四) 着力陶冶学生道德品质,提升学生国际意向

1. 重视品德教育

德国教育界人士认为,基础教育的质量提高,不仅在于学生的知识和能力的提升,还取决于学生道德面貌的改善。面对工业化社会的享乐主义,以及两德统一后部分青少年对国家的认同感缺失,德国学校重视在教育教学的各个环节培养现代合格公民,引导学生参加各种社会活动和公益劳动,形成社会责任感和热爱德意志文化的思想感情。德国中小学德育旨在促进学生社会化的行为方式,使他们了解与他人共同生活的意义,唤醒和促进他们的宽容意识和民主意识,懂得尊重他人、重视生命、尊重人格、保障人权,具有责任心和评判是非的能力,遵守社会秩序和社会各种行为准则,具有团结友爱的精神,懂得以和平的方式解决冲突。

德国学校德育以宗教教育为主,辅之以伦理科和社会科中的课堂德育和各种课外活动及劳动教育中的各种道德教育。德育的内容主要分为三大方面:宗教内容、伦理道德内容和社会生活道德内容。除勃兰登堡州外,其余各州均开设宗教课,每周 2 节。小学生如不能自选接受何种宗教,先按父母的教派接受相应的宗教课,到 10 年级时学生可最后选择宗教。如果有学生不愿学习宗教课的话,则伦理课就成为其必修课。伦理道德内容主要根据社会情况和学生实际开设与现实生活有关的伦理道德规范,掌握政治学和社会学方面

的基础知识,学会就一些政治和社会现象作出合理的判断和决定,最终有能力承担国家和社会的权利和义务。洪堡中学重视培养学生爱心和合作精神。该校学生自己成立了多个互帮小组,帮助和辅导学习较差或表现欠佳的同学。一些学生还成立了"赞比亚小组",为遥远的非洲国家的学生提供力所能及的帮助。此外,在德国,独生子女问题也逐渐显露。巴伐利亚州文教部已决定,虽然由于出生率低而使学生人数减少了,但不减少教师数量,从而进一步加强个别辅导,让学生学会相处,学会适应社会。

2.培养国际化生存的意识和本领

在经济全球化时代,德国中小学校普遍强化了外语和国际知识教学,培养学生具备国际化生存的意识和本领。一是加强了世界历史、世界地理及其他国际知识的教学。例如,历史课过去只讲德国史及欧洲史,现在有所扩展。二是加强了现代外国语的教学。中学生都要至少学习三种语言,即除学好德语和英语外,还必须至少再学习1门外语,从法语、西班牙语、拉丁语、意大利语、俄语、汉语中任选。事实上,先后学习三至五种外语的学生也大有人在。至2007年,德国16个州中已有15个州的部分学校开设了汉语课。在柏林州,有20多所中学开设汉语课,现有600多名学生选修了汉语。巴伐利亚州有45个中学开设有汉语课。慕尼黑圣安娜文理中学从1998年起自9年级开设汉语课,另外6所学校选修汉语的学生也来此上课。三是用英语讲授其他科目。洪堡中学的历史、技术与自然、物理等科目,每个学期拿3周左右时间,采取英语授课,目的是让学生摆脱说英语的恐惧心理,形成英语环境下对问题的理解。四是开展多种形式的出国学习体验。有的州设置中学生短期出国学习计划,利用暑假或秋假组织学生出国学习,感知异域文化,研究某些课题。对于家庭经济困难的学生,提供一定的旅费补助。五是与国外学校建立姊妹学校关系。例如,洪堡中学与北京的知春里中学开展学生定期交流;迈森的阿菲尔德文理中学与武汉外国语学校结成姊妹学校。

(五) 努力提高教师水平,调动教师教学的积极性

德国没有专门的师范学校培养教师,但学生可以选择就读师范专业。师范专业的大学生多数时间与其他学生一起上课,只不过所学的课程范围有所

不同,有些专业课必须到专门的教室。一般的大学生读完 6 至 7 年后,完成毕业论文,可获得硕士学位,而想做教师的人不必交毕业论文,但必须修习教育学、心理学和教材教法等课程。通过国家组织的考试后,取得教师资格,便可向教育局提出从教申请。教育局初选后推荐到学校担任实习教师,实习期为 2 年。

正式成为教师后,也不能一劳永逸,还必须不断进修提高。巴伐利亚从 2002 起规定,教师每 4 年至少要完成 12 天进修。这个州设有迪林根教师进修学院,在七个大区均设立教师培训中心,各市镇又有教师培训的场所。2007 年 10 月 16 日,迪林根教师进修学院副院长史密特(Gerhard Schmidt)介绍道,面对本州 5000 个中等学校的 10 万名教师,学院每年要在院部举办 500 个培训班,另与各地教师培训机构共同举办 500 个培训班。每个培训班一般搞 3 日至 5 日的集中培训。平时,公立学校的教师免费参加。私立学校教师每人则须象征性地交 39 欧元。对跨州来学习的教师收费 100 欧元。培训学院中有教学人员 35 人,由州文教部全额发放工资。对于这个学院,州资助 300 万欧元作为维护资金,其他专项资金另拨。在教学的方式上,这个学院采取远程教育与面授相结合。假期班、周末班、远程教育,是常用的形式。学院每两年推出新的教学计划,也负责编写各种教学参考材料。2008 年和 2009 年重点开展中学教师信息技术运用培训、教师课程研发能力培训、学校领导层的深入培训、儿童友好型学校创建的培训。

长期以来,德国中小学教师按公务员进行管理,校长没有解聘教师的权力。教师干好干坏,全凭自觉。为了改变这种情况,萨可森州教育厅决定,从 2008 年起,将教师工资总量的 10%作为浮动工资,奖励作出优异成绩者,激励广大教师努力提高教学能力,不断提高教学质量。

(六) 改进高中毕业会考,完善大学入学制度

德国没有统一的高考,录取主要是看高中毕业会考成绩。中学毕业会考有四门课必考,即数学、物理或化学、德语及两门外语。高中毕业会考成绩,以高中毕业时的集中考试成绩为主,同时将平时考试成绩折合计算进来。这样做,有利于拓宽学生视野,发展学生的综合素质。

对于非文理中学的学生,如欲参加高中会考,亦予准许。这部分学生的会考与文理中学学生参加的会考,试卷不尽相同,侧重动手能力考查,适当降低了学术要求。在各州,不同类型的中学都不再是死胡同,均有继续深造的机会。非文理中学的毕业生在经过会考或职业能力测试后也可以升入高等学校深造。

大学水平和质量存在客观差别,高校对通过高中会考的高中毕业生可以来者不拒。但一些研究型大学,不光要求申请者高中会考成绩优秀,而且还自行出题,对这些学生再进行测试,择优录取。对于具有创造潜能和特殊才艺的申请者,大学往往会踊跃接受的。

三、适应新的形势变化,德国大力提高基础教育质量并非偶然

德国教育素以注重理性、思想深邃著称,近代赫尔巴特、福禄培尔等一批教育家的学说在整个世界都产生过影响。德国教育的成功,曾带来德国历史上的辉煌,黑格尔、歌德、马赫、舒伯特等大批哲学家、文学家、音乐家辈出,更不用说出现了马克思、恩格斯这样的伟大巨匠。这种状况在第二次世界大战后曾灰飞烟灭,这不能不让德国人反思。两德统一后,德国需要保持经济腾飞势头,还要缩小东西德的社会差别,维护社会稳定和谐。于是,许多德国人便把目光转向教育发展和人才培养。因此,大力提高基础教育的质量不是偶然的,有着深刻的社会背景和教育自身的原因。

首先,知识经济时代的到来呼唤提高基础教育质量。在知识经济时代,科学技术飞速发展,知识的生产、加工、传播和应用日益成为经济增长的主要驱动力。德国传统上偏重职业教育、不重视全体学生宽广文化知识传授的做法,虽然培养了大批熟练劳动力,同时也逐步暴露出一些弊端。全德 16 个州中有 14 个州对只接受了小学四年共同普通教育后的学生进行分轨。在新的形势下,人们发现一些只接受过职业训练的人转换工作岗位的能力较差,一旦工种调整,常会束手无策,不能顺利适应新的变化。随着经济社会发展对教育的要求不断提高,单靠双元制职业训练具有的一定优势,远不能解决教育上存在的

种种问题,必须加大基础教育改革和发展力度,整体提高基础教育的质量。

其次,德国教育发展的新阶段要求提高基础教育质量。德国教育事业规模扩张的任务早已完成,接下来主要是内涵发展和质量提高。两德统一后,西部和东部之间的协调与配合需要加强,学校中的认同教育需要跟上,学生间的团结合作精神有待加强。来自土耳其或东欧国家有移民背景的中小学生越来越多,在一些地方占到 20%左右,如何开展多元文化教育,并保证基本的教育水平,需要认真研究和应对。近年来,德国中小学生源下降十分明显,有的学校难以维系,学校间开展生源竞争,最终只能以质量或特色取胜。社会各界和家长对长期以来存在的过早分流、半日上课、学校自行其是的做法发生怀疑,甚至产生种种抱怨,强烈要求提高质量。教育界人士认识到,如今不仅要让学生们有学上,还要让学生上好学。

再次,欧盟教育改革动向启示提高基础教育质量。进入 21 世纪后,世界上各发达国家对提高教育质量的高度重视,对德国具有很大的推动作用。随着欧盟教育一体化进程逐渐加快,在高等教育方面推出了"波罗尼亚进程",开展高校学分互认,欧盟高等教育统一性的增强,刺激各国在基础教育方面也探索研制出一个大致统一的质量标准。欧盟在基础教育课程改革、评价制度改革方面的成功实践,促使德国行动起来,审视本国教育体制得失,谋求教育质量提高策略。

最后,国际学生水平测试成绩欠佳助推基础教育质量提高。2000 年 32个国家参加国际学生水平测试(PISA),每个参与国随机抽取 4500 名至 10000名中学生进行测试,内容主要包括阅读能力、数学和科学能力。这一年德国首次参加 PISA,29 所中学近 5000 名 15 岁的中学生参加。翌年成绩揭晓,德国学生的阅读能力在参与国中排名 21,数学基本能力和科学能力排名 20。德国人一直认为自己的教育水平很高,这一结果在全国引起强烈反响,家长抱怨很多,社会普遍批评,政客们则对教育改革信誓旦旦,教育界也进行认真的反思。大家都认为,在国际竞争日益激烈的形势下,德国基础教育显得很不适应,必须尽快提高基础教育的质量。

(本文原载《中国教育学刊》2008 年第 1 期)

新西兰基础教育质量提高
问题的考察与分析

　　新西兰学制比较独特,学生 5 岁入学,接受 13 年基础教育。其中义务教育至 11 年级,实行强制入学、完全普及、免收学费。学前 1 年教育和高中阶段教育虽属非义务教育,不过普及率已在 98% 以上。在实现教育普及后,新西兰十分重视提高基础教育的质量。新西兰教育部官员不无自豪地称,在南半球,其基础教育质量名列前茅,即使在世界范围内也在十佳之列。为了弄清新西兰提高基础教育质量的具体做法,2012 年 8 月下旬,笔者率团前往进行了实地考察。

一、追求什么样的基础教育质量

　　第一,有公平前提的质量。为了体现教育公平,新西兰教育部直接负责全国学校标准化建设和教育拨款,义务教育阶段不设重点学校,学生按学区就近入学。一是对相对落后地区学校给予更多拨款扶持。例如,2012 年生均拨款 6500 新元,而相对落后地区学校可获不同程度追加,追加后相对落后地区生均拨款最多可达 13000 新元。二是对少数民族进行倾斜照顾。教育部的政策文本、课程标准和评估要求均以英文和毛利文双语呈现。同时,启动一些专门惠及毛利学生的项目计划。2012 年,85% 的毛利学生进入普通学校,其余进入毛利人学校。普通学校普遍开设毛利语,让全体学生学习,而毛利人学校则开展双语教学。三是通过随班就读解决残疾儿童和少年的教育问题,安排专人照顾,给予特别关爱。由于重视义务教育均衡发展,新西兰全国各地公立各校办学条件无明显差异,教师水平无明显差异,广大适龄儿童和少年得以接受公平教育。高中入学一般亦采取就近入学方式,个别享有盛名的学术性高中,则通过查阅申请者初中成绩并依据升学考试成绩选拔新生。

第二,有安全保障的质量。新西兰是火山喷发和地震灾害多发的国家,因而对学校安全十分重视。一方面,新西兰重视硬件的安全,校舍建设按抗7级地震设防,定期进行学校校舍安全检查。在学校建筑物中,配备多处防震应急逃生设施和应急物品。另一方面,注重对学生的安全教育,包括在健康与体育课中讲安全,在科学课中讲安全,还开设专门的安全教育讲座,或定期组织开展安全演练,努力提高学生的安全意识和基本的防震避险及自救自护能力。

第三,有合理布局的质量。新西兰学校布局以学生就学方便为基本前提。在乡村地区,即使有的小学规模很小,只要当地有需求,仍继续办好。他们对于学校撤并极其慎重,可撤可不撤的,首选是保留。如果确因学生太少或校址不安全需要撤并,那么程序十分严格。由教育部派人与家长进行磋商,得到绝大多数家长同意后方能操作,而且强调先建后撤、平稳过渡。

第四,有选择机会的质量。新西兰中小学类型较多,从性质看,有公立学校、私立公助学校、私立学校(含教会学校);从学段看,有小学、中间学校、中学、一贯制学校,有时交叉并存;从性别看,有男女混合学校、男子学校、女子学校;从形式看,有正规学校、家庭学校、函授学校。为了促进私立教育发展,政府按学生人数给私立学校拨付公用经费,同时允许它们另向学生收取学费。多样化的学校,提供了教育选择,满足学生、家长和社区的需要,也照顾了文化差异。奥克兰大学教育学院副院长约翰·霍普(John Hope)教授对笔者说,高质量的教育不是僵死的教育,而是要有一定灵活性,努力满足学生和家长的选择愿望。

二、提高基础教育质量的措施

(一) 实施渐进课程改革

2012年8月20日,新西兰教育部局级顾问史帝文·本森(Steve Benson)

在惠灵顿向笔者介绍了新西兰课程改革的整体情况。他说,新世纪新西兰基础教育课程改革是在以往课程基础上为适应新科技革命形势而进行的。新的课程不只强调学生应该学习什么,而是强调学生应该达到的标准。所以从教育部层面,新西兰非常重视课程标准的制订和完善。(1)致力于课程标准的科学性。吸收自然科学最新成果,强调基础知识和学科基本结构。(2)致力于课程标准的民主性。在制订课标过程中,开展了新世纪教育思想讨论,涉及范围非常广泛,例如学生最需要学习什么? 谁最能帮助他们? 如何更好地教育他们? 学生的灵感怎样发挥作用? 我们对学习本质知道多少,学校与社会的合作到了什么程度? 教育部还邀请各方面人士参加课程标准的研制,充分发扬了民主。经集思广益后,教育部于2006年公布课程标准草案,各界人士纷纷评头品足,有1万多团体提出修改建议。在此基础上,2007年正式颁布了课程标准,2010年起所有学校的起始年级采用。(3)体现课程的灵活性。给学校留下开发学校课程空间,学校课程的分量可占到40%左右。(4)提倡课程的综合性。在中学阶段实行课程的普职融合和渗透,不搞泾渭分明的普高或职高。(5)提升课程标准的可操作性。新西兰教育部试图通过课程改革设定教与学的发展方向,一是确定教学应体现的价值和关键能力(即思考,运用语言、符号和文本,自我管理,与人相处,参与和贡献);二是确定主要学习领域(英语、艺术、健康与体育、外语、数学与统计、科学、社会科学、技术);三是提供学校课程发展指导,审视教学目的、内容、方法、校本课程设计。课程标准详细提出了每个年级、每门学科、每个时段学生应掌握的知识点或应达到的各种发展目标。

(二) 促进学生全面发展

新西兰教育部确定了课程改革要促进学生发展的理念。(1)树立自信。自我意识明晰、诚实可靠、修养良好,具有求知欲望和开拓精神,克服困难,追求卓越。通过各科教学和社会实践潜移默化地加强学生公民意识教育。实施价值教育,让学生具备21世纪所需要的品德。(2)善于联系。善于与周围的人联系,能够良好相处,做社区成员;善于与外部世界联系,有效利用通信工具,成为有国际意向的公民;善于爱护自然,关注土地与环境,致力于可持续发展。(3)积极参与。置身多元文化,贡献自身力量,促进社会、文化、经济、环境之福祉。(4)终身学习。学生要做知识的探索者、使用者、创造者,要善于作出明智决定。为此,新西兰普遍优化教育过程,布置跨学科综合作业,提供在线学习资源,将教学作为探索过程,广泛开展分层教学。

(三)提高教师教育素质

新西兰设定了新教师初始门槛,即必须具有本科学历加上 1 年以上研究生学习经历。上任后,还要有 2 年试用期。转正后,每 3 年接受 1 次评估,至少长 1 次工资。公立学校教师属于准国家公务员,没有特殊情况是不能解聘的,其工资待遇在社会上处在中上位置。由于小学没有固定教材,中学的有些学科也没有教材,教师也可以自行确定授课方式,客观上对教师要求非常高。教师通过观察或测试了解学生学习程度与个体需求,选择合适的教学材料。教育部门和学校重视加大教师教研力度,也提供各类学习进修的机会。教师要定期接受校董会的评审,成绩优异者可获物质奖励。

(四)发挥信息技术作用

国家一级设立函授学校,辅导学生学习,帮助边远地区学校开设部分科目,并可让不愿进入学校的学生有选择教育形式的机会。在学校参观过程中,我们目睹了教师通过电化教学上远程日语课的情形。这样的课程由教育部提供资助,面向全国教师招标委托,面向全国学生进行开设,供学生选修。新西兰同行认为,信息化不仅是教育改革的重要推动力,也是各国抢占的重要制高点,对提高教育质量乃至增强国家软实力具有重要作用。教育云计算时代的到来,给教育带来革命性变革,教育资源的开放性、共享性大为提高。

(五)改善学校民主管理

笔者一行到惠灵顿森顿学校(Thorndun School)等实地参观,发现新西兰重视调动学校办学积极性,让学校享有充分自主权,与 1989 年以前曾采用的中央集权学校管理模式已有本质区别。各校都设立了校董会,发挥家长参与作用,鼓励开展家校合作。校董会由 5 名家长代表、1 名校长、1 名教师组成,有时也聘请专业人士参加。如果是高中,还要有 1 名学生代表。校董会根据国家教育指南,研究制订学校发展政策及其实施计划,聘任校长和教职员工,监督学校依合同办学,分配并管理学校预算,维持学校土地及建筑设备,根据发展计划代表当地社区与教育部签订办学合同,根据教育部颁布的课程标准设计学校课程,向教育部提交年度经费决算报告。校董会每学年给家长写信,动员家长捐款,以改善办学条件或组织学校活动。对此,大家习以为常,一般能踊跃捐款,社会反应平静,没有人指责学校乱收费。

(六) 开展教育形成性评价

2011 年,国家设立与教育部并驾齐驱的教育评估办公室(ERO),旨在通过科学的评价方式去检验和促进各地、学校、教师、学生努力工作,勤奋学习,追求卓越。从此,学校须每 3 年接受 1 次国家评估,结果与拨款挂钩。定期举行对教师的测评,范围涉及教师教育技巧、对课程要求的把握、新知识的摄取,更把学生对教师的评价放到重要位置。相应地,学校也加强了对教师的考核评价,包括通过考试测试教师水平。为体现可比性,新西兰教育部把教师测试题库挂到网上,供学校选用。新西兰教育评估办公室直接面向高中生举办学力考试,通过者可获得全国教育成绩证书(NCEA)。探究式学习是新西兰所大力倡导的,对其评价是联邦教育评估办公室的一项优先领域,评估的内容主要是:(1)学生应该获得什么? 现在达到了什么程度? 下一步如何改进学习?(2)已采取的策略、措施、项目成效如何?(3)学生的学习发生了什么改变,教师如何确保学生继续进步? 通过考察,我们认识到,新西兰虽然强化了对师生的测试,但更重视形成性评价,而不只是学习的结果。

三、促进校内外教育衔接

基础教育不仅仅是学校的事,家庭、社会都应找准定位,积极配合。新西兰人口不多,只有 400 多万人,竞争不大,家庭对学校的苛求很少,对孩子的压力也不大。新西兰的中小学校所举办的社会实践活动非常普遍,有些学校有稳定的实践基地。社区活动中心志愿为学生提供服务，政府部门、议会大楼常年接待学生观摩。博物馆、纪念馆、科技馆、植物园对学生免费开放，教师经常带学生前往参观学习。学生的户外体育活动非常丰富，体质普遍优良，近视率非常低。通过实践活动，学生开阔了视野，培养了劳动观点，提高了团队精神，锻炼了健康体魄，增强了动手能力。为便于与外部联系，学校的各种教育信息和活动安排皆对外公开，让人周知，邀请参与，接受监督。

此外，笔者也感受到，新西兰重视借鉴他国基础教育改革经验。为避免成为信息孤岛，非常强调对外交流。首先，全面跟踪澳大利亚教育发展与改革情况，官方每年 3 次参加澳大利亚联邦教育部组织的各州教育磋商会议。其次，关注经合组织（OECD）国家基础教育发展情况，尤其研究它们在提高教育质量方面的措施。在此基础上，新西兰每年接收马来西亚、新加坡、中国等国家和中国香港等地区的教师前往研修，参与中小学教育教学，其间新西兰教师与这些教师交流合作，切磋琢磨，汲取各国基础教育经验。

（本文原载《人民教育》2012 年第 20 期，原标题为《新西兰如何提高基础教育质量：考察与思考》，收入本书时略有修改）

亚太发展中国家农村教育经验及启示

2009 年 2 月中旬,受世界银行邀请和教育部派遣,笔者参加了世行在菲律宾宿务举办的亚太农村教育研讨会,进一步感到亚太发展中国家在农村教育方面存在许多共同的课题。① 进入 21 世纪以来,在取得巨大成就的同时,各国农村教育在数量、质量、均衡、管理等方面存在较突出的问题。各国根据国际经验和本国国情积极采取应对措施,推动农村基础教育改革和发展,对我国有一定启示。

一、亚太发展中国家农村教育的主要问题

(一) 数量问题

在世界银行宿务研讨会上,亚太发展中国家同行就农村学生进得来、留得住问题请教了中国代表团。中国专家对其他亚太发展中国家的农村教育情况也给予了关注。有一组数据让人触目惊心:世界上发展中国家 30% 的学龄儿童在校外闲散或做童工;82% 的失学儿童在农村;世界上 80% 以上的文盲在亚太国家。② 亚太农村教育成败与世界全民教育进展息息相关。这些国家虽然小学、初中的入学率逐年上升,但普遍的辍学现象让各国头痛。越南、泰国、印

---

① 本文中"亚太发展中国家"指除中国之外的其他亚太发展中国家。

② 本文所用数字除注明的外均源于 Workshop on Multiple Approaches of Education for Rural Areas,The Work Bank,Cubu,Philippines,February? 9-12,2009。

度均已实施免费的小学义务教育,但由于农村小学生中途辍学者多,至今未能真正普及。东帝汶义务教育的辍学率甚至达 16%。亚太发展中国家农村人口占 80%,辍学主要发生在农村。导致辍学的原因虽各不相同,但家庭贫困、教师水平低、课程内容偏难或脱离农村实际、女生人群不稳定是共同的原因。学校布点不合理,有些地方没有学校,学生离校太远,则是哥伦比亚教育部指出的首因。在印尼、菲律宾等多岛国家,交通不便、旧的习俗、缺乏教师也会成为制约因素。墨西哥教育部还认为,就学与健康也有关系,疟疾、霍乱会导致部分群体性辍学。

(二) 质量问题

亚太发展中国家普遍重视提高基础教育质量,让学生"学得好"的问题已开始得到关注。然而,长期以来这些国家农村教育条件落后、师资薄弱、缺乏教研的状况,严重影响了教育质量的提高。老挝教育部同行介绍:本国寄宿制学校不足,学生上学远,到校不整齐,组织教学不容易。老挝虽小,却有 49 种在用语言,教师难以熟悉学生母语,交流沟通存在障碍,不利于教育质量的提高。越南、马来西亚、巴布亚新几内亚的情况亦然。墨西哥研究表明,贫困影响学生的认知水平。在很多人看来,三年级不会写书信,五年级不能解应用题,七年级不能讲日常外语就表明学生没学好。而这种情况,在亚太发展中国家的农村地区司空见惯。

(三) 管理问题

在亚太发展中国家的一些农村地区,教育管理水平低的问题普遍存在。一是农村教育的管理体制过于强调地方负责,中央政府作用发挥较小,各地自行其是,不易整合力量。二是农村学校管理理念有待更新,管理手段比较落后,管理水平参差不齐,校长的专业化水平低,未能充分调动教师的积极性。三是对学校评价的标准和程序尚未普遍做到科学全面,不能对多数学校以有力的引导,帮助其提高管理水平。四是农村学校的安全问题比较突出,道路交通状况不良,周边环境脏乱情况比较常见。

（四）均衡问题

实现基础教育的均衡发展，促进教育机会均等，是国际社会的理想。但在教育普及和基本质量尚未做到的情况下，亚太发展中国家基础教育不均衡的问题较为严重。最突出的是，城乡办学条件差别大。笔者曾在不同年度到泰国、印度、柬埔寨、菲律宾、墨西哥、斯里兰卡、巴基斯坦、马来西亚等亚太发展中国家考察过农村教育，亲眼看到这些国家的农村学校在硬件和软件上均与其城市学校存在较大差距。亚太发展中国家的教育实际上是以城市为中心的教育。农村学校的校舍、设施、管理都比较差。当然，农村教育差，最主要的是差在农村教师队伍上。泰国、老挝、越南、菲律宾、巴布亚新几内亚的同行称：本国农村教师数量不足，质量不高，队伍不稳。之所以如此，一是因为工作条件差，农村教师要在简陋的环境中付出辛勤劳动；二是因为生活条件差，工资、津贴低，住房没保障；三是因为发展机会少，接受培训、经验交流等每年不到一次，有的教师教学能力多少年原地踏步。在教育落后的状态下，一些亚太发展中国家往往把有限的资源向一部分学校集中投入，因而建窗口学校、重点学校是普遍的做法。在菲律宾，当地安排参观的也是其重点学校，而且校内还有按学业成绩组成的重点班。近年来，墨西哥致力于教育均衡发展，均衡分配教育资源，但由于整个社会形态落后，因而出现教育效率低下、缺乏生机活力的情况。

综上所述，亚太发展中国家农村教育比较薄弱，有其共同的原因。首先，自然条件制约。这些国家或山区较多，或岛屿较多，群众居住分散，交通相对不便，学生走路远，家长不放心。其次，经费保障不足。虽然近年亚洲经济发展较快，但由于底子薄，世界上三分之二每天生活水平在两美元的人口在亚洲；发展中国家60%的人口在农村，世界上四分之三的赤贫人口在农村，亚洲居住着世界上三分之二的人口。在一些亚太国家，贫富差距加大，在经济不景气的时期更是如此，失业者众多。最后，亚太发展中国家社会变动较大，经济社会不断发展变化，人口流动加速。印度、印尼、越南、墨西哥等国都面临农村人口向城市流动的问题，城市学校容量不断受到挑战，贫民窟中的教育谈不上什么质量。

二、亚太发展中国家农村教育的基本做法

（一）强化国家行为，重视教育扶贫

农村教育是全民教育的重要组成部分，是国家必须保障的事业。各国中央政府注意发挥政策引领、项目推动、资金支持、督导评估的重要功能，对全民教育特别是农村教育进展予以投入、统筹和监测。

为了资助农村贫困学生，一些国家的中央财政出资启动了有关项目。至2009年年初，亚太地区有20个国家启动了"有条件的现金转移支付计划"（CCT，即 Conditioned Cash Transfer）。中央政府出资，通过银行进行拨付，资金直接发到受益者，减少中间环节，运行费不超过5%。贫困程度越深，得到资助越多。孟加拉国1997年开始实施对小学40%的贫困学生和初中所有的女生实施资助。2008年年底，在哥伦比亚，CCT项目每年出资3.5亿美元，约占GDP的0.04%，让150万家庭受益。墨西哥政府协调财政、教育、健康、社会发展部门一起行动，筹集31亿美元，于1997年启动了CCT项目，取名"机会"（Opportunidades）。其旨在为农村学生和其他处境不利学生提供成长和发展机会，进行教育与健康干预，采取补贴贫困学生、提供干净用水、保证学生营养等措施。资金额度从每人每月22美元至100多美元不等。资金使用效益可观，从1997年到2006年，农村初中毕业生升学率从23%提高到65%。泰国、柬埔寨、孟加拉国实施学校用餐计划，由政府出资，免费向农村学生提供午餐，作为吸引儿童和少年留在学校的一种手段，效果也比较好。

（二）政府办学为主，鼓励社会各界和家庭参与

公立学校是农村学校教育的主体，由于政府支持力度加大，公立学校在不断改进。印尼、菲律宾的公立学校开始重视提供全面发展的教育。印度长期以来公办教育薄弱，私立学校条件较好，但收费昂贵。现在，这种一般平民百姓难以问津的状况也出现改善迹象。但从总体上看，政府举办的农村学校还

只是具有了初步教育条件,尚不能满足全社会各类人群的需要。所以,各国政府并不包揽农村教育,而是鼓励社会部门积极参与。哥伦比亚全国咖啡种植者联盟负责人杰拉米罗(Palo Jaramillo)介绍,该联盟与政府、大学、筹款机构、非政府组织保持合作,组成理事会参与举办农村教育。杰拉米罗坦言:私营部门投入教育不是为了慈善。在他们举办的学校和教育机构里,课程包括学校与咖啡、信息技术和学校与食品安全,这些课程贯穿初中、高中及成人补偿教育。他断言,在21世纪,传统的种植方式缺乏竞争力,而受过较好教育的咖啡种植者必将采用新技术,提高劳动生产率,将在咖啡生产和经营方面更具竞争力。

为调动基层办学积极性,鼓励社区筹集资金,孟加拉国地方政府乐于提供配套资金。如果基层社区筹集到一定的办学经费,地方政府则支持其同样额度的资金。"孟加拉国农村提升中心"(BRAC)动员社区筹集资金,实施非正规教育。社区负责维护学校设施,保证学生按时就学,确保学生安全,举办家校会议,协助学生6年级后向正规学校转学。据该项目主任伊斯拉姆(Safiqul Islam)2009年2月10日在宿务对笔者说,在孟加拉国有714个非政府组织创办了8250所这样的农村学校,覆盖了24.8万名小学生。

柬埔寨教育部指出,要扩大社区参与,以保证所有学生入学,调动社会支教资源,监督教师出勤情况。其他国家代表认为:有必要强化跨部门协作,比如教育与农业部门要加强在农村教育方面的合作。还有必要整合教育资源,鼓励高校参与农村教育,在培训教师、提供技术支持方面发挥作用。

世界银行研究表明:政府为主举办教育,决不排斥公民个人对教育的贡献。私人对公立教育可以发挥明显作用。[1] 支持学校发展,家庭亦不应免责,家庭对学校的赠予是合情、合理、合法的。同时,家长有权为学校发展提出建议,甚至组成家长委员会,参与学校管理,而不是学校举办家长学校,教训家长。学校允许家长观察教师成长,观察孩子在校是否专注。在哥伦比亚,家长至少每两个月要到学校一次,确保学生按时就学,讨论学生学习情况。

---

[1] Harry Anthony Patrineos, Shobhana Sosale. Mobilizing the Private Sector for Public Education: A View from the teaches, The World Bank, 2007, p.125.

（三）学校教育为主,兼用多种办学形式

农村教育的主体是学校教育。农村学校教育须符合农村实际,课程和教学体现相关性。各国专家普遍认为,农村学校应为农村职业技术培训和农村扫盲教育提供必要支撑。除此之外,各国还提倡多种形式办学。拉美19个国家启动了"信心与快乐"(Fey Alegria)项目。这是在全纳教育理念引领下的多种形式办学,包括正规教育、非正规教育、广播教育、教师培训等。这个项目自1955年创办以来,非常关注残疾儿童、贫困学生、贫民窟中的学生,帮助他们接受教育,完成学业。

复式教学是亚太发展中国家高度关注并津津乐道的教学形式。越南、老挝、泰国、蒙古、印尼、巴布亚新几内亚的专家认为,针对偏远地区学生分散、缺乏教师的情况,复式教学不失为提高就学率的重要措施。越南教育部制订了复式教学指南,给担当复式教学的教师提供津贴和进修机会。2008年,越南接受复式教学的学生占学生总数的3%。泰国教育部代表说,本国43.5%的学校不足120人,对为每个班都配备一名教师感到困难,表示复式教学要作为全国性政策在全国推进。当复式教学的作用受到质疑时,与会倡导者辩驳道:复式教学有用有效,它并不是随便一个乡村教师敷衍了事的,真正从事好复式教学,对教师要求其实很高。复式教学中,教师充当协调员,而不是高高在上、单向传递。教师还需结合当地实际对教材内容做适当调整,以增加儿童兴趣,或提升教学内容与当地实际的相关性。

印度尼西亚从2005年实施"单顶学校"(One Roof School)评建项目,采取灵活办学形式,帮助偏远农村少年完成学业。选点要求是:地处偏远、孤立、困难地区;学生数量30人为宜;离其他公立或私立学校不少于6公里;原学校校舍基本可用;当地社区提出申请并表示要积极支持。如属新建项目,则另外还有两个标准:一是至少有2500平方米的用地;二是地方政府要承诺聘任校长和合格教师,提供运行经费,配备教学设施。至2008年"单顶学校"已新建和修缮学校2791所,其中2191所为教育部拨款,另600所系地方政府贷款兴办。[1]

---

[1] Ministry of Education:One Roof Primary and Junior Secondary School,2008,p.5.

（四）提倡基于学校的管理，发挥学校办学自主性

基于学校的管理，在过去的十年里，成了很多国家的流行做法。这与基础教育地方分权的现实以及扩大学校办学自主权的呼吁是一致的。倡导者认为，好的教育不光是资源上的投入，还包括改善学校和教学的鼓励措施。基于学校的管理方法，就是要给学校充分的办学自主权，激发其办学积极性。选择、竞争、诉求可以影响实践，绩效机制有利于调动积极性，促进工作，改善效果。各国与会者认为：基于学校的管理，首先要划分好校长与各种管理委员会的关系；其次要取得利益相关者，特别是教师支持；最后要得到社区和家长的拥护，形成合力，共同努力。

（五）制订基本办学标准，构建儿童友好型学校

亚太发展中国家重视制订农村学校基本的办学标准，要求利益相关者为达到此标准而共同努力。在国际机构的倡导下，儿童友好型学校（Child Friendly School）的标准成了一些国家农村学校的基本目标要求。儿童友好型学校的提法如同环境友好型城市、资源节约型经济、用户友好型界面一样，在很多国家已经比较流行。会议期间，笔者参观了马波略（Mabolo）小学的儿童友好型学校。校长泰佳娜（J.B.Tejano）介绍，儿童友好型学校有 7 个目标：鼓励儿童在学校和社区的参与；注重儿童健康和福祉；确保学生安全；鼓励全勤，遵守纪律；保证儿童取得良好学业成绩；提升师德水平和育人动机；动员社区支持教育。每个目标下又细分了 4—11 项具体指标。依据这些标准和指标，马波略小学提出"5H 教育"即：善于用脑 Head，富于爱心 Heart，能够动手 Hand，保持健康 Health 和家庭参与 Home。菲律宾教育工作者认为：教学要以儿童为中心，鼓励学生积极参与，还提倡年长学生对年幼学生的照顾。为此，在教师培养培训、课程资料开发、设施设备配置、考试评价安排过程中都要体现对学生的尊重。

（六）分析问题症结，促进教育性别平等

推进女童教育、实现性别平等是全民教育六大目标中最为薄弱的方面。

促进性别平等,亚太发展中国家还要走很长的路。除了个别国家更需关照男童外,促进性别平等就要加强女童教育。女童就学问题是一个老问题,涉及入学率和完成率等指标。制约女童进入学校的原因很多,主要可归纳为三个方面的因素。一是家庭因素。有的因家境贫寒不能交纳由于就学而产生的直接或间接开销;有的家长认为送男孩上学日后更可得到回报;有的认为学校教育对女孩未来的生活帮助不大,或担心女孩离家到学校后可能会受到性骚扰,莫不如尽早让她们在家里料理家务,照看弟妹;有的父母甚至较早地安排了女儿的婚姻。二是学校因素。学校离家较远,路途中可能会招致安全问题;校内缺少女生专用设施,特别是卫生设施跟不上;教育工作者对女生不公正,认为女生理所当然地要帮学校干些后勤事务;一些教师断定女生学业不如男生,因而在教学中缺乏对女生鼓励,给予提问、辅导的机会较少。三是个体因素。不少女生既要做家务,又要上学,身心疲惫。有的感到学校所学的东西与日常生活和未来就业关系不大,缺乏学习兴趣;有的看不到周围有多少成功的女性,学校中女教师也少,缺乏学习动力;有的较早地操持家务、务农或外出打工从而放弃了继续学习。

联合国教科文组织成立了亚太地区各国女童教育协调员联合体,定期组织讨论,每年一个议题,深入交流看法,共享发展经验。近年来,亚太各发展中国家对性别平等问题开始重视,采取了一些政策措施。一是专门对女童提供经济支持,如助学金、奖学金等。二是为女生提供够用、适用的学校卫生设施。三是在农村地区多聘女教师,以便应对女生的一些咨询,并让女生看到学习的希望。四是多做家长工作,使之转变落后观念,树立男女平等意识。五是提倡在边远民族地区用母语授课,减少女童学习压力。

(七) 加强教师培训,实施课程革新

亚太发展中国家教育部普遍关心如何培养教师、招聘教师、留住教师、提高教师质量的问题。其基本手段包括提高工资、提供住房、组织培训、号召校本进修。马来西亚针对受过培训的优秀农村教师流失现象,采取法律手段和经济手段予以防止。柬埔寨修订了教师资格标准,改善农村教师待遇,开展教师培训,招聘合格教师,淘汰混事人员。

进入 21 世纪后,各国为适应新的科技形势,开展了渐进性的课程改革。没有轰轰烈烈,却也不断推进。新课程增加了现代科学知识,删减了庞杂的学科内容,强调发展学生能力,加强教学与生活、生产的联系。国家统一规定核心课程,同时给地方和学校一定的空间,实行课程分级管理。爱国主义教育、生态环境保护的分量加大。泰国自 2003 年以来在全国范围进行了大规模的课程改革,触及教育理念的更新、教学管理方式的变化及教师教学方法的更新。世界银行专家建议:各国的课程革新要制订科学可行的课程标准,强调结果导向,采用合适教法;要加强学生生活技能及与人交往能力的培养;教学评价要跟上,体现激励,并照顾男女生的学习特点。

(八) 采用计算机辅助教学,合理使用信息技术手段

首先,信息技术有用有效。世界银行专家阿树涛希(Chandra Ashutosh)对 40 多个国家在教育中使用信息技术的情况进行调查后认为:在迅速变革时代,任何国家都不应对信息技术不理不睬,不能让农村孩子远离现代文明。信息技术对城市学校并不成问题,推进信息技术应用,其实是对农村教育的支援。信息技术可用来改善管理,可用作教师培训,可用作教师特别是偏远地区教师与外部联系及愉快生活的手段。学生的研究性学习、项目学习常常也需要借助电脑。信息技术让过去只有城市和发达地区学生享有的优质教育资源到达山乡,让那里的孩子受益,并使他们了解外部世界。

其次,信息技术只是辅助。世界银行的研究报告对信息技术在学校运用的效果持非常谨慎的态度。[①] 评估表明,若一堂课超过一半的时间用电脑,就会降低教学效果,信息技术的作用不能无限夸大。课堂上,既不能以教师为中心,也不能以信息技术为中心,而要让学生做课堂的主人。"计算机辅助教学"的概念比较好,机器不应取代人成为主导,也不必任何课都用信息技术。传统的方法不能轻易丢弃,教师作用不能降低。世界银行的研究报告还指出:将计算机放到教室比建计算机室好;多大年龄引入计算机学习还不确定,但绝不是越早越好;如果指望靠信息技术提高教育质量,那么及早停止吧,这在拉

---

① Michael,Trucano,Knowledge Map:ICT in Education,The World Bank,2005,pp.5-8.

美国家已证明了是不行的。

最后,信息技术需要条件。政府资金投入、企业参与、社区捐助、电力到达缺一不可。教师是否适应、教学内容是否适合也是需要考虑的问题。与世界银行研究结果不同的是,蒙古教育部官员称,在学校设立电脑室是他们国家的做法,由于资金所限,不能让人人拥有笔记本电脑,集中使用比较合算。哥伦比亚早在 20 世纪 80 年代就积极推进现代化教育手段,而今却不敢妄称成功。在美国麻省理工学院媒体实验室推介下,柬埔寨、印度等国近年试行"100 美元电脑"计划。推介者称 100 美元就可配一台笔记本电脑。事实上,100 美元的电脑功能太差,扩充功能后则超过了 200 美元。目前,这个计划风声大、雨点小,并未得到大面积推广。

三、亚太发展中国家农村教育的若干启示

(一) 政府应加大对农村教育的投入,同时继续鼓励利益相关者积极参与

缺乏充足经费是亚太发展中国家农村教育的共同问题。这些国家的理想是,政府大幅度提高对教育的投入,尤其是提高对义务教育的投入,并向农村教育倾斜。在世界金融危机的大背景下,是否重视教育,不在于口号多么好听,关键看这个国家的政府是否一如既往地投入教育。事实上,对学校建设的投入,短期内可以刺激经济增长,长远来看则可为经济持续发展提供智力和人力支撑。借鉴"有条件现金转移"的办法,对贫困学生的资助,要从暗补变为明补,让贫困学生直接感到受益,激发学习动机。

对于农村教育政府投入为主,不应排斥社会各界和家庭对学校的自愿资助。学校依法接受捐助,是各国的通行做法,不必视而不见。人民群众追求的是高质量的教育,而未见得是省钱的教育。当然,学校必须妥善管理和合理使用各种来源的经费。

（二）农村教育应发挥多种功能，为当地经济社会发展服务

我国借鉴亚太国家经验，除保持和发挥农村学校固有的教育教学功能外，还应逐步把农村学校建设成为当地少年儿童活动中心、社会文化知识传播中心、农民实用技术培训中心、精神文明的辐射中心。在农村，分散地建这设施、那场所不一定好，而整合建设和使用学校设施则可一举多得。学校的设施要尽量为农村开放，学生课余可返回活动，家长周末可进去打球，农民农闲可前往接受培训。在金融危机背景下，农村学校应在返乡农民工培训方面发挥应有的作用。动辄课后清校，为人进出的门紧锁，已经不受欢迎。

（三）因地制宜，制订切合的教育规划和政策措施

亚太国家处在不同的发展阶段，其中一些发展中国家一直在搞树下上课、非正规教育、社区简易办学。这些国家在交流经验时，对此津津乐道，说既节能又环保，国际机构也较为推崇。然而，美国、日本、韩国、新加坡等亚太发达国家，则不去效仿。这说明，因陋就简，往往是不得已而为之。大多数亚太国家的与会者都表示继续扩大复式教学，属无奈之举。毕竟，有比无好，让学生接受复式教育比不受任何教育要强。各国应因地制宜，实事求是地谋划本国的农村教育。生搬硬套，势必南辕北辙。在经济社会发展到一定阶段后，当然更多的是应实施正规学校教育，促进学生全面发展；应建立一些寄宿制学校，以控制辍学，减少复式教学，并避免让学生每天走得太远。虽然寄宿制也有弊端，但利大于弊。亚太发展中国家农村教育中一些有益经验值得借鉴。例如，加强学校管理，实施儿童友好型学校建设，构建和谐校园，项目推动工作，重视典型带动，逐步全面普及。这些措施在我国制订中长期教育改革和发展规划纲要过程中，可以参考借鉴。

（四）加大国际合作与交流，推动实现全民教育目标

各国间的交流与合作促进了信息共享，增强了教育工作紧迫感，推动各国如期实现向国际社会承诺的教育目标。因而，国家间教育交流与合作需要继续进行。国际组织启动的"快车道计划"就是一个全面教育合作项目。只是，

中国学者参加亚太地区教育会议,特别是与其他发展中国家同行在一起时,少了新鲜,多了自豪。因为很多时候,这些国家讨论的问题是我们曾经遇到、现已解决的问题。但这不应成为我们浮躁或自大的理由。中国仍然可以从其他国家农村教育中得到启迪。即使不能马上学到新经验,我们也可开阔眼界,丰富思维,坚定信心,少走弯路。亚太发展中国家对中国农村教育发展经验,特别是教师培养和培训计划、绩效工资制度很感兴趣。作为负责任的发展中人口大国,中国也应该与世界共享我国普及义务教育的艰苦努力、光辉历程和经验教训,为亚太农村教育发展作出应有的贡献。

(本文原载《中国教育学刊》2009 年第 5 期)

美国布朗大学的教学特色

布朗大学创办于 1764 年,位于罗得岛州,是美国常春藤大学之一。校园环境清幽,建筑别致,文化底蕴深厚。该校坚持本科教育特色,注重通识教育,保持与其他盟校的切磋交流,推行课程完全选修办法,在全美独树一帜。在新世纪里,布朗大学在黑人女校长西蒙子(Ruth.J.Simmons)博士带领下,秉承传统,与时俱进,于 2002 年推出学术振兴计划,努力保持布朗的特色和本科教育方面的领先地位。

一、课程完全选修,教授耐心指导,本科教育与众不同

作为私立名牌大学,布朗大学不求大,只求精;不求全面,只求特色。布朗大学的本科教育享有盛誉,有"大学学院"(University College)的美称。2002年,该校共有 5500 名本科生,1500 名研究生。在过去 10 年里,虽 80%的本科毕业生继续接受研究生教育或其他专业教育,但多不在本校。布朗大学研究生教育不是重点,其中博士点只有医学一个。为保证本科教育的质量与特色,布朗大学采取了以下措施:

(一)招收最优秀的新生

布朗大学注意提前到各个高中物色合适人选,许多获得全美优秀学生奖或 SAT 优异、高中成绩占本校前十名者都在网罗之列。不过,学习成绩并非录取的唯一因素。学生是否具有独立精神及能否适应大学紧张而有压力的一

年级生活也是考虑的重要因素。此外,高中老师的推荐信,课外活动表现,体艺特长,学生的个人陈述等也是重要的录取依据。布朗还委托各地校友对申请人进行面试。依据上述标准,录取小组集体讨论,优中选优。布朗大学报名者中,一般只有十分之一如愿以偿。2002 年,14600 人申请,仅 1420 人被录取。学生来源甚广,全美 50 个州应有尽有,外国留学生大致占 10%。

(二) 学生自主选课

布朗大学所有课程均让学生自主选择,这在全美正规大学中是绝无仅有的。这一制度从建校之初沿袭至今。据本科生院阿姆斯壮(Paul. B. Armstrong)院长介绍:"布朗大学让学生自主选课,旨在培养他们在不断变化的世界中,尽快获得自己作出判断和决定的能力。"学生入学后,学校对之无课程方面的硬性要求,只是公布课程目录、简介,讲明选课办法。学校给学生两周的试听"认购期"(shopping period)。试听后,学生应确定本学期修习的课程。在自由选修的过程中,学生会逐步形成或明晰自己的兴趣,并于第二学年末,从学校提供的 90 多个专业方向(concentration)中,确立自己的专业方向。一俟专业方向确定,学生需要学习、掌握相关课程,一般有 8 至 18 门必修课。为奠定学生宽广的知识基础,布朗只授予本科毕业生文科学士或理科学士学位。若学生愿学习五年,达到相应要求,可拿文、理两个学士学位。

(三) 导师予以指导

布朗大学的师生比大致为 1∶8。教师不仅注意传授知识,更重视教会学生如何学习。学校推行导师制,现有 200 名责任心强、经验丰富的教师受聘为本科生"导师"或"顾问"。导师希望做学生的良师益友,帮助排忧解难,教书育人。在指导本科生选课时,导师注意因材施教、因势利导,有针对性地提出指导意见。例如,导师会问"你的兴趣何在""如何看待科学课程""怎样认识人文课程",或建议"你既然对工程感兴趣,就选点音乐、美术课吧"。导师通常让学生知道,通识教育包含广阔的课程领域,布朗大学虽未设立核心课程,现代大学生也应予了解,包括西方思想史,科学传统,美国文化,外国语言文化,文学和创造艺术,保健和生命科学,数学、语言学和哲学的应用,价值观和社会责任。

（四）提倡本科生科研

布朗大学提倡"以学生为本的科研"（student-centered research）。每个学生依据个人兴趣，提出研究计划，并通过动手试验、查阅资料、实地考察或反复讨论等环节，完成既定计划。在科研过程中，导师耐心指导，同学密切协作，学生的团队精神、创新意识和动手能力得到培养和锻炼。

二、通识教育为主，兼顾专业教育，培养学生全面素质

布朗大学西蒙子校长认为，本科教育的首任就是通识教育。"通"，即通晓、高尚、明白，也有触类旁通之义；"识"，智也，指眼光远大，有学识、有见识。通识教育是高等教育阶段的一种素质教育或普通教育，即对全体学生所普遍进行的基础性的语言、文化、历史、科学知识的传授，个性品质的训练，公民意识的陶冶以及不直接服务于专业教育的人所共需的一些实际能力的培养。西蒙子校长强调，通识教育是本科教育的主要任务，在任何条件下，都不能无视通识教育对人的发展和专业学习等方面的伟大作用。如果只实施专业教育，不开展通识教育，那么高等院校就会沦为培养普通工人的职业学校乃至训练手工匠师的作坊。其实，通识教育是相对于专业教育而言的，二者相辅相成。通识教育有如奠基，专业教育好似建楼；通识教育让人有灵魂、有眼光，专业教育使人有能力、会动手。

在本科阶段，布朗大学高扬通识教育旗帜，努力培养品德高尚、素质全面、身体健康的人。该校提倡接触各种文化领域的营养，用一种适应时代的文化内容来充实自己，扩大自己的知识范围，使心灵的内涵不断加宽加深，使生活的意义及价值变得丰富多彩起来，从而在自身所受的专业教育中保持自由，在精神上不致变成被专业所束缚的奴隶。布朗大学非常注重教会学生如何做人。例如，重视培养学生的诚信品质，考试时，只要学生对自己有信心，可以免于监考；扶持、鼓励学生社团、兴趣小组的活动，让每名学生在集体活动中锻炼协

作精神、组织能力;号召学生关心社会发展,树立同情心,做奉公守法的公民。

布朗大学脑科学研究中心主任、物理学教授、诺贝尔奖获得者库坡(Leon Cooper)博士指出,就总体而言,美国的大学历来将通识教育和专业教育同时开展。但在大力发展生产及经济腾飞的热潮中,对通识教育容易漠然置之;但过了一定时期,学生流于过分专业化、目光短浅、品德恶化,又不得不加强通识教育。这种左摇右摆的现象曾造成难以估计的损失。美国有远见的教育家正在设法吸取历史经验,以期通识教育的效能获得充分的保证。

三、适应新的形势,坚持与时俱进,推出学术振兴计划

进入21世纪以来,特别是"9·11事件"后,美国政治经济格局发生较大变化,信息技术不断迈进,高等教育面临诸多挑战,优质生源竞争日趋激烈。布朗大学审时度势,断言必须秉承传统,开拓创新,否则不进则退。为保持布朗的特色和质量,经校董会批准,2002年,西蒙子校长推出布朗大学"学术振兴计划"(Academic Enrichment Initiatives)。这是在布朗200多年历史上最大的改革和投入项目。单教学改革一项,从2003年后的3年里,拟增加投入8000万美元。据测算,整个"计划"实施下来,要用7年时间,需投入10亿美元。经费主要来自本校基金。"学术振兴计划"主要包括以下方面:

(一) 增加教师数量

在未来5—7年,净增100名正式教师。新增加的教师应体现背景多样化,其中至少四分之一应代表不同的族裔和文化。具体程序是,先由各系提出用人计划,然后由学校统一掌握,跨学科的领域作为招聘重点。数量足够、质量较高的师资队伍,可以提高师生比,实施小班教学,密切师生合作,增加对学生的辅导和从事科研的指导。

(二) 招生时不看学生经济状况

从2003年起,招生时一律推行"只择优录取,不问家庭收入(need blind)"

的原则,完全不考虑学生家庭支付学费的能力。学校将筹措财力,填补学费不足的部分。这样,可使家庭经济拮据但品学兼优的子弟受益。有钱人家的子女,即使家中富甲一方,如不合标准,也不能被录取。

(三) 取消新生劳作要求

以往学生或为勤工俭学,或为锻炼动手能力,总是一入校就忙于在校内外寻找打工机会。"学术振兴计划"取消了对一年级新生的工作要求,让他们安心读书。对生活确有困难者,学校给予适当补助。

(四) 加强研究生教育

以本科教育为特色,不等于不发展研究生教育。布朗大学不甘把本校等同于其他本科学院,提出今后要改善科研设施,提高研究生教育质量,加强总校与医学院的联系,重点扶持某些长项学科开展科研攻关,保持布朗大学作为领先大学的作用和地位。

(五) 加强图书馆建设

加强图书馆数字化建设,开发现有 600 万册藏书的功能,发挥网络在现代教学中的作用,使布朗既是现实的学府,又是虚拟的大学。为此,要大幅度地提高图书馆员的信息化水平,大幅度提高全体教职工的数字化程度,加强对学生学习、掌握、研究、开发、利用、创造信息资源的意识和能力的培养。

(六) 改善管理,保证"振兴计划"贯彻

重组学校管理部门,明确责任,提高效率,更好地服务于学术目的。全校上下,所有员工,都要为布朗的发展尽心竭力,贡献力量。对"振兴计划"中的各项要求,都明确了牵头人、负责部门。实行预算包干,项目管理,明确了经费拨款的额度和资助方式。对项目组织者、实施者和各项活动进行评估,奖优罚劣,以保证学术振兴计划的顺利实施。

(本文原载《中国大学教学》2003 年第 2 期)

美国大学招生制度与公平性问题

美国素以自由平等相标榜,在大学招生制度方面,联邦和各州政府、社会中介组织、高等院校采取诸多措施,力求实现公平,但由于种种因素制约,这种公平性甚为有限。对此问题的关注,贯穿至美国教育史今者,成了美国教育理论界、法学界辩论不休、实际工作者莫衷一是的敏感领域。

一、公平性前提:联邦和各州积极采取措施,扩大招生规模,尽量满足人们接受高等教育的愿望

(一) 扩大高等教育规模

美国朝野普遍认为,提供充分的高等教育机会,是联邦和各州政府的重要责任;没有规模,就谈不上公平;公平意即平等,指机会均等。在这种思想指导下,美国高等教育在过去 50 年里获得了迅速发展。如今,美国人口虽不足 3 亿,高等院校却有 4095 所之多,各类大学生 1000 多万人。2001 年,高中应届毕业生有 75% 直接升入高等院校,其余拟日后深造。为满足多数人接受高等教育愿望而设立的社区学院,对申请人来者不拒。可以说,只要想接受高等教育,任何人总能找到相应的地方。美国高等院校,私立的占 58%,它们享有高度自治权,招生规模和办法由各校自定。联邦政府和各州政府通过法律或资金手段,鼓励其多招新生。而对公立大学,政府则通过法律、政策、资金、认证等多种措施,要求其扩大规模,走下"象牙之塔",面向平民百姓。

（二）用立法手段保证机会均等

不仅美国《宪法》倡导"人人生而平等"，而且自第二次世界大战以来美国颁布的"高等教育法"等一系列法律，也要求积极发展高等教育，为人们提供更多均等的接受高等教育机会。20 世纪 60 年代，美国平权运动风起云涌，"AA 法案"遂应运而生，要求各级教育中对黑人、少数民族及其他受歧视的社会人群不仅提供均等的机会，而且在大学招生时，把种族因素考虑进去给予照顾。于是，几十年来，黑人和其他处于不利地位的人群受益颇多，如在公立院校加州大学，4%—6%的新生是考虑了上述因素才被录取的；哈佛大学虽为私立，也是"AA 法案"的有力支持者。它力排众议，在招生时明确给少数族裔的学生以适当照顾，认为这对丰富校园文化、培养未来社会的领导人有益。

不过，近年来对"AA 法案"的抵触情绪日增。一些州出台的提案，均提出对一部分人的照顾就意味着对其他人的不公平，反对将种族作为大学录取因素，主张录取应取消照顾，完全一视同仁。2001 年，白人青年状告密西根大学法学院的招生政策违反了宪法、偏袒不合格的少数族裔学生，引起社会上很大反响。

（三）用行政手段促进入学公平

第一，照顾弱势群体，降低招生门槛，照顾残疾人入学。第二，采取特殊措施，关心特需人群，如纽约州拟对"9·11 事件"中遇难者的子女，在今后进入大学时，全免学费。第三，加强对全美高等院校的审定，关并不合格学校，停止其招生，防止滥竽充数，误人子弟。

（四）用经济手段支持贫困学生

每年，联邦教育部提供大量对家庭困难学生的无息和低息贷款。拟上大学的学生按要求提供个人资料和家庭经济状况，填写书面电子表格，直接进行申请，各州教育厅或所委托的中介机构亦向家庭经济困难学生提供资助，贷款利息依据申请人的家庭状况而有所不同，一般为 3%，低的为 1%，学生就业后偿还。这些都是按需提供的资助。此外,教育部设立"全国优异成绩奖学金",为成绩名列前茅的学生提供奖学金。许多州设立了类似奖学金。

2001—2002 学年,私立院校年平均学费和食宿费为 2 万美元,公立院校为 8000 美元。面对如此高昂的费用,许多家庭望而生畏,获得经济资助显得十分必要。助学金、奖学金 7 成来自联邦、州政府,2 成来自院校,其他来自私人机构。这笔款项在过去的 10 年里翻了一番,本年度达 740 亿美元,由于奖助学金充裕,大部分学生可望可及。

二、公平性的依托:社会中介组织和考试机构公平运作

(一) 入学考试内容试图公平地衡量出学生的潜能

入学考试有三项:学术倾向测验Ⅰ、学术倾向测验Ⅱ、美国高等学校测验。学术倾向测验Ⅰ(SATⅠ)系推理考试,由"教育考试机构"(ETS)组织实施,每年全美 2.2 万所高中的近 200 万名学生参加此种考试。测验内容只有英语和数学两门。学术倾向测验Ⅱ(SATⅡ)亦由 ETS 举办,系学科考试,意在强调考生运用知识的能力。SATⅡ共开考 15 门科目,包括写作、文学、美国历史与社会研究、欧洲历史与社会研究、数学Ⅱ、物理、化学、生物、法语、德语、西班牙语、拉丁语、希伯来语和俄语,学生可以根据自己的情况任选其中 3 门。美国高等学校测验(ACT)由"美国高校考试处"组织实施,包括 4 个部分,主要考查学生的英语、数学、自然科学和社会研究的知识和潜能。ACT 与 SATⅠ 相似,由考生视报考院校的要求选定。

(二) 咨询到位,网络帮忙,避免学生因信息闭塞而低就

不仅各高中设专门机构开展升学辅导,而且许多社会中介组织、咨询机构向考生提供大量的大学招生的书面或网络信息,帮助学生了解不同大学的办学特色和招生要求。例如,设在伊利诺伊州的"埃文斯顿大学中心"、设在纽约州的"大学招生辅导中心"和设在华盛顿特区的"天主教大学招生和信息中

心",不但提供各类咨询,而且接受申请材料并向那些尚有余额的院校转交和推荐。《美国新闻和世界报道》杂志社在网上设立了模拟录取系统,学生只需输入相关变量,即可大体了解自身的定位,得到报考建议。有关机构还举办大学招生展示会、大学招生节,发布信息,解答疑问。大学招生信息让学生周知,这是一种公平性的表现。

(三) 多次考试,多次选择

总部设在纽约的"大学委员会"及所辖各考试中心不断改进大学招生考试运作,允许学生多次考试,好成绩作为升学依据,避免"一次考试定终身"。例如,2001—2002学年的SATI考试定在2001年10月31日、11月3日、12月1日,2002年1月26日、3月16日、5月4日、6月1日。ACT每年亦举行6次左右,考生可选择应试。另外,学生还有多次选择机会,不必因误报了志愿而遗憾终生。因为大学低年级无明确专业,学生可逐渐确定自己的主攻领域,且有跨系、跨校选课自由和转系、转校的机会,有的学生即使最初只上了社区学院,日后经努力也有机会转入名牌大学。

(四) 考试报名由学生直接向各考点进行

各种考试简章、报名材料都可从"大学委员会"设在普林斯顿的教育考试中心(ETS)免费索取。学生可直接向该中心或附近考点进行考试报名,淡化大学招生与考生所在中学的联系,这样不但中学没有升学率的压力,而且也有利于避免大学只盯"重点高中"可能带来的不公平。此外,残疾学生可单独报名,使用特殊考卷,受到特别照顾。

三、公平性的实现:大学录取标准比较全面客观,录取过程集体操作,谨慎行事

各大学都利用网站介绍本校情况,指导学生填写各种表格。加州大学洛杉矶分校、石溪大学、哈佛大学、哥伦比亚大学等每周都有固定的接待日,请中

学生前来参观,双方相互了解,避免了因误解而不公平。

(一) 不同程度的院校录取标准迥异

美国高等院校按录取标准或政策,大致可分为四类:

第一类实行竞争性的招生政策。这类院校约 100 所。每名符合条件的申请者必须与其他五六名乃至十几名符合条件的申请者竞争。

第二类实行选择性的招生政策。此类院校大约有 300 所,重视学生入学考试中反映出的潜能,而不只看学业成绩。它们通常挑选到的是 SATI、SAT II 成绩中等以上、高中总平均分在 C 以上的学生(美国中学总平均分数为 6 等,从最高的 A 到最低的 F),因此其新生的成绩一般高于新生平均成绩。

第三类实行"最低限度筛选"的招生政策。这类院校占美国高等院校的大部分,接纳符合最低入学标准的学生。入学考试旨在弄清学生水平,以便因材施教。

第四类实行开放性的招生政策。录取所有申请入学者,并且为不合格的学生补课,许多社区学院和一部分州立大学采取这一政策,以保证人人享有接受高等教育的机会。

(二) 第一、第二类大学的招生标准

1. 标准考分。SATI 成绩应在全体考生的前 10% 内,中西部或南部的大学还选择 ACT 作为录取依据,全美各州、各大学都将 SATI 作为录取的最重要依据。

2. 高中成绩。首先,大学要考虑学生在高中选课质量,主要的五科——英语、社会研究、数学、科学和外语掌握得如何;其次,高阶段的平均分数;最后,在班级排名情况,与同学相比处在什么样的位置。

3. 论文写作。有的学校只要求写一篇自我介绍的短文,但一些名牌大学要求学生提交一篇论文。该文不但要文字优美,还要风格优异,内容独到,或从一个新颖的角度来分析老生常谈的问题。招生人员希望从论文中发现考生热情、智力、成熟、创造性和写作水平。

4. 推荐信函。教师或辅导员的推荐信,需对学生准确评价,对其在团体中

的重要角色作一定位,把他的与众不同之处写出来。

5. 面试情况。许多大学要求申请人来校进行面试,有的委托当地校友进行面试,写出面试意见。

6. 体艺特长。在许多申请者符合智力条件的情况下,非智力因素显得非常重要。许多院校偏爱有体育、音乐或戏剧专长的学生。加州大学明确提出,重视考分外,对学生的毅力、天赋、音乐修养等予以重视。宾州大学每年约 40 人是在满足了基本的学术要求,并在篮球、足球、橄榄球、曲棍球等方面具有特长而被录取的。

7. 社会实践。考生在中学阶段是否参加过社会实践活动,参加了什么样的活动,参加了多少小时,都是大学招生人员要仔细了解的。招生人员希望从中判断学生是否具有责任心、同情心,是否具有领袖才能。

8. AP 计划。这是一个始于 1955 年、旨在让高中学有余力的学生,在高中阶段选修一些大学课程的计划。大学招生人员关心的是,他们的申请人是否参加了"AP 计划",成绩如何。

9. 种族因素。多数公、私立院校有意招收来自不同民族、文化背景的学生,以丰富校园文化,培养负责任的公民和社区领导者。但对此做法,颇有微词。2001 年 12 月大辛辛那提地区的一项民意调查显示,81% 的人认为大学录取不应考虑种族因素,12% 的人认为应予考虑,其余 7% 的人不置可否。

10. 身体状况。要求考生身体健康,至少没有传染病。同时,对残疾学生不但不歧视,相反提供种种方便和照顾。

(三) 由委员会决定录取

各院校都成立有招生委员会,每年更换三分之一的成员。招生前新老成员都要接受 40 小时的培训。对每位申请人的情况,"委员会"中的 3 至 7 名成员要分别审读有关材料。在决定是否录取时,先行议论,然后投票表决。针对每年遇到的申请人条件稍弱但家长愿意捐款的情况,为保录取公平,一般不予满足。

四、公平的局限:招生过程中的不公平现象仍然存在

(一) 透明度低,暗箱操作,缺乏监督

各校录取原则是公开的,但对如何驾驭录取中各因素,考生哪个条件占多大权重,则甚为保密。大学之间互不通气,更谈不上外界的监督。

(二) AP 课程算作录取因素,偏远地区不沾光

现在,全美有一半高中有条件参加"AP 计划",如芝加哥的公立高中在2001 年共开设 77 门大学预修课程,鼓励高中生先行修习。但处于较边远地区的高中生,较少有机会修习此种课程。虽网络"AP 课程"可以有所弥补,然而与有机会直接修习这些课程的同龄人相比,似乎不在一个起跑线。

(三) "提前决定"弊大于利

近年来,许多院校在高中生离毕业还有 1 年时,即进行预选,即"提前决定",物色本校新生候选人。2001 年,纽约大学提前决定的学生有 34%得以录取,而正常申请者只有 28%被录取。事实上,很多学生不可能在离高中毕业还有 1 年的时候,就明晰上哪所大学的打算,往往那些生活在大学社区周围的人有较大的可能被"提前决定"。

(四) SATI 等标准化测试存在负面影响

宾州州立大学教授康海芭(MINDY L.Kornhabor)撰文分析了标准化考试的弱点,包括:测验编制几乎完全使用多重选择题,缺乏对复杂学习考查;测验本身可能带有文化、语言、种族或性别偏见,导致测验成绩的群体差别,对穷人、移民和少数族裔不利;缺乏对未来工作和生活成败的可靠和准确预测,成绩与一个人日后在社会上发展并无密切关系。康海芭的文章得到许多人的拥护。

（五） 未能摆脱与父母受教育程度的影响

一些移民、边远地区居民和一些少数民族，由于受教育水平低，其子女接受的基础教育往往较差，家庭的学习环境不善，以致在升入大学的竞争中处于不利的地位。联邦教育部的统计数字表明，1999 年，父母具有学士以上学历的高中毕业生，82%马上升入大学；父母只具有高中学历的，54%马上升入大学；父母连高中学历也不具备的，只有 36%高中一毕业即升入大学。这可以说是一种不公平，但它也是美国社会长期以来难以扭转的现实。

（本文原载《中国高等教育》2003 年第 9 期）

美国的营利性高等教育

　　近十年来,美国以产业方式运作的营利性高等教育不断发展,是投资人看好、受教育者欢迎的高等教育形式,渐成其高等教育一个有机组成部分。总体而言,美国政府把营利性高等教育看作公司企业,没有直接的税收减免、土地优惠,但在办学上予以指导,在学生申请资助时一视同仁,并根据需要对营利性院校提供一定的支持。

一、营利性高等教育与非营利性高等教育比较

　　在美国公立教育的范畴之外,私立教育(private education)和私营教育(proprietary education)的概念是并存的。二者有共同点,都是独立法人,须自筹资金,自主办学,追求特色,努力保持竞争力。但它们又有不同之处,最大的不同是私立教育系非营利性(not-for-profit)教育,不能营利;私营教育是营利性(for-profit)教育,可以营利。

　　在高等教育阶段,私营教育的概念等同于营利性高等教育。它和私立高等教育即非营利性高等教育相比,有以下不同:

　　从校产归属看。营利性高等教育的校产归举办人所有,举办人有权进行校产转移、利润分配,甚至停办学校;非营利性高等教育校产不属个人,而归校董会拥有,面向全社会提供教育与服务。

　　从管理部门看。营利性院校和教育机构,在注册登记和接受各级政府、社会对其财务监管方面遵循的法律规定,与美国公立大学和私立非营利性大学

557

所遵循的法律规定是完全不同的。营利性大学在工商部门注册,经州高教管理部门批准。非营利性院校归教育行政部门审批,完全按正规学校教育运作。而在教育方面(课程设置、校舍要求、招生规定、教育质量、师资要求、学分学历学位承认等),营利性大学则与公立大学和私立非营利大学一样必须接受各有关教育管理部门的直接和间接管理。

从法人性质看。营利性院校均按美国联邦公司法的规定设立,享有与其他营利性公司企业同等的权利,并承担同样的责任和义务。和其他商业性企业一样,必须照章纳税,一般在税前要准备出年度盈余的40%用作交税。按美国法律规定,营利性大学与其他营利性企业一样,不得将营利部分捐赠给自己的学校(企业)来达到减免税的目的,社会对之捐赠不能用作捐赠人抵税。而非营利性院校则无须缴纳运营税、增值税等,社会上对之捐赠可以用作捐赠人抵税。

从运作方式看。营利性院校由举办者主管,或由教育公司承办,完全按企业方式运作,经证券行会批准后可发行股票,较多考虑经济效益。非营利院校由校董会决策,按公益事业单位运作,不能发行股票,较多考虑社会效益。

从收益分配看。营利性高等教育机构不受太多约束,收益可比照企业进行处置,国家对举办人、承办人、参与者的分红未做限定。非营利性高等教育机构所受法律限制较多,举办人或参与人可以拿取报酬,但办学收益不得作为红利分给出资人。

为了鼓励高等教育的进一步进展,促进高等教育的多样化,满足各种年龄、各类人群、各个工种对进一步学习提高的需要,美国各级政府积极鼓励包括营利性高等教育机构在内的各类高等教育的发展。营利性高等教育机构数量迅速增多。据美国教育统计中心统计,公立院校数占全部院校数的23%,私立院校占29%,私营院校即营利性院校已高达48%。不过,营利性院校规模一般不大,现有的4572个营利性高等教育机构中,注册的学生仅占高等教育阶段学生的3%弱;具备授予某种学位资格的726个私营院校中,注册的学士学位生只占所有高校学士学位生总数的1%。

二、政府对营利性高等教育的支持

(一) 明确营利性高等教育的主管及服务部门

尽管营利性院校的法人地位等同于公司企业,但由于从事了教育这一特殊产业,各地政府对之还是比较重视的。为了指导营利性高等教育的健康发展,帮助它们解决实际困难和问题,各州先后明确了营利性高等教育机构的管理部门,如亚利桑那州由中学后私立教育理事会负责,加利福尼亚州由私立中学后教育和职业教育局负责,科罗拉多州由高等教育委员会统筹,纽约州由教育厅高教办公室兼管。这些机构,诚然是管理机构,但同时又是提供服务和帮助的机构,让营利性院校必要时可找到"婆婆"。它们对营利性院校的日常办学行为不予干预。如,允许各校自定收费标准,而毫不限制,完全由市场调节,优胜劣汰;允许营利性院校的学生转入正规的公立大学,前提是公立大学愿意接收他们。

(二) 协助营利性高等教育机构申请学位授予权

多数营利性的中学后教育机构以职业培训为主,填补市场空缺,在庞大的高等教育体系的夹缝中求得生存。而有的院校则欲努力提高质量,试图在某些领域与传统高等教育一争高低。对此,政府给予一定的回应和帮助。例如,政府部门支持营利性院校通过改善管理、调整课程、提高质量,以获得学位授予权,增加在教育市场中的吸引力。至 2003 年,纽约州的 350 个营利性的中学后教育机构中,有 40 个已成为可授予学位的院校,其中 3 所具备授予硕士学位资格,其余可授予学士或协士(associate)学位。对办得较稳定的院校,各州高教管理部门推荐其接受地区学位认可机构的考察评估,成为过硬的学位授予单位。各州先赋予合格的营利性院校以授予协士或学士的资格,然后帮助其申请相应大区高教认可机构的评价认可,对从未有授予学位历史的学校,认可机构是不予理睬的。营利性可授予学位的院校若因故易主,州教育厅不干涉其产权过户,但对其授予学位的资格重新认定。

(三) 准许进入营利性可授予学位院校的学生申请资助

联邦政府在依法向接受高等教育的学生提供经济资助过程中,把部分营利性高等教育机构纳入支持范围。学生可直接向华盛顿申请,或通过州学生资助部门申请。美国四分之三的州对进入营利性院校的学生有某种资助途径。例如,纽约规定,所有学生都有权申请本州设立的三种类型的补助:学费资助计划,越南退伍军人学费资助项目,非全日制学生资助项目。纽约州高等教育服务社负责办理申请人的资助事宜。州内 40 所可授予学位的高等学校的学生可参加申请,年人均可申请贷款 5000 美元。学员缴学费时,无须缴纳学费税。这与在其他营利场合消费是不同的,在商店购物、在餐馆吃饭要付税。国际学生到美国营利性高等教育机构学习,免除学习开支方面向美国政府纳税的义务。

(四) 鼓励其参加高教方面的活动

政府鼓励营利性可授予学位的高等学校参加关于高等教育发展战略、教育与市场、改善管理等方面的会议,和非营利院校一道研讨共性问题,探索改革思路。教育主管部门还指导营利性院校提高网上教学效益,或参加跨境合作办学。允许营利性院校的教师申请联邦、州政府关于技术改造、教育试验方面的科研项目。

三、营利性高等教育对社会的贡献

美国营利性高等教育以其专业针对性强、教学安排灵活、注重实际能力培养等优势,让所有愿意申请入校学习者可望可及,已经并正在培养出一批批在金融管理、市场营销、保健服务、信息技术等方面的区域经济发展所需的应用型人才。单就授予学位的营利性院校看,每年授协士学位 6 万个,学士学位 2 万个,硕士学位 5000 个,博士学位 500 个。这些学位获得者,以及更多接受了良好培训的劳动者,在工作中发挥作用,施展才干,贡献社会。

在岗位竞争激烈、工作压力渐大的美国社会里,在退休人群增大、老龄问题明显的现实环境中,营利性院校推出视觉艺术、音乐欣赏、现代舞蹈、儿童教育等专业课程或培训班,颇受欢迎。大家在闲暇时,或亲往附近的私营院校,或登录私营院校网站,学习自己感兴趣的知识技能,交流心得体会;讨论未来发展,人生的意义随之丰富起来。

营利性高等教育机构根据美国税法(Internal Revenue Code of the United States)必须交纳联邦税、州税、地方税。这一点和其他公司企业并无二样。2002年,纽约州私营院校为该州经济带来 4.27 亿美元的收益,创造了 13270 个新的工作机会。在当前经济萧条、失业率高达 8%以上的情况下,营利性高等教育继续保持发展,呈现朝阳产业势头,实属难能可贵,对地方经济发展具有一定的带动作用。

有美国人士认为,社会是多元的,高等教育亦不应千篇一律。营利性高等教育的存在,说明教育具有产业属性。某些教育按产业运作,或许可为整个高等教育的改革提供有益参考。营利性教育固然是以营利为目的,但要达到这个目的,就必须提供优质教育和培训,否则无法立足生存。

(本文原载《中国高等教育》2003 年第 19 期)

从美国常春藤大学看中国
世界一流大学的建设

从"211 工程"到"985 工程",再到 2015 年 8 月中央全面深化改革领导小组第十五次会议审议通过的《统筹推进世界一流大学和一流学科建设总体方案》,中国高等教育对世界一流大学目标的追求和建设一直在路上。究竟该如何理解世界一流大学? 世界一流大学都有哪些共性特征? 在起伏变换的办学过程中支撑这些学校最终成为世界一流大学的恒定力量是什么? 历史较短的大学如何成为世界一流? 当前我国建设世界一流大学处于什么状态? 我们该以怎样的心态去建设世界一流大学? 围绕这些问题,本期《大学》"高端访谈"对教育部基础教育一司司长王定华进行了专访。

《大学》:王司长,您好! 从"211 工程"到"985 工程",到最近提出的世界一流大学的建设和一流学科的建设,这么多年,中国的大学一直行进在努力建设世界一流大学的路上。您可否结合美国的情况,谈谈如何理解世界一流大学?

王定华:感谢《大学》再三约请,盛情难却。在此,谨以观察者视角,结合美国的常春藤大学,谈些对世界一流大学的理解。应该说,在美国并没有与中国意义上完全一样的世界一流大学概念,但是美国确实有一些水平很高、历史悠久、成绩卓著、享有盛誉的研究型大学,其中的常春藤大学在中国非常有名,在美国更是家喻户晓。

20 世纪 30—40 年代,美国各大学之间体育比赛如火如荼,以此提升大学名望,并将体育比赛成绩与学校水平相提并论。各校为在比赛中独占鳌头,纷纷降低录取条件,提供高额奖学金,过于争抢体育运动尖子,客观上造成为比赛而比赛、为比赛名次而降低录取分数的局面,这让一些名校产生厌倦。

1945年,哈佛大学(建于1636年)、耶鲁大学(1701年)、哥伦比亚大学(1754年)和普林斯顿大学(1746年)四校达成共识,声明取消体育项目奖学金,并结成橄榄球竞赛联盟,在四校间进行比赛,不屑再与其他学校为伍。"四"的罗马数字为IV,音同Ivy,意为常春藤,于是这些大学随被称为常春藤大学。1954年,康奈尔大学(建于1868年)、宾夕法尼亚大学(1740年)、达特茅斯学院(1769年)、布朗大学(1764年)加盟。八校共同签署协议,决定各种体育比赛项目均在八校间开展。这些大学均有古色古香的建筑物,墙壁上爬满了常春藤植物,从而强化了对常春藤的称谓。由于常春藤大学的历史久、水平高、名气大,尽管学费昂贵,众多学子仍然心驰神往。这些常春藤大学在我们看来就是世界一流大学,对其进行观察和审视,有助于我们对世界一流大学的理解。

第一,世界一流大学一般有比较悠久的办学历史。美国八所常春藤大学,除康奈尔建于19世纪外,其余都有数百年历史,比美国建国还早。它们在长期的办学实践中,不乏成功经验与失败教训。新建的大学,一般很难在短时间内发展为世界一流大学,因为毕竟缺少深厚的文化积淀。

第二,世界一流大学通常有自己独特的办学理念。例如,哈佛的办学方针是"求是崇真",校训是"与柏拉图为友,与亚里士多德为友,更要与真理为友"。哈佛校徽上的拉丁文"VERITAS"即"真理"之意。在哈佛,各种思想可以自由迸发,各种流派可以尽情涌现。人们的思维不受禁锢,探索的脚步从不停歇,创新火花此起彼伏。

第三,世界一流大学必须有学术精湛的教授团队。优秀师资是常春藤大学画龙点睛之笔。各校对教师的选拔和聘用都有一套良好的竞争机制和考评制度,以确保师资队伍的水平及高水平学术团队的长期持续发展。各校对教师的选拔和聘用有一套良好的竞争机制和考评制度,确保了师资队伍的质量。在常春藤大学中,助理教授都要具备博士学位。对新教师的选聘,要经选录委员会公开、严格审理,面向全世界选聘优秀人才。对新任助理教授一般不安排其从事行政工作或其他社会工作,而让他们安心教研,在学术上立足。为指导他们进入教授角色,选准科研方向,潜心教书育人,学院成立顾问班子,提供经常性指导。助理教授任满3年要接受中期评价,合格者再进行3年的教学和研究,然后经一个委员会评定合格,方可升为副教授。除了自己培养外,各大学也千方百计招揽各方精英人士,甚至不惜重金挖人墙脚,以增强本校教授队伍。

第四,世界一流大学还要有发展潜能较大的学生。各常春藤大学普遍重视申请人的全面素质和发展潜能。以培养未来的知识精英或社会领袖为目标,力图招收那些全国优秀中学生获奖者,SAT成绩优异者,高中修课强度在本校前十名者,具有某种专长者和具有良好社区服务经历者。学生是否具有独立精神及能否适应学校紧张而有压力的一年级生活也是各校考虑的因素。当然,高中教师的推荐信也很重要。常春藤大学遵循"只择优录取,不问家庭收入"的招生原则,招生委员会可完全依据考生本人情况录取,而不必考虑其家庭支付学费的能力,学费差额由大学自行解决。

当然,各大学对这些优秀学生,通过深化课程改革、改进培养方式、坚持通识教育、加强专业教育、鼓励创新思维、增加动手机会等多个环节,让他们成人成才。

《大学》:您如何概括世界一流大学校长的共同特点?

王定华:我曾经多次访问常春藤各大学,我发现常春藤大学的校长有几个突出的特点。

一是曾在本校求学任教。或从这所大学毕业,或在这所大学任教,与本校有这样或那样的渊源。对本校的历史、学风、特点相当了解。比如说曾任哥伦比亚大学校长的博林杰,曾任哈佛大学校长的萨默斯,曾任康奈尔大学校长莱曼,现任普林斯顿大学校长的皮特·萨诺韦,现任达特茅斯学院的院长菲利普·汉龙都是本校的校友,并且长期在这个学校执教。

二是了解其他大学长处。这些学校的校长并不一定总是在本校工作,比如说康奈尔大学的前校长莱曼、布朗大学前校长西蒙斯都长期在密歇根大学工作,现任达特茅斯学院的院长菲利普·汉龙也长期就职于密歇根大学,有趣的是很多大学校长都曾在密歇根大学工作过。

三是具有行政管理经验。这些校长见解独到,知识渊博,但是又不限于狭窄的专业领域,做校长之后全心全意地投入到学校的管理之中,不强调自己出学术成果或带研究生。比如说长期担任哈佛大学校长的萨默斯曾经就是克林顿政府时候的美国财长,有丰富的管理经验。现任康奈尔大学女校长加勒特曾经在联邦最高法院工作过多年。

四是善于发挥各方作用。这些校长目光远大,思路明晰,抓大放小,能够"找钱",配合董事会总揽大学重要的事务,制定发展规划,协调外部关系,争取政府及各界的支持,他们一般在用人方面能够充分调动副校长、教务长、副教务长的积极性,让他们各管一摊,各尽其责。

五是选拔任用程序严格。校长的选拔和任用由董事会集体讨论。董事会首先会对候选人进行反复甄别,一般要同候选人详细探讨施政打算,之后再由各位董事充分发表意见,反复切磋讨论,最后要投票表决。在选拔过程中,董事会注意听取校内各院系、各部门的意见和建议,但不进行全校范围内的民意测验,不进行民主选举。

六是巾帼不让须眉。常春藤大学女校长的比例比较高,不仅历任校长中不乏女性,而且到了2015年的下半年,常春藤大学八所盟校中,有四所都是女性校长掌舵,她们分别是布朗大学校长克里斯蒂娜·帕克森、康奈尔大学校长伊丽莎白·加勒特、哈佛大学校长德茹·福斯特、宾夕法尼亚大学校长艾美·戈特曼,这些校长都是一流大学长盛不衰的重要支撑。

七是十分珍惜现有岗位。这些大学校长工资待遇颇丰,具有很高的社会地位和经济地位,在社会上影响比较大,说话很有分量,年薪都是在40万美元以上,有的可达60万美元,钱不是万能的,但是钱也是这些大学招揽到好校长的一个重要砝码,所以很多人对这些大学校长、名校校长趋之若鹜,一旦当上,他们对这个岗位是十分的珍惜。

《大学》:世界一流大学在办学规模上有没有一些共性?

王定华:从常春藤大学的发展来看,都是始终保持一个合适的规模,不过于强调规模,不以规模来保持发展。一般来讲,一所大学一年招生几千人是比较合适的,其中,有的是本科生偏多,有的是研究生偏多一些,加起来每年招生3000人,在校生1.5万人以内,这是比较普遍的情况,也有的学校规模还要小一点。常春藤大学中,康奈尔大学学生人数最多。2015年,康奈尔大学有教师2000多人,学生2万多人。其中本科生14500人,研究生6000多人。康奈尔大学是常春藤大学中最年轻的也是规模最大的。在常春藤盟校中,它的新生录取率为 30%,与其他带贵族气息的常春藤盟校相比,康奈尔是比较接近平民的。其主校园所在的 Ithaca 是只有几万人的镇子,除了师生,其余的也多与大学有关。

当然,美国的一些州立大学,为了满足高等教育大众化的需要,招生很多,这在美国比较普遍,因为它也在承担责任,解决社会公平问题。举例来说,得克萨斯农工大学所在地 College Station 一共就 10 万人,学生就将近 7 万人,教师和其他的学校工作人员差不多又有 1 万人,另外 2 万人的居民也是服务于学校,那个学校所在地实际上就是一个大学城。这样的大学人数多,也办得挺好,但还不能说是真正的世界一流大学,它们主要解决的是教育公平问题。这对我们的启示是,在我们国家真正办一流大学也是一部分大学的追求,一般规模很大的大学,更多地是满足经济社会需要,都办成世界一流显然是不可能的,也是没有必要的。不过,一些大学可考虑建设一流学科。

《大学》:既然世界一流大学的形成是一个历史积累的过程,这些大学在成为世界一流大学的过程中有过什么教训吗?

王定华:一流大学往往都是排头兵、领头雁、弄潮儿。有时它们的一些探索是前无古人的,而这种探索都有成功的可能和不成功的可能,因此这些大学,包括学校董事会,应该有宽广的心胸,对于成功的探索给予奖励,并且将其发扬光大,对于不成功的探索,则予以包容并从中获得启示。实际上在历史上是有这样的例子的。

比如说哈佛大学在办学过程中,一度孤芳自赏,不愿意与其他人为伍,甚至都听不进去外界的不同意见,后来就造成一些有识之士意见得不到尊重而分道扬镳,有的跑到了耶鲁大学,有的跑到了西部,参与创办斯坦福大学,就说明哈佛大学曾经在学术上不够兼容并包,而造成了人才的流失和人心的涣散。

再比如,康奈尔大学的农学可以说是最好的,与中国农大、西北农林科技大学都有比较多的合作。但是康奈尔大学在办学过程中,也曾经不顾社会前进的需要,只设置自己认为重要的传统的专业,完全按老一套做法办学,以至于得不到地方政府的支持,基金的运作也一度出现了困难。但实践证明,缺乏创新是不行的。为了解决这些问题,康奈尔大学作为一个私立大学,也积极与纽约州进行合作,实行"一校两制",与纽约州政府合作办农学,且注重兽医专业和技术推广,得到政府的大力支持,从而异军突起。这个例子意味着,一所大学在通往世界一流大学的过程中,要不断地反省自身。既要目标坚定,沿着既定的大方向前进,稳健地向前迈进,又要根据经济、社会、科技发展的形势,适时地调整战略目标、发展规划,与时俱进,这两点都是非常重要的。

《大学》:您认为,在起伏变换的办学过程中支撑这些学校最终成为世界一流大学的恒定力量是什么?

王定华:我认为,第一,确立和坚持自身的发展哲学。这些著名大学,都将一个相对不变的、恒定的、一代又一代追求的发展哲学作为指导思想。这包括它的校风、学风、教师的准则。比如,哈佛大学始终强调一种求是存真的学风和教风。当然,也不能说太绝对,大学既要有恒定的追求,也要根据社会变化进行适当的调整和革新,但大方向是相对不变的。

第二,追求和保持卓越的培养质量。质量就是学校的生命线,为了重视质量,采取一系列的措施,包括招聘最好的老师,招收好的学生,注重启发式的教学方法,教授给本科生上课,等等。

第三,促进和加强教学和科研相结合。美国最早的研究型大学,并不是常春藤大学,而是约翰·霍普金斯大学。后者首任校长吉尔曼就认为,如果一个教授只会教课而没有自己的成果,那就像一个仅会说话的鹦鹉,是浅薄的。所以一开始约翰·霍普金斯大学就重视教学和科研相结合,并以此为大学理念。常春藤大学后来居上,既重教学,更新课程,开展评估,保证质量;又重科研,教授要有见解,或著书立说,或发明创造。常春藤大学的教授没有固定的退休年限,退休时间主要取决于科研成果,取决于是否还能拿到项目。

第四,注重通识教育和专业教育的融合。通识教育注重培养学生宽广的知识面、良好的品德和社会责任感,让人眼光长远、视野开阔,能够应对未来社会的变化和工作岗位的变化。通识教育还强调以人为本,以学生为本,关心人、尊重人、理解人,促进学生自由、全面、和谐的发展,让他们在学术领域自由翱翔,对真理不懈追求,让他们的一些特长能够得以发挥。一般的大学往往只注重专业教育,而像美国常春藤这样的一流大学,则普遍重视通识教育和专业教育相结合。

第五,注重方方面面的协作共赢。常春藤大学重视盟校之间的协作以及与其他一流大学的合作,与政府、企业、科研部门的合作,乃至与外国的合作,等等。例如,2003 年,美国对伊拉克动武期间,当时哈佛大学校长萨莫斯在哈佛网站上发表书面讲话称,哈佛人关注着前线,也关注着与之相关的家庭,哈佛和世界上大多数人一样,对军事行动持审慎态度,期待着公平与和平尽早到来,不论国际风云如何变幻,哈佛将一如既往地致力于校园的多样化和国际化。2015 年哈佛大学女校长福斯特在第 264 届毕业生典礼讲话中,特别号召毕业生要有强烈的责任感服务外部世界,为社会多作贡献。

《大学》:常春藤大学确实大都是百年名校,历史悠久。但是近些年也有一些办学历史比较短的大学跻身世界一流大学的现象,比如韩国的浦项大学、香港科技大学、新加坡的南洋理工大学等。您怎样看待这类大学的成长?

王定华:当然,确实有一些学校虽然办学时间不长但也办得很好,如韩国、香港地区的大学。这些大学的发展与突进是因为充分发挥了自己的独特优势,弯道超车。有的是靠高科技来赢得各界的拥戴,有的是靠网罗人才直接在高位上运行,还有的是与其他名校合办来获得外力。但是这些大学的世界一流特性,仍然主要是反映在某些方面的世界一流。毕竟,一流大学的认定关涉不同的评估体系,仁者见仁、智者见智。我个人认为这些大学还有很大的提升空间,有的还不能轻易就说是世界一流大学,而更多可能是在某些学科方面,或者是在某些科研成果方面等达到了世界一流。这也给我们一些启发,在中国办世界一流大学的过程中,要比较多的学校都成为世界一流是相对困难的,那莫不如更重视办一些世界一流的学科或专业。我国提出来的 2011 计划鼓励每个学校都可以挖掘自己的长项,可以在某些方面捷足先登,赢得认可,从而获得较快发展。

历史比较短的大学要成为世界一流,或者在某些方面成为一流,我觉得要具备几个条件。第一,要有来自联邦政府、地方政府、基金会或者是其他办学团体的超常投入,这样学校不仅可以在硬件上一步到位,而且能够在世界范围内网罗优秀人才,并且能够在科研条件、各种启动金和奖励等方面给予人才最优厚的待遇。第二,重视与现代科技之间的联系,主要是发展相关学科或领域,例如材料、海洋、医药、生物、航空、太空等,着力建设一些重点实验室,在这些方面具有一定的优势之后，就很快能够产生成果、效益和影响。第三，具有全球眼光，与世界一流大学进行多方位的合作，直接借用他们的一些理念、人力资源，宁波诺丁汉大学、上海纽约大学就是这样的案例。前不久我在以色列理工学院访问时，该校校长告诉我将与汕头大学开展深度合作办学。第四，就是运用现代化的教学手段，像慕课等信息化的教学手段已广为应用。总之，就是在最高位上运行。

《大学》：如果抛开办学历史的长短而言，您认为促进大学朝向世界一流大学发展的共通要素是什么？

王定华：第一，是不断创新。一所大学只有在各方面不断地创新，才能进入世界一流大学的行列。基层的创新是世界一流大学发生的动力，无论是在学科建设上，还是在人才培养上，他们都在不断地适应社会时代发展的需要，始终强调创新的思想和理念。同时在教学管理上，他们依据精英人才培养和学术研究需要，适时进行必要的调整，在传统的基础上不断地吸收创新的管理模式，提高管理效率。例如，在新的时代，这些常春藤大学根据自己的发展特点和社会的变化，调整课程体系，整合课程资源，更新课程设置，提倡广阔性，体现通识教育的要求，加大跨学科知识的传承；提倡实践性，减少一些古典学科，增加一些应用学科，加大国际知识教学和外来教学，提倡灵活性，给学生更多的选择自由，满足学生的兴趣，发展学生的特长，不以统一的尺度来衡量学生的成绩。

第二，崇尚学术自由。常春藤大学开什么专业由学校决定，讲什么课由院系决定，如何上课由教授决定，大学教授讲课、著述在法律框架下可以自由发挥，知识分子的创新精神和创新探求得到保护和鼓励，这些大学认为学术自由是美国宪法修正案中明确赋予大学的权利，唯有如此方能不媚权贵、追求真理、培育人才。当然自由也是相对的，不能走向极端。

第三，能够广揽财源。名校借助学术上的显赫名气，能够发挥校友的作用，像常春藤大学，就非常会造势，每年都召开很多会议，邀请知名校友和著名的财团、政要，或者是校董参加，校友们也往往乐于回馈母校、报答社会，因此向母校捐赠成了风尚。像哈佛大学就是世界上最富有的大学之一，学校收入包括慈善捐赠，有组织的捐赠，政府拨款、学费，以及哈佛大学投资经营的收入,这些收入是滚雪球式的,每年都在增加,哈佛大学的基金也比较多,2014年时有 358.83 亿美元,是世界上最富有的大学。

第四,制定发展规划。它们能够根据实际情况规划学校发展,有所为有所不为,注重特色,讲究比较优势,扬长避短。比如,哈佛大学政府学院在同类学院中历来第一,哥伦比亚大学的国际关系学院首屈一指;宾州大学的沃顿商学院、耶鲁大学的法学院都赫赫有名;达特茅斯学院比较小,曾经有机会发展成综合研究型大学,但是董事会讨论认为学校应保护特色,应以本科教育为特色;普林斯顿大学和布朗大学也都非常重视本科教育;普林斯顿大学非常有名,但是没有医学院,因为别的大学已经有医学院了,所以它就不办,而且办医学院也不是它的长项,所以就不特别追求学科齐全。

此外,世界一流大学都具有国际性。国际性体现在教师和学生、学术发展和科学研究,以及学校管理等多个层面。这些大学面向全球招聘世界一流的教师和管理人才,招收世界上好的学生,培养具有世界眼光的人才,同时在世界范围内开展高水平的合作研究与开发,扩大在全球的影响力。

《大学》:在这些世界一流大学的共通办学要素中,如何处理大学与学生关系?

王定华:美国的常春藤大学特色各异,像哈佛大学、耶鲁大学、哥伦比亚大学是系科齐全,都包括医学。有的大学系科不是很全,如普林斯顿大学没有医学。康奈尔大学的特色就是农学和技术推广。布朗大学始终把本科生教育作为主体。达特茅斯大学也是以本科教育为主。但是,这些大学无论是系科全的还是不全的,也无论是以本科教育为主还是以研究生教育为主,其共性的地方是显而易见,那就是对学生的关爱以及对教师的尊重,充分体现了以人为本的理念。

以达特茅斯学院为例,这个学院春季鲜花簇拥,夏季树木葱茏,秋季色彩斑斓,冬季白雪皑皑,一年四季都非常漂亮,但是冬季长达 5 个月左右,考虑到学生夜晚回宿舍时会路过树林、雪地,又冷又远又黑,达特茅斯学院有一个传统,只要是学生提出要求,就有校警开着车将学生护送至宿舍楼门口。达特茅斯学院对老师买房有明确的规定,根据房子离学校的距离提供买房补助,如果买在学校周边,学校要补助将近一半的买房资金,数量可观,如果离得很远,就不给补助。这样做的目的就是方便学生跟老师交流,方便学生到老师家坐一坐,蹭点咖啡,聊聊学术,请教一些问题,探讨一下人生,咨询一下就业。促进师生之间的交流是达特茅斯学院的普遍现象,也是该校老师应有的责任。再比如,这个学院每周三下午是学校的开放时间,从校长到一般的工作人员,都要开门办公,接待学生,学生在这一天可以不用预约。这都是学校以学生为本的例子。

除了为学生服务以外,这些一流大学对学生也有严格要求,而不是放任自流、让学生高兴就行。为了培养诚信的、守信的人才,常春藤各大学注重在大学校园里有效地预防和杜绝各种剽窃、抄袭等不诚信的行为,要求老师们在开学时就要让学生明白如何做到诚信,一旦作弊,将受到怎样的惩罚。这些大学的老师还十分注重学生的写作过程,就是说学生撰写论文或者是研究项目报告时,要提交写作提纲、底稿、所有修改稿,以及最后的成品,以确保学生在写作过程中做到独立思考,保持诚信。

《大学》:在大学办学历史中总会遇到目标或战略措施的调整,谁或者什么力量在其间发挥主导作用,校长吗?

王定华:美国有私立大学和公立大学之分,对于公立大学而言,联邦政府、州政府的作用还是比较大的。州政府帮助学校调整定位,使其既坚持传统,又与时俱进,有所创新,同时又服务经济社会发展。联邦政府、州政府不是靠行政命令发挥作用,而是通过科研项目引领,通过在学校用地、减免税收等方面对学校发展提供支持,通过公立大学的董事会对学校的发展施加影响。对于私立大学,特别是常春藤大学,学校的董事会和校长的作用就非常关键,他们作出的决策也是集体进行讨论的。根据实时情况进行一些微调,是这些大学的共同做法,但我想强调的是,这些著名的、私立的一流大学,特别是常春藤大学,调整和变化不是最主要的,坚持自己的办学传统,注重自己的办学特色,才是一贯的。

《大学》:在世界一流大学的发展过程中,要想持续保持一贯的办学哲学和理念乃至总体发展目标,如何处理人与制度因素的关系?

王定华:未来的高等教育,要能够长期坚持质量、公平、特色,这其中,有三个方面的影响是最重要的,一是法律保障,我们国家的法律应该进一步地制定和完善,以确保对高等教育的支持力度不减,让高等教育有一个良好的发展环境,让大学能够在法律的框架下自主办学。二是要有比较科学的、明晰的、合理的,具有操作性的大学章程,当然它也是广义的依法治校,前面说的法律是国家层面的法律,学校也要有内部的章程,制定章程要作为改善学校治理结构的一个重大契机来认真对待,要凝聚全校管理层、教师、学生、广大校友,以及社会方方面面的智慧,形成共识,确定学校未来的发展目标、主要愿景、核心抓手、基本的理念和内部的治理结构和体系。三是大学应该根据自己的传统和变革,要有一个长远的发展规划,我看了布朗大学、达特茅斯学院,他们在新时期都制定了长期发展规划。制度是最重要的,但人的因素,包括校长以及学校的其他领导人也是非常重要的因素,但是我觉得人和制度应该可以作为并行不悖的因素融为一体。有了制度,既要严格地执行,又要灵活地执行;既要有规范性,又要有创造性。个人的能力毕竟是有限的,而且人的判断力有时候会出错,任何人都有失之偏颇的时候。

比如经历了严格选拔过程的美国常春藤大学的校长,按照制度安排,他们的责任主要就是"挖人",第二就是"找钱",第三就是使学校的规划和章程得以贯彻,第四就是协调各方面的关系,而不必为其他各种日常事务缠身。这就是制度让每个人各司其职,发挥应有的作用。当然,人的作用也还是很重要,只不过跟制度相比,我认为没那么重要。

《大学》:您认为世界一流大学坚持自己办学理念的支撑源自哪里?

王定华:教育有规律,不能人云亦云,不能见异思迁,不能拍着脑袋决策,不能摸着石头过河。一流大学在发展过程中,一定要有一种定力,这种定力源于学校固有的办学哲学或办学理念,源于这些大学对其办学理念的深层理解,源于一代又一代的董事会和校长对学校办学理念的继承。比如,一流大学都注重专业教育和通识教育相结合,重视通识教育,注重培养学生具备广泛的知识基础,他们认为有了这个知识基础,学生在迅速变化的科技经济的形势之下,方能够站立潮头而不至于迷失方向,才能以不变而应万变。

这些一流大学对办学理念的坚持和传承,得益于学校的制度安排。例如,学校董事会不是整体换届,而是每次退出两个,同时又进来两个,每一次都是吐故纳新的过程,这就使得董事会能够保持一种恒定,总能够把大家认可的东西传续下来。此外,美国常春藤大学校长的任期往往比较长,也不强调明显的届别概念,校长任职时间一般在 10 年以上,有的甚至更长,比如耶鲁大学校长莱文校长干了 20 多年,这就使得学校的办学理念可以一直持续下来。

大学是需要在长期的办学中才能见到效益的,不能急功近利,管子曾说过,"一年之计,莫如树谷;十年之计,莫如树木;终身之计,莫如树人"。现在有的大学,要短期内就见成效,三年小变样,五年大变样,甚至要搞跨越式发展,这种愿望是好的,但是,也要认识到困难还比较大。我们国家的高等教育,这几年发展虽然很快,但总体上与我国第二大经济体的现实还不完全相配,所以我们建设世界一流大学的心情比较急迫,这是可以理解的,但也要认识到,这需要有一段时间的积累,起码还得有十年乃至更长一段时间,我们才会有一批真正意义上的世界一流大学。当然在这个过程中,一部分大学在世界上会有更明显的位置,对此也应该乐观。

《大学》:社会土壤在一流大学的形成中发挥着怎样的作用?

王定华:首先,社会要尊重大学,大学作为学术殿堂,是创造知识、传播文明的地方,可能会有这样那样的不如意,但是总体上大学代表一种前进的方向,应该受到社会的尊重,社会要对它有一种敬畏之心。其次,社会对大学要包容,要给大学一个宽松的环境,尤其是在舆论上,要给大学更多的包容,批评可以,但不要泛泛地批评,也不要挑刺或者是一棍子打死,更不该去炒作。再次,就是要有一些支持,包括经费的支持、校友的支持,以及其他的支持,例如从外部环境方面提供支持,包括花草、树木、道路修建,水利供给,安全食品供应等。最后,就是安全保卫,外部的环境,光靠校警是不够的,校园的周边也都要有更多的保卫力量,防止坏人的破坏,防止盗窃,防止火灾,安全保障是非常重要的。当然,大学也要主动地对外开展合作,与社会各界,包括与联邦政府、地方政府、地方企业进行合作,完成委托的项目,合作培养人才,合作办班,合作进行一些开发,通过合作发挥对地方经济建设的作用。

《大学》:政府在这些世界一流大学成长过程提供了什么支持?

王定华:一是推动立法。通过推动立法机关立法,发挥法律法规作用,避免政府过多干预大学。美国宪法第 46 条修正案规定,凡是法律未赋予联邦,未禁止各州所从事的事业,皆归各州和人民,所以对于高等教育,州政府有一些对公立院校的控制,同时也有责任。人民就是广义的概念,大学的自治在法律上有了依据,这个法律限制了政府的权力,使大学的自治成为可能。

二是减免税收。对大学办企业减免各种税收,对教授科研成果转化的企业减免税收,对学生创办的企业则有更大幅度的免税政策。不仅如此,政府还设立各种各样的孵化器,让师生参与创新创业。

三是增加投入。政府对高等教育的投入很大,对于私立大学,政府本身并没有法律义务给钱,但是大学作为科技发明、学术自由、国家进步的发动机,联邦政府也非常重视,通过科研投入、奖励、基本建设投入等途径来支持大学的发展,同时也通过减免税收鼓励社会各界对大学的捐助。

四是扶持创业。大力支持大学生的创业,美国对于大学生创业普遍有风投资金,我专门到波士顿 128 公路沿线去考察过,那里有很多美国的风投企业,都是大学生创办的,他们拿到风投资金相对就很容易。

五是定期评估。通过指导成立各种评估机构,来保证这些大学的质量。这些评估机构主要包括普遍性的认证机构和专业性的评估机构,如针对 MBA 的、法学的、会计的等各种专业性的评估。这些机构,理论上说都是社会独立机构,但实际上政府对这些机构既有支持,也有监管。

《大学》:根据您对世界一流大学的观察,您如何看待当前我国建设世界一流大学的状况?

王定华:总体上看,在国家的重视和教育部的推动下,我国建设世界一流大学的征程已经启航,并且已经取得不少成绩。为了获得更好的发展,还有必要自我加压,找出需要改进的问题。

其一,对于建设一流大学的难度和时间估计不足,一定程度上存在贪多、求全、求快的心理。一些同志好心地希望能在较短的时间内建成一批一流大学,好像短时间就能建出来,这是不切实际的。甚至有同志提出,根据需要,应该在某某地方新建一所世界一流大学,在另外一个地方再新建一所世界一流大学,这种想法是不现实的。

其二,我们的大学还不能完全依章程自主办学。多数大学长期没有章程,有的刚刚设立章程,还没有得到充分落实,很多还只是一个制度设计、一种想法、一种打算。建设世界一流大学,需要发挥高校的办学自主权,要让高校在符合国家法律和坚持党的领导的框架下,依章程办学,减少外部干预,多给高校支持,但这方面做得还不够。

其三,目前资源投入还不是很够。在资源方面,也还有继续挖掘的空间,实际上与建立世界一流大学的目标相比,无论是经费投入,还是其他资源的支持,都还需要再加大力度。近年来,美国对基础教育的财政性投入占了 GDP 的 4.5% 左右,对高等教育的投入占 GDP 的 2.5% 左右,加起来是 7% 左右。我国作为第二大经济体,财政性的教育投入 2012 年才刚刚超过 4%,现在还不到 4.3%。根据中央领导同志指示,对教育的投入,以后非但不能减少,还要增加,即使财政增幅压力增大,我们对教育的投入一定要保持。相关部门、地方政府都还应该加大对教育的投入,加大对一流大学建设的投入。当然从教育和大学的角度,也要调整支出结构,真正筹好、管好、用好来之不易的教育经费。此外,与发达国家相比,我们国家社会资金对教育的投入还很少。从全国统计数据看,近 10 年,非财政经费占高校总收入的比重从 2005 年的 57% 下降至 2014 年的 40%。民间资金投入的力度需要加大,要鼓励社会各界对一流大学建设的捐助。

其四,社会对建设一流大学的理解还不够。有的时候,社会上对大学的指责偏多,而实实在在的支持偏少。我认为,对大学应该更多一点包容,不能指望立竿见影。短期内即便是有成效,也是外在的一些指标会有一点改进,内在的变化需要一个过程。

《大学》:您认为我们在建设世界一流大学应该保持怎样的心态?

王定华:如何在高等教育大众化阶段进行一流大学建设,是我们在这一特定国情和发展阶段建设一流大学必须回答好的重大课题,必须深入研究、探索、创造出自己的道路模式。我觉得,在世界一流大学建设的过程中,应借鉴国外好的做法,结合我国实际情况,推动工作进展。一是头脑里有目标,要推动一部分大学朝着世界一流大学的目标坚定迈进。二是眼中要有问题,看出不足,看出劣势,看出障碍和桎梏,并努力地克服。三是肩上要有担当,担当起长期履行大学章程的责任,担当起国家赋予的教书育人的职责,担当起帮助其他兄弟院校、其他高教机构的责任,担当起帮助支持基础教育的责任,担当起社会服务的责任。有了这些担当,才能够获得大家的支持,学校才有长期存在的价值,否则故步自封,与社会隔绝,是不行的。四是胸中要有理想,这种理想包括一种自信,包括为国家教育事业建设的这种追求,以及为国家培养人才的愿望。作为校领导,为官一任,心中要有"留下来点什么"的信念,不能浑浑噩噩地过日子。五是腹中要有点子,不一定非要满腹经纶,但是一定要有点子,要有解决问题的办法,遇到困难要相信办法总比困难多,这样才能够勇于克服困难,不断前进。六是手中要有抓手,制订计划,采取措施,不等不靠,沿着既定的目标努力。不能因为一流大学的建设需要很多年就慢慢耗着。要做到抓大放小,要各司其职,充分发挥团队的积极性和各部门的创造性,不能够什么都由校长说了算。七是脚下要有力量,按照党中央历次全会精神,立足新时代,稳健地朝着一流大学的方向迈出坚实的步伐。

总的来讲,一流大学的建设并没有完全统一的模式,只有一个大致勾勒的轮廓,每所大学都应该根据本校的实际,因校制宜地确定自己的定位、目标、措施,要发挥创造性,也要有一定的灵活性。我们也可以乐观地来预测,再过若干年,我们国家肯定能够涌现一批世界一流大学和更多的世界一流学科,使我们的高等教育也步入世界先进高等教育之林,成为高等教育大国和强国。

(本文原载《大学》(研究版)2015 年第 10 期,《新华文摘》2016 年第 5 期全文转载)

后　记

我们所处的时代是伟大的,而我们拥有的人生是短暂的。笔者一直认为,一生中都应珍惜光阴、勤勉工作、尽力而为、量力而行、有所作为,以不辜负这个伟大的时代。笔者深知,这些年自己虽然在管理上、学术上取得一点成绩,但与党组织的信任、老师们的培养、同志们的期待相比,还存在较大差距。所以,万不可止步不前、故步自封,必须积极努力、踏实工作、砥砺前行。

笔者在教育部工作 20 多年,到北外后又担任领导职务,所以行政工作一直非常繁忙,自己可支配的时间有限。不过,笔者大抵能够发扬钉钉子精神,挤出时间阅读中外文教育著作,博览群书,上网查询,实地访谈,见贤思齐;统筹安排日常工作与理论研究,突出主业,兼顾学术,勤于整理,谋篇布局。幸运的是,我学的是教育,干的是教育,专业对口,便于做好工作、产出成果。就这样,一晃几十年了,仍乐此不疲,一如既往。

人在静思中,总能勘破一些俗事,收获一片永恒。在夜深人静的时候,笔者常常徜徉在知识的海洋中,让思绪自由流淌,然后再把一些灵感进行捕捉和记录,写成文字。有的文字发送报刊发表,有的稿子提交出版社出版,有的则长期封存在电脑里,偶尔翻翻、聊以自娱。但是,由于自己的理论深度有限,在很多方面还要不断向专家学者和同志们学习;书中各篇目体例亦不尽一致,内容也有重复,确实不够完美。如果还有其他不足,请各位贤达不吝赐教,笔者将虚心接受以于重印或再版时订正之。

在本书选编出版过程中,得到北京外国语大学党办校办郑大鹏副主任、综改办张文超副主任的大力协助,得到了人民出版社蒋茂凝社长、陈鹏鸣副总编辑等各位社领导,以及张振明主任、孙兴民编审的热情支持,谨致谢忱。

愿本书化作一盏灯,为后疫情时代教育路上行进的人们发出一缕光。

王定华
庚子年秋于北外

统　　筹:张振明　孙兴民
责任编辑:孙兴民
封面设计:徐　晖
版式设计:王　婷
责任校对:余　佳

图书在版编目(CIP)数据

教育路上行与思/王定华 著. —北京:人民出版社,2020.10
(新时代北外文库/王定华,杨丹主编)
ISBN 978-7-01-022477-0

Ⅰ.①教…　Ⅱ.①王…　Ⅲ.①教育-文集　Ⅳ.①G4-53

中国版本图书馆 CIP 数据核字(2020)第 173091 号

教育路上行与思

JIAOYU LUSHANG XINGYUSI

王定华　著

人民出版社 出版发行
(100706　北京市东城区隆福寺街 99 号)

北京新华印刷有限公司印刷　新华书店经销

2020 年 10 月第 1 版　2020 年 10 月北京第 1 次印刷
开本:710 毫米×1000 毫米 1/16　印张:37　插页:1 页
字数:567 千字

ISBN 978-7-01-022477-0　定价:128.00 元

邮购地址 100706　北京市东城区隆福寺街 99 号
人民东方图书销售中心　电话 (010)65250042　65289539